21世纪经济管理
优秀教材译丛   李曜/译

[美]伊沃·韦尔奇　潘卡基·马斯卡拉 著
Ivo Welch　Pankaj Maskara

公司金融（第4版）

CORPORATE FINANCE, FOURTH EDITION

清华大学出版社
北　京

北京市版权局著作权合同登记号 图字：01-2023-4147

Ivo Welch

Corporate Finance，Fourth Edition

EISBN：9780984004928

Copyright © 2017 by Ivo Welch

All Rights Reserved.

本书封面贴有清华大学出版社防伪标签，无标签者不得销售。
版权所有，侵权必究。举报：010-62782989，beiqinquan@tup.tsinghua.edu.cn。

图书在版编目(CIP)数据

公司金融：第4版/(美)伊沃·韦尔奇(Ivo Welch)，(美)潘卡基·马斯卡拉(Pankaj Maskara)著；李曜译. —北京：清华大学出版社，2023.10
(21世纪经济管理优秀教材译丛)
ISBN 978-7-302-64668-6

Ⅰ. ①公… Ⅱ. ①伊… ②潘… ③李… Ⅲ. ①公司—金融—教材 Ⅳ. ①F276.6

中国国家版本馆CIP数据核字(2023)第182375号

责任编辑：梁云慈
封面设计：汉风唐韵
责任校对：宋玉莲
责任印制：杨　艳

出版发行：清华大学出版社
　　　　网　　址：http://www.tup.com.cn，http://www.wqbook.com
　　　　地　　址：北京清华大学学研大厦A座　　邮　编：100084
　　　　社 总 机：010-83470000　　邮　购：010-62786544
　　　　投稿与读者服务：010-62776969，c-service@tup.tsinghua.edu.cn
　　　　质量反馈：010-62772015，zhiliang@tup.tsinghua.edu.cn
印 装 者：河北鹏润印刷有限公司
经　　销：全国新华书店
开　　本：185mm×260mm　　印　张：37.5　　字　数：793千字
版　　次：2023年10月第1版　　印　次：2023年10月第1次印刷
定　　价：109.00元

产品编号：094631-01

译者序

要在公司金融领域出版一本有竞争力的教材，难！太难了！因为前人的著述众多，罗斯、布雷利、伯克和德玛佐，哪一本不是经典？高山仰止，难怪李白也要感叹，"眼前有景道不得，崔颢题诗在上头"！但是，韦尔奇和马斯卡拉两位作者竟然敢于不畏艰难、勇攀高峰，必然需要有独门武功秘籍。是否真的能够在前人的经典教材之上，再有所突破呢？带着疑惑，我译完全书，欣喜地发现：这本教材确实在林立的公司金融同类著作中，独树一帜，别具风格！

本书聚焦的核心是资本预算和估值，这与其他著作围绕投资、融资、股利、营运资本等就有不同。**本书强调公司金融的一切就是资本预算和估值，其他都是围绕着这个主题的附属**。资本预算的关键是 NPV 公式，但就在看似简单的分子和分母的取值上，可以进行深度的讨论。逻辑主线从完美市场走向不完美市场、从理想王国逐步走向真实世界。

一般地，我们在讲解公司金融特别是资本结构 MM 理论的时候，都会提及这是在完美市场假设的前提下得出的结论，但是并不会特别重视这些假设（除了无政府税收之外，因为之后讨论税盾效应的原因），也不清楚全部的假设内容。本书特别重视这些假设，**书中多处反复阐述完美市场的四大假设：无税收、无信息差异**（投资者拥有对称性的完全信息）、**无交易成本、市场中存在无限多的投资者和企业**（完全竞争）。因为这些假设的含义，能够影响到 NPV 计算的分子和分母，以及一价定律的成立。以完美市场四条假设作为一条主线，来串起全书的珍珠，这也是本书两位作者独具匠心、别出心裁的地方。

除此之外，我尝试总结本书的七大特色：

第一，对话式的教学讲述方式。在作者和读者之间，通过"我"和"你"的用词，进行一问一答，属于启发式的教学，很亲切、平易近人。让人不禁浮想：应该这就是古希腊苏格拉底的问答式、讨论式教学吧。回归古典！

第二，把基本概念讲透彻。高水平学者编写的教材，能够真正地让读者"顿悟"，而非流于概念或者理论的表面。譬如 β 值、CAPM 定价、风险中性、MM 定理等，一般的教材似乎都讲到了，但是常见有作者本人，并不一定深刻理解这些基本概念的真正含义，更缺乏对这些概念在逻辑上的前后本质关联（个别概念包括我自己在内，也是在翻译本书时搞懂了）。

具体可例举如下：(1) 随机变量的定义；期望值与均值的差异；风险中性的概念；在风险中性条件下，承诺利率＝期限溢价＋违约溢价。而在风险回避的情形下，才有流动性溢价、通胀率调整等。(2) 承诺收益率（报价收益率）与预期/期望收益率的差别。对承诺

(committed,quoted)与预期(expected)的概念差异,在全书中多处反复强调。(3)股权溢价(equity premium)的讨论,长期和短期股权溢价的区别等;(4)债券收益率曲线向上倾斜的原因;选择回收期方法的原因等。(5)会计利润与金融现金流的区别,譬如固定资产的购买,金融上作为单笔现金流支出,会计上进行折旧,意在平滑(smoothing)。对于递延税收资产和递延税收负债的来源,递延税收资产是未来的现金流入,递延税收负债是未来的现金流出。(6)对于现金流折现计算NPV时,分子考虑了违约溢价,也即预期现金流是期望的现金流,而分母则考虑了时间溢价和风险溢价。

第三,魔鬼常在细节中。本书讲解得非常细,准确,在细节之处见真功夫,真理解。把一些长期以来一般学生易于似懂非懂、模糊不清的地方给讲清楚了。举一些例子:(1)$r_{1,2}$收益率的两个下标的标注方法,下标表明的是起讫时期,这种严谨的标注做法非常准确。有数学家曾说过,"数学的关键就在于符号的下标"。(2)APR、EAR的准确区别,通过非常多的计算举例讲解清楚。(3)几何平均收益率与算术平均收益率的差异。(4)计算β的细节,高β、低β股票的举例分析,有无负β等,借助于图形进行了展示;回归出的β值应该进行收缩和如何收缩,即向1靠拢。(5)否定了ROE等建立在股权账面价值基础上的评价指标,强调杜邦分析法是过时的财务分析手段。(6)在可比公司法中,对亏损企业的市盈率可以取倒数,然后加权平均等,解决了亏损企业无法用于可比估值的问题等。本书在细节处的启迪,不胜枚举!

第四,提出一些新的知识内容,拓展了传统公司金融教科书的边界。诸如:(1)对美国税收制度的介绍比较详细,比较新;包括纽约证券交易所的变化,新的证券电子交易系统如ECN网络交易系统,奥巴马政府的股票法律改革等;(2)信用违约互换的定价;(3)从含权股票到除息股票的股价除息变化中,可以计算隐含的边际税率,进而解释了股息的税收套利模型;(4)有效市场的划分,区别于传统的基于历史信息、基本面信息、内幕信息等的划分方式,按照人们对有效市场信念的差异,可分为"真正的、坚定的、温和的、非信徒"等四类人群,从而不同信徒眼中的有效市场也是不一样的。前三者都属于理性派,最后一种"非信徒"则属于行为派,进而解释了古典金融学和行为金融学的区别和争议所在。

第五,对资本结构理论的各个权衡因素,进行了详细全面的分析,具体就在于对完美市场四大前提的逐个否定。最后的总结可见书中的表19.5。从否定完美市场前提的角度,去认识权衡理论,是本书的逻辑主线,也是本书的一个创新。譬如,金融索取权(债务和股权)的资本成本与非金融负债(NFL,non-financing liability)的成本——如推迟纳税、贸易信贷等,从而金融索取权下的MM定理能够成立,而存在非金融负债下的MM定理不能成立。因为非金融负债本身是净现值为正的项目,具有增加企业价值的作用。这样的讨论,使得理论与现实之间实现了很好的过渡,既强调理论,又联系现实,而且能够很顺畅地实现二者的过渡。

第六,把公司金融学建立在会计学科的基础之上。会计与金融之间,一直有密切的联系,但是,传统上的金融学者若非出身会计科班,对会计学的理解并不深厚(我自己就是一例)。本书则强调了会计基础对于公司金融学的重要性。具体有:(1)对财务现金流的计算。比较准确地区别与比较了会计学和金融学,结合会计科目(如折旧、销售收入等),递延税收、现金流和利润的区别,三张会计报表的详细内容,特别是如何从三张报表中计算财务现金流等。(2)全面的**备考财务报表模型**,是本书与众不同的一大特色。就我所见,其他的任何一本公司金融学的教科书,均未见到花费整整一章内容来构建完整的备考财务报表并进行企业估值。在本书的第 21 章,以我国携程网公司为例,作者手把手、一步步地建立起三张报表,计算财务现金流和资本成本等,进行两阶段估值,还特别提到了"校准估值"的做法。这里,体现出从理论到现实应用的境界提升。作为译者,我始终认为,公司金融只有建立在会计学科的基础上,才能真正实现应用价值。

第七,批判的视角和哲学的思考。作为最后一点,作者自始至终体现出批判、客观公正的视角,要告诉读者公司金融的实质和真相,以至于在书中的行文,有时带有点黑色幽默的味道。为了体现批判和终极思考的色彩,文中也多处出现如同哲学家一样的思索性感悟,譬如:"价值评估最终依赖的是一价定律,哲学基础是一价定律。""可比估值法和 NPV 估值法的原理是一样的,均通过一价定律。二者是表兄弟关系,是一致的。""估值是相对的,而非绝对的。估值是一门艺术,也是一门科学。""现实中,资本预算处处面临着缺陷。总之,资本预算既是一门艺术,也是一门科学。你必须尽可能多地依赖于常识和直觉,最好的分析是结合了两者。"

另外,书中有大量练习,部分给出了答案。数据和案例更新比较及时,大部分数据均更新到最近。作为中文版的公司金融教材,作者还特别增加了最后一章,描述了中国的金融市场与制度体系,包括中国的债券市场与股票市场,内容更新很快,囊括了注册制、科创板乃至北交所的内容。书中对中国国债收益率曲线也有比较详细的介绍。

本书由我负责翻译。感谢研究生杨刚、胡涛、张炜尔、陈帆、魏政、李承睿、李芊蔚、张泰宁、邓琳茜、何亚纹等的协助。王雪峰负责了第 21、22 章的初稿翻译,钟睿参与了部分章节校对。

全书的脚注,除注明为原书作者注释之外,均为译者给出的注释。

感谢清华大学出版社的刘志彬分社长和本书的责任编辑梁云慈女士,他们的审校和润色进一步擦亮了本书的亮点。

正如开头所说,在公司金融领域里不乏众多教材,甚至罗斯的经典教材已经出版至十二版,跨越了半个世纪,韦尔奇和马斯卡拉的著作能够成为近些年来异军突起的新秀,在哈佛、耶鲁等学校获得认可、被用作教材,甚至作者说,"一旦选用本教材,就再也不想更换",一定是有异乎寻常的魅力了。

翻译完本书,思想的芬芳,久久弥漫。不得不说,在逻辑上和细节中,本书蕴含了公司金融学科的美妙。

记得不久前,我在微信群里看到一篇讲述中美经济学教育区别的帖子,说起美国的经济学教育是"起点低、落点高、循序渐进",先把最基本的概念讲清楚。而我国的经济学教育以及统计学、计量经济学等,往往是基本概念讲不清楚。在美国的课堂上,常常发现"一节课下来,你会噢的一声,原来是这样的啊"。在阅读本书的时候,我也常有这样的感叹,"噢,原来是这样的啊"!

李　曜

序 言

大多数《公司金融》的教科书包含了相似的章节,我们的教材也不例外。快速浏览一下目录就会发现,本书中的大部分(尽管不是全部)章节都与传统金融教科书中的章节相仿。尽管如此,这本书还是有与众不同的地方,在方法和重点上有许多创新。我们坚信这本书是世界上最好的公司金融学的入门书。在使用过这本书之后,你将不会再想更换采用其他的教材。本书已被诸如哈佛和耶鲁等顶尖高校采用,适合在本科生和研究生阶段使用。

基本组织结构

本书涵盖了公司金融课程的所有主题,按照从完美市场走向不完美市场的原则逐步展开。这种从金融"乌托邦"到复杂现实世界的进展逻辑,在本书前部分章节中特别明显,并在后面的章节中多次重提。

本书从**价值和资本预算**的概念开始,展示了如何与收益率打交道,以及如何在风险中性的完美市场中决定是接受项目还是拒绝项目。本书前五章阐述货币的时间价值、净现值、永续年金和年金的估值、资本预算、利率、不确定性以及在不存在风险厌恶的情况下债务和股权融资等基本内容。

接下来,本书介绍风险厌恶的概念,并说明它如何影响完美市场中**风险和收益**的关系。我们首先提供了各种类别资产收益率的历史渊源和一些制度背景。然后,我们从投资者的角度讨论风险、收益和分散多样化的关键概念,接着讨论资本成本,最后讨论资本资产定价模型。

尽管**完美市场假设**构成了大多数金融公式的基础(如净现值和CAPM),并促使金融成为一门现代科学,但它们并不总是与现实一致的。因此,我们研究了信息差异、非竞争性市场、交易成本和税收等现实问题。我们还解释了有效市场和无效率市场之间的区别,以及理性金融和行为金融之间的差异。我们将理论付诸实践,并指出尽管金融的概念可能简单明了,但其应用却深邃复杂。我们分析了将净现值和内含报酬率应用于实务时需要考虑的问题和陷阱,并从金融的角度审视公司财务报表,利用可比公司估值技术进行价值判断。

然后,本书分析了公司的**资本结构和股利政策**选择。我们首先从完美市场假设开始,然后再讨论在一个由公司税和其他问题组成的不完美世界中,公司应该如何抉择。市场的不完美会促使一些公司选择更多的股权融资,而另一些公司则选择更多的债务融资。

最后,我们讨论如何构建**备考财务报表**并**预测未来的企业价值**。从某种意义上说,预测未来的企业价值正是公司金融关注的核心问题。

最后,本书(中文版)讨论了**中国的公司金融**。我们分析了中国的债券市场,包括政府债券和公司债券,详细介绍了不同的收益率曲线,以及它们如何帮助决策。我们还讨论了中国的股票市场,在不同证券交易所发行的不同类型股票,IPO 规则和上市要求等。我们着重分析了中国和美国的公司税收和资本结构方面的主要差异,并阐明了环境、社会和治理(ESG)因素如何被纳入当代的金融管理中。

致谢

本书有许多贡献者,我们感谢他们每一个人的投入,抱歉在此无法一一提及并正式致敬他们的贡献。然而,我们必须单独致谢两个人——玛丽·克莱尔·麦克埃文和陈耿宣。没有他们的支持,这本教科书就不会诞生。

伊沃·韦尔奇

(安德森管理学院加州大学

洛杉矶分校)

潘卡基·马斯卡拉

(胡赞戈商业和创业学院

佛罗里达州诺瓦东南大学)

目录

第1章 导论 1
    1.1 金融的目标：相对估值 1
    1.2 投资、项目和企业 3
    1.3 企业与个人 6

第2章 现值：金融学之母 8
    2.1 基本场景 8
    2.2 贷款和债券 9
    2.3 收益、净收益和收益率 10
    2.4 时间价值、未来价值和复利 12
    2.5 现值、贴现和资本预算 19
    2.6 净现值 22

第3章 股票和债券估值：年金和永续年金 31
    3.1 永续年金 31
    3.2 年金 37
    3.3 总结四个公式 42

第4章 资本预算规则初探 46
    4.1 净现值 46
    4.2 内含报酬率 50
    4.3 盈利能力指数 58
    4.4 项目回收期的资本预算规则 59
    4.5 经理们是如何决策的 60

第5章 随时间变化的收益率与收益率曲线 65
    5.1 和随时间变化的收益率在一起 66
    5.2 通货膨胀 72

5.3　美国国债和收益率曲线 …………………………………………… 77
　　5.4　为什么收益率曲线通常向上倾斜 ………………………………… 85
　　5.5　企业随时间变化的资本成本 ……………………………………… 89

第6章　不确定性、违约和风险 …………………………………………… 95
　　6.1　统计学简介 …………………………………………………………… 96
　　6.2　利率与信用风险（违约风险）……………………………………… 100
　　6.3　资本预算的不确定性 ……………………………………………… 111
　　6.4　将不确定的项目收益分成债务和股权 …………………………… 113

第7章　投资初探 …………………………………………………………… 125
　　7.1　股票、债券和现金，1990—2016年 ……………………………… 125
　　7.2　股票市场相关的机构概况 ………………………………………… 141

第8章　投资者选择：风险与回报 ………………………………………… 151
　　8.1　衡量风险和回报 …………………………………………………… 151
　　8.2　多元化 ……………………………………………………………… 154
　　8.3　投资者偏好和风险度量 …………………………………………… 158
　　8.4　解释一些典型的股票市场贝塔 …………………………………… 167
　　8.5　投资组合的市场贝塔和多元化企业的市场贝塔 ………………… 169

第9章　基准资本成本 ……………………………………………………… 176
　　9.1　复习回顾 …………………………………………………………… 176
　　9.2　无风险利率——时间价值的补偿 ………………………………… 177
　　9.3　股权溢价——风险补偿 …………………………………………… 178
　　9.4　具有前瞻性的基准收益率 ………………………………………… 187
　　9.5　资产的资本成本与权益的资本成本 ……………………………… 190
　　9.6　分解报价收益率 …………………………………………………… 191
　　9.7　其他的基准收益率和方法 ………………………………………… 192

第10章　资本资产定价模型 ……………………………………………… 195
　　10.1　复习回顾 …………………………………………………………… 195
　　10.2　资本资产定价模型（CAPM）…………………………………… 196
　　10.3　估计额外变量：市场贝塔 ………………………………………… 202
　　10.4　抵消股票溢价的不确定性 ………………………………………… 205
　　10.5　CAPM是正确的模型吗 ………………………………………… 205
　　10.6　可行的CAPM替代方法和观点 ………………………………… 211

第 11 章	市场不完美	219
11.1	不完美市场的原因和结果	220
11.2	意见、分歧和内幕消息	226
11.3	市场深度和交易成本	228
11.4	税收	235
11.5	创业金融	240
11.6	解构报价收益率——不完全市场溢价	241
11.7	多重效应：如何解决新问题	244

第 12 章	有效和完美市场、经典金融和行为金融	249
12.1	市场效率	249
12.2	市场有效信念和行为金融	254
12.3	随机游走和信噪比	257
12.4	真正套利和风险套利	262
12.5	投资结果	264
12.6	愤世嫉俗的观点	269
12.7	公司后果	271
12.8	事件研究	275

第 13 章	资本预算应用和陷阱	280
13.1	如此多的回报：内含报酬率、资本成本、预期收益率和门槛收益率	280
13.2	承诺的、预期的、典型的还是最有可能的	281
13.3	资本成本被错误地混淆	283
13.4	项目互动的经济学	288
13.5	通过增量评估项目	293
13.6	实物期权	299
13.7	行为偏差	302
13.8	激励问题	304
13.9	NPV 清单	309

第 14 章	从财务报表到经济现金流	316
14.1	财务报表	316
14.2	长期应计科目（折旧）	325
14.3	递延所得税	333
14.4	短期应计科目和营运资本	336
14.5	盈余管理	339
14.6	英特尔财务数据中的经济现金流	340

| 14.7 资产负债表上应该相信什么 | 342 |

第 15 章　通过可比数据和财务比率估值　347

15.1 弹珠的价值	347
15.2 可比数据和净现值	348
15.3 市盈率	352
15.4 价格-盈利比（市盈率）的问题	357
15.5 实证证据	363
15.6 其他财务比率	368

第 16 章　公司的各种索取权　381

16.1 基本架构	381
16.2 负债	384
16.3 权益（股票）	390
16.4 理解英特尔 2020 年的资本结构	392

第 17 章　完美市场中的资本结构　401

17.1 股东价值最大化还是公司价值最大化	401
17.2 莫迪利亚尼和米勒	404
17.3 加权平均资本成本（WACC）	410
17.4 状态依存的价格和信用衍生品	420
17.5 资本成本的细微差别和非金融负债	421

第 18 章　税收与资本结构　428

18.1 债务与权益的税收	428
18.2 不同资本结构下的企业价值	430
18.3 公式化的估值方法	432
18.4 税收调整估值的运用举例	439
18.5 对公司税和财务杠杆的再思考	444
18.6 个人所得税和客户的影响	448
18.7 美国税务系统（一团糟）	455

第 19 章　更多市场不完美下的资本结构　464

19.1 真正重要的是什么	464
19.2 财务困境下的经营政策	465
19.3 正常时期的经营决策（代理成本）	475
19.4 侵占债权人利益	477
19.5 私有信息和逆向选择	483

19.6　其他重要的问题 ··· 487
　　19.7　静态资本结构总结 ··· 488
　　19.8　杠杆对资本成本和公司价值的影响 ······························ 489
　　19.9　有市场缺陷下的估值公式 ·· 491
　　19.10　动态资本结构 ·· 494

第 20 章　股利支付：股息和股票回购 ·· 499
　　20.1　背景 ··· 499
　　20.2　完美市场的无关性 ··· 502
　　20.3　股息和股票回购 ·· 504
　　20.4　经验证据 ··· 509
　　20.5　问卷调查证据 ··· 518

第 21 章　备考财务报表和携程集团案例 ······································· 522
　　21.1　目标与逻辑 ·· 522
　　21.2　模板 ·· 524
　　21.3　详细预测阶段的时长 ·· 528
　　21.4　详细预测阶段 ··· 531
　　21.5　终值（TV）乘数 ·· 544
　　21.6　携程集团备考报表的基础 ··· 548
　　21.7　敏感性和情景分析 ·· 550
　　21.8　小心——皇帝的新衣 ··· 552

第 22 章　中国资本市场及金融管理要点 ······································· 555
　　22.1　债券市场 ··· 555
　　22.2　收益率曲线 ·· 561
　　22.3　股票交易所 ·· 566
　　22.4　税收 ·· 576
　　22.5　公司结构和法律 ··· 578
　　22.6　ESG 因素 ·· 579

第 1 章 导论

什么是金融

金融是现代生活中如此重要的一部分,几乎每个人都能从更好地理解它中受益。你会发现令人惊讶的事实是,英特尔或微软公司所面临的金融问题与普通投资者、小企业主、创业企业家或家庭面临的金融问题并没有太大的不同。在最基础的层面上,这些问题是关于如何分配资金,可供选择的方法有很多:资金可以借入,可以储蓄,也可以借出。资金可以投资到项目中,可以与合作伙伴或在贷款人的帮助下投资项目,或者放弃投资项目。金融就是在这样或那样的投资选择中做出决定。

1.1 金融的目标:相对估值

有一个贯穿所有金融领域的核心主题:价值。一件特定的物品价值几何?要做出明智的决策,你必须能够评估价值——你评估的价值越准确,你的决策就越明智。

需要估算价值的主要原因是,你想购买那些价值高于成本的物品,而避免相反的情况。听起来容易吗?要是如此简单就好了!在现实生活中,找到一个好的价值(**估值**)通常是非常困难的。但难的并不是公式。本书中最复杂的公式也只包含几个符号,并且绝大多数的金融学公式只使用五种主要的运算(加、减、乘、除、幂)。诚然,这些公式本身并不复杂,不过它们的数量很多,这些公式具有一种直觉

> 本书的第一个主题是价值!根据价值做出决策

的经济含义,需要拥有充分的经验去捕捉。但是只要你能通过高中代数考试,并且有学习的动力,你就能够处理估值中的数学运算。数学并不是估值的真正难点。

> 每个人都需要知道如何对物品进行估值。

真正具有挑战性的是现实世界,而非金融理论。你经常需要判断未来——你的小创意是成功还是失败,经济是否会陷入衰退,在哪里找到产品市场,如何进行广告宣传,利率或股票市场将如何变化,等等。本书将解释你应该预测哪些内容,以及如何以最好的方式使用你的预测,但最后还是要靠你自己来做出这些预测。否则的话,如果预测和估值很容易,计算机就可以接管这项工作,但这永远不会发生。估值永远是一门艺术和科学,需要判断和常识。这本书的公式和金融知识只是必要的工具,以帮助你将自身理性、明智和直观的评估转换为好的投资决策,但公式和知识还不够。

> 估值的困难之处在于现实世界,而不是理论。

一价定律

那么如何评估价值呢?金融的大部分内容,也就是这本书的大部分内容,都是基于**一价定律**。它指出,在同一地点,两件相同商品的价格应该相同。否则,谁会去购买更贵的那一件呢?这意味着在金融领域里,价值的定义是相对的。原因在于,确定一件商品比与其等同商品的价值更高还是更低,要比确定其绝对价值容易得多。

> 一价定律。从相对角度对商品进行估值会更容易。

例如,要确定你拥有的一部 iPhone X 的价值。如果你能找到其他和你的 iPhone 一模一样的手机——至少在所有重要的方面——那么它们的价值应该相同,并且售价相同。幸运的是,就 iPhone X 而言,这并不太难。市场上还有很多其他的 iPhone X、iPhone 11 和 iPhone XR,你可以很容易地买到。就某一种商品而言,如果在同一个街区还有 10 个完全相同的其他商品在出售,你的估值任务就非常轻松了。

> 无论是估值过低还是估值过高,都是有代价的。

如果你错估了你的 iPhone 手机的价值,会发生什么?如果定价过低,你就会把它卖得太便宜。如果定价过高,你可能根本就卖不出去。自然地,你必须得到准确的估值。

考虑手机和其他完全相同替代商品的一个相关方法是,你的 iPhone 有一个"机会成本"。你并非免费拥有了 iPhone。不考虑交易成本,你的"机会"是卖掉你的手机,并用这笔钱去购买另一部 iPhone 或华为 Mate 系列手机,或其他任何品牌手机。假设 iPhone 11 Pro 是你的选择,它在所有重要的方面和你现在的 iPhone X 都是相同的。如果有人愿意出价比 iPhone 11 Pro 高出 500 元的价格购买你的 iPhone X,这个出价将高于你的机会成本。那么你应该卖掉 iPhone X,购买 iPhone 11 Pro,从而获利 500 元。

> 不要忘记"机会成本"。

一价定律很少完美地适用,但是常常可以不那么完美地适用。例如,你的 iPhone 可能在后盖上有两个小划痕,是银色的,你目前位于四川成都。类似的 iPhone 可能在后盖上有 1 到 3 个小划痕,有不同的颜色,目前在其他地方(比如在重庆)。在这种情况下,一价定律不再精确地成立,而只是近似地能够成立。也就是说,你的 iPhone 和同类手机的价格不完全一样,但应该差不多,只需要进行一些小的合理的价格调整。

在上面的例子中,如果 iPhone 的送货和更换后盖都是免费的,那估计 iPhone 的价值会变得更容易吗?确实是的,因为现在会有成千上万台类似的 iPhone,还有更多(潜在的)买家和卖家,以及最近发生的交易。在金融学中,"完美市场"的概念考虑了这样一个理想化的世界,并非因为它是现实的,而是因为这样假设的话,理解定价更容易。当然,在有了完美市场的估值之后,你再去思考实际的运输成本和更换 iPhone 后盖的成本。

> 相似性:相似的物品并不意味着完全相同。

当无法(或不被允许)找到相似的替代物品时,你为特定商品定价的任务将变得非常困难。如果必须根据手机零部件——等离子显示屏、内存容量或电子笔的价值来评估 iPhone 手机价值,那么你的评估任务就会艰难得多。常识表明,对于一件物品,比较与其相似的可比物品更容易对其进行估值,而比较不同的物品则难以对其估值。在现实世界中,有些物品本质上很容易估价,但有些却很困难。

> 在没有相似物品的情况下,估值将变得很困难。

Q1.1 讨论下列物品估值的难易程度:
1. 一个装有外国货币的信封——比如说 10 000 欧元
2. 一幅画
3. 泰姬陵
4. 格陵兰岛
5. 纽约的克莱斯勒大厦
6. 美国总统职位(或参议院席位)
7. 外国邮票
8. 爱
9. 你自己
10. 黑猩猩或长江豚

1.2 投资、项目和企业

金融最基本的应用对象是投资项目。就金融而言,每个**项目**都是一系列资金流(**现金流**)。大多数项目都需要前期现金流出(**投资、费用或成本**),之后会有一系列现金流入(**收益、收入**或**回报**)。现金流来自运垃圾项目还是出售普拉达手袋项目,这并不重要。重要的是,项目所有的成本和收益都必须包含在现金价值中。如果你不得不花很多时间搬运恶心的垃圾,那么必须把你的厌恶转化成等价的负现金价值。同样地,如果你从事一个"纯粹出于乐趣"的项目,你也必须把你的"乐趣"转化成等价的正现金价值。当一个项目"黑箱"中所有积极因素和消极因素(现金流入和现金流出)都被转化为适当的货币价值后,金融学规则就开始主导局面了。

> 为了给各类项目估值,必须确保将所有的成本和收益考虑在内,包括机会成本、快乐感受等。

> **烹饪的乐趣：享受名声和失败的餐馆**
>
> 在纽约市，每五家新开的餐馆中一年内会有两家倒闭。在美国全国范围内，最准确的估计是大约90%的餐馆将在两年内倒闭。如果经营成功，每家餐馆平均每年的投资回报率约为10%。尽管从财务回报率上看很低，为什么仍有如此多的创业者持续不断地开新餐馆呢？有一个解释是，餐馆老板非常喜欢乃至享受着拥有一家餐馆的名声，他们愿意花钱购买这种名声。若真是如此，那么评估一家餐馆的价值，你必须考虑创业者愿意为拥有一家餐馆所得到的名声付出多少钱，就像考虑餐厅顾客们带来的销售收入一样。

这并不意味着公司运营——如制造、库存、销售、营销、应付账款、营运资本、竞争等等不重要，相反，这些商业因素都是极其重要的，因为它们使得现金流产生，一个好的财务经理必须了解这些因素。即使你关心的只是现金流，但如果你不知道它们从何而来，以及在未来会如何变化，你也不可能很好地理解现金流。

> 项目"黑箱"中的具体内容并非微不足道，但我们不会涉及太多。

项目不需要一定是有形的实体。例如，一家公司可能投资一个名为"客户关系"的项目，今天有真实的现金流出，而未来的现金流入则不确定。你（一名学生）可以被视为一个投资项目：你今天支付教育费用（现金流出），未来赚取工资（现金流入）。如果你看重学位所带来的声望，也应该给学位声望一个现金价值，这也会算作另一笔现金流入。此外，教育的一些回报是"形而上"的，而非物质的。比如你喜欢在校园里交朋友，或者知识能给你带来快乐，不管是现在还是将来，那么教育产生的这些价值也应该被视为一种正的现金流。（通过让这些或任何其他情感的因素转

> 现金流必须包括（也即量化）非财务收益。

变为现金价值的数字，使得金融学这门学科变得容易理解。）当然，对于另外一些学生来说，对学习的厌恶也应该作为一种成本（等价的现金流出）来考虑，但我们相信你不是其中之一。如果想要获得一个好的项目估值，所有这些非财务的价值都必须转换成为等价的现金流。

> 在金融学上，公司本质上是项目的集合。

在金融学上，**企业**被视为项目的集合。本书假设一家公司的价值是其所有项目净现金流价值的集合。事实上，这个比喻也可以延伸到一个家庭。你的家庭可能拥有一幢房子、一辆车，需要支付孩子学费，进行教育投资，等等——也即一系列项目的集合。

债务和股权

你可以考虑投资两种重要的具体项目——**债券**和**股票**，也被称为**债务**和**股权**。这些是公司通常出售给投资者的财务上的**要求权**。正如你以后会学到的，可以把买股票看作成为一家公司的所有者。你可以把购买债券看作借钱给发行人。实际上，债券持有人就是债权人。例如，一家公司可能会向债权人出售100美元的债券，承诺明年支付110美元。（如果公司业绩不佳，首先其要偿付债券，因此对于投资者来说，债券的风险比股权要小。不过，债券的上行收益空间有限。）此外，企业通常还有其他的偿付责任，比如它必须

支付给供应商的钱(称为"应付账款")。如果你拥有公司所有未偿付责任的要求权——也就是它所有的负债和股票,那么你就拥有了公司本身。这个逻辑并不深刻,简单地说,"你就是这家公司。"

公司整体价值＝在外流通的所有股票＋在外流通的所有负债

作为一家公司100％的所有者,你拥有它所有的股票、债券和其他债务。整个公司就在经营着希望能赚钱的业务,不过,它不需要立即支付所赚到的钱,可以把钱进行再投资。不管这家公司做什么,你仍然拥有着整个企业。这意味着,你拥有公司获得的所有净收益(即在调整了所有必要的投资之后)。

公司整体价值 ＝所有(现在和未来)的净收益

另一种看待公司价值的方式是把它看作公司未来支付给你的所有净现金流(例如利息和股息支付),当然,扣除了所有你可能在未来投入公司的钱。

公司整体价值 ＝所有(现在和未来)的现金流入—现金流出

由此,所有满足公司股票和负债的支付必须等于公司的所有净现金流。所有上述等式其实都是在说同一件事:"价值是叠加的。"

本书将花很多时间讨论求偿权,特别是作为融资方式的债务和股权的求偿权——但现在,可以把债务和股权都看作简单的投资项目:你投入资金,它们支付资金给你。对于许多可以在金融市场上买卖的股票和债券,我们有理由认为,大多数投资者享受的非现金收益(如情感依恋)即使有,也非常稀少。[1]

> 公司是所有资金流入和所有资金流出的总和。股票和债券就是有资金流入和资金流出的项目。

> 一家具体的企业也都是资金的流入和流出。

投资学和公司金融

那么,两门主要的金融学入门课程(一门通常被称为"**公司金融**",另一门是"**投资学**")之间有什么区别呢?第一门(公司金融)主要是关于金融市场中的资产**供给**。它是关于公司希望从金融市场获得资金并因此发行各类求偿权证券。第二门(投资学)主要是关于金融市场投资者对资产的**需求**,投资者决定如何在诸多潜在投资证券中配置资金。这两门课程并不是完全泾渭分明的:公司想要知道投资者喜欢什么样的证券;投资者想要知道公司的哪些项目是好的投资。因此,两门课程有相当多的重叠内容。但是对于讲述资产供给和需求的两门课程,你都需要理解。公司金融是一个良好的开端。

Q1.2　在计算你的工商管理硕士(MBA)学位的成本时,你是否应该考虑到求学期间的工资损失?另外,举出若干作为学生所获得的非金钱收益的例子,并试着把它们转换成货币价值。

Q1.3　如果你买房并居住其中,你的资金流入和流出是多少?

---

[1]　作者意即股票和债券都仅是现金流的流入和流出,并不涉及非现金收益。

1.3 企业与个人

本书主要是讲授适用于企业的概念和方法。比如说读到此处,你的目标是分析如何在已知现金流的条件下确定项目的价值。最好的工具是什么? 当然是一价定律。

> 我们在公司金融中使用和"家庭经济学"一样的原理。

适用于本书前文 iPhone 估值分析的逻辑,同样适用于现实世界中的企业项目。许多公司项目都有近似的可对比项目,使得相对估值方法方便可行。例如,假设你想给在重庆建一家新工厂的投资项目进行估值。你有很多选择:可以看看四川现有的或潜在的类似工厂的价值;或者你也可以看看越南类似工厂的价值;或者你可以考虑从另一家公司直接购买这家拟投资新工厂的净产出需要多少钱;或者你直接把钱投资到银行或股市看看能赚多少钱。如果你理解了如何评估拟建工厂相对于其他机会的价值,你就知道是否应该投产它。但并不是所有的项目都能很容易进行相对估值。例如,建造一条横跨大西洋的隧道、控制全球变暖,或者改造火星使其适合人类居住,以上项目都有什么价值? 这些项目没有简单的可比较对象,任何估值都不可避免地是比较随意的。

> 在企业世界里,相对估值通常很有效。

如果一家公司可以确定某个项目的价值,那么就可以决定是否接受它。在本书的第一部分,我们假设世界是完美的(这将在稍后解释),你将了解到每个项目有一个独特的价值,公司应接受所有能够增加价值的项目(在绝对意义上)。稍后,你将了解到一个更现实的世界,即目前世界中,项目的价值对某些所有者和另一些所有者来说是不同的。在这种情况下,你必须将自身的具体情况考虑在内,从而决定应该接受还是放弃该项目。

> 企业项目的估值依赖于市场的质量。

公司决策中一个有趣的方面是,所有者往往不是管理者/经理,这些经理是聘请的专业人士。对于一个拥有数百万名股东的上市公司来说,甚至雇佣经理的决定实际上也不是由公司所有者决定的,而是由股东的代表和其他管理层人员所决定的。

> 所有权和管理权(控制权)的分离。

不幸的是,对于企业经理来说,依赖于询问所有者他们想要什么是不可行的。因此,金融的一个基本前提是,所有者期望经理会使得公司的价值最大化。你会发现,在一个完美的世界里,经理们总是知道如何做到这一点。然而,在我们生活的世界中,会很困难。如果一些所有者不喜欢投资香烟,一些所有者认为公司在销售绿茶方面有很大的机会,一些所有者认为公司应该建造军舰,一些所有者认为公司应该把所有的钱都存入银行,还有一些所有者认为公司应该把所有的钱都还给他们,那么经理该怎么做呢? 这些饶有兴趣的问题就是本书所要解答的。

管理者需要决定适当的企业目标,这还引发了一些有趣的道德问题,其中大多数超出了本书的范围。但我们还是要提一个。正如前文所述,标准观点认为,建立公司的目的是使所有者的财富最大化。政府的职责是制定规则,约束企业只能在适当的道德边界内实现股东财富最大化。有些人会争辩说,限制有害产品(如香烟)的销售,是公共机构的职责,而不是公司的职责。他们认为,如果你的公司不卖,其他公司几乎肯定会卖。(可以把这个例子看作一个帮助理解公司的框架,上述争辩的观点不是一个关于公司应该承担什么道德义务的规范意见。然而,这确实是许多人采用的一种观点,作为他们的规范准则。)烟草公司的所有者、他们的公司和管理者的道德义务是什么?在很大程度上,本书坚持价值最大化是公司主要目标的观点。这并不意味着支持它,而是考虑在价值最大化目标的前提下,该如何行动。

> 道德困境。

下面开始讲述应该如何评估项目价值。

Q1.4 你能用"一价定律"来决定是接受项目还是拒绝项目吗?
Q1.5 本书所假设的公司管理者的主要目标是什么?

答案

章后习题

Q1.6 什么是一价定律?

Q1.7 投资股票和投资债券有什么区别?哪一种投资风险较小?为什么?

Q1.8 公司的价值与公司所有流通在外债务和所有流通在外股票价值之和的区别是什么?

Q1.9 一个大学学位项目的总费用为5万元:其中学费3万元,住宿费和书本费2万元。美国政府提供1万元的学费资助。此外,在3万元的学费中,学校将支付2万元给你的导师。因为参加这个项目对你来说是如此有趣,相对于其他选择,你愿意为这种乐趣净支付5 000元。如此算下来,这个大学教育项目对于你的净成本是多少?

第 2 章

现值:金融学之母

我们从回报率的概念开始——这是金融学的基石。今天把钱存入银行,你总能获得一定的利率(利率就是回报率)。这意味着今天的钱比明年同样数量的钱更有价值。这个概念被称为货币的时间价值(TVM[1])——1元的现值优于1元的未来价值。

金融市场的一方是投资者。投资者今天拿出钱是为了将来能收到钱。金融市场的另一方是企业。它们决定如何使用这笔钱——接受哪些项目,放弃哪些项目——这一过程被称为资本预算。你将了解到有一个最好的方法来做出这个关键的决定。该公司应该将所有未来的现金流——包括流入和流出转化为它们今天的等价现值。将所有现金流等价现值加总就得到了净现值(NPV[2])。公司应该接受所有净现值为正的项目,拒绝所有净现值为负的项目。

这一切听起来比实际情况要复杂,所以我们最好直接开始吧。

2.1 基本场景

正如所承诺的,我们从最简单的场景开始。在金融学领域,这意味着假设我们生活在一个所谓的**完美市场**中:

- 没有税收。

---

1 Time value of money,TVM。
2 Net present value,NPV。

- 不存在交易成本(买卖时产生的成本)。
- 投资者在信息或者观点上没有差异。
- 金融市场上有如此多的买家和卖家(投资者和公司),一个(或几个)个体的存在与否不会对价格产生任何影响。

完美市场的假设让我们能够专注于最纯粹形式的基本概念,而不需要考虑复杂的现实世界因素。我们将使用这些假设作为对金融市场如何运作的框架概述,但不是对企业的产品市场运作的框架概述。你将在第11章学习在一个不完美的世界中金融市场如何运作的知识。(这将会更加复杂。)

在本章中,我们还将做三个额外的假设(这些并不是"完美市场"所要求的),来进一步简化现实。

- 每个时期的利率是相同的。
- 没有通货膨胀。
- 没有风险或不确定性。你拥有完美的预见性。

> 仅在前几章,我们添加了这三条更强的假设。

当然,这种金融乌托邦是不现实的。但是你在本章中学习的工具也将在后面的章节中发挥作用,在后面的章节中,世界不仅将会逐渐变得更加现实,而且变得更加困难。如果任何一种工具都不能在我们这个简单的理想世界中给出正确的答案,那么在现实世界中它肯定是没有意义的。但正如你将看到的,这些工具不仅在理想世界而且在真实世界中,也是有效的。

Q2.1　完美市场的四个假设是什么?

 ## 2.2　贷款和债券

本章内容在债券和贷款的背景下是最容易理解的。**贷款**是指借款人承诺在未来一个或多个预先确定的时间(最后一个时间称为**到期时间**)支付一定数量的现金,通常以今天获取现金作为交换。简单地说,借出的钱和偿还的钱之间的差额就是贷款人赚取的**利息**。**债券**是一种特殊的贷款,之所以这样命名,是因为它"约束"借款人还款。因此,对于投资者来说,"购买债券"等同于"发放贷款"。购买债券是今天提供现金,并在未来获得有约束力的资金偿还的过程。从公司的角度来看,它是"提供债券""发行债券"或"出售债券"。贷款和债券有时也被称为**固定收益**证券,因为它们承诺向债券持有人支付固定数额的款项。

你应该把债券看成另一种投资项目——资金流入,资金流出。在第5章中,你会学到更多关于国库券的知识。国库券是财政部发行的债券,这类债券的美妙之处在于,你确切地知道债券的现金流将会是多少。(除非政府出现停摆,否则国库券不会违约。)此外,经济中配置在债券和贷款上的资本要比配置在股票上的资本多得多,所以了解债券本身是非常有用的。

> 为什么要先学习债券?因为它们最简单。

你已经知道一笔贷款的净收益叫作利息,而一笔贷款的收益率叫作**利率**——不过我们很快就会加深你对利率的认识。利息支付和非利息支付之间的一个区别是,前者通常有一个支付上限,而后者可以有无限的上行潜力。并不是所有的收益率都是利率。例如,彩票投资不是贷款,所以它不提供利率,只提供收益率。在现实生活中,彩票的收益率是不确定的——可能是零到无限大的任何数值。这种情况同样适用于股票和许多公司项目。我们在许多例子都使用了"利率"这个词语,尽管这些例子也适用于任何其他的收益率。

> 利率:有限的上行空间。收益率:任意的上行空间。

用1000元购买债券和把1000元存入银行活期储蓄账户之间有什么区别吗?是的,存在一点小区别。债券价值是由其未来承诺的收益所确定——比如明年到期收益的1100元决定了债券今天的价值和价格。作为债券持有者,你知道明年会得到多少钱。但是银行活期储蓄账户的投资是由它今天的投资金额来确定的[1]。利率每天都在变化,所以你不知道明年会得到多少钱。具体数额取决于未来的利率。例如,它可能是1080元(如果利率下降)或者1120元(如果利率上升)。

> 债券:由明年的支付金额来确定价值。储蓄:由今年的存款来确定未来价值。

你也可以把活期储蓄账户想象成一系列连续的1天期债券:当你存钱时,等于买了1天期债券,提前知道利率,钱明天到期后会自动再投资到另一个1天期的债券,而明天债券的利率是不知道的。

Q2.2 把钱存入活期储蓄账户更像是一笔长期债券投资还是一系列短期债券投资?

> **本源问题**
>
> 谁是世界上第一批金融家?候选对象是巴比伦的埃吉比家族(公元前7世纪),雅典的帕西恩家族(公元前4世纪),或许多古埃及人(公元前1世纪),后者甚至有一个支票签发系统! 当然,放债的人从来都不受欢迎——《圣经新约》和《古兰经》的读者都知道这一点。在中世纪的欧洲,意大利的热那亚城邦是一个早期的创新者。1150年,它发行了一种为期29年的400里拉债券,用对市场摊点的税收进行偿付。到了15世纪,第一家真正的现代银行出现了,这项发明像野火一样迅速传遍了整个欧洲。
>
> 《经济学家》,2009年1月10日

2.3 收益、净收益和收益率

最基本的财务概念是收益。一项投资的回报或收益(元)就是它所收到的现金量(C)。例如,一个在时间1返还12元的投资项目收益为:

$$C_1 = 时间1的现金收益 = 12(元)$$

这里下标是时间上的一个瞬间,通常缩写为字母 t。时间1具体指何时并不重要:可

---

1 这里银行储蓄存款的利率是浮动利率,西方商业银行的储蓄账户有 savings account 也即活期储蓄和 term account 也即定期储蓄,前者是浮动利率,后者一般是固定利率。这里指前者。

能是明天、下个月或明年。当我们指的时间是"现在",则用下标 0 来表示。

净回报,或**净收益**,是收益和初始投资之间的差额。如果项目有利可图,净收益就是正的;如果项目不赚钱,它就是负的。例如,如果今天的投资成本是 10 元,在时间 1 时收益是 12 元,其间没有任何其他收益,那么项目的净收益是 2 元。为了在符号上加以区别,我们需要在收益上使用两个下标——投资开始的时间(0)和结束的时间(1)。

$$\text{从时间 0 到时间 1 的净收益} = 12 - 10 = 2(\text{元})$$
$$\text{净收益}_{0,1} = C_1 - C_0$$

使用双下标是麻烦的。我们一般省略现金流的第一个下标,默认为零。**收益率**,通常缩写为 r,是用净收益除以初始投资的百分比表示。

$$\text{从时间 0 到时间 1 的收益率} = \frac{2}{10} = 20\%$$

$$r_{0,1} = r_1 = \frac{\text{从时间 0 到时间 1 的净收益}}{0 \text{ 时刻的购买价格}}$$

这里,我们采用了上述约定,把 $r_{0,1}$ 简写为 r_1。通常,可以很方便地计算收益率如下:

$$r_1 = \frac{12-10}{10} = \frac{12}{10} - 1 = 20\%$$

$$r_1 = \frac{C_1 - C_0}{C_0} = \frac{C_1}{C_0} - 1 \tag{2.1}$$

许多投资都有期间的现金流支付。例如,许多股票支付期间的现金**股息**,许多债券支付期间的现金**息票**,许多房地产投资支付期间的租金。那你该怎么计算投资的收益率呢?一个简单的方法是在分子上加上期间的支付。假设一项投资的成本为 92 元,在期间支付股息为 5 元,期末价值为 110 元。该投资的收益率是

$$r = \frac{110 + 5 - 92}{92} = \frac{110 - 92}{92} + \frac{5}{92} = 25\%$$

$$r_1 = \frac{C_1 + \text{从 0 到 1 的所有股息} - C_0}{C_0} = \frac{C_1 - C_0}{C_0} + \frac{\text{所有股息}}{C_0}$$

$$\text{(资本利得,用 \% 表示)}\quad\text{(股息收益率)}$$

当出现期间支付和最终支付时,收益通常被分解为两个部分。第一部分为价格变动或**资本利得**,即购买价格与最终价格之间的差额,不包括期间支付。上面的例子中,资本利得是 110 元和 92 元之间的差额,也就是 18 元的价格变化。它通常是按百分比报告的,这里是 18/92,即 19.6%。第二部分为收到的期间支付金额。它可以是股息、息票或租金,上例中是 5 元。用期间支付除以购买成本时,它有**股息收益率**、**当期收益率**、**租金收益率**或**息票收益率**等名称,这些也通常以百分比表示。在上面的例子中,股息收益率为 $5/92 \approx 5.4\%$。当然,如果股息收益率很高,即使你可能获得了负的资本利得,但仍然有正的回报率。例如,一种债券的购买成本是 500 元,支付 50 元的票息,然后以 490 元的价格出售。这里有 10 元的**资本损失**(这是一个 -2% 的资本收益率),但总的投资收益率是 $(490+50-500)/500 = +8\%$。我们总是考虑投资的总收益率,而不是资本利得收益。唯一的例外是与税务机关打交道时,因为税务机关可能会将资本利得与期间支付区别对待。(将在本书 11.4 节中讨论税收)

大多数时候,人们(不正确但无害地)将收益率或净收益率简称为"收益"。例如,如果说你购买 1 万元股票的收益是 10%,你显然不是说得到了 0.1 元,而是指回报率是 10%,即你得到了 1 000 元。这样说通常是没问题的。但是使用"回报"[1]一词可能带来更大的危害,严格来说,它指的是总收益率。然而,它经常被误用为股息收益率或息票收益率(股票或债券提供的百分比支付)的简称。如果说你的股票回报率是 5%,一些听众可能会理解为你获得了 5% 的总回报率,而另一些听众可能会以为你的股票支付了 5% 的股息收益率。

> [名义]利息[通常]是非负的。

从逻辑上讲,利率应该总是正的。毕竟,如果你把钱藏在床垫下,总是能赚到 0% 的钱(不会损失)——下一期的钱和这一期的钱一样多。因此,为什么今天要把钱借给一个将来还给你更少的钱的人呢?因此,利率几乎确实总是正的——少有的例外既奇怪又微不足道。

这里还有一个语言表述的问题:"利率刚刚上升了 5%",这句话是什么意思?它可能意味着两种情形:一种情形是从之前的利率比如 10% 上升到 10% · (1+5%) = 10.5%,另一种情形是它从 10% 上升到 15%。由于"利率上升 5%"的表述容易产生歧义,**基点**单位被发明了。基点就是百分之一的百分之一。如果你说利率上升了 50 个基点,肯定是指利率从 10% 上升到了 10.5%。如果你说利率上升了 500 个基点,则是指利率从 10% 上升到了 15%。

> 基点避免了语言中的歧义:100 个基点等于 1%

重点:100 个基点被视为 1%。不太常用的是,1 个点等于 1%。点和基点有助于避免"百分比歧义"。[2]

Q2.3 一项投资成本为 1 000 元,收益为 1 050 元。它的收益率是多少?

Q2.4 一项投资成本为 1 000 元,净收益为 25 元。它的收益率是多少?

Q2.5 10 和 1000% 相等吗?

Q2.6 你今天以每股 40 元的价格购买一只股票。它在下个月支付了每股 1 元的股息。如果你能在支付股息后立即以 45 元的价格卖掉这只股票,股息收益率是多少?资本利得(也被称为资本利得收益率)是多少?总收益率是多少?

Q2.7 如果利率从 9% 上升到 12%,改变了多少个基点?

Q2.8 如果利率从 10% 下降 20 个基点,新的利率是多少?

2.4 时间价值、未来价值和复利

因为可以赚取利息,所以今天一定数额的钱比未来同样数额的钱更值钱。毕竟,你总

---

[1] 这里英文是 yield,也即 yield 有两种含义,一是指总收益率(rate of return),一是指股息或利息收益率(dividend yield,coupon yield)。作者强调最好明确所指。

[2] 基点 basis points,等于万分之一。点 point,等于百分之一。金融学中常常使用"基点",较少使用"点",百分之一使用的是"百分点"。

是可以今天把钱存入银行,从而在未来获得更多的钱。这是**货币时间价值**的一个例子,今天的 1 元比明天的 1 元更值钱。这是金融学中最基本、最重要的概念之一。

> 货币的时间价值=赚取的利息

货币的未来价值

如果你现在投资 100 元,收益率是 20%,你未来会得到多少钱?把收益率公式(公式 2.1)调整一下,看看在给定收益率的情况下,钱在一段时间内会如何增长:

$$20\% = \frac{120-100}{100} \Leftrightarrow 100 \cdot (1+20\%) = 100 \cdot 1.2 = 120$$

$$r_1 = \frac{C_1 - C_0}{C_0} \Leftrightarrow C_0 \cdot (1+r_1) = C_1$$

> 这里是在给定收益率和初始投资的情况下,如何计算未来的回报。

明年的 120 元称为今天 100 元的**未来价值**(FV)。因此,未来价值是指当前现金在未来某一时刻的价值。正是货币的时间价值使其未来价值(120 元)高于其现在价值(PV) 100 元。使用缩写 FV 和 PV,你也可以把上面的公式写成

$$r_1 = \frac{\mathrm{FV}-\mathrm{PV}}{\mathrm{PV}} \Leftrightarrow \mathrm{FV} = \mathrm{PV} \cdot (1+r_1)$$

r_1 表示从现在到时间 1 的 1 年期利率。请注意,货币的时间价值不是基于商品价格在今天和明天之间可能发生变化的事实(这是通货膨胀),而是基于你的钱可以赚取利息这一事实。今天任何数量的现金都比明天相同数量的现金更为值钱。明天的现金是今天的现金金额加上利息。

Q2.9 一个项目的收益率是 30%。如果初始投资是 250 元,回报是多少?

复利和未来价值

现在,如果你能年复一年地获得同样的 20% 的收益率,意味着你能将所有的钱年复一年地进行再投资,结果会怎么样呢?比如说你两年期的收益率是多少?当然不是 20%+20%=40%!你知道在第一年年末有 120 元,从第一年到第二年你可以以 20% 的收益率进行再投资。因此,你将获得

$$C_2 = 100 \cdot (1+20\%)^2 = 100 \cdot 1.2^2 = 120 \cdot (1+20\%) = 120 \cdot 1.2 = 144(元)$$
$$C_0 \cdot (1+r)^2 = C_1 \cdot (1+r) = C_2$$

这 144 元——当然,也是今天 100 元的未来价值代表了两年的总收益率

$$r_2 = \frac{144-100}{100} = \frac{144}{100} - 1 = 44\%$$

$$\frac{C_2 - C_0}{C_0} = \frac{C_2}{C_0} - 1 = r_2$$

这超过了 40%,因为第一年 20 元的净收益在第二年多赚了 4 元的利息。你赚了利息的利息!这被称为**复利**。同样,3 年后的收益率是多少?在第二年年末,你可以以 20% 的利率投资 144 元,这将为你带来

> 利息的利息(或收益率的收益率)意味着利率不能简单地直接相加。

$$C_3 = 144 \cdot (1+20\%) = 144 \cdot 1.2 = 100 \cdot (1+20\%)^3$$
$$= 100 \cdot 1.2^3 = 172.80(元)$$

$$C_2 \cdot (1+r) = C_0 \cdot (1+r)^3 = C_3$$

你从时间 0 到时间 3 的 3 年总收益率(称为 r_3)将是

$$r_3 = \frac{172.80 - 100}{100} = \frac{172.80}{100} - 1 = 72.8\%$$

$$\frac{C_3 - C_0}{C_0} = \frac{C_3}{C_0} - 1 = r_3$$

这个公式将三个连续的 1 年期收益率转化为一个 3 年期**持有收益率**——也就是你在整个投资期间持有投资所获得的收益。这个过程被称为**复利**,下面的公式是"1 加公式"[1]:

$$(1 + 72.8\%) = (1 + 20\%) \cdot (1 + 20\%) \cdot (1 + 20\%)$$
$$(1 + r_3) = (1 + r) \cdot (1 + r) \cdot (1 + r)$$

如果你喜欢更短的形式,那么:$1.728 = 1.2^3$。

图 2.1 展示了如果你持续以每年 20% 的收益率投资,你的 1 元将如何增长。这个函数是指数型的,也就是说,随着利息的增加,它增长得越来越快。

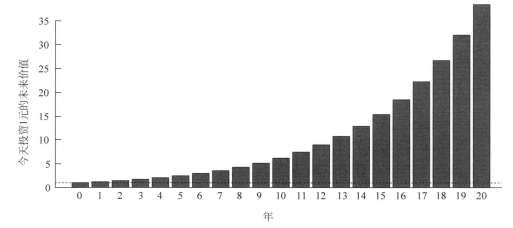

时期	初始价值/元	1+一年期利率	最终价值/元	从0期起的总系数	总收益率 $r_{0,t} = (1+r)^t - 1$
0 to 1	100	(1+20%)	120.00	1.2	20.0%
1 to 2	120	(1+20%)	144.00	1.2·1.2=1.44	44.0%
2 to 3	144	(1+20%)	172.80	1.2·1.2·1.2=1.728	72.8%
⋮					

图 2.1 年 20%、20 年的复利价值

资金以每年 20% 的恒定收益率增长。如果你计算 20 年后图形上的价值,你会发现当前投资的 1 元在 20 年后价值 38.34 元。一开始,货币的增长速度大致是线性的,但随着利息积累越来越多,其利息赚取的利息也越来越多,这条上升的曲线会越来越陡峭。

---

[1] 1 加公式,原文 One-plus formula,即复利不采取幂函数的形式,直接写为 $1+r$,这里的 r 显然即持有期收益率。

重点：复利公式将未来的连续收益率转换为整体的持有期收益率：

$$\underbrace{(1+r_t)}_{\text{多期持有收益率}} = \underbrace{(1+r)^t}_{\text{多期持有收益率}} = \underbrace{(1+r)}_{\text{当前1期即期收益率}} \cdot \underbrace{(1+r)}_{\text{下一个1期收益率}} \cdots \underbrace{(1+r)}_{\text{最后1期收益率}}$$

第一期利率被称为即期利率，因为它从现在（即期）开始。

复利公式太常见了，所以你必须记住它。

你可以用复利公式来计算各种未来的收益。例如一个投资项目，今天的成本是 212 元，持有 12 年每年收益率为 10%，将产生的总持有收益率为

$$r_{12} = (1+10\%)^{12} - 1 = 1.1^{12} - 1 \approx 213.8\%$$
$$(1+r)^t - 1 \qquad\qquad\qquad = r_t$$

你今天的 212 元投资将会变成的未来价值为

$$C_{12} = 212 \cdot (1+10\%)^{12} = 212 \cdot 1.1^{12} \approx 212 \cdot (1+213.8\%) \approx 665.35$$
$$C_0 \cdot (1+r)^{12} \qquad\qquad\qquad\qquad\qquad\qquad = C_{12}$$

现在假设你想知道两个 1 年期的利率（r）是多少会给你带来 50% 的 2 年持有期收益率。答案不是 25%，因为 $(1+25\%) \cdot (1+25\%) - 1 = 1.25^2 - 1 = 56.25\%$。你需要解决

$$(1+r) \cdot (1+r) = (1+r)^2 = 1 + 50\% = 1.50$$

正确的答案是：

$$r = \sqrt[2]{1+50\%} - 1 \approx 22.47\%$$
$$= \sqrt[t]{1+r_t} - 1 = r$$

> "复利逆运算"：将公式开方计算单独每期的利率。

检查你的答案：$(1+22.47\%) \cdot (1+22.47\%) = 1.2247^2 \approx (1+50\%)$。

如果 12 个月的利率是 213.8%，那么 1 个月的利率是多少？

$$(1+r)^{12} = 1 + 213.8\%$$
$$\Leftrightarrow r = \sqrt[12]{1+213.8\%} - 1 = (1+213.8\%)^{1/12} - 1 \approx 10\%$$

有趣的是，复利甚至在分段时间内也有效。假设利率是每年 5%，你想求出每半年的收益率。因为 $(1+r_{0.5})^2 = (1+r_1)$，你可以进行如下计算

$$(1+r_{0.5}) = (1+r_1)^{0.5} = (1+5\%)^{0.5} \approx 1 + 2.4695\% = 1.024695$$

> 你也可以通过复利来确定分段时间利率。

检查一下——两个（6 个月）期间的 2.4695% 复利产生的实际收益率为 5%：

$$(1+2.4695\%) \cdot (1+2.4695\%) = 1.024695^2 \approx (1+5\%)$$
$$(1+r_{0.5}) \cdot (1+r_{0.5}) \qquad = (1+r_{0.5})^2 = (1+r_1)$$

预期寿命和信贷

你的预期寿命可能是 80 岁，但 30 年期债券甚至在预期寿命只有 25 岁的时代就存在了——大约在公元前 1700 年的汉谟拉比时代（汉谟拉比建立了古巴比伦王国，并以颁布《汉谟拉比法典》闻名，这是人类已知的第一个法律体系）。此外，4 000 年前，美索不达米亚人就已经解决了有趣的财政问题。一块楔形泥板上写着为未来金融专业

> 学生准备的最古老的利率问题。学生必须计算出 1 迈纳银需要多长时间,以每年 20%的利息增长,达到 64 迈纳银。因为利息以一种奇怪的方式复利(本金的 20%不断累积直到利息等于本金,然后再加回本金),这个问题的答案是 30 年,而不是 22.81 年。这不是一个容易解决的问题——它甚至需要对数的知识!
>
> 威廉·戈茨曼,耶鲁大学

如果知道如何使用对数,你也可以使用相同的公式来确定在当前利率下,你的钱需要多长时间翻成两倍或三倍。例如,在每年 3%的利率下,你需要多长时间使你的钱翻倍?

> 你需要用对数来确定获得 x 倍资金所需的时间。

$$(1+3\%)^x = (1+100\%) \Leftrightarrow x = \frac{\log(1+100\%)}{\log(1+3\%)} = \frac{\log(2.00)}{\log(1.03)} \approx 23.5$$

$$(1+r)^t = (1+r_t) \Leftrightarrow t = \frac{\log(1+r_t)}{\log(1+r)}$$

即使算术平均回报率是正的,复利的回报率也可能是负的:想想+200%后面跟着-100%。本例中的算术平均收益率为(200%+(-100%))/2=+50%,而复利收益率为-100%。这不是一个好的投资!投资基金通常宣传其算术平均回报率,采用算术的方式来思考财富积累是一个常见的错误。高波动性基金(即价值大幅上涨然后大幅下跌的基金)在这个不正确的业绩指标上看起来特别好。

错误:对利率进行相加还是计算复利?

不幸的是,在现实世界中计算利率时,人们往往是随意的,有时甚至到了完全错误的地步。有些人错误地对利率进行算术相加,而不是进行复利计算。当投资额、利率和时间长度都很小的时候,正确和错误的计算值之间的差异通常很小,所以这种做法即使是错误的,也还是可以接受的。例如,当利率为 10%时,两年的复利收益率为

$$(1+10\%) \cdot (1+10\%) - 1 = 1.1^2 - 1 = 21\%$$
$$(1+r) \cdot (1+r) - 1 = r_2$$
$$= 1 + r + r + r \cdot r - 1$$

这和两个 r 的简单相加值也就是 20%不完全一样。21%和 20%之间的差异是"交叉项" $r \cdot r$。如果交叉项的两个回报率都很小,这个交叉乘积就不那么重要。比如两个利率都为 1%,则交叉乘积为 0.000 1。在大多数情况下,确实小到可以忽略不计,因此简单相加值是一个可以被原谅的近似值。然而,当你在进行多期复利计算时,会积累越来越多的交叉项,最终采用简单相加值的近似效果就会大幅下降。举个例子,100 万元投资在 100 年后,按年收益率 1%计算,复利值结果为 271 万元,而不是简单相加值的 200 万元。

Q2.10 如果 1 年期收益率为 20%,利率保持不变,那么 5 年的持有期收益率是多少?

Q2.11 如果现在投资 2 000 元,每年收益率 25%,15 年后会有多少钱?

Q2.12 每年收益率为 5%的 20 年投资的持有期收益率是多少?200 元的投资会变

Q2.13　一个项目在 5 年内每年损失 1/3 的价值。它的总持有期收益率是多少？如果初始投资是 2 万元，还剩多少？

Q2.14　如果 5 年持有期收益率为 100%，期间利率不变，（复利）年利率是多少？

Q2.15　如果年利率是 50%，那么季度利率是多少？

Q2.16　如果年利率是 5%，两年期的总收益率是多少？

Q2.17　如果年利率是 5%，十年期的总收益率是多少？

Q2.18　如果年利率是 5%，100 年的总收益率是多少？这和 100 乘以 5% 相比怎么样？

Q2.19　在每年 6% 的固定收益率下，你需要多少年才能让你的钱翻三倍？

重点：当你把你的计算结果和我们的答案进行比较时，你经常会发现结果略有不同。这通常是数字四舍五入精度的问题——取决于中间计算步骤。这种差异是不可避免的麻烦，但不是真正的问题。你应该检查你的答案是否接近，而不是是否精确到小数点后的某位数字。

银行如何进行利率报价

银行和许多其他金融机构使用大量的约定利率术语进行报价，这可能会让你大吃一惊。考虑一个贷款或存款的例子，当前发生一次现金流出为 1 000 000 元，6 个月后发生一次流入为 1 100 000 元。显然，简单的 6 个月持有期收益率是 10%。以下是你可能会看到的：

有效年利率（**EAR**[1]）就是我们书中所说的实际利率或持有期收益率。在这种情况下，我们仅需要把 6 个月的 10% 的利率重新报价为 12 个月的利率。这是很容易得到的，

$$\text{EAR} = (1 + 10\%)^{12/6} - 1 = 21\%$$

> 银行使用一些奇怪但传统的惯例来报出利率，这更增添了困惑。

这 21% 通常是任何银行都会给你提供 6 个月存款和贷款的报价利率 10% 时的补充利率。EAR 有时也被称为**年百分比收益率**（**APY**），它有时也被（模糊地）称为**约当年利率**（**AER**）。

年利率（**AIR**，无须进一步解释）并不是真正的回报率，而只是一种利率的报价方法。实际的日利率是年利率报价除以 365（或者按另一种惯例是 360）。在这个例子中，10% 的半年期报价利率转化为

$$\text{AIR} = (1.10^{1/\left(\frac{365}{2}\right)} - 1) \cdot 365 = 19.07\%$$

$$\text{日利率} \approx 0.052\,238\,4\%$$

年利率通常是银行对储蓄账户或支票账户的利率。如果银行公布的储蓄存款利率是 20%，那么存款的有效年利率（EAR）实际上是 $(1 + 20\%/365)^{365} - 1 \approx 22.13\%$。

---

[1]　equivalent annual rate，EAR；annual percent yield，APY；annual equivalent rate，AER；annual percentage rate，APR。

年百分比利率(APR) 完全是一团糟。不同的书对它的定义不同。

大多数人都认为 APR 是基于月度复利的：

$$\text{APR} = (1.10^{1/(\frac{12}{2})} - 1) \cdot 12 = 19.21\%$$

月利率 ≈ 1.6%

然而，APR 一般也包括费用和其他支出。比如说，银行收取了 1 万元的申请费和其他费用。这是在发生存款时即预付的，所以我们应该认识到 6 个月的实际持有期收益率不是 10%，而是 1 100 000/990 000 − 1 ≈ 11.1%。然后，可以将这种持有期回报率"按月计算"为 $(1.111\,1^{2/12} - 1) \cdot 12 \approx 21.26\%$ 的年百分比利率(APR)。到目前为止，一切顺利，只是不同的国家规定了不同的银行收费。例如在美国，有很多法律规定了 APR 应该如何计算，不止一部，而是几部（如 1968 年的《借贷真相法》，1991 年的《储蓄真相法》，1980 年的《消费信贷法》，谁知道还有哪些其他法案）。即使有了所有这些法律，APR 仍然不是完全精确和可比较的。雪上加霜的是，APR 有时也缩写为 AER，就像 EAR 的字母游戏排序一样。

从本质上讲，利率并不困难，但它可能是乏味的，而且对利率定义的困惑比比皆是。因此，如果事关真金白银，你应该要求银行对所有的现金收入和现金支出进行完整而准确的计算，而不是仅仅依赖于你认为的银行利率报价。此外，截至目前上述利率还不是很有趣，因为它们并不适用于有多次支付还款的贷款，你得等到我们补上到期收益率(yield to maturity)的时候(4.2 节)。

让我们来看看**存单(CD)**，它是一种比储蓄账户存款更长期的投资工具。如果银行想让你以定期存单的形式存钱，你认为银行会把更传统的利率报价还是 APY 标示在柜台窗口上呢？因为 10.52% 的年利率看起来比传统的 10% 的报价更高，因此对储户更有吸引力，所以大多数银行都把 APY 作为存款利率的宣传指标。但是如果你想从银行贷款，你认为贷款协议也会同样强调 APY 吗？不。大多数时候，银行会把这个数字放在细则，而专注于强调 APR（或传统的利率报价）。

Q2.20　如果你每年获得 12% 的（实际）利率，那么在一个日历日你能获得多少个基点的利息？（假设一年有 365.25 天。）

Q2.21　如果银行的报价年利率是 12%（不是实际有效利率），你一天能赚多少个基点的利息？

Q2.22　如果银行规定的实际有效利率是每年 12%，每年有 52.2 周，1 000 元的存款持有 1 周能获得多少利息？如果存款是 10 万元呢？

Q2.23　如果银行的报价年利率是 12%，1 年总共有 52.2 周，1 000 元的存款一周能赚多少利息？

Q2.24　如果银行的报价年利率是 12%，1 年总共有 52.2 周，1 000 元的存款一年能赚多少利息？

Q2.25　如果银行的报价年利率是 6%，放在银行的 100 元存款一年后等于多少？

Q2.26　如果银行提供的贷款 APR 是每年 8%，按月度复利，且不收取任何费用，如果你从银行借了 100 美元,一年后你需要还银行多少钱?

2.5 现值、贴现和资本预算

现在来看看未来价值问题的另一方面:如果你知道明年会有多少钱,那么它对应今天的价值是多少?这在企业背景下尤其重要,类似的问题是,"考虑到 X 项目将在 5 年内获得 100 万元的回报,那么你现在愿意支付多少钱来承担这个项目?"回答这个问题的过程被称为**资本预算**,它是公司投资决策的核心。(这是因为企业通常有一个"资本预算表",必须在这个预算表内为企业的投资项目分配资本。)

再从收益率公式开始:

$$r_1 = \frac{C_1 - C_0}{C_0} = \frac{C_1}{C_0} - 1$$

你只需要把这个公式调整一下来回答下面的问题:如果已知经济中的现行利率(r_1)和项目的未来现金流(C_1),那么该项目今天的价值是多少?换句话说,你要寻找的是**现值(PV)**——即在给定回报率的情况下,未来一笔钱在今天的价值。例如,如果利率是 10%,你需要储蓄(投资)多少才能在明年得到 100 元?或者等价地,如果某项目将在明年返回 100 元,那么今天该项目对你来说值多少钱?答案就在现值公式中,它将未来的钱转化为今天的钱,你只需要重新调整收益率公式,就能解出现值:

$$C_0 = \frac{100}{1 + 10\%} = \frac{100}{1.1} \approx 90.91$$

$$C_0 = \frac{C_1}{1 + r_1} \qquad\qquad = PV(C_1)$$

用下式进行检查——以 10% 的利率投资 90.91 元,确实会在下一期返回 100 元:

$$10\% = \frac{100 - 90.91}{90.91} = \frac{100}{90.91} - 1 \Leftrightarrow (1 + 10\%) \cdot 90.91 \approx 100$$

$$r_1 = \frac{C_1 - C_0}{C_0} = \frac{C_1}{C_0} - 1 \quad \Leftrightarrow (1 + r_1) \cdot C_0 \qquad = C_1$$

这就是**现值公式**,它使用了一种叫作**贴现**的除法运算。(术语"贴现"表明我们正在减少一个价值,这正是我们将未来现金流转化为当前现金流所做的事。)如果愿意,你可以把贴现——将未来的现金流金额转换成等价的现值金额看作复利的反义词。

因此,明年 100 元的现值(PV)是 90.91 元,即未来现金流在今天的价值。假设 90.91 元是这个项目的成本。如果你可以在其他地方以 10% 的利率借或贷,那么在明年收到的 100 元和今天你为项目支出的 90.91 元之间不存在差别。相比之下,如果经济中的标准回报率是 12%,你的上述项目就不是一笔好买卖。该项目的现值将是

$$PV(C_1) = \frac{100}{1 + 12\%} = \frac{100}{1.12} \approx 89.29$$

> 贴现是将未来现金转化为今天的等值现金。

$$C_0 = \frac{C_1}{1+r_1} = PV(C_1)$$

> 现值与资本成本成反比。

这一项目的现值比它的成本 90.91 元要低。但如果整个经济的标准回报率是 8%,该项目将是一笔好买卖。项目未来收益的现值将是

$$PV(C_1) = \frac{100}{1+8\%} = \frac{100}{1.08} \approx 92.59$$

这一现值超过 90.91 元的项目成本。将项目的现值与成本进行衡量,将决定你今天是应该承担还是规避投资项目。现值也可以回答下面这个问题:"在当前利率下,你需要存多少钱才能让你明年拥有既定金额的钱?"

让我们在示例中扩展时间框架。如果利率是每期 10%,则两期后的 100 元今天值多少钱?这 100 元的价值为

$$PV(C_2) = \frac{100}{(1+10\%)^2} = \frac{100}{1.21} \approx 82.64$$

$$PV(C_2) = \frac{C_2}{(1+r)^2} = C_0$$
(2.2)

> 两期的现值公式。

注意这个 21%。在两期内,你可以获得 $(1+10\%) \cdot (1+10\%) - 1 = 1.1^2 - 1 = 21\%$ 的回报率,所以这是合适的可比回报率。

这个贴现率,即项目的投资回报率 r,通常被称为**资本成本**。它是你可以将这笔钱用在其他地方的回报率。在一个完美的市场中,这种资本成本也就是你为特定的投资项目提供资金,而不投在其他次优项目所承担的**机会成本**。记住,你可以把你的钱投资在另一个项目,而非此项目。当这些其他替代项目表现更好时,你的资本成本就更高,你的投资项目的现金流价值就相对更低。一项承诺明年回报 1 000 元的投资,如果你能将资金投在其他地方获得 50% 的收益,而不是 5%,那么上述 1 000 元回报折现到今天的价值就会降低。一个好的规则是,总是心里在"资本成本"之前加上"机会"这个词——这永远是你的**机会资本成本**。在本书的这一部分,我只是告诉你泛指的用于借贷或投资的回报率——这里是 10%。在后面的章节中,你将了解到机会资本成本是如何确定的。

> 利率可以被称为"资本成本"。

🎓 **重点**:总把现值公式中分母的 r 看作是资本的"机会"成本。如果你有很大的机会将资金用于其他地方,你的项目就必须以很高的贴现率贴现。贴现率、资本成本和要求的收益率,其实都是同一事物的不同名称。

当你用未来现金流乘以适当的**贴现因子**时,你就得到了它的现值。根据公式 2.2,可以看到这个贴现因子是下面这个值:

$$\text{贴现因子} = \frac{1}{1+21\%} \approx 0.826\,4$$

> 贴现因子是资本成本的一个简单函数。

换句话说,贴现因子将未来的 1 元转化为今天等值的货币。以两年期 21% 的回报率为例,两年后的 1 元相当于今天的 0.83 元。因为利率通常是正的,贴现因子通常小于 1——未来 1 元的价值小于现在的 1 元。(有时,人们称为**贴现率**,但贴现率实际上是 $r_{0,t}$,并不是贴现因子,如果你很注重精确度的话。)

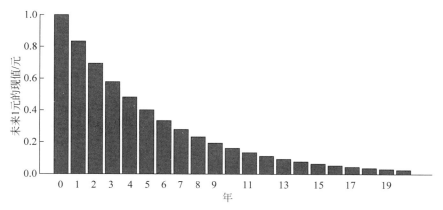

图 2.2 以每年 20% 的资本成本将 1 元贴现 20 年

每个柱状条为其左侧柱状条的高度的 $1/(1+20\%) \approx 83.3\%$。20 年后，最后一个柱状条的高度是 0.026，这意味着 20 年后的 1 元相当于今天的 2.6 分。

图 2.2 显示了当资本成本为每年 20% 时，贴现因子如何下降。大约十年后，项目赚的每一元对今天的你来说都不值两角。请比较图 2.1 和图 2.2，你应该注意到它们相互是对方的"另一面"。

重点：金融的基石是以下公式：

$$\text{收益率}：r_{0,t} = \frac{C_t - C_0}{C_0} = \frac{C_t}{C_0} - 1$$

重新整理公式，得到未来价值：

$$\text{未来价值}：FV_t = C_t = C_0 \cdot (1 + r_t) = C_0 \cdot (1+r)^t$$

得到 $r_{0,t}$ 的过程称为复利，它通过"一加"公式计算：

$$\text{复利}：\underbrace{(1+r_{0,t})}_{\text{总持有期收益率}} = \underbrace{(1+r)^t}_{\text{多期持有收益率}} = \underbrace{(1+r)}_{\text{当前1期即期收益率}} \cdot \underbrace{(1+r)}_{\text{下一个1期收益率}} \cdots \underbrace{(1+r)}_{\text{最后1期收益率}}$$

> 更远的年份的贴现率更高，因此贴现因子更低。

重新整理公式，得到现值：

$$\text{现值}：PV = C_0 = \frac{C_t}{1 + r_{0,t}} = \frac{C_t}{(1+r)^t}$$

将 C_t 转换为 C_0 的过程，即未来现金流乘以 $1/(1+r_{0,t})$，称为贴现。贴现因子为

$$\text{贴现因子}：\frac{1}{1+r_{0,t}} = \frac{1}{(1+r)^t}$$

它将 t 时刻的 1 元转换成今天的等值价值。

还记得债券和储蓄账户的区别吗？前者受制于其承诺的固定未来偿还价值，而后者则按照每日利率进行支付。这就导致了债券价值和现行利率之间的一种重要关系——它们朝相反的方向移动。例如，假设你有一种债券，承诺一年后支付 1 000 元，而现行利率为 5%，那么该债券的现值为 $1\,000/1.05 \approx 952.38$ 元。如果现行利率突然上升到 6%（这是你的新的机会资本成本），债券的现值就会变成 $1\,000/1.06 \approx 943.40$ 元。你将在债券

上损失 8.98 元,大约是你最初 952.38 元价值的 0.9%。你的固定利率债券的价值下降了,因为现在投资者可以通过购买新债券获得比你的 5% 固定利率债券更多的收益。投资者在其他经济领域有了更好的机会,他们可以获得 6% 的回报率,而不仅仅是 5%。所以现在如果你想卖掉你的债券,就必须以折让的价格出售,这样下一个买家才能获得 6% 的回报率。如果你推迟处置资产,6% 的突然变化对你的投资也就没有任何影响。相反,如果现行利率突然下降到 4%,那么你的债券将会更有价值。投资者愿意以 1 000/1.04 ≈ 961.54 元的价格买入,你的债券将获得 9.16 元的即时升值收益。当前利率与债券价格之间的反比关系是普遍规律,值得注意。

> 债券的现值和现行利率朝相反的方向变动。

重点:固定支付的债券价格和隐含收益率朝相反方向变动。当债券价格上升时,它的隐含收益率就会下降。当债券价格下降时,其隐含收益率上升。

Q2.27　一个项目的资本成本为 30%,一年后它获得了 250 元的回报。今天的成本是多少?

Q2.28　一张债券承诺在 12 个月后支付 150 元,年实际利率是每年 5%,债券今天的价格是多少?

Q2.29　债券承诺在 12 个月后支付 150 元。银行给你报的年利率是 5%,按日复利计算。债券今天的价格是多少?

Q2.30　如果每年的资本成本是 5%,那么两年期的现金流贴现因子是多少?

Q2.31　解释贴现因子的含义。

Q2.32　回报率、贴现因子、未来价值和现值的单位是什么?

Q2.33　从负债的现值来看,如果你的机会资本成本增加,对你来说是好是坏?

Q2.34　一年后确定支付 100 元的债券价格是 95 元。其隐含利率是多少?如果债券利率突然上升 150 个基点,债券价格会变为多少?当利率上升 150 个基点时,投资者持有该债券会有多少收益/损失?

2.6　净现值

现值的一个重要优点是所有的现金流都换算成了相同的单位:今天的现金。为了说明这一点,假设一个项目在 1 年后产生 10 元现金流,在 5 年后产生 8 元现金流。你不能把这些不同的未来价值加起来得到 18 元——这就像把苹果和橘子加在一起。然而,如果你把未来的现金流都转化为现值,你就可以把它们相加。

> 现值是一样的,因此可以加、减、比较等。

假设利率是每年 5%[因此 5 年后(1+5%)^5=(1+27.6%)],这两笔现金流的现值将是:

$$PV(1 \text{ 年后的 } 10 \text{ 元}) = \frac{10}{1.05} \approx 9.52(\text{元})$$

$$PV(5 \text{ 年后的 } 8 \text{ 元}) = \frac{8}{1.05^5} \approx 6.27(\text{元})$$

$$PV(C_t) = \frac{C_t}{(1+r)^t}$$

因此，项目未来现金流在今天(时间 0)的总价值为 15.79 元。

一项投资的**净现值**(**NPV**)是其所有未来现金流的现值减去其成本的现值。它实际上和现值是一样的，除了"净"这个词提醒你要加减项目所有的现金流——包括今天的投资支出。NPV 的计算方法是这样的：

(1) 将所有未来的现金流转化为今天的货币。
(2) 把它们都加起来。这是未来所有现金流的现值。
(3) 减去初始投资。

净现值法是确定项目价值的最重要方法。它是金融学的基石。让我们假设你必须支付 12 元来投资上面这个项目，它的未来两笔现金流是 10 元和 8 元。在这种情况下，它是一个正的 NPV 项目，因为：

$$\text{NPV} = -12 + \frac{10}{1.05} + \frac{8}{1.05^5} \approx 3.79 \text{（元）}$$

$$C_0 + \frac{C_1}{1+r_1} + \frac{C_5}{(1+r)^5} = \text{NPV}$$

(为了方便起见，我们省略了 NPV 的下标 0，就像我们对 PV 所做的那样。)

有很多方法可以理解净现值的含义：

- 一种方法是，把 3.79 元的净现值看作未来现金流的当前市场价值(15.79 元)和项目当前成本(12 元)之间的差额——这个差额就是"增量价值"。

- 另一种方法是，考虑你的项目的现金流，与一组完全复制它们的等价债券进行比较。在这种情况下，你会希望购买承诺明年支付 10 元的 1 年期债券。如果你花 9.52 元购买该债券——利率是 5%，你会在 1 年后得到 10 元。类似地，你可以用 6.27 元购买到承诺 5 年后支付 8 元的 5 年期债券。这两种债券的未来现金流完全复制了项目的未来现金流。**一价定律**告诉我们，你的项目应该和假设的债券组合项目的价值相同——因为现金流是相同的。因此你今天必须付出 15.79 元来购买这个债券组合，但你的项目可以以仅 12 元的成本获得这些现金流——比你的债券组合替代品的价值便宜得多，因此也更好。

- 还有另一种考虑 NPV 的方法。可以将你的项目与投资资本市场的其他机会进行对比。这些机会通过贴现因子在分母中表示。如果你把 12 元投资到资本市场中而不是你的项目，会得到什么？使用未来值公式，你知道从现在到明年可以获得 5% 的回报率，从现在到 5 年后可以获得 27.6% 的回报率。到明年，你今天的 12 元将增长到 12.60 元。你可以拿出 10 元(和项目在明年给你的现金流一样)，然后把剩下的 2.6 元用于再投资。在接下来的 4 年里，在 5% 的利率下，这 2.60 元将增长到 3.16 元。但是你的项目对你来说会更好，在第 5 年将给你 8 元。因此，你的项目获得了比资本市场替代方案更高的回报率。

上述讨论可以总结为一个最简单的，也是最准确的资本预算规则：如果 NPV 是正的，你应该接受这个项目；如果 NPV 是负的，你应该拒绝这个项目。如果它是零，接受与否则无关紧要。

重点:

- NPV 公式是

$$NPV = C_0 + PV(C_1) + PV(C_2) + PV(C_3) + PV(C_4) + \cdots$$
$$= C_0 + \frac{C_1}{1+r_1} + \frac{C_2}{1+r_2} + \frac{C_3}{1+r_3} + \frac{C_4}{1+r_4} + \cdots$$
$$= C_0 + \frac{C_1}{1+r} + \frac{C_2}{(1+r)^2} + \frac{C_3}{(1+r)^3} + \frac{C_4}{(1+r)^4} + \cdots$$

下标是时间刻度,C_t 是 t 时刻的净现金流(正数表示流入,负数表示流出),r_t 是从现在 0 时刻到 t 时刻的投资利率。在利率不变的情况下,$r_t = (1+r)^t - 1$。

- **NPV 资本预算规则**规定,接受 NPV 为正的项目,拒绝 NPV 为负的项目。
- 投资 NPV 为正的项目会增加公司的价值。投资 NPV 为负的项目会降低公司的价值。
- 净现值法绝对是资本预算的最佳方法——是接受或拒绝项目的依据。

NPV 公式非常重要,你必须记住它。

> 正确的资本预算规则是:接受所有净现值为正的项目。

我们来看另一个计算 NPV 的例子。一个项目现在的投资成本是 900 元,未来两年的收益是 200 元/年,然后再接下来的两年是 400 元/年,最后一年即第 5 年需要 100 元的清理费用。现行利率是每年 5%。这些现金流汇总于表 2.1。你应该接受这个项目吗?

(1) 你需要确定资金一年、两年、三年等的资本成本。复利公式为:

$$(1+r_t) = (1+r)^t = (1.05)^t = 1.05^t$$

比如现在,资本成本 r_0 是 $1.05^0 - 1 = 0$;对于一年后的资金,r_1 是 $1.05^1 - 1 = 5\%$;对于两年后的资金,r_2 是 $1.05^2 - 1 = 10.25\%$。以此类推。

(2) 你需要将资本成本转化为贴现因子。也就是用 1 除以 1 加上资本成本。一年后的 1 元相当于今天的 $1/(1+5\%) = 1/1.05 \approx 0.9524$ 元。两年后的 1 元相当于 $1/(1+5\%)^2 = 1/1.05^2 \approx 0.9070$。以此类推。

(3) 现在,你可以通过把收益乘以相应的贴现因子,将未来的现金流转化为等价的现值。例如,时间 1(即第 1 年年末)的 200 元现金流的现值为 $0.9524 \cdot 200 \approx 190.489$(元)。

(4) 因为现值是可以相加的,把所有的现值项加起来,就能计算出总的净现值。为此,请确保将最初的投资成本作为负数。

因此,该项目 NPV 为 68.16 元。因为 68.16 元是一个正值,你应该接受这个项目。

表 2.1 假设项目的现金流的表格

时间/年	项目现金流/元	利率		贴现因子	现值/元
		年化	持有期折现率		
t	C_t	r	r_t	$\dfrac{1}{(1+r)^t}$	$PV(C_t)$
0	−900	5.00%	0.00%	1.0000	−900.00

续表

时间/年	项目现金流/元	利率		贴现因子	现值/元
		年化	持有期折现率		
t	C_t	r	r_t	$\dfrac{1}{(1+r)^t}$	$PV(C_t)$
+1	+200	5.00%	5.00%	0.9524	+190.48
+2	+200	5.00%	10.25%	0.9070	+181.41
+3	+400	5.00%	15.76%	0.8638	+345.54
+4	+400	5.00%	21.55%	0.8227	+329.08
+5	−100	5.00%	27.63%	0.7835	−78.35
				净现值（汇总）	68.16

作为一个企业管理者，你必须提供项目现金流的估计。适当的利率（在这种情况下也称为资本成本）是由项目投资者的机会成本所提供的。投资者资金的机会成本是由更广泛的经济中资本的供求关系所决定的，项目投资者可以把他们的资本用于其他的投资。"项目现金流量"和右边的利率栏是两个输入栏。其余的列是根据这些输入值计算的。目标是为了计算最后一列数值。

然而，如果前期投资成本是1 000元而不是900元，NPV将是负的（−31.84元），你把钱投资到适当的一系列债券组合上会更好。在这种情况下，应该拒绝这个项目。

Q2.35 计算出你未来两年要支付的学费的现值。假设学费为每年3万元。你的第一笔学费将在6个月后支付，第二笔学费将在18个月后支付。你可以每年6%的实际利率借入资金。

Q2.36 默写净现值公式。

Q2.37 净现值NPV的资本预算规则是什么？

Q2.38 在表2.1中，如果每年的利率是8%，而不是5%，重新计算项目的净现值。你应该接受这个项目吗？

Q2.39 你在考虑搬进一栋楼居住三年，需要支付租金：现在立即付一笔钱，一年后付一笔钱，以及两年后付最后一笔钱。

1. 你是愿意先付100万元、然后在接下来的两年各付50万元，还是愿意每年支付70万元的租金？

2. 如果利率是10%，每年支付多少相等金额的租金（而不是70万元）会让你认为上述两种选择没有差别？［这种每年支付相等的金额，也被称为"约当年均成本"（EAC[1]）。］

Q2.40 用电子表格计算回答以下问题：汽车经销商A提供一份汽车租赁合约，当前支付2 200美元（第一笔钱），然后在未来23个月每月支付200美元的租赁费用。汽车经销商B提供的租赁合约为两年内每月收取300美元租金（也就是说，你当前的第一笔

1　equivalent annual cost，EAC。中文译为"约当年均成本"。

租金是 300 美元）。如果利率是每月 0.5%，你将采取哪种租赁方案？

应用：快速增长的公司是更好的交易吗？

让我们研究另一个适用于所有公司 NPV 的问题——投资快速增长的公司比投资缓慢增长的公司更有意义吗？可以把这个问题粗略地想一下，你应该投资像陌陌这样快速增长的公司的股票，还是像茅台这样缓慢增长公司的股票。实际上，回答这个问题你甚至不需要任何计算。在一个完美的市场中，答案是每笔公开交易的投资都有一个公平的价格。因此，选择并不重要。公司增长是快是慢，已经包含在今天的公司股票价格中了——这就是公司现金流的现值，它将归属于所有者。因此，投资陌陌或者投资茅台没有谁是更好的交易。然而，由于金融是如此有趣，我们将不惧烦琐而阐述细节问题。

> 公司的股票价格应该包含了公司的属性。

例如，假设公司"Grow"（G）将在未来 3 年产生以下现金流：
$$G_1 = 100 \text{ 元} \quad G_2 = 150 \text{ 元} \quad G_3 = 250 \text{ 元}$$
而公司"Shrink"（S）将会产生以下现金流：
$$S_1 = 100 \text{ 元} \quad S_2 = 90 \text{ 元} \quad S_3 = 80 \text{ 元}$$
G 难道不是比 S 更好的投资对象吗？

> 你应该投资于快速增长的企业还是缓慢增长的企业？

假设不存在现金流不确定性的情况，两家公司都面临相同的 10% 年资本成本。今天 G 的价格就是它的现值（PV）

$$\text{PV}(G) = \frac{100}{1.1^1} + \frac{150}{1.1^2} + \frac{250}{1.1^3} \approx 402.70 \text{（元）} \tag{2.3}$$

S 今天的价格是

$$\text{PV}(S) = \frac{100}{1.1^1} + \frac{90}{1.1^2} + \frac{80}{1.1^3} \approx 225.39 \text{（元）}$$

你今年到明年的投资回报率是多少？如果你投资 G，那么明年你将拥有 100 元现金和拥有一家未来将产生 150 元和 250 元现金流的公司。G 在时间 1 即明年的价值（所以 PV 现在有下标 1 而不是通常省略的 0）将会是

$$\text{PV}_1(G) = 100 + \frac{150}{1.1^1} + \frac{250}{1.1^2} \approx 442.98 \text{（元）}$$

你的投资将获得 442.98/402.70−1≈10% 的回报率。如果你转而投资 S，那么明年你将获得 100 元现金和拥有一家未来"只有"90 元和 80 元现金流的公司。因此，S 的价值为

$$\text{PV}_1(S) = 100 + \frac{90}{1.1^1} + \frac{80}{1.1^2} \approx 247.93 \text{（元）}$$

你的投资回报率为 247.93/225.39−1≈10%。因此无论投资 G 还是 S，从今年到明年，你都将获得 10% 的公平回报率。无论现金流的增长率是多少，这都无关紧要：这些公司目前的市场价格已经反映了它们未来的增长率。项目现金流或利润的增长率与你的投资收益率（即你的期望回报率）之间没有必然的联系。

确保你理解了这里的思想实验：投资高增长公司不一定能获得更高的回报率，但这

并不意味着经理们在没有追加额外投资成本的情况下成功增加了未来现金流的公司不能获得更高的估值。这样的公司确实会更值钱,现在的所有者将从未来现金流的增长中受益,但这也会立即反映在你——一个局外人可以购买这家公司的价格上。这是一个值得反复强调的重要结论。如果华为技术公司刚刚赢得了一份大合同(就像中彩票一样),难道你不应该购买华为的股票来参与这笔意外之财吗?或者,如果腾讯的经理们工作出色,组建了一家伟大的公司,你难道不应该购买腾讯的股票来分享这笔意外之财吗?答案是你不能。因为腾讯公司的老股东可不是傻瓜。他们知道腾讯的能力以及它将如何转化为现金流。他们为什么要给你这样一个潜在的新股东——一个毫无贡献的投资者以折扣价格交易股票的机会?仅仅提供更多的投资资金并不算一个很大的贡献——毕竟,数以百万计的其他投资者同样愿意以合适的价格提供资金。正是投资者之间提供资金的竞争和公司之间获取资金的竞争,决定了投资者获得的预期回报率和公司支付的资金成本。这里其实有一个更普遍的经验性规律。经济学告诉你,如果想获得高于正常水平的利润,你就必须拥有稀缺资源。任何依赖于丰富资源和/或存在众多竞争对手都可以提供资源的企业,都不会是一个非常有利可图的企业。

> 任何突然的财富增长都仅仅将惠及现有股东,而不是新投资者。

上述问题(快速增长的公司还是缓慢增长的公司是更好的投资)还有一个更普遍的版本,那就是好公司是否比坏公司更适合投资。许多新手会回答说,当然是买一家好公司。但你应该马上意识到,答案必须取决于价格。如果一家伟大公司的购买成本是其价值的两倍,你还愿意购买它吗?如果你能以一半的价格买下一家糟糕的公司,你真的不想买吗?对于一项投资而言,一家公司是经营良好的优质香水供应商还是经营不善的肥料供应商,这本身并不重要。重要的是公司的价格相对于你将获得的未来公司现金流,是高估还是低估。

Q2.41 假设教材正文中的 G 公司不支付期间的股息,你在项目结束时收到 536 元。请问 G 公司在时间 1、时间 2、时间 3 的市场价值是多少?你每年的回报率是多少?假设资本成本是 10%。

Q2.42 假设 G 公司在每个时期都将全部现金流进行支付。G 公司在时间 1、时间 2、时间 3 进行支付后的市场价值是多少?你每年的回报率是多少?

Q2.43 一个月前,一家公司被法院判决必须在明年 1 月 1 日支付 1 亿元的赔偿金。那么明年在 1 月 2 日之前购买这家公司的股票是不明智的吗?

总结

本章包括下列要点:

- 一个完美的市场假设没有税收,没有交易成本,没有意见分歧,存在许多买家和卖家。
- 债券是一种承诺在未来支付一定金额的要求权。购买债券就是提供贷款。发行债券就是借款。债券的价值是由其未来的收益决定的。

- 100个基点等于1%。
- 货币的时间价值意味着今天的1元比明天的1元更值钱,因为它可以赚取利息。
- 收益不能是被平均的,而是随着时间的推移而复利。
- 利率报价不是实际利率。例如,报价年利率通常不是你的钱在银行获得的实际年利率。如果投资者有疑问,就问银行!
- 贴现现值(PV)将未来的现金价值转化为当前的现金价值。净现值(NPV)是一个项目所有现值的总和,包括投资成本(通常是负的当期现金流)。
- 债券价值和利率走势相反。一个基准的经济利率的突然上升会降低债券未来收益的现值,因此也会降低债券今天的价格。相反,当前经济基准利率的突然下降会增加债券未来收益的现值,因此也会提高债券今天的价格。
- NPV公式可以写成

$$\text{NPV} = C_0 + \frac{C_1}{1+r_1} + \frac{C_2}{1+r_2} + \cdots$$
$$= C_0 + \frac{C_1}{1+r} + \frac{C_2}{(1+r)^2} + \cdots$$

在这种情况下,r称为贴现率或资本成本,$1/(1+r)$称为贴现因子。
- 净现值的资本预算规则规定,你应该接受净现值为正的项目,拒绝净现值为负的项目。
- 在一个完美的市场中,企业的价值是其资产的现值。无论企业增长快还是慢,都不会使它们的投资变得更具吸引力,因为企业的价格总是反映了未来现金流的现值。
- 在一个完美的市场中,突如其来的惊喜带来的企业价值增值收益,将由老股东而不是新股东获得,因为老股东没有理由分享"战利品"。

答案

章后习题

Q2.44 什么是完美的市场?本章所做的假设有哪些不是完美市场情景的一部分?

Q2.45 在教材正文中,假设你在每期期末收到了股息。在现实世界中,如果你在期初而不是期末获得股息,这会改变你的有效投资收益率吗?为什么?

Q2.46 你的股票今天价格是100元,在期末支付5元的股息,然后以98元的价格卖出。你的回报率是多少?

Q2.47 债券和贷款的区别是什么?

Q2.48 假定年利率为 10%。如果你不得不放弃利息的利息,5 年后你会损失多少?

Q2.49 利率从 6% 提高到 8%。这是多少个基点?

Q2.50 若进行一笔 20 年的存款,你是喜欢每年 10% 的复利,还是不进行复利的每年 15% 利率?(也就是说,你得到了利息,但这笔钱被存入一个没有利息的账户,这就是我们所说的单利。)

Q2.51 一个项目的回报率是 +30%,然后是 −30%。因此,其算术平均收益率为 0。如果你投资了 25 000 元,你最终得到了多少?你的回报率是正的还是负的?如果你先亏损 30%,然后再赚 30%,你的整体回报率会有什么不同?

Q2.52 一个项目的回报率是 +50%,然后是 −40%。因此,其算术平均收益率为 $(50\% + [-40\%])/2 = +5\%$。你的回报率是正的还是负的?

Q2.53 5 万元的一笔投资在一整年的每个月都能获得 1% 的回报率。到年底你会有多少钱?

Q2.54 对于什么股票适合投资,人们一直存在分歧。一个典型的分歧是,某只股票的年化收益率可能是 10%(悲观预期),也可能是 20%(乐观预期)。对于今天价格为 30 元/股的股票,这两种观点的信念差异对明天的预期股价意味着什么?(假设一年有 365 天。花点时间思考一下你的答案——30 元的股票在典型的一天中通常会波动大约 ±1 元。这种无法合理解释的上上下下的波动通常被称为噪声。与噪声相比,预期的股价平均变化有多大?)

Q2.55 如果年利率是 5%,多长时间可以使你的存款翻倍?翻三倍需要多长时间?

Q2.56 如果年利率是 8%,多长时间可以使你的钱翻倍?

Q2.57 斐波那契在 1202 年写的《计算之书》中写道:"一个人付 1 第纳尔(意大利货币单位)获取利息,5 年后他能得到双倍的第纳尔,再过 5 年,他能在双倍第纳尔基础上再得到双倍第纳尔,以此类推到永远。那么 100 年后他将从这 1 第纳尔中得到多少第纳尔?"

Q2.58 银行给你的信用卡提供的贷款年利率为 14%,按日复利。如果你在年初用信用卡支付 15 000 元,那么在年底你需要偿还多少?

Q2.59 选择一家银行的网站进行观察。该银行对定期存单(CD)的报价是什么样的?对抵押贷款的报价是什么样的?为什么会有区别?

Q2.60 如果利率是 33.33%,1 年的贴现因子是多少?

Q2.61 你可以选择以下三种租金支付方式:

a. 一次性现金支付 100 000 元;

b. 支付 10 年,每年支付 12 000 元,第一次立即支付;

c. 支付 120 月,每月支付 1 200 元,第一次立即支付。(友情提示:利用计算机电子表格进行计算要容易得多。)

现在从它们中选择:

(1) 如果有效年利率为 5%,你会选择哪种租金支付方案?

(2) 电子表格问题:在什么利率下,你会认为上面的第一种方案和第二种方案不存在差别？（提示：画出第二个项目的 NPV 的利率函数。）

Q2.62　一个项目在 1 年后、2 年后和 3 年后的现金流分别为 15 000 元、10 000 元和 5 000 元。现行利率是 15%，如果这个项目的成本是 25 000 元，你会接受它吗？

Q2.63　假设同一个项目成本为 25 000 元，现金流分别为 15 000 元、10 000 元和 5 000 元。这个项目在多大的利率下才有利可图？尝试采用不同的利率，将 NPV 作为 y 轴，将利率作为 x 轴画图。

Q2.64　假设你 25 岁。IAW 保险公司向你提供以下退休金保险合同（称为年金保险）：在未来 40 年里每年缴纳 2 000 元。当你 65 岁时，只要你活着，每年就会得到 3 万元。假设你相信在 65 岁之后，你每年死亡的概率是 10%。换句话说，你在 65 岁时，将以 90% 的概率获得第一笔付款，以 81% 的概率获得第二笔付款，以此类推。如果现行利率是每年 5%，所有的付款都在年底。现在是 1 月 1 日，请问这种年金保险是否值得购买？（使用电子表格计算）。

Q2.65　一个项目在第一阶段至第四阶段的现金流如下：−200 元，+200 元，−200 元，+200 元。假定现行利率是 3%，如果你需要提前支付 10 元，可以接受这个项目吗？

Q2.66　2021 年 1 月 1 日，英特尔公司的股价为 49.82 美元。2018 年，它的季度股息为 0.30 美元，2019 年季度股息为 0.315 美元，2020 年季度股息为 0.33 美元。假设英特尔在 2021 年每季度支付 0.35 美元。进一步假设现行利率为每季度 0.5%（即每年 2.015%）。如果你在 2021 年 1 月 1 日买入英特尔的股票，你需要在 2022 年年底以什么价格卖出英特尔的股票才能实现盈亏平衡？

Q2.67　如果利率是每年 5%，对于一笔当前支付 2 000 元，然后再支付 3 年每年 800 元的租金合同（见 Q2.39）来说，这项租金合同的年约当成本 EAC 是多少？

Q2.68　假设你是一名拥有独家合同权利的房地产经纪人——公寓协会规定，每个出售公寓的人必须通过你或你指定的经纪人进行交易。一套普通的公寓现在售价 50 万元，每 5 年可以出售一次。假设第一笔交易将在 5 年后完成，这将持续 50 年，然后一切结束。你的佣金是 3%。公寓每年以 2% 的速度升值。年利率是 10%。

（1）对于一套公寓来说，这种排他性规则（独家代理权）的价值是多少？换句话说，你应该以什么价格把一套公寓的独家代理权卖给另一个经纪人？

（2）如果免费的互联网广告同样有效，它可以取代所有的房地产中介，让买家和卖家的中介不再获得传统的 6%（每方 3%）的佣金收入，那么公寓的价值收益会发生什么变化？

Q2.69　现行的贴现率是每年 15%。公司存续期为三年。公司 F 的现金流从第一年的 500 元开始，以每年 20% 的速度增长，持续两年。公司 S 的现金流也是从第一年的 500 元开始，但在接下来的两年里每年缩水 20%。这两家公司的价值分别是多少？哪一个是更好的购买对象？

第 3 章

股票和债券估值：年金和永续年金

重要的便捷公式

现值公式是评估包括股票和债券在内的各类投资的主要工具。但这些投资很少只有两到三期的回报。股票可能永远支付股息，常见的抵押贷款债券有 360 个月支付。计算包含 360 期的净现值公式是可以实现的，但过程会很烦琐。

幸运的是，如果你的项目有一组特定的现金流模式，并且资本的机会成本是恒定的，那么存在一些快捷的公式可以加快现值 PV 的计算。其中最突出的两个公式是永续年金（支付期限为永久）和年金（支付期限为有限期限）的项目。当然，没有公司能永远存在，但永续年金公式通常是一个有用的"快速粗略"的工具，可以实现很好的近似。无论如何，本章中的公式都被广泛使用，可以帮助你理解企业增长的经济学原理。

3.1 永续年金

一个简单的**永续年金**是这样一个项目，它有源源不断并且永远重复的现金流。如果资金成本（即适当的贴现率）是恒定的，并且货币金额保持不变或以恒定的速度增长，那么永续年金就有快速的现值求解方案——当你需要快速的经验法则来估计现值时，这非常有用。这些公式一开始看起来有点吓人，但使用习惯后很快就会成为你的第二天性。

> "永续"是具有特殊类型现金流的项目,允许使用快捷公式。

简单永续公式

在10%的恒定利率下,你需要今天投资多少钱,才能获得从明年开始的永久性的每年2元的等额利息?图3.1展示了每年支付2元的永续年金在10%年利率的情况下,未来所有支付金额的现值。请注意在0时刻没有支付,并且随着时间的推移,未来支付金额的现值变得越来越小。

时间	现金流/元	折现因子	现值/元	累加现值/元
0	没有任何现金流			
1	2	$1/(1+10\%)^1 \approx 0.909$	1.82	1.82
2	2	$1/(1+10\%)^2 \approx 0.826$	1.65	3.47
3	2	$1/(1+10\%)^3 \approx 0.751$	1.50	4.97
⋮	⋮	⋮	⋮	⋮
50	2	$1/(1+10\%)^{50} \approx 0.0085$	0.02	19.83
⋮	⋮	⋮	⋮	
		净现值(汇总):	20.00	

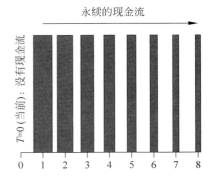

图 3.1 利率 $r=10\%$ 的每期 2 元的永续年金

这个图展示了现金流、贴现因子和累计价值。图中右边条形图的高度表明,未来每个时期的名义现金流都是相同的。它们的宽度(或者它们的面积)表明了这些现金流的现值。每个条形的面积都小于前一个条形的面积。否则,累加至永远不可能是一个有限的数字。

在表的最后一行,永续年金的净现值为 20 元,这是把无限期加起来的结果。但如果用电子表格计算并将前 50 项加起来,你会得到一个 19.83 元的现值。如果把前 100 项加起来,你会得到一个 19.9986 元的现值。从数学上讲,这个总和最终会收敛到 20 元。这是因为,在资本成本不变的情况下,计算永续年金净现值的捷径是:

$$\text{永续年金的现值} = \frac{2}{10\%} = \frac{2}{0.1} = 20(元)$$

$$\text{PV}_0 = \frac{C_1}{r}$$

式中的时间下标"1"是为了提醒你,第一笔现金流不是发生在当前,而是发生在明年,各期的现金流金额在明年、后年等将保持不变。

> **重点**:从下一期(即时间1)开始的恒定现金流(每期永远为 C 元)以相同的每期资本成本 r 贴现,是一种特殊的永续年金价值。
>
> $$\text{PV}_0 = \frac{C_1}{r}$$

上式是以下公式的化简形式:

$$\text{PV}_0 = \frac{C_1}{1+r} + \frac{C_2}{(1+r)^2} + \frac{C_3}{(1+r)^3} + \cdots + \frac{C_t}{(1+r)^T} + \cdots$$

C_2 以及其他所有 C_t 都和 C_1 一样。

最古老的机构和永续年金

永续年金假定项目持续到永远,但现实中不存在这样的情况。维基百科列出的现存最古老的公司是日本的Keiunkan酒店,成立于公元705年。西方现有的一些餐厅、酒店和酿酒厂也相当古老,可以追溯到9世纪晚期。加拿大哈德逊湾公司成立于1670年,号称世界上最古老的连续注册的公司。

耶鲁大学图书馆收藏了荷兰水利局发行的债券,债券筹资用于维护当地堤坝。这种永久债券最初于1648年在山羊皮上发行,迄今为止一直在支付利息,只要债券持有人至少每二十年可以要求支付一次利息,这种债券就将在未来继续支付利息。最近一次136.20欧元的利息支付是由耶鲁大学在2015年收取的。直到1943年,每次利息支付的记录都写在债券上。然而,之后羊皮纸上没有更多的空间,就会贴上一个便签来记录更多的利息支付。耶鲁大学还持有荷兰东印度公司发行的债券,该公司被广泛地认为是世界第一家现代公司。然而,与水务债券不同,1622年发行的这种债券不再支付利息。

对你来说,熟悉永续年金最简单的方法就是计算回答以下问题。

Q3.1 凭记忆,写出永续年金的现值公式。明确第一次现金流发生的时间。

Q3.2 从下个月开始,每月支付5美元的永续年金,如果月利率是固定的0.5%,现值是多少?

Q3.3 从下个月开始,每月支付15美元的永续年金,如果实际年利率是每年恒定的12.68%,其现值是多少?

Q3.4 在什么利率下,你将更喜欢从明年开始每年支付200万美元的永续年金,而不是一次性支付4 000万美元?

Q3.5 在英国,**统一公债**(Consol)属于永续债券。(在美国,国税局不允许公司扣除永续债券的利息支付,所以美国公司不发行永续债券。)在现行利率为4%的情况下,承诺每年支付2 000英镑的统一公债的价值是多少?

增长型永续年金公式

如果现金流不是每个时期都有相同的金额,而是随着时间的推移而增加,这就是增长型永续年金。**增长型永续年金**公式允许每一时期的现金流有一个固定的增长率 g,前提是它小于折现利率。图3.2显示了一个增长的永续年金,明年支付2元,增长率为5%,资金成本为10%。前30项的现值加起来是30.09元,前100项加起来是39.64元,前200项加起来是39.98元。最终,年金的总和接近公式

$$\text{永续增长年金的现值} = \frac{2}{10\% - 5\%} = 40(元)$$

$$PV_0 = \frac{C_1}{r-g} \tag{3.1}$$

时间	现金流/元	折现因子	现值/元	累加现值/元
0	没有任何现金流			
1	$(1+5\%)^0 \cdot 2$ = 2.000	$(1+10\%)^{-1}$ ≈ 0.909	1.818	1.82
2	$(1+5\%)^1 \cdot 2$ = 2.100	$(1+10\%)^{-2}$ ≈ 0.826	1.736	3.56
3	$(1+5\%)^2 \cdot 2$ = 2.205	$(1+10\%)^{-3}$ ≈ 0.751	1.657	5.22
⋮	⋮	⋮	⋮	⋮
30	$(1+5\%)^{29} \cdot 2$ ≈ 8.232	$(1+10\%)^{-30}$ ≈ 0.057	0.472	30.09
⋮	⋮	⋮	⋮	⋮
		净现值(汇总):		40.00

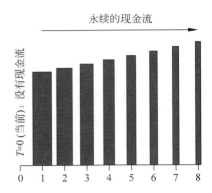

图 3.2 永续现金流,$C_1 = 2$ 元,增长率 $g = 5\%$,利率 $r = 10\%$

这张图展示了现金流、贴现因子和累计价值。图中条形图的高度表示名义现金流随时间增长,它们的宽度(以及它们的面积)表明了这些现金流的现值。每个条形的面积都比前一个条形的面积小,这就解释了为什么累加的总和可以是一个有限的数字。

> 0 时刻没有现金流。第一次增长是从时期 1 到时期 2。

和之前一样,下标"1"表示现金流从下一时期开始,而不是当前,标记现金流发生的时期下标是必要的,因为未来的现金流会有所不同。利率是 r,r 减去现金流增长率 g 为折现率。请注意,表格显示增长因子 g 的第一次应用发生在 1 时刻,在折现因子的第一次应用之后,g 的幂次小于折现因子 1 个周期。例如,时期为 30 的现金流用 $(1+r)^{30}$ 折现,但其现金流是 C 乘以 $(1+g)^{29}$ 的增长因子。后面你会在很多地方用到永续增长年金公式。例如,通常假设现金流随通货膨胀率增长。在本书的后续章节中,你还会使用这个公式来获得预测期后的最终价值/残值。

> C 的下标是一个很好的提醒。同时,当 $r < g$ 时,这个公式就没有意义了。

重点:每一时期以 g 的既定速度增长,并以恒定的利率 r 折现的永续增长年金的现金流价值:

$$PV_0 = \frac{C_1}{r-g}$$

第一笔现金流 C_1,发生在下一时期(时期 1),第二笔现金流 $C_2 = C_1 \cdot (1+g)$ 发生在第二个时期(时期 2),以此类推,直到永远。为了使公式成立,g 可以是负的,但 r 必须大于 g。

你需要记住永续增长型年金公式!

要注意把明年的现金流用在分子上。下标"1"是用来提醒你的。举个例子,如果你想把这个公式用在你的公司估值上,它今年赚了 1 亿元,预期永远以 5% 的速度增长,那么分子中正确的现金流应该是 $C_1 = 1.05$ 亿元,而不是 1 亿元!

第 3 章 股票和债券估值：年金和永续年金

如果现金流增长率大于利率（$g > r$），会发生什么情况？公式不是表明 PV 为负吗？是的，但整个假设都是无稽之谈。如果 g 大于 r，那么 1 个时期后的现金流以今天的货币计算，价值会更高。例如，以我们之前的例子，折现率为 10%，但若现金流的增长率 $g = 15\%$。第一笔现金流仍然是 2 元，折现到今天为 1.818 元。第二笔现金流是 $2 \times 1.15 = 2.30$ 元，折算到今天为 1.901 元。第三笔现金流是 $2 \times 1.15^2 = 2.645$ 元，折算到今天为 1.987 元。每笔现金流的现值都要高于之前一期的现值。对无限多个这样递增的数值项进行求和，得到的价值将是无穷大。无穷大的值显然是不合理的，因为这个世界上没有任何东西价值无穷大。因此，如果 $g \geq r$，永续增长年金公式没有意义！

Q3.6 凭记忆写下永续增长年金的现值公式。

Q3.7 一笔从本月开始（立刻）支付 5 元的永续增长年金，如果月利率是恒定的 0.5%/月（6.2%/年），现金流将以 0.1%/月（1.2%/年）的速度增长，其年金的现值是多少？

Q3.8 一笔从本月开始（立刻）支付 8 元的永续增长年金，如果月利率是恒定的 0.5%/月（6.2%/年），现金流将以 0.8%/月（10%/年）的速度增长，年金现值是多少？

Q3.9 以下是永续增长型年金模型（称为备考财务估值模型）最常用的一个例子。你的公司刚刚结束了一年，在这一年里它产生了 1 亿元的现金收益。你想确定公司的价值。预测公司将有一个快速增长的阶段，为期 3 年，在此期间，它将以每年 20% 的速度增长（从第 1 年年末的 1.2 亿元到第三年年末的 1.728 亿元）。在接下来的 3 年里，贵公司的年增长率会下降到 10%（以 1.901 亿元作为第 4 年的现金流，以此类推）。最后，从第 7 年开始，你希望它能稳定在每年 5% 的长期增长率。同时你预期资金成本在 20% 的增长阶段是 10%，在 10% 的增长阶段是 9%，在 5% 的增长阶段是 8%。除去当前的 1 亿元，你认为你的公司今天价值多少？

Q3.10 一份永久专利使用合同规定，专利权使用人将在明年向专利权拥有者支付 150 万元的专利使用费。合同条款规定了专利使用费随通货膨胀率增长，即每年 2%。适当的资金成本为 14%。这个专利合同的价值是多少？

Q3.11 如果第一笔付款不是在明年，而是在今晚，专利合同的价值将会发生怎样的变化？

应用：股票估值与戈登增长模型

由于其固定的利率和增长率以及永续的支付要求，永续年金很少是完全精确的，但对于快速粗略估计非常有帮助。例如，考虑一个成熟而稳定的公司，明年的利润为 100 万元。因为它是稳定的，所以利润很可能以通货膨胀率的速度增长，比如说每年 2%。这就意味着它第 2 年赚 102 万元，第 3 年赚 104.04 万元，以此类推。公司面临 8% 的资金成本。永续增长年金公式表明，这家公司的价值应该不超过：

$$\text{企业价值} = \frac{1\,000\,000}{8\% - 2\%} \approx 16\,666\,667 (元)$$

> 永续年金是不完美的近似值，但通常会给出一个有用的价值上限。

$$\text{企业价值} = \frac{C_1}{r-g}$$

因为在现实中,公司几乎肯定不会永远存在。当然,在现实生活中,往往存在着更大的不确定性:明年的利润可能会不同,公司会以不同的速度增长(或者会在一段时间内以不同的速度增长),或者 1 年期与 30 年期的资金面临不同的资金成本。因此,1 670 万元应该被认为是一个快速而粗略的有用近似值,也许只是一个上限,而不是一个确切的数字。

永续增长模型有时被直接应用于股票市场。例如,一只股票的股息将永远以 $g=5\%$ 增长,合适的回报率是 $r=10\%$,该股票明年的股息为 $D=10$ 元,那么今天的股票价格为

$$\text{今天的股价} = \frac{10}{10\% - 5\%} = 200(\text{元})$$

$$\text{今天的股价} = \frac{\text{明年的股息}}{r-g} \tag{3.2}$$

在这种背景下,永续增长模型通常被称为**戈登增长模型**,以其提出者麦伦·戈登教授[1]的名字命名。

让我们继续探讨一下戈登增长模型。2021 年 8 月,美国默克制药公司的股息收益率约为 3.3%,这是分析师对明年的股息除以当前的股价 D/P 的普遍一致预测,这称为**股息收益率**。重新排列公式(3.2):

$$\frac{\text{明年的股息}}{\text{今天的股价}} = r - g = 3.3\%$$

> 你可以根据默克公司的股息收益率和预期股息增长率来估算其资本成本。

因此,可以推断股票市场认为对于默克公司合适的资金成本(r)超过其每年股利增长率(g)大约 3.3%。我们从公司向美国证券交易委员会(SEC)提交的文件中进一步注意到,默克公司在 2020 年支付了 62 亿美元的股息,比 2019 年支付的 57 亿美元股息高出约 9%。因此,如果你认为每年 9% 也是默克公司的股息未来增长率的合理估计,那么股票市场对默克公司估值就内涵了它每年的资本成本约为

$$r = \frac{\text{明年的股息}}{\text{今天的股价}} + g \approx 3.3\% + 9\% = 12.3\%$$

不要把上述估计太当真。这只是一个近似值,应该被视为讨论的起点。我们不相信任何公司能有 9% 的永续的未来增长率!

下面我们再来玩一个金融界很有名的游戏。粗略地说,利润是公司股东获得的现金流的近似。你可以把今天股票的价值看作股票将产生的利润流的价值。毕竟,回想一下第一章的内容,股票所有者获得所有的股息和拥有所有的现金流(利润),想必前者是由后者支付的。(在第 14 章中,我们会更详细地解释为什么利润只是近似而不是确切的现金流。)

> 我们假设这个公式也适用于利润。

人们通常会假设,股票市场的价值是资本化的,就好像企业利润是永恒的现金流,以适用于利润的某个恒定速率 g 增长(不一定与适用于股息的增长率相同)。这意味

---

[1] 麦伦·戈登教授,Myron J Gordon,加拿大多伦多大学罗特曼管理学院荣誉退休教授,已于 2010 年去世。

着假设公司的价值是

$$\text{今天的股价} = \frac{\text{明年的利润}}{r-g}$$

因此,要确定投资者要求的回报率(资金成本),只需要盈利预测、当前的股价,以及利润的永恒增长率。这些信息在网络上很容易获得。2021年8月,默克的"跟踪市盈率"为31.25,计算方法为当前股价除以历史盈利。更有趣的是,分析师预测"未来市盈率"为13.8,即价格除以他们对明年盈利的预期。永续增长年金公式考虑的是未来若干年的利润,所以后者更接近你所需要的。分析师们还预计默克公司未来5年的利润将以平均12.8%的年增长速度增长——如果你愿意假设这是一个长期的近似的永续增长率,那么公式中的g就是这个数字。因此,下面所要做的就是重新整理永续增长年金公式,然后得出一个合适的回报率:

> 你也可以根据默克公司的市盈率和盈利增长率来估算其资本成本。

$$r = \frac{\text{明年的利润}}{\text{今天的股价}} + g = \frac{1}{P/E} + g \approx \frac{1}{13.8} + 12.8\% \approx 20\%$$

作为一个群体而言,分析师们对默克公司相对于其股价的利润相当乐观,超过了其将支付多少股息的预期。这个公式很直观,但还有更复杂的版本。例如,分析师有时会使用一种分析方法,认为利润再投资率(又称**留存比率**[1])较高的公司,应该有更高的利润增长率。

重要的是,你要认识到上述只是近似值,不应该把准确性看得太严重。比如,默克公司不会永远存在,利润不是现金流,贴现率不会永远不变,利润不会永远以12.8%的速度增长,等等。然而,这些数字并非毫无意义,甚至可能和现实相差不远。默克公司是一家非常稳定的公司,会存在相当长时间,假设每年的资本成本(用于投资类似于默克公司股票的项目)在12%左右,比如每年10%到14%之间是比较合理的,上述例子中估计的20%的资本成本显然过高。

> 保持洞察力!该模型只提供了一个快速的近似。

Q3.12 一只股票在一个月内支付5元的季度股息,股息预计每季度按0.5%的通货膨胀率增加,因此下个季度股息将为5.025元(也就是说在第4个月支付)。这类股票的资金成本是每年9%。该股票的价值应该是多少?

Q3.13 如果一只价格为100元的股票每年盈利5元,适当资本成本是年12%,那么市场预期这家公司的"仿佛永恒的股息"将会每年增长多少?

3.2 年金

第二种适合用快速公式计算的现金流是**年金**,它是在一定时期内的每期等额的现金流。与永续年金不同的是,现金流在 T 期之后结束。例如,如果利率为每期10%,那么每期支付5元,连续支付3期的年金的价值是多少?

---

1 留存比例,英文 plowback ratio。等于"1-股息支付率"。

我们先用手工方法计算净现值为

$$PV = \frac{5}{1.10} + \frac{5}{1.10^2} + \frac{5}{1.10^3} \approx 12.4343(元)$$

$$V = \frac{C_1}{1+r_1} + \frac{C_2}{1+r_2} + \frac{C_3}{1+r_3} = \frac{C_1}{1+r} + \frac{C_2}{(1+r)^2} + \frac{C_3}{(1+r)^3}$$

> 年金在 T 年内每年支付相同的金额。

年金公式则简化了现值 PV 的计算，

$$PV = 5 \cdot \left\{ \frac{1 - \left[\frac{1}{1+10\%}\right]^3}{10\%} \right\} \approx 12.4343(元)$$

$$PV = C_1 \cdot \left(\frac{1 - \left[\frac{1}{1+r}\right]^T}{r} \right)$$ 真的是捷径吗？若不是 3 期呢，不妨试试 360 期年金——你更喜欢哪种方法？当然二者都行。

重点：从下一个时期（时期 1）开始，持续 T 个时期，并以恒定利率 r 折现的相同的现金流的现值为

$$PV = \frac{C_1}{r} \cdot \left[1 - \frac{1}{(1+r)^T} \right]$$

Q3.14 利率为 5%，一项年金需要多少年才能达到永续年金价值的 3/4？如果利率是 r 呢？如果要达到永续年金价值的 f 百分比呢？

Q3.15 回忆一下年金公式。

Q3.16 如果月利率是固定的 0.5%/月（6.2%/年），每月支付 5 元，下个月（时间 1）开始支付，360 个月的一笔年金的现值是多少？

Q3.17 每季度 4% 利息支付的永续年金，与每季度 5% 利息支付的 41 个季度的普通年金，哪一项价值更高？（答案将取决于当前的真实利率，你可以先假设它是恒定的。）

Q3.18 求解以下轶事框中给出的斐波那契年金问题：比较 75 拜占庭币的季度现金流的现值与 300 拜占庭币的年度现金流的现值。现金流总是发生在期末。利率是每月 2%。这两种现金流的价值各是多少？先计算 1 年期投资的差额。

斐波那契与净现值的发明

耶鲁大学的威廉·格茨曼教授认为，意大利比萨的莱昂纳多，又名斐波那契，可能不仅发明了著名的"斐波那契数列"，还发明了净现值的概念。

斐波那契家族是十三世纪地中海地区的商人，与北非的阿拉伯商人有贸易关系。斐波那契笔下的数学主要是作为解决商人现实问题的工具——实际上是用来理解商

> 品和货币的相对定价。想象一下,如果你是唯一能迅速判断出哪些商品比其他商品更值钱的人,你将会变得多么富有!事实上,你应该把斐波那契和其他比萨商人想象成十三世纪的"金融工程师"。
>
> 1202 年,30 岁的斐波那契发表了他最著名的著作《计算之书》。时至今日,我们仍在使用其中的问题和答案。他的一个谜题——你在 Q3.17 中解答过了:
>
> 国王每年会给士兵 300 拜占庭币,按季度分期支付 75 拜占庭币,这是一笔年金。国王将支付计划改为每年年底支付 300 拜占庭币。士兵投资每 100 拜占庭币每个月可以赚到 2 拜占庭币(按季度)。年金条款改变后,他的有效收益是多少?
>
> 要回答这个问题,你必须知道如何对未来不同时刻的支付进行估值,也即必须了解货币的时间价值。75 个拜占庭币在一个季度、两个季度等以后的价值各是多少? 300 个拜占庭币在一年、两年等后的价值各是多少? 是的,早一点的钱通常比晚一点的钱更有价值——但你需要精确地计算,才能确定这个年金支付的变化对国王和士兵来说是好是坏。你必须使用斐波那契给出的利率,然后比较两种不同的现金流——原始支付时间表和修改后的支付时间表。
>
> 耶鲁大学,威廉·格茨曼

年金应用:固定利率抵押贷款支付

大多数抵押贷款都是**固定利率抵押贷款**,基本上是年金。它们承诺每月向贷款人支付一定数额的等额现金。30 年期的月供抵押贷款实际上是一种 360 个月支付的年金。(在这种情况下,"年"公式应该叫"月"公式。)如果你申请了 50 万元的 30 年期抵押贷款,报价利率为每年 7.5%,你的月供还款是多少?

> 抵押贷款和其他贷款都是年金,所以年金公式是常用的

在进一步讨论之前,需要在这里多了解一点金融机构的知识:抵押贷款提供者,比如银行,通过将抵押贷款报价除以 12 来计算利息,所以实际的月利率是 7.5%/12=0.625%。[银行这里不复利计算;如果采用复利计算,月利率将是 $(1+7.5\%)^{1/12}-1 \approx 0.605\%$。]

30 年期按揭是 360 期的等额还款的年金,贴现率为每月 0.625%。它的现值为 50 万元,就是你当前所借的金额。现在需要确定的是这笔年金的每月固定现金流:

> 按揭付款可以通过求解年金公式来确定

$$500\,000 = \frac{C_1}{0.625\%} \cdot \left[1 - \frac{1}{(1+0.625\%)^{360}}\right] \approx C_1 \cdot 143.018$$

$$PV = \frac{C_1}{r} \cdot \left[1 - \frac{1}{(1+r)^T}\right]$$

计算现金流的答案告诉你,从下个月(时间 1)开始,你的 50 万元房贷的月供还款将是 $500\,000/143.018 \approx 3\,496.07$(元)。

本金和利息部分

有两种原因可能需要你确定 3 496.07 元的还款中有多少是利息支付,有多少是本金偿还。第一个原因是,如果想提前偿还贷款,你需要知道你尚欠多少本金。第二个原因是,美国等一些国家的税务机关允许抵押贷款的借款人从其税单中扣除按揭贷款的利息,但不扣除本金。

以下是分割本金和利息的方法:第一个月,你支付 0.625% · 50 万元 = 3 125 元的抵押贷款利息。因此,偿还本金为 3 496.07 − 3 125 = 371.07(元),剩余本金为 499 628.93 元。接下来的一个月,你的利息支付是 0.625% · 499 628.93 元 ≈ 3 122.68 元(注意,现在的利息支付是在剩余本金基础上的),这样你的本金还款就剩下 3 496.07 元 − 3 122.68 元 = 373.39 元,剩余本金是 499 255.54 元,等等。

Q3.19 一般的租赁协议和抵押贷款的差别不大。举个例子,如果你把 50 万元的仓库以每月 5 000 元的租金出租 10 年,你的回报率会是多少?如果你在其他地方每年可以获得 5% 的收益,你会把仓库租出去吗?

Q3.20 在实际利率为每年 6.168%(此处为每月 0.5%)的情况下,1 000 元的 15 年期按揭贷款,每月还款金额是多少?

适用范围:息票债券

让我们用一个更复杂的例子来练习新获得的知识——这里是关于债券的。回想一下,债券是一家公司或政府出售的金融债务。债券有很多种,一种有用的分类是:息票债券和零息债券。**息票债券**在许多不同的时间点向债券持有人支付现金利息,而**零息债券**只在债券到期时支付一次,没有期间的息票。许多息票债券承诺支付与存款利率类似的定期息票,然后在债券到期时返还"本金金额"加上最后的息票。

> 与零息债券不同,息票债券不仅在最后到期时刻付款,而且在存续期间付款。

例如,设想一种息票债券,5 年里每半年支付 1 500 元(半年度支付息票很常见),再加上五年到期的 10 万元本金。这种支付模式非常常见,它有专门名称:息票支付在债券的整个生命周期内保持不变,这种债券被称为**固定息票债券**。此类债券是今天最常见的债券品种。这里的 10 万元被称为**本金**,相对于每半年 1 500 元的息票。固定息票债券的名称通常是将 1 年内的所有息票支付相加(这里是 3 000 元),然后将年息票支付金额除以本金。因此,这种债券被称为"3% 的半年期息票债券"(每年 3 000 元息票除以 10 万元本金)。现在,"3% 的息票债券"成为这种具有特定现金流模式的债券的惯用名称——3% 并不是你购买这种债券时所期望的利率。在本书 2.4 节中,我们曾经称这种命名为利息报价,以区别于利率。

> 债券命名的惯用名称,明确了它们的承诺支付模式。

这张 10 万元、3% 半年期息票水平的债券,今天应该价值多少?首先,你应该写下 3% 半年期息票债券的支付现金流结构。这来自它定义的承诺支付模式:

> 第一步:写下债券的支付现金流。

年	到期日	债券支付/元	年	到期日	债券支付/元
0.5	11/2021	1 500	3.0	5/2024	1 500
1.0	5/2022	1 500	3.5	11/2024	1 500
1.5	11/2022	1 500	4.0	5/2025	1 500
2.0	5/2023	1 500	4.5	11/2025	1 500
2.5	11/2023	1 500	5.0	5/2026	101 500

其次，你需要确定适用于这些现金流的适当回报率/贴现率。在本例中，假设现行利率为每年5%。这就转化为6个月的2.47%，2年的10.25%，以此类推。

> 第二步：为每笔还款找到合适的资金成本。

年	到期期限	折现率	年	到期期限	折现率
0.5	6个月	2.47%	3.0	36个月	15.76%
1.0	12个月	5.00%	3.5	42个月	18.62%
1.5	18个月	7.59%	4.0	48个月	21.55%
2.0	24个月	10.25%	4.5	54个月	24.55%
2.5	30个月	12.97%	5.0	60个月	27.63%

最后，计算贴现因子，即 $1/(1+r_t) = 1/(1+r)^t$，并将每一笔未来支付乘以其贴现因子，这将得到每笔债券支付现金流的现值（PV）。由此，可以计算出债券的整体价值：

> 第三步：计算贴现因子 $1/(1+r_t)$。

年	到期日	债券支付/元	收益率	贴现因子	现值/元
0.5	11/2021	1 500	2.47%	0.975 9	1 463.85
1.0	5/2022	1 500	5.00%	0.952 4	1 428.57
1.5	11/2022	1 500	7.59%	0.929 4	1 394.14
2.0	5/2023	1 500	10.25%	0.907 0	1 360.54
2.5	11/2023	1 500	12.97%	0.885 2	1 327.76
3.0	5/2024	1 500	15.76%	0.863 8	1 295.76
3.5	11/2024	1 500	18.62%	0.843 0	1 264.53
4.0	5/2025	1 500	21.55%	0.827 7	1 234.05
4.5	11/2025	1 500	24.55%	0.802 9	1 204.31
5.0	5/2026	101 500	27.63%	0.783 5	79 527.91
				汇总	91 501.42

在今天的完美市场中，预期这张3%的半年期固定息票债券的交易价格为91 501.42元。因为该债券目前的交易价格低于最终的本金支付10万元，所以这张债券可以说是**折价交易**。（与之相反的则是债券**溢价交易**。）

另外，我们通过年金公式可以更快地计算出该债券的价值。我们以半年为周期来计算。你有10笔息票现金流，每笔1 500元，每段时期利率为2.47%。根据年金现值公式，这10笔息票支付的价值是：

> 用年金公式加快计算速度。

$$PV = C_1 \cdot \left\{ \frac{1 - \left[\frac{1}{1+r}\right]^T}{r} \right\} = 1\,500 \cdot \left\{ \frac{1 - \left[\frac{1}{1.024\,7}\right]^{10}}{2.47\%} \right\} \approx 13\,148.81(元)$$

另外,你还有第五年年末的单笔 10 万元的本金偿还,其现值为

$$PV = \frac{100\,000}{(1+5\%)^5} \approx \frac{100\,000}{1+27.63\%} \approx 78\,352.62(元)$$

$$PV = \frac{C_5}{(1+r)^5} = \frac{C_5}{(1+r_5)}$$

将二者加在一起,债券现金流的现值再次达到 91 501.42 元。

关于报价利率与收益率的重要提示:永远不要把债券的名称与其支付的利息混淆。"3%半年期息票债券"只是债券支付模式的一个名称。该债券的息票支付额不会等于你投资价值 91 501.42 元的 1.5%(即 1 372.52 元)。现行的市场利率(资金成本)与债券票面的报价利率无关。考虑到当前 5%的整体经济利率/市场收益率,你同样可以发行 0%息票债券或 10%息票的债券。在现实世界中,很多公司选择的债券票面利率与现行市场利率相接近,所以在债券发行的那一刻,债券的交易价格既不会溢价,也不会折价。至少在这个短暂的发行时期,票面利率和整个经济的实际利率可能是相当接近的。然而,债券发行后不久,市场利率将会波动,而债券的息票支付将保持固定,这是由债券的票息名称所指定的。

Q3.21 在固定息票债券的上述例子中,如果整个经济的利率突然从每年 5%上升到每年 6%,那么 91 501.42 元的债券价格将会发生什么变化?

Q3.22 假设本章讨论的 3%固定息票的债券不是只有 5 年期 10 次支付,而是 20 年期的 40 次支付。同时,假设利率不是每年 5%,而是每年 10.25%。那么债券的支付方式是什么,价值为多少?

Q3.23 检查前述息票债券估值示例中的收益率计算是否正确。

3.3 总结四个公式

我不喜欢死记硬背,但你一定要记住永续增长年金公式,同时还必须记住普通年金公式。它们被用于许多不同的场合。还有一种**增长年金**公式,很难记住,但需要的时候可以查一下:

> 增长年金公式,使用较少。

$$PV = \frac{C_1}{r-g} \cdot \left[1 - \frac{(1+g)^T}{(1+r)^T} \right] \tag{3.3}$$

增长年金有时被用于养老金现金流的背景下,养老金现金流往往在一定的时间周期(如上面公式中的 T)内增长,然后停止。不过即使这样,它也不是一个必要的工具。在电子表格中处理现金流通常更方便、更灵活。

图 3.3 总结了四种特殊的现金流。最上面的图显示了现金流的模式。对于永续年金来说,现金流会一直延续下去。对于普通年金而言,现金流最终会停止。下面的图显示的

是这些现金流的现值。自然，现值的条形图比原始现金流的条形图要短，这说明存在货币的时间价值。适用的公式在图的下面。

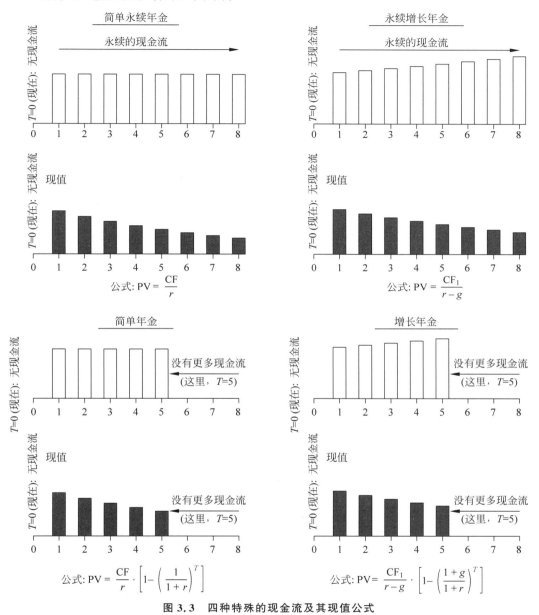

图 3.3 四种特殊的现金流及其现值公式

Q3.24 在许多固定缴款型的企业养老金计划中，雇主为雇员的退休金账户每年提供固定比例的缴款。假设从明年（时间 1）开始，雇主必须缴纳 4 000 元，然后每年以 2% 的通货膨胀率增长。雇用一个 25 岁的人，他将在公司工作 35 年，这项养老金计划的现值是多少？假设每年的贴现率为 8%。注：请查阅增长年金公式来求解。

总结

本章涵盖了以下要点：
- 图 3.3 总结了四种特殊的现金流及其快速估值公式。
- 一个简单的永续年金的现值 PV，即从下一个时期开始的持续现金流，并将永远以相同的年度资本成本进行折现，现值公式为

$$PV = \frac{C_1}{r}$$

- 不断增长的永续年金的现值 PV，该现金流特征是不变的增长率 g，从明年（时间 1）开始的现金流 C_1，以及不变的每一时期利率 r，现值公式为

$$PV = \frac{C_1}{r-g}$$

- 股票的估值通常应用永续增长年金公式，也称为戈登股利增长模型。
- 从明年开始，有固定的现金流 C 和每期利率 r，存在 T 期的普通年金的现值公式为

$$PV = C_1 \cdot \left\{ \frac{1 - \left[\frac{1}{(1+r)}\right]^T}{r} \right\}$$

- 固定利率的抵押贷款是普通年金。债券报价的收益率也是用年金公式计算的。

答案

章后习题

Q3.25 2021 年，一杯中杯星巴克咖啡的价格为 30 元人民币。如果银行的报价利率是每年 6%，每天复利，如果星巴克的价格永远不变，那么每天永续地获得一杯星巴克咖啡的购物卡，在今天值多少钱？

Q3.26 如果你可以永续无限期支付你的抵押贷款，以 6.5% 的年利率，100 万元的按揭抵押贷款，你每个月要付多少？分别计算出答案：(a) 如果 6.5% 是一个银行 APR 报价；(b) 如果 6.5% 是一个真正有效的年回报率。

Q3.27 如果年利率是每年 12.68% 的固定有效利率，从下个月开始，每月支付 30 元的永续年金的现值 PV 是多少？

第 3 章　股票和债券估值：年金和永续年金

Q3.28　如果永续债券从明年开始每年支付 10 万元,今天成本为 100 万元,那么现行利率是多少?

Q3.29　如果永续债券从明年(时间 1)开始每年支付 10 万元,并且支付随着每年大约 2% 的通货膨胀率增长,假设债券今天的成本是 100 万元,那么当前的利率是多少?

Q3.30　2021 年一杯中杯星巴克咖啡价钱是 30 元人民币。如果银行的报价利率是每年 6%,一杯咖啡的价格以每年 3% 的通货膨胀率上涨,那么每天永续地获得一杯星巴克咖啡的购物卡,在今天价值多少钱?

Q3.31　经济上,为什么现金流的增长率必须小于贴现率?

Q3.32　贵公司刚刚结束了现金利润为 400 元的一年。你预测公司从第 0 年到第 5 年将有一个快速增长阶段,每年增长 40%。在第 5 年到第 10 年之间,公司的年增长率会下降到 20%。最后,从第 11 年开始,你希望公司稳定在 2% 的长期永续年增长率。你还预计前 5 年的资金成本为 15%,接下来 5 年是 10%,之后 8%。你认为你的公司现在值多少钱?

Q3.33　一只股票今年股息分红 2 元。股息预计每年增长 2%（大致相当于通货膨胀率）,直至永远。股票价格为 40 元/股。这只股票的资本成本是多少?

Q3.34　一杯中杯星巴克咖啡价值 30 元人民币。如果银行的报价利率是每年 6%,每天复利,星巴克咖啡的价格永远不变,假设你能再活 50 年,那么终身每天一杯星巴克咖啡的购物卡,今天值多少钱?对于你来说,这笔现金流在你去世时价值多少钱?

Q3.35　如果现行贴现率（你的资金成本）是每年 10% 的有效贴现率,那么你购买期限为 10 年的标准 8% 固定息票债券（每半年支付一次,票面价值 1 000 元）的最高价格是多少?

Q3.36　如果你必须在 30 年内还清有效利率 6.5% 的贷款,那么 100 万元抵押贷款的月供金额是多少?正如 Q3.26,分别考虑每年 6.5% 的有效利率和每年 6.5% 的银行报价利率（APR）。

Q3.37　安排一笔 15 万元的抵押贷款债券,使其月供还款金额为 1 000 元。现行利率为每年 6%（APR）。

Q3.38　（高级）你用"备考财务报表"来评估一家公司,备考报表也就是你对未来现金流的预估。公司今天的现金流是 100 万元。今年它将以 20% 的速度增长。也就是说,在第 1 年年底,公司的现金流将达到 120 万元。在接下来的每一年,现金流的增长率将按前一年增长率与 2% 的通货膨胀率之间的差额（永远）减半的方式。因此,从第 1 年到第 2 年,增长率将是 2%+(20%-2%)/2=11%,所以第 2 年末的下一个现金流将是 120·1.11=133.2 万元。第三年,增长率为 2%+(11%-2%)/2=6.5%,第三年年末的现金流为 141.9 万元。每年的增长将会更少,但永远不会达到 2% 的通货膨胀率。接下来,假设对一家类似风险的公司来说,适当的贴现率是固定的年 12%。它是不变的。（120 万元现金流的贴现率为 12%。因此,第 2 年 133.2 万元现金流的总贴现率为 25.4%,以此类推。）你认为这家公司今天的价值是多少?（提示:预估中常见的做法是预测一定年限,比如 5 到 10 年,然后预测期后假设这家公司有稳定的增长,即计算残值。)

第 4 章

资本预算规则初探

内含报酬率（内部收益率）等其他事项

本章继续详细阐述前一章的观点。我们仍然处在一个利率不变、预期确定、完美市场的世界。更仔细地审视资本预算规则——可以接受或拒绝项目的决策规则,你已经知道问题的答案:净现值 NPV 规则是最好的。不过除了 NPV 规则,还有一个非常重要的替代方案:内含报酬率,它通常也能给出很好的建议。本章将讨论这些方法是如何结合的。

需要注意的是,尽管你将在本章中学习更多关于资本预算规则的知识,但是 NPV 应用中大多数有趣和困难的问题都要等到本书第 13 章,也即在我们介绍了不确定性和不完美市场之后。

 4.1 净现值

在未来价值和现值之间的转换,也称为净现值,是金融学中最关键的概念之一。

> 回顾一下:
> NPV 原则是金融中最关键的原理。你必须在睡梦中也能计算 NPV。

但是,为什么 NPV 是正确的投资原则呢? 原因是,在信息充分的完美世界里,一个正的 NPV 项目就相当于无风险获利,也即免费的午餐。举个例子,如果你今天在任何地方都能以 8% 的利率融资或投资,若你有一个投资项目,成本为 1 元人民币,明年收益为 1.09 元人民币,你应该立即签约该项目,从而免费获得明年的 0.01 元人民币。你拒绝这个项目是错误的。同样,若你有一个融资项目：当前借入1元人民币，而明年的偿还资金只有1.07元人民币，则你也可以无风险获利0.01元人民币。还是那句话，拒绝这个项目也是错误的。只有NPV为零的项目（1元人民币成本换取明年1.08元人民币回报）无法获取免费午餐。当然，这个论点不是为了告诉你如何致富，而是为了让你相信NPV规则是有意义的。

重点：在一个完美世界里，如果你输入NPV公式的所有变量都正确，则没有其他规则能更优。因此，NPV是合适的决策基准，这也意味着NPV以外的信息都是多余的。

在没有不确定性的完美世界中，逻辑决定了NPV为正的项目应该是稀缺的。若它们不稀缺，可以随意发现，那么你就太容易发财了。但不只是你，每个有渠道的人都会想要发财。在现实生活中，经济会自发进行调整，对正NPV项目的"挤兑"将继续下去，直到整个经济的适当回报率（资本成本）被抬高到正NPV项目再次稀缺的水平。

> 正NPV项目在现实中很少。

尽管NPV在概念上很简单，但在现实世界中的应用往往是出乎意料的困难。主要原因在于，你很少能完美地了解项目的现金流和贴现因子，这意味着你必须进行估算。第二个原因是，这个世界从来不是100%完美的——没有税收、没有交易成本、没有意见分歧、存在无限多的买家和卖家。然而，即使在一个不完美的世界中，NPV仍然是最重要的基准。不过，其他规则可能会提供一些额外的有用信息，并推荐一些替代的项目选择。

> 在现实世界中，NPV规则最为重要，但其他投资决策规则可以提供有用的信息。

投资与消费的决策分离：项目价值是否取决于何时需要现金

在完美的世界中，当你在NPV项目之间进行选择时，应该考虑你对现金流时间的偏好吗？也许你不想发生预付费用，也许你今天想要钱，也许你想推迟消费。这些是你在决定选择项目时的重要因素吗？答案是否定的——不管你的偏好如何，选择任何项目的依据都是它的净现值。

在一个完美的市场中，项目投资者拥有多少现金也不重要。你已经知道了货币的时间价值，即今天的现金比明天的现金更有价值。在一个完美的资本市场，你总是可以以反映货币时间价值的"交换比率"在不同时间之间转移货币。

> 谁来进行项目的投资，在一个完善的资本市场中不重要。

正是这种随意转移，解释了投资者的资金为何无关紧要。假设你手头有150元现金，你有一个项目的独家投资权，这个项目的成本是100元，明年的回报是200元。适当的利率（资金成本）是10%，但你今天真的想消费更多。你今天能消费多少？你会接受这个项目吗？以下是完美市场中的NPV解决方法：

> 资本市场允许你跨时期转移资金——比仅考虑投资项目更好实现资金跨期转移。

- 在竞争激烈的市场中出售项目的NPV：
$$-100+\left(\frac{200}{1+10\%}\right)=-100+\left(\frac{200}{1.10}\right)\approx 81.82(元)$$

- 今天可以消费的金额为 $150-100+181.82\approx 231.82$（元）。你接受投资了这个项目然后立刻出售该项目未来现金流的现值，这比只消费你手头的

> 例子：即使是一个渴望即时消费的消费者也应该采取正NPV的项目。

150 元现金更好。

现在,假设你是奥斯汀·鲍尔斯,那个被冻住的间谍[1],今年不能消费。明年你能消费多少?你会接受这个项目吗?NPV 的答案是:

- 在竞争激烈的市场中出售项目

$$-100+\frac{200}{1+10\%}\approx 81.82(元)$$

- 把 81.82 元存入银行,按 10% 的利率,明年获得 90 元。
- 把你的 150 元以 10% 的利息存入银行,明年可以获得 165 元。
- 明年消费 90 元 + 165 元 = 255 元。

当然,还有一个同样简单的解决方案是:投资这个项目,然后把剩下的 50 元存入银行账户。

这个论证的要点很简单:不管你什么时候需要现金(消费决策),你最好接受所有正的 NPV 项目(你的投资决策),然后利用资本市场将资金转到你想要消费的时候。不要让你的消费决策影响你的投资决策,这是没有意义的。此即所谓的**决策分离**原则:可以不考虑自己的消费偏好而做出投资决策。(然而,这种投资和消费决策分离的原则在不完美的市场中并不总是成立的。在不完善的市场中,你可以面对不同的借款和贷款利率。如果你有更多的现金,可能会接受更多的项目。)

> 这个例子的寓意是:在一个完美的资本市场中,消费决策和投资决策是可以分离的。

下面是上述原则的一个简单应用。很多证券经纪人在赔了客户的钱之后,就喜欢谎称自己将客户的钱做了长期投资而不是短期投资,从而混淆事实真相。这种借口假定:与短期投资相比,长期投资在短期内表现较差,但在长期内表现较好。然而,这是没有道理的。你看,如果你的证券经纪人真的知道短期资产在短期内会更好,他应该首先买下短期资产,意识到它在短期内将为你带来更高的回报率,然后再给你买更多的长期资产(现在长期资产会相对便宜一些)。事实是,不管投资者是否需要资金,证券经纪人总是应该购买 NPV 最高的投资项目。说到底,这才是对所有客户最好的选择。

> 投资长期和投资短期是一样的。

错误:现金流与资本成本估算中的错误

尽管让一切尽善尽美会更好,但要做出完美的现金流预测和适当的利率估计,往往是不可能的。当评估错误时有多严重?是估算现金流还是估算资本成本时犯错误会更糟糕?为了回答这些问题,我们将进行一个简单的**情景分析**,即了解变量估计的变化对最终现值的影响。情景分析对管理者来说是必不可少的,他们需要了解估计值对合理的备选结果的敏感性。因此,情景分析方法也被称为**敏感性分析**。(在本书第 13 章讲述实物期权时,它将更为重要。)

> 在现实世界中,要获得完全正确的 NPV 输入变量往往是不可能的。

短期项目:假设你的项目明年会有 200 元的回报,然后此类项目适当的利率是 8%。因此,项目的现值为

---

[1] 奥斯汀 鲍尔斯(Austin Powers)是美国 1997 年的喜剧电影《王牌大间谍》的主角。

$$\text{正确的 PV} = \frac{200}{1+8\%} \approx 185.19(元)$$

如果你估计现金流时出现了 10% 的误差,错误地认为现金流为 220 元人民币,现值就将变为

$$\text{错误现金流下的 PV} = \frac{220}{1+8\%} \approx 203.70(元)$$

> 在现金流量估计中犯错误。

203.70 元和 185.19 元相差 18.51 元,等于现值出现了 10% 的误差。

相比之下,如果你的资金成本(利率)出现 10% 的误差,错误地认为项目需要 8.8% 的资金成本,现值就将变为

$$\text{错误贴现率下的 PV} = \frac{200}{1+8.8\%} \approx 183.82(元)$$

> 在利率/贴现率估计中犯错误。

183.82 元和 185.19 元的差值不到 2 元,误差在 1% 左右。综上所述,贴现率的误差对短期项目的危害往往小于现金流的误差。

长期项目:现在以同样的例子,但假设现金流将在 30 年后发生,正确的净现值是

$$\text{正确的 PV} = \frac{200}{(1+8\%)^{30}} = \frac{200}{1.08^{30}} \approx 19.88(元)$$

此时,10% "现金流误差"的现值为

$$\text{错误现金流下的 PV} = \frac{220}{(1+8\%)^{30}} = \frac{220}{1.08^{30}} \approx 21.86(元)$$

10% "利率误差"的现值为

$$\text{错误贴现率下的 PV} = \frac{200}{(1+8.8\%)^{30}} = \frac{200}{1.088^{30}} \approx 15.93(元)$$

该计算表明,现金流量估计误差和利率估计误差,二者现在都很重要。不过对于长期项目而言,估计正确的利率变得相对更为重要。然而,估计未来 30 年的现金流非常困难,似乎更像巫术,而不是科学。相比之下,估算长期利率相对容易。随着时间的推移,你对长期资本成本的不确定性往往增加很少。甚至今天可以询问投资者,30 年投资的适当资本成本是多少?他们会给出答案。当然,尽管估计长期现金流很困难,但别无选择,只能尽力做好预测工作。

重点:

- 对于短期项目,在计算 NPV 时,利率的估计错误比未来现金流的估计错误问题要小。
- 对于长期项目,利率的估计错误和未来现金流的估计错误都是计算 NPV 时的重要问题。然而在现实中,估计遥远时刻的未来现金流比估计投资者遥远时刻的适当贴现率更为困难。

Q4.1 存在哪些主要假设,使得你考虑投资(项目选择)时不需要考虑你的财富(或你目前手头有多少钱)?

Q4.2 若你手边有 500 美元,而且非常想去观看今晚的"超级碗"比赛(美国的橄榄

球全国总决赛），但这将花费你所有的现金。你有某个投资项目，投资成本为 400 美元，提供 15% 的回报率，尽管市场的资金成本只有 10%。你无法等到项目明年的收益。如果资本市场是完美的，你该怎么做？

4.2 内含报酬率

还有一种常见的资本预算方法——内含报酬率，通常会得出与 NPV 规则相同的建议。这种方法很有用，因为它是通过不同的途径来实现的，通常能提供关于项目的良好直觉。

假设你有一个项目，它的现金流可以转化为 20% 的回报率（例如，100 元的投资，1 年后有 120 元的回报），目前的贴现率/资本成本是 10%。因为你的项目 20% 的回报率大于市场 10% 的贴现率，你应该直观地意识到这是一个不错的项目。它也是一个 NPV 为正的项目。在这个例子中，

$$-100 + 120/1.1 \approx 9.10(元)$$

问题是：一个项目或者债券有很多不同的付款方式，你怎么计算回报率？举个例子，假设投资成本是 10 万元，一年期回报的现金流为 5 000 元，两年期回报的现金流为 1 万元，三年期回报的现金流为 12 万元。这个项目的回报率是多少？想想。简单的单期回报率公式只有一个现金流入和一个现金流出。这里的情况并非如此。你现在需要"某种收益率"，它可以容纳许多的现金流入和流出，并提供类似于收益率的数据。

> 需要一种隐含在未来项目现金流中的平均回报率。

这就是称为内含报酬率（IRR[1]）的指标。"内含"表明这个回报率是项目所固有的，只取决于它的现金流。

重点：

- **内含报酬率**（**IRR**）是指在给定某个项目所有现金流的情况下，计算将项目净现值等于零的折现率，

$$0 = C_0 + \frac{C_1}{1+IRR} + \frac{C_2}{(1+IRR)^2} + \frac{C_3}{(1+IRR)^3} + \cdots \quad (4.1)$$

- 如果只有两笔现金流，内含报酬率即为收益率。但是，内含报酬率概括了多笔现金流回报率的概念。

内含报酬率在债券定价中如此常见，作为一个统计数据，它有了第二个名字：**到期收益率**（**YTM**[2]）。IRR 和 YTM 之间并没有什么区别。

> YTM 和 IRR 是一样的。

我们来举例说明。首先，如果只有一笔现金流入和一笔现金流出，IRR 就是简单的收益率。例如，一个项目今天成本为 100 元，明年收益为 130 元，通过求解得到 IRR：

1　IRR，internal rate of return.
2　YTM，yield to maturity.

$$-100 + \frac{130}{1+\text{IRR}} = 0 \Leftrightarrow \text{IRR} = \frac{130-100}{100} = 30\%$$

$$C_0 + \frac{C_1}{1+\text{IRR}} = 0 \Leftrightarrow \text{IRR} = \frac{C_1 - C_0}{C_0}$$

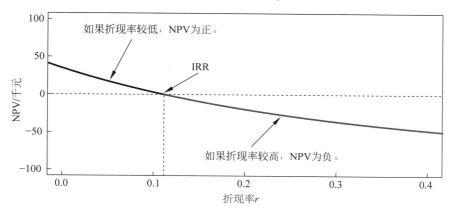

图 4.1 净现值与折现率的函数关系

图中曲线描述了一个项目的净现值与折现率的关系,该项目成本为 10 万元,随后三年的收益分别为 5 000 元、1 万元和 12 万元。IRR 是 NPV 函数与零相交的 x 坐标。

现在考虑一个例子:对于一个今天成本为 10 万元的项目,它将产生未来三年 5 000元、1 万元和 12 万元的回报,请问项目隐含的回报率是多少?你无法直接用四种现金流计算出一个简单的回报率。图 4.1 展示了这个项目的净现值为当前利率/贴现率的函数。如果贴现率较低,那么 NPV 为正。IRR 则是使得 NPV 恰好等于零的利率/贴现率。在这种情况下,你应该计算

$$0 = -100\,000 + \frac{5\,000}{1+\text{IRR}} + \frac{10\,000}{(1+\text{IRR})^2} + \frac{120\,000}{(1+\text{IRR})^3}$$

$$0 = C_0 + \frac{C_1}{1+\text{IRR}} + \frac{C_2}{(1+\text{IRR})^2} + \frac{C_3}{(1+\text{IRR})^3}$$

使 NPV 方程为零的贴现率是多少?如果你不想画出整个图形来找出 NPV 函数与横轴相交的位置,那么你可以尝试用试错法来求解上述方程。从一个值开始,比如 10%。

$$-100\,000 + \frac{5\,000}{1+10\%} + \frac{10\,000}{(1+10\%)^2} + \frac{120\,000}{(1+10\%)^3} \approx 2\,968$$

可见要使得方程值达到零,你需要调整到 10% 以上。下面尝试 11% 和 12%,

$$-100\,000 + \frac{5\,000}{1+11\%} + \frac{10\,000}{(1+11\%)^2} + \frac{120\,000}{(1+11\%)^3} \approx 364$$

$$-100\,000 + \frac{5\,000}{1+12\%} + \frac{10\,000}{(1+12\%)^2} + \frac{120\,000}{(1+12\%)^3} \approx -2\,150$$

好的,说明答案接近 11%。一次幸运的尝试,揭示了

$$-100\,000 + \frac{5\,000}{1+11.142\,52\%} + \frac{10\,000}{(1+11.142\,52\%)^2} + \frac{120\,000}{(1+11.142\,52\%)^3} \approx 0$$

因此，答案是这个项目的 IRR 约为 11.14%。你可以把内含报酬率想象成一种嵌在项目现金流中的平均收益率。

如果你计算的是三笔以上现金流（包括投资本金）的内含报酬率，就没有简单的通用公式了。然而，现代计算机的电子表格（EXCEL）中内置了一个自动计算 IRR 的函数，避免了通过试错法来解决代数方程的麻烦。图 4.2（第 1 行）显示了如何在电子表格中找到上面例子的 IRR。

	A	B	C	D	E	
1	−100 000	5 000	10 000	120 000	= IRR(A1:D1)	← E1 等于11.142%
2	100 000	−5 000	−10 000	−120 000	= IRR(A2:D2)	← E2 等于11.142%
3	−1 000	600	600	= IRR(A3:C3)		← D3 等于13%

图 4.2　计算机电子表格（Excel 或 OpenOffice）中的 IRR 计算

第一行是正文中的例子。第二行显示该项目的完全相反的现金流却具有相同的 IRR。第三行是另一个例子，供自我检查。

> 将所有现金流量乘以同一因子不会改变内含报酬率的值。

注意，图 4.2 第 2 行的负现金流的项目具有相同的 IRR。也就是说，收到 10 万元的现金流入，紧接着支付 5 000 元、1 万元和 12 万元，内含报酬率也同样为 11.142 52%。回看一下 IRR 公式，你就会发现结果一定是这样的。因为现金流乘上的任何因子（比如−1）都被消掉了，因此对答案没有影响。[1]

$$0 = 因子 \cdot C_0 + \frac{因子 \cdot C_1}{1+\text{IRR}} + \frac{因子 \cdot C_2}{(1+\text{IRR})^2} + \frac{因子 \cdot C_3}{(1+\text{IRR})^3} + \cdots$$

$$= 因子 \cdot \left[C_0 + \frac{C_1}{1+\text{IRR}} + \frac{C_2}{(1+\text{IRR})^2} + \frac{C_3}{(1+\text{IRR})^3} + \cdots \right]$$

$$= C_0 + \frac{C_1}{1+\text{IRR}} + \frac{C_2}{(1+\text{IRR})^2} + \frac{C_3}{(1+\text{IRR})^3} + \cdots$$

Q4.3　默写 IRR 的定义方程。

Q4.4　一个现在投资成本 1 000 元，明年产出 1 000 元的项目的 IRR 是多少？

Q4.5　一个现在投资成本 1 000 元，明年产出 500 元，后年产出 500 元的项目的 IRR 是多少？

Q4.6　一个现在投资成本为 1 000 元，明年产出 600 元，后年产出 600 元的项目的 IRR 是多少？

Q4.7　一个现在投资成本为 1 000 元，明年产出 900 元，后年产出 900 元的项目的 IRR 是多少？

Q4.8　一个项目连续几年（包括当前）的现金流分别为−100 元、55 元和 70 元。使用电子表格计算 IRR。

1　图 4.2 中第一行为投资项目，第二行为融资项目。虽然二者的内含报酬率一样，但是对项目的判断标准正好相反。对于投资项目，内含报酬率大于市场利率，接受项目；对于融资项目，内含报酬率小于市场利率，接受项目。

Q4.9 $x\%$的按年付息的固定利率债券,其当前价格等于到期支付本金的到期收益率是多少?举个例子,今天价值1 000元的5年期债券,4年中每年支付5%的息票(每年50元),在最后第5年偿还本金和利息1 050元,计算该债券的到期收益率。

Q4.10 今天成本为1 000元、承诺支付1 611元的5年期零息债券的到期收益率是多少?

Q4.11 计算一种两年期债券的到期收益率,该债券今天的价格是25 000元,未来两年每期支付1 000元利息。同时在第二年结束时,偿还2.5万元本金。债券的到期收益率是多少?

具有多重 IRR 或无 IRR 的项目

当项目有多个正现金流和多个负现金流时,项目往往可能出现多个内含报酬率。例如,一个项目成本为10万元,第一年年末收益20.5万元,第二年年末环境清理成本为10.2万元(负现金流)。图4.3显示这个项目有两个内含报酬率:$r=-15\%$和$r=20\%$。下面可以计算验证:

$$-100\,000+\frac{205\,000}{1+(-15\%)}+\frac{-102\,000}{[1+(-15\%)]^2}=0$$

$$-100\,000+\frac{205\,000}{1+(20\%)}+\frac{-102\,000}{[1+(20\%)]^2}=0$$

那么这个项目的内含报酬率是-15%还是20%?答案是两者都可以——事实上,根据定义,两个内含报酬率都是有效的。不要认为项目的可能的内含报酬率的解只有两种——如果存在其他现金流的模式,答案是可能有数十种。当有多个内含报酬率时,计算机的EXCEL电子表格能做什么?不知道!计算机通常只会为你挑选一个解,甚至不会给你任何警告!

一些项目有多个IRR,另一些项目则不存在IRR。例如,一个今天收益10元,明天收益20元的项目(也就是说,它从来不需要投资)的内含报酬率是多少?这样的项目是没有内含报酬率的。不管当时的折现率是多少,NPV公式的值永远不会为零。从现金流来看,没有IRR的事实是相当明显的。若另有一个项目的成本是1万元,然后收益2.7万元,最后需要付出2万元的清理成本,它的IRR是多少?图4.3显示,这个项目也没有内含报酬率。如果项目没有内含报酬率,EXCEL电子表格能做什么?值得庆幸的是,大多数时候,它们会提示一个错误消息,告诉你IRR出错了。

> 现金流全部为负或全部为正的项目没有内含报酬率,以及其他一些项目也是如此。

你能确定项目是否存在一个独特的内含报酬率吗?是的。事实证明,如果你有一个负的现金流,然后是一系列正的现金流——这恰好是最常见的投资项目的模式——那么这样的项目就有且只有一个内含报酬率。(具有许多不同正负符号的现金流的项目仍然

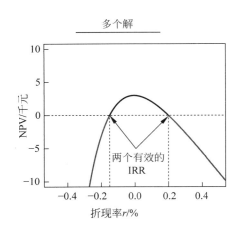
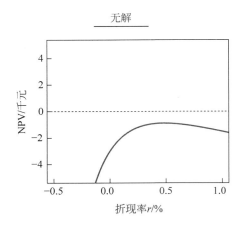

图 4.3 IRR 的解：多个解和无解

左图绘制了一个项目的 NPV，该项目成本为 10 万元，收益 20.5 万元，然后清理成本支出为 10.2 万元。右图绘制了另一个项目的 NPV，该项目成本为 1 万元，收益 2.7 万元，然后需要 2 万元的清理成本。

> 最常见的投资类项目具有单一的内含报酬率，融资项目也是如此。

可能只有一个 IRR，但不能保证。）因为债券通常具有这样的现金流模式，债券的到期收益率 YTM 甚至比内含报酬率 IRR 更受欢迎。显然，如果一个项目有相反的现金流模式——即现金流入先为正，然后只有一系列负的现金流，此时你也有一个单独的 IRR。[1]

Q4.12　给出一个有多个 IRR 解的项目例子。

Q4.13　给出一个没有 IRR 解的项目例子。

Q4.14　对于以下项目 A 到 G，绘制 NPV 作为当前利率的函数，并确定各项目适当的内含报酬率。

单位：元

	Y0	Y1	Y2	Y3	Y4
A	+1 000	−5 000	+9 350	−7 750	+2 402.4
B	+50 000	−250 000	+467 500	−387 500	120 120
C	+100 000	−250 000	+200 000		
D	−100	+300	−400	+400	
E	+100	−300	+400	−400	
F	+200	−600	+800	−800	
G	−100	+300	−200		

---

[1] 对于项目的现金流特征，若整个项目的现金流符号期间只发生一次变化，则存在单一的内含报酬率。如先是正现金流，然后是负现金流，为投资项目；先是负现金流，然后是正现金流，则为融资项目。若整个项目的现金流符号在期间发生了 2 次及以上变化，则内含报酬率不唯一。发生了 n 次变化，一般内含报酬率存在 n 个值。

IRR 作为资本预算规则

IRR 有用的一个重要原因是它经常可以替代 NPV 作为投资决策的标准。

重点：

- IRR 资本预算规则是：当且仅当投资项目的 IRR 高于适当的贴现率（即资本成本，如同一个必要的报价利率）时，该项目才应该被接受。在这种情况下，资金成本通常被称为门槛利率。

在很多情况下，IRR 资本预算规则给出了与 NPV 资本预算规则相同的正确答案。然而，在一些微妙情况下，情况并非如此。这将在下面解释。

让我们用例子来证明。回到之前成本 10 万元，收益分别为 5 000 元、1 万元和 12 万元的项目，IRR 为 11.14%。IRR 资本预算规则指出，如果经济中的资金成本也即门槛利率是 11.20%，那么就不应该接受该项目。如果项目资本成本是 11.10%，那么应该接受项目。

NPV 也提供同样的判断吗？试一试：

$$\text{NPV}@11.10\% = -100\,000 + \frac{5\,000}{1+11.10\%} + \frac{10\,000}{(1+11.10\%)^2} + \frac{120\,000}{(1+11.10\%)^3}$$
$$\approx +108(元)$$

$$\text{NPV}@11.20\% = -100\,000 + \frac{5\,000}{1+11.20\%} + \frac{10\,000}{(1+11.20\%)^2} + \frac{120\,000}{(1+11.20\%)^3}$$
$$\approx -146(元)$$

可见，NPV 规则下，你将得到同样的判断。

但是，如果项目现金流符号正好相反，也就是说，如果你当前收到 10 万元，然后支付 5 000 元、1 万元和 12 万元，那么这样的项目就不是投资项目，而是融资项目。当且仅当现行利率高于 11.14% 时，才可以接受该融资项目。所以，一定要小心判断 IRR 应高于还是低于门槛利率！（为了避免这种错误，我的建议是直接计算净现值——它永远不会误导你。）

为什么要用 IRR 而不是 NPV 的投资决策原则呢？答案是，在项目的现金流可以计算出一个唯一的 IRR 情形之下，IRR 原则往往是相当直观和方便的。因为你可以在不考虑金融市场利率或资本成本的情况下计算它。这是 IRR 相对于 NPV 最重要的优势：IRR 可以在你不知道合适的利率（资本成本）的情形之下计算出来。

此外，IRR 有助于判断项目的盈利能力，从而帮助你判断经理的业绩表现——让经理遵守早先承诺的 20% 的 IRR 比与之争论项目的适当资本成本应该是什么要容易得多。最后，通过比较 IRR 和资本成本，可以确定存在多少"缓冲"，使得即使现金流估算出现一定百分比的误差，也仍可以接受项目。

> 如果现金流符号刚好相反，内含报酬率保持不变，项目接受与否的规则正相反。

> 内含报酬率是项目现金流内含的一个特征。它不是利率。

Q4.15 一个项目连续几年的现金流分别为 -1 000 元、-2 000 元、+3 000 元和

+4 000元。你的资本成本为每年30%。使用IRR规则来确定是否应该接受该项目。另外净现值NPV规则是否得出相同的结果?

Q4.16 一个项目连续几年的现金流分别为-1 000元、-2 000元、-3 000元、+4 000元和+5 000元。你的资本成本为每年20%。使用IRR规则来进行投资决策,再使用净现值规则来复核。

Q4.17 一个项目连续几年的现金流为+200元、-180元、-40元。现行利率为5%。你应该接受这个项目吗?

Q4.18 你可以投资一个有特定回报特征的项目。具体地说,将明年的现金流收益与今天的现金流投资联系起来的公式是 $C_1 = \sqrt{-C_0}$,比如,你今天投资10万元,明年就会得到 $\sqrt{10} = 3.16$ 万元的现金流回报。假设项目仅此两笔现金流。现行的利率是每年5%。用电子表格回答以下两个问题:

1. 什么是使得收益率最大的投资选择?此时的NPV是多少?
2. 什么是使得NPV最大的投资选择?此时的IRR是多少?

内含报酬率作为资本预算规则的问题

如果你在正确的情况下使用了IRR,它可以给出与NPV规则相同的答案。使用NPV规则总是比IRR规则更安全。IRR资本预算规则在什么情况下运行良好?答案是当只存在唯一的IRR时,它往往是一个优雅的方法。当然,如前所述,此时仍然需要关注现金流的符号。如果项目需要前期资金流出,然后是资金流入,此时是投资项目,它的IRR高于资金成本,就应该接受项目;如果项目的现金流说明是融资项目(前期现金流入后期现金流出),它的IRR低于资金成本,就应该接受项目。我的建议是,在任何情况下,用NPV方法来检查IRR的结论。

> 当项目现金流符号只改变一次时,IRR规则是安全的。

不幸的是,如果IRR的结果不是唯一值(回想一下存在多个IRR或没有IRR的项目),那么IRR标准就会变得非常棘手。例如,如果资本成本是9%,而你的项目有6%、8%和10%三个IRR,该接受这个项目还是拒绝?没有直接答案。在这种情况下,要做出投资决策,你最好以某种形式绘制出NPV图。(是的,想要弄清楚如何使用IRR是有可能的,这取决于NPV函数是否从上方或下方穿过0轴,在这种情况下使用IRR只会自找麻烦。)我的建议是:避免使用IRR。另外,如果一个项目没有任何有效的IRR解,你不得不退回到NPV方法。

> 当项目现金流符号改变2次及以上时,IRR规则失效。

在使用IRR时,还有两个问题需要注意:

(1) **项目比较和规模问题**:当两个项目相互排斥(即只能二选一)时,IRR标准可能会产生误导。例如,你是否总是更喜欢IRR为100%的项目,而非IRR为10%的项目?想一想。

> IRR还有两个问题:(1)内含报酬率没有规模的概念;(2)可能没有清晰的最低门槛回报率可供比较。

如果第一个项目是5元的投资(之后回报10元),第二个项目是1 000元的投资(然后回报1 100元),当前的贴现率为每年5%。计算结果如下。

	Y0/元	Y1/元	IRR	NPV/元
A	−5	+10	100%	+4.52
B	−1 000	+1 100	10%	+47.62

如果 A 和 B 中你只能选择一个项目,那么你应该选择项目 B,即使它的内含报酬率远低于项目 A。

(2) 资本成本的比较问题:下一章将解释长期利率通常高于短期利率。例如,2016年年中,1 年期国债的回报率为 0.5%,而 30 年期国债的回报率则为 2.5%。让我们假设你的投资项目也没有风险。那么你是否应该接受内含报酬率为 1.5% 的无风险项目呢?没有明确的答案。

规模问题和成本比较问题,在单独看时可能很明显。但在复杂、真实、多项目比较分析的背景下,往往会被忽视。

Q4.19　IRR 投资决策规则的计算和判据有什么问题?

Q4.20　现行利率为 25%。如果以下两个项目互斥,应该选哪个?

单位:元

	Y0	Y1	Y2	Y3	Y4
A	+50 000	−250 000	+467 500	−387 500	+120 120
B	−50 000	+250 000	−467 000	+387 500	−120 120

NPV 规则有什么建议?IRR 规则的建议是什么?

Q4.21　现行利率为 25%。如果以下两个项目相互排斥,你应该选择哪一个?

单位:元

	Y0	Y1	Y2	Y3
A	+500 000	−200 000	+200 500	−200 500
B	−50 000	+25 000		

净现值规则有什么建议?内含报酬率规则有什么建议?

Q4.22　现行利率为 10%。如果以下三个项目互斥,应该选哪个?

单位:元

	Y0	Y1	Y2
A	+500	−300	+300
B	−50	+30	+30
C	−50	+35	+35

NPV 规则有什么建议?IRR 规则的建议是什么?

Q4.23　现行利率是第一年 5%,第二年 10%。也就是说,两年的复利是 $(1+5\%) \times (1+10\%) - 1 = 15.5\%$。你的项目成本为 1 000 元,第一年收益 600 元,第二年收益 500

4.3 盈利能力指数

在资本预算中有时还使用的一个指标是**盈利能力指数**。它用项目未来现金流的现值除以项目的投资成本(第一笔现金流出的负数)。例如,你有一个项目,现金流如下:

单位:元

	Y0	Y1	Y2	Y3	PV(Y1 to Y3)
项目 A 的现金流	−100	+70	60	50	128.94

而利率是每年 20%,你会首先计算未来现金流的现值为

$$PV = \frac{70}{1.2} + \frac{60}{1.2^2} + \frac{50}{1.2^3} \approx 128.94(元)$$
$$= PV(C_1) + PV(C_2) + PV(C_3)$$

减去 100 元的前期成本,NPV 是 28.94 元。盈利能力指数为

$$盈利能力指数 = \frac{128.94}{-(-100)} \approx 1.29$$

$$盈利能力指数 = \frac{PV(未来现金流)}{初始投资成本}$$

> 基于盈利能力指数的资本预算规则,可以得出与内含报酬率和净现值规则相同的答案。

NPV 为正的项目盈利能力指数"通常"在 1 以上。之所以说"通常",是因为只有当第一笔现金流是现金流出时,盈利能力指数才有意义。在这种情况下,你可以使用 NPV 或盈利能力指数来做出一个简单的"接受/拒绝"的投资决定:"NPV>0"和"盈利能力指数>1"的表述是相同的。也就是说,就像 IRR 一样,在最常见的项目现金流——前期现金流为负,之后所有现金流为正的情况下,盈利能力指数都能给出正确的答案。

一些企业经理喜欢盈利能力指数给出的项目相对业绩和资金使用效率的信息。例如,

单位:元

	Y0	Y1	Y2	Y3	PV(Y1 to Y3)
项目 B 的现金流	−10.00	21.14	18.12	15.10	38.94

> 但这就是盈利能力指数可能出错的地方:与内含报酬率一样,它没有考虑规模问题。

项目 B 与项目 A 有着相同的 NPV,均为 28.94 元,但项目 B 的盈利能力指数为 3.89,高于项目 A 的盈利能力指数 1.29,因为项目 B 需要的前期投资资金较少。

$$盈利能力指数 = \frac{38.94}{-(-10)} \approx 3.89$$

究其原因,盈利能力指数是一个相对比率指标,而 NPV 是一个绝对数量指标。直观

上很明显,你会更喜欢 B 项目,即使它与 A 项目的 NPV 相同。项目 B 甚至可能风险更小,但这并不确定,因为我们没有具体说明未来现金流的风险。

不幸的是,这个你刚刚认为是盈利能力指数优势的特性,也可能是劣势。你不能用盈利能力指数在不同的项目中进行选择。例如,假设你的第一个项目(A)在未来所有时期的现金流回报均变为原来的两倍,变成了下表中的项目 C,那么现在 C 与 B 相比显然是更好的项目。

	Y0	Y1	Y2	Y3	PV(Y1 to Y3)	NPV	盈利能力指数
B	−10	21.14	18.12	15.10	38.94	28.94	$\frac{38.94}{-(-10)} \approx 3.89$
C	−100	140	120	100	257.87	157.87	$\frac{257.87}{-(-100)} \approx 2.58$

注意,C 项目盈利能力指数低于 B 项目,原因在于,与 NPV 相比,盈利能力指数偏好前期投入成本较低的投资项目。因此,即使在 NPV 较低的情况下,盈利能力指数也给出了较高的指标值。这与我们试图用 IRR 来比较互斥项目时出现的规模问题是相同的。PI 和 IRR 都看相对的百分比表现,而 NPV 看绝对的货币收益。只有在两个项目的 NPV 相等(或至少非常相似)的情况下,你才应该在选择项目时真正考虑盈利能力指数。

Q4.24 现行利率为 10%。如果以下三个项目互斥(即只能从中选择一个),那么应该选哪个?

单位:元

	Y0	Y1	Y2
A	−500	+300	+300
B	−50	+30	+30
C	−50	+35	+35

若你已经根据 NPV 和 IRR 规则给出了建议,那么盈利能力指数规则的建议是什么?

4.4 项目回收期的资本预算规则

有没有比上述"理论"资本预算方法更"实用"和更简单的方法呢?是的,它是存在的,但通常只会导致糟糕的选择结果。事实上,在 IRR 和 NPV 之后,最常用的资本预算规则是一个所谓"实用"的规则,即**回收期规则**。你需要了解为什么不应该落入回收期的陷阱中。

根据回收期规则,如果你能更快地收回初始的投资本金,项目就会被认为更好。在很大程度上,这是一个愚蠢的想法。考虑以下三个项目:

单位：元

	Y1	Y2	Y3	Y4	回收期
A	−5	+8			1 年
B	−5	+4	100		2 年
C	−5	+4	0	100 000	3 年

项目 A 的投资回收期最短（最好），但是三个项目中最差的（假设正常的贴现率）。项目 B 的回收期仅次于项目 A，但在三个项目中排倒数第二（同样假设正常的贴现率）。项目 C 的回收期最长（最差），但实际却是最好的项目。还有一种版本的投资回收期称为**贴现回收期**，即将未来的现金流贴现到期初，来计算投资的回收期。这个衡量方法不是问你需要多长时间才能拿回你的钱，而是问你需要多长时间才能从现值角度拿回你的钱，不过这仍然是一个糟糕的方法。

公平地说，回收期仍然可能是一个有趣的数字：

（1）给出一个简洁漂亮的回收期数字。每个人都会明白"你将在五年内拿回你的投资本金"的含义，但并不是每个人都会理解"NPV 是 5 000 万元"的含义。

（2）回收期对早期现金流的重视有助于股东在不信任经理时设定标准。例如，如果部门经理告诉股东会在一年内拿回投资本金，而三年过去了，你却没有看到一分钱，那么可能是出了问题，你可能需要聘用更好的经理。

（3）如果你是一个资金有限的企业家，面对不完善的资本市场，回收期也会有所帮助。在这种情况下，你的资金成本会非常高，在短时间内收回资金是至关重要的。回收期信息可以帮助你评估未来的"流动性"。

（4）最后，在许多正常情况下，如果投资选择是简单明确的，那么回收期规则不会导致严重错误（虽然这一规则忽略了货币的时间价值）。如果一个项目，回收期是一个月，那么即使从净现值的角度来看，这个项目也不差。如果另一个项目，回收期是 50 年，那么极有可能它的净现值为负。

> 避免将回收期作为主要的决策规则。

说了以上这么多，但是如果你采用回收期来做投资决定，很容易做出错误的决策，毁掉你的公司。当你知道更好的资本预算方法时，为什么要冒险呢？我的观点是，计算出投资回收期并使之作为"有趣的补充信息"，但永远不应该依据回收期规则来选择项目，也不应仅仅依靠回收期来比较不同的项目。

4.5　经理们是如何决策的

那么，经理们真正采用的资本预算规则是什么呢？在 2001 年的首次调查问卷中（以及此后的定期更新），来自美国杜克大学的格雷厄姆和哈维教授询问了 392 名企业经理，主要是**首席财务官（CFO）**，他们在决定项目或收购企业时使用了什么决策规则。调查结果列在表 4.1 中。最突出的两个衡量规则也是正确的规则："内含报酬率"（IRR）和"净现值"（NPV）方法。唉，麻烦的"回收期"法和它的表亲"折现回收期"法，却仍然出奇地普遍。Mukhlynina 和 Nyborg 在 2016 年发表的一篇论文中发现，如今的估值从业者通常同时使用倍数法和贴现现金流法(即 NPV),频率在 80% 左右。

表 4.1　首席财务官估值技术

方　　法	CFO 使用频率	方法的正确率	解　　释
内含报酬率	(76%)	经常	第 4 章
净现值	(75%)	(几乎)总是	第 2 章
回收期	(57%)	很少	第 4 章
收益乘数(市盈率)	(39%)	谨慎看待	第 15 章
贴现回收期	(30%)	很少	第 4 章
会计收益率	(20%)	很少	第 15 章
盈利能力指数	(12%)	经常	第 4 章

注:"很少"的意思是"通常没有",在现实世界中经常被错误地使用。如果应用正确,NPV 就有效,这就是为什么我在"总是"中添加了限定词"几乎"。当然,如果你正在考虑一个非常好或非常坏的项目,几乎任何评估标准都可能给你相同的建议。(即使一个停止的时钟一天也会给你两次正确的时间。)

资料来源:约翰·格雷厄姆和坎贝尔·哈维,2001 年。

　　当然,这是你第一次学到资本预算规则,以后还会有更多的复杂性细节(特别是 NPV)。我也简单解释一下表中提到的两种新方法:"收益乘数"和"会计收益率"方法。它们将在第 14 章和第 15 章中详细解释。简言之,"收益乘数"方法试图将你的项目的净利润直接与市场上其他可比公司的净利润进行比较。如果你的项目比这些替代机会的成本更低,利润更高,那么乘数法通常建议你接受它。它通常是有用的,但保持谨慎是必要的。"会计收益率"方法是使用会计上的"净利润"除以"权益的账面价值"。这并不是一个好主意——财务会计并不是为了准确反映公司价值而设计的。会计报表只是在衡量流量(如利润)方面比在衡量股票价值(如账面价值)方面做得更好。

　　格雷厄姆和哈维未在受访者调查问卷中提供另一种衡量标准:最大化会计利润。现实中,经理们关心的是利润,尤其是短期利润,特别是在他们准备接受绩效评估或退休之前。因此,经理可能为了会计净利润的考虑,而放弃回报远在未来的好项目。

> 遗憾的是,这项调查没有询问经理们,他们选择项目是否主要是为了增加净利润。

　　正如你将学到的,基于会计惯例而不是经济学原理的投资决策规则通常是不可取的。在很多情况下,我几乎总是建议不要使用这些规则(指收益乘数法和会计回报率法)。除非计算的数值很大(例如会计回报率是每年 190%),那么这个项目很可能也有正的 NPV。

　　有一种观点(或许有些愤世嫉俗)认为,现在所学的所有资本预算方法,不仅给了你选择最佳投资项目的决策工具,更主要是给了你一种话术,使你可以聪明而专业地争辩,让你最喜欢的项目获得资金。在许多公司里,实际上主导一切的是"权力"。最有影响力、最有权力的经理通常使他们支持的项目获得不成比例的大笔资金。这当然不是一个客观的,更不是量化项目价值最大化的投资决策方法。

> 基于会计数字的投资决策规则是有问题的。

总结

本章涵盖了以下要点：
- 如果市场是完美的，你有正确的输入变量值，那么净现值是无可争议的正确方法。
- 在一个完美的市场中，项目价值就是其净现值。这个价值不取决于投资者是谁，也不取决于投资者何时需要现金。任何投资者都应该接受 NPV 最高的项目，然后利用资本市场将现金进行时间转换。因此，消费决策和投资决策可以单独地进行。
- 通过将 NPV 公式设为零，从项目的现金流中可计算出内含报酬率（IRR）。
- 内含报酬率不依赖于当前的资本成本。它是一个项目特有的衡量标准。可以被解释为一个项目诸多现金流中隐含的"某种平均"回报率。
- 项目可以有多个 IRR 解或没有 IRR 解。
- 内含报酬率高于资本成本的投资项目通常（但并非总是）具有正的净现值（NPV），反之亦然。内含报酬率低于资本成本的投资项目通常（但并非总是）净现值为负，反之亦然。如果是融资项目，而不是投资项目，上述规则就反过来了。
- IRR 存在项目之间比较的难题，因为它未能根据项目规模进行调整。如果资金成本依赖于项目现金流的时间，IRR 也很难使用。
- 盈利能力指数通常也是可以接受的。它重新整理了 NPV 公式。如果单独使用，它提供的资本预算建议通常与 NPV 一致。但是，与 IRR 一样，盈利能力指数可以让前期成本较低、规模较小的项目显得相对更可取（但这可能是错误的）。
- 投资回收期指标是常用的。它接受那些以最快速度收回原始投资的项目，歧视那些在未来提供巨额回报的项目。虽然回收期有时会提供有用的信息，但应避免将其作为主要的决策规则。
- 许多其他资本预算方法提供的信息有时可能是"有用的"。然而，结果往往是不明智的，因此通常应该避免或至少非常谨慎地使用。
- NPV 和 IRR 是首席财务官们最常用的资本预算方法。但为什么回收期方法受欢迎，仍然是一个小的谜题。

答案

章后习题

Q4.25 对于相同 NPV 的两个项目，你愿意为一个在你有生之年而不是在你死后结出硕果的项目支付额外的费用吗?

Q4.26 对于一个短期项目,对资金成本的错误估计有多严重?请说明。

Q4.27 对于一个长期项目,对资金成本的错误估计有多严重?请说明。

Q4.28 YTM 和 IRR 有什么区别?

Q4.29 一个项目连续三年的现金流为 $-1\,000$ 元、$+600$ 元、$+300$ 元。IRR 是多少?

Q4.30 固定利率 6% 的半年付息的 10 年期息票债券,今天按本金面值出售,其 YTM 是多少?(按面值=100 元计算)

Q4.31 一张息票债券的价格是 100 元,然后在 10 年内每年支付 10 元利息,并在第 10 年年末偿还 100 元本金。这只债券的 YTM 是多少?

Q4.32 一个项目有现金流如下:当前 -100 元,明年 $+55$ 元,后年 $+60.50$ 元。如何描述其现金流中内含的"回报率"?

Q4.33 在什么情况下 IRR 是回报率?在什么情况下回报率是 IRR?

Q4.34 给出一个有多个 IRR 解的项目例子。

Q4.35 某项目在第 0 年的现金流为 $-1\,000$ 元,第 1 年的现金流为 $+3\,550$ 元,第 2 年的现金流为 $-4\,185$ 元,第 3 年现金流为 $+1\,638$ 元。它的 IRR 是多少?

Q4.36 某项目 0 年的现金流为 $-1\,000$ 元,第 1 年的现金流为 $+3\,550$ 元,第 2 年的现金流为 $-4\,185$ 元,第 3 年的现金流为 $-1\,638$ 元。它的 IRR 是多少?

Q4.37 一个项目的连续三年现金流为 $+400$ 元、-300 元和 -300 元。现行利率是 5%。你应该接受这个项目吗?

Q4.38 从现在开始,一个项目连续几年的现金流为 -100 元、$+55$ 元、$+60.50$ 元。如果预期回报率为 10%,你是否应该接受这个项目?

Q4.39 如果一个项目连续两年现金流入均为 $1\,000$ 元,随后现金流出 600 元,那么在什么样的贴现率下,你应该接受这个项目?

Q4.40 你可以投资一个项目,其回报取决于你的投资金额。具体来说,将明年的报酬(现金流)和你今天的投资联系起来的公式是 $C_1=\sqrt{-C_0-0.1}$,其中 C_0 和 C_1 以百万元来衡量。例如,如果你今天投资 50 万元在项目上,明年的回报是 $\sqrt{0.5-0.1}\approx 0.632$ 百万元。当前利率是每年 6%。用 EXCEL 电子表格回答以下两个问题:

1. 最大化 IRR 投资选择下的 C_0 是多少?此时的 NPV 是多少?
2. 最大化 NPV 投资选择下的 C_0 是多少?此时的 IRR 是多少?

Q4.41 现行利率为 10%。如果以下三个项目互斥,应该选择投资哪个项目?

单位:元

	Y0	Y1	Y2
A	$+500$	-300	-300
B	$+50$	-30	-30
C	$+50$	-35	-35

Q4.42 项目 A 需要投资 5 元,随后 3 年每年收益 20 元,项目 B 需要投资 9 元,随后

3年每年获得25元？利率为10%。上述两个项目的盈利能力指数和NPV分别是多少？如果你只能投资其中一个项目，你会选择哪一个？

Q 4.43 考虑以下项目：

年 份	Y0	Y1	Y2	Y3	Y4	Y5	Y6
现金流/元	−10	5	8	3	3	3	−6

1. IRR是多少？
2. 回收期是多少？
3. 盈利能力指数是多少？

Q 4.44 考虑以下项目：

	Y0	Y1	Y2	Y3	Y4	Y5	Y6	Y7
CF/元	0	−100	50	80	30	30	30	−60

1. IRR是多少？
2. 回收期是多少？
3. 盈利能力指数是多少？

Q 4.45 目前的资金成本是每年9%。对于以下项目，各种资本预算规则会提出什么样的建议？

单位：元

	Y0	Y1	Y2	Y3	Y4
A	+1 000	300	400	500	600
B	−1 000	150	200	1 000	1 200
C	−2 000	1 900	200		
D	−200	300			
E	−200	300	0	−100	

Q4.46 现实世界中采用的最主要资本预算方法是哪些？有意义吗？

第 5 章

随时间变化的收益率与收益率曲线

 当收益率不同时

在本章中,我们将让世界变得更复杂、更现实一些,尽管仍然保留着完美的远见和完美市场的假设。我们将放弃的第一个假设是:无论投资时间跨度如何,收益率都是相同的。在前面的章节中,每个时期的利率都是相同的——比如 30 年期债券的年利率为 5%,那么 1 年期债券也是如此。但是,现实世界中并非如此。收益率通常随着投资时间的长短而变化。

中国人民银行官网每天都在告诉你这个事实。例如,在 2021 年 8 月 27 日,财政部为一年内到期的国债(2022 年 8 月 26 日)支付 2.29% 的年利率,为 50 年到期的国债(2071 年 8 月 26 日)支付每年 3.57% 的年利率。

	年百分比收益率/%										
	1m	1y	2y	3y	5y	7y	10y	15y	20y	30y	50y
8/27/2021	1.53	2.29	2.47	2.54	2.69	2.88	2.87	3.14	3.44	3.41	3.57

上面这些只是债券交易员需要知道的吗?一点也不。事实上,这些数字对你也很重要。你有没有想过为什么银行的 1 个月大额存单(CD)仅提供年 0.10% 的利率,而 4 年期大额存单提供年 0.42% 的利率?(上述是中国银行在 2021 年 8 月提供的利率)。你应该选择哪个利率?为什么?通货膨胀重要吗?

企业首席执行官们(CEO)必须知道应该为 1 年期项目和 30 年期项目的投资者支付

不同的收益率。如果美国财政部必须为更长的投资回报期提供更高的收益率,那么公司肯定也应如此!

在本章中,你将学习如何处理与时间相关的收益率和通货膨胀率。

5.1 和随时间变化的收益率[1]在一起

在现实世界中,收益率通常取决于现金流支付的时间长短。例如,明年的利率可能比今年的利率高或者低。此外,长期债券提供的利率通常与短期债券不同。你必须学会在这样的环境下工作,下面让我教你分析的工具。

> 利率会根据承诺支付的时间长短而有所不同。

对不同收益率进行复利

幸运的是,在处理时变利率时,你在前几章学到的所有工具仍然适用。复利可以仍然以同样的方式计算。例如,第一年的回报率是20%,第二年的回报率是30%,那么两年的持有期回报率是多少?(第二年的回报率有时被称为**再投资收益率**)。你可以用与之前相同的复利公式,从两个1年期收益率中确定2年期的持有期收益率:

> 一个时变收益率进行复利的例子。

$$(1+r_{0,2}) = (1+20\%) \cdot (1+30\%) = (1+56\%)$$
$$(1+r_{0,1}) \cdot (1+r_{1,2}) = (1+r_{0,2})$$

再减去1,答案是持有两年期的总回报率为56%。如果你喜欢短一点的公式,如下:

$$r_{0,2} = 1.20 \times 1.30 - 1 = 1.56 - 1 = 56\%$$

多期复利的计算在概念上并不难,但是符号复杂。主要体现在下标上,不仅要标注现在开始时的利率,还要标注体现未来的利率。本章中的大多数例子都必须使用两个时间下标:一个是付出钱时的下标,一个是钱收回时的下标。因此,$r_{1,2}$描述了时间1到时间2的利率。除了这个额外的符号,复利公式仍然是相同的对于每个利率"一加公式"连乘(在最后减去1)。

你也可以用复利来确定未来持有的期间收益率。例如,如果1年到2年的收益率是30%,2年到3年收益率是40%,3年到4年收益率是50%,那么你从明年开始投资3年的收益率是多少?它是:

给定:$r_{1,2} = 30\%$ $r_{2,3} = 40\%$ $r_{3,4} = 50\%$

$$(1+r_{1,4}) = (1+30\%) \cdot (1+40\%) \cdot (1+50\%) = (1+173\%)$$
$$(1+r_{1,2}) \cdot (1+r_{2,3}) \cdot (1+r_{3,4}) = (1+r_{1,4})$$

减去1,你会看到明年(不是今天)投资并在第4年收回资金的投资收益率(合适的称法为$r_{1,4}$),该投资的三年持有期回报率为173%。为了进一步明确时间,假设现在是2021年12月31日午夜,这是时间0。时间1将是2022年12月31日午夜,此时你将投

---

[1] 随时间变化的收益率(time-varying rates of return),下文也简称"时变收益率"。

资 1 元。三年后,即 2025 年 12 月 31 日午夜(时间 4),你将收到原来投资的 1 元加上额外的 1.73 元,总回报为 2.73 元。从现在开始的利率——第一个下标为 0——通常称为**即期利率**。未来开始的利率通常称为**远期利率**。

Q5.1 如果第一年的利率是 2%,第二年的利率是 3%,那么两年期的总利率是多少?

Q5.2 一个为期两年的项目在第一年的回报率为 22%,但总体而言该项目损失了一半的价值。第一年后该项目的回报率是多少?

Q5.3 从 2014 年 12 月 31 日收盘至 2020 年 12 月 31 日,先锋领航(Vanguard)的标准普尔 500 指数基金(该基金将收到的基础成分股的股息直接分配给基金投资者,但收取基金管理费)的年收益率如下:

2015 年	2016 年	2017 年	2018 年	2019 年	2020 年
1.31%	12.17%	21.77%	−4.50%	31.35%	18.29%

前 3 年的收益率是多少,后 3 年的收益率是多少?整个 6 年的收益率是多少?已实现的收益率是否随着时间变化?

Q5.4 一个项目第一年损失了 1/3 的价值,然后获得了 50% 的收益率,接着损失了 2/3 的价值,最后价值翻了一番。请问:该项目的算术平均回报率是多少?该项目的四年总收益率是多少?如果一个是正值,那么另一个是否也是正值?

年化收益率

随时间变化的收益率创造了一种新的复杂情况,最好用一个类比来解释清楚。比如,在 93 分钟内行驶 101 706 码的汽车速度是快还是慢?这很难说,因为你习惯于以"每 60 分钟行驶的公里数"来思考,而不是"每 93 分钟的码数"。将速度转换为每小时公里数是有意义的,目的是便于比较。你甚至可以为只跑 10 秒的短跑运动员也这样做。速度只是在单位时间里累积距离的标准度量。

同样的问题也适用于投资收益率:比如拿 8.32 年 58.6% 的收益率与其他收益率相比,并不像用年化收益率那么容易。因此,大多数收益率都被报价为**年化利率**。平均年化收益率只是用于衡量资金积累速度的一个方便的单位——一种"平均"的业绩衡量标准。当然,若你计算得出一个年化收益率时,比如 5.7%,并不意味着该项投资每年都获得了 5.7% 的年收益率,就像汽车不必每时每刻都以每小时 60 公里(93 分钟内 101 706 码)的速度行驶一样。

如果你的某项投资在三年持有期间的总收益率为 173%,那么你的年化收益率是多少?答案不是 173%/3 ≈ 57.7% 的**平均回报率**。因为如果你每年赚取 57.7%,最终会得到 $1.577^3 - 1 \approx 292\%$,而不是 173%。这个 57.7% 的错误答案在于,你忽略了在第一年和第二年之后将获得的利息进行了复利!要计算年化收益

> 收益率的单位标准:年化利率。

率,需要找到一个假设的年收益率,如果你每年都获得这个年收益率并且利滚利,那么三年持有期的总收益率将为173%。

> 回到我们的例子:如何年化三年期的总持有收益率。

你如何计算?将假设的年利率称为你必须在三年内每年赚取$r_{\overline{3}}$(请注意3上方的横条表示年化)的收益率,以便最终获得173%的持有期回报率。要找到$r_{\overline{3}}$,求解以下方程:

$$(1+r_{\overline{3}}) \cdot (1+r_{\overline{3}}) \cdot (1+r_{\overline{3}}) = (1+173\%)$$

$$(1+r_{\overline{3}}) \cdot (1+r_{\overline{3}}) \cdot (1+r_{\overline{3}}) = (1+r_{0,3})$$

简单点:

$$(1+r_{\overline{3}})^3 = (1+173\%)$$

$$(1+r_{\overline{t}})^t = (1+r_{0,t})$$

在我们的例子中,持有期收益率$r_{0,3}$是已知的(173%),年化收益率$r_{\overline{3}}$是未知的。连续三年获得相同的利率$r_{\overline{3}}$带来了173%的持有期回报率。这是三年回报率的"平滑"收益率。把它想象成一个假设的、单一的、恒速的利率,在这个利率下,你的钱最终会以173%的速度结束,就假设如同它在30%、40%和50%等每个不同的年回报率下增长一样快。$r_{\overline{3}}$的正确求解是通过计算"1加上总持有期收益率"然后开三次方根,可以得到

$$(1+r_{\overline{3}}) = (1+173\%)^{(1/3)} = \sqrt[3]{1+173\%} \approx 1+39.76\%$$

$$(1+r_{0,t})^{(1/t)} = \sqrt[t]{1+r_{0,t}} = (1+r_{\overline{t}})$$

用你的计算器确认:$r_{\overline{3}} \approx 39.76\%$

$$1.3976 \times 1.3976 \times 1.3976 \approx (1+173\%)$$

$$(1+r_{\overline{3}}) \cdot (1+r_{\overline{3}}) \cdot (1+r_{\overline{3}}) = (1+r_{0,3})$$

总而言之,如果你以每年39.76%的利率投资3年,最终将获得173%的3年总持有期回报率。就像上述例子一样,若投资的持有时间很长,年化收益率(如39.76%)与持有期收益率(如173%)的数量级通常有很大的不同,以至于对某收益率而言,你会直觉地立即区分并标记下来,它是指持有期收益率还是年化收益率。在现实世界中,很少有收益率,特别是长期收益率,是按照持有期收益率来报价标注的,几乎所有利率都以年化的方式报价。

重点:t年的总持有期收益率,称为$r_{0,t}$,通过开t次方根,可以转换成年化收益率,称为$r_{\overline{t}}$:

$$(1+r_{\overline{t}}) = \sqrt[t]{1+r_{0,t}} = (1+r_{0,t})^{\frac{1}{t}}$$

将t年的年化收益率复利,可以得出总持有期收益率。

> 将长期的货币回报转化为年化收益率。

你还经常需要自己根据投资收益计算某项投资的年化收益率。例如,今天的100元某项投资承诺在30年后获得240元的回报,该投资预计的年化回报率是多少?第一步是计算总持有期收益率。用期末价值(240元)减去你的初始价值(100元),然后除以初始价值。因此,持有30年的总回报率为

第 5 章 随时间变化的收益率与收益率曲线

$$r_{0,30} = \frac{240-100}{100} = 140\%$$

$$r_{0,30} = \frac{C_{30}-C_0}{C_0}$$

年化收益率是 $r_{\overline{30}}$，如果复利 30 年，则提供 140% 的总回报率，

$$(1+r_{\overline{30}})^{30} = (1+140\%)$$

$$(1+r_{\overline{t}})^t = (1+r_{0,t})$$

求解上式，需开 30 次方根

$$(1+r_{\overline{30}}) = (1+140\%)^{1/30} = \sqrt[30]{1+140\%} \approx 1+2.96\%$$

$$(1+r_{\overline{t}}) = (1+r_{0,t})^{1/t} = \sqrt[t]{1+r_{0,t}}$$

减去 1 之后，得到 $r_{\overline{30}}$ 为 2.96%。你会看到初始 100 元的投资在 30 年后获得 240 元的回报相当于 2.96% 的年化回报率。

关于回报率的问题，复利类似于加法，年化类似于平均。如果你两次均赚取了 1%，则复合利率为 2.01%。你的年化收益率为 1%，与平均收益率 2.01%/2=1.005% 相近。

现在假设你的投资在第一年的价值上翻了一番，然后第二年又回落到原来的价值。它的平均收益率是多少？例如，从 100 元翻倍到 200 元，回报率为 +100%。接着回落到 100 元的回报率为 (100-200)/200=-50%。因此，平均回报率为 [+100%+(-50%)]/2=+25%。

但是你并没有赚到钱！你以 100 元开始，最终以 100 元结束。如果采用复利计算回报，就会得到符合直觉预期的 0% 的答案：

$$(1+100\%)\cdot(1-50\%) = 1+0\% \Rightarrow r_{0,2}=0\%$$

$$(1+r_{0,1})\cdot(1+r_{1,2}) = (1+r_{0,2})$$

由此可见，年化收益率 $r_{\overline{2}}$ 是 0%。另外，一项投资先产生 +20% 然后 -20% 的收益率，算术平均的投资回报率为 0%，但实际上会让你蒙受损失。

$$(1+20\%)\cdot(1-20\%) = (1-4\%) \Rightarrow r_{0,2}=-4\%$$

$$(1+r_{0,1})\cdot(1+r_{1,2}) = (1+r_{0,2})$$

> 算术平均值可以带来令人惊讶的结果——平均回报远远高于你每年实际的收益。看看多么欺骗人！

对于每 100 元的原始投资，你现在只有 96 元。0% 的算术平均回报率并不能反映这种损失。复利回报率也就是年化回报率却会告诉你发生了损失：

$$1+r_{\overline{2}} = \sqrt{(1+r_{0,2})} = \sqrt{1-4\%} = 1-2.02\% \Rightarrow r_{\overline{2}} \approx -2.02\%$$

如果你是一名投资顾问，现在准备引用你的历史投资业绩，你更愿意采用平均收益率还是年化收益率？（小提示：整个行业的标准都是引用平均收益率，而不是年化收益率！）

请解决以下问题，以获得在不同的时间范围内计算复利和年化收益率的更多经验。

Q5.5 如果你在 4 个月内获得了 5% 的回报率，那么年化收益率是多少？

Q5.6 假设两年期的持有期收益率为 40%。因此，年平均（算术）收益率为 20%。年化（几何）收益率是多少？年化利率和平均利率一样吗？

Q5.7 复利的收益率是高于还是低于单个收益率的总和？年化收益率是高于还是低于单个收益率的平均值？为什么？

Q5.8 返回 Q5.3。表中六年的先锋领航标准普尔 500 指数基金的年化收益率是多少？

Q5.9 如果五年期投资的总持有期收益率为 50%，那么年化收益率是多少？

Q5.10 如果未来 5 年的每年收益率均为 10%，那么年化的 5 年收益率是多少？

久期和到期期限

我们有时需要对债券或项目将持续多长时间给出一个总结性的统计数据。到期日（maturity）是债券最后一次支付的日期。但是，你可能不会将一张第 1 年年末支付 1 元、30 年后再支付 1 元的债券视为 30 年期债券，它更像是 15 年期债券。**久期**（duration）可以计算为

$$久期(C_1=1\text{元}, C_{30}=1\text{元}) = \frac{1 \times 1 + 2 \times 0 + \cdots + 29 \times 0 + 30 \times 1}{1 + 0 + \cdots + 1} = 15.5 \text{ 年}$$

$$久期(\{C_t\}) = \sum_t t \times C_t / W$$

其中 W 是所有债券支付的总和，$W = \sum_t C_t$。直观地说，该债券的期限约为 15 年。同样直观地，一张在第 1 年年末支付 100 元和第 30 年年末支付 1 元的债券具有更短的久期：

$$久期(C_1=100\text{元}, C_{30}=1\text{元}) = \frac{1 \times 100 + 30 \times 1}{100 + 1} \approx 1.287$$

零息债券（zero bond）的久期等于其到期日。一个重要的变化是**麦考利久期**（Macauley duration），它实质上用债券支付的现值代替了原始现金流。其目的是对遥远的现金流进行更大的折现，从而进一步缩短了久期。例如，使用 2015 年 12 月的收益率曲线[1]，对上面的债券计算麦考利久期：

$$麦考利久期(C_1=1\text{元}, C_{100}=1\text{元}) = \frac{1 \times 100/1.0065 + 30 \times 1/1.0301^{30}}{100/1.0065 + 1/1.0301^{30}} \approx 1.1194$$

还有其他衡量久期的方法，但它们基本上是关于债券"平均"上现金流发生时间的汇总统计数据。

以时变利率来计算现值

现在让我们继续讨论随时间变化利率后的净现值。在计算 NPV 时，你需要了解时变利率的作用是什么？答案没有什么新鲜事。你已经知道了所需要知道的一切。净现值公式仍然是

$$NPV = PV(C_0) + PV(C_1) + PV(C_2) + PV(C_3) + \cdots$$

---

1 这里作者引用的是当时美国市场上的国债利率收益率曲线，根据文中数据，1 年期的收益率为 65BP，30 年期的收益率为 301 个基点。

$$= C_0 + \frac{C_1}{1+r_{0,1}} + \frac{C_2}{1+r_{0,2}} + \frac{C_3}{1+r_{0,3}} + \cdots$$

$$= C_0 + \frac{C_1}{1+r_{\bar{1}}} + \frac{C_2}{(1+r_{\bar{2}})^2} + \frac{C_3}{(1+r_{\bar{3}})^3} + \cdots$$

$$= C_0 + \frac{C_1}{1+r_{0,1}} + \frac{C_2}{(1+r_{0,1})\cdot(1+r_{1,2})} + \frac{C_3}{(1+r_{0,1})\cdot(1+r_{1,2})\cdot(1+r_{2,3})} + \cdots$$

唯一的新颖之处在于你需要更加小心符号的下标。你不能简单地假设多年持有期回报率（例如 $1+r_{0,2}$）是 1 年期回报率的平方（$(1+r_{0,1})^2$）。而是你必须处理与时间相关的资本成本（利率），仅此而已。

> 现值仍然是相似的，可以相加、相减、比较等。

现在假设你有一个投资项目，初始投资 12 元，1 年后的回报是 10 元，5 年后的回报是 8 元。给定 1 年期的利率为 5%，5 年期的年化收益率是 6%，那么

$$\text{现值 PV}(1\text{年后的}10\text{元}) = \frac{10}{1.05} \approx 9.52(\text{元})$$

$$\text{现值 PV}(5\text{年后的}8\text{元}) = \frac{8}{1.06^5} \approx 5.98(\text{元})$$

因此，该项目今天（时间 0）的总价值为 15.50 元。项目成本为 12 元，则其净现值为

$$\text{NPV} = -12 + \frac{10}{1.05} + \frac{8}{1.06^5} \approx 3.50(\text{元})$$

$$\text{NPV} = C_0 + \frac{C_1}{1+r_{0,1}} + \frac{C_5}{1+r_{0,5}} = \text{NPV}$$

你还可以重新设计一个更复杂的项目，类似于表 2.1 中的项目。但使之更有趣的是，现在使用一个假设向上倾斜的利率期限结构。即年化收益率每一年增加 0.5%，即第一年收益率 5%，以后每年增加 0.5%，在第五年达到年化收益率 7%。估值方法与表 2.1 中的相同——你只需对利率下标更加小心即可。因此，该项目的价值是

时间	项目现金流/元	年化收益率	复利期间收益率	折现因子	价值/元
t	C_t	$r_{\bar{t}}$	$r_{0,t}$	$\frac{1}{1+r_{0,t}}$	$PV(C_t)$
今天	−900			1.000 0	−900.00
Y1	+200	5.0%	5.0%	0.952 4	190.48
Y2	+200	5.5%	11.3%	0.898 5	179.69
Y3	+400	6.0%	19.1%	0.839 6	335.85
Y4	+400	6.5%	28.6%	0.777 3	310.93
Y5	−100	7.0%	40.3%	0.713 0	−71.30
净现值（加总）					45.65

Q5.11 一个项目的当前投资成本为 200 元，随后连续 3 年将分别提供 +100 元、+300 元和 +500 元的现金流。年化利率为第一年 3%、第二年 4%、第三年 4.5%。问这个项目的 NPV 是多少？

5.2 通货膨胀

下面通过计算**通货膨胀**的影响,来让我们的世界更加现实和复杂。通货膨胀是一个过程——同一种商品的价格在未来比现在更高。随着通货膨胀,物价水平不断上升,因此货币正在失去价值。例如,假设年通货膨胀率为 100%,今天 0.50 元的苹果明年将花费 1 元,今天 2 元的香蕉明年将花费 4 元,而今天 200 元的教科书明年将花费 400 元。

> 通货膨胀是相同商品价格的上涨。

通货膨胀在公司环境中可能重要也可能不重要,这取决于商业合同中的约定方式。如果你忽略通货膨胀并写一份合同承诺,明年将以每条 1 元的价格提供面包,它是**名义价值**——你就犯了一个大错误。你将得到的钱只值一半。对于你同意以 1 元出售的每条面包,明年你只能购买一个苹果,而不是两个苹果。但是,你也可以在今天以**真实价值**(或**经通货膨胀指数调整的条款**)约定合同,在这种情况下,通货膨胀的价格变化无关紧要。也就是说,如果你是香蕉销售商,可以将从今天到明年的通货膨胀率计入你承诺的香蕉交付价格。例如,一份承诺以每根香蕉 2 个苹果的价格交付香蕉的合同。如果合同价格与通货膨胀率挂钩了,那么通货膨胀就无关紧要。然而,在中国,因为大多数商业合同都是按名义价格条款撰写的,而未经通货膨胀指数调整,因此通货膨胀因素很重要,你必须学习如何应对通货膨胀。那么,通货膨胀对回报有什么影响呢?特别在(净)现值上?这是我们的下一个主题。

> 当签订商业合同时,若未考虑通货膨胀调整因素,通货膨胀则很重要。

衡量通货膨胀率

第一个重要问题是应该如何定义通货膨胀率。一个苹果价格的变化率,是衡量通货膨胀率的好指标吗?如果一个苹果(水果)变得更贵,但是一台苹果(电脑)变得更便宜了,怎么办?定义通货膨胀率实际上相当棘手。为了解决这个问题,经济学家发明了一个"篮子"概念,这个篮子里包括一系列具有代表性的商品和服务。然后经济学家测量篮子里商品和服务项目的平均价格变化。在中国,大多数通胀指标的官方来源是**国家统计局**(NBS),它确定了一些常见篮子(指数)的组成,并每月公布这些篮子的平均总价格。最突出的此类通胀指标是假设的平均家庭消费组合——称为**消费者价格指数(CPI)**。国家统计局将 CPI 的组成分为八类——食品,娱乐教育文化用品及服务,居住,交通和通信,医疗保健及个人用品,衣着,家庭设备用品和维修服务,烟酒和用品。从历史上看,"食品"在篮子中的份额最高,但近年来其权重一直在下降。[1]

从 2020 年 7 月到 2021 年 7 月,通货膨胀率非常低,每年不到 1%。(甚至有几个月通胀率为负——称为**通货紧缩**!)

年 份	2015	2016	2017	2018	2019	2020
CPI	1.62%	1.99%	1.85%	1.91%	4.41%	0.27%

---

[1] 这里译者根据我国国家统计局对 CPI 构成的八个部分进行了调整,并且顺序是按照权重大小排序。原文内容不准确。

许多其他指数也用作通胀指标,例如**生产者价格指数**(PPI)或更广泛的 **GDP 平减指数**。它们通常与 CPI 非常相似。在短期内,人们预计这些指标会相当接近(平均而言,并不是指每个月);但在较长时期内,它们可能会出现分歧。还有一些更专业的"篮子"指数,比如计算机或闪存芯片通胀指数(它们的价格通常会下降),或特定地区的价格指数等。

官方公布的通货膨胀率不仅仅是一个反映现实的数字——它本身很重要,因为许多商业合同都专门和特定的通货膨胀率挂钩。例如,即使实际的通胀率为零,但如果官方报告的 CPI 为正,政府也必须向社会保障金的领取者支付更多的费用。因此,官方公布的通货膨胀率越低,政府支付的费用就越少。这里,你可能会认为政府有动机低估通货膨胀率。但是奇怪的是,情况并非如此。因为相反的一面是,有强大的政治利益集团阻碍美国的劳工统计局(BLS)[1]——即中国的国家统计局相对应的组织——去纠正错误,也即将官方的通胀数据向下进行修正,因此人人都知道 CPI 被夸大了。1996 年,由多位著名经济学家组成的博斯金委员会(Boskin Commission)发现,美国 CPI 每年被夸大约 74 个基点——这是一个巨大的差异。主要原因是过去和现在美国劳工统计局都迟迟没有认识到计算机和电信行业的有效价格在迅速下降,以及沃尔玛和塔吉特等超市促使价格走低等因素的日益重要性。

1922 年的德国恶性通货膨胀

许多经济学家现在认为,每年 1% 到 3% 的适度通胀率是一个健康的数字,但是保持如此数字并非易事。罗马皇帝加利努斯(Gallienus)在两千年后仍然臭名昭著,因为他将罗马货币丹那留斯的单位银的含量降低了 100 倍,从而改变了它的价值。

最著名的超级通货膨胀(**恶性通货膨胀**)事件发生在 1922 年 8 月至 1923 年 11 月的德国。当时物价每月翻四倍。晚上的商品价格比早上高!商品价格签标必须在一天之内被重新印刷,购物者早上提着一袋钱出去,到一天结束时已经一文不值。当时德国印制了 10 000 亿张马克纸币,已经没有人信任马克了。这种恶性通货膨胀只有通过大刀阔斧的货币和金融体系改革才能制止。但高通胀并不仅是一个历史现象。2018 年,委内瑞拉的通货膨胀率为 929 790%。人们对委内瑞拉货币玻利瓦尔彻底失去了信心!

然而,近些年的经验证明,推高通胀率也很困难,这让我们经济学家(进一步)感到谦卑。在**大衰退**(2008—2011 年的金融危机)中,美联储试图通过发钱给到消费者手中来助长通货膨胀。这个想法是:让消费者对货币失去一点信任并花费货币,从而提高许多房地产的价格。但是,消费者转身将钱存回银行,银行又将钱重新存入——你猜对了——美联储!

重点:"以今天的元计算"的常见说法可能含糊不清。大多数人的意思是指"经通货膨

---

[1] 美国劳工局的 CPI 公布网址:http://www.bls.gov/cpi/。

胀率调整的价值"。有些人指的是现值(即"与无风险债券的投资相比")。如有疑问,请问清楚!

Q5.12 查阅中国国家统计局和美国劳工统计局网站对 CPI 和 PPI 的描述。CPI 在概念上与 PPI 有何不同?现在 CPI 和 PPI 的两个官方指标不同吗?

实际利率和名义利率

为了处理通货膨胀的影响,并了解如何在合同中正确调整通货膨胀因素,你首先需要了解**名义回报**和**实际回报**的区别。名义利率是通常报价的——即未经通货膨胀调整的回报。相比之下,实际利率是以某种方式从名义利率中剔除通胀因素,以便计算一个"好像"不存在价格通胀的收益率。实际利率反映了这样一个事实,即在存在通货膨胀的情况下,未来的 1 元购买力将低于今天的 1 元购买力。

> 名义回报是通常给出的报价,但实际回报是根据通货膨胀率进行了调整。作为消费者,实际回报才是你应该知道的。

实际利率让你在当前消费和未来消费之间进行权衡,在考虑到价格变化的情况下。

从一个简单的夸张场景开始:假设通货膨胀率为每年 100%,你购买了名义利率为 700% 的债券。请问实际利率是多少?为了给出答案,先假设你今天花 1 元买了一个苹果。

在通货膨胀率为 100% 的情况下,明年你需要花 2 元才能购买同一个苹果。对于今天 1 元的债券投资,你的总回报将是 1 元×(1+700%)=8 元。但此时这 8 元将适用于购买每个售价为 2 元的苹果。8 元可以购买 4 个苹果,而不是 8 个苹果。因此,你的实际回报率(从 1 个苹果到 4 个苹果)是

$$r_{实际} = \frac{(8\,\text{元买到的}\,4\,\text{个苹果}) - (2\,\text{元买到的}\,1\,\text{个苹果})}{(2\,\text{元买到的}\,1\,\text{个苹果})} = 300\%$$

对于今天投资债券的每一元,明年你将能购买比今天多 300% 的苹果(而不是多 700%)。这是因为通货膨胀会使你的货币购买力减少一半以上。

对通货膨胀率(π)进行正确调整的公式又是一个"一加"(one-plus)形式的公式。在我们的例子中,它是

$$(1+700\%) = (1+300\%) \cdot (1+100\%)$$
$$(1+r_{名义}) = (1+r_{实际}) \cdot (1+\pi)$$

把这个公式调整一下就得到实际的回报率:

$$(1+r_{实际}) = \frac{1+700\%}{1+100\%} = 1+300\%$$

$$(1+r_{实际}) = \frac{(1+r_{名义})}{(1+\pi)}$$

> 这是从名义利率到实际利率的正确转换公式。

简单来说,在假设通货膨胀率为 100% 的情况下,700% 的名义利率与 300% 的实际利率相同。

第 5 章 随时间变化的收益率与收益率曲线

重点：名义利率（$r_{名义}$）、实际利率（$r_{实际}$）和通货膨胀率（π）之间的关系为

$$(1+r_{名义})=(1+r_{实际}) \cdot (1+\pi)$$

与复利一样，如果利率值很小，那么仅从名义利率中减去通货膨胀率就可以得到实际利率，这种近似的错误并不严重。例如，对于我们 30 年期名义利率 3% 的国债，如果通货膨胀率保持在每年 0.7%，那么正确的实际利率将是 2.28% 而不是近似的 2.30%[1]：

> 当利率数值很小时，加/减是一个不错的近似值。

$$(1+3\%) \approx (1+2.28\%) \cdot (1+0.7\%) \approx 1+2.28\%+0.7\%+0.0002+\cdots$$

$$(1+r_{名义})=(1+r_{实际}) \cdot (1+\pi)=1+r_{实际}+\pi+\underbrace{r_{实际} \cdot \pi}_{交乘项}$$

可见，正确值和近似值之间的差异，即交乘项，是微不足道的，很容易被当前通胀率的测量误差和未来通胀率的不确定性所淹没。[2] 然而，当通货膨胀率和利率很高时——例如，在 20 世纪 90 年代初期的中国——那么交乘项就很重要。

货币的正时间价值（即今天的货币比明天相同数量的货币更值钱）适用于名义量，因为名义利率（通常）不是负数，但货币的正时间价值不适用于实际量。当存在通货膨胀时，实际利率不仅可以为负，而且通常为负。例如，2021 年 7 月，1 个月期国债收益率为 0.04%，而通货膨胀率为 0.5%，这意味着实际利率约为 −0.46%。一个月后，在此类美国国债上投资的每一美元的实际购买力都会降低。你最终会得到更多的现金——但购买力也会更低。

> 实际利率可能为负。

黄金

有时，黄金价格被用作衡量通货膨胀的指标。黄金通常不是衡量购买力的重要指标，但它确实可以轻松进行长期的价格比较。一个罗马军团士兵的年薪相当于 2.31 盎司黄金。如今，一名美国陆军士兵的报酬相当于 11.01 盎司，大约是其五倍。一个罗马百夫长的报酬是 38.58 盎司。一名美国陆军上尉的薪水为 27.8 盎司，大约少了四分之一。作为一种资产类别，投资黄金的回报率与两千年以来的收入增长大致相当。

Erb and Harvey（2013）

Q5.13 默写名义收益率（$r_{名义}$）、实际利率（$r_{实际}$）和通货膨胀率（π）之间的关系。

Q5.14 假设名义利率为 20%，通货膨胀率为 5%。实际利率是多少？

通货膨胀与净现值

当谈到通货膨胀和净现值时，有一个简单的规则：永远不要把苹果和橙子混在一起。

---

[1] 即 3%−0.7%=2.30%。
[2] 作者是指通胀率的测量本身就有误差和不确定性，计算的实际利率就存在偏差。所以采取实际利率的近似值并不会和真正的实际利率有多少偏差。

净现值 NPV 的美妙之处在于将项目的每个现金流都转换为相同的单位：今天的元。在存在通货膨胀的情况下将所有现金流保持在相同的单位中,就不会失去 NPV 的优势。当你使用 NPV 公式时,总是使用名义贴现率折现名义现金流,使用实际(经通胀率调整)贴现率折现实际(经通胀率调整)现金流。

让我们回到"苹果"的示例。在 700% 名义利率和 100% 通货膨胀率的情况下,实际利率为 $(1+700\%)/(1+100\%)-1=300\%$。假设今天每个苹果的价格为 1 元,明年每个苹果的价格为 2 元,那么明年提供 12 个苹果的项目的价值是多少？

你可以使用以下两种方法：

> 最基本的规则：永远不要混同苹果和橙子。名义现金流必须以名义利率折现。

(1) 用名义利率折现明年 12 个苹果的名义现金流(2 元×12＝24 元)。因此,未来 12 个苹果的现值为

$$\frac{名义现金流}{1+名义利率}=\frac{24}{1+700\%}=3(元)$$

(2) 以实际利率折现明年的 12 个苹果。因此,

$$\frac{实际现金流}{1+实际利率}=\frac{12个苹果}{1+300\%}=3 个苹果$$

未来的 12 个苹果价值今天的 3 个苹果。因为今天一个苹果价值 1 元,明年的 12 个苹果的今天价值即现值为 3 元。

实际方法和名义方法都得出相同的净现值结果。资本的机会成本是,如果你今天投资一个苹果,到明年你的苹果持有量就可以翻 4 倍。因此,明年收获 12 个苹果对今天的你来说值 3 个苹果。较高的名义利率已经反映了这样一个事实,即明年名义现金流的价值低于今年。听起来可能很简单,但我已经看到有些公司先计算出它们未来商品的实际价值,然后再用标准的名义利率进行折现。不要这样做！

重点： • 以名义利率折现名义现金流。

• 用实际利率折现实际现金流。

• 永远不要用实际利率折现名义现金流,反之亦然。

如果你想通过代数算式看出两种方法结果一致,下面就展示,这两种方法得出相同结果的原因是通货膨胀率被抵消了：

$$现值 PV=\frac{24 元}{1+700\%}=\frac{12A}{1+300\%}=\frac{12A\cdot(1+100\%)}{(1+300\%)\cdot(1+100\%)}$$

$$=\frac{N}{1+r_{名义}}=\frac{R}{1+r_{实际}}=\frac{R\cdot(1+\pi)}{(1+r_{实际})\cdot(1+\pi)}$$

其中 N 是名义现金流量,R 是实际现金流量,π 是通货膨胀率。大多数时候,以名义量来计算更为容易。因为名义利率远比实际利率应用更加普遍,你可以简单地利用公布的通货膨胀率来调整商品的未来价格,以获得未来预期的名义现金流量。

Q5.15 如果实际利率是年 3%，通货膨胀率是年 8%，那么明年 500 000 元的名义付款的现值是多少？

5.3 美国国债和收益率曲线

现在是时候更详细地讨论当今世界上最重要的金融市场——美国政府发行的债券市场了。这些政府发行的债券被称为国债，可能是最简单的项目。因为从理论上讲，国债不可能到期不还款。国债承诺到期支付美元，如果美元用完了，美国政府控制的美联储有权印制更多的美元。因此，国债的偿还没有任何不确定性。（相比之下，一些欧洲国家或美国借入了它们无法创造的货币进行发债，可能会没钱到期支付，因此违约。[1]）

美国"国债"（Treasury）的缩写源于债务本身由美国财政部（U.S. Treasury Department）发行。国债主要有以下三种：

1. **短期国债**（Treasury bills，缩写为 T-bills），期限最长为 1 年。
2. **中期国债**（Treasury notes，缩写为 T-notes），期限为 1 年至 10 年。
3. **长期国债**（Treasury bonds，缩写为 T-bonds），期限大于 10 年。

> 如今，最简单和最重要的基准债券是国债。国债的现金流是确定无疑的。

30 年期债券通常被称为**长期债券**（long bond）。上述三者通常一起被称为**国债**。从概念上讲，它们之间确实没有区别，都是美国财政部发行的债务。但事实上，今天可能有 3 个月后到期的国库券——例如 8 年零 9 个月前发行的 9 年期中期国债，它实际上与刚发行的 3 个月短期国债具有相同时间的到期偿还义务。因此，我们不要在意债券的名称，而应关注债券的实际到期时间。

截至 2021 年 7 月，美国联邦政府欠下超过 22.2 万亿美元的国债债务，这不包括政府内部的债务（美国的 GDP 约为 22.8 万亿美元）。美国拥有 3.33 亿人口，这笔国债债务转化到每人头上，人均超过 66 667 美元。美国大约有 1.3 亿个家庭，相当于每户家庭的负债超过 170 000 美元。（更糟糕的是，美国政府还承诺为未来的退休人员提供远远超过这个数字的福利。）但是，美国政府也拥有资产，它拥有超过 100 万亿美元的土地、基础设施和地下的矿产权等。

在美国政府发行国债之后，它们就会在当今世界上最重要的金融市场之一中活跃地交易。专门的债券交易员一会儿买入 1 亿美元的 10 年前发行、剩余 5 年到期的美国国债，然后在 10 秒后卖出 1.2 亿美元的 6 年前发行的剩余 3 年到期的美国国债，这种情况并不少见。美国国债的大买主和大卖主都很多，债券的交易成本非常低，交易量巨大：2021 年每个交易日的成交金额约 6 000 亿美元。因此，美国国债的年交易量约为 252×6 000 亿美元＝151 万亿美元，其中 252 是每年的大致交易天数——这个年交易量比美国年度国内生产总值（GDP）大一个数量级。

---

[1] 一国政府以本币发行的国债（本币国债）不会违约，但一国政府以外币发行的国债可能会违约，即政府的外币储备不足。

> 美国国债市场是世界最重要的金融市场之一。

谁拥有它们？约 7 万亿美元由外国投资者持有，日本和中国投资者各持有超过 1 万亿美元。约 15 万亿美元由个人和实体机构持有，这些实体机构包括银行、共同基金、私人养老基金以及州和地方政府。美国大部分国债是被社会保障基金和退休金形式的养老基金所持有，成为欠下美国公民的负债。

美国国债的利率每时每刻都在变化，不同国债利率取决于它们的到期期限。幸运的是，你已经知道如何处理随时间变化的回报率，因此我们现在可以测试你的知识了。处理

> 收益率曲线将债券的年化利率作为期限的函数。

国债的主要工具是收益率曲线（或**利率的期限结构**或称**期限结构**）。它是一种图形表示，其中到期时间在 x 轴上，年化利率在 y 轴上。非国债也有收益率曲线，但国债收益率曲线非常突出，除非进一步澄清，否则收益率曲线就既定为美国国债的投资收益率曲线。这条收益率曲线是如此重要，以至于金融市场中的其他大多数债务利率，如抵押贷款利率或银行贷款利率，都以美国国债收益率曲线作为"基准"。例如，如果你的公司想发行五年期债券，债权人会希望将公司债券利率与同期限国债的利率进行比较，甚至经常将公司债券利率描述为"比同期限国债收益率高出 x 个基点"。

Q5.16 国债有哪三种？它们有何不同？

收益率曲线形状

向上的收益率曲线是如此普遍，以至于它被认为是"正常"形状。2021 年的收益率曲线属于正常形状，但没有 2011 年 5 月那么陡峭。向下倾斜有时被称为"倒挂"(inverted)。

图 5.1 展示了一些历史上的收益率曲线。它们通常有四种基本形状：

（1）平坦：年化的短期和长期利率之间几乎没有差异。平坦的收益率曲线基本就是本书前面一章描述的情景。这意味着你可以简化认为：$(1+r_{0,t}) \approx (1+r)^t$。

（2）向上倾斜（"正常"）：短期利率低于长期利率，这是最常见的形状。这意味着长期限的利率高于短期限的利率，未来的利率在逐渐上升。自 1934 年以来，收益率曲线最陡峭（长期和短期国债利率差异最大）的时间是在 1992 年 10 月，当时的长期利率为 7.3%，短期利率为 2.9%——因为当时美国经济刚从 1991 年的衰退中走出来。收益率曲线自大衰退[1]以来一直向上倾斜，直到 2019 年 3 月 22 日发生倒挂。随后在 2019 年 10 月收益率曲线恢复正常，此后一直向上倾斜（截至 2021 年 8 月），除了 2020 年 2 月 25 日的一小段时间之外。

（3）向下倾斜（"倒挂"）：短期利率高于长期利率。

（4）驼峰：短期利率和长期利率低于中期利率。

倒挂和驼峰的收益率曲线比较少见。

1　大衰退指 2008 年全球金融危机爆发后的美国经济衰退。

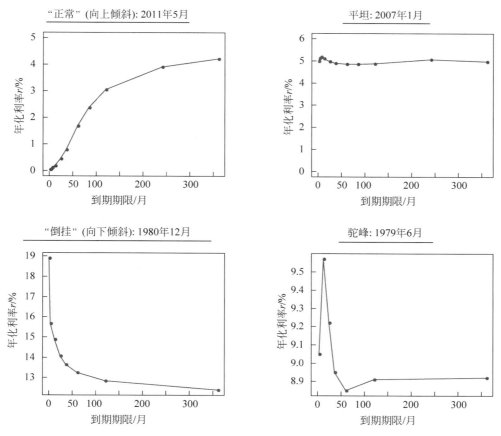

图 5.1 各种形状的收益率曲线

不同形状收益率曲线的宏观经济含义

长期以来,经济学家和权威人士一直想知道,他们可以从收益率曲线的形状中学到哪些关于未来经济的信息。收益率曲线形状似乎是一个有用的信号——尽管不可靠且嘈杂,表明经济走向何方。正如你在图 5.3 中看到的那样,陡峭的收益率曲线通常预示着经济刚从衰退中走出来。倒挂的收益率曲线通常预示着经济衰退即将来临。但美联储能不能控制收益率曲线的形状从而影响经济趋势呢?美联储确实可以影响收益率曲线——自 2008 年以来,它一直致力于以前所未有的方式影响收益率曲线。但是,最终美联储并没有能控制它——最终,决定收益率曲线形状的是经济中更广泛的对储蓄和信贷的需求和供给。

经济研究表明,美联储可以通过扩大或收缩经济中的货币供应和短期贷款,对美国国债收益率曲线的短端产生很大影响,但是对美国国债收益率曲线的长端影响不大,特别是从长期来看。即使在 2008 年的全球金融危机中,美联储对短期利率的影响最终也是有限的——名义利率已经降到了 0%,美联储无法进一步降低利率(一个较

> 大的负名义利率是不可能的)。事实上,通过向经济注入廉价资金,美联储试图推动银行放贷和人们花钱——但是人们只是将现金直接存回银行!

如果你想开展对利率和收益率曲线的研究,可以在圣路易斯联邦储备银行网页(http://research.stlouisfed.org/fred)上找到美国的历史利率,还有资金管理页面(http://www.tmpages.com/)上也可以找到。或者你可以查看 SmartMoney.com 上的历史收益率曲线。PiperJaffray.com 以及许多其他金融网站和报纸提供当前的收益率曲线。在雅虎财经网页(finance.yahoo.com/bonds)上不仅提供国债收益率曲线,还提供许多其他类型债券的收益率曲线。

利率的常用资料来源。

一个例子:2015 年 12 月 31 日的收益率曲线

让我们专注于处理一条特定的收益率曲线。图 5.2 显示了 2015 年 12 月 31 日的美国国债收益率曲线。这条收益率曲线具有最常见的向上倾斜形状。图形告诉你,如果你在 2015 年 12 月 31 日当天结束时购买了 3 个月期国债,那么你的年化利率将为 0.16%。(100 美元的投资将在 2016 年 3 月 31 日变为 $100 \cdot (1+0.16\%)^{1/4} \approx 100 \cdot 1.0003998 \approx 100.04$ 美元。)如果你购买了 30 年期债券,你的年化利率为 3.01%,即投资的 100 美元在 2045 年 12 月将收到 243.43 美元。

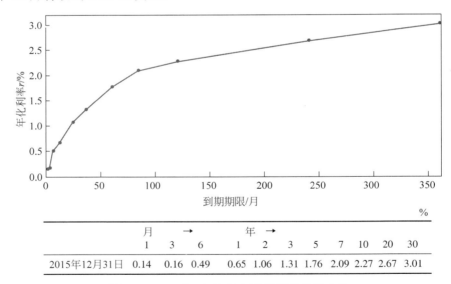

	月 →			年 →						%
	1	3	6	1	2	3	5	7	10	20	30
2015年12月31日	0.14	0.16	0.49	0.65	1.06	1.31	1.76	2.09	2.27	2.67	3.01

图 5.2　2015 年 12 月 31 日的国债收益率曲线

注:这些利率是根据国债价格计算的年化到期收益率(即内含收益率)。如果这些国债是真正的零息票债券,那么这里就是根据债券最终偿付金额和今天的债券价格计算出的标准贴现率,但我们忽略了这些细节。这种收益率曲线可以在许多网站上找到。收益率曲线每天都在变化——尽管每天的变化通常很小。我们文中的示例主要依据这条特定的收益率曲线。

资料来源:美联储 www.federalreserve.gov/releases/h15/data.htm。

有时需要确定图中期限缺失的债券的利率,这通常通过插值法来完成。例如,假设你想知道 4 年期债券的收益率,合理的猜测应该是 3 年期债券和 5 年期债券之间的中间利率。在 2015 年 12 月,这将是 (1.31%＋1.76%)/2 ≈ 1.54% 的年化收益率(这显然并不准确,你可以观察到收益率曲线看起来更凹,就可以猜到不准确)。[1]

> 2015 年 12 月的债券收益率曲线向上倾斜,到期期限越长的债券的年化收益率越高

更深入一点:这里对收益率曲线有一点小的误差。本书假设收益率曲线是根据零息票债券绘制的,实际上美国国债收益率曲线是根据每半年支付息票的付息债券绘制的。在公司金融学科中,年付息和每半年付息债券的收益率之差可以忽略。但是如果你想成为专业的固定收益证券交易员,不能想当然地这样近似。请参考专门的固定收益证券教材。

对依赖期限的年化利率符号,继续使用我们之前的方法。称两年期的年化利率为 $r_{\overline{2}}$(此处为 1.06%)、三年期年化利率 $r_{\overline{3}}$(此处为 1.31%),以此类推。在收益率曲线中绘制的始终是这些下标带上划线的年化收益率。让我们使用这个特定的收益率曲线,并假设它完全基于零息票债券绘制,这样你不必担心债券在期中有支付。

持有期收益率。首先,让我们计算一下到期时你将拥有多少资金。假设在 2015 年 12 月 31 日投资 500 000 美元的美国两年期国债(即相当于向美国政府贷款 500 000 美元),到 2017 年 12 月 31 日的回报将是多少?使用图 5.2 中的数据。因为收益率曲线刻画的是年化收益率,所以两年总持有收益率[如公式(5.1)]是将年化收益率复利 2 次,即

$$r_{0,2} = 1.010\,6 \times 1.010\,6 - 1 \approx 2.13\%$$

$$r_{0,2} = (1 + r_{\overline{2}}) \cdot (1 + r_{\overline{2}}) - 1$$

所以,你的 500 000 美元在 2017 年 12 月 31 日将变成

$$C_2 \approx (1 + 2.13\%) \times 500\,000 \approx 510\,656 (美元)$$

$$C_2 = (1 + r_{0,2}) \cdot C_0$$

(在现实世界中,你可能需要支付佣金来安排这笔交易,所以最终得到的会少一些。)

> 计算 2 年期国债和 30 年期国债的持有收益率。

如果你投资 30 年期国债 500 000 美元,结果将会怎样?你的 30 年持有期的回报率为

$$r_{0,30} = 1.030\,1^{30} - 1 \approx 2.434 - 1 \approx 143.4\%$$

$$r_{0,30} = (1 + r_{\overline{30}})^{30} - 1$$

因此,2015 年 12 月 $C_0 = 500\,000$ 美元的投资到 2045 年 12 月将变成 $C_{30} \approx 120$ 万美元。

远期收益率。其次,让我们根据 2015 年 12 月的收益率曲线来计算其隐含的 2016 年 12 月至 2017 年 12 月的 1 年期利率,这个利率命名为 $r_{1,2}$,因为它是**从第一年后开始到第二年结束的利率**。如前所述,这称为**远期利率**。

我们已知 1 年的年化利率为 $r_{\overline{1}} = 0.65\%$。两年的年化利率为 $r_{\overline{2}} = 1.06\%$。由此可

---

[1] 因为线性差值法是通过将首尾两点连起来形成直线,在中间取值,而实际上债券收益率曲线不是直线,而是凹的曲线。

以计算出两个持有期的收益率，$r_{0,1}=0.65\%$ 和 $r_{0,2}=(1+r_{\bar{2}})^2-1\approx1.0213\%$。下面你只需要使用复利公式来确定 $r_{1,2}$：

$$(1+2.13\%)=(1+0.65\%)\cdot(1+r_{1,2})\Rightarrow r_{1,2}\approx1.47\%$$
$$(1+r_{0,2})=(1+r_{0,1})\cdot(1+r_{1,2})$$

> 让我们根据 2015 年 12 月收益率曲线计算一个其隐含的远期利率。

请注意，这个远期利率 $r_{1,2}$ 的数值大于你用来计算它的 $r_{\bar{1}}$ 和 $r_{\bar{2}}$。

表 5.1 总结了我们上述对两年期的计算，并将其延长了一年。（这有助于在下面的练习中检查你的结果。）你应该问自己的一个问题是：我是否只是因为喜欢折磨学生而在符号中使用了这么多的下标？答案是否定的！下标的存在是有充分理由的。例如，当查看表 5.1 时，你必须区分以下内容：

- 三个持有期收益率 $r_{0,t}$（0.65%、2.13% 和 3.98%）
- 三个年化收益率 $r_{\bar{t}}$（0.65%、1.06% 和 1.31%）
- 三个单独的年收益率 $r_{t-1,t}$（0.65%、1.47% 和 1.81%），其中第二个和第三个远期利率在未来的不同时刻开始。

表 5.1 按公式计算的 2015 年 12 月 31 日持有期收益率、年化收益率和逐年收益率（即单独的复利收益率）之间的关系

到期期限	总持有期	收益率	
		年化	复利
1 年	$(1+0.65\%)$	$=(1+0.65\%)^1$	$=(1+0.65\%)$
	$(1+r_{0,1})$	$=(1+r_{\bar{1}})^1$	$=(1+r_{0,1})$
2 年	$(1+2.13\%)$	$\approx(1+1.06\%)^2$	$\approx(1+0.65\%)\cdot(1+1.47\%)$
	$(1+r_{0,2})$	$=(1+r_{\bar{2}})^2$	$=(1+r_{0,1})\cdot(1+r_{1,2})$
3 年	$(1+3.98\%)$	$\approx(1+1.31\%)^3$	$\approx(1+0.65\%)\cdot(1+1.47\%)\cdot(1+1.81\%)$
	$(1+r_{0,3})$	$=(1+r_{\bar{3}})^3$	$=(1+r_{0,1})\cdot(1+r_{1,2})\cdot(1+r_{2,3})$

注：每一个单独的复利收益率都是远期利率，它们由中间一列中的年化收益率所隐含。书中正文给出了两年的计算过程，你将在 Q5.17 中计算出三年的结果。

在现实生活中，你不仅只是有这里的三个年度的国债，而是拥有许许多多介于 1 天到 30 年之间的国债。要投资任何具有不同期限或将在未来开始支付现金流的国债（或存单及任何其他固定收益证券）的人，都必须准备好熟练应用双重下标。

如果国债在不同期限内提供不同的年化收益率，企业的项目是否也必须这样做？答案几乎是肯定的。因为即使不考虑其他因素，这些企业项目也可以与国债产品来竞争投资者的钱。就像国债一样，许多公司项目也不会立即开始，可能需要一年或更长的时间才能准备好。这样的项目回报率本质上是远期回报率。

Q5.17 计算 2015 年 12 月 31 日的三年持有期收益率。然后，使用 2015 年 12 月 31 日的两年持有期收益率和已计算的三年持有期收益率，计算一个远期利率，即从 2017 年

12月31日开始到2018年12月31日结束的1年期投资利率。你的答案和表5.1中的数字一致吗?

Q5.18 以国债收益率曲线上的5年期的年化收益率1.76%,进行重新计算。也就是说,五年的持有期收益率是多少?如何计算从2018年12月31日开始到2020年12月31日结束的两年期投资的年化的远期利率?

债券收益和你的投资期限

你的个人投资期限与你可以持有的债券种类之间,是否存在着联系?假设你想购买3年期零息债券,因为它提供1.31%的年化利率,高于1年期零息债券提供的0.65%年化利率,但你还想在一年后进行消费。那么还能购买长期债券吗?这里有好消息也有坏消息。好消息是,答案是肯定的:在你想要拿回你钱、满足消费愿望的时间点与你的三年期债券到期的时间点之间,没有任何联系。你今天随时可以购买三年期债券,然后在债券到期前卖出,比如在明年卖出,此时它会变成两年期债券。坏消息是,在完美且确定的市场中,这种投资策略仍然只能为你提供1年期债券的收益率0.65%。假设你今天以 $P = 100$ 美元/$1.013\,1^3 \approx 96.17$ 美元的价格购买了一张100美元的三年期债券,明年它将变为两年期债券,未来的第一年利率为1.47%,第二年利率为1.81%(均见表5.1)。那么明年你可以按以下价格出售该债券:

> 你的投资期限与你所投资的债券期限没有联系。如果需要,你可以随时出售长期债券,快速获得资金。

$$\frac{100}{1+r_{1,3}} = \frac{100}{(1+r_{1,2}) \times (1+r_{2,3})} = \frac{100}{1.014\,7 \times 1.018\,1} \approx 96.80(美元)$$

因此,你的1年持有期回报率仅为 $(96.80 - 96.17)/96.17 \approx 0.65\%$ ——如同一开始就购买了1年期债券,回报率是相同的。这里没有免费的午餐。

利率变动对短期债券和长期债券的影响

长期债券比短期债券风险更大吗?请记住,就国债而言,长期国债的还款确定性不亚于短期国债。(不过,如果你要评估可能会破产的公司项目,这将是一个值得关注的问题。长期的公司债券通常比短期的公司债券风险更大——大多数公司在本周内不太可能破产,但更有可能在数十年的时间后发生破产)。因此,对于国债而言,只要美国国会不发疯,应该没有支付的不确定性。但是国债仍然存在一种不同类型的期间风险;即使我们还没有完全讲到它,你仍然可以直觉地感受到这个问题。问问自己,整个经济范围内的债券价格(利率)在债券存续期间(到期前)会如何变化。若债券到期前利率突然变化,对债券价值有何影响?事实证明,同等规模的利率变动,对于长期债券会比短期债券的影响更为剧烈。让我来解释原因。

> 国债将兑现承诺的支付,它们没有违约风险,但国债确实有期间利率变动的风险。

30年期债券:以3.01%的现行利率计算1 000美元30年期零息债券的价值。它的价值为1 000美元/$1.030\,1^{30} \approx 410.79$ 美元。你已经知道,当现行利率上升时,未偿债券的价格将会下降,你会赔钱。例如,如果利率上升10个基点至3.11%,债券价值将下降至1 000美元/$1.031\,1^{30} \approx 399.00$ 美元。如果利率下降10个基点至2.91%,债券价值将上升至 1 000 美元/1.029 1^{30} ≈ 422.93 美元。因此,现行 30 年期的债券收益率变化 10 个基点,会导致你的债券价值 V 的即刻百分比变化(即时回报率)为

上升 10 基点:

$$r = \frac{V(r_{\overline{30}} = 3.11\%) - V(r_{\overline{30}} = 3.01\%)}{V(r_{\overline{30}} = 3.01\%)} \approx \frac{399.00 - 410.79}{410.79} \approx -2.87\%$$

下降 10 基点:

$$r = \frac{V(r_{\overline{30}} = 2.91\%) - V(r_{\overline{30}} = 3.01\%)}{V(r_{\overline{30}} = 3.01\%)} \approx \frac{422.93 - 410.79}{410.79} \approx +2.96\%$$

因此,对于 30 年期债券投资 100 万美元,经济中每 10 个基点的收益率变化,会使你面临约 30 000 美元的即时风险。

1 年期国债:为了保持示例的可比性,现在假设 1 年期国债的利率也为 3.01%,并考虑现行利率 10 个基点的变化。三种利率情形下,1 年期国债的价值分别为 970.78 美元(3.01%)、971.72 美元(2.91%)和 969.84 美元(3.11%)。因此,利率即时变化后,1 年期国债的即期收益率为

上升 10 基点:

$$r = \frac{V(r_{\overline{1}} = 3.11\%) - V(r_{\overline{1}} = 3.01\%)}{V(r_{\overline{1}} = 3.01\%)} \approx \frac{971.72 - 970.78}{970.78} \approx -0.097\%$$

下降 10 基点:

$$r = \frac{V(r_{\overline{1}} = 3.11\%) - V(r_{\overline{1}} = 3.01\%)}{V(r_{\overline{1}} = 3.01\%)} \approx \frac{969.84 - 970.78}{970.78} \approx +0.097\%$$

投资 100 万美元 1 年期国债,经济中每 10 个基点的收益率变化会使你面临约 1 000 美元的即时风险。

> 同等规模的利率变动,对长期债券的影响更大。

由此可见,现行利率同等幅度的变化对长期债券的价值影响更大。如果债券明天到期,利率变化通常不会造成多大影响。无论新利率是多少,你明天都可以将债券到期的资金进行再投资。但是,长期债券可能会损失(或增加)很多价值。

> 再一次强调,在存续期内,长期国债不是无风险的!

总之,你应该永远记住,国债是无风险的,因为不会发生违约(即未能支付承诺的付款),但从某种意义上说,国债是有风险的,因为债券存续期间利率变化会改变债券的价值。只有最短期的国债(比如隔夜到期)才能真正被认为是无风险的——几乎所有其他的国债都面临着利率变化的风险。

重点:尽管被称为"固定收益证券",但即使是国债也不能保证在其到期日之前的期间内一直获得"固定收益率"。与短期国债相比,长期国债通常是风险更大的投资,因为利率变化对长期国债的影响更大。

> 为了阐述的简要性,我在前面忽略了利率的日常波动和隔夜获得的利息。

坦白时间:我前面对你略过了两个简单的小把戏。首先,在现实世界中,是否短期的整体经济利率通常会经历正负 100 个基点的变动,而长期的整体经济利率却从未改变呢?如果真是如此,长期债券甚至可能比短期债券更安全。然而,自 20 世纪 90 年代以来的经验证据表明,两者(长期、短期债券利率)

的日常变化幅度十分相似——每天大约正负 5 个基点。(一个月期限的债券收益率每天变化大约 7 个基点。)其次,我忽略了从今天到明天,投资者也会获得 1 天的利息。1 000 000 美元 1 年期国债,将是大约 25 美元;30 年期国债投资,大约是 120 美元。因此,对长期债券投资策略应该添加大约 100 美元——但相对于 30 000 美元的风险敞口,100 美元可以忽略。

Q5.19 十年期零息债券和一年期零息债券的年利率均为 8%。
1. 现行利率上升 1 个基点,一年期债券的价值如何变化?(在计算中使用 5 位小数。)
2. 现行利率上升 1 个基点,十年期债券的价值如何变化?
3. 债券的价值变化与利率变化的比率是多少?(在微积分中,这被称为债券价值相对于利率的导数。)两只债券中,哪一个导数更大?

一个悲惨的错误:"账面损失"?!

如果你真需要从一项对 20 年期债券的投资中获得现金,那么当前的利率上升会不会只是导致了临时的**账面损失**呢?这是许多投资者容易犯下的资本逻辑错误。假设一夜之间利率上升了 10 个基点,而你昨天刚投资了 100 万美元长期债券。你将在 1 天内损失 30 000 美元的净资产!换句话说,等待 1 天再投资将会为你节省 30 000 美元,或者让你以便宜 30 000 美元的价格购买相同的债券。账面财富是真实的财富!认为账面损失与实际损失存在不同,是一种常见但属于资本逻辑性的错误(唯一例外是税收待遇,相对于已实现的收益和损失,未实现的收益和损失即账面收益/损失具有不同的税收规定)。避免犯这个概念错误,比学习本书中的任何公式都更重要。

"只"发生账面损失:一个根本性的错误!

 重点:"账面"损失并不比真实损失更虚幻。

5.4 为什么收益率曲线通常向上倾斜

你是否已经开始好奇:为什么收益率曲线通常不是平坦的?让我们以 2015 年 12 月的收益率曲线为例。为什么 2015 年 12 月的 30 年期国债年化收益率为 3.01%,而一个月期国债年化收益率只有 0.14%?为什么向上倾斜是债券收益率曲线最常见的形状?

首先,让我们看一下历史数据。我们不能轻易地在二维图中展示所有的历史收益率曲线,但我们可以绘制两种债券的历史收益率:短期 3 个月期国债和 20 年期国债。图 5.3 显示,它们之间的收益率的差值从负(尽管通常只是短暂的)到正即每年大约 300 个基点。(驼峰形状很少见,因此如果长期利率低于短期利率,收益率曲线很可能是倒挂的。)该图显示倒挂形状通常出现在即将发生经济衰退之前。自 2008 年大衰退以来,美联储一直将短期利率维持在接近于零的水平,这导致长短期国债的利差异常大。长期利率也一直在走低。

为了更好地理解收益率曲线的动态,让我们使用一个更简单的两年期示例。假设收益率曲线告诉你,1 年期利率为 $r_{\bar{1}}=5\%$,而两年期利率为 $r_{\bar{2}}=10\%$。你可以马上计算出

1年期的远期利率为 $r_{1,2} \approx 15.24\%$。实际上只有两种可能的解释:

两种可能的解释是(1)更高的未来利率和/或(2)风险补偿。

(1) 明年的1年期利率将高于今天的5%。事实上,明年的1年期利率可能会达到15.24%,这在完全确定、完美的世界中会发生。在方程形式中,是不是更远一年的远期利率会是:$(1+r_{1,2}) \cdot [1+E(r_{2,3})] = (1+r_{1,3})$,所以 $E(r_{2,3}) = (1+r_{1,3})/(1+r_{1,2}) - 1$?(我这里使用"E"作为"期望"的缩写——"期望"的概念你将在下一章中了解。)

(2) 投资者持有长期债券的回报率要求高于持有短期债券的回报率。例如,如果收益率曲线在明年保持完全相同的形状,那么连续投资100美元的1年期债券只会给你带来每年10.25美元的利息,而投资两年期债券会给你(平均)21美元收益。$E(r_{2,3}) < (1+r_{1,3})/(1+r_{1,2}) - 1$?

换句话说,问题是:今天较高的长期利率是否预示着未来的远期利率较高,或者长期利率只是为愿意持有长期债券的投资者提供了额外的补偿?让我们考虑这两种可能性中各自均存在的两类变化。

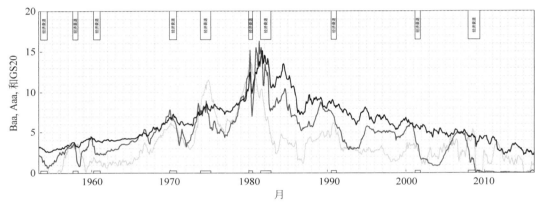

图 5.3 3个月和20年期国债收益率

注:蓝线是3个月期国债的收益率;黑线是20年期国债的收益率。当蓝线高于黑线时,表示收益率曲线倒挂。灰线是12个月移动平均通胀率。衰退期标记在顶部(并在底部压缩)。数据来自美联储FRED数据库。

收益率曲线预测了未来更高的通胀吗

一般来说,当通货膨胀率较高时,你会期望投资者要求更高的名义利率。因此,当通胀率预期上升时,你预期名义利率也会上升。同样,当通胀率预期下降时,你预期名义利率也会下降。当然,资金供求关系决定了实际收益率并不一定是正的——事实上,实际收益率往往是负的,但把钱藏在床垫下的选择更为糟糕。

如果通胀率很高,投资者(通常)要求更高的利率。

因此,我们对向上倾斜的收益率曲线的第一个潜在解释是,投资者认为在更遥远的未来,货币现金的价值将逐渐降低。也就是说,即使从长远来看,你能够获得更高的利率,但通货膨胀率也会从今天的水平往上走。因为通货膨胀会侵蚀掉高利率,所以未来的利率应该更高,只是为了补偿你未来货币价值的降低。当然,这个论点只适用于根据名义回报率国债给出的收益率曲线,它不适用于任何收益率与通

更高的通胀率是未来利率更高的原因吗?

胀率挂钩的债券。

幸运的是，自1997年以来，美国财政部一直在出售与通胀挂钩的债券。这些债券合约中写明将支付承诺的利率加上CPI通货膨胀率。它们被称为**通胀保值国债（TIPS）**，有时也称为**CPI债券**。根据定义，在完美市场中它们不应该受到通货膨胀的影响。如果名义收益率曲线由于更高的未来通胀率影响而向上倾斜，那么基于TIPS的实际收益率曲线就不应向上倾斜。

> TIPS是经通胀指数调整的国债，它们不受通胀率的影响。

通胀中性债券

事实证明，通胀保值债券之前已经发明过一次！在1780年美国独立战争期间，马萨诸塞州国民财富基金/州政府发行了世界上第一个已知的通胀指数债券。这些债券的发明是为了应对战时严重的通货膨胀和陆军士兵对其工资购买力下降的不满。尽管债券取得了成功，但指数债券的概念在当时的极端通货膨胀环境过去后被抛弃，并在很大程度上被遗忘了。1780年，此类债券被视为一种不合规则的权宜之计，因为没有规范的经济理论来证明指数化设计是合理的。

罗伯特·席勒，"早期美国通胀指数化债券的发明"，2003年10月

按照惯例，美国财政部网站上还提供了基于TIPS的收益率曲线，即

到期期限	5年	7年	10年	20年	30年
TIPS利率	0.45%	0.59%	0.73%	1.07%	1.28%

> 经通胀调整的债券价格表明，通胀预期并非收益率曲线向上倾斜的主要驱动力。

回想一下本书前文内容，对于较小的数字而言，名义利率和实际利率之间的差值就是通货膨胀率。

到期期限	5年	7年	10年	20年	30年
普通国债利率	1.76%	2.09%	2.27%	2.67%	3.01%
TIPS利率	0.45%	0.59%	0.73%	1.07%	1.28%
隐含的通胀率	1.31%	1.50%	1.54%	1.60%	1.73%

无须赘述，隐含的通货膨胀率也包含了一点风险补偿，对于长期项目来说还应包含更多。通胀预期的差异最多可以解释5年期和30年期名义利率之间0.4%的差异[1]，而且可能要小得多——假设说0.25%，是一个很好的估计。但是0.25%只是5年期和30年期的名义利率利差1.25%的大约五分之一。相信我，这些数字在美国过去几十年的历史中具有相当的代表性。因此，我们可以得出结论：即使通胀预期上升可以起到一定作用，但并不是名义收益率曲线向上倾斜的主要原因。

Q5.20 2016年6月，经通胀调整的30年期国债提供的实际收益率为年0.7%。同

---

[1] 5年期的预期通胀率1.31%，30年期的预期通胀率1.73%，所以长短期通胀率的差异约0.4%。

等期限的非通胀调整国债年名义收益率为 2.25%。在哪种通货膨胀率的情况下,你最好购买其中的一种?(最近期的历史通货膨胀率为每年 1%。)

收益率曲线是否预测更高的远期利率

> 一个向上倾斜的收益率曲线是否预测远期利率更高?

另一个密切相关的可能性解释是收益率曲线向上倾斜,是因为未来的远期利率会更高。这比之前的解释更一般化——即更高的远期利率不一定必须是由更高的未来通胀预期所引起的。3.01% 的 30 年期收益率远高于 0.65% 的 1 年期收益率,也许是因为投资者预计 2044 年的 1 年期利率(即远期利率,$r_{29,30}$)将远高于 3%。不需要告诉你为什么投资者预计 2044 年的利率会比 2015 年高得多——也许投资者预计那时的资本会更加稀缺,投资机会更好,但我们可以推测到这一点,即使我们不知道确切的原因。

> 唉,历史数据告诉我们"远期利率走高"并非原因。

不幸的是,我们没有对于远期利率的直接估计方法来检验,如同在远期通胀率估计中直接采用 TIPS 一样。对于这个假设的检验,需要根据许多年的历史数据来回测当时的收益率曲线中预测的远期利率是否符合实际。具体细节已经超出了本书范围。但是,我可以告诉你核心的结论:对未来远期利率走高的预期并不是典型的收益率曲线向上倾斜的原因!(除了在收益率曲线非常短的一端,比如说 1 个月以内的现金类债券)

收益率曲线是否能识别便宜货

如果远期利率走高并非导致收益率曲线向上倾斜的原因,这意味着我们就要接受第二个可能的原因:平均而言,投资者在长期债券上的收益一定比在短期债券上滚动投资的收益要多。经验数据证实,从历史上看,如果你购买 30 年期债券,将比选择在 30 年中每月购买一个月期债券,最终获得的资金更多。

> 或者是更高的远期利率,或者是给予长期债券投资者更高的补偿,二者必居其一。

出现这种情况的一个原因是所谓的"**栖息地理论**"[1],即不同的投资者只偏好不同类型的债券,以至于不同期限的债券市场被分割了。在债券市场上存在"栖息地"的事实很可能是真的,但尚不清楚为什么长期债券投资者会如此稀缺以至于他们需要更多的补偿,而短期债券投资者会如此众多以至于短期国债可以高价而沽。如果栖息地理论是唯一的原因,那么为什么借款人不总是出售短期债券呢?为什么其他的投资者不尝试介入国债市场并"套利"致富呢?

> 免费获利?完美的市场中没有免费午餐。

总之,为什么长期债券比短期债券是更好的投资呢?也许收益率曲线向上倾斜只是因为投资者很愚蠢。在这种情况下,你可能会得出结论,提供 3.01% 利率的 30 年期债券比提供 0.65% 的 1 年期债券是一个好得多的投资标的。投资者愚蠢看起来就不可能是一个很好的解释。因为国债投资市场近乎完美,它是非常有竞争力的市场,如果有一个很棒的投资标的,成千上万的交易者会立即加入其中。更

---

[1] habitat theory,国内也意译为"市场分割理论",即不同的投资者喜欢待在不同品种的债券子市场中,有的投资者喜欢长期债券,有的投资者喜欢短期债券。

有可能的是,长短期债券的利率差异,符合一条千古不变的古老公理——**一分钱一分货**。现实情况是,在 30 年后到期偿付的债券,现在必须提供更高的利率才能吸引投资者——原因尚待确定。再次强调,你必须记住:投资 30 年期债券,并不意味着你的现金和消费会受到时间的束缚,因为如果你愿意,当然可以明天将你的 30 年期债券出售给另一位投资者。

会是为了补偿投资者的风险吗

如果不是市场愚蠢的话,那还能是什么原因呢?经验证据表明,很可能是本书第 5.3 节中阐述的现象:债券存续期间的利率变化,对长期债券的影响要比对短期债券的影响大得多。回想一下,通过对短期债券进行滚动投资,可以使你免受未来利率变化的风险。如果你持有一日期的债券,假设明天的利率翻倍,那么你明天债券到期就可以购买新的债券,从而为你提供两倍的利率。相比之下,你持有长期债券,如果未来利率上升,你可能会损失惨重,甚至变得"衣衫褴褛"!由于长期债券的风险高于短期债券,投资者看起来只有在获得额外回报率的情况下才愿意购买。否则,他们宁愿滚动地投资短期债券。因此,长期债券一般需要为投资者提供比短期债券更高的回报。

> 答案很可能是风险补偿。

5.5 企业随时间变化的资本成本

既然你已经了解债券收益率曲线通常有充分的理由是向上倾斜的,那么你应该认识到企业项目具有相似之处:企业项目提供现金流,就像国债一样。因此,长期投资项目通常必须提供比短期投资项目更高的回报率,这不足为奇。但是,仅仅因为长期项目提供更高的预期回报率,并不一定意味着它具有更高的净现值 NPV。同样,仅仅因为短期借款下公司一般支付较低的预期回报率,也并不意味着短期借款就一定会创造价值(事实上,企业和美国财政部都没有完全依赖短期借款)。为长期债务支付更高的预期回报率(通常)是生活中的现实。

> 将这种洞察力扩展到企业:长期项目,即使它们的违约性并非特别高,也必须面临更高的资本成本,因此也就必须提供更高的回报率。

🎓 **重点**:即使在没有不确定性的完美市场中:

- 企业项目适合的资本成本(回报率)通常取决于项目的期限长短。
- 利率期限结构通常是向上倾斜的。公司短期项目的资本成本通常低于长期项目。
- 反过来说,如果公司采用的是短期借款而非长期借款,它们通常面临较低的资本成本(提供给债权人的预期回报率)。

长期利率和短期利率之间的差异,称为**期限溢价**。

现在让我给你一个简短的预告。在第 10 章中,你将了解资本资产定价模型 CAPM。CAPM 是最常用的模型,用于在净现值 NPV 计算中贴现未来现金流。这是一个将企业项目所需的预期回报率与其风险相关联的模型。CAPM 有两个构成部分:一个是(或多或少反映)期限溢价,另一个是风险溢价。在实践中,CAPM 允许你对更远的未来时期使用更高(无风险)的回报率,即包含期限溢价的长期无风险利率。从这个意义上说,它可以被视为对本章观点的概括,即长期项目通常需要更高的(机会)资本成本。如果第二个构成部分(风险溢价)为零,那么你剩下的就是第一个部分即期限溢价。

事实证明,CAPM模型中的第一个部分(期限溢价)比第二个部分(风险溢价)通常更准确。因此,在现实生活中,通常你需要理解长期现金流的资本成本要更高,这比理解更复杂的第二个风险溢价部分更为重要。

啊哈,还有一个次要的复杂性事情:公司现金流的期限溢价可能与国债收益率的期限溢价不同。虽然这是真的,但两者一般是相似的。也就是说,如果20年期国债提供的预期回报率比1年期国债的回报率高2%,你应该猜测出:20年的公司现金流提供的预期回报率也比其1年期现金流高出约2%(进一步的修正取决于更深入、更困难和更难以证明的推理,并且很可能只会在美国国债的期限利差上略微提高或降低一点点)。

总结

本章涵盖以下要点:

- 不同的投资期限可以提供不同的收益率。这种现象通常被称为随时间变化的收益率或时变收益率。
- 复利的一般公式对于随时间变化的收益率和对于随时间不变的收益率同样适用。当你想要计算多年期的收益率时,你只是不能采取(1加年回报率)求幂的方法。
- 持有期收益率可以进行年化,便于理解。
- 作为期限函数的年化利率图形称为"利率期限结构"或"收益率曲线"。
- 收益率曲线通常向上倾斜。但是,如果它向下倾斜(倒挂)、呈驼峰或平坦形状,也不违反金融规律。
- 净现值方法也同样适用于时变利率。你只需要使用适当的回报率作为分母中的资本机会成本。
- 一个重要的侧面观察:"账面损失"与"实际损失"并没有什么不同。
- 通货膨胀是指货币在未来购买的商品比现在购买的商品更少。如果在完美市场中,合约标的与通胀率挂钩,那么通胀就无关紧要。但这种情况现实中很少见。
- 名义利率、实际利率和通货膨胀率之间的关系为$(1+r_{名义})=(1+r_{实际})\cdot(1+通胀率)$。
- 与名义利率不同,实际利率可以——而且经常是——负的。
- 在净现值NPV计算中,你既可以用实际利率折现实际现金流,也可以用名义利率折现名义现金流。后者通常更方便。
- 通胀保值国债(TIPS)是一种抵消通货膨胀的国债。与长期债券的购买者相比,短期债券的购买者受通货膨胀率变化的影响也较小。
- 较高的长期利率可能是由于对远期利率较高的预期,或对愿意持有长期债券的投资者的额外补偿。经验证据表明,从历史上看,后者一直是更重要的原因。
- 公司项目现金流需要用特定的资本成本进行贴现,这取决于现金流何时发生。更远期的未来现金流需要使用更高的贴现率,经常如此。

答案

章后习题

Q5.21 如果一个项目首期回报率为-10%,然后是+30%,或者另一个项目首期回报率为+30%,然后是-10%,哪一个项目更好?

Q5.22 比较两只股票。两者的年均回报率都为8%。股票A在6%和10%之间波动,股票B在3%和13%之间波动。(为简单起见,假设它们交替出现。)如果你在每只股票都投资500美元,那么10年后你会有多少钱?

Q5.23 表现怪异的股票A过去年收益率总是在+20%和-10%之间交替。股票B的年收益率为4.5%。

1. 股票A的平均收益率是多少?
2. 股票B的平均收益率是多少?
3. 以1年来衡量,风险中性的投资者会更喜欢等概率的+20%或-10%,还是确定无疑的4.5%?
4. 10年前投资于股票A的每一美元能赚多少钱?
5. 10年前投资于股票B的每一美元能赚多少钱?
6. 这是怎么回事?

Q5.24 回到Q5.3。标准普尔500指数的年化几何回报率是多少,算术平均回报率是多少?股票经纪人更愿意告诉他们的客户前者还是后者?

Q5.25 2016年6月23日,英国人投票决定退出欧盟。以下是一项投资的单日价值(名为SPY的基金中):

6月	27日	28日
美元	199.60	203.20

如果一整年(252个交易日)的回报率以相同的速度累积,那么100美元的投资一年后会变成多少?

Q5.26 如果5年的年化收益率为10%,那么5年总持有期收益率是多少?

Q5.27 如果5年的年化收益率是10%,第一年的收益率是15%,其余年份的收益率都相等,那么它们是多少?

Q5.28 从t年到$t+1$年的年利率为$r_{t,t+1}=5\%+0.3\% \cdot t$(例如,从第5年到第6

年的收益率为 $5\% + 0.3\% \cdot 5 = 6.5\%$)。

1. 从今天开始的 10 年期投资的持有期收益率是多少？
2. 这项投资的年化利率是多少？

Q5.29 一个项目的现金流量为 +100 美元（现在的时间为 0 时刻），在后面连续年度结束时项目现金流分别为 −100 美元、+100 美元和 −100 美元。年利率为 6%。

1. 项目的 NPV 是多少？
2. 如果所有现金流都推迟一年发生，NPV 如何变化？
3. 假设 1 年的（年化）利率为 5%，2 年为 6%，3 年为 7%，4 年为 8%，以此类推。重复上述两个问题。

Q5.30 目前的通货膨胀率是多少？

Q5.31 当前 30 天期的美国国债年化名义利率是多少？

Q5.32 根据 Q5.30 和 Q5.31 中的信息，计算 30 天期美国国债的年化实际利率。

Q5.33 如果名义利率是每年 7%，通货膨胀率是每年 2%，那么确切的实际收益率是多少？

Q5.34 通货膨胀率为每年 1.5%，实际收益率为每年 2.0%。一投资项目提供永续现金流，今年支付 100 美元，未来每年的现金流将随通货膨胀率逐年增长，计算该项目的价值。分别采用名义和实际现金流进行计算。

Q5.35 如果保险投资的免税市政债券的年化收益率为每年 3%，而通货膨胀率保持在每年 2%，那么这类债券的 30 年实际收益率是多少？

Q5.36 如果实际利率为每年 −1%，通货膨胀率为每年 3%，那么一笔明年支付的名义 1 000 000 美元的现值是多少？

Q5.37 通货膨胀率为每年 2%，年利率为 8%。你的永续项目的现金流从明年的 20 美元开始，以比通货膨胀率高 1% 的速度永续增长。

1. 实际利率是多少？请用准确（"1 加"）和近似（简化的减法）两种方法。
2. 项目的准确现值（PV）是多少？
3. 如果你将永续项目现金流从 20 美元开始按 1% 的实际增长率进行增长，然后按名义资本成本折现，你会得到多少？
4. 如果你将永续项目现金流从 20 美元开始按 3% 的名义增长率进行增长，然后以实际资本成本折现，你会得到多少？

注意：进行最后的两种计算，在实践中均属于并不少见的错误。

Q5.38 你现在对一项永久租约进行估值。它每年需要交纳的租金是按实际价值计算的 100 000 美元——也就是说，它的现金流并不会按实际价值进行增长，而只是依合同与通货膨胀率保持同步。现行利率为每年 8%，通货膨胀率永远为每年 2%。你项目明年的第一笔现金流是 100 000 美元，是以今天的实际美元报价。项目的现值 PV 是多少？（注意：首次租金付款的时间和金额）

Q5.39 如果长期债券的实际回报率为每月 1%，那么今天成本为 100 美元，在 10 年后回报 200 美元的项目投资价值是多少？

Q5.40 在你自己的个人银行网站查看，现行的储蓄账户利率是多少？

Q5.41 在金融网站上查看今天的收益率曲线。1 年期无风险国债收益率是多少？10 年期无风险国债收益率是多少？30 年期无风险国债收益率是多少？

Q5.42 1 年期的远期利率如下：

Y1	Y2	Y3	Y4	Y5	Y6
3%	4%	5%	6%	6%	6%
Y7	Y8	Y9	Y10	Y11	Y12
7%	7%	7%	6%	5%	4%

1. 计算从现在起到第 n 年的 12 个 n 年期复利持有期收益率。
2. 计算 12 年的年化收益率。
3. 画出收益率曲线。
4. 这个例子存在什么不对的地方吗？

Q5.43 年化利率如下：

Y1	Y2	Y3	Y4	Y5	Y6
3%	4%	5%	6%	6%	6%
Y7	Y8	Y9	Y10	Y11	Y12
7%	7%	7%	6%	5%	4%

1. 画出收益率曲线。
2. 计算从现在起到第 n 年的 12 个 n 年期复利持有期收益率。
3. 计算 12 个 1 年期远期利率。
4. 这个例子有什么不对的地方吗？

Q5.44 以今天的国债利率计算，你 100 美元的投资在 1 年、10 年和 30 年后分别获得多少钱？各项投资的年化收益率是多少？分别的持有期收益率是多少？

Q5.45 长期债券比短期债券支付更多利率，是否因为你只有在很长一段时间后才能得到钱——但你其实可能更早需要钱？

Q5.46 五年期零息债券的年利率为 8%。
1. 1 个基点的当前利率增加，会如何改变该债券的相对价值？
2. 债券价值变化与利率变化的比率是多少？（这是债券价值相对于利率变化的导数）。
3. 随着债券的期限变化，债券价值对利率的导数如何变化？

Q5.47 查看本周的普通国债和通胀保值国债（TIPS）的利率。（你可以在《华尔街日报》或先锋领航基金公司网站上找到这些信息。）不同时间期限的隐含通货膨胀率是多少？

Q5.48 收益率曲线通常是向上倾斜的。评估以下陈述是正确还是错误：
1. 投资者从长期国债中获得的年化收益率高于短期国债。
2. 长期国债是比短期国债更好的投资。

3. 投资者预计未来的通胀率会比现在更高。

4. 愿意投资长期债券的投资者,由于他们承担的风险更大(即期间债券价格下跌/利率上升),因此平均而言获得更高的回报率。

Q5.49 评估和讨论:经验证据是否表明长期债券的平均回报率往往高于短期债券? 如果是,为什么会这样? 如果不是,为什么?

第 6 章
不确定性、违约和风险

风险中性承诺收益与期望收益及债务与股权

你现在进入了一个充满不确定性的世界,请放弃你拥有完美预见的美好想法。然而,我们仍然假设你生活在一个完美的市场中,没有税收、交易成本,也没有意见分歧,存在无数的投资者和企业。但你将在本章学到,不确定性的存在增加了相当多不可避免的复杂性和现实性。

净现值(NPV)仍然是至高无上的标准,但现在你将不得不面对一个悲观的事实:它不再容易使用。NPV 的概念并不难,难的是预测输入的变量——也就是预期的现金流和适当的资本成本,你现在必须猜测。

在一个充满不确定性的世界里,有些情况下会得到比预期更多的现金,有些情况下会得到比预期更少的现金。在不确定性下,最重要的一个洞察是,你必须始终明确区分**承诺**(**或报价、或声明**)**的回报**和**期望回报**的差异。因为企业可能对付款违约甚至在未来破产,期望收益低于承诺收益。

在学习一些必要的统计背景知识之后,本章将涵盖两个重要的金融主题:首先,你必须了解,在企业存在违约的可能性时,贷款人应该向借款人收取多少费用;其次,你必须学会如何处理融资的两个组成部分——债务和股权。

6.1 统计学简介

统计学被认为是一门最艰难的金融学的基础科学,但你必须掌握它才能很好地描述一个不确定的未来。是的,这可能是一门很难的学科,但如果你曾经打过赌,那么很可能已经有了一个很好的直觉把握。事实上,我已经在本书前几章内容中偷偷提到了"期望"这个词,尽管直到现在才准备详细介绍这个词的确切含义。

> 统计学是为了描述不确定世界的特征。

随机变量和期望值

最重要的统计概念是**期望值**,它是所有可能结果的概率加权平均值。它与**平均值**或**均值**非常相似。不同之处在于,如果描述过去的结果,则使用后者;而如果描述未来的结果,则使用期望值。例如,你抛硬币,出现正面或反面的概率是相等的。如果硬币正面朝上,你得到1元,如果反面朝上,你得到2元。因为你知道有50%的机会得到1元,还有50%的机会得到2元,抛一次硬币的期望值就是1.5元。如果你无限次地重复这一过程,并记录下这一系列的**实际结果**,那么平均值将恰好收敛于1.5元。当然,在任何一次投掷中,1.5元都不可能出现,期望值不需要是一次投掷硬币的真实结果。

> 随机变量是一个尚未知道其结果的数字。

重点:如果你可以无限次地重复一个实验(随机抽取),那么期望值就是均值(平均数的一个美妙名字)。

为了便于处理不确定性,统计学家发明了**随机变量**的概念。这是一个结果尚未确定的变量。在投掷硬币的例子中,你可以定义一个名为 c 的随机变量(表示"投掷硬币的结果变量"),它的取值为:有50%的概率为1元,有50%的概率为2元。c 的期望值是1.50元。为了表示期望值,我们使用符号 E。在这个赌注中,投掷硬币后,实际的结果可以是 $c=2$ 元或 $c=1$ 元。

> "期望值"是随机实验重复无限次的平均结果。它不是随机实验的某一次真实结果。

$$E(c) = 50\% \cdot 1 + 50\% \cdot 2 = 1.50(元)$$

期望值(抛硬币) = Prob(正面朝上)·1 + Prob(背面朝上)·2

抛硬币后,这个 c 将不再是随机变量。同样地,如果你对实验的结果很确定——也许是因为只有一个可能的结果,那么实际的结果值和期望值是相同的。这种情况下,随机变量就和普通非随机变量是一样的。抛硬币的期望结果值是一个随机变量吗?不是的,你在掷硬币之前就知道期望结果值是1.5元,期望值是已知的,不确定的实验结果是非已知的。实验的期望值是一个普通的非随机变量,实验的可能结果才是一个随机变量。假设某次掷硬币的结果已经出现了,比如你知道它是什么(例如正面),它还是随机变量吗?由于掷硬币的结果已知,所以它不再是一个随机变量。

> 随机变量是一种统计分布。

一个随机变量是由其可能结果的**概率分布**所定义的。投掷硬币实验的分布很简单,1元有50%的概率,2元有50%的概率。概率分布有时可以用**直方图**表示,即 x 轴表示实验可能的结果,y 轴表示频率(或概率)。图6.1显示了投掷硬币的直方图。事实上,你可以将随机变量视为直方图的占位符。

最后提醒一下:在本章中,我们将不再保留确定性的假设。但依然保留完美市场的假设。完美市场中"没有分歧"这个假设意味着,我们必须对所有随机变量可能结果的概率达成一致。一个不完美市场的例子是,你相信有 51% 的可能性得到 1 元,而我相信有 50% 的可能性得到 1 元。

> 最后注释:完美市场假设依然保留。

公平的赌局

一个**公平的赌局**就是该赌局的成本就是它的期望价值。若重复无限多次,提供该赌局的人和参与该赌局的人最终将不赢不亏。假设一个赌局,称为 D,你作为赌客的收益结构如下:

(1) 有 1/4 的可能性获得 2 元;
(2) 有 1/4 的可能性获得 10 元;
(3) 有 2/4 的可能性获得 8 元。

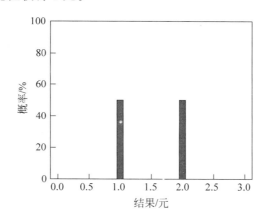

图 6.1 具有两个结果(1 元和 2 元)、相同可能性的随机变量的直方图

你可以通过从一副牌中抽一张牌来模拟这种收益结构。如果出现图案♣是 2 元,出现图案♦是 10 元,出现图案♥或♠是 8 元。抽这张牌的合理价格是多少?打赌吗?这里,不确定支付是一个随机变量,我们称它为 D。首先,你必须确定 $E(D)$。

$$E(D) = 1/4 \times 2 + 1/4 \times 10 + 2/4 \times 8 = 7(元)$$

$$E(D) = \text{Prob}(\clubsuit) \cdot V\clubsuit + \text{Prob}(\diamondsuit) \cdot V\diamondsuit + \text{Prob}(\heartsuit \text{ or } \spadesuit) \cdot V\heartsuit \text{ or } \spadesuit$$

如果你重复这个抽牌赌注一亿次,你将期望得到 7 亿元。平均来说,每次赌注将获得 7 元,当然,实际的抽牌赌注的结果将有变化,你将获得或多或少的结果。如果参与每一次赌局都收费 7 元,那么这个赌局就是公平的。

一般来说,计算期望值的过程总是相同的:将每个结果乘以其概率,然后将所有这些乘积相加。

$$E(x) = \text{Prob}(第一个结果) \times 第一个结果的取值 + $$
$$\text{Prob}(第二个结果) \times 第二个结果的取值 + $$
$$\vdots +$$

> 随机变量的期望值就是随机变量所有取值结果的概率加权总和。

$$\text{Prob}(\text{最后一个可能结果}) \times \text{最后一个可能结果的取值}$$

这就是你上面计算所应用的公式：
$$E(D) = 1/4 \times 2 + 1/4 \times 10 + 2/4 \times 8 = 7(元)$$
$$= \text{加总}[\text{每种结果的概率} \times \text{每种结果的取值}]$$

注意这个公式是通用的。即使某个结果的取值是不存在的，公式照样起作用，你只需要给这个结果分配概率为 0。

重点：你必须了解以下内容：

(1) 一个普通变量和一个随机变量之间的区别；
(2) 随机变量的某一个结果值和期望值之间的区别；
(3) 在给定的概率值和结果值的条件下，如何计算随机变量的期望值；
(4) 公平的赌局是什么。

Q6.1 掷骰子的期望结果（期望值）是一个随机变量吗？

Q6.2 一个赌注的期望值会是一个随机变量吗？

Q6.3 对于一个普通的骰子，假设随机变量是骰子上的数字乘以 2。若昨天掷骰子的结果是数字 6。在投掷之前，它的预期结果是什么？它的真实结果是什么？

Q6.4 一只股票明天的价格（某一个结果，P_{+1}）具有如下概率分布，该股票的成本为 50 元。投资这只股票是一个公平的赌局吗？

概 率	P_{+1}	概 率	P_{+1}	概 率	P_{+1}	概 率	P_{+1}
5%	41元	20%	45元	20%	58元	5%	75元
10%	42元	30%	48元	10%	70元		

方差和标准差

在金融领域，经常需要衡量投资者期望从投资中获得的（平均）**回报**。通常，我们采用投资的预期价值来衡量回报。另外，还经常需要衡量一项投资的第二个特征，即**风险**。因此，我们还需要总结投资的各种可能结果的分布情况。这两个概念将在接下来的几章中扮演主要角色，我们将详细探讨。现在，如果你感到好奇，可以把风险看作对预期均值可变性的衡量。衡量风险最常用的指标是标准差，它是对偏离均值（即离差）的平方和开平方根——好复杂的表述！让我们用前面的抽纸牌游戏来计算标准差。回想一下期望值公式：期望是结果取值的概率加权汇总。首先，根据均值（期望值）计算出每个离差的平方：

> 我们将期望值作为投资的"回报"。结合本书后文，标准差则是投资"风险"的最常见衡量方法。

第一种结果是 2 元。均值是 7 元，与均值的偏差即离差是 2 元 − 7 元 = −5 元。计算离差的平方，即 $(-5)^2 = +25$。

第二种结果是 10 元，因此离差是 10 元 − 7 元 = +3 元。计算平方值，即 $(+3)^2 = +9$。

第6章 不确定性、违约和风险

第三种结果是8元,因此离差是8元－7元＝＋1元。计算平方值,即$(+1)^2=+1$。在一张表中

概 率 值	1/4	1/4	2/4
结果值	2	10	8
离差(与均值7的偏差)	－5	＋3	1
离差平方	25	9	1

现在,计算这些离差平方和的期望值,即方差:

$$\text{Var}(\text{纸牌游戏}) = 1/4 \times 25 + 1/4 \times 9 + 2/4 \times 1 = 9$$

因此,**标准差**是

$$\text{Sdv}(\text{纸牌游戏}) = \sqrt{9} = 3(\text{元})$$

这就是我们的答案:标准差是离差平方的均值(即方差)的平方根,与方差不同的是,标准差具有明确的单位。均值和标准差可以让你来描述抽纸牌游戏:你期望从抽一张牌的纸牌游戏中获得7元(期望值)、可能的值是多(正)或少(负)3元(标准差)。

Q6.5 重新考虑Q6.4中的股票投资。该股票投资的风险是什么?即股票P_{+1}的标准差是多少?

风险中性(及风险厌恶的预习)

幸运的是,在本章中,你所有需要了解的统计学就是期望值。这是因为我们假设——仅仅是为了学习目的——每个人都是**风险中性**的。从本质上说,这意味着投资者愿意给出或者接受任何公平的赌局。例如,如果你是风险中性的,你将对于以下两种选择并无二异:确定性地获得1元;获得0元或2元、每一种都有50%的可能性。同样地,对于从无风险债券中获得10%的收益,和从有风险债券中获得0或20%的收益、两者的概率都是50%,你也同样对待,因为你对具有相同期望价值的投资方案,没有任何偏好,无论这些投资有多么安全或有多么不确定。

> 风险中性的假设:仅根据期望价值的大小选择投资品种。

相反,如果你是**风险厌恶**的,那么如果两项投资都能提供相同的期望回报率,但一个风险较高、一个安全无风险,你就不会愿意投资风险较高的产品。你更喜欢安全的1元产品,而不是有风险的0元或2元的投资;你宁愿选择10%的无风险债券,也不愿选择收益率为0或20%的不安全的公司债券。在这种情况下,如果我想卖给你一个有风险的项目或有风险的债券,我将不得不给你提供一个更高的期望回报率作为风险补偿。如果你能获得稳赚1元项目的话,我可能需要额外地支付你,比如说5分钱,让你愿意接受这个0元或2元的有风险项目。或者,我将不得不降低公司债券的价格,以提供给你更高的期望回报率,比如1%或21%,而不是0或20%。[1]

> 风险规避意味着你更喜欢安全的项目。换句话说,你会要求一个额外的收益补偿[1]来选择风险更高的项目。

诚然,如果你厌恶风险,就不应该接受公平赌注(可以把这句话理解为对风险厌恶的

---

[1] 这里"收益补偿"的英文原文是kicker,意即提供更多的收益。

定义)。但是,对于1元或者-1元选项的一场赌局,你真的会很担心吗?很可能不会。对于小赌注来说,你可能接近于风险中性——我可能并不需要额外支付你一分钱来劝说你接受这个赌局。但赌一场赚100元、亏100元的赌局呢?抑或是赚1万元、亏1万元的赌局?我的猜测是,在没有获得额外的风险补偿的情况下,你会拒绝参与最后一个赢亏1万元的赌局。和大多数投资者一样,赌注的金额越大,你就越厌恶风险。要想说服你参与赢亏1万元的赌局,我可能得多给你好几百元。

> 对于某一个投资者来说,参与更大的赌注通常需要更多的风险补偿。

然而,在金融市场上,个人投资者的风险厌恶情绪并不重要。相反,金融市场会根据市场总体的风险厌恶情绪设定各项资产的价格,原因在于风险分担。比如,如果你可以和班上的其他1万名学生分享这笔1万元的赌注,那么结果你自己承担的那部分赌注将只有赢或亏1元。你的一些同事也可能愿意接受相对较少的额外风险补偿,而承担更高的风险,因为他们拥有更丰厚的银行账户存款或者更富裕的父母。因此,当你可以把一场赌注在许多投资者之间分散时,群体的整体有效风险厌恶程度将低于其中任何一位成员。这正是金融市场的运作方式:市场的总体风险吸收能力大大高于个人投资者。实际上,金融市场的风险厌恶程度低于个人投资者。

> 金融市场可以分散风险,从而降低市场的总体风险厌恶程度。

你将在接下来的各章中学习风险厌恶。在本章中,我们将聚焦于讨论风险中性下的定价问题。但是,与往常一样,你在投资者风险中性的简单场景中学到的所有工具,将仍然适用于投资者规避风险时的更复杂的场景。此外,在现实世界中,本章所讨论的承诺回报和期望回报之间的差异(就价值而言),往往比本章所忽略的风险厌恶的额外补偿更加重要。

> 你现在学习的各类工具在风险规避下仍然适用。

Q6.6 对于小赌注和大赌注,投资者更加厌恶哪一个的风险?"小"或者"大"的定义是应该相对于投资者的财富而言吗?

Q6.7 整个金融市场的风险厌恶程度是否会低于任何一个投资者呢?

6.2 利率与信用风险(违约风险)

现实世界中的大多数贷款都不是无风险的,因为借款人可能无法完全偿还所承诺的借款。我们假设有一个例外,即各国的国债是名义上的无风险贷款。原则上,政府总是可以增加税收并印刷更多的本国货币来满足所有承诺的债券支付。因此,假设政府不会违约是合理的。(聪明的人可能不同意这一点。许多国家的政治体系功能是如此失调,使得即使像美国这样的国家也可能违约——不是因为缺乏美元,而是出于政客的选择。)那么,你如何计算风险债券的适当的期望回报率呢?

> 无风险的借贷和有风险的借贷。

第一个金融体系的毁灭

已知最早的大规模金融违约,发生在公元前1788年,当时乌鲁克(美索不达米亚)的国王瑞穆-辛废除了所有需要偿还的贷款。该皇家敕令有效地摧毁了一个已经有几千年历史的、繁荣的商业和金融体系!目前还不清楚瑞穆-辛为什么要这样做。当时的利率也很适中,五年期贷款的年利率约为 4%。

——威廉·戈茨曼,耶鲁大学

风险中性投资者要求更高的承诺利率

现在,把你自己想象成一个银行家。假设 1 年期国债提供了 10% 的安全无风险年回报率。眼下的问题是,你正在考虑向我提供 100 万元一年期贷款。贷款的利率应该是多少?如果你 100% 地确定我会全额到期支付约定的金额(也即你没有任何风险),你可以收取我 10% 的费用。你从我这里赚的和从国债上赚的一样多,两者都将到期偿还 110 万元。

然而,在现实世界中,很少有借款人可以 100% 地确定他们将会完全偿还贷款。例如,假设你相信只有 50% 的可能性我将偿还本金加利息。(如果我还了,我就被称为有**偿付能力**的),我也有 50% 的可能性**违约**(无法支付我所承诺的借款本息),这通常被非正式地称为破产。假设在这种情况下,我只能偿还 75 万元,即我剩下的全部资产。假设作为银行,你之前向我收取 10% 的贷款利息,你的预期收益将是

> 如果我的还款是确定的,你应该向我收取与国债相同的利率。

$$50\% \times 750\,000 + 50\% \times 1\,100\,000 = 925\,000(元)$$

概率(违约)×(违约下的支付)+ 概率(偿付)×(偿付下的支付)

你的*预期(期望)*回报将不是 110 万元,而是 92.5 万元。你的*预期(期望)*回报率不会是 +10%,而只有 925 000/1 000 000 − 1 = −7.5%。这样的贷款不能使你利益最大化(别介意我这样说),你原本可以把 100 万元投资到政府的国债上!

> 如果你给我报出相同的利率,有违约可能性的话,你将会获得更低的期望利率。

破 产 简 史

美国宪法的制定者在第 1 条(立法部门的权力)中包含了制定"破产主体统一法"的权利时,考虑到了英国的破产法律制度。1800 年通过的美国第一部破产法实际上是对当时英国破产法的复制。因此美国的破产法在概念上起源于 1800 年以前的英国破产法。然而,大西洋两岸自那以后都发生了很大的变化。

早期的英国法律具有明显倾向债权人利益的特征,并以其严厉对待违约债务人而闻名。从 1285 年《商人法令》颁布到 19 世纪中期查尔斯·狄更斯的时代,因债务而坐牢是当时的惯例。(事实上,当狄更斯还是个孩子的时候,他的父亲曾以违约债务人身份在监狱里待过一段时间)。普通法系的拘捕令授权对债务人进行"身体执行",即扣押债务人的身体,直至债务偿付。

英国法律在对债务人缺少尊重上并不是独一无二的。历史上的编年史中充满了残酷对待债务人的故事。对债务人的惩罚包括没收所有财产、责令放弃配偶(想想这个!)、监禁和死亡。在罗马,债权人显然被法律授权可以分割债务人的身体。然而,学者们争论的是这条法律的实际执行程度。

查尔斯·约旦·泰伯,1995,《美国破产法的历史》

中国的破产实践

中国破产的实践历史较短。在清朝末年的 1906 年首次颁布了破产法,但昙花一现。中华人民共和国的第一部《破产法》于 1986 年颁布,仅适用于全民所有制企业。适用所有企业、范围更广的《企业破产法》于 2007 年颁布实施。2021 年 7 月,深圳首例个人破产的案件被法院裁决,但个人破产的法律仅适用于深圳居民。截至 2021 年 8 月,中国还没有全国性的个人破产保护的法律制度。

你应该得出这样的结论:作为银行家,必须向有风险的借款人要求更高的利率,即使你只是想"盈亏平衡"(也就是你可以获得的相当于投资于美国国债的 110 万元收益)。为了求解希望获得的承诺还款,你会发现必须向我索取 145 万元。

$$50\% \times 750\,000 + 50\% \times (承诺偿付金额) = 1\,100\,000(元)$$

概率值×(违约下的支付金额) + 概率值×(偿付下的支付金额) = 国债支付金额

> **你必须要求更高的承诺利率——只有在好的时候(即我能偿付情况下)才能收到——以弥补我的违约风险。**

此时,承诺的贷款利率为 145 万元/100 万元 −1 = 45%。在这 45% 中,10% 是**时间溢价**,就像国债所支付的一样。因此,你可以把剩下的 35% 称为**违约溢价**——这是承诺利率和预期无风险利率(期望利率)之间的差值。你作为贷方,为了达到盈亏平衡就必须要求违约溢价。很重要的一点是,你要意识到,违约溢价并不是对你(承担更多风险相对于持有国债而言)的额外补偿。在一个风险中性的世界里,你不会得到任何这样的额外补偿。违约溢价只是填补了期望收益率和承诺收益率之间的差值。

你很少能够直接观察到期望回报率。报纸和金融契约几乎总是只提供**承诺的利率**,也被称为**报价利率**或**明示利率**。当你看到公布的到期收益率(YTM)时,它通常也只是一个承诺利率,而不是一个期望利率,也就是说,公布的到期收益率是一个根据承诺支付计算的,而不是根据期望支付计算的内含报酬率(IRR)。当然,你永远不应该根据承诺的内含报酬率来做资本预算决策。你几乎总是希望使用期望的 IRR(YTM)。但是你通常只能得到承诺利率,而不是期望利率。在华尔街,违约溢价通常被称为**信用溢价**,而**违约风险**通常被称为信用风险。

> **你得到报价的总是承诺回报率,而不是期望回报率。违约风险称为"信用风险"。**

Q6.8 对于什么样的债券,期望利率和承诺利率是一致的?

一个有关概率范围变化的更详细例子

期望利率和承诺利率之间的区别是如此重要,以至于我们需要给出一个更复杂的例子。再次假设我向你借钱。你相信我有 98% 的概率到期会全额本息偿还于你;我有 1% 的概率会偿还一半的借款本金;而我一分钱都不还的概率是 1%。我想向你借 200 元,这笔钱你也可以投资于承诺一年后到期获得 210 元(也就是说,5% 的年利率)的政府债券。那么,你会向我要求多少的利率?

如果你向我要求5%的利率,今天(时刻0)的200元贷款将在明年(时刻1)产生以下结果:

收益(C_1)/元	收益率(r)	发生频率(概率)
210	+5.0%	98%
100	−50.0%	1%
0	−100.0%	1%

$$E(C_1) = 98\% \times 210 + 1\% \times 100 + 1\% \times 0 = 206.8(元)$$
$$= 概率 \times 现金流 + 概率 \times 现金流 + 概率 \times 现金流$$

此时206.80元的期望回报,小于国债承诺的210元。换句话说,如果我承诺给你5%的回报率

$$承诺(r) = \frac{210 - 200}{200} = 5.00\%$$

$$承诺(r) = \frac{承诺(C_1) - C_0}{C_0}$$

那么你的期望回报率就只有

$$E(r) = \frac{206.80 - 200}{200} = 3.40\%$$

$$E(r) = \frac{E(C_1) - C_0}{C_0}$$

这低于政府国债承诺的5%利率——肯定会兑现。

你得确定我要承诺支付你多少利率,才能使你盈亏平衡,也就是你最终得到和投资国债一样的210元。贷款的期望偿付金额是各种情况下偿付金额经概率加权后的平均值。你希望期望偿付金额不是206.80元,而是将200元投资到政府债券所能获得的210元。你需要解出x的值,

$$E(C_1) = 98\% x + 1\% \times 100 + 1\% \times 0 = 210.00(元)$$

> 如果你要求我支付无风险利率,你的平均收益率/期望收益率将低于无风险利率。

答案是,我必须向你承诺支付$x \approx 213.27$元,这样你就能期望获得与购买国债相同的5%利率。对于200元的现金投资承诺到期支付213.27元,承诺利率就是:

> 让我们确定你需要多少的利息支付承诺,才能实现盈亏平衡。

$$承诺(r) = \frac{213.27 - 200}{200} \approx 6.63\%$$

$$承诺(r) = \frac{承诺(C_1) - C_0}{C_0}$$

这样的承诺利率提供了以下各种情况下的支付:

收益(C_1)/元	收益率(r)	发生频率(概率)
213.27	+6.63%	98%
100	−50.0%	1%
0	−100.0%	1%

根据上表,可以计算得出*期望利率*:
$$E(r) = 98\% \times (+6.63\%) + 1\% \times (-50\%) + 1\% \times (-100\%) = 5\%$$

Q6.9 重新计算文中的例子,现在假设 200 元投资在一年到期后收到 210 元全部偿付本息的概率只有 95%,到期收到 100 元的概率是 1%,而完全没有收到任何付款的概率是 4%。
1. 当这项投资的承诺利率为 5% 时,期望利率是多少?
2. 要保证期望利率为 5%,承诺利率应该是多少?

解构报价利率——期限溢价和违约溢价

承诺利率(或**报价利率**)6.63% 与期望利率 5% 之间的 1.63% 的差额,就是违约溢价,它是由违约风险引起的额外利率补偿。当然,只有在一切顺利的情况下,你才会收到 6.63%。在拥有风险中性投资者的完美市场中,以下公式成立:

$$6.63\% = 5\% + 1.63\%$$
$$承诺利率 = 期限溢价 + 违约溢价$$

> 在风险中性的完美世界中,承诺利率和预期利率之间的差异就是违约溢价。

重点:除非 100% 安全兑付的债券,一般承诺利率(或报价利率)高于期望利率。绝不要混淆承诺利率和期望利率。如果你只记得本书里的一件事情,就应该是它!

金融证券和各类财经信息的提供者很少(如果有的话)提供有关期望利率的信息,它们几乎总是只提供承诺利率。

平均而言,期望利率是预期的期限溢价加上预期的违约溢价,预期的违约溢价平均而言为零:

$$E(收益率) = E(期限溢价) + 0$$
$$= E(期限溢价) + E(已实现的违约溢价)$$

想要说明这一点,可以计算出预期/期望的已实现违约溢价如下:在 98% 的情况下,你将获得 6.63% − 5% = 1.63%;在 1% 的情况下,为 −50% − 5% = −55%(注意,你失去了一半的本金和期限溢价);在剩余 1% 情况下为 −100% − 5% = −105%(你损失了所有的本金和期限溢价)。因此:

$$E(已实现的违约溢价) = 98\% \times (+1.63\%) + 1\% \times (-55\%) + 1\% \times (-105\%)$$
$$\approx 0$$

> 在完美的风险中性世界中,所有证券的预期收益率都相同。

在现实世界中,除了 5% 的期限溢价和 1.63% 的违约溢价之外,还有其他的溢价因素,我们还没有讨论:

风险溢价,是为你愿意承担风险而提供的更高的预期回报率。各类风险溢价将是第 10 章的主题。

不完全市场溢价(例如流动性溢价),是用来补偿你未来在为债券寻找买家时遇到的困难。各类不完全市场溢价将是第 11 章的主题。

在正常时期,在债券市场中,上述这些溢价通常比期限溢价和违约溢价低得多。

Q6.10 预期/期望的违约溢价是正的吗?

信用评级和违约率

为了让贷款机构更容易判断违约的可能性,一些提供信用评级的数据供应商出现了。例如邓白氏为全世界的小企业提供信用评分,除了在美国和加拿大运营,邓白氏也在欧洲、中国和印度运营。对于大型股份公司而言,两家最大的信用评级机构是**穆迪**(Moody's)和**标准普尔**(Standard & Poor's,S&P)。还有一些影响力较小的公司,比如道衡(Duff and Phelps)和**惠誉**(Fitch)。[1] 这些机构对发行者的债券违约的可能性进行评级,并收取一定费用。评级的收费取决于许多因素,如发行人的身份、评级机构需要进行调查和评级的详细程度,和债券的特征(例如将在一年后到期的债券,通常比将在三十年后到期的债券,更不可能违约,因此前者更容易进行评级)。

> 债券评级机构:最重要的企业信用评级来自穆迪和标准普尔。

信用评级机构并不会提供一整套的违约概率(例如,100%损失的概率为1%,99%损失的概率为1.2%,等等),它们只提供一个整体的评级等级。表6.1显示了穆迪和标准普尔的评级分类。然后,由贷款机构/资金借贷方将评级转化为对违约风险的适当补偿。表中上半部分的评级被称为**投资级**,而下半部分的评级被称为**投机级**(或垃圾级)。

表6.1 穆迪和标准普尔使用的债券评级类别

	投 资 级									
	最高级									接近
穆迪	Aaa	Aa1	Aa2	Aa3	A1	A2	A3	Baa1	Baa2	Baa3
标准普尔	AAA	AA+	AA	AA−	A+	A	A−	BBB+	BBB	BBB−
	非投资级(投机或垃圾)									
	投机									违约
穆迪	Ba1	Ba2	Ba3	B1	B2	B3	Caa1,Caa2	Caa3,Ca	C	D
标准普尔	BB+	BB	BB−	B+	B	B−		CCC		D

债券评级存在以下缺陷:

(1) 没有考虑到**共同风险**(common risk),即许多债券会同时违约。这将是接下来几章的一个重要概念。大多数债券买家应该更关心他们所有债券同时崩盘的(小)风险,而不是关心他们债券投资组合中的某一只(小)债券的违约。但是评级机构并不提供债券共同风险的评估。

> 最重要的信用评级等级区别是"垃圾级"与"投资级"。

(2) 与大多数金融市场专家不同,评级机构即使故意欺骗投资者,也不需要对它们的评级或观点负责。(在美国,2010年通过的《多德-弗兰克法案》(Dodd-Frank Act)废除了这一责任豁免,但美国证券交易委员会对大多数评级机构给予了无限期的"不采取行动"豁免。)

(3) 然而,最奇怪的是评级机构获取报酬的方式。它们对投资银行发行的证券评级

---

[1] Duff and Phelps,中文翻译为道衡公司,是一家美国的咨询机构,擅长对第三方企业进行估值。惠誉和穆迪、标普并列为国际三大评级机构。

收取费用,在这种情况下,它们会对债券产品真正重视吗?不足为奇的是,尽管这些机构需要保持一定的独立性和声誉,但当被操纵时,它们也经常是逢场作戏而已——有些人甚至称其为贿赂。**大衰退**(指 2008 年的全球金融危机)的很大一部分责任已经落在了信用评级机构的肩上,它们为投资银行明确想要高评级的债券提供乐观评级,为此赚取了数十亿美元的评级费用。尽管评级机构已经采取了一些措施来改善目前处境,但基本的利益冲突依然存在。当公众的注意力转移到下一个"议题"时,评级这门生意依旧如常。

(4)评级会随着时间的推移而变化。债券发行后,每年价格上涨或下跌的概率为 3%~10%,评级也因此不稳定。

然而,尽管存在着上述缺陷,评级仍是潜在债券买家的有用信息来源。

违约的经验性证据

来自纽约大学的埃德华·奥特曼(Edward Altman)教授和他的合著者收集了 1971—2015 年美国公司债券的统计数据。图 6.2 展示了债券违约的可能性有多大(这里违约是标准的定义,即只要发生至少对一期息票付款违约,而并非最终本息完全不付款)。平均违约率约为每年 3.5%——但左边的图显示,在衰退时期违约率要高得多,违约率通常会飙升至 10% 以上。例如,在 2008—2009 年的大衰退时期,约有 11% 的债券无法偿还(2008 年,大约一半的债券违约是由雷曼兄弟公司的破产导致)。到 2010 年,最糟糕的时期似乎已经过去。回想起来,大衰退的金融危机对大多数上市公司来说最终"没那么糟糕"(幸运的事!)。右边的图显示最初评级为 A 级或更高的公司债券很少违约,即使在发行 10 年后也是如此。然而,约有一半的 CCC 级垃圾债券将在发行后五年内至少有一次息票无法支付。

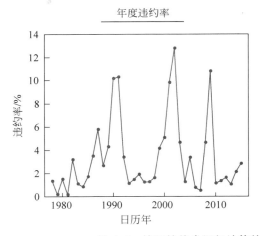
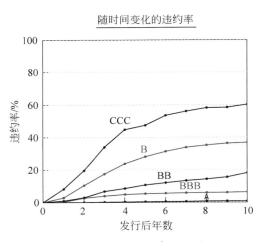

图 6.2 按原始债券评级计算的累计历史违约频率(1980—2015 年)

注:左图显示债券违约率。例如,在 2009 年,约 11% 的公司债券至少有一次息票未能偿付。右图显示了在考虑债券的发行评级(非更新后)后,债券发行后 x 年内违约的频率。例如,在债券发行后第 7 年的某个时间点,大约 1/3 初始以 B 评级发行的债券至少发生一次违约。最初评级为 A 级及以上的公司债券在发行后 10 年基本上没有违约。资料来源:埃德华·奥特曼和布伦达·库纳,纽约大学,2016 年 6 月。

穆迪的月度违约报告列出了债券违约后的回收率。2005年,该报告揭示,从1982年起,优先级有担保债券的回收率约为60%,优先级无担保债券回收率约为45%,次级债券回收率为30%。在违约发生情况下,通常1美元本金债券能回收30~40美分,经济衰退时能回收25美分,经济繁荣时能回收50美分。低评级债券的回收率会更低。在2010年至2016年期间,这些数字似乎也保持了类似的水平,但不同债券之间存在些许差异。

债券合同的期权特征

在阐述债券定价之前,我需要让你知道,现实世界中债券之间并不仅仅存在信用风险的差别。大多数债券都有额外的合同特征,这些特征也可能影响其承诺的利率。例如,许多公司债券允许发行人提前偿还贷款(这同样适用于几乎所有的国内住房抵押贷款)。如果未来利率下降,这对借款人来说可能是一件好事,对贷款人来说可能是一件坏事。借款人将提前偿还贷款,并以更低的成本从其他地方借款。如果未来利率上升,借款人只需支付之前的低利率。例如,假设今天的利率是10%,你借我90 909元,我承诺明年付给你10万元。在你发放贷款之后的一秒钟,可能会出现以下两种情况之一:

> 在我向你展示真实世界的债券报价利率之前,我必须解释这些报价利率可能包含违约溢价。

(1) 利率降至5%。然后我就会马上偿还你的90 909元贷款,并在其他地方以更低的利率进行再融资。

(2) 利率上升到15%。在这种情况下,我遵守贷款合同,明年偿还你10万元——这笔贷款本应该只给我10万元/1.15≈86 957元,但我却得到了90 909元。

对你来说,这不是一个好的安排,除非为这个提前偿还贷款的选择权/期权,你可以得到适当的补偿。因此,如果借贷者想要在没有惩罚的情况下提前偿还贷款,那么他们在发行此类债券时必须支付更高的利率。事实上,美国所有的按揭抵押贷款债券都允许发行人提前偿还,因此此类债券的利率要高于没有提前偿还期权的情况。大概地说,你也可以将这些债务合约期权特征归类为违约溢价,因为平均而言,它们也不会增加或减少你的期望回报率。有时它们会增加支付的金额,有时它们会减少支付的金额,就像有偿付能力的债券发行人会向贷款人支付更多,而无偿付能力的债券发行人会向贷款人支付更少一样。

Q6.11 历史证据表明,信用评级较低的借款人会更频繁地违约吗?还是他们会在违约以后偿付得更少?

2021年8月债券报酬率差异

那么现实世界的信用风险和债券信用评级将如何转化为不同债券承诺收益率的差异呢?表6.2列出了2021年8月30日各债券发行人的借款利率。

数据看起来与理论大体一致——违约风险更高的债券必须提供更高的承诺回报率。拥有更高(更好)信用评级的债券可以以更低的利率(更高的债券价格)进行融资。

向风险较高的债务人提供资金的债权人最终会获得较高的平均回报率吗?在贷款人和借款人均为风险中性的完美市场中,情况不应该如此。你在表6.2中看到的大部分投资级债券给予超过国债收益率之上的利差,只是让这些企业债券的借款人和投资者接近于盈亏平衡。也就是说,表中不同企业债券的期望回报率都差不多,比表中显示的承诺回报率更为接近。如果你一定要我们说出看法:我们会猜测,大约80%的承诺利差是信用风险;大约10%是由于测量误差或者债券合同特征(例如,息票的时间安排或某些期权条款);只有大约10%是对债权人的额外补偿,即高于他们持有相当条款的美国国债所赚取的补偿。(当然啦,相较于国债,所有企业债券的利息收入都应纳税。)

> 风险较高的债券必须给予更高的承诺利率,但……

表 6.2　美国企业债券和国债的承诺利率(2021 年 8 月 30 日)

评级类型	年				评级类型	年			
	2	5	10	30		2	5	10	30
AAA	n/a	0.88%	1.46%	2.47%	A	0.44%	1.23%	1.96%	3.05%
仅美国强生公司、微软两家					如辉瑞制药、JP 摩根大通银行、思科等				
AA	n/a	1.06%	1.75%	2.81%	B	5%~12%			
如埃克森美孚石油、苹果公司、沃尔玛等					如波音公司、奥驰亚集团、威瑞森通信等				
美国国债	0.20%	0.77%	1.29%	1.90%	美国国债	0.20%	0.77%	1.29%	1.90%

资料来源:美国财政部资料中心。

你已经在图 6.2 中看到,较大型公司的实际违约率是周期性波动的,并且仅在大衰退期间短暂地增加。同样,但更极端的是,评级较低的公司支付的利率(即承诺利率,反映债券在整个期限内未能支付的预期)是周期性的,并在 2009 年飙升。图 6.3 描绘了以下债券或债券组合的历史收益率:20 年期美国国债,穆迪评级为 Aaa 和 Baa 投资级债券投资组合,以及非投资级(高收益)债券投资组合。典型的投资级债券的承诺利率高出国债约 100~200 个基点,而典型的垃圾债券的承诺利率高出国债约 200~600 个基点。(垃圾债券是相对的——非上市企业的债券利率通常高于非抵押的债券利率。)任何非投资级的公司不得不在大衰退期间借款,此时都陷入了困境,它们的承诺利率比美国国债高 2 000 多个基点,因为投资者此时纷纷避险。当投资级债券已基本恢复正常时,非投资级债券的发行人仍需承诺相对较高的利差。

我们下面讨论许多其他类型的信用风险和回报。信用风险并不总是相似的。纽约的按揭贷款证券投资者面临着与伦敦的银行不同的利率,后者称为**伦敦银行同业拆借利率**(Libor)。中国的银行使用上海银行间同业拆借利率(Shibor)在银行之间进行无担保资金的拆借。顺便说一句,Libor 起着重要作用,因为它是数百万亿美元衍生金融工具利率的常用基准。美国许多家庭的住房按揭贷款利率可能与 Libor 挂钩。然而,由于 Libor 丑闻,美联储和英国金融监管机构已决定在 2023 年 6 月 30 日之前逐步淘汰 LIBOR。截至 2021 年 11 月初,许多机构已经从 Libor 过渡到**有抵押的隔夜融资利率**(SOFR),在 2021 年 12 月 31 日截止日期之后将不再公布 1 个月和 2 个月期的美元 Libor 利率。

2008 年的 Libor 丑闻

由于许多金融工具和合约的定价依赖于每日报价的伦敦银行间同业拆借利率(Libor),

这使得大型银行们有意操纵 Libor 来获取格外丰厚的利润。这种非法的操纵行为似乎始于 1991 年左右，一直持续到 2008 年《华尔街日报》的一项调查发现并报道了 Libor 被操纵的丑闻。像往常一样，银行的交易员们保住了奖金，而银行无辜的股东们不得不支付数十亿美元的罚金。

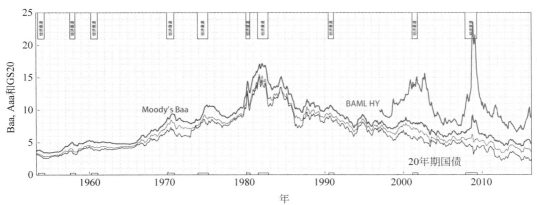

扫码看彩图

图 6.3 20 年期美国国债收益率（黑色）和公司债券承诺收益率（1955—2016 年）

注：该图显示，典型的 Baa 公司债券（蓝色）与 20 年期国债的利差约为 150 个基点（范围从约 40 到约 500 个基点）。Aaa 债券收益率介于长期国债和 Baa 债券之间。相比之下，红色的高收益公司债券（BAML HY）（经期权调整后）提供约 400~600 基点的承诺利差，在经济衰退时更高，在大衰退时飙升至 2 000 个基点（！）。资料来源：FRED（穆迪和美国银行-美林证券）。

信用违约互换

金融世界总是在变化和创新之中。上面描述的债券收益率的组成部分曾经主要是一种概念上的构想：公司会从他们的贷款人那里借钱，然后支付一个包含所有溢价的利率。但是，随着**信用违约互换**（也被简称为**信用互换**或 **CDS**）的引入，一些收益率的溢价构成部分，突然变得可以交易了。

以下是一个信用违约互换的示例：拥有美国医院公司（HCA）发行的 1 500 万美元债券的一家大型养老基金想从另一家对冲基金手中购买 1 000 万美元的信用违约互换（CDS），该对冲基金实际在打赌美国医院公司 HCA 不会破产。若美国医院公司 HCA 破产，则对冲基金将欠下养老基金 1 000 万美元。《华尔街日报》报道称，该信用违约互换 CDS 合同在 2006 年 6 月的价格约为 130 000 美元，在 7 月涨至超过 400 000 美元，原因是 HCA 可能发生的买断收购交易①将增加未来债券违约的风险。在这种情况下，对于在 6 月购买了 CDS 的养老基金来说，这是一笔幸运的交易，而对于对冲基金来说，则是一笔不幸的交易，而且美国医院公司 HCA 最后确实破产了。

> CDS 示例：互换产品的卖方为互换产品的买方提供保险。

---

① 买断收购，buyout，即私募股权基金通过借款将 HCA 公司股份全部买下，然后进行企业重组。

将此类信用互换视为保险合同,是最佳的理解方式,其中互换的卖方(对冲基金)是保险的提供者。因此,信用违约互换的卖方承担了买方的信用风险——就像保险公司承担了被保险方的风险一样——以换取预先支付的保费。然后,保险通常会在发生信用违约事件(例如,支付违约或者企业破产)的情况下进行赔付——通常这是针对给定年限的债券。信用违约互换的支付金额本身可以是由公式确定的,也可以是CDS的卖方约定以预定的价格购买债券。一种思考信用违约互换产品的当前价格(如从130 000美元增加到400 000美元)的方式是把它理解为债券的违约溢价。

> 实际上,信用互换允许投资者持有债券收益率的不同溢价成分。

信用互换产品的产生,允许不同的基金投资者持有一只债券的不同溢价部分。在我们的示例中,养老基金决定主要获取美国医院公司HCA债券的时间溢价/期限溢价部分,而将信用风险和其他部分剥离出去。而对冲基金则拥有了信用溢价,它决定打赌美国医院公司HCA不会破产,而且它通过出售信用互换产品而不必持有HCA的债券,避免大量现金头寸被占用。当然,对冲基金和其他投资者也可以通过信用互换产品来打赌美国医院公司HCA会破产。

信用互换产品通常以500万美元为单位进行交易,一般期限为5年(但3到10年也不罕见)。这个市场是**场外交易市场**(OTC),即买卖双方之间一对一协商成交。这个市场规模非常大,曾有单一名下的互换产品在外流通市值高达数万亿美元。

信用违约互换市场在2008年的金融危机中暂时崩溃。一家全球重要的保险公司——美国国际集团(AIG)旗下的一个金融部门出售了过多的CDS,交易商将这些CDS产品记为直接的利润。这样处理一段时间还行……直到它再也不能这样做。纳税人不得不救助美国国际集团,因为美国财政部担心太多的债券持有者依赖AIG的保险(即CDS产品),如果这种保险变得一文不值,这些债券持有者自己将不得不面临债券的违约。不幸的是,即使信用互换市场再次上涨(2010年之后),它仍然是一个"黑箱":没有人真正知道它的规模有多大、谁在交易、谁持有风险敞口等——其中包括美联储和财政部也不知情。

2007年本书的美国原版曾经指出,没有人知道谁真正承担了当今经济中的大部分信用风险。以德国银行IKB为例,该银行的倒闭几乎出乎所有人的意料,因为它拥有了太多与美国抵押贷款挂钩的金融证券。在2008年金融危机(大衰退)期间,投资者甚至不愿再信任良好的企业和银行,仅仅是因为这些企业和银行不知道自己的实际风险敞口是多少。

信用互换市场规模庞大且竞争激烈,但是不透明且充斥着操纵。为了触发CDS产品信用互换的发生条件,一些公司甚至被迫进行违约。而且,信不信由你,实际上存在着一个由(利益冲突的)主要银行组成的委员会,可以决定一只债券是否真的违约,当债权人存在违约交换时。然而,CDS本质上并不是邪恶的。与大多数其他金融工具一样,它们可用于降低或增加风险。即使在今天,围绕CDS产品的社会问题是:(1)交易者们有动机进行过度投机,因为CDS的风险难以衡量,而银行及其股东本质上喜欢风险(但在发生危机的情况下,纳税人将再次上钩!);(2)没有人真正知道这个场外交易市场(包括许多其他金融市场)正在发生什么。如果大型金融机构对信用互换产品投机过多(并根据估计的企业盈利能力,收获不可撤销的奖金),然后倒闭,纳税人可能别无选择,只能再次给予纾困。尽管存在上述问题,信用违约互换市场还是强势回归。截至2021年年底,有数百万亿美元名义金额的信用违约互换产品仍在流通中!

6.3 资本预算的不确定性

现在让我们回到资本预算的基本任务：在不确定性下选择项目。你的任务是在不完全了解未来结果的情况下计算项目的现值。这个任务中的主要工具将是**收益表**（或**状态表**），它在每个可能的相关场景中，为项目价值分配概率。例如，一家生产硬盘的工厂价值可能取决于电脑销售（比如说，低、中、高的不同销量），硬盘是否已经过时了（是或否），经济是否衰退或扩张，以及石油价格（主要是运输成本因素）等。管理人员的任务是创建适当的"状态"表，描述与项目价值最相关的那些变量及其场景，以及商业业务将如何在其中运行。显然，理解哪些是关键因素并不是一项容易的任务，更不用说确定这些因素在具体情况下的取值概率了。评估你自己的项目将如何应对这些商业因素的变化是一项困难但无法回避的任务。如果你想要真实了解项目的价值，就必须了解项目的关键价值驱动因素是哪些，以及项目将如何应对这些价值驱动因素的变化。幸运的是，对于许多项目来说，通常没有必要事无巨细地描述所有可能的结果，一个项目大概也就十几种最主要的一些可能性情形。

> 接下来，你将了解收益框架表，以描述未来的或有可能性事件。

状态收益表下的项目现值

我们首先假设购买一栋未来价值不确定的建筑。明年，这项投资可能价值 60 美元（概率为 1/4）或 100 美元（概率为 3/4）。（如果你担心真正的公司项目持续时间超过一年，你可以把这些价值看作公司更远的未来产出。）为了帮助你记住这两种可能的状态，让我们把坏的结果称为"下雨"，把好的结果称为"太阳"。（如果你来自美国加州，很显然，下雨是指不好的结果，阳光是指好的结果。）

> 本节中的示例：一栋建筑最终具有两种可能的未来价值之一。

建筑物的期望价值

如果你拥有整栋楼，状态收益表如下表所示：

事 件	概 率	价值/美元
下雨	1/4	60
太阳	3/4	100
期望的未来价值		90

整座建筑的 90 美元的期望价值计算如下：

$$E(时期1的价值) = 1/4 \times 60 \text{ 美元} + 3/4 \times 100 \text{ 美元} = 90 \text{ 美元}$$
$$= 概率 \times 下雨价值 + 概率 \times 太阳价值$$

这一价值并没有折现，只是你对未来结果的期望值。

现在假设，对于这种期限为 1 年的"建筑"类项目，考虑其风险的合适的预期回报率为 20%（这个 20% 的贴现率是由金融市场上的需求和供应所决定的，并且假设你作为经理是事先知道的）。你的目标是确定建筑物现在的价值，即对今天来说合适的价格。

> 将每种可能的结果乘以其概率，获得建筑物的期望未来现金价值。

> 然后使用适当的资本成本折现期望的未来现金价值。

有两种方法可以计算该建筑物的现值,与你之前所做的现值计算几乎相同。你只需要将已知价值替换为期望价值,将已知的收益率替换为期望的收益率。

第一种计算现值的方法是,计算建筑物下一时期的期望价值,并按资本成本折现,这里资本成本是20%:

$$PV = \frac{90}{1+20\%} = 75 \text{ 美元}$$

$$= \frac{E(\text{时期1的价值})}{1+E(r)}$$

> 你可以用期望(而不是实际的、已知的)现金流量和期望(而不是实际的、已知的)回报率,来计算NPV。

第二种计算现值的方法是,计算建筑物在不同状态下的或有价值的贴现值,然后取期望值。要做到这一点,可以在前面的表格上进行扩充:

事件	概率	价值/美元	折现因子	现值/美元
下雨	1/4	60	1/(1+20%)	50
太阳	3/4	100	1/(1+20%)	83.33

如果下雨,现值是50美元。如果阳光普照,现值是83.33美元。因此,该栋建筑物的期望价值也可以计算为

$$E(1\text{时刻的价值}) = 1/4 \times 50 \text{ 美元} + 3/4 \times 83.33 \text{ 美元} = 75 \text{ 美元}$$

$$= \text{概率} \times \text{下雨价值} + \text{概率} \times \text{太阳价值}$$

> 计算期望值和进行折现,两个步骤在顺序上可以互换。

两种方法的结果是一样的:你可以先计算明年该项投资的期望价值(1/4×60美元+3/4×100美元=90美元),然后将这个期望值从90美元折现到75美元;或者你可以先将所有可能的未来值进行折现(由60美元折现到50美元,由100美元折现到83.33美元),然后对折现值计算期望价值(1/4×50美元+3/4×83.33美元=75美元)。

重点:在不确定性下应用NPV公式:
- 将已知的未来现金流,替换为期望的未来现金流。
- 将已知的适当折现率,替换为适当的期望折现率。

你可以先进行折现,然后求期望,反之亦可,顺序并不重要。

或有状态下的收益率

这两种不同状态下的回报率是多少?你的总体预期回报率是多少?如果你以75美元的价格买了这栋楼,而且天气晴朗,那么你的实际回报率将是

$$\text{晴天}: r = \frac{100-75}{75} = +33\%$$

如果是雨天,你的回报率将是

$$\text{雨天}: r = \frac{60-75}{75} = -20\%$$

> 状态或有收益率也可以进行概率加权以得出平均(预期)收益率。

因此,你的预期/期望收益率为

$$E(r) = 1/4 \times (-20\%) + 3/4 \times (+33\%) = 20\%$$

概率×雨天的回报率 + 概率×晴天的回报率

将不同状态下的收益率依概率加权汇总,就等于预期的总体收益率。原

本就应如此：毕竟，你采用20%的期望回报率计算出了这栋建筑物目前的合理价格。

Q6.12　为了应对不确定的未来，NPV公式需要做出哪些改变？

Q6.13　根据产品需求的不同，一家工厂在两年后的价值可以值50万元或100万元，每一种价值具有相同的可能性。适当的资本成本是每年6%。该工厂的现值是多少？

Q6.14　一个项目的新产品可能是失败的（20%的概率），卖得一般（70%的概率），或者是爆款（10%的概率）。如果失败，收益将是2万元；如果卖得一般，收益是4万元；如果是爆款，收益将是8万元。

1. 这个项目的期望收益是多少？
2. 项目的适当预期回报率是8%。该项目现金流的现值(PV)是多少？
3. 如果以适当的现值价格购买了项目，上述三种结果的回报率分别是多少？
4. 用每个结果的特定回报率计算期望回报率，并与项目的预期回报率对比。

6.4　将不确定的项目收益分成债务和股权

学习状态收益表最重要的原因是它能帮助你理解现金流的权利。这引出了金融学中最重要的概念之一：**贷款**（也称为**债务**、**杠杆**）和**杠杆所有权**（也称为**杠杆股权**，或简单的就是**权益**或**股票**）之间的区别。几乎所有的公司和项目都是同时通过债务和杠杆股权融资的。原则上你已经知道什么是债务。杠杆股权就是企业所有者只有在还清债务后才能获得的权利。我们在本书后面的章节进一步区分金融债务和其他求偿权（例如，税收债务），以及不同证券的控制权。例如，债务如何迫使借款人清偿欠款、股权为何可以解聘业绩不佳的经理人。

你可能已经对债务和股东权益的区别有了直观的理解。如果你有一套抵押贷款的房子，你只有在清偿所有债务后才真正拥有房子。如果你有学生贷款，你自己就是未来收入流的杠杆所有者。也就是说，只有在偿还债务（包括非金融债务）之后，你才能消费"你的"剩余收入。但是，如果公司的项目失败了，房子倒塌了，或者你的前程被断送了，杠杆所有者和贷款人会得到什么呢？什么是对贷款人和杠杆所有者的适当补偿？将净现值分流为贷款（债务）和杠杆股权，这是金融的核心问题。

> 大多数项目的融资方式都是债务和股权的混合。

现在你知道如何计算状态依存收益的现值了——你的建筑物在两种不同的自然状态下的收益是不同的。因此，你的建筑物是一组状态依存的回报，具体的回报取决于不同的状态。前文所述的只是许多可能的或有状态之一。比如另一个投资者可能愿意事先承诺，如果晴天，给予1美元，如果下雨，给予25美元。使用收益表，你可以计算出任何状态依存的求偿权的价值，尤其是两类最重要的状态依存的求偿权——债务和股权的价值。

> 其他项目的融资方式也相同：债务和股权。

贷款

现在假设你想用70元的按揭抵押贷款为75元的房屋购买进行融资。实

> 结果（或"状态"）依存求偿权的收益取决于未来的自然状态。

际上，单个项目"建筑物"被划分为两个不同的项目，每个项目都有不同的拥有方。第一个项目是"抵押贷款"。第二个项目是"房屋剩余所有权"，即与偿还按揭贷款的义务捆绑在一起的房屋所有权。"房屋剩余所有权"的投资者将不会得到一分钱，除非债务得到清偿。如前所述，这种剩余所有权被称为"杠杆股权"，或者就是房屋的"股权"（甚至是"股票"），这避免了将其称为"偿还贷款后的剩余部分"的烦琐。

债权人要求的利率是多少？要回答这个问题，你需要知道如果房子的价值低于按揭贷款承诺的本息时将会发生什么。假设明年下雨的话，这座建筑的价值是60元。（比如房屋屋顶部分是水溶性的）。假设业主可以离开，而债权人收回建筑物，但是不能收回借款人的任何其他资产。这种抵押贷款被称为**无追索权贷款**。即除了占有抵押资产本身之外，没有任何其他追索权，这种安排被称为**有限责任**。房屋业主的损失最多不能超过他最初投入的钱。有限责任是许多金融证券的核心基础，例如，你在股票市场上买了一家公司的股票，不管这家公司的表现有多么糟糕，你承担的损失不能超过你的投资金额。

要计算"抵押贷款"项目的现值，回到在给定信贷风险下，设定了适当利率的计算问题（见6.2节）。下面从项目的收益表开始：

事　件	概　率	价　值	折现因子
下雨	1/4	60元	1/1.20
晴天	3/4	承诺价值	1/1.20

有限责任

　　有限责任是在文艺复兴之后发明的，但直到19世纪和20世纪才变得普遍。最终，正是这种法律结构允许公司演变成为独立的、不同于其所有者的实体。因此，在1911年，哥伦比亚大学的校长写道："有限责任公司是现代最伟大的发明……甚至比蒸汽机和电力都更为重要。"

——威廉·戈茨曼，耶鲁大学

如果下雨，债权人将得到价值60元的财产。如果晴天，债权人将得到承诺的全部金额（待求解）。为了实现盈亏平衡，债权人必须求解若晴天他们能得到偿还的金额。这样，使得未来期望得到的现金流和今天借出的70元等价。利用下式求解"报价"或"承诺"的回报：

$$70 = 1/4 \cdot \left(\frac{60}{1+20\%}\right) + 3/4 \cdot \left(\frac{承诺支付金额}{1+20\%}\right)$$

贷款价值$_0$ = 概率 × 雨天的贷款支付现值 + 概率 × 晴天的贷款支付现值

你可以解出上式的未知数，也就是：天晴时，借款人承诺的支付金额。

$$承诺支付金额 = \frac{(1+20\%) \times 70 - 1/4 \times 60}{3/4} = 92(元)$$

$$= \frac{[1+E(r)] \times 贷款本金_0 - 概率(雨天) \times 雨天的贷款支付}{概率(晴天)}$$

第6章 不确定性、违约和风险

钻研性的注释：特殊性的责任和税收规则适用于私人住宅。住房抵押贷款可以分为有限责任（"无追索权"）或无限责任（"完全追索权"）。后者还可能带来进一步麻烦的税收后果，房屋的任何资本损失都可能导致巨额的普通所得税义务，这是雪上加霜。（如果有兴趣，搜索"债务取消收入"。）此外，作为房屋拥有者，你只能在抵押贷款的第一个100万元进行利息扣除；房屋价值的资本损失不会产生税收抵免，但大量的资本收益会产生税收义务。

有了晴天的承诺支付92元之后，贷款者的**承诺回报率**将是

$$\text{如果晴天}：r = \frac{92-70}{70} \approx +31.4\%$$

贷款人不会接受任何比承诺利率更低的利率来提供抵押贷款。如果雨天发生的话，房屋拥有者就会放弃房屋，此时贷款人的回报率将是

$$\text{如果雨天}：r = \frac{60-70}{70} \approx -14.3\%$$

因此，贷款人的期望收益率为

$$E(r) = \frac{1}{4} \times (-14.3\%) + \frac{3}{4} \times (+31.4\%) = 20\%$$

概率 × 雨天的收益率 + 概率 × 晴天的收益率

> 雨天（"违约"）和晴天（"偿还"）两种状态依存的收益率，根据发生概率进行加权汇总，从而得到预期/期望的收益率。

公示的利率（即承诺利率）是31.4%（这不是一个过高的回报率），但期望的利率是20%。毕竟，在我们假设的风险中性的完美市场中，任何投资一年的投资者都将获得20%的期望回报率。

杠杆股权

作为房屋的所有者，你期望的适当投资收益率是多少？已经知道这栋楼现在价值75元了。因此，在贷款70元之后，你需要支付5元——大概从个人储蓄中付出。当然，你必须偿还贷款人：为了今天的70元购房贷款，你必须承诺明年偿还贷款人92元。如果下雨，贷款人会没收你的房子，你所有的个人投资都将损失。然而，如果阳光明媚，这座房屋的价值将是100元，减去承诺付款的92元，剩余8元。作为这座建筑物的所有者，你的收益表如下：

事 件	概 率	价值/元	折现因子
下雨	1/4	0	1/1.20
晴天	3/4	8	1/1.20

作为所有者，未来房子期望的现金流价值是 $1/4 \times 0 + 3/4 \times 8 = 6$（元），该房子杠杆股权的现值是

$$\text{PV} = \frac{1}{4} \times \left(\frac{0}{1+20\%}\right) + \frac{3}{4} \times \left(\frac{8}{1+20\%}\right) \approx 5（\text{元}）$$

雨天的概率 × 雨天的现值 + 晴天的概率 × 晴天的现值

你的投资回报率是

> 再一次强调：状态依存的现金流可以用于计算状态依存的收益率和期望收益率。

$$天晴：r = \frac{8-5}{5} = +60\%$$

$$下雨：r = \frac{0-5}{5} = -100.00\%$$

杠杆股权(即附有按揭抵押债务的建筑物的股权)的期望回报率为

$$E(r) = \frac{1}{4} \times (-100\%) + \frac{3}{4} \times (+60\%) = 20\%$$

雨天的概率 × 雨天的收益率 + 晴天的概率 × 晴天的收益率

关于例子的思考：收益表

收益表是帮助你思考投资项目和财务求偿权利的基本工具。不可否认，收益表有时可能是乏味的，特别是当同时存在许多不同的可能状态时。(甚至可能存在着无穷多个状态，分布像钟形正态分布一样——但是即使是最连续和最复杂的状态分布，你通常可以用不超过10个离散的结果很好地进行近似。)

表6.3显示了这样的收益表可以有多么优雅。它以非常简洁的方式描述了你需要知道的一切：房子各种情景下的状态依存(或有)收益、期望收益、净现值，以及房子的期望回报率。因为同时拥有抵押贷款和杠杆股权等同于拥有整栋建筑，所以表中最后两列加起来必须等于"建筑价值"一栏中的值。你可以选择成为以下三种类型的投资者之一：以贷款换取承诺支付的债权人(银行)；负债的房屋所有者拿走了"贷款后的剩余部分"(即杠杆股权)；或者是一个将资金投资于一个无负债项目的非杠杆房屋业主(即全额付款下的全部房屋价值拥有者)。这三种投资都是状态依存下的财务求偿权利。

表 6.3 收益表以及全部的价值和收益率

事 件	概 率	建筑价值/元	承诺支付92元的按揭贷款/元	杠杆股权/元
雨天	1/4	60	60	0
晴天	3/4	100	92	8
1时刻的期望价值		90	84	6
0时刻的现值		75	70	5
从0到1时刻的期望收益率, $E(r)$		20%	20%	20%

注：在此例中，房屋投资项目有70元的按揭贷款，承诺到期支付92元。

重点：在存在不确定性的情况下，只要有可能，就写下一个收益表来描述每种可能事件("状态")发生的概率及状态依存的收益。

Q6.15 在书中的这个例子中，这栋房屋价值75元，住房抵押贷款价值70元，权益价值5元。因此，抵押贷款融资约占建筑总价值的93.3%，而股权融资占6.7%。假如两名合伙人共同购买这栋楼——一方投入70元，拥有这栋楼的93.3%，另一方投入5元，拥有6.7%。这种安排是否与书中例子安排下的各种收益情形一样呢？

Q6.16 房屋抵押贷款一般覆盖房屋价格的50%~80%，而不是93.3%(即75元中的70元)。举一个新的例子，生成一个类似于书中表6.3的新收益表。

关于例子的思考：债务和股权的风险

之前我们只是简要地提到风险，并没有阐明关于风险的主要内容。这里我们要阐述风险的含义。在一个风险中性的世界里，重要的是期望收益率，而不是在不确定性下你具体得到了多少收益。当然，即使在风险中性的世界里，你也可以评估风险，在这个世界里，风险不会带来额外的补偿（风险溢价）。那么，上述房屋的例子中，哪种投资的风险最大：完全所有权、贷款所有权还是杠杆所有权？

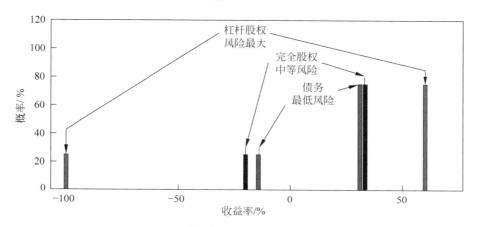

扫码看图

图 6.4 三种投资项目回报率的概率直方图

注：红色的柱状是股权收益，风险最大。黑色柱状是完全所有权/总资产的收益。蓝色柱状是债务的收益，风险最小。可以通过同类颜色的两个条形柱状的分布区间大小来判断风险。

图 6.4 绘制了这三种投资回报率的直方图。杠杆股权以 1/4 的概率损失全部投资（-100%），但以 3/4 的概率收益 60%；债务以 1/4 的概率损失约 14.3%，以 3/4 的概率收益 31.4%；全部所有权（无负债）以 1/4 的概率损失-20%，以 3/4 的概率获得 33.3%。如图 6.4 所示，就风险而言，贷款的风险最小，其次是完全股权，最后是杠杆股权。这里有一个有趣的直觉：通过接受抵押贷款，中等风险的项目"房屋建筑"被拆分为两个项目：一个风险更高的项目（"杠杆股权"）和一个风险更低的项目（"抵押贷款"）。因此，合并后的"完全房屋所有权"项目具有平均的风险。

> 对一个项目融资加杠杆（抵押贷款），等于将其分为更安全的贷款和风险更高的杠杆所有权两部分。

当然，即使考虑了杠杆，在风险中性的世界里，所有的投资项目都将获得 20% 的期望回报率。因为我们假设了 20% 是投资资金的普适性的时间溢价（违约溢价只是承诺利率的一部分，而不是期望利率的一部分，参见 6.2 节）。通过假设投资者是风险中性的，也就等于确定了风险溢价为零。投资者愿意接受任何期望回报率为 20% 的投资，而不考虑风险（如果投资者属于厌恶风险的，债务的期望回报率将低于总资产的期望回报率，而总资产的期望回报率将低于股权期望回报率）。

虽然我们的例子有点枯燥，因为没有考虑风险偏好，但风险中性的例子仍然非常有用。在现实世界中，几乎所有投资项目都是由一方提供的贷款和另一方持有的股权进行融资的。理解债务和股权，对企业和例子中的房屋买卖同样重要。毕竟公司的股票本质上就是杠杆股权，只有在公司偿还了债务之

> 如果每个人都是风险中性的，那么都应该赚取一样的期望回报率 20%。

> 不现实，可能吧！但是最终，风险中性的假设是更现实例子的基础和更重要概念的演示。

后才会拥有索取权。本章中构建的示例为你提供了计算状态依存、承诺收益和预期收益，以及承诺回报率和预期回报率等等技巧，这些都是处理今后债务、股权或其他任何状态依存的金融求偿权的必要工具。实际上，当我们后面引入风险规避时，只不过是你在期望收益率上额外增加几个基点的风险补偿收益率，对股本（风险最高的求偿权）最多，对项目资产（中等风险的求偿权）更少，对债务（最安全的求偿权）最少。

Q6.17 结合本章中的例子，假设有一种承诺偿还 70 元的"垃圾"抵押贷款（这种情形下的股权称为垃圾股权，只有在垃圾抵押贷款还清后才会有收益）和另一种承诺偿还 60 元的"可靠"抵押贷款（这种情形下的股权称为可靠股权），比较一下：
1. 垃圾抵押贷款比可靠抵押贷款的风险更大吗？
2. 垃圾股权比可靠股权的风险更大吗？
3. 如果用垃圾抵押贷款而不是可靠抵押贷款来融资购买，这栋房子的风险是否更大呢？

"杠杆"的真正含义——财务杠杆和运营杠杆

我已经提到过，债务通常被称为杠杆，股权被称为"加了杠杆的股权"或简称"杠杆股

> 杠杆放大了股权的利益。

权"。现在让我来解释一下原因。杠杆是一种可以产生力学放大效果的机械装置。在金融领域，杠杆允许用较小的股权投资拥有和控制公司，并比无杠杆所有权更多地暴露于公司的收益或损失之中。也就是说，通过加上杠杆，项目潜在价值的微小变化，无论是向上还是向下，都可以转化为杠杆股本价值的较大变化。在我们上面的房屋购买例子，特别是在图 6.4 中，你已经看到了这种杠杆机制。购买该房屋，不加杠杆的普通所有权需要花费 75 元。但有了杠杆，你只用 5 元就可以拥有该房子。另外，这也意味着如果晴天，你将获得 $(8-5)/5 = 60\%$ 的收益率，而不是 $(100-75)/75 = 33\%$ 的收益率；但是如果下雨，你将获得 -100%（即失去一切），而不是 $(60-75)/75 = -20\%$ 的损失率。杠杆放大了你的赌注。

金融债务是一种杠杆，但不是唯一的。杠杆可以包括公司所有的负债（例如包括应付账款和养老金义务）。更重要的是，由于杠杆是一个泛指的概念，而不是一个会计术语，你应该从更广泛的角度来理解它。杠杆的概念就是指，采用较小的股权投资可以拥有企业，并且该股权投资对企业价值的变化更敏感。表 6.4 展示了一些不同类型的杠杆。在这个表格中，你为机器设备和劳动力共支付 475 元，然后得到 200 元或 1 000 元的产品收入，再加上到期后 150 元的机器转售价值。在表的第一行，可以看到在糟糕的状态下，你损失了 26%；状态好的时候，你可以赚 142%。第二行显示财务杠杆可以将这些回报率放大到 -100% 或 $+540\%$。但是，你也可以租用机器，替代承担金融债务，租设备将花费你 250 元的租赁费（最后没有机器的剩余所有权），并支付 75 元的劳动力。在这种情况下，你有效地提高了杠杆率，将亏和盈两种状态下的回报率分别提高到 -38% 和 $+208\%$，但是没有采取任何财务杠杆。现在租赁合同成了你的杠杆！你还可以把实际杠杆

(即租赁杠杆)和财务杠杆结合起来。最后,生产技术本身也可以被理解为杠杆。第四行中的最后一个例子展示了一种新的不同的生产方法,本质上具有杠杆作用。

> 杠杆的概念不仅仅包括财务杠杆

示例的假设:
- 这台机器的成本为 400 元,可以 150 元的价格转售。因此,净运营成本为 250 元。
- 在一个假设的租赁中,承租人将支付出租人 250 元的机器使用费,出租人将在租赁期满后拥有机器(150 元)。
- 人工成本为 75 元。
- 产品生产存在两种状况:200 元("较差")或 1 000 元("较好")。
- 假设现行利率为 0。

表 6.4　财务杠杆和真实杠杆

杠杆	投资方式	投资者成本/元	收入/元		百分比收益率		FLR
			坏情况	好情况	坏情况	好情况	
无	支付所有成本	475	350	1 150	−26%	+142%	0%
财务杠杆	借款 350 元	125	0	800	−100%	+540%	74%
真实杠杆	租赁机器,支付 250 元	325	200	1 000	−38%	+208%	0%
真实杠杆+财务杠杆	租赁设备并借款 200 元	125	0	800	−100%	+540%	62%
不同的技术情形——劳动成本 40 元,机器成本 400 元,转售残值 115 元							
技术杠杆	支付所有成本	440	315	1 115	−28%	+153%	0%

注:FLR(financial leverage rate)是财务杠杆,定义为金融债务除以债务和股权总和的比例。

面对两种以上可能结果的情形

在现实世界中,一项投资未来可能的结果数目通常从 0 到无穷大。假如你有两个以上的场景,能使用如前述同样的方法吗?例如在前文的例子中,该建筑物价值有 60 元、70 元、80 元、90 元或 100 元等 5 种情况,每种情况概率相同(期望价值为 80 元),适当的预期利率为 20%。由此可知,该建筑物的现值为 $80/1.20 \approx 67$ 元。如果一笔贷款到期承诺在时间 1 支付 60 元,它的期望支付是多少?当然是整整 60 元,因为这栋楼至少值这么多:

$$E(收益(0 \leqslant 贷款承诺 = x \leqslant 60)) = 100\% \cdot x$$

但是,如果一笔贷款承诺偿付 61 元,那么它能够期望得到多少?它能够确定获得 60 元,加上额外的"边际"1 元,概率为 80%(因为 61 元被覆盖的概率为 80%);只有当结果是 60 元时(这种情况发生的概率为 20%),它才无法得到全部的 61 元。因此,对于 61 元的贷款承诺,它将期望得到 60.80 元。事实上,在 60 元到 70 元之间每多承诺 1 元,预计只能得到 0.8 元。如果一笔贷款承诺 x 位于 60 元到 70 元之间,它会期望得到

$$E(收益(60 \leqslant 贷款承诺 = x \leqslant 70)) = 60 + 80\% \cdot (x - 60)$$

> 项目收益的多种结果将导致从承诺收益到期望收益的关系出现多个断点。

如果一笔贷款承诺了71元,它期望能够获得多少?它能够确定获得60元,加上承诺的下一笔10元的8元,加上超过70元的0.6元,即总计为68.60元。

$$E(收益(70 \leqslant 贷款承诺 = x \leqslant 80)) = 60 + 8 + 60\% \cdot (x - 70)$$

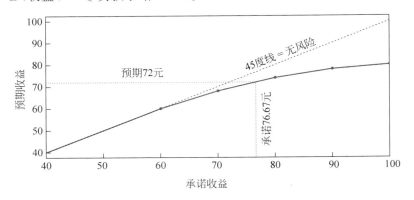

图 6.5　有五种可能收益结果的贷款项目的承诺收益与期望/预期收益

图中虚线是对角线,即承诺的金额等于期望的金额,也即无风险。折线表示了例中项目的收益。该项目可能价值60元、70元、80元、90元或100元,每一种发生的概率都相同。今天借60元,债券必须提供明年的期望收益为60×1.2=72元。从y轴的72元到折线的支付函数再到x轴,说明72元的期望收益要求承诺收益76.67元。

图6.5绘制了"期望收益-承诺收益"的函数关系图。有了这个图形,例子中的抵押贷款估值就变得容易了。例如,若要今天提供50元的贷款,1期以后需要承诺多少回报? 1期后的期望收益应该是(1+20%)×50元=60元。这是在图中的直线段上,所以你必须承诺60元。当然,你不可能提供超过80元的预期回报,所以不要想今天贷款超过80/1.2≈66.67元。同样的方法也适用于项目可能的价值结果呈"正态分布"(遵循钟形曲线)的情况。数学比较复杂,但方法是一样的。

> 你现在可以从图中读取任何抵押贷款合适的承诺价值。

Q6.18　在80~90元之间的承诺贷款收益的公式是什么?

Q6.19　如果承诺收益是72元,那么期望收益是多少?

Q6.20　如果你想借65元,你需要的承诺收益是多少?

Q6.21　如果有无穷多种可能的结果(例如,该建筑物的价值遵循统计上的正态分布),那么贷款的期望偿付与承诺偿付函数的图形会是什么样子?

Q6.22　一个新产品可能是无用产品(20%的概率),一个普通产品(70%的概率),或者是"爆款"产品(10%的概率)。一年后,如果是无用的,回报将是2万元;如果是一个普通产品,回报是4万元;如果它是"爆款",回报将是8万元。适当的期望回报率是每年6%。如果一笔贷款承诺偿还4万元,其承诺和期望回报率分别是多少?

错误:用承诺的资本成本折现承诺的现金流

一个常见的错误是试图避免估计项目的期望现金流值,直接用承诺的折现率对承诺的现金流进行折现。毕竟,这两个数字都反映了违约风险。两个违约项之间可能相互抵消,你可能会得到正确的推论。*但是或者,它们可能无法抵消,在这种情况下,你就会做出一个错误的决定!*

为了说明这一点,假设合适的期望回报率是20%。一种新发行的债券承诺100元投资到期支付25元利息,本金确定是安全的,但是利息支付有50%的违约概率。假设经济体中其他高风险债券的收益率提供的溢价为11.4%(也就是说总的承诺回报率为31.4%)。如果你使用基准债券(即其他高风险债券)的报价利率折现25元的承诺利息,对于该债券投资的估值,你将得到

$$一种错误的\text{NPV}计算 = -100 + \frac{100}{1+20\%} + \frac{25}{1+31.4\%} \approx +2.36(元)$$

完全错了! 相反,你必须使用期望值:

$$正确的\text{NPV}计算 = -100 + \frac{100}{1+20\%} + \frac{12.50}{1+20\%} = -6.25(元)$$

该债券是一项亏损的投资。

总结

本章涵盖以下要点:

- 不确定性意味着项目可能无法返还其承诺的金额。
- 随机变量是其结果尚未确定的变量。其未来可能结果的分布决定了随机变量的特征。
- "期望值"是未来所有可能结果的概率加权之和。它是"平均值"或"均值",但它适用于未来,而不是过去的历史数据。它是"回报"的衡量标准。
- 风险中性意味着安全投资和风险投资之间无差异,因为它们的期望回报率是相同的。
- 未来违约的可能性导致承诺(报价)利率高于期望利率。违约风险通常也称为信用风险。
- 承诺利率与期望利率之间的大部分差异是由违约风险造成的。承担更多风险的补偿和其他溢价,通常远小于债券的违约溢价。
- 信用评级帮助确定违约下的潜在损失可能性。穆迪和标准普尔是两家最著名的公司债券评级供应商。
- 思考不确定性的关键工具是收益表。每一行代表一种可能的结果,其中包含状态出现的概率、可以分配的项目总价值、该项目总价值对不同状态或有求偿权的分配。或有状态"分割"了可能的项目收益。
- 大多数现实世界的项目都是通过两种最常见的或有求偿权来融资的:债务和股权。它们的收益权可以很好地从收益表的角度来理解。
- 债务和股权是将公司总风险分解为:一个比公司更安全的组成部分(债务)和一个比公司风险更大的组成部分(股权)。
- 由于债务的存在,股权被"杠杆化"了。也就是说,较小的当期投资更容易受到基

础公司价值波动的影响。公司也可以选择其他杠杆机制（例如，租赁或技术更新等）。

- 如果债务承诺支付的金额超过项目在最坏状态下所能提供的资金，那么债务就是有风险的，需要承诺的利率超过期望利率。
- NPV 对近期现金流用期望利率（贴现率）贴现，有一定误差尚能满足稳健性要求。然而，对于较远期的现金流贴现，有一定误差下 NPV 就不一定是稳健的。
- NPV 对期望现金流用期望利率（贴现率）进行贴现，不能用承诺利率贴现承诺现金流。

答案

章后习题

Q6.23 今天早上美国有线电视新闻网 CNN 对明天的气温预测是随机变量吗？明天的温度是随机变量吗？

Q6.24 更高的回报（预期回报率）总是伴随着更大的风险吗？

Q6.25 一位个人投资者比一群投资者的风险厌恶程度，会更大、相同还是更小呢？

Q6.26 债券将以 99% 的概率支付 100 元，而 1% 的概率分文未付。相同期限的无风险收益率为 5%。这种债券的承诺收益率是多少？

Q6.27 洛杉矶湖人队的债券承诺 9% 的投资回报率。同等期限的国债收益率为 6%。请问湖人队的债券是一项好的投资吗？解释一下。

Q6.28 迪士尼债券的承诺投资回报率为 7%。同等期限的国债收益率为 7%。迪士尼债券一定是一项糟糕的投资吗？解释一下。

Q6.29 根据当前报纸或互联网上的信息，目前公司债券（高质量、中等质量、高收益）的年化收益率分别是多少？

Q6.30 主要的债券评级机构有哪些？其评级类别的含义是什么？本月的 10 年期投资级和非投资级债券的违约率大致相差多少？

Q6.31 信用违约互换和保险合同有什么相似之处？信用互换的保险人是谁？为什么会有人想买这样的保险呢？

Q6.32 债务通常比股权安全。如果公司承担了更多的债务，但是债务风险足够低以至于保持了无风险，那么股权回报率的风险会上升吗？请自编一个例子来说明。

Q6.33 某金融工具的收益如下：

概 率	50%	25%	12.5%	6.25%	3.125%	3.125%
回 报	100元	110元	130元	170元	250元	500元

假设无风险利率为0。

1. 现在该金融工具的价格是多少才算公平呢？
2. 规避风险的投资者愿意支付的最高价格是多少？

Q6.34 现在假设Q6.33中的金融工具价格为100元。

1. 它的预期回报率是多少？
2. 如果相同期限的国债现行利率是10%，该证券要么违约完全发生（即完全不还款），要么全额承诺支付（即没有任何违约），那么证券得到偿付的概率p是多少？换句话说，假设全额还款发生的概率是p，而零还款发生的概率是$1-p$，p为多少使预期/期望收益率等于10%？

Q6.35 在互联网上找到以下信息。

1. 目前10年期国债的到期收益率是多少？
2. 目前评级为AA级的10年期公司债券的到期收益率是多少？
3. 目前10年期高收益公司债券的到期收益率是多少？

Q6.36 返回6.2节中的Q6.9，现在假设一年内收到210元全额付款的概率仅为95%，收到100元的概率为4%，完全没有付款的概率为1%。如果债券的报价收益率为12%，请问时间溢价（即期限溢价）、违约溢价和风险溢价分别是多少？

Q6.37 一个项目的成本为19 000元，承诺的现金流如下：

	Y1	Y2	Y3
现金流	12 500	6 000	3 000

适当的折现率是每年15%。你应该投资这个项目吗？

Q6.38 一只债券承诺支付1.2万元，成本为1万元。同等债券的承诺收益率是每年25%。投资这只债券划算吗？

Q6.39 假设主队夺冠的概率为55%。如果主队获胜，则在体育场外的纪念品商店将获得150万元的净利润，如果主队输了，该纪念品商店将获得100万元的净利润。你是银行的信贷员，审批该商店向银行申请的贷款。你可以假设银行是风险中性的，并且该银行可以投资于10%预期/回报率的安全项目。

1. 如果商店业主今天向你借900 000元，你会报出什么利率？
2. 如果业主今天向你借1 000 000元，你会报出什么利率？

（这两个问题要你计算出贷款要求还款的金额。）

Q6.40 一个新项目有以下概率：

	失 败	成 功	被 收 购
概率/%	10	85	5
回报/万元	500	2 000	4 000

假设风险中立。如果该项目以面值为 1 000 万元的债券作为抵押融资,承诺利率为 8%,那么该项目的资本成本是多少? 如果项目被收购的情形发生,股东会得到多少?

Q6.41 假设正确的未来现金流是 100 元,正确的折现率是 10%。考虑现金流发生 50 个基点误差或者贴现率发生 50 基点误差的价值效应影响。

1. 将估值影响(绝对值和前期正确现值的百分比)绘制成从 1 年到 20 年的年数的函数图。

2. 这是你对自己计算的不确定性在现实世界中的准确表现吗? 换句话说,假设 20 年现金流有 5% 的误差合理吗? 或者 20 年适当贴现率有 5% 的误差合理吗?

Q6.42 在风险中性的情况下,一家工厂可以在两年后价值 50 万元或 100 万元,这取决于产品需求,两种可能性的概率相同。适当的资本成本是每年 6%。这家工厂今天可以从贷款中获得 50 万元资金。对于工厂(无贷款)、贷款和杠杆股权所有者而言,承诺现金流、预期/现金流,承诺回报率和预期/回报率分别是多少?

第 7 章

投资初探

历史回报率背景和市场机构

投资这个话题太有趣了,我首先带你快速浏览一下,而不是先给出所有的理论基础,然后给你看证据。我先让你一窥股票、债券和"现金"三种主要资产类别的历史回报率,以便直观地看到投资资产最重要的特征——风险、回报和协方差。本章还介绍了一些重要的市场投资机构。

7.1 股票、债券和现金,1990—2016 年

> 现金、债券和股票是最常见的资产类别。

金融投资通常被分为三个广泛的**资产类别**:现金、债券和股票。

现金:这里的"现金"这个名字实际上是用词不当,因为它并非指你手中的货币。相反,它指的是流动性极强、风险极低和非常短期的债务证券。属于这一资产类别的投资品可能是大额存单(CD)、储蓄存款或商业票据。现金的另一个常见名称是**货币市场**。为了方便起见,我们将采用这一惯用语"现金"。

债券:是指期限比现金更长的债务工具。这个类别最易想到的品种是长期国债,还可以扩大范围包括其他品种的债券,例如公司债券、市政债券、外国债券,甚至更奇异的债务工具。

股票:股票有时被归为一类,有时又进一步划分为不同种类。美国国内股票最常见

的子分类如下：

- **大盘股**，也称**大市值股**，包含数百只交易频繁的大型公司股票资产类别的通常称法。(**Cap** 是"市值"capitalization 的常见缩写，是"市场价值"的一种时髦的表述方式。)虽然不完全正确，但你可以将流行的**标准普尔 500** 股票市场指数的成分股视为最大市值的 500 家公司。(S&P 是指标准普尔公司，这家企业在 1923 年发明了这个指数并一直使用它。)你可以通过购买共同基金或交易所交易基金 ETF 来非常轻松地投资标准普尔 500 篮子股票。本章主要关注这些大型标准普尔 500 指数的成分股票，并且通常就直接称这些指数成分股票为"股票"。

- **"中型股"或"小型股"**，它们有几千只其他股票。有时也被归入更多个类别。不可避免的是，这些股票的交易频率往往较低，甚至似乎完全被忽视了。小型股的市值可以非常小，可能只有 1 000 万美元，在一天内甚至完全没有交易。无论如何，交易大多数小盘股的成本如此之高，以至于大投资者不理会它们。

> 这些资产类别仅代表最广泛的投资品种。我们忽略了许多其他重要的资产类别。

还有其他与股票相关的子类划分，如行业股票投资组合，或将股票分类为"价值型"和"成长型"等。我们将忽略除大市值股票之外的其他类别。

不要太从字面上理解这些类别。它们可能无法代表符合该名称的所有资产。例如，经济中的大多数长期债券的走势类似于债券资产类别，但存在一些长期公司债券的特征更像是股票。在这三个资产类别中包含更多或更少的投资品种也是完全合理的。更重要的是，还有许多其他重要的资产类别，我们甚至没有时间来考虑，譬如房地产、对冲基金、金融衍生品、外国投资、贵金属或大宗商品、艺术品等。然而，现金、债券和股票是被研究最多的三类金融资产，下面将通过查看它们的历史表现来研究投资。

标准普尔 500 指数历史回报的图形表示

从图 7.1 开始。它显示了标准普尔 500 指数的包括股息的逐年回报率。实际上，由于不同数据来源对待股息（再投资与否？）的方式不同，这些数字永远不会相同。(有些数据来源甚至在回报率计算中忽略了股息——这绝对是错误的。)我们在本书中使用的数据将股息考虑在内。表和图说明了相同的数据：譬如 1990 年亏损 3.1%，1991 年获利 30%，1992 年获利 7.4%，以此类推。从 1990 年到 2020 年的 31 年的算术平均回报率为每年 11.6%。

> 直方图从统计分布上显示了回报率的分散程度。

图 7.2 和图 7.3 采用与图 7.1 相同的数据，但呈现方式不同。图 7.2 显示了一个基于某个范围内的回报率的分布图。该图可以更容易地看出回报率的分散程度——标准普尔 500 指数表现非常糟糕、表现还不错或表现非常好的分布情况。例如，图 7.1 中的数据显示，7 年（2004 年、2006 年、2010 年、2012 年、2014 年、2016 年、2020 年）的回报率在 10% 到 20% 之间。在 31 年中，大多数回报率分布在 0% 到 10% 之间。然而，也有很多年的回报率低于 10%，甚至在某些年（1974 年、2002 年和 2008 年）你会每年损失超过 20%。从 2000 年到 2002 年，你将损失超过 1/3 的投资资金！灰色的点线表示 31 年间的算术平均回报率为上述的 11.6%/年。

> 复合回报率图表显示了长期投资的表现。

大多数投资者感兴趣的是他们赚了多少钱，而不是统计数据。你能以 1 美

十年	年									
	0	1	2	3	4	5	6	7	8	9
1970	3.5%	14.1%	18.7%	−14.5%	−26.0%	36.9%	23.6%	−7.2%	6.4%	18.2%
1980	31.5%	−4.8%	20.4%	22.3%	6.0%	31.1%	18.5%	5.7%	16.3%	31.2%
1990	−3.1%	30.0%	7.4%	9.9%	1.3%	37.1%	22.7%	33.1%	28.3%	20.9%
2000	−9.0%	−11.9%	−22.0%	28.4%	10.7%	4.8%	15.6%	5.5%	−36.6%	25.9%
2010	14.8%	2.1%	16.0%	32.5%	13.5%	1.5%	12.0%	21.8%	−4.4%	31.5%
2020	18.4%									

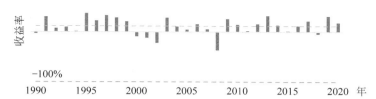

图 7.1 标准普尔 500 指数回报率（包含股息）的时间序列数据

注：上半部分的表中数据为标准普尔 500 指数（包含股息）的回报率数据。从 1990 年到 2020 年的指数平均回报率为 11.6%/年（用灰色虚线表示），回报率的标准差为 17.1%/年。（原始数据来源：CRSP）

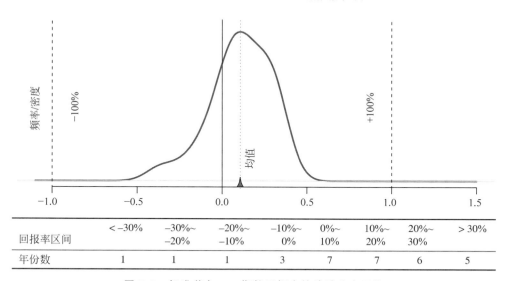

回报率区间	<−30%	−30%~−20%	−20%~−10%	−10%~0%	0%~10%	10%~20%	20%~30%	>30%
年份数	1	1	1	3	7	7	6	5

图 7.2 标准普尔 500 指数回报率的统计分布函数

注：该图只是图 7.1 中数据的不同表示。x 轴是个人的年回报率。y 轴是这些回报率发生的频率（也称密度）。这种类型的图称为密度函数。它实际上是直方图平滑后的版本。

元和 11.6% 的年平均回报率，并使用复利公式来算出结果吗？好吧，这表明 2020 年年底你的最终财富为 $1 \times 1.116^{31} \approx 30$ 美元。不幸的是，现实中你离这一目标还很远。

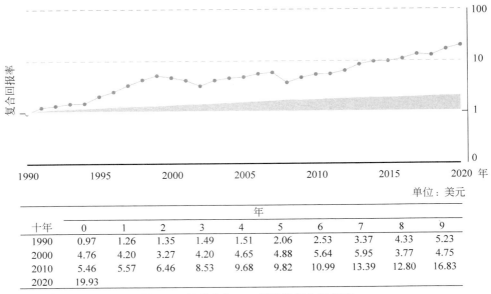

十年	年									
	0	1	2	3	4	5	6	7	8	9
1990	0.97	1.26	1.35	1.49	1.51	2.06	2.53	3.37	4.33	5.23
2000	4.76	4.20	3.27	4.20	4.65	4.88	5.64	5.95	3.77	4.75
2010	5.46	5.57	6.46	8.53	9.68	9.82	10.99	13.39	12.80	16.83
2020	19.93									

图 7.3　标准普尔 500 指数的复合回报率

注：此图表只是再次演示图 7.1 中相同的数据。图下方的灰色区域是通货膨胀导致购买力的累积损失。

现实中，如图 7.3 所示，这是一张复利回报率图表，它绘制了复利年回报（以对数刻度）。例如，1990 年投资 1 美元到 1993 年年底的复合回报将为 1.49 美元。

$$1 \times [1+(-3.1\%)] \times (1+30.0\%) \times (1+7.4\%) \times (1+9.9\%) \approx 1.49 (美元)$$
$$P_{1/1/1990} \cdot (1+r_{1990}) \cdot (1+r_{1991}) \cdot (1+r_{1992}) \cdot (1+r_{1993}) = P_{12/31/1993}$$

图 7.3 还有一个灰色阴影区域，标志着累积的 CPI 通胀。1990 年 1 美元的购买力与 2020 年年底的 2.09 美元大致相同。因此，2020 年 19.93 美元的名义价值实际上只值 19.93 美元/2.09≈9.55 美元，这是经 1990 年以来通胀调整后的美元价值。（当然，所有这些数字都没有考虑所得税率调整。）

> 如何误导投资者：对高波动性投资品种，引用算术平均收益率。

许多长期投资者犯了将算术平均回报率（通常简称为平均值）进行复利的错误。比如得出上述 30 美元（$=1 \times 1.116^{31}$）的最终财富。但是实际上，如果采用真实的年回报率进行复利，最终的财富仅为 19.93 美元。

为什么这些数字如此不同？想一个例子。如果你先获得了 -50%（即损失一半）的回报率，然后是 $+100\%$（翻倍），那么你的复合回报率将为零。但是，这两个前后回报率数字的平均回报率为正（$-50\%+100\%$）/2 = $+25\%$。同样地，如果你先赚取了 $+50\%$，然后是 -50%，那么你最终将只收回 $1.5 \times 0.5 = 75\%$ 的投资，即负回报率，而算术的平均回报率却是 0。稍后你将看到一个示例，其中复利回报率为 -100%（损失了所有的钱），但算术平均回报率仍然为正。

> 几何回报率也即无风险的每年相同的复合回报率。

算术平均回报率和几何平均回报率

年化复合回报率[1] 通常被称为 **几何平均回报率**。标准普尔 500 指数的投

1　也称复利回报率 compound rate of return。

资者从 1990 年到 2020 年(31 年)的年化收益率为
$$1 \times (1+r)^{31} \approx 19.93 \Leftrightarrow r = \sqrt[31]{19.93} - 1 \approx 10.1\%$$

这 10.1% 比 11.6% 的算术收益率低了约 1.5%。解释这种差异的方法如下：如果没有期间收益率的波动，那么每年 10.1% 的回报率就足以每年同样复利率之后达到 19.93 美元。但是，期间波动性较大的股票的历史算术平均回报率必须高于最终等值的波动性较小的债券的算术平均回报率。否则的话，股票和债券若具有相同的历史算术回报率，那么债券的表现将优于股票（因为债券的收益波动性较小）。不幸的是，持有期的年化收益率不能直接从算术平均年收益率准确地推断出来，反之亦然，仅当每个时期的回报率相同时（即没有波动时），两者才相同。否则存在波动/风险的话，几何平均收益率总是小于算术平均收益率。风险越大，差异越大。几何回报率使以年化术语比较具有不同波动率的资产回报成为可能。幸运的是，有一个近似公式。

> 如何在算术平均回报和几何平均回报之间进行转换？

重点：经验法则：如果资产的收益率近似正态分布，则算术平均值比几何平均值高出大约一半的方差。

在我们的示例中，标准普尔指数的年度标准差为 17.1%，方差为 $(0.171)^2 \approx 2.92\%$。因此，上述经验法则表明几何回报率应该比算术回报率低约 1.5%。在该例子中，这一经验法则的近似值恰如其分。大约 10.1% 的无风险平均回报率（几何回报率）将使你最终获得与期间波动的 11.6% 的股票算术平均回报率相同的结果。

两种收益率违反直觉的方面和技巧

这两个平均值可能很棘手。让我给你演示一个例子。

假设两个时期，每个时期你可以赢或输 50%（W 或 L）。1 美元投资的最终回报是 $(1+r_1) \times (1+r_2) \times 1$ 美元。例如，假设你输了两次，最终得到 $(1-0.5) \times (1-0.5) \times 1$ 美元 $= 0.25$ 美元。因此，您的预期收益 $E(V)$ 为
$$0.25 \times 0.25 + 0.50 \times 0.75 + 0.25 \times 2.25 = 1(美元)$$

中间一项的概率是 50%，因为无论你是先赢后输（WL）还是先输后赢（LW），结果都一样。你的算术平均回报率为：1/4 的可能为 -50%（在两个时期都获得 -50%，算术平均值为 -50%），一半的可能为 0（-50% 和 +50%，出现 2 次，算术平均值为 0）和 1/4 的可能为 +50%（在两个时期都获得 50%，算术平均值为 50%）。因此，预期的算术平均回报率是
$$0.25 \times (-0.5) + 0.50 \times 0 + 0.25 \times 0.5 = 0\%$$

最后，由于你的预期收益是 1，也即预期两期间的复合回报率为零。您有 1/4 的可能赚取 -75%，有一半的可能赚取 -25%，有 1/4 的可能赚取 +125%。因此，$E(r_{0,2}) = E[(1+r_{0,1}) \cdot (1+r_{1,2}) - 1]$，根据复合回报率，预期的结果是
$$0.25 \times [(1-0.5) \times (1-0.5) - 1] + 0.50 \times [(1-0.5) \times (1+0.5) - 1] +$$
$$0.25 \times [(1+0.5) \times (1+0.5) - 1] = 0\%$$

以上两种计算方法的结果一致。到目前为止，一切良好。但是，若计算年化的几何平均回

报率,它将小于零。1/4 的可能为你的年化收益率是 $\sqrt{(1-0.5)(1-0.5)}-1=-50\%$,一半的可能为 $\sqrt{(1-0.5)(1+0.5)}-1=-13.4\%$,并且 1/4 的可能是 $\sqrt{(1+0.5)(1+0.5)}-1=+50\%$。因此,你的预期/期望的年化几何回报率是

$$0.25 \times [\sqrt{(1-0.5)(1-0.5)}-1] + 0.50 \times [\sqrt{(1-0.5)(1+0.5)}-1] +$$
$$0.25 \times [\sqrt{(1+0.5)(1+0.5)}-1] \approx -6.7\%$$

关键在于平方根。这就是为什么预期的几何平均回报率是负的。你可以将几何平均值解释为,负的几何年化回报率 -6.7% 足以将你的真实预期回报保持在 1 美元的原始投资水平(因为其中有 1/4 的可能获得 50% 的复合收益率!)。

但是,如果该投资前一期的收益率为 -50%,而随后一期的收益率为 $+50\%$,那么随着时间的推移,最后你会赔钱,因为 $\sqrt{(1-0.5)(1+0.5)}-1 \approx -13.4\%$。$-13.4\%$(嗯,几何年化收益率)和 0%(算术平均收益率)之间的差异,等于是前后两期收益率是同时等可能发生和还是顺序先后实现之间的差异。如果您以相同的概率同时获得 -50% 或 $+50\%$,则你的期望值为 0。如果您获得 -50% 之后再获得 $+50\%$,则你的期望值为负[1]。

应该用历史的算术平均值还是几何平均值进行复利?

不幸的是,上述不仅仅是学术上的问题。如果你知道总体的分布情况,那么算术平均回报和几何平均回报之间的区别将比较容易解释,并可以作为一个脚注。但是,通常我们不知道具体的收益率分布。现在的概念问题是"统计抽样"逻辑上隐含地将历史先后顺序实现的收益率转换为假设的每个时期的同时发生的收益率。假设你只观察到两个历史时期,投资者先获得了 -50% 的回报率,然后是 $+50\%$ 的回报率。在这两年期间,1 美元的投资使他们最终结束时为 0.75 美元。如果现在考虑在未来的两个时期,假设未来每个时期以相同的概率获得 -50% 或 $+50\%$(一年后为 0.50 美元或 1.50 美元;两年后为 0.25 美元、0.75 美元、0.75 美元、2.25 美元),那么最后的期望值将为 1 美元。如果你这样使用历史数据作为未来同样可能的样本推断,那么你会猜测在未来的两期末(1 美元)会比过去的两期末(0.75 美元)做得更好。解决这个问题的方法是从一开始就使用复合的回报率(而非各个时期的回报率)。过去的两年,你赚了 -25%,这就是你所知道的。因此,如果你必须预测未来两年将获得多少收入,那将也是 -25%。

让我们将这一见解应用于手边的具体问题。基于数据,你能否估计 51 年后投资于标准普尔 500 指数的 1 美元价值多少? 数据中,历史的算术平均收益率为每年 12%。如果你知道未来每年的真实总体平均回报率为 12%(并且对总体均值没有不确定性),那么你将期望赚取 $1 \times (1+12\%)^{51} - 1 \approx 323$ 美元的收益。但是你不知道收益率的总体均值。你认为 11.6% 不那么吸引人吗?毕竟,在过去的 31 年里,1 美元的投资者只收到了 19.93 美元。你会不会期望下一个 31 年的业绩也会达到 19.93 美元?(这将说明复合回报率为 10.1%,而非 11.6%。)如果这样的话,意味着你假设过去 31 年只是一个单一的回

---

[1] 因为现实中的投资都是分阶段计算收益率,然后再计算整个期间的复合平均收益率,所以几何平均收益率才是正确的方法。

报率,而不是各个不同期间的回报率。

在大多数 NPV 计算中,你通常必须估计资本的机会成本(在 PV 分母中),即采用相当的股票市场的回报率,这个回报率常常是复合年度甚至月度的历史算术回报率——这种情况下会导致 NPV 的计算者采取 30 美元作为资金的机会成本。[1] 但是,这是否正确并不清楚! 有人可能会争辩说,20 美元的历史回报(或者 19.93 美元[2]看起来显得更加精确)是一个更好的估计,或者 20 美元到 30 美元之间是更好的估计,甚至违反直觉的(推理省略),高于 30 美元的值才是一个更好的估计。这里需要警告你!无论如何,不要忘记根本:估计是不确定的。你的目标是估计与标的项目相比,资金用在其他地方的收益。统计和数学只是辅助工具,而不是真理的福音。

Q7.1 在时间序列图中可以看到哪些在直方图中看不到的内容?
Q7.2 在直方图中可以看到哪些在时间序列图中难以看到的内容?
Q7.3 在复利回报率的图中可以看到哪些在时间序列图中看不到的内容?
Q7.4 以下各项资产,均投资两年。各自的年化持有回报率和平均回报率是多少?
1. 每年回报率 5%。
2. 两年回报率分别为 0% 和 10%。
3. 两年回报率分别为 -10% 和 20%。
当资产的风险变得更大时,两种回报率之间的差异是否更大?
Q7.5 如果无风险收益率为每年 4%,那么无风险收益率资产的算术平均收益率与几何平均收益率的差异有多大?

多项投资的历史表现

股票、债券和现金

关于股票、债券和现金三大投资类别的回报率模式,历史告诉你什么? 可以通过绘制与图 7.1、图 7.2 和图 7.3 中完全相同的图表来找出答案。图 7.4 根据现金、债券和股票在 1990—2015 年的收益率绘制。在各类资产的第三行数据中,我更改了比例,以便更容易与其他两种资产类别进行比较。这些迷你的图形显示了这些投资资产业绩的大量信息。

我们来比较前三行的数据:

现金:第一行是隔夜联邦基金利率。请注意现金回报的分布在其 3% 的平均值附近有多么密集。你永远不会亏钱(名义上),但赚的钱很少会超过平均水平。你的总投资组合的价值会稳步上升——尽管速度很慢。1990 年 1 月 1 日投资的每一美元在 2015 年年底将变成 2.14 美元。当然,通货膨胀会侵蚀每一美元

> 这些名义回报真正价值多少(经实际通胀调整)?

---

[1] $1 \times (1+11.6\%)^{31} = 30$(美元)。
[2] $1 \times (1+10.1\%)^{31} = 19.93$(美元)。

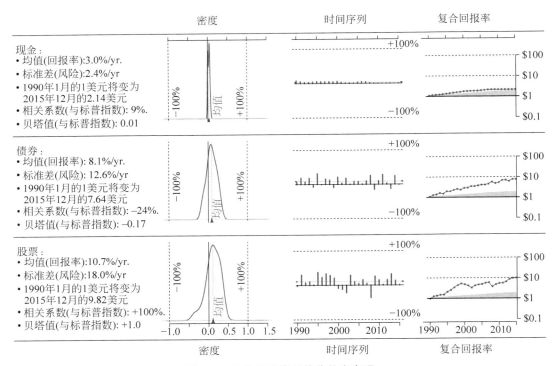

图 7.4 比较投资类别的收益率表现

的价值。考虑购买力后,你的 2.14 美元在 2015 年实际相当于 2.14 美元/1.87≈1.14 美元——这还是在税前。

> 长期债券提供了更多的回报,但也更具波动性。

债券:第二行是长期国债。中间的直方图显示,条形有时会略微为负(在这些年你会获得负回报率)——但也有一些年收益比现金好得多。这就是为什么债券的直方图比现金变化要大得多:债券比现金风险更大。标准差告诉你债券风险为每年 12.6%,远高于现金 2.4% 的风险。幸运的是,作为承担更多风险的交换,每年的平均回报率为 8.1%,这比现金的 3.0% 高很多。在 1990 年投资的 1 美元将在 2015 年底变成 7.64 美元(实际价值为 4.09 美元)——同样是税前。

> 股票提供了更多的回报,但波动性更大。

股票:第三行是我们熟悉的标准普尔 500 指数公司组合。这里的年回报率包括股息,因此比广泛引用的标准普尔 500 指数的百分比变化更大。图中显示,大市值的股票比债券风险更大,股票直方图也比债券直方图更为"分散"。中间的直方图显示,在某些年份,股票的负收益率比债券的负收益率要严重得多,但也有很多年份收益率非常棒。同样,股票的高风险也带来了更多的回报。标准普尔 500 指数收益率的年标准差为 18%,年平均回报率 10.7%。你在 1990 年投资的 1 美元在 2015 年的最终价值为 9.82 美元(实际价值 5.25 美元)——同样是税前(股票的税收通常比债券的税收更低)。

> 对于应税投资者,固定收益投资的表现相对较差,与图 7.4 初看不同。

如果您是一个普通的应税散户投资者,那么 9.82 美元的股票和 2.14 美元的现金或 7.64 美元的债券之间的差异是被低估的。现金和债券的名义利息每年都会按你的所得税税率全部被征税,大约在 30% 到 50% 之间。相比之下,股票的资本利得税只在期末出售股票时才被征收,而且资本利得税率要低得多,在15%到30%之间。粗略地说,考虑到税收因素,如果你投资现金,最终的实际购买力会比开始投资前要低。若投资债券,获得的实际购买力会增加(可能是2.00美元)。若投资股票,你的购买力大约会变为4倍。该样本显示了股票表现良好甚至是异常好的年份,并非每个26年(1990—2015年)的历史时期都会显示现金和股票之间存在如此大的差异。债券和股票之间的差异要小一些,但如果考虑所得税因素,二者收益仍然差距相当大。

更多资产类别

表7.1显示了其他一些大型的资产类别在较长时期内的收益率表现。小公司股票的风险更大(也更难交易),但它们的平均回报率更高。公司债券的回报处于政府债券和股票之间,尽管其风险与政府债券相当。中期的政府债券(即约5年到期)介于现金和长期债券之间。黄金本身就是一项极具风险的投资,但它在样本中的表现也不错。(此表中未显示,黄金在股票表现不佳的年份表现良好。)此外与债券不同,黄金的收益按较低的资本利得率征税。住宅房屋的平均价格升值。每年3%~6%的回报率可能低估了,因为它忽略了房屋的居住价值等。从1970年到2010年拥有房地产是一项不错的投资,特别是如果考虑到现在的税收规则可以抵补一些税收。但是,6%~7%的风险具有误导性。许多经济学家认为,2000年代出现了房地产泡沫,这解释了房屋惊人的升值和随后的崩盘。从1992年到2006年,住房没有一年价格下跌,但从2007年到2009年,住宅价值损失了大约30%。不幸的是,表7.1下面的其他资产类别中,我没法给出同样的数据,因为这些资产收益率的统计时间区间是不同的,但它们不仅看起来"有趣",而且值得考虑作为潜在的投资对象。

表7.1 更多资产类别的收益比较

资产类别	1926—2010年			1970—2010年		
	回报率		风险(标准差)	回报率		风险(标准差)
	几何	算术		几何	算术	
小市值股票(I)	12.1	16.7	32.6	12.5	15.1	23.4
大市值股票(I)	9.9	11.9	20.4	10.0	11.6	17.9
长期公司债券(I)	5.9	6.2	8.3	8.9	9.3	10.2
长期政府债券(I)	5.5	5.9	9.5	8.7	9.3	11.7
中期政府债券(I)	5.4	5.5	5.7	8.0	8.2	6.6
30天国债(I)	3.6	3.7	3.1	5.6	5.6	3.1
黄金(L)	5.1	6.9	22.7	9.4	12.6	29.8
住宅升值(S)	3.7	3.9	6.7	5.0	5.2	6.3
美国通胀率(I)	3.0	3.1	4.2	4.4	4.4	3.1
其他资产类别						
非美国的OECD国家股票相比债券的溢价	1900—2010年 ≈3.8%几何(5.0%算术,标准差≈15.5%)					
美国股票相比债券的溢价	1900—2010年 ≈4.4%几何(6.4%算术,标准差≈20.5%)					

续表

其他资产类别		
收购基金	1984—2008 年	14%(ari)，≈1.2×S&P500(geo cum)
	2000—2008 年	10%(ari)，≈1.3×S&P500(geo cum)
风险投资基金	1984—2008 年	17%(ari)，≈1.4×S&P500(geo cum)
	2000—2008 年	−1%(ari)，≈0.9×S&P500(geo cum)
艺术品	1976—2004 年	≈6%(Sdv≈9%) vs. 股票 12%(15%)
红酒（非消费类）	1996—2001 年	≈20%(Sdv≈8%)
商品期货	1959—2004 年	≈10%(Sdv≈12%) vs. 股票 ≈6%(15%)

注：上半部分的原始数据来源，见资产后的括号中：L=伦敦黄金交易所。I=伊博逊(Ibbotson)股票、债券、票据和通货膨胀指数，SBBI 估值年鉴，晨星公司 2011。S=罗伯特·席勒(Robert Shiller)，《非理性繁荣》第 2 版中的美国国家指数。请注意，住房升值忽略了住房租金收益，因此低估了住房资产的回报率。下半部分来自不同论文中的引用，具有不同的样本和方法。收购基金和风险投资基金的几何收益率是对整个 25 年样本的计算。商品包括金属、农产品和能源。Geo 表示几何收益率，ari 表示算术收益率，sdv 为标准差

> 个股可以提供更多的回报，风险也更大。

个股

你也可以只购买一只股票，而不是购买整个资产类别。个股投资与更广泛的资产类别"股票"有何不同？图 7.5 显示了美国几个大公司的回报率：可口可乐[KO]、百事可乐[PEP]、英特尔[INTC]和联合航空公司[UAL]。最底部是标准普尔 500 指数。可以看到个股收益的直方图波动幅度非常宽：即使投资这四只家喻户晓的公司股票也是相当冒险的事。事实上，甚至不可能在最右边的复合回报图中绘制联合航空公司的收益，因为联合航空在 2003 年破产，股票投资者损失了所有资金，对数收益率将是负无穷大。联合航空的例子说明了另一个重要问题：尽管投资者赔光了所有的钱，但股票仍然有合理的算术平均回报率。

Q7.6　根据风险和回报对以下资产类别进行排名：现金（货币市场）、长期债券、股票市场和典型的个股。

Q7.7　普通的个股与整个股票市场相比，是更安全还是风险更大？

Q7.8　一项投资是否有可能获得正的算术平均回报率，但会损失掉每一分钱？

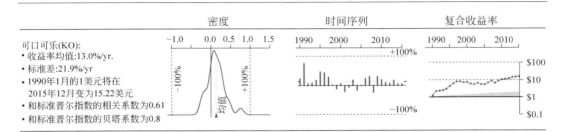

图 7.5　1990—2015 年不同个股收益率的比较

数据来源：CRSP

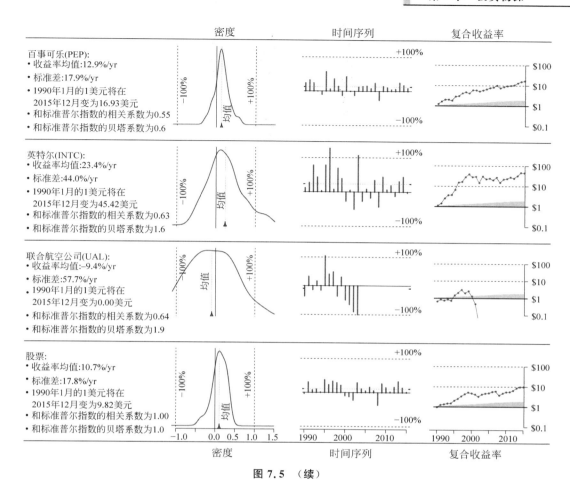

图 7.5 （续）

联动、市场贝塔系数和相关性

图 7.6 显示了标准普尔 500 指数和一只特定股票英特尔的回报率。图中上半部分绘制了这两项投资的收益时间序列图。你是否注意到这两个系列的收益率之间存在相关性？在某个年份一个为正（或高于其平均值）是否更有可能看到另一个为正（或高于其平均值），反之亦然？看起来确实是这样。例如，二者在 2002 年和 2008 年的回报率都是最差的——英特尔的投资者相比股票市场的投资者更是如此。相比之下，1992 年、1995 年和 1998 年对两者来说都是好年景。再一次地，对于英特尔投资者来说，更是如此。但这种相关性并不完美：2004 年，标准普尔 500 指数表现不错，但英特尔股票却表现不佳；2001 年股票市场表现不佳，但英特尔股票表现良好。经济中的各种具体投资品种与股市一起联动是很常见的：在萧条的年景里，几乎所有的资产都倾向于下跌。在繁荣的年景里，几乎所有的资产都趋于上涨。这种趋势称为联动[1]。

---

1 联动，comovement。

如果你厌恶风险，那么投资的联动非常重要。每当你的投资组合其余部分价值下降时，一项价值会增加的投资实际上就像"保险"一样，在你最需要的时候提供回报。因此即使这种资产只提供非常低的预期回报率，你也可能会购买这样的资产。相反地，当一项资产的价值也和组合中其余部分一起下降时，你可能不喜欢这样的资产。若要将其包含在你的投资组合中，则必须提供非常高的预期回报率。

> 为什么关心联动？因为你希望在组合其他部分表现不佳时，该资产表现良好。

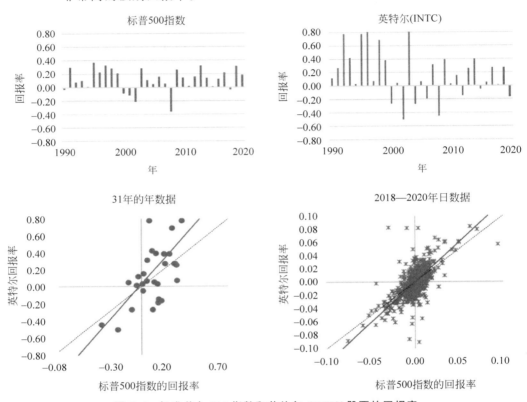

图 7.6 标准普尔 500 指数和英特尔（INTC）股票的回报率

注：上半部分描绘了标准普尔 500 指数和英特尔股票的年回报率。下半部分将二者结合起来，x 轴为股票市场的回报率，y 轴为英特尔股票的回报率。下半部分的两张图显示，在股市表现良好的年份，英特尔也往往表现良好，反之亦然。深色直线为最佳拟合线，斜率为市场贝塔。市场贝塔将在后面的章节中发挥重要作用。在左下角图中，斜率约为 1.4。在右下角图中，使用了 3 年的每日收益率，斜率约为 1.2。相信我，右下角的日线图比左下角的年线图能更好地估计未来英特尔股票的市场贝塔值。

> 市场贝塔是最佳拟合直线的斜率（x 轴为市场回报率，y 轴为公司回报率）。

那么，如何衡量某只证券与其他证券的联动程度？例如，英特尔股票如何与标准普尔 500 指数（市场组合的替代）联动？当市场下跌时，英特尔股票是否也在下跌（使糟糕的情况变得更糟），还是上涨了（从而起到了保险作用）？如何量化这种联动关系？

你可以用图形回答，将两种资产的回报率绘制在一张图中，如图 7.6 中的下半部分所示，也称为散点图。然后找到拟合这些散点最佳的一条直线。（稍后你将了解此直线为"回归"线。）这条线的斜率称为某只股票的**市场贝塔系数**，它衡量的是个股回报率与股票市场回报率之间联动的程度。贝塔系数告诉投资者这只股票是随市场一起波动还是逆市场而波动，它在金融经济学中具有重要意义。

- 如果最佳拟合线的斜率比 45°的对角线更加陡峭（当 x 轴和 y 轴以相同的比例绘制时），则市场贝塔值大于 1。这样的一条直线意味着当股市表现好时（x 轴），平均而言，你的股票表现要好得更多（y 轴）。如果一只股票有一个非常陡峭的正斜率，比如说 +3，假设你持有市场投资组合，如果市场下跌 10%，那么预计这只股票将会下跌 30%，因此若你选择持有这只新股票，将会让你的整体投资情况变得更糟。
- 如果斜率小于 1（甚至是 0，变为一条普通的水平线），则意味着平均而言，这只股票与股票市场的联动幅度不大（或根本没有联动关系）。
- 如果一只股票的斜率为负数，例如 −2，那么当市场下跌 10% 时，这项投资会获得 20% 的正回报率，此时就可能会"拯救"你，将这样的股票添加到你的市场投资组合中，就像购买了保险一样。

英特尔股票的年回报率与股票市场年回报率的回归直线，有 1.6 的斜率（图 7.6 左下图）。也就是说，它比对角线更陡。这意味着如果你持有股票市场组合，增加英特尔股票将对你构成额外的风险。标准普尔指数高于（低于）正常水平 1% 的表现意味着你预期持有的英特尔股票将获得高于（低于）正常水平 1.6% 的收益。为了估计现实世界中的未来市场贝塔，事实证明，采用最近 3 年的每日股票收益率进行回归，是更好的做法。（在运行称为回归分析的统计程序以获得最佳拟合直线后，为了预测未来的贝塔值，你还应该取回归的贝塔估计值和 1.0 之间的平均值。[1]）对于 2021 年而言，英特尔的最佳前瞻性市场贝塔值低得多，大约是 1.2（图 7.6 右下图）。

除了贝塔之外，你还可以使用另一个统计数据来衡量联动：所谓的**相关性**[2]。相关性和贝塔是有联系的，但相关性具有贝塔没有的特征。+100% 的相关性表明两个变量总是完美地一起移动，0% 的相关性表明两个变量独立移动，−100% 的相关性表明两个变量总是朝完全相反的方向移动。相关性永远不会超过 +100% 或 −100%。英特尔个股与股票市场的相关性，可以计算出是 +63%。相关性的取值具有从 −1 到 +1 的有限范围，这既是优势也是劣势。从优势方面来说，相关性是一个通常比贝塔更容易理解的数字。劣势方面来说，相关性没有规模的概念。即使 y 变量随着 x 的变化非常温和，二者的相关性也可以是 100%（例如，$y = 0.0001 \cdot x$，y 和 x 的相关性仍然是 100%）。相反，贝塔可以是从负无穷到正无穷的任何取值。

> 市场贝塔是相关性的"表亲"。

正相关总是意味着正的贝塔，反之亦然。当然，贝塔和相关性的指标，只是衡量资产之间的平均联动的标准。即使对于贝塔值为正的资产，也有个别年份里，资产和股票市场不会一起移动（例如，2004 年英特尔股票和标准普尔 500 指数的关系）。具有负贝塔值的股票很少见。只有极少数资产类别可以被认为与股票市场呈负相关——主要是黄金和其他贵金属。有趣的是，如今的长期国债似乎与股票

> 相关性和贝塔的符号总是相同的。

---

[1] 可参见第 9 章的内容，即将回归贝塔值进行收缩。
[2] 相关性，correlation。

市场呈负相关。它曾经是正相关的，我不能确定地告诉你未来将会怎样。

Q7.9　你如何通过画图的方法找到某资产的"市场贝塔"？在 x 轴上是什么指标，在 y 轴上是什么指标？图中的单个数据点是什么？

Q7.10　市场的市场贝塔系数是多少？

因果关系与相关性

请允许我在这里转移一下话题。金融，以及经济学、统计学、科学、理论和实践中最重要的问题很可能就是相关性是否意味着**因果关系**[1]。如果 X 导致 Y，则两者相关。问题是，反之并不成立。人们对因果关系和相关关系的区别没有很好的直觉，因此经常犯下严重而有害的错误。例如，仅仅因为在太阳黑子活跃年份，股票倾向于上涨，就认为太阳黑子活动是股票上涨的一个原因——这是**虚假相关性/伪相关性**的一个例子。（事实上，在较长的样本期内，太阳黑子活动的增加确实与股价上涨相关。）又比如，优秀的 CEO 平均获得高薪，并不意味着支付更多的薪酬会使你自己公司的 CEO 变得更优秀——因果关系可能恰恰是相反的。再如，政府支出的增加与失业率的降低相关，并不意味着政府可以通过增加支出来降低失业率——因为其他一些经济因素可能同时决定了政府支出和失业率。所以，若要知晓政策和策略如何改变结果，那么确定其中的因果关系很重要。

> 因果关系意味着相关关系，但反之则不然。

经济学中衡量因果关系的早期答案来自两位计量经济学家[2]：如果 X 的意外变化预测了 Y 的意外变化，那么 X 可能会导致 Y。如果你看到一个不寻常的太阳黑子（X），并且它通常出现在股票收益（Y）的异常增加之前，则暗示 X 导致 Y。这个概念称为格兰杰－西姆斯（Granger-Sims）因果关系。通过这种方法，数据拒绝了太阳黑子活动"导致"股票收益上涨的假设。因为太阳黑子活跃和股票价格上涨是同时发生的，是时间效应导致了虚假的相关性。不幸的是，格兰杰－西姆斯因果关系也不完美。根据其度量方法，可以认为天气预报"导致"了天气变化。因为天气预测中的异常变化确实预示了随后的异常天气！

> 格兰杰-西姆斯因果关系。

就在我们都准备放弃时，经济学家们磕磕绊绊地发现了一种现在称为"准实验"的方法。它现在正在彻底改变实证经济学（很快也会波及经济咨询界）。举一个例子。要验证获得贷款是否会增加创业公司的成功概率是一个难题。因为不太可能成功的企业也不太可能吸引贷款机构。因此，无法从过去获得贷款融资的企业成功率更高这一事实得出结论：贷款获取在创业企业成功中发挥了关键作用。信贷资金可能更像是天气预报，它本身只是对企业成功的决定因素（例如有前途的商业计划）做出的反应。如果对

> 准实验方法

1　因果关系，causation，causality。
2　也称格兰杰因果关系检验（Granger Causality Test），由 2003 年诺贝尔经济学奖得主克莱夫·格兰杰提出，并由西姆斯发展，作为一种计量方法已经被经济学家们普遍接受并广泛使用。简单说，通过衡量使用一个时间序列的先验值来预测另一个时间序列未来值的能力来检验经济学中的因果关系。

初创企业的贷款对企业的生存和成功没有积极的影响,那么寻求为初创企业提供更多贷款的政府计划,就不是一个正确的政策建议。

但是 Fracassi、Garmaise、Kogan 和 Natividad 提供了一个答案[1]!事实证明,一个特定的贷方采用了一种自动信用评分算法,该算法具有是否给予贷款资金的截止分数点。信用评分分数高于临界值(例如,4.14)的申请人将获得贷款,而分数低于临界值(例如,4.13)的申请人则被拒绝。信用得分 4.14 组和 4.13 组的两组企业最终生存率分别为 30% 和 25%。因为这些申请人的信用分数非常接近,它们之间的差异可能只是噪声。因此,整个 5% 的企业生存率差异很可能只是由于 4.14 得分组公司获得了贷款而 4.13 得分组公司没有获得贷款。为了确保这一点,他们还将 4.12 和 4.13 之间的得分组企业以及 4.14 和 4.15 之间的得分组企业的生存率差异进行了比较,这些得分组企业都没有受到贷方的不同对待(要么均被拒绝,要么均获得贷款),也没有表现出任何生存率差异。这是令人信服的证据,表明获得贷款确实有助于提高样本中初创公司的生存率。

> 断点回归方法。

关于不同资产类别收益率的总结

> 主要经验规律。

从不同资产的收益表现和相关图形中,能够总结出哪些结论?实际上,这几乎就是投资学的全部内容!以下从图表中总结的最重要观点:

- 历史告诉我们,股票的平均回报率高于债券,而债券的平均回报率又高于现金。但是,请记住,这只是*平均水平*。在任何一年,这种关系都可能发生逆转。例如,股票在 2002 年损失了 22%,而现金则赢利约 1.7%。
- 尽管股票平均而言表现良好,但也可能发生损失,尤其是如果你只押注一只股票。例如,假设你在 1990 年投资了美国联合航空公司,就会损失所有的资金。
- 现金是最安全的投资——其收益率分布紧紧围绕着平均值,因此没有出现负回报的年份。债券风险较大,股票的风险更大。(股票走势有时被称为"噪声",因为很难预测表现。)
- 风险与回报之间存在关系:风险较高的投资往往具有较高的平均回报率。但是,后文会对风险给出具体的定义。因此,请不要过度解读此处均值(收益)和标准差(风险)之间的简单关系。
- 由许多股票组成的大型投资组合往往比单个股票的风险更小。标准普尔 500 指数每年的风险为 15%~20%,低于大多数个股的风险。(例如,即使是可口可乐、百事可乐和英特尔等大公司也存在 18%~60% 的风险)。这是由于多样化分散的原因,将在下一章讨论这个概念。
- 算术平均回报率总是大于几何复合回报率。正的(算术)平均回报率通常意味着持有期正的(几何)复合回报率,但并非总是如此。例如,始于 1970 年的对联合航

---

[1] 这是美国加州伯克利大学学者们的一篇学术论文。Fracassi C, Garmaise M J, Kogan S, et al. How Much Does Credit Matter for Entrepreneurial Success in the United States? [J]. Funginstitute. berkeley. edu, 2013.——原书作者

空公司的股票投资,尽管已经损失了所有投资者的资金,但持有期的平均回报率仍然为正。
- 股票倾向于联动。例如,在 2001 年和 2002 年,不仅标准普尔 500 指数下跌,而且大多数个股也下跌。在 1998 年,大多数股票往往都发生了上涨。相比之下,货币市场回报与股票市场不存在联动关系。
- 股票市场(标准普尔 500 指数)与现金之间在年度频率上的相关性很小,约为 10%。股票市场和债券之间的相关性曾经是正的,但现在似乎是负的。个股与股市的相关性在 50% 到 70% 之间。个股与股市的投资回报率趋于联动的事实很重要,它是市场贝塔的基础,贝塔是我们已经谈到的风险度量,将在第 8 章中详细解释。

历史会重演吗

作为金融从业者,你对历史本身并不感兴趣。相反,你想更多地了解未来。历史之所以有用,只是因为它是对未来最好的可用预测指标。但是哪一段历史呢?一年?三十年?百年?我可以告诉你,如果你从 1926 年而不是 1970 年开始绘制本章中的图表,那么大的结论将保持不变。但是,如果你从 2001 年开始绘制,情况会有所不同。你会看到什么?对于股票投资者来说,2001 年以后的四年是可怕的,直觉告诉你这可能不是一个很好的代表性样本期。要对金融市场正在发生的事情做出任何明智的推论,你需要多年的历史,而不仅仅是十年左右——当然一些基金或朋友吹捧的 6 周投资业绩是完全靠不住的(这些基金或朋友经常表现出非凡的选择性记忆能力!)。同样的观点是,你不能可靠地说出明年的回报率将是多少,预测 5 到 10 年的平均年回报率比预测 1 年更容易。在任何一年的投资结果都会充满噪声。

> 历史只有在长远的视野中才有用,而不是仅仅在几年内。

与仅依靠一年数据相比,依靠多年数据计算出的统计结果要好得多。尽管 20 年到 30 年的历史业绩表现是了解资产回报模式所需的最低限度,但这仍然不足以提供充分的自信。同样地,你真正感兴趣的是未来五到十年会发生什么,而不是过去五到十年的数据。是的,历史表现可以帮助你判断,但你不应该盲目相信它。例如,一个美国联合航空公司(UAL)的股票投资者在 2000 年可能已经预测 UAL 的平均回报率将是正数,但是到 2001 年会损失惨重。1986 年日本股市投资者持有的日经 225 股票市场指数从 10 000 点上升到 1990 年的 40 000 点——每年的复合回报率为 40%。如果相信历史是一个很好的指南,他们会预计 2002 年年底日经指数将达到 $40\,000 \cdot (1.40)^{13} \approx 320$ 万点,相反日经指数在 2003 年 4 月跌破 8 000 点,直到 2021 年 9 月才达到 32 000 点,尚未恢复到 1990 年的水平,历史是一个可怕的指南。

> 即使从长远来看,历史有时也会产生误导。日经 225 股票指数就是一个很好的例子。

然而,尽管使用历史信息来预测未来收益存在内在的风险,但拥有历史数据是一个很大的优势。它是预测能力的丰富来源,因此与任何人一样,你将不得不使用历史统计数据。但请注意不要过分依赖它们。例如,如果查看过去历史回报率极高或极低的年份,你不应该相信类似的表现会一直持续下去。相对而言,可以更信任哪些历史信息,又不应该信任哪些历史信息呢?

> 但除了依靠历史,你别无其他选择。

> 历史标准差和方差可以很好地估计未来的标准差和方差。但历史平均回报率并非如此。

历史风险:股票收益率的标准差和相关性往往相当稳定,尤其是对于大型资产类别和多元化投资组合。也就是说,在未来的5年如2021年到2025年,你可以合理地预期百事可乐公司股票每年的风险为25%~30%,与股票市场的相关系数为50%~70%,市场贝塔系数为0.6~1.0。不过,随着更多年的扩展,这些估计的准确性会慢慢下降。

历史平均回报:历史平均回报率并不是未来预期回报率的可靠指标。也就是说,你不能确定相信百事公司股票将继续获得每年13%的预期回报率,或者期望英特尔公司股票在未来获得每年23.4%的收益。

历史的样本点:绝对不应该相信过去的样本值可以很好地预测未来某一年的收益值。标准普尔500指数过去的平均收益率约为11%,并不意味着它在未来任何一年的收益率都刚好达到11%。

类比彩票,可以帮助你更好地理解最后两点。如果你玩过彩票,就知道彩票的历史平均回报率不太可能预测未来的预期回报率——尤其是如果你至少中了一次大奖。因此,平均的历史收益只是下周收益的平庸预测指标。绝对不应该相信最近发生的事情可以预示未来。因为"5、10、12、33、34、38"这组数字在上周获胜,并不意味着它很可能会再次获胜。

在本书的之后内容,我们都将假设知道未来投资回报的统计分布。出于教学展示的原因,这使我们的任务变得相对容易。若你想在现实世界中使用同样的技术,通常需要收集大量历史数据并假设收益率的未来分布与历史分布相同。但是,永远记住:历史数据只是未来的不完美指南。

> 为了让生活更轻松,大多数金融假设我们知道未来预期回报率的所有统计分布。请记住,这仅是一种信仰。

 ## 7.2 股票市场相关的机构概况

让我们来看看股票交易的制度安排。毕竟,从公司金融的角度来看,股票比许多其他金融工具(例如外国政府债券)更有趣、更重要,即使外国政府债券市场中的资金比股票市场中的更多。毕竟,为企业项目提供资金的主要是股票市场。此外,因为个人投资者相对更容易购买股票,而股票的历史数据也更容易获得。因此,有必要描述一些关于投资者买卖股票以及与股票相"联系"机构的细节。

经纪商

大多数人通过**零售经纪商**下单买卖股票,例如**德美利证券**("深度折扣"经纪商)、**嘉信理财**("折扣"经纪商)或**美林证券**("全方位服务"经纪商)。折扣经纪商每笔交易可能只收取大约10美元的佣金,但他们通常会从将客户的订单发送到做市商那里收到做市商的"回扣"付款,这被称为"订单流支付"。做市商反过来通过以不太有利的价格执行客户的交易订单来收回这笔款项。尽管这种安排的目的似乎具有欺骗性,但有证据表明,即使考虑到这种隐性支付,折扣经纪人在促进投资者交易——尤其是小型投资者交易方面仍然通常更便宜。投资者可以下达**市价指令**,要求以当前价格执行,也可以下达**限价指令**,如果价格高于或低于投资者指定的限制价格,方要求执行。(还有许多其他修改的订单形式,例如,止损订单[指示经纪人在损失达

> 零售经纪人执行交易并跟踪投资组合。他们还安排卖空。

到一定金额的情况下出售证券]、取消前有效订单和执行或终止订单等。）那么，零售经纪商的首要功能就是执行交易订单。他们通常将投资者的订单传送到一个集中的交易地点（例如，特定的证券交易所），该地点的选择通常由零售经纪商自行决定，具体的个人（例如，场内经纪人）也是如此。零售经纪商的第二个功能是记录投资者的持股情况，提供融资即**保证金购买**（投资者可以借钱购买股票），或者提供融券即卖空证券（投资者可以借来股票卖出）。

> 主经纪商将股票的交易执行留给客户投资者自己。

许多大型机构投资者将上述两个职能分开：机构投资者雇用自己的交易员，而经纪商只负责对投资者投资组合的簿记以及提供融资和融券。这种有限的经纪商被称为**主经纪商**（prime broker）。

如何做空股票

如果你推测一只股票价格将会下跌，想要做空它。这种卖空可以由你的证券经纪人安排。做空非常重要，值得进一步解释：

- 你在市场上找到愿意借给你股票的投资者。在一个完美的市场中，这不会花费任何成本。但在现实世界中，经纪人必须找到愿意的出借方/贷方。经纪人和贷方通常每年都会赚取几个基点，以提供卖空便利。

> 做空就像借贷，做空卖出的资金利息可能由经纪人或客户赚取（或共享）。

- 你借入股票，随后将股票在市场上出售给想要购买它的其他人。在完美的市场中，你可以保留出售的资金并从中赚取利息。在现实世界中，你的证券经纪人会要求你将这些出售资金投入低收益的安全债券上。如果你是小型散户投资者，经纪人甚至会完全保留出售资金的利息收益。

- 当你想"平仓"空头时，回购股票并将股票归还给你的贷方。

例如，你在股票以 50 美元的价格交易时借入股票随后将其在市场中卖出，而当前股票的售价为 30 美元，那么做空将产生 20 美元的利润。在理想的世界中，你可以想象做空者的角色与公司的角色相同——在股价较高时卖出/发行股票并使用 50 美元的收益为你的投资提供资金（例如，赚取利息）。在现实世界中，做空必须考虑交易成本。现在卖空已经非常普遍，有交易所交易的股票期货使得卖空变得更加容易。债券也可以卖空。

做空标准普尔 500 指数或其他一些市场指数甚至比做空个股更容易，比如做空相关指数的交易所交易基金 ETF（见后文），或者出售常见的股票市场指数期货。

Q7.11　证券经纪商的两大主要职能是什么？

Q7.12　主经纪商与零售经纪商有何不同？

Q7.13　在完美世界或者现实世界中做空股票，哪一个会使得你的回报率更高？为什么？

交易所和非交易所

零售经纪商会将你的交易订单传送到一个集中的交易地点。最具代表性的是证券交易所。交易所是金融证券的集中交易场所。美国最重要的两个证券交易所是**纽约证券交易所**(NYSE,又称"大板"[1],成立于 1792 年)和**纳斯达克**(最初是"全国证券交易商协会自动报价系统"[2]的首字母缩写,成立于 1971 年)。纽约证券交易所曾经是一个专门的**拍卖市场**,由一名指定的为每只股票分配的**专家**通过在交易所场内与各个经纪人进行交易来管理拍卖过程。这个专家通常是垄断者。然而,现在即使是纽约证券交易所也主要以电子方式进行大部分的交易。与纽约证券交易所主要在华尔街的一个具体地理位置进行人机混合交易流程相比,纳斯达克市场则一直是一个没有专家的纯电子交易所。(出于安全原因,它的位置——嗯,它的许多计算机系统设在别的位置——是保密的。)对于每只纳斯达克上市的股票,至少存在一家**做市商**,做市商和证券经纪人之间进行持续的买入或卖出股票的交易——当然是通过电子方式——从而为公众创造一个流动的、即时的市场。

  当然,做市商因提供流动性而获得报酬:当它们发布可供执行的**买入价**(bid)或**卖出价**(ask)时,会从交易所获得额外的回扣。外部投资者可以以做市商的卖出报价买入至少 100 股或以做市商的买入报价卖出至少 100 股,做市商的卖出价总是高于买入价。

  大多数纳斯达克的股票都有多个做市商,是从大约 500 家证券交易商(如 J.P 摩根或 ETrade)中产生的,这些做市商相互竞争,从而提供最优惠的价格。做市商比一般公众有一个优势:它们可以看到投资者的**限价订单簿**,其中包含投资者尚未执行的订单,如果股票价格发生变化,这些限价订单将产生股票买入或卖出,从而做市商可以提前知道在哪个价格将可能发生很多买入或卖出。纽约证券交易所是更古老的交易所,由于历史原因,它是交易大多数"蓝筹股"股票的重要场所。("蓝筹股"现在的意思是"成熟而严肃。"具有讽刺意味的是,这个词本身来自扑克游戏,其中最高面额的扑克筹码是蓝色的。)2021 年,纽约证券交易所上市的公司大约 2 800 家,市值约 25 万亿美元(比美国当年 GDP 要高)。纳斯达克倾向于交易规模较小的高科技公司,在 2021 年 9 月,上市的公司数量大约 3 700 家,总市值超过 19 万亿美元。数年之前纳斯达克的交易量仅为纽约证券交易所的一半,但现在二者差不多了。一些股票同时在两个交易所上市交易。

  持续交易——在投资者想要执行的任何时候进行交易——依赖于中介商(专家或做市商)的存在,中介商愿意在没有其他买卖力量的时候自己买入或卖出股票。这是一项有风险的业务,因此任何中介商都必须获得良好的回报率才愿意提供这样的流动性。为了避免这种交易成本,一些国家将其证券交易所建立为非连续拍卖的交易机制,每天匹配几次买卖订单。缺点是投资者不能立即执行订单,而必须延迟到买卖订单累积到足够的规模。这样做的好处是消除了昂贵的中介商必须承担的风险成本。因此,拍卖交易机制通常提供较低的交易成本,但交易执行速度较慢。

> 在其他国家流行的拍卖市场执行成本较低,但执行速度也较慢。

  在美国,股票交易的创新无处不在。例如,电子通信网络(ECN)[3]已大举进入证券交易业务,经常取代交易所,尤其是大型机构之间的大额交易。ECN 可以交易与证券交

---

 1 Big board.
 2 National Association of Securities Dealers Automated Quotation System,简记为 NASDAQ。
 3 electronic communication networks,ECN。

易所相同的股票,但是在交易成本和执行速度方面可能更优。ECN 将专家排除在外,允许投资者自己发布即时价格订单。ECN 专注于更低的执行成本、更高的经纪人回扣和更快的执行。最大的 ECN 是群岛(Archipelago)和极讯(Instinet)。2005 年,纽约证交所与群岛公司合并,把自己从会员制的非营利机构转变为营利机构,纳斯达克则收购了极讯公司。很难跟踪最近的交易所的收购与重组。例如,2006 年纽约证券交易所还与另一个电子交易系统金融电子交易市场(ArcaEx)合并,并于 2007 年与泛欧证券交易所(Euronext,当时总部位于巴黎)合并成为**纽约泛欧证券交易所**(**NYSE Euronext**)。2012 年,整个交易所又被美国亚特兰大的一家期货经纪商洲际交易所(ICE)收购。2017 年纽约证券交易所从芝加哥期权交易所(CBOE)手中购买了英国泽西岛注册的国家证券交易所(National Stock Exchange),几个月以后,CBOE 又购买了巴兹(BATS)全球交易市场[1]。谁知道 5 年后谁会拥有谁?这甚至可能无关紧要——许多证券交易变得相当不透明,发生在内部而不再是公开交易。如今,即使是纽约证券交易所也不再那么重要和不可替代了,它很可能会逐渐黯然失色,甚至有一天会消失。

> 电子通信网络、配对撮合交易系统等等.

一个更有趣的购买和交易股票的场所是**配对撮合系统**(crossing)[2],例如投资技术集团(ITG)的 POSIT 平台[3]。ITG 主要专注于以类似拍卖的方式将大型机构之间的交易相互匹配。如果没有匹配成功,订单就不会被执行。但是,通过排除专家或做市商来进行匹配,则执行成本要比在证券交易所便宜得多。最近,更新颖的交易场所如雨后春笋般涌现。例如,灵动网络(Liquidnet)使用点对点网络实时匹配买家和卖家。类似的交易系统和计算机程序也可以用于交易期货、衍生品、货币,甚至一些债券。ECNs 和电子限价订单簿现在是全球的主要股票交易系统,只有美国纽约证券交易所拒不参加。但是,在 2020 年 3 月,由于新冠疫情,纽约证券交易所被迫关闭场内交易,转为电子交易长达 9 周,不过在 2020 年 5 月 26 日,它又重新复归场内的实体交易。

> 还有非正规金融市场,尤其是 OTC(场外交易)。

还有许多其他金融市场,比如进行股票期权、商品、保险合同等交易的金融交易所。一个重要部分是**场外交易**(OTC)市场。场外交易的意思是"打电话给一群众所周知的资产交易员,直到你找到愿意以你喜欢的价格买卖的人。"尽管经历了快速的制度变革,大多数债券仍然是场外交易。在交易金额方面,场外交易市场比债券交易所要高得多,但场外交易的交易成本对于散户投资者来说高得令人望而却步。如果你在不了解行情的情况下打电话给交易员,电话那头的人会很乐意给你报个厚颜无耻的高价,希望你不了解行情。**全国证券交易商协会**(**NASD**)还为小型公司的股票提供了一个半场外交易市场,所谓的"粉单市场"[4]。外国证券进入美国,一般在**粉单**

---

[1] BATS Global Markets 美国第三大股票交易运营商。BATS 缩写所代表的意思是"交易系统更好的替代方案"(Better Alternative Trading System),成立于 2005 年,位于堪萨斯州雷内克萨。

[2] 随着投资者特别是机构越来越害怕自己的订单给市场带来影响及不愿意暴露买卖信息,加上电子交易技术的发展,暗池交易(dark pool)应运而生。其中,最早出现、同时也应用最广的形式是这里的配对撮合网。

[3] ITG 公司(Investment Technology Group)成立于 1987 年,最初是大型证券和投资银行杰富瑞集团面向机构投资者提供股权交易的分支部门,同年与金融信息服务公司 Barra 联合发布 POSIT(Portfolio System for Institutional Trading),成为行业内第二家配对撮合网(仅次于 1986 年发布的 Instinet Cross)。发展至今,POSIT 是全美乃至全球最广泛使用的配对撮合网之一。

[4] 英文为 pink sheets.

市场上市交易，但对于美国散户投资者来说，参与粉单市场的交易成本通常太高。

Q7.14　配对撮合系统与电子交易所有何不同？

Q7.15　什么是专家？什么是做市商？在进行证券交易时，两者相比散户投资者有什么优势？

Q7.16　描述在主要证券交易所进行交易的一些替代方案。

投资公司和其他投资载体

在 1933—1934 年，美国国会通过《证券交易法》成立了美国证券交易委员会（SEC）。SEC 根据 1940 年《投资顾问法》对投资顾问和基金进行监管。实际上，《投资顾问法》允许三种主要类型的受监管**投资公司**在公开市场上运营：开放式基金、封闭式基金和单位投资信托（UIT）。

在美国，开放式基金的代名词是共同基金。**开放式**意味着基金可以随时创建份额。投资者可以在每个交易日结束时按每天公布的**资产净值**（NAV）赎回其基金份额，这使基金投资者不必将其基金份额出售——因此，共同基金不在任何交易所进行上市交易。开放式基金的可赎回权使得一价定律得以成立——基金的价值与其所持基础资产的价值几乎完全一样。如果开放式基金的价值远低于其持股组合的价值，套利者可以申购基金份额，赎回它们，从而赚取免费差价。

> "开放式"功能允许投资者赎回，迫使基金份额以接近其持股价值的价格交易。

在**封闭式基金**中，基金份额的首次公开发行是一次性的大笔募集，然后基金就宣告成立并关闭募集，投资者不能将其基金份额赎回。封闭式基金的优势在于它本身可以投资于流动性较差的资产。毕竟它没有投资者的赎回压力。许多封闭式基金都是在证券交易所上市交易的，如果封闭式基金投资者需要现金，可以转售其基金份额。封闭式基金的缺点是一价定律不能成立。平均而言，封闭式基金的交易价格总是低于其所持组合资产的价值，折价交易的原因之一在于封闭式基金通常收取很高的费用。

> 封闭式基金不允许赎回，这对于投资于非流动资产很有用。

共同基金和封闭式基金的经理都被允许进行积极的选股交易，而且许多经理确实这样做了。虽然有些基金采取模仿普通股指的指数化投资，但更多的基金则是尝试战胜市场或者成为"精品"基金。大多数基金根据其宣布的交易动机而归类（例如"市场择机""成长""价值"或"收入"等）。

> 共同基金是开放式、交易活跃的投资工具。

单位投资信托（UIT[1]）在成立时类似封闭式基金（通过一次的公开发行），在其赎回时则类似一种开放式基金（通常根据需要接受投资者赎回请求）。此外，监管规则禁止 UIT 进行积极的股票交易（尽管这即将改变），并且 UIT 必须有一个固定的终止日期（即使是在未来 50 年）。UIT 可以在证券交易所上市，这使得散户投资者可以轻松买卖它们。一些早期的**交易所交易基金**（ETF）被构建为单位

> UIT 主要是被动的"篮子"投资工具。

1　unit investment trust。

投资信托，尽管这需要一些额外的法律豁免，以允许它们按需购买更多的股票。现在ETF通常被构建为开放式基金。ETF可以提供无数的投资组合篮子，从而与共同基金竞争。如今，股票型ETF和共同基金的数量比股票本身还多！

> ADR也是投资工具。许多美国存托凭证由美国证券交易委员会根据不同的规则进行监管。

美国证券交易委员会根据不同的规则对其他一些投资工具进行监管。其中一种代表性的工具是**美国存托凭证**（ADR[1]）。ADR是一种被动投资工具，通常只拥有一种外国证券的股票，由美国的银行（通常是纽约银行）托管。美国存托凭证使得美国散户投资者可以更容易地交易外国证券，而不会产生大量交易成本。ADR是可赎回的，这使得一价定律得以适用。

> 其他一些私募基金完全不受监管。

还有一些私募基金不需要在美国证券交易委员会注册。这意味着它们不能公开为募集做广告，并且仅限于少于100名投资者。这包括大多数**对冲基金**、**风险投资基金**和其他**私募股权基金**。许多离岸基金的设立是为了让外国投资者不仅可以在不受美国证券交易委员会监管的情况下持有美国股票，而且不必纳入美国国税局的管辖范围。

Q7.17　如果开放式基金的净值价格远高于基金资产组合的交易价格，会发生什么？同样若封闭式基金发生这种情况，应该怎么做？

Q7.18　什么是场外交易市场？

Q7.19　美国证券交易委员会SEC定义的三种主要投资公司类型是什么？在完美市场中，哪种投资公司最理想？

高频交易

交易的计算机化为我们带来了**高频交易**（HFT[2]）。它们产生了大额的交易量（甚至更多的报价），但高频交易对买入并持有的长期投资者的净价格影响并不大。关于高频交易是为金融市场增加流动性还是降低流动性，存在着争论。因为高频交易者的活动是匿名的，而且对于独立学术调查来说，高频交易是黑箱，我们只能猜测。

首要的问题应该是"高频交易如何在竞争激烈的市场中赚钱？"答案是如果不存在高频交易者，若散户投资者发布了限价订单并且在新信息到来时没有及时修改，那么最快的高频交易者可以抓住散户投资者的限价订单进行交易。看啊，市场在纳秒的超短时间内并不真正是充分竞争的。若一个高频交易者在一纳秒内突袭了某个限价订单，即使另一位交易者愿意在一纳秒后多支付无穷大的金额也不行了。因此，在高频交易者之间存在着速度竞赛，以求比其他参与者更快——理论上，光速是最终的制约因素！一些观察者建议每秒一次地将所有订单集中起来进行拍卖，但很难知道这里的最佳时间间隔是多少。此外，即使高频交易可能产生严重的问题，也不清楚政府干预是否会改善或恶化这种情况。随着越来越多的高频交易者进入市场，它们已经开始相互竞争并增加了更多的流动性。

1　american depository receipt.

2　high frequency trading.

股票如何产生和消失

股权资本的流入

大多数公开交易的股票通过**首次公开募股发行**（IPO）出现在证券交易所中，特别是纳斯达克市场。IPO 是一家私人公司首次向普通散户和机构投资者出售股票的事件。首次公开募股通常由**承销商**（投资银行如高盛或美林证券等）运作，承销商熟悉复杂的法律和监管程序，并且可以轻松获得投资者客户群来购买新发行的股票。首次公开募股中的股票通常以固定价格出售，可能比之后公开上市交易第一天的价格低约 10%。许多 IPO 股票被分配给了承销商/经纪公司最喜欢的客户，它们可以成为重要的利润来源。

> 公司在 IPO 中首次公开出售股票。

科技股泡沫中的交易量

在 1999 年和 2000 年的科技股泡沫期间，IPO 的新股在首次上市交易日平均升值 65%。获得 IPO 股票分配就像中奖一样。当然，普通投资者很少能够得到任何这样的股票分配——只有承销商最喜欢的客户才会得到。这一现象后来引发了多起诉讼，其中一起诉讼显示瑞士信贷第一波士顿（CSFB）将 IPO 股票分配给了该承销商的 100 多名客户，作为 IPO 分配新股的回报，这些客户再将 33% 至 65% 的 IPO 利润返还给瑞士信贷第一波士顿公司，方法是过度交易其他股票（如康柏和迪士尼）产生虚高的交易佣金。

这种"回扣"交易有多重要？总的来说，在 1999 年和 2000 年，承销商为 IPO 首日买家预留了大约 660 亿美元的利润。如果投资者以额外佣金的形式向承销商返还其中的 20%，这相当于将 130 亿美元的超额利润返还给承销商。以每股 10 美分的平均佣金计算，这将需要 1 300 亿股的交易，或平均每个交易日交易 2.5 亿股。这个数字表明，"回扣"的此类扰乱交易可能占所有股票交易的 10%！

里特和韦尔奇（2002）[1]

通常，公司在 IPO 中出售大约占总股本 1/3 的股票，典型的 IPO 提供的股票价值在 2 000 万美元到 1 亿美元之间，尽管有些更大。在所有 IPO 公司中，约有 2/3 的公司在上市后数年内市值再未增加甚至会消失，剩下的 1/3 公司会进行**股票再次融资发行**（SEO）[2]。然而，最近一些年来，上市公司（尤其是大公司）股票数量的大幅增长并非来自股票的再融资发行，而是来自员工股票期权计划，这些期权计划发行的股票最终成为不受限制的公开交易股票。

> 资金也通过股票再融资 SEO 流入股票市场。

---

[1] 来自两位教授的论文：Jay R. Ritter & Ivo Welch, 2002. "A Review of IPO Activity, Pricing and Allocations," *Journal of Finance*, vol. 57(4), pages 1795-1828.

[2] seasoned equity offering，股票再融资发行。

美国证券交易委员会 SEC 还负责监管上市公司的一些行为,包括如何进行首次公开募股以及之后的一些行为。例如,上市公司必须定期披露其财务报告和其他一些信息。此外,国会禁止有关未公布的特定信息的内幕交易,尽管内幕人士进行一般的知情交易是合法的(似乎相当普遍且有利可图)。此外,还有一些规则漏洞可以让聪明的 CEO 和政客们利用内幕信息进行合法交易。(但是这些不适用于基金和外部投资者。)尽管奥巴马总统签署了《制止国会知情交易法》[1],但美国国会成员仍违反了股票交易的报告制度要求。2021 年 9 月,就连达拉斯和波士顿的两位联邦储备银行的行长也卷入了有争议的交易中。SEC 只能追究民事责任并进行罚款。如果涉及法律欺诈,则由各州进行刑事制裁,民事和刑事问责经常同时进行。上市公司还必须遵守其他联邦和州的繁杂法律。

> *IPO 之后的行为也受到美国证券交易委员会的监管。*

由于 IPO 面临异常复杂的法律法规和责任,作为 IPO 的替代——**反向并购**[2]最近变得很突出。一家较大的私营公司选择与一家已经公开上市交易的小公司(可能只是一个空壳)进行合并。大公司的所有者在合并后的实体中获得新发行的股份。这样,新发行的股票实际上将私营部门的资产转移到了公共交易市场上,以额外市值的形式出现,等同于实现了上市。

> *反向并购已成为企业进入股票市场的另一种常见方式。*

股权资本的流出

资本以多种方式流出股票市场。最重要的方式是资本分配,例如股息和股票回购。许多公司将部分利润作为股息支付给投资者。当然,股息不会如天降甘露一样。比如,市值 100 000 美元的公司支付 1 000 美元股息,在股息分配后公司市值变为 99 000 美元。如果你在派发股息之前拥有 100 美元的股票,那么派发股息之后你将拥有 99 美元的股票和 1 美元的股息——总共还是 100 美元,没有好坏之分。(如果你必须为股息收入缴纳一些税款,情况就会变得更糟。)另外,公司可以通过**股票回购**支付利润来减少其流通股。例如,公司将 1 000 美元用于股票回购,你可以接受回购从而获得 100 美元,但如果你继续持股,也不会损失什么。回购之前,你拥有 100 美元/100 000 美元 = 0.1% 的公司价值,净资产为 100 美元。回购之后,你拥有一家价值 99 000 美元公司的 0.101 01% 的股份,99 000×0.101 01% = 100 美元,你的股份仍然价值 100 美元。在支付股息和回购股份两种情况下,公司的流通在外股本价值均从 100 000 美元缩水到 99 000 美元。我们将在第 20 章讨论股息和股票回购。

> *资金通过股息和股票回购从股票市场流出。*

公司也可以通过**退市**彻底退出股票市场。退市通常发生在一家公司被另一家公司收购或遇到严重的财务困难以至于无法满足最低上市要求时。通常,此类财务困难会导致公司陷入《破产法》第 11 章破产重整或第 7 章清算

> *股票也可能因上市公司破产、清算和退市而退出金融市场。*

---

1 近些年来,美国政府加大了对官员内幕交易的打击力度。2012 年 4 月 4 日,奥巴马总统正式签署《制止国会知情交易法》(The Stop Trading on Congressional Knowledge (STOCK) Act,简称《股票法》),禁止美国议员和高官进行内幕交易,并要求定期披露这些交易。

2 Reverse mergers,反向并购。即已上市的小公司发行新股并购了一家未上市的大型私有企业,从而合并后大型私有企业的所有者控股了合并实体即反向并购,相当于大型私有企业实现了上市。国内也称借壳上市。

(以美国破产法中的章节命名)。一些公司甚至自愿清算,以出售资产并将资金返还给股东,但这种情况很少见,因为经理们通常喜欢保住自己的工作——即使公司的延续不符合股东的利益。更常见的是,公司退市和/或破产的原因是公司进行了错误的投资。退市通常意味着股票投资者失去所有的投资本金。幸运的是,股权投资者承担**有限责任**,这意味着他们最多只会失去投资本金,不必用个人其他资产为公司的负债等付出更多的代价(与合伙企业不同,例如伦敦劳合社,其合伙人拥有的一切财产都和企业挂钩)。

Q7.20　投资者资金流入企业的主要机制是什么?
Q7.21　资金从股票市场重新返回投资者口袋的机制是什么?
Q7.22　股票是如何从证券交易所中消失的?

总结

本章涵盖以下要点:
- 图 7.4 和图 7.5 显示了对美国现金、债券、股指和个股投资的历史回报率模式的分析。
  — 平均而言,股票的平均回报率高于长期债券,而长期债券的平均回报率又高于现金投资。
  — 个股风险最高。(大公司型)股票市场投资组合的风险低于个股,债券的风险略低,现金风险最小。
  — 股票每年的收益表现优于现金 5% 以上。然而,股票的表现仅略优于长期债券。
- 股票和许多其他投资品种的收益往往呈正相关:当股市整体表现良好时,大多数个股也往往表现良好(反之亦然)。没有人知道为什么,但在过去几十年(但之前不是),长期债券往往与股市的收益呈负相关。
- 大多数金融学均假设统计数据是已知的,这是信仰的问题。在现实生活中,历史数据可以帮助你预测未来,但并不完美。历史的风险和相关性数据是预测未来的良好指标,但历史的均值不是。
- 第 7.2 节解释了许多公开上市交易股票证券的制度安排,包括零售经纪商和主经纪商、证券交易所和基金的角色。还描述了如何做空股票,以及资金如何流入和流出股票市场。

答案

章后习题

Q7.23 使用图 7.4 中的信息,计算现金和股票的算术平均回报率和几何平均回报率之间的差异。哪个更低?为什么?

Q7.24 从广义上讲,现金、债券和股票的平均回报率是多少?你的数据来自哪个时间段?

Q7.25 从广义上讲,现金、债券和股票的平均风险是多少?你的数据来自哪个时间段?

Q7.26 历史统计数据作为未来统计数据的预测指标有多好?哪种统计数据更好?哪些数据的质量更差?

Q7.27 市场中各个股票的市场贝塔值的平均值是否为零?

Q7.28 举一个股票的平均回报率为正的例子,即使它导致投资者损失所有的本金。

Q7.29 引用历史平均回报率的股票基金或债券基金是否更具误导性?如果股票基金或债券基金都引用了相似的历史平均回报率表现,你最终会在股票基金还是债券基金中获得更多资金?

Q7.30 看看本章中的数据,20 年期债券是随着美国股市正向波动还是逆势波动?

Q7.31 个别股票走势是否倾向于一起联动?这如何衡量?

Q7.32 解释股票市价订单和限价订单的区别。

Q7.33 零售经纪商有哪些主经纪商不具备的额外功能?

Q7.34 描述纽约证券交易所和纳斯达克市场的区别。

Q7.35 大约有多少家公司在纽约证券交易所上市?纳斯达克上市公司有多少?使用金融网站查找当前数字。

Q7.36 纳斯达克市场是一个配对撮合交易市场吗?

Q7.37 私人控股公司上市的两种主要机制是什么?

Q7.38 美国证券交易委员会 SEC 是在什么时候、什么情况下成立的?

Q7.39 内幕交易属于刑事犯罪。SEC 是否会起诉,将违规者关进监狱?

Q7.40 什么是场外交易市场?

Q7.41 如果某公司回购其 1% 的股份,这是否会改变其上市股票的市值?如果某公司支付其市值 1% 的股息,这是否会改变其上市股票的市值?

第 8 章

投资者选择：风险与回报

本章我们仍然讨论：在 NPV 公式中对企业资本成本 $E(r)$ 的良好估计。但在了解公司项目的资本机会成本之前，你必须了解投资者的其他机会。这意味着你必须更好地了解投资者喜欢的回报和他们不喜欢的风险，以及如何衡量风险和回报、多元化如何运作、聪明的投资者可能持有哪些投资组合，以及为什么"市场贝塔"是衡量一项投资资产对市场投资组合风险贡献的一个良好标准。

8.1 衡量风险和回报

设身处地为投资者着想，从最基本的问题开始：你应该如何对待具有四种相同可能情景的五种资产。如何衡量各个资产的风险和回报？与往常一样，我们首先提供一个简单的示例，然后推广到更广泛的现实世界中。假设你正在投资一种名为 M 的资产，同时还可以购买其他资产，分别命名为 A、B、C，以及一种名为 F 的无风险资产。这些资产本身也可能是投资组合，即由许多单独的资产和/或其他投资组合组成。（这类似于共同基金。）所以，我们也将 M、A、B、C 和 F 称为不同的投资组合。

我们将四种同样可能性的场景，分别命名为 S1 到 S4。各情景的结果、均值和风险在图 8.1 的表格组合中列出。每个场景都用一张扑克牌代替展示，以提醒你这类似随机的扑克牌抽奖。你认为五种投资组合中哪一种更好或更差，更安全或更危险？如果只能购买这些投资组合，你将面临怎样的风险和回报的权衡呢？

> 我们用五种资产具有相同可能性的四种场景下的收益率进行举例。

> 历史性的样本可视为各种场景。

如果你喜欢视觉效果,图8.1还以图形的形式显示了回报。中间的图是标准直方图,你在上一章已经多次看到。此例中,S1~S4每种情况的可能性都相同,所以条形图同样高。将扑克牌符号放在条形图的位置在视觉上更明显。下方的图则便于在不同的投资之间进行比较。在此图中,你会更喜欢各种情景下收益结果更靠右的资产(具有更高的回报)、平均而言更靠右的收益结果(具有更高的预期回报率)以及更集中的收益结果(风险较小)。通过目视检查,你可以确认投资F的收益完全集中在同一个地方,因此它风险最小,而且实际上完全没有风险。紧随其后的是有风险的M和A,然后是B,最后是风险最高的投资C。

	S1(♣)	S2(♦)	S3(♥)	S4(♠)	回报 $E(r)$	方差 $Var(r)$	风险 $Sdv(r)$
投资 M	−3%	3%	5%	11%	4%	25%%	5%
投资 A	3%	11%	−3%	5%	4%	25%%	5%
投资 B	5%	−1%	7%	13%	6%	25%%	5%
投资 C	17%	3%	11%	−7%	6%	81%%	9%
投资 F	1%	1%	1%	1%	1%	0%%	0%

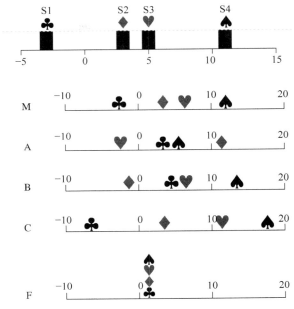

图 8.1 五种投资资产的回报率

注:存在四种未来可能的场景 S1 到 S4,每一种场景的可能性都相同,并用扑克牌表示。有 5 项可选投资(M、A、B、C 和 F)。当然,这些资产也可以是投资组合。方差(Var)和标准差(Sdv)在 6.1 节中进行了解释。中图是 M 的传统直方图。下图包含所有 5 种资产收益率的直方图。

表注[a]:我们仅将"%%"符号用于方差计算。

衡量回报:预期回报率

尽管图形很有帮助,但确实需要采用公式来提供具体数值的度量。衡量回报的好方

法很简单：你可以使用**预期回报率**[1]，它是所有可能回报的概率加权平均值。例如，投资组合 M 的预期回报率为

$$E(r_M) = (1/4) \cdot (-3\%) + (1/4) \cdot (+3\%) + (1/4) \cdot (+5\%) + (1/4) \cdot (+11\%)$$
$$= +4\%$$
$$= 加总（每一种结果乘以概率值）$$

如果投资于 M，你将期望获得 4% 的回报率。因为每种结果出现的可能性（概率）相同，所以你可以计算一个简单的平均值：

$$E(r_M) = [(-3\%) + (+3\%) + (+5\%) + (+11\%)]/4 = 4\%$$

> 用预期收益率计算回报。

衡量风险：回报率的标准差

一个好的风险度量指标不如一个好的回报度量指标那么显而易见，但幸运的是，你已经在 6.1 节中学到了一个好的度量指标——标准差。现在来计算本例中各资产收益率的标准差。首先计算每种资产收益率的各个分布值离中心（平均值）有多远，也即离差。以资产 M 为例，其收益率的平均值为 +4%。收益率 +3% 比收益率 −3% 更接近于平均值，前者距离平均值仅 1 个单位，后者与平均值相差 7 个单位。

	S1(♣)	S2(♦)	S3(♥)	S4(♠)
资产 M 的收益率	−3%	+3%	+5%	+11%
与其 4% 均值的离差	−7%	−1%	1%	+7%

不幸的是，你不能将风险定义为各个收益率与平均值的平均离差，因为离差的平均值始终为零（$[-7+(-1)+1+7]/4 = 0$）。你必须首先"中和"掉差的符号，也即使得负离差与正离差相同。这种中和后的调整方法是计算离差平方的平均值，也就是**方差**：

> 用收益率的标准差衡量风险

$$\begin{aligned}\text{Var}(r_M) &= 1/4 \cdot (-3\% - 4\%)^2 + 1/4 \cdot (3\% - 4\%)^2 + 1/4 \cdot (5\% - 4\%)^2 + \\ &\quad 1/4 \cdot (11\% - 4\%)^2 \\ &= [(-7\%)^2 + (-1\%)^2 + (+1\%)^2 + (+7\%)^2]/4 \\ &= 25\%\% \\ &= 加总（各项离差平方乘以相应概率值）\end{aligned}$$

(8.1)

方差的单位本质上是难以解释的（百分比的平方 = 1% · 1%，写为 $x\%\%$）。因此直接观察方差，直觉上没有什么意义，除了更多的方差意味着更多的风险。

> 离差的均值总是 0，因此离差不能衡量风险

具有更多认知意义的度量指标是**标准差**，它是方差的平方根：

$$\text{Sdv}(r_M) = \sqrt{\text{Var}(r_M)} = \sqrt{25\%\%} = 5\%$$

(8.2)

> 组合收益率的标准差是风险的衡量方法。

投资组合收益率的标准差是衡量整体**投资组合风险**的最常用指标。现在再看一下图 8.1。你可以看到，这个 5% 的标准差是一个合理的衡量标准，它衡量资产 M

---

1 预期回报率（expected rate of return）也称期望回报率，二者在本书中可以换用。

的某一个收益率与总体均值相差多远。(但是,5%大于将离差取绝对值后加总的平均值,即平均绝对离差,本例中是4%,因为标准差给予距离中心更远的观测值以更大权重,而平均绝对离差是等权重的算术平均值。)图8.1中表的最后一列给出了所有投资的标准差。如图中所示的标准差,F是无风险的,M、A和B的风险相同,均为5%,C风险最高,达到9%。

重点:
- 通过资产/资产组合的预期回报率来衡量其回报。
- 通过资产/资产组合回报率的标准差来衡量其风险。

(警告:不可以通过单个资产的收益率标准差来衡量该资产对投资组合的风险贡献。这将在8.3节中解释。)

> 复习:聪明投资者消除了不必要的风险,更多的回报要求承担更大的风险。

此时,你应该开始思索风险和回报在现实世界中是如何相关的,这将是下一章内容的主题。现在的简短回答是,若用愚蠢的方式进行投机,只会给你带来高风险和低回报——任何赌博的人都知道。只要你足够聪明,在消除所有投资错误之后,若想获得更高的回报,只能承担更多的风险。

Q8.1　请计算离差的平均值,而不是离差平方的平均值,结果会怎样?

Q8.2　图8.1中的资产M以相同的概率提供-3%、+3%、+5%和+11%的收益率。现在为这些回报中的每一个增加5%。这项新资产提供+2%、+8%、+10%和+16%的收益率。计算这项新资产的预期收益率、方差和标准差。与原来的M相比如何?

Q8.3　请计算图8.1中资产C的风险和回报。

8.2　多元化

在现实世界中,你通常不会孤立地购买某一项资产,而是可以购买许多资产的一小部分,这种购买许多资产的能力具有让你降低整体投资组合风险的重要结果。让我们看看为什么。

混合组合示例

从你的投资资产M重新开始。现在让我们考虑添加一些投资资产A。为什么要这样做?A与M看上去具有相同的风险和回报。但是,尽管A具有与M相同的各种可能回报,但它们却是在不同的场景中发生的。这种重新排列将产生很大的影响。现在假设你有100美元的M,卖掉一半来购买A,你将拥有50美元的M和50美元的A,我们称这个新的投资组合为MA。在这种情况下,100美元投资将

> 组合是更多资产的集合,收益率可以平均化。

如下表所示:

	S1(♣)	S2(♦)	S3(♥)	S4(♠)	平均值
50美元 M资产的回报/美元	48.50	51.50	52.50	55.50	52.00
50美元 A资产的回报/美元	51.50	55.50	48.50	52.50	52.00

	S1(♣)	S2(♦)	S3(♥)	S4(♠)	平均值
MA 组合的总回报/美元	100.00	107.00	101.00	108.00	104.00
MA 组合的回报率	0%	7%	1%	8%	4%

也可以利用 M 和 A 本身的回报率来计算组合的回报。在投资组合 MA 中,M 的权重 $w_M=50\%$,A 的权重 $w_A=50\%$。例如,要获得情景 S2 下的组合收益率 7%,可以根据 M 的 3% 回报率和 A 的 11% 回报率计算投资组合回报率:

$$r_{MA}=50\%\times 3\%+50\%\times 11\%=7\%$$

现在让我们在图中查看这三个投资组合(M、A 和 MA)。如图 8.2 所示,M 的收益率范围是 −3% 到 +11%,标准差为 5%。A 的收益率范围也是从 −3% 到 +11%,标准差也是 5%。然而,M 和 A 各占一半权重的组合 MA 的取值范围要小得多(0% 到 8%),标准差也要低得多:

> 显然,组合 MA 比单独的 M 或 A 的波动范围要小。

$$\text{Var}\begin{matrix}50\%\text{ 的 M}\\50\%\text{ 的 A}\end{matrix}=\frac{(0\%-4\%)^2+(7\%-4\%)^2+(1\%-4\%)^2+(8-4\%)^2}{4}=12.5\%\%$$

$$\text{Sdv}_{50\%M,50\%A}=\sqrt{\text{Var}}=\sqrt{12.5\%\%}\approx 3.54\%$$

MA 的风险比它的任何一种成分资产都小。风险降低的原因是**分散化**——投资组合中不同投资成分的混合,减少了每一项投资对整体投资组合绩效的影响。更简单地说,多样化意味着并非所有的鸡蛋都在同一个篮子里。如果组合中一项投资下跌,另一项投资可能会上涨,反之亦然。不完美的相关性("非同步性")降低了整体投资组合的风险。

	S1(♣)	S2(♦)	S3(♥)	S4(♠)	回报 $E(r)$	方差 $\text{Var}(r)$	风险 $\text{Sdv}(r)$
投资 M	−3%	3%	5%	11%	4%	25%%	5%
投资 A	3%	11%	−3%	5%	4%	25%%	5%
投资组合 MA	0%	7%	1%	8%	4%	12.5%%	3.54%

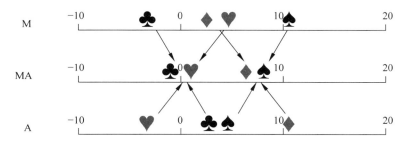

图 8.2　M、A 和 (50%,50%) 投资组合 MA 的不同收益率

注:因为一半 M/一半 A 的组合在扑克牌四种情形下的收益率都位于 M 和 A 各自收益率的中间,所以组合 MA 的变化幅度(风险)低于其任何一个组成部分 M 和 A 本身。

Q8.4　一个新的名为 MA 的投资组合将 90% 资金投资于 M 资产,10% 资金投资于 A 资产。

1. 计算该新组合的风险和回报。
2. 这个新的 MA 投资组合会比图 8.2 中的 MA＝(50％,50％)投资组合的收益变化幅度更小吗？

风险如何随时间增长

在继续之前，我需要介绍两个属于投资学领域而非公司金融领域的知识。但两者对于金融学方面的一般能力都很重要。

第一个知识是关于风险如何随着时间增长。相信以下的内容：如果两个随机变量是独立的，那么这两个随机变量的和的方差是两个随机变量方差的和。

> 如果两个变量不相关，两个变量组合的方差等于各自方差的加总。

$$Var(X+Y) = Var(X) + Var(Y)$$

当 X 和 Y 不相关时

如果 X 和 Y 两个变量一起移动，即存在相关性，上式不成立！为什么需要知道该等式呢？好吧，完美市场中任何一种资产的收益率应该随着时间的推移而不相关——如果不是，你可以通过根据其自身的滞后收益率交易该资产来获得额外的收益率。如果相关性是正的，你可以通过在资产上涨后立即买入（因为后续还会上涨）或在资产下跌后立即卖出（因为后续还会下跌）来快速致富。

> 对于拥有不相关收益率的股票，随着时间变化，风险的增长比收益慢得多。

现在让我们使用一个近似值：忽略复利收益，这意味着期间总回报大约是连续两期回报率的总和。现在，假设一只股票在一年内获得 10％ 的预期回报率，标准差为 20％（方差为 20％×20％＝400％％），那么在两年内，该股票的期望收益率为 20％，方差为 400％％＋400％％＝800％％。因此，这只股票的风险（标准差）为 $\sqrt{800\%\%} \approx 28.28\%$，换句话说，资产的收益率平均值上升了 2 倍，但它的风险只上升了 $\sqrt{2} \approx 1.4$ 倍。

 重点：风险近似随着时间的平方根而增长。

Q8.5 请忽略以下问题中的复利：

1. 刚才在上文中讨论的"10％均值，20％风险"的投资资产在 4 年期内的风险和回报是多少？你的回报/风险比是多少？（这个回报/风险比率被称为**夏普比率**。）
2. 这一"10％均值，20％风险"的投资资产在 9 年期的风险和回报各是多少？夏普比率是多少？
3. 你能得出一只年收益率均值为 E 和风险为 Sdv 的股票在 T 年内的风险和回报各是多少吗？以及夏普比率是多少？

最佳的混合组合——有效边界

第二个知识不仅关于如何计算给定投资组合的风险和回报，而且是关于如何找到最好的投资组合。图 8.3 描绘了各种投资组合的表现（均值和标准差）。每个投资组合在这个坐标系中都有一个独特的点。所有金融从业者对此都非常熟悉。在这样的图中,你希望投资组合在 y 轴上较高(具有较高的预期回报率)而在 x 轴上较低(具有较低的标准差)。也就是说,如果可以的话,你总是想向西北(左上)方向移动。如果一个投资组合位于另一个投资组合的东南方,则该投资组合位于有效边界内部;如果西北方向没有任何投资组合,则该投资组合位于有效边界上。

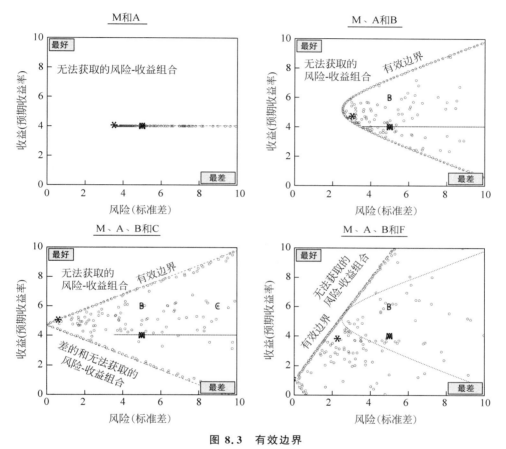

图 8.3 有效边界

注:这些图显示了各个标题所示股票组成的投资组合的回报率均值和标准差。图中的"＊"是等权重投资组合。每张图中的最西北的边界线是有效前沿线。请注意,下方的两张图甚至可以实现无风险收益率。**最低风险的投资组合**也被称为最小方差投资组合。

左上图中,你只能投资 M 和 A。因为两者都有 4% 的平均回报率,所以它们的任何组合也是如此。最好的(给定平均回报率下风险最低)投资组合是最左边的投资组合,它恰好是等权重组合。右上角图中可以投资 M、A 和 B。你可以看到 B 有很大帮助,但不是因为 B 本身。事实上,B 本身远离西北方向,处在有效边界的内部。**有效边界**[1]是风险最低、回报最高的投资组合集合。(它的形状总是双曲线。)

> 寻找最佳的选择——典型的均值-方差点

---

1 efficient frontier,有效边界,也译为有效前沿。

聪明的投资者只会购买这个有效边界上的投资组合。有效边界内（东南方向）的任何资产组合都更糟，而有效边界西北方向的任何资产都无法实际获得。等权重的资产组合接近但不位于有效边界上。大型多元化投资组合——如标准普尔500指数经常出现这种情况，相当接近但并不完全处于有效前沿。左下图中包括了资产C。你可以看到这如何进一步扩展了有效边界。事实上，现在可以通过巧妙地组合投资，创造出回报率为4.5%的无风险资产（在M上投资权重0.377，在A上投资权重0.261，在B上投资权重0.091，在C上投资权重0.272）。你总是可以增加更多的资产，从而使你的有效边界进一步向西北方向推延。右下图显示了增加投资F而非C的情况。在下面的两个图中，均产生了无风险资产，有效边界是一条直线（双曲线的极限情况）。

> 更多的资产扩展了投资机会集，最佳的投资选择在有效边界上。

Q8.6 如果允许你投资所有5种资产M、A、B、C和F，那么有效边界会是什么样？

8.3 投资者偏好和风险度量

你现在明白了多元化可以降低风险。但是你的目的是解决公司具体投资哪些项目的问题。请记住，这里是在讨论公司金融！

如果投资者只关心风险和回报

直觉告诉你，多元化的投资组合往往风险较低。作为公司经理，你可以合理地假设你的投资者/股东很聪明，所以你可以相信他们确实持有了多元化的投资组合。最多样化的投资组合可能包含所有可能的资产。因此，你可以假设投资者的组合通常是整个**市场投资组合**——包括所有可用的投资机会。

> 投资者热爱分散化：越分散越好。他们喜欢市场组合，因为市场组合是高度分散的。

为什么要对投资者的投资组合做出上述假设？答案是，如果假设投资者持有市场组合，你作为公司经理的工作就会变得容易得多。与其问你的每一位投资者可能喜欢什么项目，你可以问，"鉴于投资者目前已经广泛地持有整体股票市场组合，那么他们愿意给我资金来投资哪些项目呢？"答案如下：

（1）投资者应该喜欢提供更多回报的项目——这意味着更高的预期回报率。

> 如果你的投资者持有市场组合，喜欢高回报、低风险，你可以分析新的资产对他们的影响。

（2）投资者应该喜欢能够帮助他们分散市场投资组合中的风险的项目，从而使他们的整体投资组合的最终风险更低。不过要小心，这并不意味着总是选择风险最低的项目。相反，这意味着寻找业绩表现与其他项目截然不同的项目——不寻常的项目。

总而言之，作为经理的任务是找到投资者希望添加到他们当前市场投资组合中的那些项目，也就是寻找对股票市场具有高预期回报率和高多样化收益的项目。现在让我们转向衡量风险的第二个特征：你的项目如何帮助投资者实现多元化，应该如何衡量多元化的优劣？

第8章 投资者选择：风险与回报

重点：

- 多元化基于投资之间的不完全相关性或"非同步性"，它有助于聪明的投资者降低整体投资组合风险。
- 作为公司经理，在没有否定信息的情况下，应该相信你的股东倾向于持有多元化的投资组合，他们甚至可以持有与"整个市场投资组合"一样高度分散多样化的组合。
- 作为公司经理，你的任务是考虑投资项目的一小部分如何对投资者高度多样化整体投资组合的风险和回报做出贡献。（而不应该考虑你的项目本身有多大风险。）

资产的异质风险和风险降低

显然，如果两个投资机会总是一起朝着同一个方向联动，那么分散化投资也毫无益处。例如，如果你尝试将一笔 50 美元的 M 投资与另一笔 50 美元的 M 投资（结果始终相同）进行组合，那么你的风险不会降低。相反，如果两个投资机会总是朝着相反的方向运动，那么多元化就非常有效：一个资产是另一个资产的对冲。

下面将上述直觉进行规范化证明。为了解释，假设"我的投资组合"M 还是市场投资组合。B 和 C 是贵公司可以投资的两个项目，但你能同时选择二者。两者提供相同的预期回报率（6%），但 B 的风险（5%）低于 C 的风险（9%）。作为经理，你是否会因此认为项目 B 比项目 C 更适合你的投资者呢？

> 一起联动决定了风险贡献。

答案是不！假设投资者从市场投资组合 M 开始。图 8.4 显示了如果公司出售一半的投资组合投资于 B 或 C 会发生什么。你可以将这两个"(50,50)"的投资组合分别称为 MB 和 MC。MB 的投资组合将具有以下回报率和风险：

> B 或 C，谁对于你的 M 组合更好？

	S1(♣)	S2(♦)	S3(♥)	S4(♠)	回报率	风险
MB	1%	1%	6%	12%	5%	4.5%

图 8.4 的上图中绘制了 MB 的回报率以及 M 和 B 本身的回报率。从纯 M 投资组合转移到 MB 投资组合时，MB 的平均回报接近两个原始资产 M 和 B 的回报率，但风险略有下降，从 5.0% 降至 4.5%。

现在考虑 MC 的组合，在图 8.4 中的下图。就其本身而言，C 是一项非常冒险的投资（9%的风险），也是本书前面举例中最糟糕的结果。但是，如果股东将他们一半的财富从 M 重新分配到 C，他们的整体投资组合将具有以下回报率和风险：

> MC 组合有更低的风险。

	S1(♣)	S2(♦)	S3(♥)	S4(♠)	回报率	风险
MB	7%	3%	8%	2%	5%	2.6%

风险要低得多！再看一下图 8.4——MC 的收益比单独的 M 或 C 更紧密地聚集在一起，MB 的收益范围也比 MC 的收益范围要宽。因此，MC 投资组合更安全——尽管 C 本身的风险更大。

	S1(♣)	S2(♦)	S3(♥)	S4(♠)	回报 $E(r)$	方差 $Var(r)$	风险 $Sdv(r)$
投资 M	−3%	3%	5%	11%	4%	25%%	5%
投资 B	5%	−19%	7%	13%	6%	25%%	5%
投资 C	17%	3%	11%	−7%	6%	81%%	9%
投资组合 MB	1%	1%	6%	12%	5%	20.5%%	4.5%
投资组合 MC	7%	3%	8%	2%	5%	6.5%%	2.6%

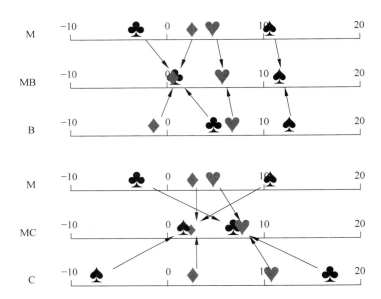

图 8.4　将市场组合投资 M 与项目投资 B 或 C 结合起来

注：虽然 C 本身比 B 风险更大（看看 C 有一次灾难性的结果，接近 −10%！），但当 C 被添加到市场组合 M 中时，它在降低新组合风险方面比 B 好得多，原因是 C 倾向于与 M 反向移动，特别是当 M 出现最坏结果（−3%）的情形下。

投资组合	回报	风险	注释
单独 M	4%	5.0%	投资者的（市场）组合
单独 B	6%	5.0%	
单独 C	6%	9.0%	如果单独购买，C 比 B 风险更高
MB：一半 M，一半 B	5%	4.2%	
MC：一半 M，一半 C	5%	2.6%	

> 对公司经理在项目选择时的启示：在其他相同时，C 更有利于减低组合风险，即使 C 的异质性风险较高

总结如下：你现在知道，与 B 相比，C 自身的高标准差并不能很好地表明 C 是否比 B 更能帮助你的投资者降低整体投资组合的风险。如果投资者主要持有 M，那么像 C 这样的高风险项目可以让他们建立更低风险的投资组合。但是，如果你的投资者不持有 C 以外的任何资产，他们就不会关心 C 的多元化收益，而只会关心其自身的风险。因此，作为经理，除非你了解投资者的全部

投资组合,否则无法确定你的投资者是否更愿意投资 B 或 C。(此外,投资项目的选择还取决于你的投资者如何在更大的整体回报与更大的整体风险之间权衡。)

重点:项目(自身的)标准差不一定是衡量它如何影响投资者整个投资组合风险的好方法。事实上,一个具有非常高标准差的项目本身可能有助于降低投资者的整体投资组合风险。

Q8.7 确认图 8.4 中 MB 和 MC 投资组合的风险和回报的计算结果。

(市场)贝塔系数和对(市场)投资组合的风险贡献

为什么在与 M 进行组合持有时,组合 C 在降低总体风险方面比组合 B 好得多?原因是当 M 收益趋于下降时,C 的收益趋于上升,反之亦然。B 则不同——它倾向于与 M 一起移动,可以称之为"同步性"或"联动性"。这就是为什么 B 不能降低投资组合风险。

图 8.5 以图形方式显示了个别资产与市场组合的联动关系。x 轴是市场回报率,y 轴是资产的回报率。图中直线的斜率称为**市场贝塔**。(通常将直线的公式写为 $y = \alpha + \beta \cdot x$,这是希腊字母 β——贝塔的来源。)贝塔为 1 的是 45° 对角线;贝塔为 0 的是一条水平线。正的贝塔向上倾斜,负的贝塔向下倾斜。在统计学中,你应该已经知道可以通过线性回归来找到贝塔值。如果你不记得了,不用担心,在第 8.3 节中,我将教你如何计算贝塔。现在,相信我,两条最合适的直线是

> C 能够降低 M 的风险,因为它反方向移动。

$$r_B = 3.4\% + (+0.64) \cdot r_M$$
$$r_C = 12.4\% + (-1.60) \cdot r_M \tag{8.3}$$
$$r_i = a_{i,M} + \beta_{i,M} \cdot r_M$$

> 联动程度可以用直线的斜率也即市场贝塔来衡量。资产的收益率在 y 轴上,市场的收益率在 x 轴上。

这个公式有时被称为**市场模型**。贝塔的下标提醒你 x 轴和 y 轴上的变量是什么。第一个下标始终是 y 轴上的变量,第二个下标是 x 轴上的变量。因此,上面两条直线中,$\beta_{B,M} = 0.64$,$\beta_{C,M} = -1.60$。市场贝塔在金融中扮演着如此重要的角色,以至于"贝塔"这个名字本身已经成为"市场贝塔"的同义词,第二个下标"市场"通常被省略。

在金融学中,我们关心市场模型方程。作为公司经理,你想知道投资项目的回报率如何与市场回报率同步,这是因为你通常假设聪明的投资者平均持有市场投资组合。M 和 B 之间的最佳拟合直线向上倾斜,正斜率意味着当 M 较高时 B 往往较高。相反,M 和 C 之间的最佳拟合直线向下倾斜,负斜率意味着当 M 较高时 C 趋于较低(反之亦然)。同样,这个市场斜率是预期两个资产联动或逆向运动的常用衡量标准——投资者可以从添加特定的新项目中获得多少多样化收益。更大的正值斜率意味着更多的联动性和更少的多样化,较低的甚至为负的斜率意味着较少的联动性和更多的多样化。

> 在金融学中,市场贝塔是一个核心概念,衡量了项目与市场的联动程度。

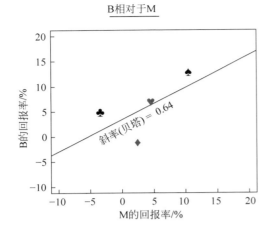 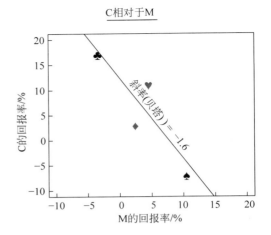

图 8.5 B 和 C 的回报率与 M 的回报率

注：每幅图中的四个数据点取自图 8.1。它们是投资 M、B 和 C 形成的，以百分比表示。在示例中，这是四种实际的结果。如果这些点是历史结果，那么斜率就不是真正的未知贝塔，而是"估计的"贝塔。

重点：

- 如果新的投资项目趋向于与投资组合的其余资产部分做相反方向的运动，那么分散投资的效果会比它趋向于同一个方向的情况要好。
- 通常可以合理假设聪明的投资者已经持有市场投资组合，现在正在考虑只投资一种额外资产中的一小部分——公司的新项目。
- 如果该新投资项目相对于市场的贝塔系数为负（其"市场贝塔系数"为负），则意味着当市场上涨时它往往会下跌，反之亦然。如果这种新的投资项目相对于市场具有正贝塔，则意味着它倾向于与市场一起联动。如果这种新的投资项目相对于市场的贝塔系数为零，则意味着它独立于市场而变动。
- 市场贝塔是衡量投资资产对持有市场投资组合的投资者风险贡献的一个很好的衡量标准。市场贝塔值越低（或负），这项资产就越有助于降低投资者的风险。
- 某资产的市场贝塔可以解释为这样一种散点图中拟合直线的斜率，其中市场回报率在 x 轴上，该资产的回报率在 y 轴上。拟合直线说明了该资产将如何根据市场的表现而变化。
- 可以将市场贝塔视为衡量资产"弹性"的指标。在一个合理的均衡市场中，假定其他一切不变，持有市场投资组合的规避风险的投资者会同意为市场贝塔值较低的资产支付更高价格，而为具有更高市场贝塔值的资产支付更低的价格。

这里，需要给出一些警告。从作为公司经理比如一家上市公司经理的角度看，假设投资者持有市场组合是合理的。另外，假设新项目只是投资者整体组合中一个很小的新附加资产，上述框图中的结论也是合理的。但是，你应该意识到它们并不总是合适的。如果投资者没有持有接近市场组合的资产，那么你的项目的市场贝塔系数就不能很好地衡量项目的风险贡献。在极端情况下，如果你的投资者只持有你的新项目，市场贝塔系数则根本无法衡量项目的风险贡献。创业企业家经常就是这种情况，他们往往别无选择，只能把所有的钱都放在一个篮子里即创业企业中。这样的投资者应该只关心他们项目的标准差，而不是项目的市场贝塔。

什么时候应用贝塔，什么时候应用标准差

应该关心投资组合的贝塔系数还是投资组合的标准差？作为首席财务官，你应该关心公司的贝塔系数还是公司的标准差？以下是答案。

> 小心：贝塔有关的风险计量是有用的，当且仅当你的投资者持有的是或者近似是市场组合。

重点：

- 作为投资者，你通常只应该关心投资组合的标准差（风险），而不必关心其各个成分的风险。
- 通常，你并不需要关心投资组合的整体市场贝塔值。（各个资产的市场贝塔值可以帮助你设计整体投资组合。）
- 如果你是一家公司的首席财务官，想要构建市场投资组合，以便使得投资者愿意购买你公司的股票，那么你应该关心自己公司的市场贝塔值。
- 如果作为管理层的你纯粹为了投资者的利益而行事，则不必关心公司自身的标准差，因为你的投资者可以分散公司的特殊风险。（如果你关心的是自己的工作或奖金，则可能对风险采取不同的态度。公司治理是这里的主题。）

投资组合的阿尔法

虽然我们不会在本书中进一步使用它，但公式8.3中的截距阿尔法（alpha）也发挥着重要作用。一项资产的阿尔法和贝塔一起确定了该投资的吸引力。例如，假设市场收益率为10%，公式8.3的市场模型法将给出资产C的期望收益率为

$$E(r_C \mid 如果\ r_M = 10\%) = 12.4\% + (-1.60) \cdot 10\% = -3.6\%$$

对于任何特定的市场回报率，阿尔法值越高，投资的平均表现就越好。正如投资专业人士通常将市场贝塔简称为贝塔一样，他们通常将这个特定截距项简称为阿尔法。（这里有一个小问题：他们通常先从 r_C 和 r_M 中分别减去无风险利率，然后再进行回归——但通常结果没有太大区别。）

> 阿尔法也有含义，虽然现在你用不到。

从资产的历史回报率中计算市场贝塔值

那么实际如何计算贝塔值呢？或者贝塔的计算公式是怎样的？让我们回到图8.1中的资产。譬如C的市场贝塔系数是多少？之前我已经告诉过你，斜率为-1.6，也即C的贝塔值。为了计算它，我遵循了一个乏味但并不神秘的过程。以下是流程：

> 通过四个步骤，可以计算最佳拟合的市场贝塔值

（1）正如计算方差所做的那样，首先将资产的所有收益转换为离差。也就是说，对于M和C，从每个具体的收益率中减去其均值。

	S1(♣)	S2(♦)	S3(♥)	S4(♠)
资产M的收益率	-3%	+3%	+5	+11%
偏离4%均值的离差	-7%	-1%	+1	+7

续表

	S1(♣)	S2(♦)	S3(♥)	S4(♠)
资产C的收益率	+17%	+3%	+11%	−7%
偏离6%均值的离差	+11%	−3%	+5%	−13%

(2) 计算 x 轴上也即市场 M 收益率的方差。你已经在公式 8.1 中计算过了：$\text{Var}(r_M)=25\%\%$。

(3) 现在计算两个收益率变量的离差乘积的概率加权平均值。也即，
$$\text{Cov}(r_M, r_C) = 1/4 \cdot (-7\%) \cdot (+11\%) + 1/4 \cdot (-1\%) \cdot (-3\%) +$$
$$1/4 \cdot (+1\%) \cdot (+5\%) + 1/4 \cdot (+7\%) \cdot (-13\%)$$
$$= -40\%\%$$

这个统计量称为协方差，这里是 M 和 C 的收益率之间的协方差。

(4) C 相对于市场 M 的贝塔值，正式的写法为 $\beta_{C,M}$，但通常缩写为 β_C，为协方差和市场方差这两个量的比值，即

$$\beta_{C,M} = \beta_C = \frac{-40\%\%}{25\%\%} = -1.6 \quad (8.4)$$
$$= \frac{\text{Cov}(r_C, r_M)}{\text{Var}(r_M)}$$

> 贝塔就是协方差除以方差。

这个 −1.6 的斜率正是我们在图 8.5 中给出的市场贝塔值。许多电子表格和所有统计软件都可以为你计算贝塔值；将执行此操作的命令称为**线性回归**。

你应该始终将资产相对于基础投资组合的贝塔值视为衡量该资产相对于基础投资组合的特征。基础投资组合 P 的回报率在 x 轴上，资产 i 的回报率位于 y 轴上。正如之前所说，大多数情况下——但并非总是——基础投资组合 P 是市场投资组合 M，因此 $\beta_{i,M}$ 通常被称为资产 i 的市场贝塔，或者只是称为 i 的贝塔（第二个下标被省略）。

> 可将贝塔值视为资产的特征变量。

现在想一想，经济中所有股票的平均贝塔值是多少？这相当于问，市场组合的贝塔系数是多少？将公式 8.4 中的 C 替换为 M：

$$\beta_M = \frac{\text{Cov}(r_M, r_M)}{\text{Var}(r_M)}$$

> 市场所有股票组合的贝塔值是 1，而不是 0。

如果你看一下协方差的定义，可以看到一个变量与其自身的协方差就是方差。（协方差是方差的概念从一个变量推广到两个变量。）因此，$\text{Cov}(r_M, r_M) = \text{Var}(r_M)$，市场本身的市场贝塔系数为 1。从图形上看，如果 x 轴和 y 轴上绘制相同的值，图中的每个点都将位于对角线上，斜率为 1。从经济意义上讲，这不足为奇：市场与市场一对一地同样上涨。

重点：根据定义，市场上所有股票的价值加权的平均贝塔系数为 1。

现在你知道如何计算贝塔和协方差，就可以考虑项目在不同场景下的回报率。例如，某个新项目，如果市场回报率为 −10%，可以猜测该项目的回报率为 −5%（贝塔值为 1/2）；如果市场回报率 +5%，项目回报率预期为 +5%（贝塔值为 1）；如果市场回报率为 10%，则项目回报率预期为 30%（贝塔值为 3）。因此，知道如何计算市场贝塔值有助于预

测项目的回报率情况。(你还可以使用此技术来探索项目与其他一些因素之间的关系。例如,项目收益如何与石油价格共同变化,以了解你的项目的石油价格风险敞口。)

真实世界市场的贝塔估计

在现实世界中,你有时会根据上面的类似情况预测贝塔值。但是,通常需要使用整体股票市场回报率和你自己项目回报率的历史数据,来计算市场贝塔。各种贝塔值的计算方法都是完全相同的。实际上,当使用历史数据时,是假设历史上的每个时间段都是一个具有代表性的场景。但是,你还应该考虑现实世界中的一些复杂情况:

(1) 应该使用每日、每周、每月还是每年的历史回报率呢?答案是最好使用每日(或每周)的数据。应避免使用年度数据(除非是篇幅有限的教科书),仅在没有日或周数据的时候才使用月度数据。

> 在现实世界中估计贝塔的经验建议是,采用3~5年的日回报率并做调整。

(2) 应该使用多长时期的数据?大多数研究人员倾向于使用3~5年的历史回报率数据。这反映了在拥有足够的数据和不必回溯到久远历史之间的权衡,因为过早时间的收益与当前收益不太相关。如果你有日度数据,则2~3年的日度数据的计算效果很好。数据的期限最低为1年,超过5年则无用。

(3) 历史贝塔值是对未来贝塔值的良好估计吗?事实证明,历史有时具有欺骗性,尤其是当你估计的资产历史贝塔值与市场的贝塔值1相距甚远时。你应该使用每日历史回报率进行回归,并将历史贝塔值"收缩"到市场整体贝塔值1(如果你的公司规模很小,则低于1)。这一点很重要。例如,在最简单的收缩方法中,用整体市场贝塔值1和你的历史贝塔估计值计算平均值。假设你的项目估计出一个历史市场贝塔值,例如4,则你应该预测该项目的未来市场贝塔值约为(4+1)/2=2.5。在过去的教科书(包括我自己过去的版本)中曾经推荐过采取同行业企业的平均贝塔值。这似乎是个好主意,但在实践中,这种方法的预测结果非常糟糕。在大多数情况下,尽量使用你自己企业/项目的历史每日回报,而不是业内其他公司的,来估计贝塔值。

许多企业高管经常从一个根据历史数据回归出的统计贝塔值开始(或者他们直接在网站例如雅虎财经[finance.yahoo.com]上查找统计回归的贝塔),然后再根据他们的直觉判断来进行调整。这种调整不太可能有任何好处,因为即使是训练有素、有多年计算贝塔值经验的金融经济学家也不能很好地做到这一点。唯一有效的调整是将贝塔缩小到1。

Q8.8 回到公式8.4中计算市场贝塔系数−1.6的例子。该贝塔系数为 $\beta_{C,M}$,简称为 β_C。请问:下标的顺序重要吗?也就是说,$\beta_{M,C}$ 也是−1.6吗?

为什么不是相关性或协方差

协方差、贝塔和相关系数之间存在着密切的家族关系。贝塔是两个收益率的协方差除以其中一个收益率方差的结果。相关性是协方差除以两个标准差的结果。分母总是正的。因此,如果协方差是正的,贝塔和相关系数也是正的;如果协方差是负的,贝塔和相关系数也是负的;如果协方差是零,贝塔和相关系数也是零。相关系数的好处是,它没有规模大小,总是在−100%和+100%之间,这使它在除金融学以外的其他许多情况下也有用:

> 协方差和贝塔(以及相关性)总是有相同的符号。

- 两个总是完美地朝同一方向运动的变量具有 100% 的相关性。
- 两个总是完美地朝相反方向运动的变量具有 −100% 的相关性。
- 两个完全独立运动的变量的相关性为 0。

这种简单性使相关关系非常容易解释。相关系数不那么好的地方是它没有规模量纲,总是在 −100% 和 +100% 之间。这意味着若有两项投资,第二项比第一项大一百万倍(项目的所有回报率乘以一百万倍),两项投资与股票市场具有相同的相关性。然而,第二项投资随着市场的任何轻微变动而上升或下降,当然意味着它将贡献更大的风险。但是相关系数忽略了这一事实,这使它失去了作为项目风险衡量标准的重要候选地位。幸运的是,β 值考虑到了规模因素——事实上,第二个项目的 β 值会比第一个项目大一百万倍。这就是为什么我们喜欢用 β 而不是相关系数来衡量投资组合的风险贡献。

计算风险、贝塔和回报的电子表格函数

用手工进行所有这些计算是乏味的。在上述正文中我们只计算了在四种情况下收益率的各种统计数据,这样你就能更好地理解统计变量的含义。然而,在现实世界中你可以将大量真实的历史收益率数据下载到计算机电子表格中,如 Excel 或 OpenOffice,从而更快地完成这些工作。电子表格中已经内置了所有你需要的功能函数。以下是 Excel 中使用函数的介绍。

average 计算一系列单元格范围内的平均值(收益率)。

varp(或 var.p)计算总体方差。如果你使用的是样本的历史数据而不是样本的已知数据,则使用 var(或 var.s)函数。(后者.s 表示除以 $N-1$,而不是除以 N,我稍后会解释)

stdevp(或 stdev.p)计算总体标准差。如果你使用的是样本的历史数据而不是样本的已知数据,可以使用 stdev(或 stdev.s)函数。

covar 计算两个变量之间的总体协方差。(如果 Excel 是一致的,这个函数应该被称为 covarp 而不是 covar。)与前面的函数不同,这个函数和后面的两个函数需要两个变量的数据,而不是一个变量。

correl 计算两个变量数据系列之间的相关性。

slope 计算 β 值。如果 y 轴表示一项投资资产的回报率,x 轴表示市场的回报率,那么这个函数计算出的就是资产的市场 β 值。

一些统计上的细微差别

> 历史是一个很好的预测指南吗?

在本章中,我们继续假设(就像在 7.1 节中所做的那样):当涉及均值、方差、协方差和贝塔(假设你很好地计算了贝塔值,采用 2 年的每日数据,并进行了适当收缩)时,历史数据是对未来数据的良好预测。当然,这是一种简化——请记住,它可能会带来问题。与均值相比,这一假设对于协方差、方差和贝塔而言不是问题。但是,依靠历史均值作为未来预期回报率的预测指标,风险自负!

> 处理样本数据时,(协)方差公式除以 $N-1$。在处理总体数据时,(协)方差公式除以 N。

还有一个你应该注意的次要的统计学问题。统计学家经常在计算协方差公式时分母上除以 $N-1$ 而不是 N。严格来说,如果你使用历史数据,除以 $N-1$ 是合适的。因为这些数据只是抽取的样本,而不是总体全部可能的结果。对于一个样本而言,你并不知道总体真正的平均数。除以较小的数字 $N-1$ 会给出更大但无偏的协方差估计。它通常也称为*样本协方差*。相比之

下，如果你知道真实且可能性相同的所有"场景"下的变量分布值（也即知道总体的观测值），则除以 N 是合适的。在这种情况下，统计量通常称为*总体协方差*。这种差异性在金融领域相对来说无关紧要，因为在金融领域你通常会有很多观察值——虽然在我们的教科书例子中只有四种场景下的取值。（例如，除以 $N-1=1\,000$ 和除以 $N=1\,001$ 得到几乎相同的数字。）

需要知道上述区别的唯一原因是，在一些具有内置方差或标准差函数的统计软件程序中，得到的结果可能不同，你不应该感到惊讶。譬如在 Excel 函数中，使用 varp 和 stdevp 的总体统计函数得到的是总体统计数据，而使用 var 和 stdev 的样本统计函数得到的是样本统计数据。

> 对于市场贝塔，分子分母的除数抵消，无关紧要。

贝塔的计算不受方差/协方差是除以 N 还是 $N-1$ 的影响，因为分子（协方差）和分母（方差）除以的是同一个数。

此外，统计学家将区分潜在的未知统计数据和估计出的统计数据。例如，他们称未知的真实均值为 μ，样本均值为 m（或 $\bar{x}$），将未知的真实贝塔称为 β^T，将估计的样本贝塔称为"带小帽子"的 $\hat{\beta}$，等等。限于篇幅，本书对这类差异不再展开，但若应用历史数据进行统计分析，请务必记住，你实际上在使用的是样本估计值。

8.4 解释一些典型的股票市场贝塔

对于持有股票市场投资组合并考虑只增加一点贵公司项目的投资者来说，市场贝塔是衡量该项目"多元化助力"的最佳指标。从你作为经理的角度来看，为了吸引投资者，这是一个合理的假设。回想一下，我们假设投资者很聪明，可以推测他们持有高度多元化的投资组合。譬如要说服市场投资者喜欢你的 1 000 万美元项目，只需要普通投资者购买 1 000 万美元除以约 25 万亿美元（当前美国的股票市值）——即他们投资组合的 1/2 500 000 的资产。对于投资者而言，你的公司项目只是他们市场投资组合的微小增量补充。

> 当投资者持有市场组合并仅增加你项目的一小部分价值时，市场贝塔作为风险度量的效果很好。

你可以在许多金融网站上轻松查看上市股票的市场贝塔值。表 8.1 列出了 2021 年 9 月从纳斯达克网站（nasdaq.com）和雅虎财经网址上随机选择的一些公司贝塔值，大多数公司的贝塔值都在 0 到 2 的范围内。高于 1 的贝塔值被认为会增加持有该股票的投资者的风险（它比股票市场本身风险更大），而低于 1 的贝塔股票被认为是降低风险的。负贝塔的股票很少出现，而且通常是暂时的。黄金是一种资产，有时会出现负的市场贝塔，有时不会出现负市场贝塔。在这十年里，长期国债的贝塔系数为负，但在过去的几十年里，它是正的。在几乎所有情况下，最好用公司自己的历史市场贝塔值（通过收缩后）而不是其所在行业的市场贝塔来估计该公司未来的市场贝塔。

市场贝塔还有另一个很好的直觉解释：它是个股价值在股市变化时趋于变化的程度。例如，超威半导体公司（AMD）股票的市场贝塔系数约为 2，表示如果明年股市将额外回报 10%（超出其预期），超威半导体的股票可能会额外回报 2×10%=20%（超出其预期）。现在，假设市场的预期回报率为 6%，而

> 贝塔可以被视为你的项目带给市场的边际增量变化。

超威半导体的预期回报率为 9%。那么,如果市场的收益率实际为 -4%(比预期回报低了 10%),那么可以预计超威半导体股票的实际收益率为 9%+2·(-10%)=-11%。相反,如果市场收益率实际为上涨 16%(比预期回报多 10%),那么预计超威半导体股票的实际收益率为 9%+2·(10%)=29%。超威半导体的高市场贝塔系数告诉你,如果你持有股票市场组合,那么增持超威半导体股票对分散市场风险没有多大帮助,只会放大市场的波动。

表 8.1　2021 年 9 月美国部分上市公司股票的市场贝塔值和资本市值

公司	股票简称	资本市值	贝塔 雅虎财经	贝塔 纳斯达克网站	公司	股票简称	资本市值	贝塔 雅虎财经	贝塔 纳斯达克网站
高通公司	QCOM	151	1.31	1.30	IBM	IBM	123	1.21	1.23
可口可乐	KO	235	0.63	0.63	百事可乐	PEP	213	0.61	0.60
超威半导体	AMD	128	2.01	2.01	英伟达	NVDA	552	1.36	1.36
福特汽车	F	55	1.13	1.14	通用汽车	GM	75	1.30	1.29
苹果公司	AAPL	2 547	1.20	1.20	谷歌(阿法贝塔)	GOOG	1 902	1.00	1.00
花旗集团	C	144	1.91	1.91	摩根士丹利	MS	188	1.55	1.57
高盛公司	GS	131	1.50	1.50	J. P. 摩根	JPM	487	1.19	1.20
特斯拉	TSLA	775	1.96	1.96	索尼	SNE	146	0.71	N/A
菲利普-莫里斯	PM	158	0.87	0.84	宝洁公司	PG	349	0.42	0.43
美国航空	AAL	13	1.78	1.78	西南航空	LUV	31	1.24	1.23
波音	BA	129	1.61	1.60	空中客车	AIR	91	1.90	N/A
惠普	HPQ	32	1.01	1.00	耐克	NKE	237	0.87	0.87
埃克森-美孚	XOM	243	1.42	1.45	巴里克金矿	ABX	41	-0.00	N/A

注:资本市值是以十亿美元为单位的股票总市值。雅虎财经网站解释其贝塔值的计算如下:使用的贝塔值是权益的贝塔值,它是特定公司股票的月收益率相对于标准普尔 500 指数的月收益率的回归系数值。贝塔的计算时间期限为 3 年(36 个月)。计算收益率时忽略股息,但通常没多少区别。纳斯达克网站提供了在纽约证交所和纳斯达克上市的股票贝塔和其他信息。

无论如何,超威半导体的市场贝塔值并不能告诉你该股票的定价是过高还是过低,是应该购买还是抛售。市场贝塔并不能衡量超威半导体股票的投资有多么好。(这与前文提到的阿尔法概念有关。阿尔法可以提供投资某只股票有多么好的判断。在下一章中,你将学习 CAPM 公式,将市场贝塔与预期回报率联系起来,并给出普遍的阿尔法基准。)

贝塔还有另一个常见的重要用途。如果你预测超威半导体股票会上涨,但不想暴露在市场风险中。该股票贝塔值为 2 告诉你,如果你买入 100 美元的多头 AMD 股票并做空 200 美元的市场组合(这很容易做到,即融券卖出),你的整体投资组合就不会受到整个市场波动的影响。因此,市场贝塔值 2 也是对冲比率,即告诉你如何选择空头仓位,以实现组合"免疫",使得整体组合免受市场波动的影响。

Q8.9 如果股市回报率为 −10%,你的项目 x 的回报率为 −5%,如果股市回报率为 +10%,项目 x 的回报率则为 +5%。那么项目 x 的市场贝塔估计值是多少?

Q8.10 如果股市回报率为 −10%,你的项目 y 的回报率为 +5%,如果股市回报率为 +10%,项目 x 的回报率则为 −5%。那么项目 x 的市场贝塔估计值是多少?

8.5 投资组合的市场贝塔和多元化企业的市场贝塔

让我们回到管理者角度来考虑公司项目的风险和回报。经理们通常会考虑将多个项目打包成一个组合。例如,可以将你的公司视作打包在一起的多个部门的集合。如果 B 部门价值 100 万美元,C 部门价值 200 万美元,那么由 B 和 C 组成的公司将价值 300 万美元。B 构成"公司"投资组合的 1/3,C 构成"公司"投资组合的 2/3。这种投资组合称为**价值加权的投资组合**,因为权重对应于各组成成分的市场价值占比。(一个投资组合,若在每个成分中投资等量的资金——例如在每个成分中投资 500 美元——则称为**等权重的投资组合**。)

作为一名经理,当你掌握所有基础资产的成分股票(或成分项目)的信息时,你就知道投资组合(或公司)的有关特征了。如果我告诉你每个项目的预期回报率和市场贝塔系数,你能告诉我公司的整体预期回报率和整体市场贝塔系数是多少吗?让我们试试。使用本书图 8.1 中的股票 B 和 C,并将 BCC 称为 1/3 投资于 B、2/3 投资于 C 的投资组合(或公司)。

事实上,你已经知道可以计算每种场景下的投资组合收益,然后就是计算风险和预期回报。

	S1(♣)	S2(♦)	S3(♥)	S4(♠)	回报 $E(r)$	方差 $Var(r)$	风险 $Sdv(r)$
投资 B	5%	−1%	7%	13%	6%	25%%	5%
投资 C	17%	3%	11%	−7%	6%	81%%	9%
投资组合 BCC	13%	1.67%	9.67%	−0.33%	6%	=30%%	=5.5%

预期回报率可以取平均值,也是直观的。在示例中,B 的预期回报率为 6%,C 的预期回报率为 6%。因此,整体公司 BCC 的预期回报率也为 6%。

不幸的是,你无法计算所有统计数据的价值加权平均值,比如不能计算平均方差或标准差!方差不能计算为价值加权平均值 $\left(\dfrac{1}{3}\cdot 25\%\% + \dfrac{2}{3}\cdot 81\%\% = 62.3\%\%\right)$,这不是组合 BCC 的方差 30%%;标准差不能计算为 $\left(\dfrac{1}{3}\cdot 5\% + \dfrac{2}{3}\cdot 9\% = 7.67\%\right)$,这不是组合 BCC 的标准差 5.5%。但是,这里有一个令人惊喜的但不是那么直觉的事实:市场贝塔系数可以加权平均!也就是说,投资组合 BCC 的贝塔是 B 和 C 贝塔的价值加权平均值。在前述公式 8.3 中,你已经计算出 B 和 C 的市场贝塔为 +0.64 和 -1.60。所以,在 BCC 组合中,它们的价值加权平均值是

$$\underset{W_B \cdot \beta_B + W_C \cdot \beta_C}{\beta_{\text{BCC}} = 1/3 \cdot (+0.64) + 2/3 \cdot (-1.60) = -0.8533} \tag{8.5}$$

在下面的问题 8.11 中,请你通过计算确认上述结论是正确的。

你可以将公司视为各个构成部分,如各个部门或项目的加权投资组合。譬如名为 ab 的公司只有两个部门 a 和 b,那么它的回报率是

$$r_{ab} = w_a \cdot r_a + w_b \cdot r_b$$

其中权重是两个部门的价值比例。[也可以将这家公司视为更大的整体投资组合(例如市场投资组合)中的"子投资组合"。]

投资组合的预期回报率("回报")是其组成部分的加权平均预期回报率:

$$E(r_{ab}) = w_a \cdot E(r_a) + w_b \cdot E(r_b)$$

因此,公司的预期回报率是其各个部门预期回报率的加权平均值。

与预期回报率一样,市场贝塔也可以加权平均。公司的贝塔——即公司对整个市场组合的"风险贡献"——是其组成部分贝塔的加权平均值:

$$\beta_{ab} = w_a \cdot \beta_a + w_b \cdot \beta_b$$

公司的市场贝塔是其各个部门市场贝塔的加权平均值。

但是,你不能对方差或标准差进行类似的加权平均计算!

> 公司是债务和股权的组合。因此,投资组合公式也适用于公司(债务和股权作为其组成部分)!

你可以认为公司不仅是由部门组成的,也是由债务和股权组成的。例如,4 亿美元资产的公司是通过价值 1 亿美元的债务和价值 3 亿美元的股权融资构成的。如果你拥有所有的债务和股权,你就拥有了这家公司。那么,贵公司资产的市场贝塔值是多少?根据贝塔值的可加性,整个公司的贝塔必须是其债务和股权的加权平均贝塔。如果 1 亿美元债务的市场贝塔为 0.4,3 亿美元股权的市场贝塔为 2.0,那么你公司的市场贝塔系数则为

$$\dfrac{1}{4}\cdot(0.4) + \dfrac{3}{4}\cdot(2.0) = 1.6 \tag{8.6}$$

$$\left(\dfrac{\text{债务价值}}{\text{企业价值}}\right)\cdot \beta_{\text{债务}} + \left(\dfrac{\text{股权价值}}{\text{企业价值}}\right)\cdot \beta_{\text{股权}} = \beta_{\text{企业}}$$

这个 1.6 称为**资产贝塔**,以区别于金融网站上报告的 2.0 的**权益贝塔**。换句话说,如

果公司改变融资结构,实现100%的股权融资(即股权价值4亿美元),那么你在雅虎财经上将看到企业股权市场贝塔值将降至1.6。资产贝塔是衡量贵公司项目对投资者投资组合的风险贡献的指标,它将决定你的资本成本,而这一资本成本将是你进行项目投资决策时的最低/门槛回报率。

Q8.11 让我们检查一下贝塔的加权组合公式(公式8.5)是否正确。

从表格中的BCC行开始。

1. 写下四种场景下每一种的市场回报率离差和BCC回报率的离差。
2. 将每种场景下的两个回报率离差相乘,每个结果的单位都为%%。
3. 计算这些离差乘积的平均值。这是BCC和M之间的协方差。
4. 将BCC和M之间的协方差除以市场M的方差,从而得到贝塔值。
5. 哪一种方法得出结果更快——上述的路线还是采用公式8.5?如果有一百种可能的场景,哪种方法计算更快?

Q8.12 通过计算确认一下方差(以及标准差)不可以进行价值加权平均。

1. BCC组合的价值加权平均方差是多少?
2. BCC组合的实际方差是多少?

Q8.13 考虑在B资产上投资2/3,在C资产上投资1/3,将这个新投资组合称为BBC。计算BBC的方差、标准差和市场贝塔。通过两种方式计算,首先通过BBC四种单独场景下的回报率进行计算,然后通过B和C本身的统计特征指标进行计算。

Q8.14 假设一家公司总是有足够的资金来偿还其债券,因此其债券的贝塔系数为0。(在无风险的情况下,债券的收益率显然与股票市场的收益率无关。)假设该公司资产的贝塔为2。如果公司将其当前资本结构从全部股权融资改为一半债务和一半股权,那么如雅虎财经等金融网站上会报告该公司的股权贝塔是多少?如果改为90%的债务和10%的股权呢?

Q8.15 对于价值加权的组合或者等权重的投资组合,为了维持它们是否需要更多的交易?(提示:编一个简单的例子说明。)

总结

本章涵盖了以下要点:

- 预期回报率是衡量预期回报的指标:

$$E(r_P) = \frac{\text{各个场景下}\, r_P \,\text{的加总}}{N}$$

- 方差(大致)是与均值的离差平方和的平均值。

$$\text{Var}(r_P) = \frac{\text{加总}\{\text{各个场景下的}\, r_P - E(r_P)\}^2}{N(\text{或者}\, N-1)}$$

如果你已知各个场景的概率,则除以N。如果你只有有限数量的历史观察值来估计未来的场景,则除以 $N-1$。(当历史数据很多的时候,N 非常大,两种除数的结果没有多少区别。)方差是更有趣的统计指标标准差的过渡变量。

- 标准差是方差的平方根。投资组合收益率的标准差是衡量其风险的常用指标。

$$\text{Sdv}(r_P) = \sqrt{\text{Var}(r_P)}$$

- 多样化降低了投资组合的风险。
- 公司高管通常认为公司的投资者足够聪明,会持有广泛多元化的投资组合,类似于整体市场投资组合。原因是多元化的投资组合比未多元化的投资组合能够提供更高的预期回报率和更低的风险。
- 单个项目自身的风险并不能很好地衡量其对多元化投资组合的风险贡献。
- 市场贝塔是衡量单个资产对市场投资组合风险贡献的一个很好的指标。
- 典型股票的市场贝塔值在 0 到 2.5 之间。
- 通过直接将数据代入公式可以计算出贝塔值、相关系数和协方差。这三者之间具有密切相关的联动关系,并且有相同的符号。
- 与预期回报率一样,贝塔可以取平均值(当然,价值加权的平均值)。但是,不可以对方差或标准差进行平均。

答案

章后习题

Q8.16 将资产 M 的每个回报率乘以 2。新投资分别提供 -6%、$+6\%$、$+10\%$ 和 $+22\%$ 的收益率。计算这个新投资的预期回报率和标准差。它们与原始投资组合 M 的数据相比如何?

Q8.17 下表是日本股市指数日经 225 指数的年终收盘价。假设每个历史回报率都是你可以用来估计未来的一个代表性场景(独立样本抽取)。如果一位日本投资者购买了复制日经 225 指数的共同基金,他的每年收益率、期间的复合收益率(从 1984 年年底到 2010 年年底)、平均收益率和风险分别是多少?

年 份	日经 225 指数	年 份	日经 225 指数	年 份	日经 225 指数
1984	11 474	1989	38 916	1994	19 723
1985	13 011	1990	24 120	1995	19 868
1986	18 821	1991	22 984	1996	19 361
1987	22 957	1992	16 925	1997	15 259
1988	29 698	1993	17 417	1998	13 842

第 8 章　投资者选择：风险与回报　**173**

续表

年　份	日经 225 指数	年　份	日经 225 指数	年　份	日经 225 指数
1999	18 934	2003	10 677	2007	15 308
2000	13 786	2004	11 489	2008	8 860
2001	10 335	2005	16 111	2009	10 546
2002	8 579	2006	17 225	2010	10 229

Q8.18　计算 B 标准差的 1/3 和 C 标准差的 2/3 的价值加权平均值。它是否与 BCC（1/3B 和 2/3C）投资组合的标准差相同。BCC 的投资回报率是否是 $\frac{1}{3} \cdot r_B + \frac{2}{3} \cdot r_C$？

Q8.19　为什么使用历史财务数据来估计未来市场贝塔值如此普遍？

Q8.20　将 40% 投资于 M 和 60% 投资于 B 的投资组合的风险和回报是多少？

Q8.21　考虑以下五种资产，它们在六种可能的场景下具有以下回报率：

	很差	较差	中等	较好	很好	非常好
资产 P1	−2%	0%	2%	4%	6%	10%
资产 P2	−1%	2%	2%	2%	3%	3%
资产 P3	−6%	2%	2%	3%	3%	1%
资产 P4	−4%	2%	2%	2%	2%	20%
资产 P5	10%	6%	4%	2%	0%	−2%

1. 假设你只能购买这些资产中的一种资产。各自资产的风险和回报是多少？

2. 由一半资产为 P1、另一半资产分别为其他 4 项资产（P2～P5）的一种，构成 4 个投资组合，计算这四种投资组合的风险和回报。

3. 假设 P1 是市场。在 X 轴上画出 P1 的回报率，在 Y 轴上画出其他各只股票的回报率。然后画出你认为最适合的拟合直线。不要试图计算贝塔值，只能使用你的眼睛观察。如果你必须购买 P2～P5 资产中的一小部分，因为你想降低风险，哪一种资产会是最好的？

Q8.22　假设你已将一半财富投资于无风险资产，另一半投资于风险投资组合 P。如果你将持有的无风险资产转移到另一个有风险的投资组合 Q，理论上是否有可能降低你的投资组合风险？换句话说，与购买无风险资产相比，购买有风险的证券是否可以降低组合的风险？

Q8.23　依靠历史统计分布作为未来的指南，是否明智？

Q8.24　查看表 8.1 中公司的市场贝塔系数。自 2021 年 9 月以来，它们是发生了重大变化，还是保持稳定？

Q8.25　如果股市回报率是 −10%，估计你的项目回报率是 −20%，如果股市回报率是 +10%，你的项目回报率是 +5%。那么你的项目的市场贝塔估计值是多少？

Q8.26　登录雅虎财经网站，获得百事可乐、可口可乐和标准普尔 500 指数近两年的每日股票回报率。使用电子表格计算百事可乐和可口可乐的历史市场贝塔值。（注意：对于预测未来的市场贝塔，你应该采取收缩到 1 的做法。）

Q8.27 考虑以下资产：

	差	中	好
市场 M	−5%	5%	15%
资产 X	−2%	−3%	25%
资产 Y	−4%	−6%	30

1. 计算资产 X 和 Y 的市场贝塔值。
2. 计算 X 和 Y 与 M 的相关系数。
3. 假设你只持有 M。现在出售 10% 的 M 投资以替换为 10% 的 X 或 Y。M&X 投资组合或 M&Y 投资组合的风险更大吗？
4. 相关性是否表明这两个投资组合中哪一个的最终风险更高？市场贝塔值是否具有指示性？

Q8.28 根据图 8.1，计算 M 和 F 两种资产的许多可能投资组合（即不同权重）的预期回报率和投资组合贝塔。（M 的权重是 1 减去 F 的权重。）将回报率和贝塔绘制在一张图中，结果是什么样的？

Q8.29 作为对未来的估计量，历史协方差或历史均值，哪一个更值得信赖？

Q8.30 几何平均收益率通常高于还是低于算术平均收益率？

Q8.31 以下表格表示下个月组合 P 和市场 M 收益率的概率分布：

概　率	组　合	市场 M
1/6	−20%	−5%
2/6	−5%	+5%
2/6	+10%	0%
1/6	+50%	+10%

手工计算并回答以下问题。

1. P 和 M 的风险和回报是多少？
2. M 和 P 的相关系数是多少？
3. P 的市场贝塔值是多少？
4. 如果你持有的投资组合 1/3 为无风险资产，2/3 为投资组合 P，这一组合的市场贝塔值是多少？

Q8.32 从雅虎财经网站下载标准普尔 500 指数和 VPACX（先锋太平洋股票指数共同基金）的历史每日价格，从三年前的 1 月 1 日开始到去年的 12 月 31 日结束。将它们载入电子表格并将其并排放置。计算风险和回报。计算 VPACX 的市场贝塔值，即相对于标准普尔 500 指数的贝塔值。你的估计值与雅虎财经和其他金融网站报告的基金贝塔相比如何？如果你对未来市场贝塔而不是历史贝塔感兴趣，那么这是一个好的估计吗？

Q8.33 从雅虎财经网站上下载英特尔（INTC）和标准普尔 500 指数的近 3 年历史每日（股息调整后）价格。

1. 计算每日回报率。

2. 计算按以下权重比例组合的英特尔和标准普尔 500 指数投资组合的平均回报率和风险：(0.0,1.0),(0.2,0.8),(0.4,0.6),(0.6,0.4),(0.8,0.2),(1.0,0.0)。然后在图形中画出各个组合的回报和风险。结果是什么样的？

3. 计算英特尔股票的历史市场贝塔值。

Q8.34 为什么一些统计软件以不同的方式估计协方差（与我们在本章中计算的协方差不同）？同样的问题是否也存在于预期回报率（均值）和贝塔值？

第 9 章

基准资本成本

投资者的目标是构造优秀的投资组合,公司经理的目标是让公司进入投资者的投资组合,所以经理需要知道,投资者选择投资目标的合适贴现率是多少。在前面的章节中,贴现率只是基于不同时间的数字,你所要做的就是提供相同期限的预期回报率。本章中将添加风险的因素。现在我们假设投资者只是简单地将所有投资机会(包括股票、债券、项目等)与经济中的其他主要资产类别进行对比。假设投资者主要根据两个特征评估你的公司:(1)项目回报更像是短期投资还是长期投资的回报;(2)项目回报更像是更安全的债务的回报,还是更具风险的股权的回报。安全的债券项目为投资者提供较低的平均回报率,股票则必须为投资者提供更高的预期回报率。对于类似期限的项目,合适的无风险收益率是多少?股票预期收益率高于债券预期收益率的部分即股权溢价是多少?

9.1 复习回顾

让我们盘点一下。资本预算的正确思路:作为公司管理者,你的任务是确定是否应该接受或拒绝一个项目,这一决定需要使用 NPV 公式做出。要确定 NPV 公式中的贴现因子就要估算适当的资本成本,或者更准确地说,估算投资者的资本*机会*成本。这意味着你需要根据项目的特点来判断,项目的公平合理的预期回报率 $E(r)$ 是多少。与其他"类似"项目相比,如果公司项目提供的预期回报率较低,那么你不应该将投资者的资金投入项目中,而应将资金返还给他们。如果公司项目提供更高的预期回报率,那么你应该将投资者的资金投入项目中。换句话说,作为经理,你

> 你仍需要估算资本的机会成本。

现在的目标是了解你的投资者,他们会希望你代表他们投资什么项目。当然,很难确定什么是"类似"的投资机会,但魔鬼就在细节中。

不幸的是,我们已经不能继续按照像乌托邦一样的完美市场假设进行下去。投资者偏好什么?你必须开始更多地推测,已经知道的两个相关的项目属性是:

> 投资者偏好什么?

远期收益与近期收益:长期国债(通常)提供的年收益率高于短期国债。这是因为当收益的支付时间更远时,投资者更不愿意放弃他们的资金。从这个意义上说,可以认为长期相对于短期而言是"有劣势的"。投资者通常更喜欢早点拿到回报。

股票与债券:股票市场提供的平均回报率高于债券市场。这是因为当投资者得到的只是一个模糊的有风险的收益索取权,比如股权,而能否得到收益更多地取决于投资是否成功,那么投资者将更不愿意放弃他们的资金。从这个意义上说,可以认为股票相对于债券是"有劣势的"。投资者喜欢得到确定性的回报。

(简单说明一下:某项资产的高预期回报率通常意味着投资者不喜欢该资产的某种属性,导致该资产不能以高价出售,投资者需要获得额外的补偿。)

作为一名公司经理,你应该明白,如果投资者不喜欢金融资产的某种属性,他们也会不喜欢投资项目的某种属性。如果你为他们提供一个回报更像股票的项目,则必须提供更高的预期回报率。如果你为他们提供一个回报更像债券的项目,则可以提供较低的预期回报率。如果两个项目的其中一个获得收益要比另一个用时更久,则前者应该提供更高的预期回报,就像长期债券比短期债券提供更高的预期回报一样。本章的重点是评估这些不同类型投资中的预期回报率。

在一个完美的市场中,上述规则广泛适用于各种投资。那么,本章的重要问题是:如何找到标准的基准收益率(如无风险投资和股票)来给出适当的预期回报率?在下一章中,你将学习判断具体的投资项目与这些基准资产的相似程度的方法。

9.2 无风险利率——时间价值的补偿

如何获得无风险收益率(r_F)?大多数公司采用美国国债的名义收益率,因为它们贴现的是项目名义现金流。若公司少数情况下需要贴现真实现金流,美国财政部也提供了经通胀调整的真实收益国债(TIPS)的报价。

不过这里有一个小问题,选用哪一种国债?如果收益率曲线向上倾斜(通常是这样),如何选择?例如,2021年9月,一年期美国国债的年收益率为0.07%,五年期为0.78%,三十年期为1.92%。

因此,请考虑项目的基本特征。你希望将项目的现金流与最相似的无风险债券相匹配,就应该选择最匹配特定预期现金流的无风险债券收益率。例如,要评估一个运营三年的无风险项目,使用一年期国债收益率折现第一年的预期现金流,使用二年期国债收益率折现第二年的预期现金流,以及用三年期国债收益率折现第三年的预期现金流。如果你不得不对多笔现金流只使用一个无风险利率(因为你固执的老板这么坚持),请选择三个利率的平均值或简单地选择二年期国债的收益率。当然,有更好的久期匹配方法可以进行收益率平均,但除非是债券交易员,否则你必须这样做去获取更高的精确度。

> 建议选择与你的项目"最相似"的国债收益率。

将项目的现金流与期限相似的国债相匹配不是自然规律,而是一种合理且灵活的方法。想想一项不会发生系统性变化的小额投资的机会成本。如果投资者愿意将资金投入十年,他们也可以通过十年期无风险国债赚取收益。与一年或三十年的债券相比,十年期国债收益率更能反映你项目的机会成本。

当然,对你的投资者而言,项目的现金流不太可能与类似的美国国债回报完全一样无风险。因此,可以考虑一些改进,使用更类似于公司债券而非国债的机会成本可能更合适。幸运的是,对于投资级公司发行的短期公司债券,在考虑到将其报价收益率扣除预期违约溢价之后,平均的历史收益率几乎与同期限国债收益率相同。对于长期非投资级(即高收益)债券,其资本成本则比同期限国债收益率要高得多。

Q9.1 对于一个一年期的项目来说,今天的无风险利率是多少?对于一个 10 年的项目呢?

Q9.2 如果你只能使用一种国债的利率,你应该使用哪种无风险利率作为一个 10 年期的每年收益 500 万元项目的收益率基准?

9.3 股权溢价——风险补偿

在既定时间范围内的无风险投资的适当收益率是容易获得的,这是无风险资本的成本。困难的是:为承担风险提供适当的补偿,这是风险资本的成本。大多数公司项目都不是无风险的,你可以将它们视为安全部分(债务)和风险部分(股权)的某种组合。事实上,你始终可以将中等风险的项目拆分为具有更安全回报和高风险回报的组合。因此,你需要知道风险部分的适当资本成本。

> 将项目视为一部分无风险、一部分有风险的组合。

不幸的是,风险资产的预期收益率比无风险收益率更难估计。首先,什么是一个好的风险收益率基准?经济中最典型的风险资产是什么?股票!这是我们金融从业者通常依赖的一个基准。

$$股权溢价 \equiv E(r_M - r_F) \tag{9.1}$$

上式是有风险的股票项目必须提供的超出无风险债券的额外预期回报率。这是两个回报率的差值,因此你可以使用两个名义利率或两个实际利率。更容易理解的是,股权溢价是风险溢价高于时间溢价(在无风险利率中)的"额外溢价"。股权溢价 $[E(r_M) - r_F]$ 有时也称为**市场风险溢价**。通常,这些术语既可以指实际回报率,也可以指预期回报率,尽管后者更常见,我们将在本章中主要使用后者。(这种模棱两可不是我的错。)

股权溢价对每个人来说,都是极其重要的。不仅仅公司想估算它们的资本成本,个人投资者也需要了解这一点。不幸的是,在现实生活中,股权溢价并没有公布在任何地方,也没有人真正知道正确的数字。更糟糕的是,它的估计往往对所有财务决策都产生很大影响,但是它难以估计。*这就是生活!*

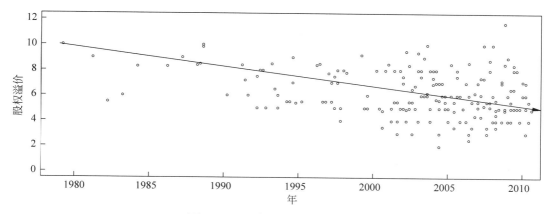

图 9.1　不同教科书中的股权溢价

资料来源:巴勃罗·费尔南德斯,SSRN[1],2013 年。后来进行的调查显示,一致的市场风险溢价估计在 5.4%~5.6%范围内,2021 年最新估计为 5.5%。

幸运的是,存在许多方法可以估算股权溢价。不幸的是,几十年来,这些方法彼此不一致。因此,业界人员、大学教授、金融教科书作者和其他所有人都感到困惑,你若感到困惑也不足为奇。例如,每本金融学教科书似乎都有自己的估计,如图 9.1 所示。几十年来,股权溢价的分歧和平均估计值似乎在缓慢下降。

因此,"我们"——这本金融教材的作者有两种选择:

(1) 给你一个估计值,假装它是正确的,希望你不要提出问题。这只能是一个幸福的童话,但不幸的是它也只是一个谎言。

(2) 坦白真相。告诉你不同的方法如何导致不同的估计,但糟糕的是,我们不确定各种估计的具体错误在哪里。

在本书中,我将采取第二种选择。我将向你解释每种方法的实际含义。然后,你可以自己判断哪种方法是最好的。(最后我会坦陈我的个人估计。)这样做还有一个重要的优势:如果你的老板使用其他一些股权溢价得出不同的结论,你不会感到惊讶,至少明白为什么会发生。

让我们逐一讨论,并按重要程度介绍六种最重要的股权溢价估计方法。

---

[1] SSRN,Social Science Research Network,社会科学研究网络,是一个学者研究手稿的在线存储库,致力于快速传播社会科学、人文科学、生命科学、健康科学等领域的学术研究。网址 www.ssrn.com。

方法 1. 历史均值 I

第一种也是最常见的估计方法是假设过去的平均股权溢价在未来也将会再现。在过去的一个世纪里,这一方法非常好用。

扫码看图

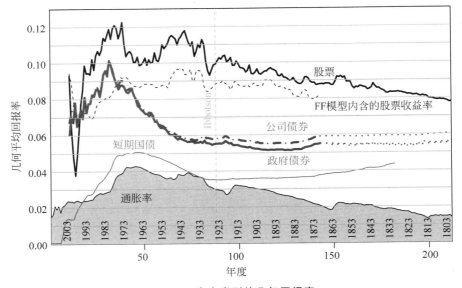

图 9.2 资产类别的几何回报率

资料来源：Levi-Welch,JFQA,2017 年[1]。该图是从右往左看的。比如从 1963 年以来的数据,请查看 x 轴上的第一个 50 年。最近的 10 年数据被省略了,因为时间太短而无法得出结论。股权溢价是图中黑色"股票"线与蓝色"债券"或红色"短期国债"线之间的差额。例如,从 1975 年到 2015 年(即大约 40 年)的股权溢价(高于美国国债)约为每年 2%。FF 模型为 Fama-French 三因素股票收益率模型。

图 9.2 绘制了过去 x 年股票市场的几何平均回报率(包括股息)。你可以根据时间长度来选择 x 轴上的点。该图还显示了(长期)公司债券、长期国债、短期国债和通货膨胀的回报率。黑线和红线的差距是短期股票溢价,黑线和蓝线之间的差异是长期股票溢价。

- 在过去 50 年里,股票的表现均优于长期国债和投资级企业债,每年股票溢价收益约 2%(复合)。然而在过去的 100 年里,股票溢价收益约每年 4%。
- 在过去 100 年里,股票的收益率比短期国债每年高出 4%～5%。

让我们更详细地讨论股权溢价收益估计及其解释。特别是,我们希望明确如何利用这些溢价收益,以评估你自己的短期和长期投资项目。大多数的企业项目,如工厂、建筑物、研发或无形资产,都会在多年内产生现金流。

---

[1] 该图可在本书作者韦尔奇教授的个人主页上找到 www.ivo-welch.info/research。原文来自发表论文：Levi,Yaron；Welch,Ivo. Best Practice for Cost-of-Capital Estimates[J]. *Journal of financial and quantitative analysis*：JFQA,2017,Vol.52(2)：427-463。

股票是一种长期资产

考虑股权溢价的一种自然方式是将其清晰地分解为期限溢价和风险溢价。经验证据表明,股票的大部分价值来自其长期回报(几十年后),而不是未来几年的回报。股票市场应该被视为一项非常长期的投资。

因此,如果你对衡量风险溢价感兴趣,应该从股票收益率中减去长期债券的收益率。如果你减去短期票据的收益率,最终只能得到期限溢价和风险溢价的总和。

> 标准普尔500指数的平均回报是多少?

根据图9.2,在过去50年,长期债券相对于短期国库券的期限溢价为3%~4%,而在较长历史上则为2%;过去50年,风险溢价约为2%,过去100年的风险溢价约为4%。这些不同的数字会在后文中应用,我们必须记住。

对估计的反对

如果你使用90年的历史数据、算术收益率和短期国库券的利差,可以估计股权溢价高达8%。这个数字在许多金融教科书中被广泛引用。理解这个数字很重要,因为很多人仍在使用它,已经铭刻在几代学生、从业者和金融学教授的脑海中。但8%有特定的含义,是基于特定样本周期的。更糟糕的是,它经常被误用。

> 过去50年:
> 股票−短期票据=
> 3%期限+2%风险

图9.2中8%的高估计和2%的低估计均来自相同的历史数据。让我解释一下它们之间的主要区别:

> 关键在于选择的时间区间。

1926—2015年股票超过短期国债的算术溢价收益率	≈8%
如果使用1970—2015年的样本期	−2%
如果使用长期国债	−2%
如果使用几何回报率	−2%
1970—2015年股票超过长期债券的几何溢价收益率	≈2%

8%的数字似乎高得惊人。它通常被称为**股权溢价之谜**。(但真的能期望在你大约50年后退休时,股票的收益表现会比债券高出 $1.08^{50} \approx 50$ 倍吗?不!)这只是美国股票声称的优于美国国债的超额表现。图9.2清楚地表明,自1970年前后以来,它更像是一个期限溢价之谜。长期债券的表现优于短期债券3%~4%。股票作为长期资产,其表现仅比长期债券高出1%~2%。或许我们应该更多地讨论的是期限溢价之谜而不是股权溢价之谜。相比之下,2%的数字似乎很低。对于免税投资者而言(例如,401-K养老金投资),2%是对风险的较合理补偿。

让我们逐一讨论差异:

(1) **样本选择期间**? 你必须判断什么时期的历史样本是合适的。你可能想将最近期(比如去年)作为样本期的结束。但如何选择样本期的起点呢?是应该从1926年(大多数常见金融数据库开始的时间)还是1970年(大约是1926年起至今期间的一半)开始?如果你使用更长的期间,在统计上看起来更可靠,但使用长样本意味着你会更多地依赖于世界没有怎么改变的伟大假设。今天的世界及其预期的资产风险和回报真的和1830年、

1871年、1926年或1970年时一样吗？（另外，美国真的是出类拔萃的伟大国家吗？美国是否恰好在"美国世纪"的前半期出现了异常幸运的情况，这种情况不太可能重演？在这种情况下，普通国家的经验也可能是对当今美国更好的预测。）没有人知道最佳的样本选择期，我更喜欢半个世纪的较短样本期。

正如图9.2所示，近50年样本期中的股票溢价较低不是因为噪声较大的股票表现更差，而是因为噪声较小的国债表现更好，长期债券的收益率持续高于短期国债。

（2）**长期或短期债券**？你必须判断短期债券还是长期债券是合适的标的。若从可以做出日常资金的重新分配决策，并在无风险短期国库券和股票之间轻松转换的金融市场投资者角度来看，使用短期利率作为基准收益率是有意义的。从需要决定短期项目的经理角度来看，使用短期利率作为标的也很有意义。但是，若从需要将资金投入具有数十年现金流的长期项目的公司经理角度来看，则意义不大。公司不可能迅速地变换更改投资决定，比如建造发电厂。建厂是一个长期的决定。如果投资者投入20年期的国债能获得更高的国债收益率，并且你的工厂也要求投入20年，那么工厂项目也应该以该长期预期利率作为基准回报。方便的是，每天都可以在网上轻松查找1年期和20年期无风险利率之间的期限利差，非常确定。

（3）**几何收益率还是算术收益率**？你必须判断NPV公式中的基准资本成本应该使用几何收益率还是算术收益率。答案并不明确，可回顾第7.1节。有一种惯例是假设过去的回报同样代表未来可能的结果，许多公司在没有太多考虑的情况下，将年度算术平均股票回报或者说股权溢价作为标准。然而，这样做意味着他们预计未来多年股票相对于债券的表现将比过去更好。（对于吹毛求疵的人来说，理论上正确的选择取决于现金流的持续时间，建议将算术平均值和几何平均值之间的某个数值作为股权溢价的估计值。）

但是一个简单的观点是：苹果必须和苹果进行比较。如何看待项目的预期现金流量？我敢打赌你将从几何的角度来考虑。如果从算术预期现金流的角度，首先获得+200%，然后是-100%[即全部亏光]的两期预期现金流的项目，算术平均值是正的，但这明显是错误的。本书将在第9.4节中再关注复合的几何收益率。

20世纪真的是"美国世纪"吗？

从1920年到1995年，美国的股票复合年度收益率约为每年8%。经通货膨胀调整后约为6%。相比之下，1937年在罗马尼亚的股票投资者不仅经历了德国入侵和苏联占领，而且在其股票市场存在的4年（1937—1941年）中，每年的实际资本增值约为-27%。许多其他东欧国家也遭遇了类似的命运。即使是没有经历过政治灾难的国家，也常常证明其投资收益不够优秀。例如，阿根廷股票市场从1947年到1965年的唯一功能似乎是消灭其投资者。在1941—1953年以及1957—1977年，秘鲁股票市场投资者损失了所有的钱。但从1988年到1995年，它的投资者获得了高达63%的实际回报率。印度的股票市场始于1940年，为其投资者提供的实际回报率仅为每年-1%左右。巴基斯坦股市始于1960年，每年提供约-0.1%的回报率。

即使是股票市场历史悠久且没有政治困境的欧洲国家，其表现也不如美国。例如，

> 从 1920 年到 1995 年,瑞士和丹麦每年的股票名义收益率约为 5%,而美国的年收益率约为 8%。在 20 世纪的大部分时间里,美国股票市场的表现都不寻常,高于平均水平。21 世纪会是中国的世纪吗? 中国的资产价格是否已经反映了这一点?
>
> 格茨曼和乔里恩(1999)

历史估计的不确定性和比索问题

请原谅,我甚至还没有提到另一个大问题:误差幅度很大。如果使用 100 年的样本,每年股票回报率 20% 的标准差转化为 $20\%/\sqrt{100} \approx 2\%$ 的标准误差。如果假设股票市场在过去 100 年中没有发生变化,并且股票收益大致呈正态分布,那么可以使用统计推断:你大约有 95% 的把握(一个统计学上常见的置信区间)说,从 1926 年到 2015 年长期债券的真实平均几何股票回报率在 0%~8% 之间。坦率地说,当你需要决定去哪里投资时,如此宽幅度的股权资本成本并不符合准确度的要求。你已经知道,至少应该合理地相信股权溢价不应该是负数。

更复杂的是,一些经济学家认为,即使是观察到的历史数据也不能说明全部情况。也许我们只是碰巧生活在股市从未出现过最坏结果的世界。真正的预期回报率可能为零,甚至为负。因此,这些经济学家认为灾难是可能发生的,只是发生概率很小(例如,100 年中有 1 年),而且它们只是在过去 100 到 200 年中"碰巧没有发生"。超级火山没有爆炸、小行星没有击中地球。例如,

	小行星撞击	正常情况
可能性	0.01	0.99
股票回报	−99%	+1%

真实平均预期回报率:0%

正常情况的平均回报率:1%

这种风险资产的零预期回报率很可能是合理的。相信我,在 100 多年的时间里大约有三分之一的概率,不会有一颗小行星撞击地球。如果你碰巧生活在一个被称为"过去 100 年的美国"的世界,你会得出 1% 的历史平均回报率。也可能对真实预期回报率的估计过于乐观了。这有时被称为**比索问题**,这是基于一篇关于墨西哥比索货币汇率的晦涩学术论文。[1] 当你说"比索问题"时,金融经济学家会明白你的意思!

有一些经验证据表明,投资者的行为就像他们害怕墨西哥比索崩盘一样,但我们不知道这种恐惧是否(或曾经)是理性的,我们也不确定它可以解释多少历史股票溢价。一个合理的数量级是,对股价崩盘风险的额外补偿最多可以占到每年 1%~2% 的股票溢价,

---

[1] 比索问题这一术语是根据 1976 年以前墨西哥货币比索所表现出的特点命名的。在 1976 年以前的很长一个时期内,比索对美元的汇率一直是远期贴水,反映了人们对比索贬值的预期。然而事实上,在 1976 年以前,比索对美元一直在升值,直到 1976 年方才迅速大幅度贬值。这种现象说明,人们对比索贬值的预期仍然是正确的,只是这种贬值发生的概率很小而已。

甚至可能没有。

结 论

如果对前瞻性的股权溢价收益率的估计是基于"历史均值Ⅰ"方法,那么你可以选择 1%(对于长期现金流)作为估计值。如果你是激进的,你甚至可以选择 8%(对于短期现金流)作为估计。如果需要,股权溢价可以从 0% 到 10% 以上不等(甚至讽刺的是,你可能出钱收买了提出如此激进观点的专家)。你对这里的不确定性和这么宽的估计范围感到敬畏或者厌恶吗?对我来说,两者兼而有之。

方法 2. 历史均值Ⅱ

> 讽刺的观点:历史已经不是过去的样子了!

估计股权溢价的第二种方法是从相反的角度看待历史。也许股票变得更受欢迎是因为更多的投资者变得不那么厌恶风险了,他们会竞相持有更多股票,从而推高价格。这意味着未来的预期回报率会降低!过去的高回报率将表明未来的预期回报率更低。

> 反向的历史均值。

这一论点的一个更极端的版本表明,过去的高股票回报率可能不仅是由于高额的事前股票溢价,还可能是由于股票市场的历史"泡沫"。[1] 泡沫观点的支持者通常无法量化适当的股票溢价,但他们确实认为,在最近的市场上涨之后,股票收益率将会更低,这与历史均值Ⅰ的支持者所主张的观点完全相反。但是你应该知道,并非每个人都认为股市存在泡沫,很少有经济学家认为整个 21 世纪的美国股市是一个大泡沫。

方法 3. 当前的一些预测比率

第三种估算股权溢价的方法是尝试以历史股息收益率来预测股市收益率。更高的股息收益率通常会使股票更具吸引力,因此预测的未来股票溢价会更高。这种股权溢价估计通常分两步获得:

> 股利或利润率。

(1)进行一个统计回归,预测股权溢价与股息收益率的相关性方程。
(2)将当前的股息收益率代入你的估计回归方程中,以进行预测。

2016 年年中,股息收益率如此之低,以至于预测的股权溢价为负数,这毫无意义。这种方法的替代方案使用了利率或净资产收益率,通常具有相似的结果。无论如何,经验证据表明,这种方法并不能很好地预测。

对于这种方法是否适用于短期(比如 1~5 年)股票溢价预测,学者们存在分歧。但所有人都同意,我们没有数据能够验证这种方法是否有效以及预测 10~50 年的股权溢价。最需要股权溢价估计的公司财务经理,恰恰需要预测比较遥远的预期现金流。因此,大多数公司经理可以忽略这种方法。

---

[1] **泡沫**是一个失控的市场,其中理性已经或至少暂时地消失了。关于股市是否曾经出现过泡沫,学术界存在很多争论。一个强有力的例子是,科技股在 1998—2000 年前后经历了一次泡沫。它通常被称为**网站泡沫、互联网泡沫**,或者简称为**科技股泡沫**。对于纳斯达克指数为何从 1999 年 3 月的 2 280 点攀升至 2000 年 3 月的 5 000 点,以及为何从 5 000 点回落至 2001 年 4 月的 1 640 点,都没有很好的非泡沫解释。

方法 4. 哲学

第四种方法是哲学的思辨方法,即考虑需要多少回报率,才能吸引理性的投资者将股票视同债券。即使股权溢价低至3%,在25年之后,股权投资者最终将获得超过债券投资者两倍的资金。在一个完美的市场中,没有什么是免费的,股票承担风险的高回报应该是公平的。因此,6%~8%的股权溢价对于股市中观察到的风险来说似乎太高了。这种哲学方法通常建议合理的股权溢价应为1%~3%。

> 内省和哲学。

方法 5. 调查:询问专家

选择多少作为股权溢价?哦,欢迎来俱乐部问一问吧!没有人知道真正的股权溢价。因此,第五种方法是询问专家,他们是可能知道也可能不知道的人,这是瞎子给瞎子引路,估计的范围有很大的不同(而且这些估计的范围通常也容易向给出估计的人的利益倾斜):

- 美国社会保障部门使用大约4%的估计值。
- 麦肯锡咨询公司几十年来一直使用大约5%的标准。
- 金融学教授在世纪之交给出的最常见股权溢价估计为1年期5%和30年期6%,两者的范围都在3%到8%之间。美国、西班牙、德国和英国的估计值大体相似。
- 2005年2月28日星期一,《华尔街日报》的杰森·茨威格报告了从那时到2050年的每年经通胀调整后预测的股权溢价,如表9.1所示。如你所知,重要的是这几点:(1)引用几何平均值还是算术平均值;(2)是否以短期利率或长期利率为基准来报价股权溢价。如果使用短期利率,则需要在此表中的股票溢价估计值上再增加1%~2%。(股权溢价的数字是否经过通胀率调整并不重要。因为股权溢价本身就是两个名义利率的差异,通胀率抵消了。)我们还有30多年的时间才能回测该预测是否准确,但1%~2%看起来仍然是正确的。

> 分析师的估计也各不相同。每年2%到6%之间的估计似乎是合理的。

表 9.1 杰森·茨威格调查——一些著名的股票分析师的预测

姓 名	机构	股票	政府债券	公司债券	股权溢价	
					相对政府债券	相对公司债券
William Dudley	高盛	5.0%	2.0%	2.5%	3.0%	2.5%
Jeremy Siegel	沃顿商学院	6.0%	1.8%	2.3%	4.2%	3.7%
David Rosenberg	美林	4.0%	3.0%	4.0%	1.0%	0.0%
Ethan Harris	雷曼兄弟	4.0%	3.5%	2.5%	0.5%	1.5%
Robert Shiller	耶鲁大学	4.6%	2.2%	2.7%	2.4%	1.9%
Robert LaVorgna	德意志银行	6.5%	4.0%	5.0%	2.5%	1.5%
Parul Jain	野村证券	4.5%	3.5%	4.0%	1.0%	0.5%
John Lonski	穆迪	4.0%	2.0%	3.0%	2.0%	1.0%
David Malpass	贝尔斯登	5.5%	3.5%	4.3%	2.0%	1.2%
Jim Glassman	JP摩根	4.0%	2.5%	3.5%	1.5%	0.5%
	算术平均值				2.0%	1.4%
	方差调整的几何平均值				1.0%	0.4%

- 2005年，来自杜克大学的格雷厄姆和哈维以及《首席财务官》杂志的一项民意调查显示，首席财务官的平均股权溢价估计约为3%。到2015年，经历了多年的牛市后，格雷厄姆和哈维报告说，他们预计10年的相对股票溢价为4.5%。
- 2008年年中，全球金融危机刚刚开始，美林证券对300名机构投资者的调查显示，该比例为3%。
- 2012年，巴勃罗·费尔南德斯报告说，美国、西班牙、德国和英国的分析师和公司都使用了5%～6%的平均估计值——就像金融学教授一样，并且具有相同的典型范围为3%～8%。在接下来的3年中，这一估计进一步增加了1%。
- 2020年6月，资产规模近4 000亿美元的美国加州政府公务员养老基金CalPERS的董事谈到，从长远来看，基金的投资组合将实现7%的投资回报率，预期（几何）回报率为7%——比当时流行的长期国债高5.7%——这是乐观的预测结果。CalPERS还持有一些私募股权资产，没有理由相信这些资产可能跑赢股市。7%似乎是不现实的，但降低这一估计意味着加州的政客们今天将不得不为未来的养老金支付留出更多的钱。显然，他们更愿意保持乐观的估计，并将这件事留给继任者。
- 巴勃罗·费尔南德斯和他的团队对世界各地的金融和经济学教授、分析师和公司经理进行了一项调查。他们在SSRN上给出的报告中提供了88个国家的股票市场风险溢价的平均估计值。2021年，日本的平均股票市场风险溢价为5.2%，美国为5.5%，中国为6.2%。大多数估计值在5.5%～11%之间，两个异常值是阿根廷的17.4%和委内瑞拉的19.8%。

当然，这些估计本身很可能是基于前四种方法。一个已经提到的事情而且导致该方法无效的是，调查估计似乎与近期股市回报非常密切地相关。例如，在2000年年末，就在股市大幅上涨之后，《财富》或《盖洛普/潘尼韦博》的调查显示，当时投资者预计股票溢价每年高达15%。但他们非常失望：在接下来的两年里，股市下跌了30%。也许他们只是看错了符号！

方法6. 内部资本成本（ICC）[1]和会计模型

结合上述调查方法和分析的一种混合方法是"内部资本成本"。基本上，这种方法使用分析师对标准普尔500指数未来几年收益的一致预测来建立一个永续模型，从而使这一资本成本贴现未来收益可以等于当前的标准普尔500指数价格。由于分析师的估计随着商业周期的变化而变化，研究人员通常使用多年的内部资本成本的平均值。

如果再观察一下图9.2，你会注意到一条标有"FFImpStocks"（FF模型内含的股票收益率）细小的线，它来自将分析师的盈利预测转换为股票市场的预期回报率。直到20世纪80年代中期，这个几何平均收益率普遍低于历史平均水平，与"20世纪是幸运的美国世纪"的观点一致。然而最近，它和历史的预期回报率较为一致，后者预示了较高的未来股票市场预期回报率。

---

1 ICC, internal cost of capital。

有一些基于会计的模型,经常被其支持者称为"灵丹妙药",或者至少是更好的替代品。唉,当我以更怀疑的眼光看待其中一些模型时,则无法赞同,原因有三个:首先,这些模型太"精致"了,每个模型都进行了一些调整,以使其在数据上看起来不错。其次,这些模型往往在样本期的前半段运行良好,在后半段则不太好。最后,如果这些会计模型真如提出者所声称的那样可靠,那么投资基金应该像飞蛾扑火一样涌向这些模型。但实际上许多基金经理并没有采用。这并不是说会计模型没有一个奏效,只是其中那些我深入研究的模型不能成立。

9.4 具有前瞻性的基准收益率

无风险利率和股权溢价是经济学和金融学中最重要的两个数字。如果无风险利率高,你应该多储蓄,少消费。如果股权溢价很高,你应该将更多的储蓄分配给股票,而不是债券。上一节已经教你如何查看历史数据。

但是你可能对资产的历史表现不感兴趣,相反,你对未来的预期表现更感兴趣。

那么,今天合理的前瞻性预期股权溢价是多少?遗憾的是,没人能给出你权威的估计答案。这样的权威答案是不存在的,每个人都在猜测。不幸的是,除非你的项目没有市场风险类型的风险敞口,否则你必须确定一个资本成本的数字。(我将在第10.4节中解释如何巧妙地解决这个问题。)我不能保护你脱离估计资本成本的困境,但可以为你提供在估计成本时需要考虑的因素。

> 向前看而不是向后看!

如果希望我在后续章节中拯救你,直接给出正确的数字,或者告诉你不需要资本成本来做决定,我不能。甚至更多的相关金融模型,特别是下一章中的CAPM,也要求你必须提供估计。模型只是告诉你某一项目相对于国债和股票市场的预期回报率。由你确定股权溢价收益率的估计值,再乘以市场贝塔系数,CAPM会告诉你项目的目标资本成本。模型本身要求你给出你的股权溢价估计。

对于企业的资本预算来说,需要好的资金的替代方案(也即基准收益率),这衡量了资本的机会成本。如果你是买方投资者,也需要资本的基准收益率。你需要判断:在可选择的经济范围内,你的主要机会是什么?你想把钱投向何处?

期限和风险

我承认无法教给你绝对正确的股权溢价估算方法,但至少可以教你如何避免一些基本错误。你已经学习了一个重要知识,在历史平均值的背景下,短期项目和长期项目应该有不同的基准收益率。这种洞察力非常重要,让我们更详细地讨论它。

> 基准收益率是资金的替代方案,说明是相对定价,而非绝对定价。

对于无风险项目,正确估算资本成本的方法是显而易见的。如果项目是短期的,那么正确的标的是短期票据的收益率。如果项目是长期的,那么正确的标的是长期债券的收益率。

对于有风险的项目,正确估算资本成本的方法不太明显。请记住,股票本身就是长期资产。如果你有一个项目的回报与股票市场一样高风险并且具有

> 债券的期限溢价。

同样长的期限,那么股票市场收益率是你正确的基准收益率。股票市场的预期收益率反映了期限溢价和风险溢价。如果你认为过去 50 年可以很好地代表未来,图 9.2 告诉你应该期望 10% 的平均几何回报率,其中约 5% 是短期的基准收益(储蓄溢价),2% 是长期的期限溢价,3% 是承担风险的风险溢价。

> 股票的期限溢价和股权溢价。

如果你的项目的回报与股票市场的收益一样有风险,但只持续一段时期,那么不含期限溢价的股权溢价是正确的标的。因此,7% 的贴现率更为合适。

一些金融学教授认为,你应该对长期现金流项目使用更高的风险溢价(高于 3%)。也就是说,股票的期限溢价高于国债的期限溢价。但是仅国债的期限溢价容易衡量,而且这个额外的"影响因素"可能很小。

几何方法还是算术方法计算现金流和基准收益率?

NPV 公式在不确定性下如何运作? 在单一的时期内,几何平均收益率与算术平均收益率相同。算术平均回报率本身是计算许多较小时间间隔内的复合(几何)平均值的均值。现在,通常公开报价的基准回报率常常是年度甚至更短期的回报率,而不是长期例如 30 年的回报率。你必须将短期回报率的数字转换为你需要的预期长期回报率。

> 对于长期现金流的贴现,应用短期回报率的平均值,采用几何方法还是采用算术方法非常重要。

下面比较一下具有不同波动率的长期项目现金流的算术平均回报率。你宁愿在一个年平均回报率为 5%、标准差为 40%(股票市场的两倍)的 100 美元投资项目上投资 T 年,还是投资一个平均回报率为 2%、方差为零的项目?如果应用算术平均值计算 NPV

$$(错误的结果:) -100 + \frac{+100 \cdot (1+5\%)^T}{1+1.02^T} > 0$$

根据 NPV 结果,应该接受这个项目。但这是错误的。

> 使用算术平均值=错误。

原因是 T 个时期的预期回报率 $E((1+r)^T)$ 不是 $[1+E(r)]^T$。几何收益率小于算术收益率。(请记住:50% 的回报率、然后是 -50% 的回报率的项目,算术平均收益率为 0,几何平均收益率为 -25%,真实结果是几何平均收益率的结果。)如果分布遵循正态钟形曲线,那么几何回报率是算术回报率减去大约一半的标准差平方值。在上例中,算术平均值为 5% 和标准差为 40% 的情况下,真正的期望收益率是 $5\%-40\%^2/2=-3\%$,而金融市场的对标项目(即基准收益率)每 T 年提供 +2% 的收益。对于这样一个长期项目,你当然应该拒绝。

> 该项目每 T 年的几何收益率不是 5%,而是 -3%。

对于长期现金流,只有当你使用适当的复合(即几何)预期回报率时,NPV 才真正有意义。幸运的是,大多数投资者以几何方法考虑 NPV 分子中的预期现金流,因为这是他们关心的。若一个项目现在投资 100 美元,10 年后得到一笔 150 美元的现金流量,则意味着 50% 的复合回报率,然后将这个复合回报率与金融市场其他投资机会的几何回报率进行比较。

> 大多数预期现金流量都是隐含地采用几何方法计算。

期限和均值

你期望股票市场的基准回报率是多少?如果你预计股市明年将实现 12%

的回报率，标准差为 20%，那么你应该期望在很长一段时间内股票市场将实现约 12%－$20\%^2/2 \approx 10\%$ 的回报率。12% 和 10% 之间的 2% 的差异，大致是过去 50 年里美国股市的算术回报率和几何回报率之间的历史差异。

现在，当你想对短期或长期的风险现金流项目选择基准收益率时，将期限溢价和风险溢价结合起来。对于长期项目，可以将投资于股票市场或长期国债预期收益率作为基准收益率。

重点：无论你对短期市场风险溢价 EQPST（"股权溢价，短期估计"）的基本估计是什么，都需要进行以下粗略调整，以使你对长期市场风险溢价的估计与你的短期市场风险溢价保持一致（假设风险回报在未来几十年将保持接近）。

	算术方法	几何方法
相对于短期国债	EQPST	≈EQPST－2%
相对于长期国债	≈EQPST－2%	≈EQPST－3.5%

EQPST：为 equity premium, short term 的简称

例如，如果你认为股票市场在未来一年内的表现将比短期国债高出 6%，那么你应该预期在未来 30 年中股市的（年复合）回报率将比长期国债高出 2%～3%。人们可以质疑这些调整的建议是否最多会偏离 1%，但它们是在正确的范围内。

当评估短期项目时，你可以使用左上角的 EQPST 作为合理的基准收益率。当评估长期项目时，你应该使用右下角的基准收益率。无论如何，不要错误地认为长短期项目的基准收益率是相同的。

将股票市场收益率分解为期限溢价和股权溢价，对于那些不是 100% 投资于股票的投资者来说很重要。对于 100% 的股票投资者，你添加的任何期限溢价都会被减去（TP＋(MRP－TP)＝MRP）。对于短期投资而言，预期较高的股权溢价但较低的期限溢价。对于长期投资而言，预期股权溢价较低但期限溢价较高。但是，如果你有其他类型的投资，例如 50% 股票和 50% 债券的组合投资，那么期限溢价和股权溢价就很重要了（TP＋0.5·(MRP－TP)≠MRP）。这将在下一章中解释得更加清晰。

> 100% 投资股票的收益不受影响，而其他组合投资的收益将受影响。

在评估股票投资时，基金经理应该加上股权溢价估计和期限溢价估计，以得出预期的结果。比如预计明年基金收益将超过短期国债收益率 6%，这与预计基金收益将超过长期国债收益率 2%～3% 是一致的。

不要只从字面上理解规则。基金经理和企业管理者一般对长期项目更加保守并设置更高的门槛回报率。这可能与他们对项目现金流的不确定性和不完美市场溢价的评估有关，而非源于股票和债券投资的长期平均回报率的预期。例如，免税养老基金一般不会期望美国股票市场的年回报率在数年内会持续超过投资于长期国债 2%，即使它认为股票市场明年的表现将比短期国债高出 6%。

> 基金经理应该预期基金在不同期限内的不同超额回报。

> 现实世界的门槛回报率通常设置得更高。

顺便说一句，你还记得图9.1吗？对"股权溢价"估计的一些分歧源于不同教科书的概念分歧。最常见的估计往往是最高估计，即EQPST（短期股权溢价，算术收益率）。

我的个人观点

关于是选择几何平均数还是算术平均数，以及短期国债与长期国债，取决于实际应用情形而非主观意见。许多早期的教科书未能解释这种差异，导致资本成本计算错误。然而，选择一个相关历史期限的样本来评估未来的资本成本，归根结底是主观意见。对我来说，倾向于相信过去50年比过去100年更有意义。因此，我建议采用长期的股权溢价即约为2%，这远低于其他书籍中所宣称的5%。但是我也强调，一般我使用10年的期限溢价，它比1年的期限溢价高2%~4%。在第11章，我们还将讨论不完美市场中的股权溢价，将进一步提高长期资本成本的估计。

这里特别需要强调，保持一致很重要。不要在一个项目中使用3%，而在另一个类似项目中使用8%。保持一致可以减少你在选择项目时的相对错误。

最后，请注意，企业经理们通常不太关心资本成本估算中的科学性，而更关心是否应该接受一个项目，因此他们有可能夸大或者贬低项目的价值。受雇的"专家"通常会根据付费客户的意愿，挑选甚至低至0%或者甚至高至8%的资本成本估计值。我经常发现这些项目的价值估计越远离我自己的评估值，我发现任何超出0%~8%范围的资本成本都难以接受。

Q9.3　什么是适当的股权溢价估计？什么不是？你是怎样推理的？

> 权益资本成本与资产资本成本以及项目预期收益率。

9.5　资产的资本成本与权益的资本成本

始终区分**资产的资本成本**和**权益的资本成本**[1]是非常重要的。项目中的债务总是比整个项目资产更安全，股权总是风险更高。因此，股权应该比资产具有更高的资本成本。

> 比较杠杆项目和无杠杆项目。

举一个简短的例子。假设你可以6%的预期回报率购买一家购物中心。当你在雅虎金融（Yahoo! Finance）网页中查看零售购物中心的**REITs**产品（房地产投资信托，类似于股权投资）的收益时，你会发现REITs提供了更高的预期回报率，比如12%。要放弃购买购物中心的项目吗？不必要。

> 杠杆化和去杠杆化。

要比较这两种投资，你必须考虑到房地产投资信托基金通常已经高度杠杆化，在零售商场项目上常常获得50%以上的抵押贷款[2]。如果采用80%的

---

[1] 资产的资本成本（asset cost of capital），简译为资产成本；权益的资本成本（equity cost of capital），简译为权益成本。

[2] 即在零售商场的购买上，REITs作为股权投资，抵押贷款作为债务融资，债务融资部分一般超过50%。

抵押贷款,贷款的预期年回报率为 4%,则 REIT 项目的基础资产的资本成本为

$$E(r_{商场}) = 80\% \cdot 4\% + 20\% \cdot 12\% = 5.6\%$$

$$E(r_{商场}) = \frac{负债价值}{公司价值} \cdot E(r_{抵押贷款}) + \frac{权益价值}{公司价值} \cdot E(r_{REIT})$$

你的购物中心的 6% 的资产回报率相比起来就很划算。这种计算过程称为**去杠杆**的资本成本。或者,假设你也可以获得相同的抵押条款,计算拟购买的商场项目的杠杆化的资本成本,

$$6\% = 80\% \cdot 4\% + 20\% \cdot x$$

$$E(r_{商场}) = \frac{负债价值}{公司价值} \cdot E(r_{抵押贷款}) + \frac{权益价值}{公司价值} \cdot E(r_{REIT})$$

x 的计算结果为 14%,也即加杠杆的股权预期回报率为 14%。

9.6 分解报价收益率

让我们回到 6.2 节的主题。当时你了解到,在一个完美且风险中性的世界中,报价收益率包括时间溢价和违约溢价。平均而言,违约溢价为零,所以预期回报率只是时间溢价。所有相同期限资产都提供了相同的期望回报率。

在本章中,当假设股票提供了比债券更高的预期回报率时,我们改变了假设。当投资者风险规避或非完美世界时,同期限资产的预期收益是存在差异的。(投资者风险规避和非完美世界两个条件变化任何一个都可以——顺便提一下,两个条件都有助于提高长期项目的收益率。)下面假设投资者厌恶风险,因此,股票的预期收益率提供了额外的风险溢价。

> 回忆:公开/报价的债券收益率包含了时间溢价和违约溢价。

> 承诺回报率 = 时间溢价 + 违约溢价 + 风险溢价
> 实际回报率 = 时间溢价 + 实际违约成本 + 风险溢价
> 期望/预期回报率 = 时间溢价 + 预期风险溢价

你需要小心区分违约溢价和风险溢价。从长远来看,违约溢价平均为零,只有风险溢价才会增加你的预期回报率。不幸的是,期望回报率(或者风险溢价)从未在现实世界中公布过。通常公布的只有承诺回报率。

例如,假设你想确定一个投资项目或被称为"准债券"项目的现值,该项目 75% 为无风险债券,25% 为股权。假设无风险收益率为每年 2%,股票市场的期望收益率为 2% + 4% = 6%。因此,项目的期望收益率应为:

$$E(r_{准债券}) = 75\% \times 2\% + 25\% \times 6\% = 3\%$$

> 一个假设的准债券资产示例。

这里考虑了时间溢价和风险溢价。现在假设该"准债券"项目承诺明年支付 200 美元,注意,该准债券项目的价格当前不是 $200/(1+3\%) \approx 194.17$ 美元! 要理解这一点,请继续。因为我还没有告诉你该公司破产的可能性有多大,如果有 5% 的概率会破产,破产后该准债券不支付任何收益。在这种情况下,项目的期望收益为 $5\% \times 0 + 95\% \times 200 = 190$ 美元。因此,它的当前价格应该是

$$PV_{准债券} = \frac{E(C_{准债券})}{1+E(r_{准债券})} = \frac{190}{1+3\%} \approx 184.47(美元)$$

根据这个价格,你现在可以计算该债券的承诺(或报价)回报率:

$$\frac{200-184.47}{184.47} \approx 8.4\%$$

$$\frac{承诺现金流量 - 现值}{现值} = 承诺回报率$$

现在可以将此示例中的承诺回报率分解为三个部分:对于这个准债券项目,货币的时间溢价为每年2%,这是相同期限国债提供的回报率;特定的风险溢价是该准债券提供的预期回报率高于同期限国债收益率的额外1%;剩下的5.4%则是违约溢价。平均而言,你不可能从该违约溢价中获得收益。只有当债券没有违约时,你才能赚取该笔违约溢价收益。

$$8.4\% = 2\% + 1\% + 5.4\%$$

承诺回报率 = 时间溢价 + 风险溢价 + 违约溢价

在现实世界中,投资级公司债券高于同期限国债的溢价大部分不是由于风险溢价,而更多是由于违约溢价(也可能还有其他市场不完美的溢价,将在后面的章节中讨论)。公司债券只是不会总像其承诺的那样支付收益。然而,对于公司项目和股权来说,风险溢价可能相当大。

准确记牢:

- 你的基准资本成本应该是期望/预期回报率。如果使用历史平均回报率,你通常会假设这些历史平均值代表了期望/预期回报率。
- 预期回报率不是公布的(承诺的、报价的)回报率,因为预期回报率中不包括违约溢价。
- 违约发生的可能性是在NPV公式的分子(通过预期现金流)中体现,而不是在NPV公式的分母(通过预期回报率)。

9.7 其他的基准收益率和方法

国债和股票并不是你仅有的可使用的两种标的资产。根据所要评估的项目,公司经理们也经常使用其他基准资产。例如,一些公司经理不使用无风险国债,而是使用与自己公司发行的相类似的债券。例如,投资级债券或垃圾债券、抵押债券、主办银行的融资等。在这些情况下,重要的是不要忘记公开报价的可比资产收益率总是包含了违约溢价,所以你自己的项目也必须提供违约溢价。这一点非常重要,我再重复一遍:永远不要将预期回报率与承诺回报率混淆。非投资级债券报价收益率提供比无风险利率高2%~5%的收益,并不意味着它预计会比无风险利率高出2%~5%。未来的违约溢价将抵消收益率的差异,预期回报率就是如此。

其他可能的基准——固定收益的资产篮子

在股票基金经理的投资范围领域,也有许多标的:不仅如标准普尔500指数,还有**价值与增长**投资组合、**市值**投资组合、**动量**投资组合、**盈利**投资组合或行业投资组合。还有一些公司经理可以将一些大宗商品的预期回报率作为基准收益率。例如，埃克森·美孚公司的预期收益率可能与石油价格密切相关。如果合理的石油商品的预期回报率为20%，那么埃克森·美孚的石油储存业务应该同样产生20%的预期回报率。私募股权、风险投资和对冲基金通常也有各自的标的资产收益率。

> 其他可能的基准——股票和其他资产的篮子。

原则上，上述不同的投资都是以同样的方式运作：作为公司/基金等的管理者，首先你要评估一些基础标的资产的预期回报率。然后，评估你的项目与基础标的投资资产有多相似，以及与哪个标的资产更相似，你的项目可以被视为基础标的资产的组合吗？然后，确定你的项目的预期回报率。如果你的项目在风险回报方面超过了公开可采取的其他投资方案（即各类基准资产收益率），你应该进行项目投资。否则，拒绝该项目。

> 你的项目如何衡量？

本质上，我们的方法只是将你的候选投资项目与资金提供者的其他投资机会进行比较。这也是为什么这种模型被称为**资产定价模型**，尽管该模型是根据预期收益率来表述的。因为预期回报率永远不会公布，只有价格会公布。简言之，所有的经济观点根本上是："具有相似特征的投资机会——尤其是风险特征——应该提供相似的预期回报率。"

> 价格还是预期回报率？

重申：作为一名公司经理，你需要一个预期回报率——资本的机会成本——作为NPV公式中的分母。如果项目提供的预期回报率低于你的投资者在其他类似风险项目中获得的回报率，那么你应该拒绝该项目，如果项目提供更高的预期回报率，那么接受该项目。

总结

本章涵盖以下要点：

- 对于每个项目现金流，需要估计投资于等价的标的资产的预期回报率，也称基准回报率，这是NPV公式中用作资本成本的"资本机会成本"。
- 最重要的标的资产是低风险资产（如国债）和高风险股票资产（如标准普尔500指数）的预期回报率。
- 对 r_F，应该使用与项目现金流时间匹配的债券资产。未来时间更远的现金流通常具有更高的资本机会成本。
- 难以估计股权溢价。关于它应该是什么或如何进行最好的估计，没有明确共识。对股权溢价（$E(r_M) - r_F$）的合理估计，可以从长期的年1%到短期的年8%不等。对于大多数长期项目现金流来说，使用约1%~3%的估计值很常见。
- 投资者关心几何回报率，而不是算术回报率。当项目具有不同的风险时，两个平均值可能非常不同。
- 正确的基准资产收益率一般根据期限和风险进行了适当调整。但是当基于历史估计时，需要判断哪个历史样本期最能代表未来。
- 债券和股票的预期回报率取决于多种因素，首先和最多的是各类风险。其他的标的资产和投资组合资产也是如此。基准标的资产不一定是债券和股票。公司经理人员通过选择与拟评估的项目更相似和更好的标的资产，通常可以获得估算的资本成本。

答案

章后习题

Q9.4 如果项目的预期回报率不能达到标的资产/基准资产的预期回报率，那么你作为经理应该怎么做？

Q9.5 在完美世界的情况下，你应该只选择NPV最高的项目还是所有NPV为正的项目？

Q9.6 解释关于股权溢价估计的基本观点。

Q9.7 如果你不想估算股权溢价，有哪些替代的资本成本估算方法？

Q9.8 用200字以内的文字解释：什么是市场风险溢价的合理估计，为什么？

Q9.9 权益成本通常高于还是低于资产的资本成本？

Q9.10 假设金融市场上一个可比同行企业的项目由50%的债务和50%的股权融资。其股权的预期回报率为15%，其债务的预期回报率为5%。如果你的项目提供12%的预期回报率，应该接受还是拒绝这个项目？

Q9.11 一家公司的预期回报率为6%，其债务为3%的无风险利率，现行的股权溢价为4%。

1. 如果公司权益的预期回报率是7%，那么公司的负债率是多少？
2. 公司为自己进行再融资。它用新发行的债务回购了三分之一的股票。假设这笔债务仍然是无风险的。它的新负债率是多少？
3. 公司必须向其新债权人提供多少的预期回报率？
4. 公司的加权平均资本成本是否发生了变化？
5. 公司必须为其新的杠杆股东提供多少的预期回报率？

Q9.12 一家财富100强公司的债务融资额为150亿美元，股权为50亿美元。如果这家公司保持其基本结构不变，公司以新债务融资的资金回购股票来重组其资本结构，预计其权益资本成本会更高还是更低？

第10章 资本资产定价模型

你的项目必须提供多少预期/期望回报率？上一章解释了如果该项目与其他标的资产（如国债、股票或其他一些可交易的金融资产）100％相似，该如何得到答案。但是你如何判断需要多少资产来模拟你的项目？应该选择哪些资产作为标的投资组合呢？

这就是资本资产定价模型（CAPM）的研究范畴。该模型提出，你只需要关注国债和股票市场（而非其他资产），并提供一个公式，该公式给出投资项目必须提供多少回报，以补偿投资者承担的风险。风险是市场的贝塔。CAPM模型公式适用于任何类型的项目。你可以在NPV计算中使用CAPM给出的资本成本。

但是，我将不得不告诉你，尽管CAPM是实践中的主要应用模型，但是它的有效性很糟糕。我会为你全面解释这一切。

10.1 复习回顾

现在讨论与上一章相同的核心问题：什么是好的资本机会成本？在本章中，我们仍然会假设并比之前几章更强调完美市场假设。此外，我们还将假设投资者很聪明且会分散投资组合以降低风险敞口。投资者持有的"有毒"的风险类型只能是他们无法通过分散化投资消除的部分——即使投资者的所有资产都仅是其庞大整体投资组合的一小部分，这些风险仍然存在。

> 完美的市场中，聪明投资者进行充分的分散化投资。

投资者不是傻瓜，而是会集体性地争夺最好的项目，即那些风险低、预期回报率高的项目。事实上，任何打算出售回报高于其应有风险报酬的项目，都会吸引大量的购买者。反之,则不会收到任何购买者的报价。任何资产实际上只有一个正确的价格。因此,在现实世界中以正确的价格购买项目的投资者,必须受到下述权衡规律的束缚:项目的整体投资组合风险越高,项目的预期回报率则必须越高。

本章的研究视角主要是基于公司管理者,而不是日内短线交易者。从上一章你知道投资者喜欢短期低风险的项目(如隔夜国债),不喜欢长期不安全的项目(如股票)。如何确定你的潜在项目有多少应该被视为"债券",有多少应该被视为"股票"？这就是CAPM模型将为你做的事情。它会给你一个该项目"多少像债券,多少像股票"的答案,这个答案就是"市场贝塔"。

> 估算你的资本机会成本,这里有另一个有用的衡量标准。

这些的简化会给你一个很好的分析框架:投资者不喜欢风险,喜欢回报。投资者关心他们的分散化的整体金融资产组合。投资者的回报是他们投资组合的预期回报率。投资者的风险是整体投资组合的风险,而非你项目本身的标准差风险。这样,公司项目对投资者整体投资组合风险的贡献,则通过项目的市场贝塔系数来衡量。将贝塔视为项目"危险性"的衡量标准。当市场价值下降时,价值下降的项目具有正的市场贝塔值,这样的项目有危险,投资者不喜欢它。当市场价值下降时,价值增加的项目,具有负市场贝塔值,它的危险性更小,投资者更喜欢

> 我们喜欢一个综合性的"简单漂亮"的分析视角。

它。也就是说,市场贝塔值较低的项目可以帮助投资者(他们原本持有类似市场的投资组合)降低整体投资组合的风险。

10.2 资本资产定价模型(CAPM)

资本资产定价模型(CAPM) 为每个项目提供合理的预期回报率(资本成本),前提是你给出该项目的单一风险相关特征(市场贝塔系数),以及与前一章一样的无风险收益率和股权溢价。该模型指出,当一项资产为投资者持有的整个市场投资组合提供了更好的分散化收益时,该项资产的资本成本会更低。市场贝塔是资产风险贡献的衡量标准。贡献更多风险(市场贝塔)的项目需要更高的预期回报率,风险较小的项目需要较低的预期回报率。根据CAPM,只有无风险利率、预期股权溢价和市场贝塔值才是重要的,判断你的项目的资本成本,无须再调查其他金融资产。

> 如果给出无风险利率、市场预期回报率和项目的市场贝塔值,就可以根据CAPM计算项目的资本成本。

重点:根据CAPM估算项目或公司的预期回报率(即资本成本),你需要三个变量:

1. 无风险利率,r_F。
2. 整个市场的预期回报率,$E(r_M)$,或者等同的,股权溢价 $E(r_M)-r_F$。
3. 项目相对于市场的贝塔值,β_i。

CAPM的公式为

$$E(r_i) = r_F + [E(r_M) - r_F] \cdot \beta_i$$

其中 i 是项目名称,$E(r_i)$ 是项目的预期回报率。所有模型中的变量:无风险利率、股权溢价和资产的市场贝塔值,都是前瞻性的,即预期的。

你需要记住CAPM公式。

CAPM忽略了项目的单独风险。也就是说,投资者并不关心项目的方差,因为他们

能够聪明地分散项目本身的异质性风险。投资者只关心该项目的市场贝塔系数,因为贝塔系数衡量的是该项目贡献的风险成分以及持有市场投资组合的投资者难以分散掉的新增风险。

在实务上,CAPM公式是非常吸引人的。它将你的注意力放到两种标的资产上,为你提供了一个连贯且通用的衡量标准,即衡量项目更像是股票还是更像是债券。更高的市场贝塔意味着该项目"更像股票",具有更高的预期回报率。更低的市场贝塔意味着该项目"更像债券",因此预期回报率较低。

> CAPM公式告诉你投资者关心什么:资产的贝塔系数。

无须赘述,经济学家当然会喜欢CAPM所体现的"经济均衡模型"的深层次原理。这种观点认为金融市场是完美的,每个投资者都面临着相同的权衡选择并使用CAPM模型,所有资产都由CAPM公式定价。当所有这些假设都满足时,意味着CAPM必然在数学上成立。此时毫无疑问,除了无风险利率和股票市场之外,没有任何其他标的资产,唯一有效的风险衡量标准就是市场贝塔。这种CAPM理论及其严格的假设过于传统,从而并不现实。

> 从原理上讲,它看起来很明智。

但比哲学逻辑更重要的是,经验数据也完全拒绝CAPM理论,我将在下面更详细地解释。现在我只想说,你仍然必须掌握CAPM,不仅因为它在概念上很有趣,而且因为现实世界中的每一位金融大佬几乎都在使用它,他们很可能在你的工作面试中严厉地询问你关于CAPM的问题。

> CAPM更深层次的原理,经济学家称之为"均衡模型"。

Q10.1 传统CAPM模型背后的假设是什么?其中有完美市场假设吗?还有更多假设吗?

证券市场线(SML)

让我们首先根据CAPM公式来举例。如果你认为无风险利率是3%,市场的预期收益率是8%,那么CAPM的表达式是

$$E(r_i) = 3\% + (8\% - 3\%) \cdot \beta_i = 3\% + 5\% \cdot \beta_i$$

$$E(r_i) = r_F + [E(r_M) - r_F] \cdot \beta_i$$

因此,贝塔值为0.5的项目的资本成本应为$3\% + 5\% \times 0.5 = 5.5\%$,贝塔值为2.0的项目的资本成本应为$3\% + 5\% \times 2.0 = 13\%$。CAPM给出了投资者资金的机会成本:如果一个贝塔值为2.0的项目无法获得13%的预期回报率,投资者则不该接受项目。因为该项目的回报承担了太多额外的风险,投资者在其他地方有更好的机会。

根据CAPM公式,通常可以绘制**证券市场线(SML)**,它显示了项目的预期收益率与其贝塔值之间的关系。图10.1为七种资产绘制了一个完美模型的证券市场线,每个资产(例如股票或者项目)都是该坐标平面中的一个点。因为示例中的所有资产都遵循CAPM公式,所以它们必须位于一条直线上。SML是CAPM公式的图形表示,这条线的斜率是股权溢价$E(r_M) - r_F$,截距是无风险利率r_F。

> SML是CAPM公式的图形表示。

在现实世界中,即使CAPM成立,你也不会有绘制图10.1的数据。原因

是你不知道真实的预期回报和真实的预期市场贝塔值。所以图10.2描绘了另一个版本，依赖于大多数投资者拥有的数据，即可观测到的历史数据平均值。因此，我们只能拟合"估计的证券市场线"，而不是"真实的证券市场线"。我们必须指望历史数据提供了对真正前瞻性的市场贝塔值、真正前瞻性的预期回报率的良好无偏估计（两者都是很大的假设！）。如果拟合线看起来是直的，也不应立即提出CAPM。在任何情况下，现实生活中任何可行的CAPM版本，都只能说明根据数据估计的市场贝塔系数和根据数据估计的预期回报率之间，应该大致存在着线性关系，如图10.2所示。

> 如果你知道变量的准确输入值，则 SML 是一条笔直的直线；如果你估计变量的值，则 SML 图形是根据散点图来估计的。

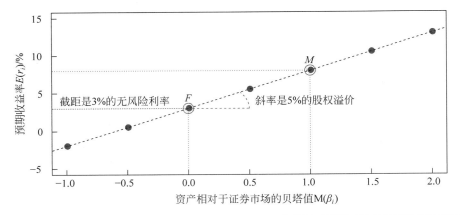

		投资资产						
		A	B	F	C	M	D	E
市场贝塔值	β_i	−1.0	−0.5	0.0	0.5	1.0	1.5	2.0
预期收益率	$E(r_i)$	−2.0%	0.5%	3.0%	5.5%	8.0%	10.5%	13.0%

图 10.1 拥有完美知识的证券市场线

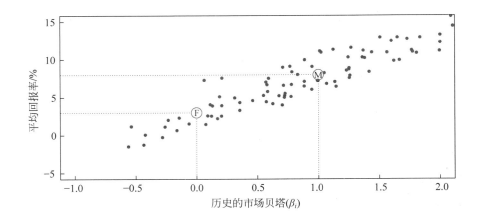

图 10.2 理想 CAPM 世界中的证券市场线

该图描绘了 CAPM 公式，$E(r_i)=r_F+[E(r_M)-r_F]\cdot\beta_i=3\%+5\%\cdot\beta_i$，其中 β_i 是单个资产相对于市场的贝塔值。在此图中，我们假设无风险利率为 3%，股权溢价为 5%。每个点代表一种资产（例如股票、项目或共同基金）。点 M 可以是加权的市场投资组合或任何其他 $\beta_i=1$ 的证券，F 可以是无风险资产或任何其他 $\beta_i=0$ 的证券。

该图显示了现实中面临的困难情况：不知道预期的收益率和预期的贝塔值，只知道根据统计数据获得的历史平均回报率和历史贝塔值。然后，你希望这些数值点是潜在资产的真实历史平均回报率和历史贝塔值的无偏估计。同时进一步希望这些数值点也代表着资产未来的预期回报和未来的贝塔。希望总是存在的。

Q10.2　无风险利率为 4%，市场预期收益率为 7%，对于贝塔值为 3 的项目，合理的资本成本是多少？

Q10.3　无风险利率为 4%，市场预期收益率为 12%，贝塔系数值为 3 的项目的资本成本是多少？

Q10.4　无风险利率为 4%，市场预期收益率为 12%，贝塔系数为 −3 的项目的资本成本是多少？它有经济意义吗？

Q10.5　根据历史数据值画出的真实 SML，可能是一条完美的直线吗？

Q10.6　无风险利率为 4%，市场预期收益率为 7%，一家公司打算公开发行可交易的债券，承诺回报率为 6%，预期回报率为 5%，债券的隐含贝塔系数是多少？

Q10.7　假设无风险利率为 5%，股权溢价为 9%，绘制 SML。

Q10.8　分别从数学角度和直觉角度分析，股权溢价是什么？

现值公式中的 CAPM

按面值计算 CAPM，就会为你提供 NPV 公式的合理分母，即资本机会成本 $E(r)$：

$$\text{NPV}=C_0+\frac{E(C_1)}{1+E(r_1)}+\frac{E(C_2)}{1+E(r_2)}+\cdots$$

> 我们通常使用 CAPM 输出的变量值即预期回报率，作为计算 NPV 的贴现率。

CAPM 和 NPV 公式一起使用说明，与整体市场相关性更高的项目现金流对投资者而言价值较低，因此这样的项目需要更高的预期回报率才能被接受（预期回报率也即门槛回报率）。

CAPM 也被称为**资产定价模型**，尽管它通常表示为所需的预期回报率而不是适当的资产价格。幸运的是，虽然概念有点混乱，但预期回报率和资产定价二者是等价的。你总是可以先计算 CAPM 的预期回报率，然后将预期现金流折现为合适的价格，给定的预期回报率意味着给定的价格。

权益贝塔和资产贝塔

> 采用预期回报率比采用价格更容易理解。

与第 9.5 节一样，重要的是始终区分资产资本成本和权益资本成本，类似的原则在本书第 9.5 节适用于总资本成本，在这里适用于市场贝塔。

假设无风险利率为 4%,股权溢价为 5%。你拥有一个资产贝塔为 2.0 的 1 亿元项目,可以使用 2 000 万元的无风险债务进行融资。真正无风险债务的贝塔系数始终为 0。写下资产贝塔系数(或称公司贝塔系数)的公式:

$$20\% \cdot 0 + 80\% \cdot \beta_{权益} = 2.0$$

$$\beta_{公司} = \frac{负债价值}{公司价值} \cdot \beta_{负债} + \frac{权益价值}{公司价值} \cdot \beta_{权益}$$

> 不要用权益贝塔来估计你的项目的预期回报率。使用资产贝塔来代替。

解方程后得到 $\beta_{权益}$ 等于 2.5,你会发现雅虎财经上给出的正是这个权益或称股票市场的贝塔值。你不能基于权益贝塔系数来计算整个公司项目的平均门槛回报率。错误的方法会如此计算门槛回报率:$E(r_i) = r_F + [E(r_M) - r_F] \cdot \beta_i = 4\% + 5\% \cdot 2.5 = 16.5\%$,这太高了。相反,你应该这样计算项目的平均回报率:$E(r_i) = 4\% + 5\% \cdot 2.0 = 14\%$。另一种计算项目平均回报率的方法是 $16.5\% \cdot 0.8 + 4\% \cdot 0.2 = 14\%$。

	20%负债	80%权益	100%项目
贝塔	0.0	2.5	2.0
资本成本	4%	16.5%	14.0%

这两种方法下,债务和权益收益率的加权平均值始终等于整个项目资产的收益率。

如果你的项目是私有的/非上市公司,必须通过查看公开的可比上市公司数据来计算门槛回报率。假设你找到一家规模和业务相似的公司,雅虎财经上列出该公司所在的行业贝塔为 4。请记住,雅虎财经等金融网站上总是只列出权益贝塔。根据 CAPM 模型,股权的预期回报率为 $4\% + 5\% \times 4 = 24\%$。但是,这一般不是你项目的门槛回报率。进一步深入浏览雅虎财经,你可能会注意到,可比公司的资产由 90% 的债务和 10% 的权益构成。(如果可比公司的债务很少,那么债务贝塔值为 0 是一个很好的假设,但现实中很多情况下并非如此。)公司债务很少有合适的历史回报数据可以供你估算债务贝塔值。因此,实务人员经常根据信用评级,通过可比债务来估计债务的预期回报率。假设你的可比公司的债务评级为 BB,并假设 BB 债券提供的*预期回报率*比国债利率高 100 个基点。(而 BB 债券的*报价利率*可能高于国债利率 200 个基点)。如果国债利率为 4%,估计可比公司的债务资本成本为 5%。你项目的预期回报率应该是

> 如果要使用可比对象,请先将它们去杠杆。

$$E(r_{项目}) = 90\% \cdot 5\% + 10\% \cdot 24\% = 6.9\%$$

$$E(r_{项目}) = w_{负债} \cdot E(r_{负债}) + w_{权益} \cdot E(r_{权益})$$

6.9% 是项目一个很好的门槛/最低回报率的估计值。

降低风险能否创造价值?

在 20 世纪 60 年代和 70 年代,许多公司变成了**企业集团**,即拥有广泛分散化且通常不相关的控股子公司。能否通过分散化增加企业价值?答案是"通常不会"。分散化确实降低了公司收益率的标准差(分散化的公司风险较小)。然而在一个完美的市场中,投资者也可以自己分散风险,并不需要公司为他们做这件事。这是极为重要的观点。再说一遍:如果投资者可以自己做到风险分散,那么公司就无法通过为投资者进行风险分散来增加价值。

与上一节一样，我们可以在 CAPM 的背景下详细说明这一点。例如，如果你的 9 亿元公司 ABC(贝塔值为 2，风险为 20%)计划收购价值 1 亿元的公司 DEF(贝塔值为 1，风险也为 20%)，由此产生的公司价值 10 亿元。由于两家公司不完全相关，ABC+DEF 确实具有低于 20% 的异质性风险，但你的投资者本可以自己将 90% 和 10% 的资金分别用于持有 ABC 和 DEF，从而实现相同的分散化收益。但是收购剥夺了投资者的投资自由：他们不再有能力自由地进行投资组合，比如将其 50% 的资金用于持有 ABC、50% 的资金用于持有 DEF。CAPM 明确指出资本成本不会变化，展示如下。假设两家公司都遵循 CAPM 定价公式，并假设无风险利率为 3%，股权溢价为 5%，

> 分散化可以降低风险，但不会创造价值。

$$E(r_{ABC}) = 3\% + 5\% \cdot 2 = 13\%$$
$$E(r_{ABC}) = r_F + [E(r_M) - r_F] \cdot \beta_{ABC}$$

以及

$$E(r_{DEF}) = 3\% + 5\% \cdot 1 = 8\%$$
$$E(r_{DEF}) = r_F + [E(r_M) - r_F] \cdot \beta_{DEF}$$

> 一个具体的分散化投资示例。其中项目定价公允，分散化既不会创造也不会损毁价值。

合并后新公司的预期回报率(资本成本)为

$$E(r_{ABC+DEF}) = 90\% \cdot 13\% + 10\% \cdot 8\% = 12.5\%$$
$$E(r_{ABC+DEF}) = w_{ABC} \cdot E(r_{ABC}) + w_{DEF} \cdot E(r_{DEF})$$

以及新公司的贝塔为

$$\beta_{ABC+DEF} = 90\% \cdot 2 + 10\% \cdot 1 = 1.9\%$$
$$\beta_{ABC+DEF} = w_{ABC} \cdot \beta_{ABC} + w_{DEF} \cdot \beta_{DEF}$$

合并后的公司仍将遵循 CAPM，

$$E(r_{ABC+DEF}) = 3\% + 5\% \cdot 1.9 = 12.5\%$$
$$E(r_{ABC+DEF}) = r_F + [E(r_M) - r_F] \cdot \beta_{ABC+DEF}$$

新公司的资本成本没有过度增加或减少，在一个理想的 CAPM 世界中，公司合并没有增加或减少任何价值，即使 ABC+DEF 的风险低于其两个组成部分的每年 20%。

短期和长期项目

CAPM 在理论上只承认一个 SML，但在实践中，我们对不同的项目期限使用不同的无风险利率。因此，短期项目的资金成本将低于长期项目的资金成本。例如，假设股权溢价为 3%，并使用当前的收益率曲线，有以下估计：

β_i		-2	-1	0	1	2	3
短期项目	$E(r_i) = 1\% + 3\%\beta_i$	-5%	2%	1%	4%	7%	10%
长期项目	$E(r_i) = 3\% + 3\%\beta_i$	-3%	0%	3%	6%	9%	12%

其中 1% 是 1 年期国债利率，3% 是 30 年期国债利率。回想一下前文的阐述，一般难以确定是否应该对短期和长期项目现金流使用相同的股权溢价(此处为 3%)。这里为了

简化,只能使用相同的股权溢价估计,而不考虑项目的期限。[1]

Q10.9 某公司债券,贝塔值为0.2,明年有99%的概率获得回报。无风险利率为每年3%,股权溢价为每年5%。
1. 该债券的价格是多少?
2. 它的承诺回报率是多少?
3. 将债券的承诺回报率/报价收益率,分解为各个组成部分。

Q10.10 你上学至今花费的资金的机会成本总共有30 000元。你有90%的可能性从学校毕业。如果没有毕业,就失去了上述全部费用。从学校毕业将使你未来40年的年薪每年增加大约5 000元。为了计算的方便,假设你的额外收入的贝塔系数为1.5,无风险利率为3%,股权溢价为5%。你接受教育的价值是多少?

10.3 估计额外变量:市场贝塔

我们已经在上一章讨论了无风险利率和股权溢价的估计以及本章讨论的贝塔估计。贝塔告诉你项目的回报率如何随着整体市场的回报率波动而变化。每个项目都有相同的无风险利率和股权溢价,但是贝塔不同,贝塔取决于特定项目的特征:不同的项目具有不同的贝塔。

> 与无风险利率和股权溢价不同,每个项目贝塔都是特定的。

投资者真正感兴趣的是项目的未来市场贝塔,而不是企业的历史市场贝塔。但像往常一样,除了依靠估计之外,你通常别无选择,而估计主要基于对历史数据的统计分析。尽管根据历史贝塔值做出对未来贝塔值的估计往往优于根据历史股权溢价估计未来股权溢价,但贝塔的估计值仍然不太可靠,尤其是在长期范围内。原因是股票的收益非常复杂,未被观察到的潜在真实贝塔值本身也处于变化之中。这就像在没有取景器的情况下对一个移动的目标进行射击,不如对一个固定的目标进行射击。

> CAPM公式具有三个输入变量。这里将详细介绍估计贝塔的方法。

基于历史数据的市场贝塔估计

为具有历史回报率的项目计算历史市场贝塔的基本原理很简单。你可以运行**市场模型**进行回归,自变量是股票市场的收益率,因变量是项目的回报率。从你的项目和股票市场的回报率中分别减去无风险国债利率,再进行回归,也是一种很好的做法。任何统计软件包(以及常见的计算机电子表格程序如Excel或Openoffice)都可以轻松计算市场回归

---

[1] 原书作者附注:如果CAPM真的成立,长期债券的预期回报率将高于短期债券,这可以通过它们的正市场贝塔系数来解释。但是几十年来,长期债券的市场贝塔系数一直为负,没有人知道为什么。因此若将CAPM应用于长期债券的收益率,显然会与现实相矛盾,以至于很少有人愿意在这种情况下使用CAPM模型。相反,每个人都使用调整后的收益率曲线直接估计。

模型中的系数 a 和 b：

$$r_{项目} - r_F = a + b \cdot (r_{市场} - r_F)$$

斜率 b 是市场贝塔值。我们使用 b 作为符号而不是 β，是一件好事，因为回归输出的 b 是对真实贝塔 (β) 的估计值，而不是真实且不可知的贝塔 (β) 本身。

以上只是基础知识。要获得更好的预期市场贝塔的估计值，你应该执行以下操作：

(1) 使用每日的股票收益，而不是每月的股票收益。

(2) 使用一年到五年中大约两年的数据。

> 从历史的市场贝塔到未来的市场贝塔。

(3) 根据项目现金流的时间，将回归出的市场贝塔"缩小"30%～40%，以缩小到 1 为目标（即根据下表）：

<1 年	$(1-0.3) \times b + 0.3 \times 1$
>5 年	$(1-0.4) \times b + 0.4 \times 1$

之所以使用这个 0.3（或 0.4）的因子，部分原因是它减少了历史异常值的影响，部分原因是真实市场贝塔值在长期内会发生漂移。如果你的项目和公司规模很小，可以将贝塔再缩小 10%（即采用 0.4 或 0.5）。[1]

例如，如果统计软件为你的项目给出了 2.0 的市场贝塔估计值，并且采用 CAPM 估计一年期项目的资本成本，则贝塔值为：$(1-0.3) \times 2.0 + 0.3 = 1.7$。如果要估计 10 年期项目的资本成本，则贝塔值为：$(1-0.4) \times 2.0 + 0.4 = 1.6$。如果你的贝塔估计值为 -1.0，并且项目现金流为 1 年期，则贝塔值为：$(1-0.3) \times (-1.0) + 0.3 = -0.4$。

选择哪一个特定的股票市场指数作为自变量并不重要，有无考虑股息除权的标准普尔 500 指数也都可以。还有其他更复杂的方法，但上述三个步骤涵盖了最重要的基础知识，不太可能对它们进行很大改进。

在实践中，你可能会遇到以下两种常见的估计方法，会大幅度降低市场贝塔估计的质量。所以让我提醒你：

(1) 如果有好的每日收益率数据，请不要用每月收益数据来估计市场贝塔。如果你别无选择，例如对冲基金只报告每月的回报率，那就要在上述第三个步骤时进行更大的收缩，例如采用 50%～60%，而不是 30%～40%。

(2) 如果你有自己公司的股票收益率数据，请不要使用行业投资组合收益率作为替代。尽管行业贝塔的变动幅度小于特定股票的贝塔，因此看起来很有吸引力，但实际上行业贝塔比股票市场贝塔的预测要差得多。

如果你看到上述两种做法的任何一种，请告诉还在使用它们的传统金融大佬们，新的方法正在成为主流，他们最好进化和适应！

---

[1] 如果你想更好地估计未来的市场贝塔系数，且你的公司和项目规模很小的话，那么不要缩小到 1，而是缩小到一个更小的常数，比如 0.6～0.8。——原书作者注

基于理论考虑的市场贝塔估计

作为企业经理,你很少对一个行业甚至一只股票的市场贝塔值感兴趣。通常,你只会对潜在项目的市场贝塔值感兴趣。有时,你的公司甚至可能没有上市交易,因此一开始就没有任何股票价格的历史数据。在这种情况下,企业中的 CAPM 使用者有时依赖经济直觉而不是历史统计数据。为了从逻辑上说明这一点,请重新调整 CAPM 公式。

$$E(r_{项目}) = r_F + [E(r_M) - r_F] \cdot \beta_{项目} \Leftrightarrow \beta_{项目} = \frac{E(r_{项目}) - r_F}{E(r_M) - r_F}$$

公式的右边有助于将你的经济直觉转化为贝塔估计。如果市场的回报率溢价为 +10% 或 -10%(高于无风险利率),你的项目将获得多少回报率溢价(高于无风险利率)?显然,这种猜测是困难且容易出错的,但在没有其他可用方法的情况下,偶尔也可以提供市场贝塔估计。但请注意,这样的估计几乎总是很差。

如果你不相信经济直觉的估计会如此糟糕,不如回到第 9 章中的选择同行标的上市公司,勇敢地尝试一下。比如从雅虎财经中随机挑选五只股票,不要偷看它们的市场贝塔值。然后向我解释你认为它们的贝塔值应该是多少,然后根据它们的实际市场贝塔值检验你的猜测。如果你能准确地选出哪些企业的市场贝塔值远非 1,那么你就是一个比我更具直觉的经济学家。事实上,我几乎没有经济直觉来解释为什么各个资产类别,例如长期债券,在过去 20 年的市场贝塔系数为负,而之前的市场贝塔系数为正。

此外,请退一步思考,截至目前你在做什么。如果你正在评估一个全新的、没有任何历史数据的新项目,你是否还想使用 CAPM?你真是一个完全分散化的投资者,只关心市场风险而不关心项目的异质性风险吗?你可以进入完全竞争的资本市场吗?到目前为止,你是否确信 CAPM 是对现实世界的一个很好描述?我还没有向你展示任何证据,所讲述的只是 CAPM 的输入变量很难估计。

> 想知道一个没有历史股票回报数据的项目的贝塔吗?

Q10.11 根据 CAPM 公式,零贝塔资产应具有与无风险利率相同的预期收益率。零贝塔资产还能有正的标准差吗?在投资者厌恶风险的世界中,这样的风险资产是否不会提供比无风险资产更高的回报率呢?

Q10.12 一家具有相似规模和相似业务的可比上市公司,在雅虎财经上的股权贝塔系数为 2.5,债务-资产比率为 2/3。假设债务是无风险的。

1. 如果你的公司具有相似的贝塔值,公司的债务资产比为 1/3,请估算你公司的股权贝塔值。
2. 如果无风险利率为 3%,股权溢价为 2%,那么你公司的最低回报率是多少?
3. 投资者对可比公司股权和你自己公司股权的预期回报率分别是多少?

Q10.13 你拥有一个市场贝塔系数为 2.4 的股票投资组合,但你准备与一个拥有市场贝塔系数为 0.4 的投资组合的人结婚。你的财富是你未来伴侣的 3 倍。你们新组成的投资组合的贝塔系数是多少?

10.4 抵消股票溢价的不确定性

你应该还记得之前我宣布：不管是否使用 CAPM，无风险利率和股权溢价是金融中两个最重要的数字。出于同样的重要原因，你还要了解市场贝塔，这也是一个非常有用的数字。

做空股票市场非常容易，例如使用标准普尔 500 期货或者交易所交易基金 ETF。这可以使得你的项目相对于股市的整体风险获得"免疫"或"对冲"，做空的数量正是市场贝塔给出的数值。例如，如果你在市场贝塔值为 3 的资产上投资了 1 亿元，就可以在市场上做空 3×1=3 亿元的资产，从而将组合的市场风险降至零。如果股市整体下跌 1%，预期项目价值将下跌 3%，但你的对冲头寸将会上涨 3%。CAPM 公式甚至表明股权溢价估计的大小现在已经无关紧要了。

但是，做空头寸也会增加项目结果的方差：你最终可能会陷入公司项目表现不佳而股票市场表现出色的情况，甚至可能因此而破产。[1] 你的项目的特殊风险构成和你在估计贝塔时犯下的错误，现在变得极其重要。如果你的项目投资者高度分散化，而你的特定项目只是他们财富的无足轻重的一小部分，这不是问题。然而，如果他们不是高度分散化，或者你作为公司管理者非常关心你的一个特定项目，那就会出现严重问题。

综上所述，从你作为大市场中一家小公司 CEO 的角度来看，你可以依赖于在定义上几乎是正确的 CAPM 公式版本。如果你对股票市场进行了全部正确的做空，那么无论你是高估还是低估了股票溢价都无关紧要。但是此策略的限制是，你对贝塔估计的不准确性和你对项目异质性风险的承受能力。在真实世界中，全部正确的做空既不现实也不可取。[2] 如果你无法使得你的公司免受市场风险的影响，那么股权风险溢价是多少以及 CAPM 是否正确，对你的项目评估来说，就很重要。

但做空策略会增加异质性风险。

从历史上看，做空股市并非明智之举。作为 CFO，你真的清楚应该做多股市还是做空股市吗？如果市场价格公允，那就这样吧，把是否做空股市的选择留给你的投资者。如果投资者想做多或做空整个股票市场，并不需要你为他们做这件事。你只是利用了 CAPM 的模型以计算得出项目最佳资本成本的估算，以避免或至少减少了无知。

但是你应该做空市场吗？

10.5 CAPM 是正确的模型吗

CAPM 的假设有不合理之处

尽管 CAPM 是合理的，但这并不意味着这座理论大厦"显然"可以成立。与本书之前的章节相比，CAPM 模型更多地依赖于完美市场以及一些其他的假设。

---

1 这里是指股市表现良好，从而做空头寸发生了损失，而项目的多头头寸由于异质性特殊风险的产生，出现了收益下降（未随股市整体波动而上涨），结果是双向发生亏损，导致企业破产。

2 做空以对冲项目的市场贝塔风险策略，只适合于单个公司。如果所有的公司均采用做空策略，则投资机会集（investment opportunity set）发生了改变。结果不再成立。——原书作者注大多数金融市场真的那么完美吗？大多数投资者真的只持有分散化的股市投资组合吗？他们真的只关心金融资产组合中的风险和回报，而不关心其他方面吗？

> 每个人都只能进行相同的投资。

退一步想，CAPM 的观点怎样会失败？考虑以下示例：

> 使用特定股票作为你的保险。

- 如果你拥有一座房子，那么当前的大部分财富很可能都投资于房屋的产权，而并没有达到应有的分散化程度。此时，你应该尝试寻找降低你的房屋风险敞口的股票，而不是降低你的金融市场风险敞口的股票。所以，你应该喜欢当房价下跌时价格上涨的股票。

- 如果现在未满 40 岁，那么你一生中的大部分财富很可能都在你的人力资本中。它不是分散化的，只有你可以轻松地为自己进行教育投资，而我已经不能。你需要对冲你的事业中可能遇到的风险，即如果你的专业价值下降，此时你应该喜欢价格上涨的股票。

- 如果你是一名技术工程师并在硅谷工作，你应该做空科技股以对冲它们的暴跌。相反，当科技股繁荣时，你不应该介意做空导致的亏损（无论如何，你会从员工持股计划或股票期权中获利）。然而，硅谷的许多工程师过于自信、兴奋和/或相信技术的力量及其选股能力，以至于他们最终大多购买了技术股票作为他们的投资组合（而非做空）。他们加倍了而不是对冲了风险，到目前为止这种加倍策略尚行得通，但是拭目以待……

- 公司真的存在于近乎完美的资本市场中吗？创业者们常常需要拼尽全力获取他们所能获得的一切资金。如果不能容易地找到许多资金提供者，创业者可能不得不支付比 CAPM 给出的更高的资本成本。他们可能被迫将自己的大部分财富投资于企业，如果企业失败，他们甚至会破产。

- 企业家因将毕生积蓄都押注在创业公司上而被广泛诟病。他们几乎从未分散化投资，而且流动性通常受到高度限制。

因此，尽管理论上的 CAPM 假设很好，但现实中的适用性相当狭窄。它考虑了一种情况，即所有投资者只关心金融市场的风险和回报，而且他们都在很大程度上面临相同的投资机会和进行相同的投资。不要仅仅因为乍看似乎合理，就认为 CAPM 模型一定是真实的。

对 CAPM 的经验性实证研究结论是负面的

如果每个投资者都出于个人原因，而非从相同的角度选择投资组合，那么很可能某些资产提供的预期回报率比 CAPM 预示的结果更高或更低，CAPM 就不成立了。例如有些人希望对冲他们的房子，有些人对冲他们的工作，有些人对冲他们的行业，有些人对冲他们的产品。这种情况下，他们应该坚持使用本书第 9 章中的更全面方法，即不那么直接的同行业基准的方法。对于 CAPM，这确实有点遗憾，但在现实生活中一个好建议是：你不应该使用 CAPM，它不起作用，请改用基准的方法。

有人为 CAPM 辩护时称，股票市场的表现确实优于债券，这证明投资者确实因承担更多风险而获得了回报，至少在这两类资产类别中是这样。然而，在股票资产的类别中，经验证据表明,市场贝塔较高的股票在过去的平均回报率并不高于市场贝塔较低的股票。这不仅因为股权溢价以外的基准收益率选择很重要,更说明贝塔值本身似乎并不重要,即使在每个项目上均使用全市场的贝塔系数1(最终收缩的目标值),也没有什么问题。

我可以用两句话来总结几十年来学术界对CAPM的研究工作:好的方面,经验证据对于是否应该抛弃CAPM尚无定论;坏的方面,经验证据一致认为应该完全放弃CAPM。因此,企业应该普遍使用CAPM来获得各个项目的门槛回报率只是基于一厢情愿的想法,而不是基于经验证据。

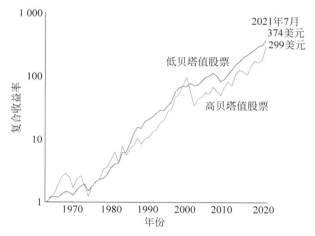

图 10.3　高贝塔和低贝塔股票的投资组合表现

注:该图绘制了贝塔值处于后 1/5 的股票组合和贝塔值处于前 1/5 的股票组合的复合收益率。如果 CAPM 模型是正确的,那么高贝塔股票组合应该提供更高的预期收益率,显然并没有。

原始数据来源:肯·弗兰奇(Ken French)教授的个人网站[1]。

是的,你看到的是真的! 所以,不要使用 CAPM,存在反驳它的经验证据。著名的金融学教授肯·弗兰奇每年估计股票的市场贝塔系数,形成一个贝塔值处于后 1/5 的股票组合和一个贝塔值处于前 1/5 的股票组合。图 10.3 描绘了这两个投资组合的表现。高贝塔投资组合应该有更高风险,因此需要提供比低贝塔投资组合更高的平均回报率。在统计上,高贝塔投资组合完全没有优势,低贝塔股票的表现优于高贝塔股票。

为应用 CAPM 的辩护

如果经验证据不利于 CAPM,那为什么金融学教授要用它来折磨你呢? 我们可能确实有虐待狂的倾向(正如我们的博士生可以证明的那样),但这不是原因。这个"为什么",比现实世界中股票的定价方式或者项目合理门槛回报率的最佳估计,应该更容易回答。

---

[1] 原始数据的具体网址为美国达特茅斯学院 Kenneth R. French 教授的数据库网页。http://mba.tuck.dartmouth.edu/pages/faculty/ken.french/data_library.html。

跨资产类别：股票的平均回报率高于债券。从这个意义上说，高贝塔资产比低贝塔资产提供了更高的平均回报率。至少在这个非常粗糙的大类资产划分中，市场贝塔运行得相当好。贝塔系数较高的资产类别往往具有较高的平均回报率。

无可挑剔的直觉：CAPM 以其简洁性和专注于分散化而特色鲜明。它使高管们摆脱了一个错误观念：即公众投资者关心他们投资项目的特殊异质性风险。因此，企业为了自身的利益而多元化发展为企业集团，降低自身风险，但是不能降低市场风险，多元化不能增加企业价值。投资者可以自己进行分散化投资，他们不需要公司为他们做这件事。

坚定的信念：许多教师和实务从业者发现 CAPM 是如此合理，以至于他们愿意忍受"缺乏支持 CAPM 的经验证据"这件事，不理会"CAPM 缺少证据"，他们采用 CAPM 是基于信仰而不是证据，实际上更像是信念中假设有证据。如果你也采取这种态度，必须意识到你正在做什么。

替代预期现金流估计错误：CAPM 通常让更有可能失败的项目具有更高的资本成本。如果你无法调低预期现金流的估计以反映项目失败的可能（这是常见的错误），则 CAPM 给出的资本成本通常有助于让风险较高的现金流具有更高的门槛回报率。这是 CAPM 的一个调节因素。

替代不完美市场的一些因素：CAPM 经常让不满足完美市场假设且面临更高资本成本的项目具有更高的资本成本。同样，这可能会意外地导致更好的资本成本估算，这不是因为 CAPM 的作用，而是因为 CAPM 引发的意外。这也是 CAPM 的另一个调节因素。

好主意：CAPM 是如此直观和吸引人，以至于那些没有学习它的人会一次又一次地"重新发现"它是如此好用！

每个人都在使用：CAPM 是一个标杆。表 10.1 显示，73% 的 CFO 报告说他们总是或几乎总是使用 CAPM，CAPM 的使用在大公司和拥有 MBA 学位的 CFO 中更为普遍。没有其他常用的替代方法。因此，你别无选择。如果你申请一家公司的职位，CAPM 很可能是未来雇主所使用的标准模型，你将在面试中被问到这个问题。

同样，CAPM 也是标准。CAPM 也被许多投资者（例如给投资经理评级）、政府监管委员会、法院（在受理侵权案件中）等用作标准。它实际上是估计资本成本时广泛使用的模型。在 CFA 考试中，关于 CAPM 甚至有一整章节！

若有替代方案，请站出来：著名的社会学家卢因写道："没有什么比一个好的理论更实用的了。"[1] 如果不是 CAPM，那还有什么？实际上，没有一个被普遍接受的替代方案。我自己的建议是使用上一章中的基准收益率方法。

市场对冲：即使市场贝塔系数不能准确计量平均回报率，它也能指导经理们了解他们面临的市场风险。如果经理愿意，可以对冲市场风险，并因此将精力专注于其专业领域。

---

[1] 库尔特·卢因（Kurt Lewin，1890—1947），美国心理学家，和弗洛伊德齐名的现代心理学中最具影响力的两位人物之一，被誉为"社会心理学之父"。本书中的这句话原文是"There is nothing more practical than a good theory."，是卢因称赞理论之美的经典表述。

表 10.1　CFO 的资本成本估值技术

方　　法	使用频率	使用态度	相关章节
CAPM	(73%)	小心使用	第 9 章
	(87%)	Mukhlynina and Nyborg(2016)	
历史平均收益率	(39%)	极少使用	第 8 章
修正的 CAPM	(34%)	小心使用	第 9 章
根据戈登模型推出	(16%)	偶尔使用	第 3 章
来自市场投资者	(14%)	偶尔使用	第 2 章

注："极少使用"的意思是"通常没有，并且经常被错误使用"。表中未公开的信息是，CAPM 的使用者通常是拥有 MBA 学位的经理，在依赖外部顾问的公司中也经常使用 CAPM。原始资料来源：约翰·格雷厄姆和坎贝尔·哈维，2001 年。

关于"资本成本"的专家作证

当美国国会试图迫使 AT&T 公司拆分出 7 家小贝尔公司[1]，开放本地电话线路市场以促进竞争时，国会认为小贝尔公司有权从电信基础设施的投资中获得公平的回报，即由 CAPM 估计的公平回报。事实上，CAPM 也是衡量许多其他受监管行业的资本成本的标准或法定依据。美国电信基础设施的估值约为 100 亿～150 亿美元，估计股权溢价 1% 的差异可能听起来很小，但在像本地电话线路这样的细分行业中，这就意味着每年大约 1 亿～1.5 亿美元——足以聘请大量的律师和估值顾问在法庭上就合理的股权溢价发表意见了！我的一些同事用律师费购买了漂亮的房子。

我没有接到电话。我缺乏这样的能力，一边说着"股权溢价正好是百分之几点几"，一边保持着严肃的面孔，这是成为一名专家的重要素质。在我作证的另一个不相关案例中，对方的专家证人明确批评了我给出的资本成本估算范围，认为不精确，他可以提供一个精确的资本成本估算，每年 11%！

《小贝尔公司的历史》：布拉德福德·康奈尔，加州大学洛杉矶分校退休荣誉教授

如果你一定要使用它……

作为企业高管，如果你仍想使用 CAPM，下面是我的建议。你应该首先认真思考：为什么以及何时使用 CAPM，考虑一下 CAPM 是否对公司的资本成本估算有用，考虑一下其错误是否会太大以至于无法满足你的特定需求。建议先进行更简单的基准收益率测试——CAPM 的估计同基准测试一致吗？

请永远不要犯以下错误。

准确度：如果你想获得准确度，CAPM 则是一个糟糕的模型。如果你认为 CAPM 预期回报率应该精确到小数点后的数字，那么你就被骗了。请相信，CAPM 充其量只能提

---

[1] 这是指 1984 年，出于反垄断的原因，美国著名的电信公司 AT&T 被一分为八，总部仍保留着原来的品牌，从事长途电话业务和通信设备的制造，带有天然垄断能力的市话业务即文中的本地电信业务被分成 7 家"小贝尔"(Baby Bells)，分散至美国不同区域。

供预期回报率的"正确数量级",然后或许要加上或减去几个百分点。

> 不要期望准确性,也不要将其用于金融投资。

实际上,如果准确性很重要,那么你就有麻烦了。没有任何金融模型可以提供精确度。幸运的是,也许你不必对估值精益求精,只需要比你的竞争对手更好。请永远记住,估值既是一门艺术,也是一门科学。

出于投资目的:如果你不是需要计算项目门槛回报率的公司经理,而是寻求金融工具的投资者,并且能够灵活转移资金,那么请不要使用资本资产定价模型。尽管 CAPM 提供了正确的直觉,即广泛的分散化是任何良好投资策略的重要组成部分,但现实中存在比仅投资于整体市场指数更好的投资策略。这些将在高级的投资学课程中讨论。

> 避免将 CAPM 用于短期金融投资目的。

请不要将 CAPM 与本书第 8 章讨论的均值方差模型混淆。均值方差优化模型是一种针对个人投资组合的资产选择方法,无论 CAPM 是否成立,它都有效。

长期的差异:如果你是公司高管,请特别注意未来预期现金流的贴现率,更全面地审视你的资本成本。请记住,CAPM 公式有两项。

第一项是无风险利率,适用于所有项目,无论贝塔值如何。幸运的是,这一项很容易获得。应该采用更高的资本成本贴现更遥远未来发生的现金流。根据国债收益率曲线,你可以很好地估计长期项目需要提供的溢价收益。不需要使用历史数据来估算无风险收益率:你可以使用当前的国债收益率曲线。使用它!有用!

第二项是贝塔乘以股权风险溢价,即你的贝塔风险调整,你必须对此特别保持怀疑态度。如果项目的现金流将在多年后才出现,请保持适度,不要夸大由 CAPM 给出的风险评估,减少极端估计,收缩并再次收缩(接近于风险投资的平均回报率)。(当然,不要忘记在你的预期现金流估计中同样持谨慎态度。)幸运的是,以下两点说明长期的收益率差异问题也不大:

- 作为公司管理者,比较长期现金流的权益资本成本与债务资本成本。从 1970 年至今,基于股票与长期国债收益率表现的股权溢价为 1%~2%,项目 A 的贝塔系数为 0.8,而项目 B 的贝塔系数为 1.2,根据 CAPM,这两个项目之间每年 $(1.2-0.8) \times 2\% \approx 0.8\%$ 的隐含资本成本差异,已经很小,并且可能被你预期的现金流量估计错误所掩盖。

- 对于长期现金流项目,你对项目股权贝塔的最佳估计应该比你今天认为的市场贝塔更接近于 1。因此,如果根据历史数据拟合的结果为 A 项目市场贝塔值 0.5 和 B 项目 1.5,若两个项目的现金流将出现在未来 10~20 年,则需要将市场贝塔值校准调整为 A 项目 0.9 和 B 项目 1.1。如此根据 CAPM,A 和 B 两个项目现在的隐含股本成本的差异为 $0.2 \times 2\% = 0.4\%$,这样的结果大大低于你的充满噪声和不确定性的门槛收益率值。

> 资产贝塔值通常更接近于 1,为 CAPM 估计提供必须的时间方面的稳定性。

让我们继续。假设两个项目部分由债务融资,现在你需要计算资产的市场贝塔值而不是股权的市场贝塔值,假设这两个项目都有 50% 的债务,债务几乎没有风险。那么 A 项目的资产贝塔是 $0.5 \times 0 + 0.5 \times 0.9 = 0.45$,B 项目的资产贝塔为 $0.5 \times 0 + 0.5 \times 1.1 = 0.55$。现在两个项目资本成本差异为 $(0.55 - 0.45) \times 2\% = 0.2\%$。

与项目预期现金流的更大不确定性相比,A 和 B 之间的预期回报率的差异如何?鉴于不确定性,CAPM 风险调整的贝塔值真的很重要吗?总而言之,如本书第 9 章所述,更遥远的和风险更大的未来现金流量应该被更多地折现,但要谨慎地评估和比较不同时间和资产相似性的项目。

> 利用 CAPM 估计长期现金流项目的资本成本是脆弱的。

利用 CAPM 的背离来获利

如果现实中 CAPM 被违背了,投资者是否有套利机会?绝对没有!即使 CAPM 不成立,甚至在完美的市场中,世界依然有序运行。

> CAPM 严重依赖于市场的均衡力量,但这种均衡力量很弱。

如果一只股票的收益率高于 CAPM 给出的合理预期回报率,会发生什么?股票的价格太低了,投资者会立即涌向它。因为经济中没有足够的这类股票,投资者的行为会抬高股票价格,随之降低其预期回报率,最后将以正确的 CAPM 预期回报率交易。相反,如果一只股票的报价太高以致收益率低于其 CAPM 给出的预期回报率,会发生什么?股票价格太高,投资者卖出股票,价格会下跌。在 CAPM 世界中,股票价格过低或过高的情况都不会发生。

> 问:如果一只股票的预期回报率过高或过低会怎样?答:投资者竞相购买或远离该股票。

这是一种免费套利的机会吗?不!当股票不遵循 CAPM 定价公式时,购买它们仍然存在风险。是的,一些股票会提供更高或更低的预期回报率,因此似乎是一笔太好或太差的交易,吸引了太多或太少的投资者。但这些股票仍然是高风险的赌注,投资者只想多买一点或少买一点。没有投资者可以赚取无风险的利润,这里没有套利,致力于纠正任何 CAPM 错误定价的市场力量,只是有限的。

> 未能根据 CAPM 定价的资产并不允许你免费获利。但是,可能是较好的交易。

还要记住,CAPM 一开始就不成立是有充分理由的。例如,正如我们所讨论的,它在很大程度上依赖于许多完美市场的假设。如果投资者被征税或流动性受限(也就是说,他们不能轻易实现分散化)或者在 CAPM 公式的投入变量上存在意见分歧,或者是某股票是一家初创公司或家族企业,或者某公司甚至部门具有典型的"价值型公司"或"成长型公司"特征,这些情形将导致某些股票提供比 CAPM 定价给出的更高或更低的预期回报率。但我们并非要全部放弃 CAPM,如果你是具有 CAPM 理论偏好的投资者,可以稍微倾向于选择更多一些比 CAPM 建议的更高预期回报的股票,而选择较少的较 CAPM 建议的更低预期回报率的股票,如此构建你的类似市场投资组合,从而比持有整体的市场投资组合效果更好。

10.6 可行的 CAPM 替代方法和观点

在上一章你已经了解了 CAPM 的主要替代方法——基准资产收益率法。CAPM 其实是基于类似的逻辑,只是走得太远了,太过自信。

CAPM 与基准收益率法:对概念既广泛又狭隘的理解

CAPM 既广泛又狭隘地理解了基准收益率的概念。广泛是指,市场贝塔值是比任何

> CAPM 走得太远了。股票似乎确实比债券提供了更高的平均回报,但贝塔似乎并不能预测更高的预期回报。

主观判断更普遍和客观的基准收益率标准。它适用于任何资产,债券、股票、基金、股票期权、黄金、艺术品等等。狭隘是指,CAPM 非常具体地说明仅仅是市场贝塔,即资本市场的贝塔,这是投资者唯一关心的风险标的,没有其他因素是重要的。

- 如果 CAPM 模型是正确的,那么在模型中使用比股票市场范围更大的标的资产投资组合(如第 9 章)也没问题。任何标的投资组合将根据 CAPM 定价并位于证券市场线上。你不必担心这些标的投资组合的构成,这是应用 CAPM 的一种方便之处。使用标的资产组合,你就会找到相同的合理预期回报率。

- 如果 CAPM 模型不正确,那么使用它就很容易得到错误的答案。例如,投资者不关心市场风险(和市场贝塔系数),而只关心石油风险、计算机技术风险或者生物技术风险。若市场投资组合包含上述一些风险,就能提供更高的预期回报率,反之则没有。现在,你的项目和市场贝塔值是否来自石油风险(这会给你带来更高的预期回报率)抑或黄金风险(不会带来更高的预期回报率)就非常重要了。只有当你项目的风险敞口刚巧与市场组合的风险敞口具有相同的比例时[1],CAPM 才会给出正确的答案。

真正需要的是标的资产组合的选择。当然与 CAPM 不同的是,标的资产组合方法(也即基准资产收益率法)更难使用:什么是好的标的资产?但是,基准资产法在原则上仍然有效,只要能给出正确的基准资产组合即可!

我对资本成本的个人看法

现在,就项目资本成本的估算,我给出自己深思熟虑的见解。不同的金融学教授会给出不同的结论,所以这里请不要把我的个人见解当作真理的福音。

可靠的论断

以下关于预期收益率溢价的论断非常可靠:

- 货币是有时间价值的。
- 确定存在期限结构溢价。与短期现金流相比,长期现金流通常需要更高的资本成本贴现,因为投资者可以在其他处获得更高的预期回报率以获得长期资金承诺收益率。

> 这些论断的可靠经验证据是什么?

- 确定存在信用溢价。对于有更高的违约概率的资产必须提供更高的承诺收益率——也就是说,当资产没有违约时具有更高的收益率。

下面的内容我们暂时还没有涵盖,它们将在第 11 章中解释。

- 市场不完美发挥着重要作用。存在很多种的市场不完美,比如:资产的流动性不同从而使得收益率存在着流动性溢价,可以快速清算的资产价格更加昂贵,从而收益率较低;是否存在抵押品也导致不同资产收益率不同,如按揭抵押贷款证券

---

[1] 即石油风险、计算机技术风险或者生物技术风险的占比,在你项目和在市场组合中的比例数字一致。

的资本成本往往低于一般的公司债券;较难进入资本市场融资的公司,例如初创企业,支付了更高的资本成本,尽管由于违约溢价的存在使得这一点难以衡量;投资者为利息收入缴纳的个人所得税比为资本利得缴纳的个人所得税要多,使得股票相对更受欢迎;情绪和代理成本等因素看起来也在股票交易中发挥重要作用。上述的这些市场不完美体现了不同的风险概念,但均不是市场贝塔。有趣的是,法院支持不完美市场的观点。相对于公开交易的证券品种,法院允许私人持有的金融资产具有高达20%~30%的价格折扣(也即更高的资本成本)。我们通常不确定小型非上市企业的资本成本是多少,但确实知道通常要高得多。

不太可靠的论断

我希望了解各种版本的股票风险溢价,CAPM只是其中一种,基准收益率是另一种。我对自己的资本成本估计不太自信,因为这是在和金融学打交道(具有不确定的概率),而不是物理学(具有已知的概率)。

在考虑到上面已经提到的各种溢价之后,剩余的风险溢价——尤其是在更长的范围内,可能相对较小(1%~2%)。但是我们的不确定性远大于我们对其大小的确定性。你需要意识到,远未来出现的现金流的贝塔值比历史回归所揭示的贝塔值更接近于1,用于衡量项目风险和预期回报率的"CAPM"贝塔指标的重要性相对不大。

> 在其他溢价之后,市场贝塔值乘以股权溢价产生的收益率可能很小。

那么,若不受公司老板的约束,我该怎么做?最好的计算资本成本的建议将像CAPM一样开始:作为公式中的第一项(即无风险收益率),我建议你使用具有相似现金流期限的国债的收益率。通常,这意味着对于未来更遥远的现金流给予更高的资本成本。然后在第二项——股票风险溢价上进行修补。与其将缩小的CAPM市场贝塔乘以一些历史股票溢价(每年高于长期国债利率1%~3%的复合收益率),不如我建议的采用更全面的调整:

> 使用合理的风险调整,一步步来:加一点贝塔,加一点异质性风险,加一点启发式思考。

- 考虑到具有高波动性和/或高杠杆率的项目风险更大,这些项目的股权需要更高的预期回报率才能让你的投资者满意。同时要意识到具有较高异质性风险的项目,通常也是高管们往往过于乐观的项目。(另外要反复检查:在NPV公式分子中的预期现金流没有过度自信的估计!)
- 考虑你和你的所有者是否充分分散化。如果不是,那么应该对风险较高的项目要求更高的回报率。在这种情况下,重要的不是"贝塔风险",而是"总风险"。[1]
- 考虑到你的投资者可能喜欢成长型公司,并且通常愿意支付更高的价格,因此接受此类项目的较低预期回报率。请给予此类项目较低的预期回报率。

如果你通过反复缩小的CAPM市场贝塔值计算出一个相对较低的股权溢价(例如每年2%)作为计算项目资本成本的起步,则这样比较合适。然后应用其他非CAPM资本成本的评估值进行相互比较。由此来看,CAPM可以提供一些有用的信息。

---

[1] 贝塔风险也称为系统风险,总风险包括系统风险和非系统风险(也称异质性风险、特殊风险)。系统风险是指随市场总体波动而波动的风险,非系统风险是个体独自波动的风险,可以被投资组合的分散化所抵消。

如果不得不使用

如果我的公司老板强制要求采用CAPM方法,我该怎么做?

- 如果我经营的是一家能够容易进入资本市场融资的大公司,并且现在需要评估一个典型的中期项目,我将假设每年1%~3%的股权溢价,并将之应用于所有长期项目的股权成本部分。例外的情况是一些我非常确定其拥有很极端市场贝塔值的项目,比方说,低于-1或大于3,考虑到贝塔值的长期不稳定性,我会将这些贝塔值进一步缩小到例如分别为0和1.5。另外,我认为长期公司债的资本成本高于同期限的国债,但低于股权成本。主要原因是债务提供了企业所得税的税盾,而不是因为权益成本远高于长期公司债成本。

- 偏离CAPM。如果我经营的是一家初创企业,我会假设资本成本比无抵押债务的预期回报率高2%到6%。企业股权的预期回报率可能非常高,甚至达到两位数。这个更高的数字反映了企业现金流的波动性更大,以及更多市场不完美导致公司必须支付更高的资本成本。这里,风险确实发挥了作用,但不是严格意义上的CAPM市场贝塔风险。或者,此时我会完全放弃基于NPV的估值模型,而尝试采用估计其他类似项目的基准收益率和比较估值法。

我永远不会使用CAPM模型来为债券、衍生品或其他极端类型的项目进行估值定价。

我是唯一反对CAPM的教授吗?不。很多学者都私下里反对,更多是在他们自己投资时反对采用CAPM。大多数人害怕在学生面前承认学者们的集体无知,而更愿意宣扬知识并传授CAPM模型之美。让我引用更权威的支持性观点:尤金·法玛,最有名的金融学教授之一、诺贝尔奖获得者,对CAPM的早期广泛宣传做出重要贡献者之一,现在却强烈反对它。他的观点是,在NPV计算中若使用CAPM预期回报率作为资本成本,会将一个错误的不确定数字除以另一个错误的不确定数字,这种做法等于将分子中预期现金流的错误和不确定性,与分母中预期回报率的错误和不确定性,混淆在一起。如果幸运的话,错误会抵消,但更可能是没有抵消。

> 净现值法还是可比公司法?尤金·珐玛认为可比公司法更好。

哇,CAPM的最重要早期支持者尤金·珐玛,现在更喜欢可比公司法!

重点:

- CAPM是现实世界中的基准模型。大多数公司都使用它。
- 每个金融行业的面试官都希望你理解CAPM,不管模型是否成立,你都必须知道。
- 经验证据表明,CAPM不是预测预期回报率的好模型。
- CAPM第一项(时间调整)似乎比第二项(风险调整)更为有效。
- 市场贝塔值的趋势是复归于1,这需要你将普通OLS回归得出的贝塔值较为激进地收缩到1。
- 股权高于长期国债的几何溢价收益率为每年2%~3%,未来也不太可能会超过。
- CAPM从不具有很高的精确性。
- 即使CAPM无效的情形下,均值方差优化(本书第8.2节)模型也有效。

- 无论CAPM是否有效,同行业的基准资产收益率法(第9章)都有效。
- 使用其贝塔估算值,你可能进行项目的风险对冲操作(也即免疫投资策略),以免受股权溢价风险和不确定性的影响。免疫的项目比未免疫项目具有更明确的资本成本。

Q10.14 经验证据是否表明CAPM是正确的?

Q10.15 如果CAPM是错误的,你为什么需要学习它?

Q10.16 对于贝塔值非常高、非常低或为零的项目,CAPM在哪种情形下更准确?

Q10.17 要评估一个风险水平一般的项目,即一个贝塔值在1附近的项目,你个人缺乏知识产生的不确定性,分别对于以下哪一个变量影响更大:(a)无风险利率、(b)股权溢价、(c)贝塔系数和(d)预期现金流量?分别思考长期投资项目和短期投资项目。关键的困扰点是哪些?

总结

本章涵盖以下要点:

- CAPM为投资者提供"资本机会成本",可以将其用作NPV公式中的资本成本。CAPM公式为

$$E(r_i) = r_F + [E(r_M) - r_F] \cdot \beta_i$$

上式有三个变量:无风险利率(r_F)、市场预期收益率($E(r_M)$)和项目或公司的市场贝塔系数(β_i)。只有市场贝塔系数是项目/公司特有的。

- 绘制预期回报率与市场贝塔的直线称为证券市场线(SML)。
- CAPM提供了由时间溢价和风险溢价组成的预期回报率,但忽略了违约溢价。在NPV公式中,违约风险以及由此产生的违约溢价通过分子中的预期现金流量而不是分母中的预期回报率(资本成本)产生影响。
- 对于r_F,应使用与项目现金流时间相匹配的国债利率。因此,未来更遥远的现金流需要更高的资本机会成本。即使你不相信CAPM,期限调整也很重要。
- 如果项目的市场贝塔值很高,那么股票市场的预期回报率将是一个关键的CAPM输入变量,但这种股权溢价很难估测。存在很多估测方法,但没人真正知道哪一种最好。股权溢价($E(r_M) - r_F$)的合理估计范围为每年1%~8%,对于未来若干年甚至更长期限的项目而言,最常见的股权溢价为2%~3%。
- 有多种方法可以估计市场贝塔,不要对远离1的贝塔值太过自信,尤其是长期现金流项目。
- 如果你对正β项目进行对冲免疫,即将之与股票市场的空头头寸结合起来,则这种组合的项目比具有正β的项目本身更容易定价,因为它抵消了模型和股权溢价的错误估值影响。
- 千万不要盲目相信CAPM,它的估计结果很差,更多地将CAPM用于"大方向"指

引(譬如指南针)而不是"准确指南"(譬如GPS定位)。
- 尽管CAPM的估计结果很差,但还是要准确地理解和掌握CAPM。

本书对CAPM的负面观点在其他的教科书中非常罕见(但在实际研究该模型的专家中并不罕见),因此重要的是不要误解本章所说的内容。让我们以一组常见问题来结束本章:

问:风险较高的现金流是否应该不需要较高的承诺/报价回报率?

答:风险较高的项目必须给出更高的承诺回报率,即提供更高的违约溢价。这与CAPM意义上的较高风险溢价不同。在NPV应用中,确保在分子的预期现金流中反映违约风险(而非分母的贴现率即预期回报率)。风险较高的项目需要在成功时获得更多回报,以弥补失败概率更高的事实。

问:期限更长且因此风险更高的现金流是否不需要更高的预期回报率?

答:长期项目需要支付期限溢价。因此在NPV应用中,你通常应该使用更高的资本成本来贴现更遥远的现金流。CAPM本身并不给出期限溢价。美国国债收益率曲线为你提供了一个有效的初步估计,即长期现金流应该比短期现金流需要多少额外的溢价收益率。

问:除了杠杆结构和期限外,风险较高的股票和公司现金流是否应该具有较高的预期贴现率?

答:也许应该,但要小心。首先要谨慎,不要对自己判断股票风险的能力过于自信。如果能很好地判断风险,首先请确保你将预期现金流(而非承诺现金流)作为NPV分子。其次不要过于拘泥于CAPM来计算额外的"风险溢价",而要将你的资本成本估算与基本判断以及其他风险衡量指标(例如波动性)结合起来,尤其是在投资没有完全分散化的情况下。

答案

章后习题

Q10.18 CAPM背后的假设是什么?其中有完美市场的假设吗?还有更多吗?

Q10.19 如果CAPM成立,若找不到符合CAPM给出的门槛回报率的项目,作为企业经理你应该怎么做?

Q10.20 在一个完美的世界中,并且不存在外部性,意味着项目之间不会相互影响,你应该只选择NPV最高的项目吗?

Q10.21 写下CAPM公式。哪些输入变量是经济中共有的,哪些输入变量是项目

第10章 资本资产定价模型

特有的?

Q10.22 无风险利率为6%。股票市场的预期收益率为8%。对于贝塔为2的项目,合理的资本成本是多少?

Q10.23 无风险利率为6%。股票市场的预期收益率为10%。对于贝塔为-2的项目,合理的资本成本是多少?具有经济意义吗?

Q10.24 如果市场的真实预期回报率为每年6%,无风险利率为每年2%,绘制SML。如果你不确定市场的预期回报率,图形会是怎样的?

Q10.25 贝塔值为0.4的垃圾债券的违约概率为20%。如果违约,投资者只能得到应得的60%。无风险利率为每年3%,风险溢价为每年5%。此垃圾债券的价格、承诺的回报率和预期的回报率分别是多少?

Q10.26 风险溢价高于违约溢价的债券有什么特点?

Q10.27 一家公司的零息票债券一年期的承诺回报率达到7%,其市场贝塔系数为0.3,股权溢价为4%,同期限国债利率为3%。今天合理的债券价格是多少?

Q10.28 解释关于股权溢价估计的基本学术观点。

Q10.29 如果不想估算股权溢价,你有哪些替代资本成本估算的方法?

Q10.30 用200字以内解释:什么是市场风险溢价的合理猜测,为什么?

Q10.31 CAPM公式的截距和股权溢价中的无风险收益率是相同的吗,还是应该假设股权溢价与投资期限无关?

Q10.32 与无风险资产相比,负贝塔的资产应该提供更高还是更低的预期回报率?这有什么意义吗?

Q10.33 无杠杆公司的资产贝塔系数为1.5,无风险利率为3%,股权溢价为4%。

1. 公司的资本成本是多少?
2. 公司为自己再融资,发行债务回购了一半的股票,假设这笔债务是无风险的,杠杆公司的股权贝塔系数是多少?
3. 根据CAPM,公司必须向债权人提供多少回报率?
4. 根据CAPM,公司必须为其杠杆股权持有人提供多少回报率?
5. 公司的加权平均资本成本是否发生了变化?

Q10.34 通过雅虎财经下载英特尔和标准普尔500指数2016年的每日股市数据:

1. 在此样本中,英特尔的股票市场回归模型的贝塔系数是多少?
2. 英特尔的收缩后的股市贝塔系数是多少?对1.0的市场贝塔和你刚刚计算的估计值使用0.5的收缩因子(参考教材正文的公式)。
3. 这与英特尔在雅虎财经上的市场贝塔相比如何?
4. 如果英特尔的债务权益比为1:2,并且其债务接近无风险,那么它的资产贝塔系数是多少?

Q10.35 可比同行公司的权益贝塔系数为2.5,债务权益比率为2,债务几乎是无风险的,请估算你项目的股权的贝塔系数,假设你的项目贝塔系数固定,债务权益比为1/2。(提示:要将债务权益比率转换为债务资产比率。)

Q10.36 一家财富100强公司的债务融资额为150亿元,股权融资为50亿元,其历史的股权贝塔系数为2。如果该公司将其债务融资从150亿元增加到180亿元,并使用债务的融资现金回购股票,你预计其杠杆的权益贝塔是多少?

Q10.37 现行的无风险利率为每年5%。你公司的竞争对手是一家上市企业,一直使用每年12%的总项目的资本成本。竞争对手的资金来自1/3的债务和2/3的股权。这家公司的股权贝塔估计值为1.5。它使用多少作为其股权溢价的估计?

Q10.38 画出一些可能与CAPM不一致的证券市场线(SML)。x轴表示真实的市场贝塔值,y轴表示真实的预期回报率。

Q10.39 经验证据是否表明CAPM是正确的?

Q10.40 在什么情况下使用CAPM是一个好的模型?支持使用它的主要依据是什么?什么情况下CAPM不是一个好的模型?

第 11 章
市场不完美

 信息/意见、市场深度、交易成本、税收

迄今为止,我们假设了市场参与各方的意见(以及信息)没有差异,没有交易成本和税收,以及一个存在许多竞争性卖家和买家的大市场——"完美的市场"。在这个框架下讨论了不确定性、风险和 CAPM,它们并不是"死"的理论,而是在实践中被广泛运用。如果前提假设不成立,那么从业者和学者都使用的这些公式,便有可能是错误的。

为什么完美市场的假设如此重要?因为它给了我们唯一的、适当的、预期/期望的回报率——无论你是想借别人的钱来投资于项目,还是把你的钱借给其他人。打破完美市场的假设会造成严重破坏:如果没有一个确定的期望回报率,项目价值则取决于所有者的现金头寸。没有确定价格的"项目价值",能意味什么呢?

当然,尽管完美市场是如此美妙,但现实中并不存在。它们是概念上的,而不是现实的。对于大型上市公司来说,它们面对的金融市场可能非常接近完美。而对于小企业来说,几乎从不面对完美市场。**创业金融**就是"在不完美市场中融资"的一个显著例子。

在本章中,你将离开我们漂亮的、无摩擦的、乌托邦式的世界,将不得不思考现实世界中的金融问题。幸运的是,许多工具(特别是 NPV 法)仍然有效——请记住,在更复杂的场景中可以运作的工具,当然也可以在更简单的场景中运作。本章的诀窍是学习如何更加谨慎地应用工具并了解它们的局限性。

11.1 不完美市场的原因和结果

到目前为止，我们还没有区分你可以借钱为项目融资的**资本成本**和你可以储蓄资金的**投资回报率**。在"完美市场"中，这两个数值是相同的。这也是四个完美市场假设的目的所在，即为了保证一个事实，而其他一切都依赖于这个事实：

完美的市场导致借和贷的利率相等。

> 完美市场不存在时，借和贷的利率不相等

如果不是这种情况，那么影响将是深远的。如果这两个利率不相等，那么就不能随心所欲地将投资卖出或买进。更根本的是，一个项目的价值甚至也不再是独一无二的。取而代之的是，一个项目的价值可能是某个价值范围内的任何数字。

> 借和贷利率不相等时，项目的市场价值不是唯一的。

事实上，项目价值这个概念都变得毫无意义。价值可能会取决于谁拥有该项目、个人的喜好，甚至是一天当中的什么时间等。你甚至不能声称一个项目的价值就是它的现值（PV），因为现值本身可能就毫无意义。别急，让我们一步一步来。

Q11.1 完美市场的假设能给你带来哪些在不完美市场中得不到的东西？

判断市场完美度：英特尔股票和房屋的例子

首先借一只股票比如英特尔的股票为例，来考虑完美市场的四个假设：

> 对于英特尔的股票来说，完美的市场假设并不完全正确，但离正确也不远。

1. **没有意见分歧**：回想一下，这个假设并不意味着没有不确定性，而是投资者不会对不确定性持不同意见。能够获得相同类型信息的客观理性的交易者们，应该对英特尔股票的价值得出类似的结论。他们应该就英特尔股票明天可能出售的价格分布达成一致，这反过来又决定了今天的股票价值。在大多数情况下，理性的交易者不太可能对英特尔股票的价值持不同意见——他们应该意识到，不太可能有比市场给出的英特尔股票价格更好的价格。任何分歧都可能是微小的。当然，如果一些交易者掌握了内幕信息，那么他们就可以更好地预测明天的价格，完美市场将不复存在——但利用内幕信息进行交易是非法的。

2. **无限多的投资者和公司**：在2021年某一个典型日子里，在约10万笔交易中超过2 000万股的英特尔股票易手，价值超过10亿元。这是很多买家和卖家。因此，英特尔股票基本是在一个竞争激烈的市场中完成交易。在这个市场中，没有单一的买家或卖家能够影响价格。有很多潜在买家愿意以市场上的价格（或者只是稍微低一点）购买股票，也有很多潜在的卖家愿意以市场上的价格（或者只是稍微高一点）出售股票。

3. **没有交易成本**：交易英特尔股票确实会产生交易成本，但这些成本并不高。股价为50美元的英特尔股票的典型一个买卖来回交易成本价差约为5美分，即10个基点。机构交易者甚至可以做到比这个成本更低。英特尔股票价格也不需要搜索成本（在互联网上随处可见），而且寻找买家或卖家的成本非常低。

4. **没有税收**：这可能是最成问题的一个完美市场假设条件。幸运的是，我们需要税

收不存在假设的主要目的是：持有英特尔股票的卖方回报率不应与买方的回报率不同。下面解释具体的意思：

考虑一个极端的例子，英特尔股票开始的价格为每股 20 美元，两年后达到每股 80 美元。假设资本利得税率为 20%，无风险贴现率为 5%。请问持有股票两年与中途卖给我相比，可以节省多少价值？如果持有股票，应税资本利得将为 80－20＝60 美元。按照 20% 的资本利得税率，山姆大叔（即美国政府）将收取 12 美元税收。如果你在第一年之后以 50 美元的价格将它们卖给我，那么资本利得将首先是你的 30 美元（资本利得税是 20%×30＝6 元），然后是我的 30 美元（又是 6 美元的资本利得税）。这违反了完美市场的假设。因为如果你持有股票两年，税收义务的现值为 $12/1.05^2 \approx 10.88$ 美元。如果把它们卖给我，税收成本就是 $6/1.05+6/1.05^2 \approx 11.16$ 美元。因此，如果你持有股票，则股票对你（卖方）的价值高于你将其卖给我（买方）。

但我们对股票估值的不同实际上只在于期间税收金额的利息上。在资本收益为 60 美元下仅存在 28 美分的差异。[1] 此外，这个例子不仅在 300% 的回报率方面是极端的，而且在假设税收最严苛的情景下发生。本章稍后会解释，许多资本利得可以被资本损失所抵消，投资者在择时上的避税也可以进一步降低税收。此外，大多数股票现在由机构投资者持有——其中许多是完全免税的养老基金，因此在交易时不会面临税收影响。

英特尔股票的市场确实非常接近于完美，可以将完美市场作为一个可行的假设。

不幸的是，并非所有商品都是在完美市场上交易的。例如，考虑卖掉你的房子。如果你的房子位于非常偏远的地区，如果潜在买家是零星的，如果具有相同特征的替代房屋很少，或者如果政府对新业主征收更高的房产税（例如加利福尼亚州），它的价值是多少？直观地说，房子的价值现在可能取决于运气（附近有多少潜在买家看到了广告，潜在买家是否想住在这种房子里，等等）；出售的紧迫性（可能取决于你是否愿意从容地拒绝首次的低报价）；或者你是否需要出售（作为当前所有者，你承受的房产税要低得多，因此房子对你来说可能比潜在买家更值钱）。这种房子的价值是很难确定的，因为市场远非完美——房子的价值甚至可能不是一个唯一的数字。

> 对于房地产来说，市场并不完美，因此价值不是唯一的。

具体房屋可能的价值范围取决于市场不完美的程度。例如，如果你知道税收或交易成本最多可代表项目价值的 2%~3%，那么你就会知道，即使房屋价值不是绝对唯一的，它也非常接近于唯一——价值可能处于相当小的范围内。另一方面，如果你认为房子的潜在买家很少，但其中一些潜在买家可能会以比其他人高得多的价格购买房屋，那么你是否应该接受或拒绝另一个买家已给出的低报价，则完全取决于你的财务状况。

> 使用你对市场不完美程度的判断。买家和卖家都无法保证有一个公平的价格。

并非所有金融市场都接近完美。信息差异、市场上大买家或大卖家的独特力量、交易成本或者某些税收都会发生作用。例如，许多公司债券主要在场外交易。只有少数的金融交易者才可以在场外柜台市场中做市。如果你想购买或出售此类公司债券，必须致电指定的内部柜台的交易员。这些交易者通常是你唯一的交易对象，在与你谈判价格时，他们会尝试评估你的专业知识。

---

1 这里是指上面例子中的 11.16－10.88＝0.28 美元。从 20 美元涨到 80 美元，股票净收益率为 300%。

重复一遍,没有金融市场或其他市场永远是"至臻完美"。但是,某些金融工具的市场,非常接近于完美。

重点:对于许多金融证券——例如对于大型公开交易的股票,完美市场的假设是合理的。对于许多其他金融证券和非金融商品,完美市场假设不太准确。

Q11.2 完美市场和竞争市场有什么区别?

Q11.3 现实世界中是否存在完美的资本市场?完美市场概念的用处是什么?

完美市场的假设及其违背

现在更严格地考虑当每个完美市场的假设被违背时,会发生什么:

> 四个完美市场的假设,以及它们的失效如何成为推动借贷利率之间的楔子。

(1)**意见无差异**(信息):这个假设意味着每个人都以相同的方式解读完美市场中的所有不确定性。

这个假设是怎么被违反的呢?有一个例子:如果银行认为你有50%的概率会破产和违约,而你认为只有10%的概率,那么只有在你支付的利率比你自己认为合适的利率高得多的情况下,银行才会愿意借钱。当然你会认为借贷利率太高了。结果,这也打破了你的合理借和贷利率的相等性。现在,你的资金借出(投资)时的预期/期望回报率低于资金借入(融资)时的预期/期望回报率。

为了避免这种情况,我们的完美市场假设包括:*每个市场主体都拥有相同的信息并就其含义达成一致*。

(2)**无限多的投资者和企业**:这个假设实际上意味着市场深度非常"深"。就其本身而言,存在无限多买家和卖家的假设定义了一个**竞争市场**——在这个市场中,没有买家或卖家拥有任何独特的市场力量。相比买方或卖方是异质的说法,这个假设必须在此基础上稍做修改。在本假设下,一定是你可以轻松找到许多最热心的买家和卖家。

这个假设是怎么被违反的呢?如果只有一家银行可以和你做生意,那么这家银行就会想利用它的垄断力量。它会向你收取比你存款利率更高的贷款利率,而你别无选择。

为了避免这种情况,我们的完美市场假设包括:*存在有无限多的买家和卖家*。

(3)**无交易成本**:这里的交易成本定义非常广泛,包括间接成本,比如你为寻找最佳交易而付出的时间和金钱。在一个完美的市场中,你可以在不支付任何此类费用的情况下进行买卖。

这个假设是怎么被违反的呢?比如申请贷款所需的文书工作花费了1 000元,那么只有在你借款时才会产生这笔费用,而在储蓄时则不会。同样,如果你需要花费3天的时间来找到合适的贷方,这意味着你实际上需要支付的不仅仅是借款利率,3天时间也需要作为成本考虑在内。任何此类交易成本,都会使你的有效借款利率高于有效储蓄利率。

为了避免这种情况,我们的完美市场假设包括:*交易成本为零*。

(4) 没有税收：更准确地说,这意味着没有扭曲的政府干预(例如政府监管),并且买卖证券没有税收优势或劣势之说。具体而言,商品的交易或某一特定所有者的占有都不应改变总的税收结果。

这个假设是怎么被违反的呢？如果你必须为赚取的利息纳税,但不能扣除已付利息的税款,那么你的实际储蓄利率将低于借款利率。同样地,如果股票发生交易时必须缴纳更高的总税款,那么相比之下,它们一直被持有不发生交易,价值可能会更高。另一种是政府法规要求你每次都必须向美国证监会 SEC 提交冗长的法律文件,这种政府监管也是违反了没有政府干预的行为。

为了避免这种情况,我们的完美市场假设包括：*没有税收*。

完美市场的真正用处并不在于你相信它存在于现实世界中。相反,它的用处在于提供了一些简单首要的方法和工具来帮助你评估商品价值。如果这些假设不成立,借和贷的利率可能会也可能不会相同,我们就无法使用完美市场的工具或者略加变化地使用。(而且,正如我已经提到的,几乎所有常见的现实世界的金融公式都依赖于这些假设。)

如果上述假设与现实世界中的情况相去甚远,那么一切都将不再奏效。事实上,市场可能会完全停止运作。例如,如果担心交易的对手方比你更了解情况,那么你只会输——对方会充分利用这一点,只有在价格过高时才卖给你。当然你会尽量避免这种情况,你就会永远不参与交易。这样的市场崩盘可能发生在散户投资者参与公司债券市场的情形。这些债券是场外柜台交易市场,这意味着电话另一端的华尔街交易员试图衡量普通散户投资者对这些债券正确价值的实际了解程度。结果,散户投资者整体上处于不利地位,以至于他们直接购买公司债券毫无意义。相反,散户最好购买债券基金,让其他拥有知识和信息的人(债券共同基金经理)代表他们买卖公司债券。另外,如果交易成本极高,则市场中没有任何人可以从中获利。幸运的是,只有当完美市场的违背情形非常严重时,才会发生这种系统性的市场崩溃。在适度违背的情况下,市场交易的收益一般会超过买卖双方的成本,因此市场依然可以运作。这就是本章将考虑的情况。

> 让我们希望这些市场缺陷不是极端的——如果它们是极端的,那么整个市场甚至完全会消失。

Q11.4　在不回头查阅前文的情况下,陈述四个完美市场的假设。

不完美市场中的模糊价值

为什么借和贷的利率之间的不平等如此成问题？这是因为它打破了项目的"单一价值概念"。在完美市场中,项目价值仅仅取决于项目本身,而不取决于你个人情况或你的现金状况。若借贷利率不一致将导致"投资和融资决策的分离"。仅当借贷利率一致的条件下,项目所有者才可以根据项目本身的质量做出投资决策,而不是根据他们的个人财富或融资的能力进行选择。事实上,NPV 公式的输入变量中没有你的身份或当前财富的变量——它输入的仅是项目的现金流和可比投资的回报率。

> 如果借贷利率不同的话，项目的价值（NPV）可能取决于投资者的富裕程度——更一般地说，取决于投资者是谁。

例如，假设你可以在完美市场中以相同利率4%借出资金（投资）和借入资金（融资）。某项目今天投资1 000元，下期回报1 050元，净现值是多少？它是9.62元。这不取决于投资者有没有钱。如果你今天没有1 000元，你可以借1 009.62元，投资1 000元，然后明年将1 050元交还给贷方。[1] 但如果金融市场不完美，借贷利率不一样，那么项目的价值就不唯一，而取决于你的现金持有量。例如，假设你能够以3%的利率储蓄（投资），以7%的利率借钱（融资）。今天投资1 000元，下期回报1 050元的项目的净现值是多少？

> 示例：项目价值大小取决于你的财富。一个项目的价值可能不再是一个数字，而是一个区间范围内的任何数字。

- 如果你有1 000元，选择将钱存到银行，下期你将只能从银行获得1 030元。你应该接受这个项目而不是储蓄，这样你就可以多赚20元。
- 如果你没有1 000元，则必须从银行借1 000元并从项目中获得1 050元。但是你必须向银行偿还1 070元，你将净损失20元。你不应该接受这个项目。

项目的价值以及是否接受，现在取决于你拥有多少现金。因此，你的项目选择和你的财务状况之间的分离，已经不再成立。在做出投资选择时，必须考虑你当前的现金持有量，这使得资本预算决策变得更加困难。在上面这个例子中，很简单：如果你有很多财富，就应该接受这个项目。如果你没有现金，就不应该接受。但是，想想未来有多笔现金流入和流出的项目，以及你的决策如何与自己的未来财富状况相互作用，问题会变得非常复杂。你还看到，在不完美市场中，项目价值不再是唯一的。在我们的示例中，它可能介于＋19.42元（1 050元的贴现率为3%）和－18.69元（1 050元的贴现率为7%）之间。同样的模糊性也适用于当你拥有所有权的情形。当你已经拥有该项目与你只是考虑投资它时，资本预算决策的结果可能会有所不同。总之，你的身份特征影响了项目的价值。

重点：如果市场不完美，项目的所有权和其价值就不是分离的。因此，项目的价值不再是唯一的。项目的价值取决于谁拥有该项目。

你总是能得到所支付的吗

稍微回忆一下项目可能没有单一价值这句话背后的深意。你肯定听过这样的说法："物品只值人们愿意支付的价格（物尽其值）"，以及某些物品"价值远远超过其售价（物超所值）"。哪个是对的？真有好的交易吗？答案是两者都是正确的，也都不正确。第一句话只有在市场完美的情况下才真正有意义：如果市场是完美的，那么物品的价值确实与购买者愿意为它们支付的价格完全相同。第二句话只有在市场不完美的情况下才有意义：如果市场不完美，物品就没有单

> 哪里有好的交易？也许有——在一个不完美的市场中，如何定义一笔好的交易呢？

---

[1] 但你今天手中就多出来9.62元，这就是项目的净现值，也是给你带来的财富增值。

一的价值。不同的人可以对物品赋予不同的价值。

Q11.5 你的资金借入利率为每年 10%。你的资金贷出利率为每年 4%。某项目投资成本 1 000 元,回报率为 8%。假设你有 900 元可以投资。

1. 你应该接受这个项目吗?
2. 你可以将 900 元视为你尚未消费的金额。假设你的财富是 2 000 元,消费了 1 100 元。在上一个问题中,你还能消费这么多并接受该项目吗?你可以消费多少并且接受该项目?

社会价值与剩余

完美的市场不仅对私人有益,而且对社会有益。如果市场是完美的,买卖双方就不必担心一项交易比另一项交易更好——买比卖更好,或者相反。例如,考虑汽油,并想象你在驾车进行公路旅行时不知道何时何地需要购买更多汽油。与股票不同,汽油并不是在任何地方都一样得好:一个地方的汽油可能比另一个地方的汽油更有价值。在人口稠密的地区,汽油市场竞争非常激烈,接近于完美——有很多买家(司机)和卖家(加油站)。这使得你看到的第一个加油站很可能就会有一个合理的价格。如果你开车经过第一个加油站,它的公开价格是每升 7 元,那么你不太可能在几英里内找到另一个加油站,以每升 6 元或每升 8 元的价格提供相同的汽油。每升 7 元很可能就是"公平价格",否则这个加油站现在可能已经消失了。(当然,这种情形同样适用于许多金融市场,例如大型公司股票、国债或某些类型的抵押贷款。)只要市场竞争非常激烈——或者更好的是,完美——大多数交易都是公平交易。

> 买家在完美的市场中得到他们所支付的。他们可以"信任"市场价格。

这里有一个重要的概念转弯:如果你支付了一件物品的价格,那并不一定意味着你支付的就是该商品对你个人的价值。例如,如果你的汽油用完了,你可能很愿意为每升汽油支付 20 元——但幸运的是,在竞争激烈的市场中,你需要支付的只是市场价格。商品对个人的价值与商品的价格之间的差异称为"消费者剩余"。尽管在完美市场中每个人都在支付商品的价格,但大多数的买家和卖家却都因此获得了利益——只有最后的边际买家和卖家的收益和支付成本一样。

> 完美的市场并不意味着大多数买家和卖家都无利可图:完美市场为普通的买家和卖家提供了(最大)利益。

Q11.6 评价以下陈述:"在一个完美的市场中,价格就是公平价格,没有人能得到一笔好交易。因此,如果完美市场不可得,从社会角度来看,这也无关紧要。"

11.2　意见、分歧和内幕消息

如果你认为每一个完美市场的假设都失灵了,会怎么做?你需要学习如何判断市场的不完美程度,然后作为现实世界的投资者或经理来应对这些不完美问题。因此本章的其余部分将探讨市场不完美的程度、如何降低,以及你该如何应对。

> 信息(意见)是第一位的。

我们从意见分歧开始,即违反第一个完美市场假设——每个人都有相同的意见。与其他假设一样,意见一致在某些情况下成立,在另一些情况下不成立。

期望利率的差异或承诺利率的差异?

没有意见分歧的假设只是在不确定的世界里才需要——如果在确定性的世界里,存在意见分歧是荒谬的。那么在不确定的世界里,如果贷方和借方有不同的信息或对同一信息有不同的判断,会发生什么?最可能的是,他们在违约风险上无法达成一致意见。例如,假设你没有信用记录,那么不认识你的贷方可能会特别害怕你违约——在这样的贷方看来,你将面临极高的风险。贷方可能会估计你的违约概率为 30%,因此会要求适当的违约溢价,例如 10%——这个利率类似于信用卡透支所收取的利率。另一方面,你知道你确定会偿还贷方的钱,因为知道自己会努力工作,并且肯定会还钱。因此,你认为公平和适当的违约溢价应为 0%。

> 不同的意见可能会导致对项目将支付的费用产生分歧。

当潜在贷方和你有不同的意见时,你将面临不同的预期利率,取决于你是要存款还是借款。可以使用第 6 章中的知识来举例说明完美和不完美市场情景之间的区别。

> 借贷的预期回报率现在变得不同了。

完美市场:假设银行和你一致认为你有 20% 的违约概率,违约时不会偿还任何资金。为简单起见,假设风险中性,适当的利率为 5%。解 $80\% \cdot r + 20\% \cdot (-100\%) = 5\%$,可知你必须给出的承诺利率为 $r = 31.25\%$,才能使银行的期望回报率为 5%。相比之下,由于银行拥有政府的担保,所以如果你把钱存进去,银行是不会违约的。

	承诺利率	期望利率
你的储蓄利率	5%	5%
你的借款利率	31.25%	5%

尽管你的报价/承诺利率因信用利差而较高,但你的借款和储蓄的期望资本成本仍然是相同的 5%。

> 在不完美的市场中,借和贷的期望利率是不同的。

不完美的市场:现在假设银行和你在违约概率上存在分歧。银行认为它是 30%——这可能是因为从银行的角度来看,对于看起来相似的借款人来说,它可能经历过这样的违约率。相反,你认为你的违约概率是 10%。因此,银行

将向你报出 $r=50\%$ [求解 $70\%\times r+30\%\times(-100\%)=5\%$] 的报价利率。而你认为在 50% 的报价利率下的期望利率将是 $90\%\times 50\%+10\%\times(-100\%)=35\%$。

	承诺利率	期望利率
你的储蓄利率	5%	5%
你的借款利率	50%，从银行角度	5%
你的借款利率	50%，从你自己的角度	35%

现在，意见分歧（信息差异）导致期望回报的差异。借和贷的期望回报率不再相同。如果银行错了，你的资金成本现在取决于你是借还是贷。即使银行是正确的，从你（错误的）角度来看，你仍然面临着不同的借贷利率。

重点：信用利差反映违约溢价（承诺回报率与期望回报率之间的差异），这一事实并非说明市场不完美。当信用利差反映借款人和贷款人之间的意见分歧时（借款人和贷款人的两个期望回报率的差异），这一事实说明市场不完美。

Q11.7　银行在完美市场上报出的存款利率和贷款利率，会不会有差异？

Q11.8　"如果世界是风险中性的，市场是完美的，那么承诺回报率和期望回报率可能不同，但所有贷款的期望回报率应该是相等的。"请评价这句话。

Q11.9　某债券明年将以 99% 的概率偿还 100 元，而完全不支付的违约概率为 1%。相当的无风险债券的适当的期望回报率为 5%。

1. 该债券今天合适的承诺收益率是多少？
2. 债券发行人认为自己还款的概率是 100%。他认为今天多付出多少成本？

契约、抵押品和信用评级机构

如果你是创业企业家，可以做些什么来降低你的资金成本？答案是向贷方披露所有可能的信息——前提是你是那种会偿还贷款的企业家。你想减少贷方（银行）对未来还款的疑虑。不幸的是，这可能非常困难。贷方既不能窥探你的大脑，也不能给你一个测谎仪测试。即使你已尽一切可能减少贷方对你的怀疑（提供你的信用记录、抵押品等），仍然会存在一些剩余信息差异——这就是生活中的事实。在你可以减少信息差异的范围内，公司将能够享受更低的资本成本。如果作为借款人你未能尽最大努力让贷方相信你的质量，那么贷方就会假设你不是一家普通企业而是最差的企业——因此应该尽可能多沟通。

至少已经发展出三种重要的机制来缓解这种信息差异。第一种机制是**契约**，它是预先规定债务人必须做什么来维持信用的合同协议，它可以包括诸如维持一个确定的偿付能力或者最低公司价值等要求。第二种机制是**抵押品**，如果不付款，债权人可以收回这些

> 优秀的借款人希望向贷方可信地传达他们的优秀。

资产——任何能给债务人带来痛苦的事情都可以作为抵押品。甚至是,如果违约债务人被关进债务人监狱(19世纪前通常如此),还款的承诺将会更加可信,这样贷方将更倾向于以较低的利率提供资金。当然,对于那些碰巧在事后遭受难以置信厄运的少数不幸者来说,债务人监狱存在一些明显的弊端。

苏美尔债务合同

在已知的最早的抵押债务合同中,有一款来自苏美尔(美索不达米亚)的条款,它承诺到期偿付白银,并将借款人的儿子作为债务担保。(可在 www.museumofmoney.org/babylon/index.html 上查看该债务合同。)此类合同在今天是非法的,但根据2003年9月发表在《国家地理》杂志上的文章,事实上的"债务奴隶"在许多国家仍然很普遍。那么,你将如何看待学生贷款呢?允许学生宣布破产并摆脱债务吗?

威廉·格茨曼,耶鲁大学

减轻还款不确定性的第三种机制是**信用评级**,它是债务人过去付款的历史记录,以帮助评估未来违约的可能性。这就是为什么如果你想获得大量个人贷款,需要提供你的社会保障号码(类似中国的居民身份证)——贷方会检查你。对于大公司来说也是如此。判断企业的违约风险可能比判断个人的违约风险要容易一些,但仍然费时又费钱。在第6.2节中我们已经了解了信用评级的作用。

> 信用评级机构帮助贷方估计借款人违约的可能性。

不幸的是,尽管债券评级机构会在公司状况发生变化时更新其评级,但经验证据表明,债券评级并不能很好地帮助投资者获得更好的回报率。事实上,评级似乎更多是对标的债券价值下跌的反应,而非相反。也即评级机构似乎更多的是被动反应而不是主动预警。(投资银行对债务评级的低质量和系统性操纵的影响,在2008年的大衰退中得到了充分证明。)

> 顺便说一句,回顾历史,债券信用评级对证券交易策略并无用处。

让我们以哲学观察结束本节:美国和欧洲的金融市场确实令人惊叹!那些永远不会借给邻居几千元(担心他们不会偿还)的人却将一生的积蓄借给金融市场上匿名的陌生人。即使存在很大的不确定性,由于有良好的治理和风险分散机制的结合,使得金融市场和实体市场都发展得如此之好。当然,市场永远不会完美!是的,美国金融市场存在问题,但问题的相对规模要小得多。总体来说,欺诈、信用和信任问题大部分都处在可控范围之内。

Q11.10 借款人可以采用哪些机制来向贷方提供还款保证?如果法律没有要求提供这些信息,借款人还会自愿这样做吗?

11.3 市场深度和交易成本

第二个完美市场假设是说市场具有深度,由许多买家和卖家组成。在资金借贷市场上，如果只有一个贷方，该贷方将对你拥有市场支配力。当然，他会向你收取更高的借款利率、提供较低的存款利率，如此展示他的市场支配力。极端形式的市场力量被称为垄断，市场力量也有许多较为温和的表现形式。例如，如果你习惯于在一家杂货店购物，那么这家商店对你就具有一定程度的市场支配力。即使该店的牛奶比其他商店贵3美分，你仍然会在该商店购买牛奶。或者说你附近只有一台银行自动柜员机ATM。原则上，你可以从任意银行的取款机器上取款，但实际上当地只有一台银行自动柜员机ATM。幸运的是，这种资本供给的独特性，对于大公司而言并非一个重要问题。

"没有市场支配力量"的假设，一般显然是能够成立的。

因此，让我们继续讨论第三个完美市场假设：交易成本。交易成本造成借贷利率之间的差异。例如，如果管理贷款是一项既困难又昂贵的工作，贷方必须向借方收取高于存款利率的贷款利率才能实现收支平衡。这是本节的主题。

实物交易时的典型成本——房地产

当你进行买卖交易时，将面临促成交易的成本。考虑交易成本大小的一种方法是，计算如果你在购买后立即发现自己犯了错误、马上将该商品或资产转售，这一买一卖过程中损失了多少。房地产——大多数人最大的资产——是阐述交易成本的最佳例子。出售或购买房屋的真正成本是多少？

房地产本身是一个重要的市场。这个市场有多完美？

经纪佣金等直接成本：住房买卖的交易成本如此之高且如此重要，非常值得研究。在美国，如果房屋被出售，卖方经纪人通常会以房屋价值的6%作为佣金（并将这笔佣金与买方的经纪人进行分摊）。因此，如果房地产经纪人以300 000美元价格出售了一座房子，她的佣金是18 000美元（她通常再与买方的经纪人分摊）。换句话说，若没有房产经纪人，房屋买卖的双方原本可以平分这18 000美元。

直接交易成本：资金的直接转移。

尽管只有卖方支付了经纪人的费用，但需要从**往返交易成本**的角度考虑问题——如果你买了然后立即卖掉，你会损失多少。如果认为只有卖方必须支付经纪佣金，你就错了——在未来需要转售房屋时会产生隐性交易成本。当然，购买房屋后你通常不会立即出售它，但是不能忘了在NPV计算中应该考虑未来出售时的交易成本。

考虑"往返"买卖形式的交易。

如果你为投资进行了融资，交易成本将比你想象中的更高。房地产经纪人赚取房屋价值的6%，而非你投入房屋资金的6%。在购买500 000元的房屋时，典型的按揭贷款是购买价格的80%，即400 000元，则你作为房屋买主投入了100 000元的股权。假设在购买后的第二天你就卖掉了这个房子，房价不变，但交易佣金将发生30 000元，你的财富减少了——投资回报率为-30%。这不是风险带来的，是纯粹的、既定的交易成本！

如果房价下跌或上涨10%，结果将会发生什么变化？如果房价下跌10%，房子只能以450 000元的价格转售，扣除代理佣金后剩下423 000元。作为房主，偿还借贷资金之后，你的100 000元的投资仅剩下23 000元。房地产价值下跌10%，将使你的净资产减少77%！相比之下，房价上涨10%，房屋

房屋交易成本的计算基础不是你的投入资产，而是基于整个房屋的价值——这与公司股票不同。

> 添加一些价格波动。

价值增加到 550 000 元,这意味着扣除经纪人佣金后还剩下 517 000 元。因此,偿还借贷资金之后,你的回报率是 17%。如果房价上升 10% 和下降 10% 的可能性相同,那么你的期望损失将为 −30%!

> 其他直接费用。

房屋买卖除了直接的经纪佣金,还有很多其他的直接交易费用,比如广告、保险费用、房屋勘察、地方当局的土地登记费用以及印花税等——所有这些都是买卖双方的成本。

间接成本比如机会成本:间接成本包括房屋买卖双方尽可能了解房屋价值以及帮助代理人出售房屋所需花费的努力和时间。这些可能是巨大的成本,即使不涉及现金支出。

> 间接成本是其他机会的损失。

如果房子不能立即出售,而是空置一段时间,则空置所损失的租金也是交易成本的一部分。房屋未能用于最佳替代用途的隐性成本称为**机会成本**——放弃次佳选择的成本。机会成本与直接的现金成本一样是真实的。

房地产经纪人:谁为谁工作?

房地产经纪人是矛盾的。如果他们将房子早点卖掉,就可以把时间花在其他房产上。因此,典型的卖方经纪人会试图让卖方降价以加快销售速度。同样,买方的经纪人也会试图让买方提高报价。这样在财务意义上,买方经纪人在代表卖方工作,卖方经纪人在代表买方工作。有趣的是,《怪诞经济学》一书的作者史蒂夫·莱维特发现,当经纪人在出售自己的房子时,他们自己的房子平均会在市场上多停留 10 天左右,售价高出了 2%。

史蒂夫·莱维特,芝加哥大学

交易金融商品——股票时的典型成本

金融市场的交易也会产生交易成本。如果投资者想买卖股票,经纪人会收取费用,促成交易的证券交易所也会产生费用。此外,投资者与经纪人沟通以进行股票买卖的时间也应该被视为机会成本。

> 股票交易也会产生直接和间接成本。

经纪人和做市商佣金等直接成本:金融工具的交易成本远低于大多数商品的交易成本。让我们看看其中的原因。首先,即使你想购买(或出售)价值 100 万美元的股票,一些互联网经纪商现在对每笔交易的收费仅为 10 美元。你的往返交易,即买入和卖出,仅需 20 美元的经纪人佣金。此外,你必须向证券交易所支付**价差费用**(买入价和卖出价之间的差额)。例如,像英特尔这样的大公司股票的公开价格大约为每股 50 美元,但是你不可能以 50 美元的价格买入或者卖出,50 美元实际上只是买入价和卖出价两个价格的平均值:49.92 元的**买入价**,为某一位投资者或交易所的做市商目前愿意购买股票的价格;而 50.08 元的**卖出价**,为某一位投资者或交易所的做市商目前愿意出售股票的价格。因此,你可以按 50.08 美元购买股票并以 49.92 美元出售,"仅仅"损失 16 美分,这相当于(49.92 元 − 50.08 元)/50.08 元 = −0.32% 的往返交易成本。(英特尔股票的典型市场交易价差实际上更低。)你可以计算买卖 20 000 股(价值 1 000 000 美元)英特尔股票的总成本,如下表所示:

	股票往返交易成本/美元	
买入 20 000 股	付 50.08×20 000＝1 001 600	
加经纪佣金		＋10 ＝1 001 610
卖出 20 000 股	收 49.92×20 000＝998 400	
减经纪佣金		－10 ＝998 390
	净往返交易成本	3 220

不过,此表并不完全正确。因为证券交易所公布的股票买入价和卖出价仅对 100 股有效。此外,一些交易可能发生在买卖差价之内,但对于大多数大额的买卖订单,你可能需要支付超过 50.08 美元或收到少于 49.92 美元。所以 0.32% 可能有点太小了。事实上,如果交易量足够大,你的买入订单可能需要支付 50.20 美元,卖出价可能只得到 49.85 美元。在现实市场中,100 万美元的英特尔股票头寸的真正往返交易成本可能在 50 个基点的数量级上。

> 股票的典型直接交易成本远低于大多数其他商品。

股票交易成本也可以非常低,以流动性超强证券的巨额交易来说明,这里是一个例子:2006 年 11 月 30 日星期四下午 12 点 12 分,亿万富翁投资者柯克·科克里安以每股 29.25 美元(或总计 8.2 亿美元)的价格出售了通用汽车 5% 的股份(共计 2 800 万股)。得到消息后,通用汽车的股价跌至 28.49 美元,但不到 1 小时股价便回升,甚至达到 29.50 美元。从那之后,通用汽车的股票变得更具有竞争力。即使是非常大的股票出售量几乎都不会影响股价!

> 股票交易成本低得惊人的一个例子。

你可能会读到关于**高频交易者**(HFT)的文章,他们运行算法来战略性地获取市场中的微小收益,因为他们可以提前几纳秒进行交易。这曾经是一个备受争议的问题,但如今高频交易的收益正在消失。现在在市场中存在数十个高频交易者相互竞争,几乎可以肯定地确认大部分可能的超额利润不存在了。此外,市场结构更好的新证券交易所也在不断涌现。高频交易获利的游戏在几年前存在,今天已不再是了。

机会成本等间接成本:投资者无须花费大量时间来了解股票的最新价格,存在众多的信息来源(例如雅虎财经),信息搜寻成本非常低:与房子不同,股票价格是立即可知的。股票也几乎可立即找到买家,搜索和等待的成本也非常低。相反,当你想卖掉房子时,可能需要好几个月的焦虑等待。

> 股票的典型间接交易成本(机会成本)也非常低。

股票交易成本与房屋交易成本的比较

让我们将买卖金融证券的交易成本与房屋的交易成本进行比较。除了 6% 的直接房地产经纪人费用,还必须加上其他费用和等待时间。

成本类型	释义	房地产	金融资产（股票）
直接成本	典型的买卖来回佣金等	≥6%	0~1%
搜寻/研究成本	寻找公允价格的时间	高	零
搜寻/流动性成本	寻找和等待买主的时间	变动	零

房屋只是一个例子：许多实物商品或劳务交易（但不是全部）同样会产生高额的交易成本。

> 金融证券的交易成本如此之低，对于买入并持有的投资者来说，几乎可以被认为是确定为零。

相比之下，如果你想购买或出售 100 股例如微软的股票，你的交易成本很低。因为买者和卖者众多。大市值股票的市场是完美的，可能不是一个完全正确的假设，但也不遥远。当然假定金融市场的交易成本为零，是方便的。对于交易并不频繁的个人投资者（即**买入并持有**的投资者），零交易成本的假设通常是相当合理的。但对于一个**日内交易者**（即每天频繁买卖股票的人），完美市场的假设（即交易成本为零），是不合适的。

Q11.11 你猜投资一万美元于微软股票上的买卖往返交易的交易成本是多少？以百分比和绝对值计算。

Q11.12 列出重要的交易成本组成部分，包括直接交易成本和间接交易成本。

收益中的交易成本和净现值

作为投资者，你通常关心的是考虑了所有交易成本后的回报率，而不是报价给出的未考虑交易成本的回报率。让我们来看看应如何考虑买卖双方的交易成本。

> 终极法则

回到前面的住房例子。如果你以 1 000 000 元的价格购买房屋，然后通过经纪人以 1 100 000 元的价格将其卖给下一位买家，在出售时，经纪人向你收取 6% 的佣金。还有一些其他成本会减少你收到的金额，更不用说存在许多机会成本了。假设这些成本总计为 70 000 元。此外，你也很可能需要支付其他一些额外费用（例如 5 000 元的契约转让费）。因此，该项房屋买卖的回报率不会是 1 100 000/1 000 000−1＝10%，而是

$$r = \frac{(1\,100\,000 - 70\,000) - (1\,000\,000 + 5\,000)}{(1\,000\,000 + 5\,000)} = 2.5\%$$

$$收益率 = \frac{考虑交易成本后收入的资金 - 考虑交易成本后投资的资金}{考虑交易成本后投资的资金}$$

> 收益率：使用考虑交易成本后的收益率。

顺便说一句，许多职业的基金经理为了让基金的回报看起来更有吸引力，会在基金的宣传材料中引用考虑交易成本之前的投资者回报率。然后在宣传页的底部添加脚注说明——让律师满意的脚注，这样投资者就不能因为被宣传资料误导而起诉基金——默认投资者应该知道考虑这些交易成本以调整回报。

在现值计算中如何处理交易成本呢？这相对简单。在示例中，你投入 1 005 000 元并在一年后收到 1 030 000 元，因此，

$$NPV = -1\,005\,000 + \frac{1\,030\,000}{1+\text{资金的机会成本}}$$

你必须注意的是,要使用考虑交易成本后的资金机会成本。在本例中,假设你在金融市场(而非房地产市场)中具有相同特征的其他投资将获得8%的年回报率,但交易成本有50个基点,那么你的资金机会成本即为7.5%。这样,房产项目的适当的NPV为

$$NPV = -1\,005\,000 + \frac{1\,030\,000}{1.075} \approx -46\,860(\text{元})$$

> 净现值:使用考虑交易成本后的现金流和考虑交易成本后的资金机会成本。

Q11.13 如果你以1 000 000元购买一座房屋,必须先支付0.5%的交易费用(以承担各种契约费用),然后在一年后,你将房屋出售,并按房屋当时的售价支付6%的经纪人佣金(外加2%的等待时间成本)。假设住在该房子里你享受的每月有效红利是4 000元/月。如果你的资金机会成本为每年7%。请问你在一年后卖出房屋的价格是多少,可以使得这项投资的NPV为零?

流动性的价值

当未来的交易成本影响投资者购买资产的当期意愿时,定价会变得更加复杂有趣。即使预期能够覆盖交易成本,你也可能不想在当前购买房屋,因为不喜欢将来转售房屋容易还是困难未知的事实。相反,如果是购买股票或债券,未来就可以随时转售而无须支付太多的交易成本。

是什么让你愿意冒险守着房子几个月却卖不出去?所以买方必须向你提供**流动性溢价**——额外的预期回报率,以补偿投资者持有资产的意愿。流动性的类比来自于物理学。就像物体的运动受到物理摩擦阻碍一样,经济的交易也容易受到交易成本的阻碍。

> 考虑到未来的交易成本,资产的买家在进行非流动性的投资时要求获得更高的回报率。

住房可能是一个极端的例子,但流动性效应似乎在任何市场中都很重要,即使在交易成本较低的金融市场中也是如此。(一些金融市场通常被认为是低摩擦的,甚至接近无摩擦。)即使是金融学教授和最好的基金经理,也都还没有完全理解流动性溢价,但我们知道它非常重要。像在2008年这样的金融危机中,流动性似乎是唯一真正重要的事情。让我们看看一些流动性溢价发挥重要作用的例子。

> "流动性"是金融学借用物理学的一个常见类比概念。

国债

即使是美国国债市场上也存在流动性差异。最近发行的特定期限的国库券称为"**在走动**(on-the-run)"的国库券。这些债券占每日总交易量的50%以上,但其市值不到市场总流通市值的5%。每个想要交易相关期限债券的交易员都会关注这些"在走动"的债券。与其类似但不同的"**非走动**"(off-the-run)债券相比,购买和出售"在走动"债券显然更为容易。2016年,典型的"在走动"国债的收益率比相类似的非走

> 即使是美国国债也存在流动性差异:在走动和非走动的债券。

动国债低约 5 个基点。换句话说,购买"非走动"债券的价格要比"走动"债券低得多。

> "走动债券"更具流动性。

"在走动债券"被高价购买的原因是,相比同等的"非走动债券"而言,"走动债券"可以更快、更容易地被转售。当然,随着一只 10 年期债券即将到期,它将逐渐失去"在走动"的定位,而另一只 10 年期债券将成为新的"在走动债券",旧的"走动债券"的溢价价值下降。

> 投资者更喜欢"走动债券",因为它们具有即时的流动性。

在一个完美的世界里,"走动"和"非走动"的两种类型的债券应该没有定价的区别。然而,在现实的金融市场中,对于两年期国债而言,若其"在走动"时,相比"非走动"的同类型债券,买卖价差平均降低约 1 个基点,收益率平均降低 0.6 个基点。对于 10 年期国债,相比"非走动"的债券,"走动国债"的买卖差价和收益率通常降低 3 个基点。这种定价的差异,只能通过投资者更偏好债券的即时流动性来解释。

提供流动性的业务:做市

> 市场=流动性提供者

你可以将证券交易所的做市商视为提供流动性的人。作为散户投资者,你可以立即将你的证券卖给做市商,而做市商则需要寻找其他想要长期持有该证券的其他投资者。为了提供这种流动性,做市商赚取买卖差价——流动性溢价的一部分。

> 提供流动性是一项必须的业务。

在任何类型的资产市场中,提供流动性是一项常见的业务。例如,你可以将古董店或二手车经销商也视作流动性的提供者,它们以低价购买(作为随时的买家)并以高价出售(作为随时的卖家)。作为流动性提供者,需要承担巨大的风险并拥有足够的资本。

流动性危机

> 流动性危机非常有趣。

关于流动性最显著的经验规律是:每隔几年,所有金融市场的投资者似乎突然间只喜欢流动性最强的证券。这被称为**"回归高质量"**(flight to quality)或**流动性危机**。在这种情况下,几乎所有债券(无论是拉丁美洲债券、欧洲债券、公司债券、抵押贷款相关债券等)相对于美国国债的利差都同时趋于扩大。

> 在 2008 年大衰退期间,流动性危机如何蔓延。

2008 年年初,随着大衰退爆发,美国经济正面临这样的流动性危机。它始于抵押贷款领域,然后蔓延到许多其他债券。每家基金和银行都害怕其投资者会收回资金额度。因此,他们自己正在急于撤回提供给客户(通常是其他银行和基金)的所有信贷额度。许多人甚至以低价(有时是所谓甩卖价格)出售评级很高的证券,以避免陷入更糟糕的流动性危机。在 2008 年的流动性危机期间,发生了许多非常奇怪的定价异常,但套利者很难利用它们(因为没有人会愿意借钱给套利者执行这些套利)。例如,由联邦政府机构 GNMA 发行的两年期债券——始终得到联邦政府的全面支持,其交易价格竟然比同期限的国债高出整整 200 个基点。

出售流动性以获取流动性溢价收益,也是华尔街公司和对冲基金赚钱的一种常见的方法,甚至可能是最常见的方法。如果你知道在突发情形下不需要流动性,或者准备将债券持有至到期,那么购买流动性较低的证券以赚取流动性溢价,是有意义的。一个示例的策略是用更便宜的借来的钱,购买流动性差的公司债券。大多数情况下,这种策略始终可以赚取少量的盈利——除非发生流动性危机,同时流动性利差扩大的情况。正是这种特殊的例外情况,导致了一家名为长期资本管理公司(LTCM)的著名对冲基金于1998年倒闭。在俄罗斯债务违约后,几乎所有债券的利差都扩大了——美国公司债券的平均利差在一周内从大约4%上升到大约8%!LTCM根本无法为其持有的大量非国债找到任何买家。与LTCM同样的命运也降临在大衰退时期的许多金融公司身上,他们的融资方要求迅速收回资金,但是资产市场上没有流动性可以快速平仓。

> 如果你在流动性危机中具有流动性,则可以获利丰厚。

Q11.14　流动性溢价和交易成本有什么区别?

11.4　税收

> 征税的艺术在于拔鹅毛,用最少的嘶嘶声得到最多的羽毛。——让-巴蒂斯特·科尔伯特

> 确定性?在这个世界上,除了死亡和税收之外,没有什么是确定的。——本杰明·富兰克林

我们违反完美市场假设的第四个问题是税收。它们无处不在,通常是项目回报率的重要组成部分。实际的税法本身非常复杂,具体内容细节每年都在变化,但基本的框架已长期保持不变,并且在大多数国家/地区都相似。

> 本书只是复杂税收问题的框架性概述。

(联邦)所得税的基础知识

美国国税局(IRS)对个人和公司征税。总收入通过一组可扣除的费用调整为应税收入,并采用累进税率。**税前费用**(可扣除)对纳税人来说比**税后费用**更好。例如,如果你的收入为100 000元,而且适用单一的40%的所得税税率等级,那么50 000元的税前费用将为你留下:

$$(100\,000 - 50\,000) \times (1 - 40\%) = 30\,000(元)$$
$$税前净利润 \times (1 - 税率) = 税后净利润$$

而50 000元税后费用,则只会为你留下:

$$(100\,000) \times (1 - 40\%) - 50\,000 = 10\,000(元)$$

对公司和个人来说,最重要的扣除项目可能是利息支付,个人主要是抵押贷款利息可以进行税前扣除。此外,还有一些其他扣除,例如养老金缴款。一些非营利性投资者(如养老基金)是完全免税的。

> 税法基础一直简单稳定,但细节复杂多变。

税法将收入分为四类:普通收入、利息收入、股息收入和资本收益。不同类别收入适

用的税率不同,它们允许进行扣除以减少所得税负担的能力也不同。

> 在四类收入中,股息收入和资本收益是税收待遇最好的两类。

普通收入适用于大多数不是来自金融投资的收入(例如工资)。个人只能在普通收入上进行极少的扣除,而且税率最高。2021年最高的联邦所得税边际税率为37%。美国大多数州还有所得税,在联邦税率的基础上再加上10%~15%。

利息收入基本上被视为普通收入。

股息收入是来自合格的美国公司股票的股息,以较低的税率征税,通常约为普通收入税率的一半。

资本收益是你拥有资产的增值收益,对于持有一年或更长时间的资产的资本收益按较低的税率征税,就像股息一样。(持有不到一年的资产基本上按照与普通收入相同的税率征税。)此外,你的资本损失可以从你的资本收益中扣除。与按年度征税的其他收入不同,短期和长期资本收益只有在真正实现时才征税。此外,如果你已经搬到一个没有收入所得税的州一年以上,那么你的资本收益就可以不缴纳州所得税,即使大部分的增值主要发生在你生活在高所得税的州时。(这是许多美国老年人搬到佛罗里达州的原因,主要是为了避免对其累积的资本收益征收州所得税。)

从投资者纳税的角度来看,资本收益优于股息收入,两者都优于利息和普通收入。

> 边际税率和平均税率之间的差异。

平均税率(已缴税款与应税收入的比率)低于**边际税率**(最后一美元收入的税率),因为在实施累进所得税率的美国,最初金额的收入适用较低的边际税率。例如,在2021年,最初的9 950美元的税率为10%,接下来的30 575美元的税率为12%,接下来的45 850美元收入适用的税率为22%,以此类推。因此,忽略各种后续调整,如果你赚了80 000美元,将缴纳的税款为

$$税收 = 10\% \times 9\,950 + 12\% \times 30\,575 + 22\% \times (80\,000 - 9\,950 - 30\,575) = 13\,349 (美元)$$

因此,你的边际税率(适用于最后一美元收入的税率)为22%,而平均税率约为16.7%。经济学家几乎总是只关注边际税率,因为边际税率或多或少与你的收入相关。对于公司而言,自2018年以来的联邦所得税税率为单一的21%。因此,公司的平均税率和边际税率没有区别。

当然,还有其他重要的税种,比如州所得税、社会保障和医疗保险税、财产税、销售税等。近年来,另一种税收制度即**替代最低税**(AMT),已经变得与标准的联邦所得税制度一样重要。因为AMT以相同的方式对大多数收入进行分类,所以我们不会区分标准所得税和替代最低税。如果你必须在多个州提交税收报表,细节会变得异常复杂。例如,职业运动员必须在他们参加比赛的每个州纳税。一些零售商仅在美国就必须与数百个税务机关打交道。当涉及多个国家时,情况会变得更糟。

重点:• 请记住,存在一些免税投资者,例如养老基金。

- 你必须了解所得税是如何计算的(原则而非细节!),如何计算边际税率,如何计算平均税率,以及为什么平均税率通常低于边际税率。

- 可以从税前收入中支付的费用优于必须从税后收入中支付的费用。具体来说,利息费用可以免税,因此对纳税人更有利。

- 相对于利息和普通收入,首先是资本收益,其次是股息收入,享有优惠的税收待遇。

Q11.15 纳税人有税前费用还是税后费用更好？为什么？

Q11.16 纳税人更喜欢什么类型的收入？为什么？

Q11.17 为什么边际税率通常低于平均税率？

税收对回报率的影响

在存在所得税的情况下，如何计算投资收益？机械地讲，税收类似于交易成本——均属于"削减项"，降低了投资的利润。它们之间的一个区别是，收益更高的交易所得税更高，而无论你赚钱还是亏钱，交易成本都是相同的。当然，税收通常还有更复杂的具体差别。第二个也许更重要的区别是，税收通常比交易成本大若干数量级，因此比普通交易成本更重要。对于许多投资者和公司来说，税收筹划是一个头等重要的问题。

> 税收是针对利润的，而非针对价值或销售额。通常，税收额比交易成本高十倍以上。

所有投资者应该关心的是税后回报，而不是税前回报。这与前文对交易成本的讨论一致——仅税后收益有作用。假设你用税后资金投资 100 000 元，获得 160 000 元的回报。你的边际税率是 25%，则税收是在 60 000 元的净收益基础上计算，税后净收益是

$$75\% \cdot 60\,000 = 45\,000 (元)$$

$$(1-\tau) \cdot 税前净利润 = 税后净利润$$

（税率通常缩写为希腊字母 τ，读音 tau）因此你的税后收益率为

$$r_{税后} = \frac{145\,000 - 100\,000}{100\,000} = 45\%$$

> 应税投资者（与免税投资者不同）关心的是税后资金的流入和流出。

免税债券和边际投资者

在美国，较小的政府实体发行的债券所支付的利息在法律上是免税的。（美国宪法的作者们不想让联邦政府在州或地方政府筹集资金上加上更多负担。）如果你拥有该类债券，则无须在联邦所得税表上申报利息，有时甚至不出现在州的所得税表上。（具体因债券而异。）最突出的免税债券通常被称为**市政债券**，简称 **Muni**。例如由洛杉矶市（加州）或坎顿市（俄亥俄州）等市政当局发行的市政债券。州政府的债券也被归类为市政债券 Muni，因为它们也免征联邦所得税。不幸的是，与美国财政部不同，市政当局可以而且曾经破产过，因此它们的债券可能无法偿还。（例如，加利福尼亚州奥兰治县在 1994 年 12 月出现违约。）尽管如此，许多市政债券仍是相当安全的 AAA 信用。与其他具有类似债券评级的应税公司债券相比，免税债券通常是更好的。风险相同的应税债券和免税债券的现行利率之间的差异，使我们能够确定有效税率的大小。

> 州和市政债券的利息支付在法律上免征（联邦）所得税。

例如，2021 年 9 月 29 日，不同债券的收益率如下：

	2 年期	10 年期	30 年期
免税市政债券 Muni，A	0.40%	1.48%	2.49%
公司债券，A	0.47%	2.16%	3.17%
国债	0.30%	1.52%	2.10%

2021 年 9 月，30 年期应税债券的收益率仅比市政债券高 68 个基点。35% 边际税率的投资者应该更喜欢免税市政债券。

10 年期的免税市政债券或公司债券，哪一种对你更有利？这得依你的边际税率情况而定。为了讨论的缘故，忽略违约。假设你向免税市政债券投资 100 元，将在年底获得 1.48 元的利息，而税务机关一无所获。如果将 100 元投资于相同信用等级的公司债券，你将获得 2.16 元。如果你的联邦所得税率为 0，显然你更喜欢 2.16 元而不是 1.48 元。但是，如果你的边际税率为 35%，税务机关将收取 2.16 元 · 35% ≈ 0.76 元，留给你 1.40 元。因为 1.48 元大于 1.40 元，所以你当然更喜欢免税债券。

在经济学中，几乎所有重要的东西都采用"边际"的概念。经济学家喜欢考虑假设的边际投资者。边际投资者是这样一个投资者，他的边际所得税率使他在购买免税债券和应税债券之间完全毫无差异。因此，对于 30 年期的市政债券和公司债券，边际投资者的税率为

$$2.49\% = (1 - \tau_{边际}) \cdot 3.17\% \Leftrightarrow \tau_{边际} = 1 - \frac{2.49\%}{3.17\%} = 21.5\%$$

$$r_{税后} = (1 - \tau_{边际}) \cdot r_{税前} \Leftrightarrow \tau_{边际} = 1 - \frac{r_{税后}}{r_{税前}}$$

高于临界/边际税率的投资者应该更喜欢市政债券。

所以，任何边际所得税率高于 21.5% 的投资者（如高收入散户投资者）都应该选择免税债券。任何边际所得税率低于 21.5% 的投资者（如免税的 401K 养老计划）应该更喜欢应税债券。当经济学家更一般地考虑资产如何定价时，他们会把边际税率作为有效的经济意义上的税率。

Q11.18　2021 年 9 月，对于边际投资者来说，其 2 年期和 10 年期债券的税率是多少？

Q11.19　如果你的税率是 20%，税前利率是 6%，你的税后利率是多少？

Q11.20　如果边际投资者的税率为 30%，应税债券的收益率为 6%，那么同等条件的免税市政债券的收益率是多少？

税收与净现值计算

你应该只关心税后现金流量。

就 NPV 计算而言，你应该计算的都是税后资金，无论它们是今天还是明天发生，以及是现金流入还是现金流出。

重点： 以税后现金流进行 NPV 计算。这既适用于预期的现金流，也适用于资金的机会成本。

不幸的是，不能简单地用税前资本成本折现税前现金流量（错误），并期望得出与用税后资本成本折现税后现金流量时相同的结果（正确）。

例如,考虑一个花费 10 000 元并在明年返还 13 000 元的项目。你的税率为 40%,1 年期等效风险的应纳税债券的回报率为 25%,如果该债券为免税债券,则回报率为 10%。首先,你必须确定你的资金机会成本是多少。第 11.4 节表明,如果你将 100 元投资于应税项目,将收到 125 元,美国国税局将收取税收 (125 元 − 100 元) × 40% = 10 元。因此,你将拥有 115 元的税后财富。免税债券收益仅有 110 元,因此你将选择应税债券——决定你资金机会成本的是具有同等风险的应税债券。因此,相当的税后回报率为 15%,15% 是你的税后"机会"资本成本。

> 必须计算资本的税后机会成本。

> 你的资本机会成本取决于你自己的税率。

对于上述需要 10 000 元投资的项目而言,你的应税项目回报率为 30%(3 000 元),而应税债券回报率为 25%(2 500 元),税务机关将收取税收 40% × 3 000 元 = 1 200 元,剩下 11 800 元。因此,该项目的 NPV 为

$$\text{NPV} = -10\ 000 + \frac{11\ 800}{1+15\%} = 260.87 (税后现金流和税后资本成本)$$

$$C_0 + \frac{E(C_1)}{1+E(r_1)}$$

> 你必须使用税后资本机会成本折现税后预期现金流量。

结果很直观:如果你把钱投资到债券上,最终会得到 11 500 元。相反投资于该项目上,最终会得到 11 800 元——明年会出现 300 元的差额。贴现之后,261 元在直觉上就几乎是正确的。当然,有无数种方法可以得到错误的结果,下面让我指出一些。以下使用税前预期现金流(并尝试不同的贴现率)的计算,都没有给出正确结果 260.87 元:

> 以下是不正确的捷径尝试,使用税前现金流和/或税前资本成本。

$$\text{NPV} \neq -10\ 000 + \frac{13\ 000}{1+25\%} = 400 (元)(税前现金流量,税前资本成本)$$

$$\text{NPV} \neq -10\ 000 + \frac{13\ 000}{1+15\%} = 1\ 304.35 (元)(税前现金流量,税后资本成本)$$

$$\text{NPV} \neq -10\ 000 + \frac{13\ 000}{1+10\%} = 1\ 818.18 (元)(税前现金流量,市政债券的免税成本)$$

别无选择:要获得 260.87 元的正确答案,不能使用税前预期现金流。

你现在知道如何在存在所得税的情况下对项目进行贴现。但是,如何为由债务和股权融资的项目计算适当的贴现率呢?因为债务和股权面临不同的税收。本书将在第 18 章讨论两种方法——称为调整后的净现值法(APV)和加权平均资本成本(WACC)——来处理不同公司证券的差别税收问题。

Q11.21 你有一个成本为 50 000 元的项目,将在 3 年后获得回报 80 000 元。30 000 元收益的边际资本利得税率是 37.5%。市政债券(Minu)每年支付 8% 的回报率;国库券每年支付 3% 的回报率。该项目的 NPV 是多少?

Q11.22 你目前处在 33.3% 的税率范围。一个投资 12 000 元的项目将在 1 年后回报 14 000 元,即净回报 2 000 元。可比的免税债券收益率为 15%,可比的应税债券收益率为 20%。这个项目的 NPV 是多少?

Q11.23 个人忘记税收的情况并不少见,尤其是在投资小而收益大但极少见的情况下。假设你处于 30% 的税率范围。一张 1 元的彩票,以 900 万分之一的概率可能获得

1 000 万元的应税奖金,其 NPV 是正数还是负数? 如果你用税前的资金购买该彩票,会发生什么变化?

纳税时间

在许多情况下,美国国家税务局不允许在没有交纳期间税收的情况下将项目产生的资金再投资。若你将一项长期投资与其他方面均相同、只是分割为多个短期的投资进行比较,这一点很重要。例如,考虑一个边际税率 40% 的农民,他购买了价值 300 元的谷物(种子),每年生产的农作物价值翻三倍。

> 如果美国国税局认为这个农场是一个为期两年的长期项目,农民可以使用第一次的收成来重新播种,因此一年内 300 美元的种子变成了 900 美元农作物,然后两年内变成了 2 700 美元的收成。国税局认为利润为 2 400 美元,因此征收 960 美元的税款。农民的税后现金流为 2 700−960=1 740 美元。

> 如果美国国税局认为这个农场是两个连续的 1 年期项目,那么农民的税后利润会更低。第一年年底,他得到了 900 美元,国税局收取 40%×(900−300)=240 美元,留给农民 660 美元。重新种植后,660 美元增长到 1 980 美元,其中税务局再收取 40%×(1 980−660)=528 美元。农民的税后现金流为 1 980−528=1 452 美元。

> 1 740 美元和 1 452 美元之间的差异是由于长期项目可以避免期间税收的事实。当一些费用可以从"再投资利润"(应税)重新归类为"必要的维护成本"时,也会出现类似的问题。

如果你只是在最后而不是在期间征税,通常结局会更好。

Q11.24 假设你的边际税率为 25%。假设美国国税局仅在资金支付时才对付款征税。(抱歉,在现实生活中,如今国税局确实对零息票债券也征税,即使它们还没有支付任何费用。)

1. 到期收益率 YTM 为 10% 的 10 年期零息票债券的未来价值是多少? 国税局可以获得多少?
2. 到期收益率 YTM 为 10% 的 10 年期的按年附息票债券的未来价值是多少? 假设息票立即以相同的 10% 利率进行再投资。
3. 两种债券今天的价值各为多少? 哪个更好?

11.5 创业金融

现在你已经了解市场不完美的现实,那么对于哪些类型的公司,市场不完美最为重要? 对于大型的上市公司来说,市场不完美可能是轻微的。它们承诺的借款利率略高于它们将资金投资于国债上所能获得的利率,大公司所需的期望/预期资本借贷成本相当接近于相似特征的公司债券的预期回报率。因此,大型上市公司通常可以认为存在一个相当完美的市场中,这也意味着它们可以将项目的投资选择与资金需求分开考虑。

对于大公司来说,借贷利率相等的完美市场假设是合理的。

然而,在个人、企业家和小企业的世界中,资本成本通常高于预期储蓄利率是很合理的。事实上,"普通公司金融"和"创业金融"最重要的区别在于资本市场的完美程度不同。几乎所有的创业企业家都发现很难可信地表达他们偿还贷款的意图和能力。创业企业家获得的信贷融资通常也非常缺乏流动性:贷款人无法轻易将其转换为现金。因此,资金出借者需要高流动性价差。许多企业家甚至最终不得不求助于信用卡的融资额度,这会比国债高出1000个基点或更多的费用。

> 对于创业企业家来说,完美市场的假设是有问题的。

总之,小公司经常面临预期的借贷利率之间的巨大差异。因此,创业者的高借贷成本可能会阻止他们从事许多假设手头有钱就会承担的项目。手头的现金成为他们做决定的主要因素。成熟的公司或较富有的创业者比贫穷的创业者会从事更多的项目。是的,这个世界是不公平的。

> 对于需要资金的创业企业家来说,资金的预期成本通常非常高。

但是,在现实世界中要谨慎相信创业企业家的说法。众所周知,创业者对自己的前景抱有过度乐观的看法。即使是风险投资——许多高科技创业企业的融资工具——也会宣传每年30%或更高的回报率,但实际上持续30年的平均回报率只比无风险收益率高出几个百分点。经正确的违约率调整之后,创业企业家只面临着高额的承诺资金成本,而不是高额的预期资金成本。因此创业者的借贷利率之间的巨大报价差价,有很大一部分原因不是出于信息分歧,而仅仅是由于信用风险。

> 不要轻信创业企业家的说法!通常,高的借款利率只是承诺利率,而不是预期/期望利率。

如何处理小公司的市场不完美问题,在法庭上也经常出现,在这些情况下,资本成本估算对于计算创业企业的价值是必要的——例如,为了评估遗产税或解决前商业伙伴之间的纠纷。(对于许多金融教授和咨询公司来说,这种估值服务是一项重要的收入业务。)首先利用可比的公开交易公司的价值,计算一个假设的私人公司价值,就好像它面临一个完美的市场,然后再应用大约10%到30%的**私有折扣**,以反映其获得资本的困难。

> 法院基于创业企业获得资本的机会有限,对企业价值采取特别的私有折扣。

Q11.25 创业者经常不得不使用信用卡为他们的项目融资,信用卡的利率可能会比国债的收益率高1000个基点。这种现象的两个可能原因是什么?

11.6 解构报价收益率——不完全市场溢价

在第6.2节和第9.6节中,你了解到可以将报价/承诺收益率分解为时间溢价、违约溢价和风险溢价。市场不完美还可以产生额外的溢价。

> 增加市场不完美溢价

承诺回报率 = 时间溢价 + 违约溢价 + 风险溢价 + 不完美市场溢价
预期回报率 = 时间溢价 + 风险溢价 + 不完美市场溢价
　　　　　　　　　　由CAPM提供

量化不完美市场溢价并不容易,但我们会尝试。不幸的是,关于不完美市场溢价之一——意见分歧的溢价,没法多说。因为信息分歧的本质是特殊的,但这并不意味着它们不重要。如前所述,幸运的是,其他三个市场缺陷——税收、交易成本和市场深度不足——产生的溢价通常比与意见分歧相关的溢价更容易量化。

同一类别的资产之间的税收差异通常不大。但是,当从税收角度对某些资产进行不同处理时,税收较严的资产必须提供更高的回报率。例如,市政债券被排除在联邦税收之外,因此,相对于这些免税债券,非市政债券就必须提供更高的回报率。同样,公司债券的持有人需缴纳州所得税,这意味着公司债券需要支付相对于国债的溢价——**税收溢价**。

> 同一"资产类别"中的税收溢价通常相似。

交易成本和市场深度也发挥着重要作用,由此产生的溢价通常被归为通用术语"流动性溢价"。当在流动性很强的证券和流动性很弱的证券之间做出选择时,你会要求额外的回报率来购买流动性弱的证券。因此,我们可以将之前的溢价分析扩展到以下内容:

> 将不完美的市场溢价扩展到具体的溢价组成部分。

承诺回报率 = 时间溢价 + 违约溢价 + 风险溢价 + 流动性溢价 + 税收溢价
实际回报率 = 时间溢价 + 违约实现 + 风险溢价 + 流动性溢价 + 税收溢价
预期/期望回报率 = 时间溢价 + 预期风险溢价 + 流动性溢价 + 税收溢价

同样,这个公式中可能还有其他溢价,例如信息溢价或债券合约特征溢价。我省略了它们,因为没有经验证据可供展示。此外,上述概念分解本身存在一些问题,因为这些溢价之间存在重叠。例如,流动性很可能存在协方差风险。(换句话说,当市场下跌时,流动性的利差可能会增加,这意味着资产的市场贝塔系数为正。)因此,报价利差的一部分既可以被视为风险溢价,也可以被视为流动性溢价。然而,上述公式的基本分解是有用的。

让我们回到公司债券。你在第6.2节中已经了解到,许多公司债券具有重大的违约风险,这意味着它们必须提供违约溢价。现在让我告诉你,根据信用评级,它们的市场贝塔系数在0.1(投资级债券)和0.5(垃圾债券)之间。这意味着垃圾债券可能必须提供相当大的溢价来补偿投资者的市场风险,但对于投资级债券,任何贝塔溢价都是微不足道的。

> 公司债券: CAPM 类型的市场协方差风险对垃圾债券很重要,但对 AAA 级债券而言可能微不足道。

许多公司债券很难快速卖出——大多数必须在场外交易,而不是在有组织的交易所中。因此,公司债券必须向买家提供流动性溢价。最后,它们需缴纳州所得税,意味着必须提供税收溢价。

> 所有类型的风险债券的流动性溢价都可能很高。各种应税债券的税收溢价可能相似。

历史表现

在第6.2节首次看到的爱德华·阿特曼教授的研究中,1971年至2003年公司债券的历史平均回报率如下:

典型的投资级债券承诺回报率比同等国债高出约200个基点。然而,投资者最终只获得比国债高出20~40个基点的收益率。因此,大约170个基点是违约溢价。

> 不同信用评级债券的预期/期望回报率的差异表明,风险较高且流动性较低的债券比更安全债券赚得更多,但并不如初想起来那么多。

典型的垃圾债券承诺回报率比10年期国债高出约500个基点。然而,投资者最终只获得约为220个基点的价差。因此,大约280个基点为违约溢价。

这表明违约溢价是承诺的公司债券收益率中最重要的溢价。投资级债券只有20~40个基点、垃圾债券约220个基点是由风险、流动性、交易、税收和其他溢价之和来解释的。

第 11 章 市场不完美

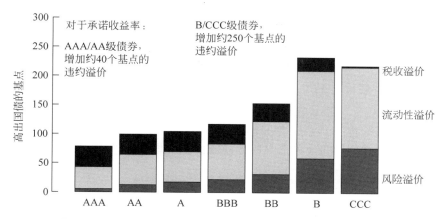

图 11.1　1985—2003 年公司债券预期/期望收益率的组成部分

注：这些是对长期公司债券的预期收益率溢价的估计。对于高评级债券，流动性和税收溢价远大于风险溢价。对于评级非常低的债券，流动性溢价变得相对更重要，其次是风险溢价，然后是税收溢价。要获得承诺的（报价）债券收益率，你必须再加上违约溢价。时间溢价已被扣除，因为所有利差都与时间相同的国债收益率相比。例如，当美国国债的平均收益率为 6% 时，AAA 公司债券的平均报价收益率为 7.2%，其中违约溢价增加了约 40 个基点，其余 80 个基点来自于风险、流动性和税收的补偿溢价。原始资料来源：DeJong 和 Driessen，2005 年。

DeJong 和 Driessen 对 1985—2003 年的债券进行了研究。与阿特曼不同，他们将平均的预期收益率分解为流动性风险溢价、市场风险溢价和税收溢价。图 11.1 显示，AAA 债券的约 40 个基点和 CCC 债券的约 250 个基点是纯粹的违约溢价，平均来看投资者不会获得这些收益。债券的贝塔系数约为 0.1，AAA 和 AA 债券的市场风险溢价小到可以忽略不计，但 CCC 级债券的市场风险溢价更高，年收益率达 1%。至于流动性溢价，高评级债券约为 50 个基点，垃圾债券为 100～150 个基点。顺便说一句，许多机构投资者只被允许持有投资级债券。因此，若债券从投资级别下降到投机级别，将会招致巨大的流动性损失。你可以从 BB 和 B 级债券的收益率突然且异常陡峭的上升中看到这一点。在过去的 10 年里，这种收益率的陡峭"上升"更加引人注目。最后，所有债券的州所得税溢价为 20～30 个基点，但 CCC 债券除外（可能只是由于数据差错）。

> 图 11.1 将预期/期望收益率分解为市场风险溢价、流动性溢价和税收溢价。

第三个证据更为非正式。自 1991 年以来，美国的投资基金公司先锋领航已发行了三只债券基金：VFITX 政府债券基金、VFICX 投资级公司债券基金和 VWEHX 垃圾级公司债券基金。三只基金都采取购买并持有中期债券策略，持有债券的期限为 5～6 年。相比 VFITX 基金，其他两只基金的典型报价价差：VFICX 为 130 个基点，VWEHX 为 400 个基点。不过从 2006 年到 2016 年（包括 2008 年大衰退期间），VFICX 比 VFITX 高出 80 个基点（6.1% 对 5.3%），VWEHX 比 VFITX 高出 120 个基点。扣除收益税收之后，这些已实现的业绩价差缩小至 20 个基点和 −20 个基点。你没看错——在过去 10 年里，对于应税投资者来说，持有政府债券的收益并不比持有高收益垃圾债券差，尽管后者的风险更大、承诺的收益率也更高。

Q11.26 一只 AAA 级债券的购买成本为 90 090 元，承诺到期支付 100 000 元。时间相同的国债的收益率为 8%。

1. 让我们假设金融市场既非风险中性,也非完美。你对该AAA债券报价利率中的各种溢价有何看法?(这些溢价将在以后的章节中解释,包括风险溢价、违约溢价和流动性溢价。)

2. 让我们暂时假设金融市场现在是风险中性的。你对AAA报价利率中的各种溢价有何看法?

3. 假设流动性溢价为0.5%,你对风险溢价、违约溢价和流动性溢价有何看法?

Q11.27 投资级债券和垃圾债券的各种溢价有多重要?(忽略时间溢价。)

11.7 多重效应:如何解决新问题

当然,在混乱的现实世界中,你会同时遇到许多问题(例如通货膨胀、交易成本、意见分歧、唯一的潜在买家、税收等),而不是孤立的一个个问题。事实上,现实世界中可能存在的难题太多了,没有人可以为每个问题提供一个解决公式。因此,重要的是在面对现实世界时要牢记问题是同时存在的。

> 生活是艰难的——它并不总是提供简单的解决方案。

1. 在给定的情况下问自己完美市场的假设是否合理。例如,对于大型且可能免税的公司,你可以认为一个完美的市场假设是合理的,只需计算出"完美市场"中的答案——例如一个简单的NPV。然后想想市场不完美会如何改变方向、幅度,并做出直观的调整。这样,你通常可以得出一个比较好的答案,而不是巨大复杂性下完全正确的答案。

> 如果你幸运的话,可能会得到很好的估计结果,而完全忽略市场的低效率。稍微凭直觉调整一下。

2. 如果你断定离一个完美的市场很远,那么首先确定哪些市场不完美是最重要的。然后制定一个好的解决方案。不可能有一颗灵丹妙药可以解决每一种不同类型的问题,有太多的可能性,任务往往很艰巨。回答这些新的和棘手问题的最佳方法是,"通过数值示例进行思考"。你必须自己能够写出公式。

> 你必须学会如何自己思考。我现在只能教你方法,而不是答案。

解决通货膨胀和税收问题

> 举一个例子,说明税收和通货膨胀同时存在、相互作用的结果。

例如,让我们看看如何处理同时存在税收和通货膨胀的情况。假设你正在考虑一项成本为100元的投资。此外,假设你将获得10%的回报率,而税务局将征收的所得税率为$\tau=40\%$。因此,你在税前获得110元,但税后名义上只有106元。计算公式是

$$100 \cdot [1+10\% \cdot (1-40\%)] = 106(元)$$
$$C_0 \cdot [1+r_{名义,税前} \cdot (1-\tau)] = C_1$$

现在需要确定你获得的106元的真实价值,因此必须引入通货膨胀。选择一个整数,比如说,每年$\pi=5\%$。因此,考虑真实购买力后,106元的价值是

$$\frac{106}{1+5\%} = 100.95(元)$$

$$\frac{C_1}{1+\pi} = P_0$$

你的税后、经通货膨胀率调整后的实际回报率为 100.95 元/100 元－1＝0.95％。知道这一数字结果后，将数字转换为公式。计算过程为

$$r_{\text{税后},\text{实际}} = \frac{100.95-100}{100} = \frac{\frac{100\cdot[1+10\%\cdot(1-40\%)]}{1+5\%}-100}{100}$$

$$= \frac{10\%\cdot(1-40\%)-5\%}{1+5\%} = 0.95\%$$

$$r_{\text{税后},\text{实际}} = \frac{P_0-C_0}{C_0} = \frac{\frac{C_0\cdot[1+r_{\text{名义},\text{税前}}\cdot(1-\tau)]}{1+\pi}-C_0}{C_0}$$

$$= \frac{r_{\text{名义},\text{税前}}\cdot(1-\tau)-\pi}{1+\pi} \tag{11.1}$$

显然，这不是任何人都能记得的公式。但是，它说明了如何处理和简化复杂的问题——首先是数字示例，其次是公式归纳。

对名义回报征税？

这里有一个有趣的问题：如果真实回报率保持不变，通胀率上升对投资者有利还是不利？让我们假设真实收益率是恒定的 20％。如果通货膨胀率为 50％，那么名义回报率将为 80％[因为(1+50％)×(1+20％)=1+80％]：100 元的投资将获得 180 元。现在将所得税率设定为 40％。国税局看到 80 元的利息，征收 32 元的税款，投资者剩下 48 元。因此，你的 148 元的实际价值为 148 元/(1+50％)＝98.67 元。因此当你进行投资时，实际的购买力不会增加 20％，而是发生 98.67 元/100 元－1＝－1.3％的变化。尽管真实利率很高，但税务机关最终得到了更多，而你的最终购买力价值相比开始时变少了。原因在于税务机关的利息税是针对**名义利息**征收的。假设没有通货膨胀，真实回报率仍然是 20％，那么你将获得收益 20 元，税务机关会向你征税 8 元，而投资者可以保留 112 元的实际收益，考虑税收后的实际回报率为 12％。

> 如果实际利率保持不变，税收是否会伤害投资者？是的，因为税收是根据名义回报征收的。

重点：如果实际税前利率保持不变，因为美国国税局采用对名义回报征税，而不是实际回报，结果是：

- 更高的通货膨胀和利率伤害了应税的资金借出者(投资方)。
- 更高的通货膨胀和利率帮助了应税的资金借入者(融资方)。

（因此，需求和供给的经济力量必须调整，以便在通货膨胀发生时增加真实的回报率。）

在二战以后美国历史的大部分时间里，短期政府债券的实际回报率对纳税投资者来说，确实是负数。

Q11.28　假设同时存在税收和通货膨胀。你的边际税率是 20％，通货膨胀率为每年

5%。一个为期1年的项目以20 000元的投资,提供3 000元的回报。应税债券提供年10%的回报率。这个项目的NPV是多少?如果你能自己推导出公式,那就加分!

Q11.29 (高级)假设通货膨胀率为每年100%,名义利率为每年700%。(这也是本书5.2节中的苹果示例。)现在,假设还有25%的违约率。也就是说,四分之一的苹果被退回,里面有虫子,因此无法出售(价值0元)。你的实际回报率是多少?公式是什么?

Q11.30 (高级)假设名义收益率为10%,税率为40%,通货膨胀率为5%。(在公式11.1的税收和通货膨胀示例中,我们计算出通货膨胀后的税后收益率为0.95%。)现在,添加2%的违约率d,违约情况下所有资金都损失了(−100%回报)。"真实的、通货膨胀后、税后、违约后的回报率"为多少?(提示:损失也可以免税。)

Q11.31 如果私营部门是净储蓄者(让公共部门成为净借款人),美国国税局是否有降低或增加通货膨胀的动机?

总结

本章涵盖以下要点:

- 如果市场是完美的,则存在无限多的买卖双方,没有意见分歧,没有交易成本,也没有税收。
- 在完美市场中,承诺的借和贷的利率可以不同,但预期/期望的借和贷利率是一致的。在不完美市场中,期望的借贷利率也可能不同。
- 如果市场不完美,资本预算决策可能取决于项目投资者的现金状况。仍可以进行NPV计算,但在使用正确和有意义的输入变量时必须特别小心(尤其是对于资本成本)。通常最好先考虑具体的例子,然后再将它们转化为公式。
- 交易成本可以是直接的(如佣金)和间接的(如搜寻成本或等待成本)。一般需要考虑往返(即一个买卖轮回)的交易成本。
- 金融资产的交易成本往往非常低,因此在许多(但不是全部)情况下,忽略交易成本是合理的。
- 在现实世界中,买方通常喜欢流动性更强的资产。为了促使投资者购买流动性较低的资产,需要提供一些额外的预期/期望回报率。
- 许多金融市场的交易成本如此之低,而且流动性如此之高,以至于人们认为它们接近于完美市场。这些资产的定价合理。
- 税法复杂。在大多数情况下,个人和公司的征税方式相似。必须了解以下内容:
  - 如何计算所得税(原则,而不是细节)
  - 可以从税前收入中支付的费用优于从税后收入中支付的费用
  - 如何计算平均税率
  - 如何获得边际税率
  - 资本收益享受税收优惠待遇
  - 为什么边际税率通常高于平均税率

- 考虑了适当的边际税率后，应税利率可以转换为相当的免税利率。
- 免税债券通常对高边际税率的投资者有利。可以计算对应税债券和免税债券无差异的投资者的临界税率。
- 计算所有 NPV，均应该使用考虑了交易成本、税后的现金流以及资本成本。
- 与短期项目相比，长期项目的期间税收通常较少。
- 创业金融可以被视为不完美市场的金融。小型和初创公司比大型和老牌公司更容易受到市场不完美的影响。
- 市场不完美常常导致资本成本的巨大差异。有限的多元化、流动性、税收溢价等可能是导致许多项目资本成本较高的原因。这些成本溢价的幅度可能远高于 CAPM 类型的风险溢价——仅补偿投资者与股票市场的现金流协方差的风险。
- 金融工具的报价/承诺收益率不仅包含时间溢价、违约溢价和风险溢价，还包括许多不完美市场的溢价（如税收溢价和流动性溢价）。对于许多债券，CAPM 式的风险溢价与其他溢价相比，非常小。
- 美国国税局对名义回报而不是实际回报进行征税。这意味着较高的通货膨胀率对资金供给方（投资者）不利，对资金需求方（融资方）有利。

答案

章后习题

Q11.32　评估超市是否在完美的市场中运作。

Q11.33　什么是完美市场的假设？

Q11.34　你的借款/融资利率为每年 15%，贷款/投资利率为每年 10%。某项目耗资 5 000 元，回报率为 12%。

（1）如果你有 2 000 元可以投资，你应该接受这个项目吗？

（2）如果你有 3 000 元可以投资呢？

（3）如果你有 4 000 元可以投资呢？

Q11.35　一位创业企业家在当地银行的贷款利率为 12%，而银行每年向储户支付 6% 的存款利率。

（1）如果创业者在破产时完全违约（零偿还），否则的话将全部清偿，那么银行认为破产的概率是多少？

（2）报价的违约溢价是多少？

(3) 计算预期的违约溢价。(请注意,当你损失所有资金加上违约溢价时,你的回报率可能低于-100%,这不仅合理,而且对于获得应有的平均违约溢价也是必要的。)

Q11.36 "如果世界是风险中性的,那么承诺回报率和预期回报率可能不同,但所有贷款的预期回报率应该是相等的。"请评价这句话。

Q11.37 公司债券的买入报价为212元,卖出报价是215元。你预期该债券肯定会返还其承诺的每年15%回报率。相比之下,国债的年利率仅为6%,但没有价差。如果你必须在1个月内清算你的头寸,那么在这两种工具上各投资100万元的价值分别将是多少? 你应该购买哪种金融工具?

Q11.38 在金融网站上查找今天对价值10 000美元的埃克森美孚公司股票进行买卖往返交易的成本是多少。

Q11.39 你发现了一种每年可以击败市场300个基点的投资策略。假设股票市场的年回报率为9%。不幸的是,要实施你的策略,将不得不每年更新投资组合三次。也即每月进行再平衡(出售和购买)投资组合的25%。你拥有非常优秀的交易员,可以在30元的股票上以每笔交易7.5分(往返15分)的成本执行交易。这个策略有意义吗?

Q11.40 一位日内交易者拥有1000万元的资产。他每天将投资组合的30%买卖一次。假设日内交易者在30元的股票上产生的单次往返交易成本仅为10分。粗略地说,该日内交易者的策略必须超过基准多少才能使其有利可图? 假设该交易者可以在相当的替代工作中赚取200 000元,每年有252个交易日。

Q11.41 如果你的税率是40%,如果税前利率为6%,你的税后利率是多少?

Q11.42 2007年9月28日,免税AAA级10年期市政债券的到期收益率为3.99%。10年AAA级企业债券的到期收益率为5.70%。那么边际投资者的税率是多少?

Q11.43 考虑一个花费1 000 000元的房地产项目。此后,它每年将在折旧前产生60 000元的应税普通收入。同时该房屋拥有优惠的税收待遇,意味着该项目将在10年内每年产生100 000元的折旧抵税冲销。例如,你在第2年有500 000元的普通收入,现在因为有该房屋的折旧抵扣,那么现在你将只有400 000元的普通收入。10年后,你将以800 000元的价格出售这个房屋。

所有这800 000元都将按照20%的资本利得税率全额征税。如果你的普通所得税是年33%,应税债券提供每年8%的回报率,免税市政债券每年6%的利率,那么这个项目的NPV是多少?

Q11.44 你在25%的税率范围内。一个项目投资17 000元,明年将获得20 000元的投资,即净回报3 000元。相当的免税债券收益率为14%,相当的应税债券收益率为20%。这个项目的NPV是多少?

Q11.45 彩票为你提供1 400万分之一的中奖机会。它承诺向幸运的获胜者提供2 000万元。一张彩票的价格为1元。彩票忘记提到奖金是在20年内支付的(第一笔100万元的支付立即发生),通货膨胀率为每年2%,奖金是应纳税的。这个彩票是一项好的投资吗? (假设你的边际所得税税率为40%,并且适当的名义贴现率为每年10%。)

第 12 章
有效和完美市场、经典金融和行为金融

市场价格的可信度如何

本章解释了有效市场的概念,它不像完美市场那么严格,但与完美市场的概念密切相关。如果市场包含了所有可用的信息,则称市场是有效的。为了阐明完美和有效的市场,本章还解释了套利,这是金融学的一个基本概念,没有它,任何金融学都是不完整的。然后我们讨论:有效和/或完美市场对预测股票表现意味着什么?如何解读著名投资人的成功?如何应用有效市场的概念进行事件研究以评估重大企业事件对企业估值的影响?

12.1 市场效率

一个完美的市场中,许多投资者之间形成了激烈的竞争,迫使他们尽可能地使用所有可用的信息。这被称为**市场有效**:价格反映所有可用信息的情况。在一个完全有效的市场中,你不应该能够比市场更好地利用信息来预测未来回报。

重点:如果市场正确地设定了价格,就好像它使用了所有可用信息一样,则该价格被称为**有效价格**。(注意:这并非指任何投资者都掌握了所有信息。)

市场有效是指市场在定价时使用了所有的可用信息。

警告:市场有效与均值方差有效(有效前沿)是不同的概念,后者属于投资组合优化。

经济学家喜欢"有效"的概念,因此在许多情况下使用该术语。

图 12.1 说明了一个有效市场。假设市场鉴于 ABC 公司的特征,认为 ABC 股票 10%的预期/期望回报率是合理的,这个 10%的数字可能来自 CAPM。然后,市场效率确定了明年股价的最佳估计与今天的股价之间的关系。在示例中,如果市场预计 ABC 明年的股价为 55 元,那么它应该将今天的股价设定为 50 元。如果今天的价格定为 49 元或 51 元,市场将不会有效率。你今天应该无法找到这样的信息:告诉你明年的真实股票预期价值是 60 元(预期回报率为 20%)或 50 元(预期回报率为 0)。如果你能找到权威的信息告诉你明年 ABC 股价的更好估计是 60 元(或 50 元),那么今天 ABC 的股票就被错误定价了。一个忽略了信息的市场是没有效率的。

> 一个例子:ABC 股票今天的价格是基于对未来情形的最佳估计,从 CAPM 这样的模型中获得。

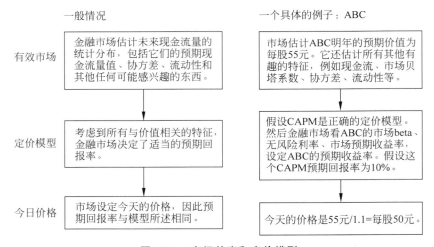

图 12.1 市场效率和定价模型

关键问题是,假设你今天看到 45.83 元的价格,会得出结论——哪里出错了?是市场出错还是模型出错?

"有效市场"概念的实际应用引出了两个问题:

1. 10%这个数字是从哪里来的?它必须来自某个模型,该模型可以告诉你 ABC 股票鉴于其特征(例如风险、流动性等)应该提供的合理回报率。CAPM 就是这样一个模型(尽管只是适度成功)。如果没有一个好的模型来阐述期望的回报率,市场效率这个概念就太模糊了,就失去意义。

2. 如果市场不是完美的,不同的投资者拥有不同的信息,那么我们究竟是讨论什么样的信息集?如果你是 ABC 公司的首席执行官,那么你会比公众拥有更多的信息。你可能知道美国证券交易委员会将会对公司展开调查,以及公司的实验室里正好有一个新的热门产品。你可以知道今天的 50 元股价是太高还是太低。换句话说,市场对于公开信息可能是有效的,但对于内幕信息却不一定是有效的。

> 模型是什么?信息集是什么?

如果你可以权威地确定预期回报率是 20%,那么应该得出什么结论?一定是以下的两个结论之一:

（1）CAPM 模型不正确。取而代之的是，资本市场遵循了其他一些定价模型。

（2）资本市场没有效率。

现在，你明白为什么市场效率如此难以证明或者证伪了吗？如果你相信市场效率，然后经验发现市场价格与你的模型预测结果不一样，你只需声明你的模型是错误的，而不是市场效率低下。这是你的错，不是市场的错。你只需要返回并进行更多探索（可能是永远），直到找到正确的定价模型。

> 如果你发现预期回报率真的是 20%：（a）你的 10% 模型可能是错误的；（b）市场没有效率

短期与长期的市场效率

从长远来看（例如 1 年或更长时间），市场有效极难反驳。原因是没有人确切知道正确的定价模型是什么——CAPM 通常可能是一个合理的模型，但并非绝对可靠，而且其估值在实践中很少准确。我们不确定像 ABC 这样的股票是否应该每年赚取 10%、20% 或 30%，这使得在实践中市场效率成为一个经常规避了实证检验的概念，这也是为什么有时（不公平地）将"市场有效"贬低为宗教多于科学。基于现有的长期证据，一些理性的分析师得出相反的结论，金融市场通常是有效的（CAPM 定价模型是错误的）；而其他理性的分析家则得出结论，金融市场通常是没有效率的。

> 市场效率是如此难以反驳，以至于它成为一种"信仰"吗？

当然，在极端情况下，从长远来看，市场效率也可能是一个有用的判断。我们知道，任何合理的金融市场模型都不会给投资者以下的巨额赌注，比如"+100 万元，概率为 99%"和"−1 元，概率为 1%"。如此高的预期回报将与任何合理的定价模型不符。对于（大多数）股票来说，即使是每年 100% 的预期回报率也肯定是不合理的。几乎没有人怀疑股票市场在如此粗略的情况下是有效的——我们都知道你赚不了那么多。但是，有一个很大的灰色地带，很难区分是模型错误，还是市场效率低下。因为没有人确切知道什么是正确的预期股票回报模型，没有人可以肯定地断定股市是否准确设定了 ABC 股票的价格，以便为投资者提供 ABC 年 10% 或年 12% 的预期回报率。

> 市场有效实用吗？在长期范围内，很少有用。市场有效更多是信仰的问题。

然而，在短期内（比如一天左右），市场效率是一个非常有用的概念。原因在于，在一天内 ABC 的预期回报率为每年 0%、10% 或 20% 并不重要。即使每年 20%，每天的预期回报率仍然只有 5 个基点左右。粗略地说，无论你是否相信 CAPM，你都应该知道期望的每天回报率仅略高于 0%。你应该将大多数每日的价格变动归因于随机波动，这可能是由经济环境变化的不可预测消息引起的。因此，如果你可以预测日常股票走势（你有数千天的历史股票收益可供使用），那么你很可能不会责怪定价模型，相反，市场与定价模型的不一致更可能说明市场是无效的。

> 实用吗？在短期内肯定是的。

🎓 重点：

- 在很短的时间间隔内（比如几天），市场效率是一个非常强大的概念。预期/期望回报率应该很小。如果市场股票收益率与模型预测不同，市场可能是低效的。
- 在较长的时间间隔内（例如，几个月或几年），很难确定合适的预期回报率是多少。这使得很难确定是定价模型中的错误还是市场的低效率。

- 只有当关于未来现金流或贴现率变化的消息出现时,股票价格才应该变动,消息被定义为新信息中未预料到的部分。此类信息可以是特定公司的,也可以是整个市场的。

与完美市场的关系

尽管有效市场概念与完美市场概念不同,但两者有着密切的联系——事实上,它们经常被随意混淆。原因是,如果一个市场是完美的,经济力量会立即将其推向市场有效。换句话说,如果市场完美但效率低下,每个人都希望获得丰厚的回报并以相同的方式进行交易,因为变得富有太容易了!市场价格会立即调整以阻止这种情况发生。结果市场迅速达到有效。因此,如果一个市场是完美的,它必然也是有效的。

> 完美市场⇒有效市场。

反之则不成立。一个不完美的市场——例如,有税收或不同意见的市场——很有可能是有效的。你甚至可以(粗略地)将市场效率视为许多投资者使用许多不同信息集(意见)进行交易的结果。市场价格是投资者不再希望进一步交易的结果。大概来说,一半认为市场价格过低;另一半认为它太高了。当然,有效性应该逐个市场地考察,很可能一些金融市场是有效的,而另一些则不是。市场越接近完美,就越可能变得有效。

> 有效市场⇏完美市场。

另一种理解两个概念不同的方法是比较假设。在完美市场的四个假设中,只有一个与有效市场概念有一定重叠——关于"投资者拥有相同的信息集和意见"。有效市场对信息的要求较弱,不需要所有投资者都拥有相同的信息和观点(就像在完美市场环境中),只需要市场价格反映出来"就好像"市场本身可以同时获得所有信息一样。因此,即使投资者拥有不同的信息和/或有不同的意见,市场也可以是有效的,只要投资者可以在市场上分享他们的信息和意见。

> 有效市场是"投资者拥有相同信息"的弱复制品。

最重要的完美市场假设,可以推动价格趋于有效的,是没有交易成本的假设。没有交易成本,投资者很容易根据市场上尚未纳入股票价格的任何信息进行交易,从而获利。然而,没有免费午餐的公理也适用于此。套利者的交易将使得股价迅速反映信息,从而实现有效。当存在高额交易成本时,你可能发现违反有效市场的现象。市场并没有立即反映各类消息,因此效率不高,但是你也很难利用这种低效率进行套利。

下面是一个实际示例,说明在完美市场中任何市场低效率如何迅速消失:如果你知道市场总是在下雨天下跌,而在晴天上涨,你会怎么做?当天气预报预测下雨时,你永远不会购买股票。相反,你只会在天气预报预测阳光明媚时购买股票。像你这样的投资者——在完美的市场中当然有很多这样的投资者——会在太阳还没出来之前迅速抬高价格,这样价格就不会在阳光明媚的日子里系统性地上涨。最终的结果是,如果市场是有效的,那么你应该无法在晴天获得异常好的回报,至少不会这么容易。在一个理性的世界里,为了获得更高的预期回报率,你必须愿意承担其他投资者不愿承担的事情,比如更高的投资组合风险。

> 投资者的竞争将把市场推向有效。

但是,如果交易成本很高,市场非有效(或效率低下)将长期存在。但即使市场不完美,市场非有效也应该引起关注。例如,假设 ABC 股票的适当收益率仍然是 10%,价格仍然是50元。唉，当你运行回归模型时，发现预期的未来价格实际上不是55元，而是51元。(因此，真正的预期回报率不会是10%，而是2%!)在一个完美的市场中，一些投资者可能会马上做空ABC股票并用做空所得购买另外的股票。如果市场不完美，做空成本太高，则没有做空者。然而，为什么已经拥有ABC股票的投资者不想尽快出售它们？他们不会产生做空交易成本，并且卖出股票可以避免过低的股票回报率。(也许他们睡着了？或者甚至是与非卖空相关的平仓交易成本太高？)在一个不完美的市场中，存在"第三方投资者压力"，也存在股东的这种"经济自利行为"，推动着市场走向有效定价。

> 即使在不完美的金融市场中，价格通常也应该是有效的。谁愿意持有价格过高的股票？

重点：

- 如果一个市场是完美的，市场力量应该强烈而迅速地将其推向有效。
- 如果市场不完美，自利的个人行为仍应将股票价格推向有效，但这种力量要弱得多，第三方交易者(套利者)因交易成本等限制也无法提供帮助。

现代金融市场的市场效率

在美国，国债、大型公司股票、指数共同基金、货币和其他金融市场似乎相当接近于完美，因此是有效的。这些市场是充满竞争的，有数以百万计的买家和卖家，数以千计的免税投资者和适度的交易成本，很少有投资者似乎掌握真正的内幕信息。很难相信你或我能给出比这些市场价格更聪明的价格。当然，公司越小，其股票市场可能越不完美，效率也就越低。纳斯达克交易所的许多小型股票很少交易，而且交易成本很高：

> 你可以合理地假设市场对大型公司股票是有效的。

- 买卖差价通常很高。
- 所公布的买卖差价仅保证100股的交易——如果你想交易更多股票，价格可能对你更加不利。
- 交易佣金很高。
- 与理想世界相比，做空小股票的成本非常高。

因此，小公司股票不太可能立即充分反映所有信息。股票的历史价格是"陈旧的"，可能无法反映你想要交易时的信息。市场效率从来不是"非白即黑"，而总是像完美市场的"灰色阴影"。大型、流动性好的标准普尔100指数股票非常接近于有效，而纳斯达克的小股票则未必。

大公司股票市场非常有效的事实意味着，总的来说，你可以相信在金融市场上能够获得正确的资产价值——至少在交易成本的范围内并且是立即获得正确的价值。作为投资者，你宁愿面对一个低效的市场吗？如果它效率低下，你也许能够找到一些好的赌注(获得异常高预期回报率的机会)。但不会都是好处！在一个低效率的市场中，你不能依赖公平的市场价格——价格可能过高或过低。投资将是一项非常混乱的业务，需要花很多时间和金钱来确定价格是否公平。有效市场的优势在于，如果你持有许多大型流动性股票的投资组合，不必花费大量时间和金钱来进行

> 有效市场的优势：价格可以信赖。

尽职调查以确定股票价格是否合理。投资者需做的就是确保适当多元化以满足风险回报偏好，可以通过购买几只大型指数共同基金来实现这一目标。

"交易场所"和橙汁期货

1983年的热门喜剧《交易场所》由丹·阿克罗伊德和埃迪·墨菲主演，围绕冷冻浓缩橙汁的期货合约交易展开。(期货是一种合同，规定了在未来购买或出售一种商品的价格条款——本例中是橙汁。)如果下雨或有霜冻，橙子会变得更稀缺，期货价格会上涨。可以在芝加哥商品交易所的网站(http://www.cme.com)上了解更多关于期货合约的信息。

在1984年《美国经济评论》的一篇论文中，理查德·罗尔发现这些橙汁期货合约可以推断美国气象局对佛罗里达州中部温度的预测是过高还是过低。这是金融市场如何比最好的非金融机构(美国气象局)更好地帮助汇总信息的一个极佳例子。这不应该让你感到惊讶。毕竟，有很多钱在做赌注！

Q12.1 市场有效意味着什么？

Q12.2 作为有效市场的信徒，当异端们声称应拒绝市场有效，因为他们发现资产为风险付出了过高代价，你应该如何反驳？

Q12.3 市场有效在长期还是短期内是一个更强的概念？

Q12.4 有效市场与完美市场有何不同？

Q12.5 当交易成本较低时，金融市场是否更有可能是有效的？

Q12.6 你认为美元兑欧元的汇率市场，是否比纽约证券交易所的股票市场更为完美和更为有效？

12.2 市场有效信念和行为金融

对有效市场的坚定信念定义了一个被称为**古典金融学**的思想流派，它是**理性经济学**学派的产物。这种信念是支持**有效市场假说(EMH)**，它认为所有证券都是有效定价的。相比之下，另一种通常被称为**行为金融学**的学派认为，市场有时不会利用所有可用的信息。根据对古典金融与行为金融的信仰程度，你可能会认为在资本市场中：没有特别好的交易机会、很少的交易机会或大量的交易机会。不过，古典金融学和行为金融学两大阵营都同意，市场的完美在确定一个特定的资产市场是否有效方面起着至关重要的作用。

古典金融学与行为金融学。

几乎所有金融经济学家，无论哪个阵营，都相信大型的、高流动性的证券市场基本是有效率的。没有一位受人尊敬的经济学家认为，通过轻易获得的信息进行交易就能获利。

相反,对于股市是"99%有效率"还是"97%有效率",存在一定的分歧,古典金融学者相信前者,行为金融学者相信后者。因此,要说行为金融学家是正确的、古典金融学家是错误的,并不需要巨大的市场效率的违反,仅需要微小的——比如100%-97%=3%——市场效率的失灵,利用这样的市场效率失灵,就可以让你成为明星投资者。(所以为什么这么多基金经理公开宣称他们对行为金融学有信心,这不是巧合。)但是,不要过于咬文嚼字——99%与97%只是一个类比,在不同经济学家和基金经理的头脑中,对于市场效率确实存在信念差别。可以尝试根据金融学家和投资者对市场效率的信念差异对其进行分类。让我们来看一些这样的分类。

> 美国许多大型的金融市场已经接近于有效。

传统分类

市场有效的传统分类侧重于信息。在传统的分类中,市场有效具有三种强度差别:弱、半强和强。

> 市场有效的传统分类是根据击败市场所需的信息类型。

弱有效市场意味着过去价格中的所有信息均反映在今天的股票价格中,因此**技术分析**(仅基于历史价格模式的交易)无法击败市场。换句话说,市场就是最好的技术分析师。

半强有效市场表示所有公开的信息都反映在今天的股票价格中,因此无论是**基本面分析**(基于基本的公司基本面,如现金流或贴现率)还是技术分析都不能击败市场。换句话说,市场既是最好的技术分析师,又是基本面分析师。

强有效市场表明,所有信息,无论是公开的还是私人的,都已经反映在今天的股票价格中,因此没有任何东西——甚至私人内幕信息——可以用来击败市场。换句话说,市场是最好的分析师,无法被击败。

在这个传统的分类中,所有的金融学教授都认为,大多数金融市场不是强有效的:内幕交易可能是非法的,但它确实可以获利。然而,关于哪些金融市场是半强式有效或弱式有效的,甚至对于大型的流动性市场(例如在纽约证券交易所或纳斯达克市场交易的大型上市公司,或芝加哥期权交易所的期权),都争论激烈。金融学教授经常公开声称,一些新交易策略的表现会超过历史上合理的平均回报率,而且往往是大幅领先。其中最突出的是一些特殊形式的动量策略(买入上涨的股票,卖出下跌的股票)和价值策略(买入乏味的旧经济股票,卖出炫目耀眼的高增长新经济股票),这些投资策略每月可产生高达1%~2%的"超额回报"。

> 许多金融教授不再相信完美的有效。

市场有效的拥护者很快指出,这些策略中的许多回报都是**虚假的**:它们几乎在被发现的时候就消失了,而且可能从一开始就不是真实的。此外,许多此类交易策略都需要如此高的交易成本,以至于它们在现实世界中不会盈利。也就是说,即使价格没有包含所有信息,价格也完全在交易成本的范围内。然而,一些交易策略如动量策略或价值策略,似乎确实产生了较大的历史超额回报,即使在考虑交易成本之后也是如此。第一个问题是策略是否会继续奏效。第二个问题是EMH支持者提出的,这些策略的超额回报中的哪一部分是对风险的适当补偿(此类风险没有被CAPM模型包括在内),因此策略本身就不存在所谓的超额回报。

> 为什么许多交易策略在历史上似乎都奏效了?

长期以来一直困扰着学术界的一个概念性问题是:市场有效是如何开始的呢?毕竟,如果不能赚钱,为什么会有人费心收集有关公司的信息呢?如果没有人费心收集信息,市场如何能整合所有信息并因此变得有效? 格罗斯曼和斯蒂格利茨提出了解决这个难题的观察。他们认为,资本市场永远不可能是100%有效的——只能是,比如说,"99%"有效。在均衡状态下,优秀的信息收集者应该获得足够的交易利润,以使其信息收集成本达到收支平衡。在边际上,学习和交易更多信息的期望成本正好等于期望的交易利润。知情的投资者通过与**噪声交易者**(不收集信息、出于特殊原因如需要现金支付学费)进行交易来赚取这笔钱。

> 收集信息的回报必须与其成本相"平衡"。

Q12.7 动量交易策略违反了哪种形式的市场效率?

基于基本面的分类和行为金融

我更喜欢市场有效的另一种分类,它根据经济学家对现行市场价格是否反映潜在基本面价值的信念来划分:

> 我偏好的市场效率分类法是基于价格偏离价值的程度。

一个真正的信徒会认为,金融资产价格总是反映所有未来现金流的最佳净现值估计。这意味着当且仅当有关基本面(现金流或贴现率)的消息出现时,股票价格才会相应变化。

一个坚定的信徒会认为,金融资产价格有时可能会偏离对未来现金流量的适当最佳估计。然而,交易成本使投资者几乎不可能找到异常好的赌注。

一个温和的信徒会认为,金融资产价格有时可能会偏离对未来现金流的适当最佳估计。然而,与坚定的信徒不同,温和的信徒会争辩说,在某些情况下可以利用这类错误估值,这将导致偶尔出现异常好的赌注。通常,此类赌注的利润应保持在合理的范围内——每年高几个百分点。因此,温和的信徒认为,聪明的基金经理可以为投资者提供稍微更好的收益率,但仅此而已,没有任何保证。

一个非信徒会认为,金融资产价格经常偏离适当的价值,并且在一定程度上允许投资者相当常规地获得好的赌注。

上述信念的分类在市场效率的维度上逐渐变弱。坚定的信徒不一定是真正的信徒。温和的信徒不一定是坚定的信徒。非信徒不必是温和的信徒。这种分类与之前的经典分类相关但不相同。例如,股票市场可能没有反映所有的基本信息,但股票回报仍然是不可预测的。

偶尔,市场有证据反驳几乎是最忠实的有效市场信徒——但这种情况很少见。引人瞩目的一个例子发生在2000年,当时网络公司3COM剥离出了子公司Palm。当时媒体广泛报道,3COM保留了Palm 95%的股份,并宣布3COM的每位股东将获得1.525股Palm股份。Palm首次公开募股后,股价收于每股95.06美元。因此,3COM的股票价值应该至少为$1.525 \times 95.06 \approx 145$美元。但是,3COM股价却收于81.81美元。(但是利用这种市场定价差异却是不可能的,因为无法找到Palm的股票进行做空。Palm的股价后来几乎不间断地下跌,到2003年跌至每股不到2美元。)

> 甚至有一些非常奇怪但引人瞩目的证据反对市场有效。

大多数金融学教授在这种信念分类中处于什么位置? 几乎没有任何学者是市场效率的非信徒,但只有极少数人留在"真正的信徒"阵营中。相反,大多数金融学教授介于"温和信徒"阵营(行为金融学的中心)和"坚定信徒"阵营(古典金融学的中心)之间。这些阵营更极端的方面——更"理性经济学家"和更"行为经济学家"——之间的辩论在智力上总是令人兴奋的。毕竟,为分歧带来新的证据,是我们了解更多信息的过程。

说一下我个人的看法。我总是站在这两种思想流派的中间,在"坚定"到"温和"的阵营中的某个地方。在我看来,大多数投资者认为他们比真实的自己更加聪明——可以预测股票何时上涨或下跌。这就是为什么股票市场的交易似乎如此(莫名其妙地)活跃。一些权威人士喜欢称其为"投资者心理"。我也相信普通个人投资者不太可能在股市中找到能够获得高超额收益率的模式。极少数复杂的基金投资者每年可能系统地赚取额外的几个基点超额收益,但这些资金是稀缺的。经过几十年的学术研究,我们通常发现,即使不考虑基金的交易成本,所有基金中也大约只有一半的业绩表现优于市场,另一半的业绩表现逊于市场。

> 总体而言,这一证据表明,金融市场的效率通常介于温和有效和坚定有效之间。

最后一点:权威人士喜欢谈论投资者心理。确实,个人遭受许多认知偏见。例如,获得诺贝尔奖的研究认为,投资者存在"损失厌恶"的心理偏差,这会导致他们犯错。损失厌恶影响投资者的股票交易模式是非常合理的,但是,损失厌恶必然会影响股票价格并不是那么合理。存在两个问题:第一,不同的投资者会从不同的投资水平开始。因此,他们将遭受位于不同起点的损失厌恶。这意味着,总体来说,价格不一定表现得好像投资者是损失厌恶的。第二,如果由于投资者厌恶损失(或大多数其他的行为偏差)而错误地设定了股价,一些聪明的投资者会试图利用这种行为偏见,他们会迅速将价格推回到像是随机游走的水平。

> 行为金融

Q12.8 如果你认为:市场价值并不总是完美地反映潜在的基本价值,但是交易成本阻止你(大规模地)利用这一点而获利,那么你应将自己归为相信市场有效的哪一类人?

12.3 随机游走和信噪比

为什么关于市场效率的争论如此难以解决?原因在于,金融资产回报的**信噪比**很低。信噪比的概念借鉴了物理学的类比概念——**信号**(适当的预期价格变化)与**噪声**(影响我们感知的每日价格**波动**)相比很小。

解释一下。典型的价格变化幅度是多少?例如,2016年6月17日,在金融市场上是相当平静的一天。10年期国债收益率为1.6%,上涨5个基点;13周期国库券的交易利率为0.3%(不变);所有股票中有大约一半上涨,一半下跌。标普500指数从2078.0跌至2071.2。道琼斯指数有12只上涨股和18只下跌股。在这一天,交易量的领先者(不是最大的价格变化者)是WesterGas(−5.8%)、GreifB(+3.7%)、Synchrony(−5%)、Alon(+1%)和Linkedin(+60%)。英特尔公司从31.69美元上涨至31.76美元,上涨0.2%。你能从这些数字的变化幅度中学到什么?继续阅读。

> 低信噪比使我们关于市场效率的论点得以继续。

> 让我用股票在特定日期的回报率来说明信噪比。

信号

> 你不能指望现实世界的信号会像日收益率1%那样强;这样规模的信号的每年收益率会超过1 000%。

让我们首先充分利用统计和财务专业知识:*在一个完美的市场中,如果一家公司的股票今天价格为50美元,你预计它们明天的价格是多少? 股票典型的每日收益率是多少?* 你能期望一个合理的市场价格模型,预测1天的股价变动可能在±1%左右吗? 想一想:如果一只股票的预期收益率为每天1%,那么该股票在一年252个交易日内的收益率将超过1 000%。到明年,这只50美元的股票价值将超过600美元。谁愿意出售这样的股票? 谁不想现在就出价超过50美元呢? 同样的论点也适用于每天下跌1%的价格,明年将从50美元变为不到5美元。谁愿意持有这样的股票? 同样的逻辑也适用于某一个信号——该信号在某些日子告诉你一只特定的股票预计将上涨1%,而在其他日子告诉你另一只特定的股票预计将下跌1%。根据该信号,你可以通过做多或做空相关股票来赚取1%的收益,并最终将变得非常富有。(而另一边与你交易的投资者最终会很穷。)

> 在很短的时间间隔内,股票价格应该遵循一个几乎不可预测的随机游走,实际上的漂移很小。

那么你可以从美国股市获得什么样的平均每日回报率呢? 假设合理的年投资回报率范围在0%到40%之间。对于252个交易日,将等于0个基点到大约15个基点之间的每日回报率。大多数股票应该允许你每天获得5到10个基点的预期回报率。每天一个基点的收益率相当于每年3%的收益率。因此,当你使用合理的股票定价模型测试市场效率时,你能够期望大多数股票的信号收益率每天在5到10个基点。如果你发现的信号允许你每天额外赚取1个基点,那么该交易策略每年将提高3%左右的收益率。

让我们用公式来说明。如果你的期望收益率是一个很小的常数 m,即

$$\text{明天的预期价格} = \text{今天的价格} + \text{微小的漂移} \quad (12.1)$$
$$E(P_1) = P_0 + \underbrace{m \times P_0}_{\text{微小的漂移}}$$

$E(r) = [E(P_1) - P_0]/P_0 = m$,那么你对明天股票价格的最佳预期($P_1$)一定基本就是今天的价格($P_0$)。

> 市场效率⇒随机游走。随机游走为市场效率。

这通常被称为带有漂移项的**随机游走**。如上所述,对于大多数股票来说,这个微小的漂移 m 可能在5到10个基点。你无法比这种漂移项更好地进行预测,因为这就是在完美有效市场中的股票预期回报率。

请注意,非常接近随机游走的价格行为是有效市场的必然结果,但不能仅因为股票价格遵循随机游走就得出市场(真正)有效的结论。例如,如果你可以根据其他外部信号(例如,某一天是否阳光普照)获取预先的信息,那么市场将是低效的,这些信息可以告诉你第二天股票价格是上涨还是下跌。这种情况下,股票价格仍然会随机游走,但信号会让你跑赢EMH。随机游走只表明已知的股票价格没有包含这个信号。

复杂性——交易成本

完美市场(和市场效率)的重点在于,鉴于今天的信息,没有任何信号是非常准确的。不可能准确地预测股票价格变动在给定的一天里稳赚1%的收益。当然,在现实世界中,

金融市场并不完美，而且存在的金融交易成本也会阻止你利用估值的错误，尤其是需要大量交易才能利用的短期估值错误。（这就是为什么金融市场不是完全竞争的，只是近似完全竞争的。）即使是很小的交易成本也会使交易策略无利可图。即使买卖差价只有 10 个基点，如果每天交易一次，一年 252 个交易日，你将只剩下 $(1-0.1\%)^{252} = 0.999^{252} \approx 78\%$ 的原始投资。对于你必须每天支付买卖差价的日常交易策略，一个信号必须每年至少赚取 23% 的收益，才能让你收支平衡——很少有信号会这么好！

在具有交易成本的不完美市场中，可以通过以下两种方式之一理解有效市场假设：

> 交易成本破坏了许多高周转率投资策略的利润。

（1）如果考察包含交易成本之后的回报率，EMH 应该能够成立。每天 1% 的收益率仍然大得不合理，因为典型的往返交易成本不超过 10 到 30 个基点，具体取决于股票和交易规模。考虑交易成本后每天 0.7% 的回报率仍然太大了。

（2）EMH 应该能够成立，合理地考虑许多投资者的交易成本非常低（即不交易），可能是因为他们已经有了特定的交易欲望。例如，一个信号会告诉一些投资者今天买入股票，明天卖出。他们必须支付交易成本才能利用它。考虑出售股票的投资者可能只需要再等一天，以利用即将出现的估值错误然后出售。这样的投资者确实不会产生额外的交易成本。但是，如果他们都在时间交错的时候睡着了，其他人也无法利用他们的失误。

所以，有效市场假说 EMH 在一个不完美的市场中不会完全成立，但它确实是对现实的相当合理的描述——至少它可以用来粗略的计算，也是一个可以被检验的假说。

> 最好从考虑交易成本后的角度来思考 EMH。

Q12.9 默写随机游走的公式。

Q12.10 股票在平均的一个交易日的典型预期回报率是多少？

Q12.11 每天交易一次股票的某交易策略必须提供什么样的回报率，才能获得净的正回报率？假设现实世界的一个来回交易成本约为 10 个基点。

噪声

为了强调噪声，可以根据实际观察到的股票价格，写出其中包含漂移项的随机游走：

明天的价格 = 今天的价格 + 微小的漂移 + 噪声

$$P_1 = P_0 + m \times P_0 + \varepsilon \quad E(\varepsilon) = 0$$

美国股票价格中噪声的合理典型的标准差是多少？特定股票的每日标准差不可能为 10%、50% 甚至 100%，这没有特定的理论原因。因此，只好依靠经验数据。历史的平均值表明：

> 股票收益的每日噪声远大于每日信号。

- 市场上个别股票的典型日常标准差为每天 2%~3%——这当然取决于公司。对于多元化的投资组合，如股票市场指数，标准差通常较低——可能每天 1%~2%。

即使在波动性相对较低的日子里,个别股票的 200 至 300 个基点的典型噪声波动显然远高于预期的 5 至 10 个基点。

重点:在金融市场中,"随机游走"是指明天价格的*期望值*(几乎)与今天的价格相同的过程。从技术上讲,

$$E(P_1) = P_0 + \underbrace{m \cdot P_0}_{\text{微小的漂移}} \Leftrightarrow P_1 = P_0 + \underbrace{m \cdot P_0}_{\text{微小的漂移}} + \underbrace{\epsilon_{0.1}}_{\text{噪声}}$$

其中 m 是一个非常小的正漂移。(随机游走的另一个版本是 $E(P_1) = P_0 + m$;实际上,这与上面公式中的版本几乎没有区别。)

自然地,明天的实际价格很可能与今天的价格不同。经验的股票价格是非常有用的。至少在短期内,股票价格确实倾向于大致在随机游走,这意味着你无法根据过去的价格进行获利交易。

Q12.12 平均来看,股票一天的典型走势是什么?
Q12.13 如果股票价格服从随机游走,明天的价格会和今天的价格不同吗?

在噪声中检测有趣的信号

在大量噪声中检测信号是困难的。

你现在知道,微小的漂移通常为每天 5 个到 10 个基点,而美国股票和股票投资组合的噪声通常为每天 100 个到 300 个基点。当你面对一只具有 5 个基点信号的股票或者一只具有 7 个基点信号的股票,容易识别出其中的信号吗?为什么是 7 个基点?因为每天 7 个基点的信号,可以获得预期年超额收益率 5%,即超出风险调整回报模型的超额部分。(每年 5% 的超额收益率几乎对于任何基金来说都是非常出色的。)换句话说,要确定你的信号是真实的还是虚幻的,就必须区分每日适当的 5 个基点漂移项或每日 7 个基点由于信号所带来的超额收益。

你无法仅从 1 天的投资收益中得出任何结论。

当信号隐藏在大约 200 个基点的噪声中时,检测 2 个基点的额外信号有多难?显然,观察 1 天的回报率是行不通的。如果我告诉你,你的投资今天恰好赚了 50 个基点,可以肯定地断定这就是你的信号收益吗?显然不是,你更相信它主要是噪声。回想一下统计课程,T 统计量定义为均值除以标准差:$E(r)/\text{Sdv}(r)$。如果你的投资策略按预期执行,1 天异常收益率的 T 统计量将仅为 $2\text{bp}/200\text{bp} = 0.01$。为了获得良好的统计置信度,需要 T 统计量大约为 2。0.01 离 2 还远着呢!

你不能将同一天的多个股票收益率视为独立的样本。

要得出可靠的结论,你需要进行更多独立的股票收益率日常观察。不幸的是,你不能将同一天的许多股票的收益用作独立的信号。首先,你的信号可能仅适用于某些特定股票,而不适用于所有股票。其次,所有股票往往在某一天一起移动,因此不是独立的现象。(如果所有 100 只石油股票都上涨,并且你的信号建议持有石油股票,那么其实你没有 100 个独立的观察结果来确认你的信号的预测能力。)

幸运的是,可以将不同日期的股票回报视为独立的观察样本。因此,你可以使用连续数天的股票收益表现来研究你的信号质量。你需要多少日的回报才能可靠地

检测到隐藏在 200 个基点噪声中的额外 2 个基点的信号呢？让我们忽略复利，假设一段时间内的股票回报率只是每日回报率的简单总和。在这种情况下，N 天的预期回报率是 1 天的预期回报率的 N 倍。回想一下第 8.2 节，N 天收益率的标准差是 $\sqrt{N}$ 乘以 1 天的标准差。因此，你在 N 天内用于检测超额收益率的预期 T 统计量是

$$N \text{ 天 } T \text{ 统计量} = \frac{\text{超额均值}}{\text{标准偏差}} = \frac{N \cdot E(r)}{\sqrt{N} \cdot \text{Sdv}(r)} = \sqrt{N} \cdot 1 \text{ 天 } T \text{ 统计量}$$

> 可以使用连续天数作为独立的观察值。以下是均值、标准差和 T 统计量随时间累积的表达式。

如果你的 1 天 T 统计量为 0.01，你需要多少个交易日（N）才能使得 T 统计量为 2？需要 $200^2 = 40\,000$ 天，才能使 $T = 2$。这是大约 157 年的数据。而且是你的策略按预期执行——世界没有发生变化并且你的信号的预测能力没有恶化。如果你的信号不是关于个股，而是关于大型多元化投资组合，那么组合的噪声低于 200 个基点，例如，高度多样化的投资组合每天有 100 个基点的噪声，那么"只"需要大约 $100^2 = 10\,000$ 天（39 年）的数据。这种多样化组合的交易策略有很多信号，因此可以用真实世界的数据来检验。（我已经描述了其中的一些交易策略信号，主要是动量和账面价值/市场价值，尽管尚不清楚它们的高历史平均回报是由于风险还是市场效率低下。）尽管如此，世界和信号总是在变化，毕竟，有越来越多的投资者试图从历史信号中获利，单靠历史证据并不总能令人完全信服。

> 表现良好的多样化策略只有存在数十年，才能让我们有机会了解它是否是真实的。

🎓 **重点**：
- 你对策略绩效的推断质量大致随着时间的平方根而增加。
- 平均而言，典型股票的一日涨跌幅度可能是其预期回报率的 20 至 50 倍。因此，至少需要数十年甚至数百年的数据才能可靠地推断：基于信号挑选个股的投资策略是真实的还是虚幻的。

Q12.14 要成为一名始终如一的超级明星交易员，你应该能够在任一天里超过风险调整后的金融市场收益率多少个基点？

Q12.15 假设典型的日常噪声（标准差）约为 100 个基点。假设你具有每年赚取额外 200 个基点的选股能力。假设没有交易成本。忽略复利并假设回报率是交易日回报的算术总和。每年有 252 个交易日。

1. 对于 1 天的股票业绩表现，你希望每天多赚多少？
2. 1 天里噪声有多严重？
3. 预期的 T 统计量是多少（超额收益的均值除以标准差）？

回想一下统计课程，1.96 的 T 统计量可以让你在 95% 的水平上拥有良好的统计置信度。在第 8.2 节中，你了解到标准差随时间的平方根而增长。

4. 对于 252 个交易日的股票业绩，你预计每年可赚取多少额外回报？
5. 252 天的噪声有多严重？
6. 现在期望的 T 统计量是多少？
7. 计算出你需要等待多少年才能获得可靠的统计证据，证明你有积极的选股能力。

12.4 真正套利和风险套利

衡量投资业绩涉及一个密切相关的话题——套利,这个金融概念到底是什么?直观地说,套利是一个很好的投资机会,一旦出现套利机会,交易者马上就会利用它,从而使得金融市场变得高效。

套利的定义

首先回想一下,一价定律指出,同一时间、同一地点的两个相同物品应该具有相同的价格。这在完美市场中是正确的,但即使市场不完美,一价定律也可能(实际上通常是)仍然正确。即使投资者对未来意见不一致,即使有税收,即使有交易成本,即使只有一个做市商,英特尔公司的股票应该而且通常是一个价格。但是,在一个完美的市场中,一价定律并不是通常成立,而是必须始终成立。如果它不成立,无限多的潜在买家就可以发现套利机会。套利的概念非常重要,你应该准确地,而不仅是直观地理解它。

> 在一个完美的市场中,市场是有效的,一价定律是成立的。

重点:真正的套利是这样一种商业交易:

- 至少在某些情况下提供正的净现金流。
- 在任何情况下——无论是今天还是未来都没有负的净现金流。这意味着真正套利是无风险的。
- **风险套利**是一种商业交易,它可能不是无风险的,但鉴于其(风险和其他)特征,它仍然提供过高的预期回报率。理解风险套利的一个好方法是把它理解为一个**很好的赌注**。诚然,"风险套利"一词是矛盾的。然而,华尔街对特定类型的交易(通常诸如并购交易)使用术语"风险套利",这与我们将使用它的意义相似。

一个例子:有机会以 99% 的概率赢得 1 000 000 元,以 1% 的概率输掉 1 元。这就是风险套利。

套利是事前的概念,而不是事后的概念——事前而不是事后!例如,中奖的彩票不是套利。但在事前,彩票也不是套利,请密切关注"无负现金流"条件在套利定义中的含义:

(1) 套利不等于"没有风险地赚钱"。毕竟,国债就是无风险地获利,但国债不是套利。原因是你必须拿出现金来购买国债,这是今天的负净现金流。

(2) 套利也不等同于"今天收到钱,但没有明确的还款义务":如果你愿意承担风险,今天经常可以收到现金。例如,保险公司收取保费来换取将来可能不得不支付保险金的可能性。

> 套利是经济学的"永动机"。它是根据负现金流的可能性来定义的。

现在考虑定义中真正套利和风险套利之间的区别。在风险套利中,你可能会以 1% 的概率损失 1 元,因此这"只是"一个很好的赌注,而不是真正的套利。真正套利和风险套利的一个区别是概念上的:每个投资者都希望获得真正的套利机会,无限规避风险的投资者则不会进行风险套利。但这并不意味着,给定一个非此即彼的选择,一个不那么厌恶风险的投资者必然会更喜欢小的、真正的套利机会。如果无法重复,你是否更喜欢5元的真正套利,而不是预期收益接近100万元的风险套利?(当然,如果你可以将真正套利机会无限次重复,那么真正的套利机会就会占主导地位。)这个风险套利的例子是极端的,现实中的赌注从来没有这么好过——"非常好"已经足够罕见了。而且由于仍然存在风险,你可能不想扩大良好但有风险的套利投注,就像你总是希望尽可能扩大真正套利的投注一样。最终,只要在风险赌注上有足够的投资,你的风险厌恶情绪就会开始,并阻止你承担更多风险。

> "风险"套利≈大赌注。与真正的套利不同,风险套利可能会损失一点钱。

最重要的是,除非金融市场非常不完善,否则你应该不会发现任何一种类型的套利机会。如果你同意这个论断——基本上世界是理智的——就会得出一些关于金融市场如何运作的强有力的结论。

> 在竞争激烈的金融市场中应该很少有套利机会。只有这个事实才能让我们可以研究和描述(理智的)市场。

Q12.16 无风险地赚钱是套利吗?

Q12.17 何时以及为什么你更喜欢风险套利而不是真正的套利机会?

更多假设的套利示例

当然,很难找到现实世界的套利例子。套利主要是一个概念。假设的套利机会是什么样的?例如,如果你可以以1元购买一件物品,以9%的利率借款(包括你的时间在内的所有成本),并在明天以1.10元的价格出售该物品,那么你今天肯定可以赚取1美分,而不会在未来产生任何负面的净现金流。如果你偶然发现了这样的机会,请抓住它——这是一个正NPV项目!不仅如此,这是一种真正的套利,因为你在任何情况下都不会赔钱,这是没有风险的。在金融市场寻找1美分的套利机会可能更加有利可图,因为金融市场上通常允许扩大交易规模。如果你可以重复这个1美分的套利10亿次,那么就可以赚到1000万元。不幸的是,尽管你可能会发现一次只获取1美分的套利机会,但不太可能重复10亿次这样的套利机会。毕竟,你不是唯一一个在金融市场上寻找的人!在现实世界中很难或完全不可能找到真正套利的机会,尤其是在竞争非常激烈的金融市场中。

> 从某种意义上说,具有确定性正NPV的项目就是套利。

> 小规模的套利只有在可重复、可规模化扩张的情况下才重要。

套利的另一个示例是不同证券交易所的股票价格不同步。如果百事可乐的股票在法兰克福证券交易所的报价为51美元,而在纽约证券交易所的报价为50美元,那么理论上你可以在纽约交易所以50美元的价格买入一股,然后在法兰克福以51美元的价格卖出。净赚1美元。如果你能购买价值100万美元的20 000股百事可乐股票,那么无须冒险就能赚到20 000美元。

> 可以想象,不同金融市场之间可能会发生套利。

但在断定这是套利之前,仍然必须考虑成本或风险。套利可能比看起来要有限得多——甚至可能根本不存在。请考虑以下问题:

(1)在纽约买入股票和在法兰克福卖出股票之间的价格是否会发生变化(即使时间

间隔只有 3 秒)？如果存在这种执行的时间风险,这就不是纯粹的套利,因为有可能出现负的净现金流。现实世界的证据表明,不同资本市场之间的价格差异通常会在几秒钟内消失。

> 但要持怀疑态度。有许多复杂问题需要考虑。

(2) 是否考虑了直接和间接交易成本？你需要支付多少佣金？51 美元是你可以在市场上出售股票的法兰克福交易所的买入价,而 50 元是你可以购买股票的纽约证券交易所的卖出价吗？你能从纽约到法兰克福以足够快的速度进行交易交割吗？你是否考虑过自己看屏幕寻找机会的时间成本？

(3) 要交易大量股票时,股价会波动吗？比如前 100 股可能以 50 元的价格成交,套利的净利润为 100 元。但接下来的 900 股可能要花购买成本 50.50 元/股——也许仍然值得,但利润降低了,之后的股票可能需要 51 元/股甚至更高价格。

(4) 是否考虑了建立套利业务的固定成本？如果为了几千美元的"套利"收益而花费一百万美元购买办公室和计算机,这显然不是真正的套利。因此,你必须考虑建立套利的运营成本。

小型套利机会可能不时在金融市场中出现。现在,大型的金融公司一直在运行计算机自动的程序交易,即使是微小的套利机会也会被发现,从而当它们出现时立即被交易掉,结果微小的套利机会迅速消失,无法重复进行。

Q12.18　在你下定决心要致力于开发利用金融市场之间看似存在的套利机会之前,应该问自己哪些问题？

12.5　投资结果

作为投资者,有效市场假说对你有什么影响？在一个有效的市场中,不应该有明显的信号可以超过经风险调整后的适当预期收益率,也即每天比交易成本高 10 个基点。当然,任何人都不应该获得套利收益。下面考虑两个例子——技术分析和投资基金管理。

弱形式效率和技术分析

> 过去的收益率是未来收益率的好信号吗？

市场效率的传统分类,特别是"弱有效"的主要观点是,你无法仅仅依赖分析历史价格的策略来投资。让我们从一个吊诡的问题开始。查看图 12.2,它们是否显示了股票价格的模式？也许。这些模式是否都可以预测未来股价？绝对不！图(a)和(b)显示了强烈有规则的循环模式。如果股价遵循这种模式,你很快就会成为一名富有的技术分析师。它不必是图中的那种极有规律的周期模式：任何好的可预测模式(例如"每次当股价达到 32 元,接着它就会下降 5 元")都会让你变得富有。如果仔细观察,你能在现实世界中找到一些历史上表现像这些图的股票吗？是的,目前有超过 15 000 只股票在美国的证券交易所或场外交易市场上交易,也许纯属偶然,有一两只股票可能会显示出与周期模式非常相似的股价走势。但是,这些模式并不代表未来,它们只是历史上的巧合。

另一方面,图12.2(c)和图12.2(d)实际上更具有代表性。两张图的重要特征是存在很多噪声,使得股价上上下下。从定义上讲,噪声是不可预测的。股票价格在很大程度上是不可预测的,否则你会比股市更聪明。顺便说一下,其中一张图是随机选择的真实股票价格,而另一张图则是模拟的随机游走。你能看出是哪一个吗?我看不出!真实世界的股票价格序列看起来就像模拟的日常随机游走。事实上,大多数股票价格的历史图形表示,看起来更像图12.2(c)和图12.2(d),而不是图12.2(a)和图12.2(b)。(注:图(d)是英特尔的实际股价走势。)

> 周期不太可能发生——尽管市场也有起起落落。

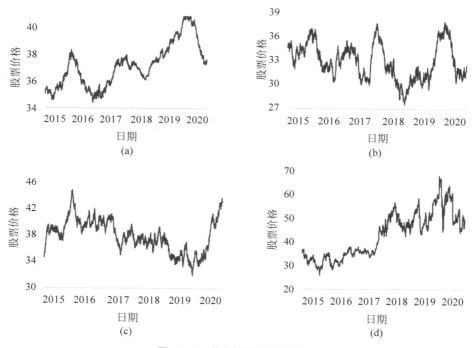

图 12.2　潜在的股票价格模式

哪个是真正的股价走势序列?

趋势的经验证据

股市交易员一直在尝试各种策略。那么技术分析——试图在历史股票价格中寻找模式——通常做得如何呢?例如,一种技术分析模式认为,某一天上涨的股票第二天更有可能回落。图12.3显示了标准普尔500指数和英特尔公司股票当天回报率与前一天回报率的函数关系(从2015年1月到2020年12月)。这些图没有显示出任何可以快速致富的价格模式。考虑到今天的表现,试图预测一只股票明天的表现肯定没有多大意义。你也可以尝试昨天之前的历史价格信息,结论是类似的。在金融网站上利用历史信息尝试各种技术分析很有趣,但不幸的是相当于在做无用功。

> 用过去的回报率进行预测大多数是失败的。

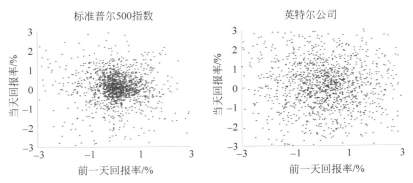

图 12.3　股票滞后回报率和当前回报率之间的关系

> 动量效应：过去一年表现良好的公司继续在下 1 个月内表现良好。

然而，在年度范围内，股票似乎有一点儿倾向于继续其运行模式。这就是前面提到的"动量"效应。它应该在投资学课程中更详细地介绍。（当然，正如在第 12.1 节中说明的，很难确定股票额外的几个百分点收益是为了补偿投资者承担某些风险的适当回报率，还是由于市场效率低下。）

投资经理绩效评估

那些预测股票价格被低估或被高估的电视股票分析师呢？技术分析在历史价格中看到模式（头肩颈模式、价格阻力位等）并使用它们来预测未来价格的艺术呢？沃伦·巴菲特、乔治·索罗斯等著名投资者又如何呢？你应该相信他们吗？

首先，回想一下低的信噪比，意味着很难明确特定的交易策略为何获得高回报：

- 是否因为它是一个幸运结果，但不会重复（随机运气）？
- 是否因为你的适当股票回报率模型忘记了某些风险因子？
- 是否因为市场效率低下（你拥有良好的信号、技巧和交易能力）？

> 你能从明星投资人过去的出色表现中得出什么结论？有三种可能性。

这不仅仅是学术界的问题。事实上，金融学教授是幸运的：我们可以继续撰写论文，支持争论一方或另一方。但是，现实世界中的每一位投资者每天都面临着真正的难题，在技能和运气之间纠结：在投资或选择基金经理时，如何区分好信号和坏信号？

> 以下是对相信他们具有神奇的投资能力（以及低效市场）的可能反对意见。

信噪比问题并非在选择投资经理时需要考虑的唯一问题。如果你认为资本市场效率低下，你的基金经理可以为你赚钱，请考虑以下几点：

证据？ 当然，也许有一些投资者确实会选股。不幸的是，他们肯定不希望任何人了解他们是如何做到的。事实上，他们想必希望继续秘密地、私下地进行选股投资，从不愿意被任何人所发现。这就使得很难找到能力出众的投资者，也无法确认他们的能力。

> 他们为什么要告诉任何人？

足够的数据？ 回想一下我们早先的结论，即具有出色绩效的投资策略需要数十年的数据才能真正得到证实。（还要假设世界没有改变。）很少有投资策略存在如此长的记录。值得注意的是，基金评价最常见的行业标准是最近 3

年的投资表现。毋庸置疑,基金近3年的大部分业绩表现都源于噪声。这意味着许多投资者(尤其是对冲基金的投资者)经常根据噪声来调整持股。为什么?要么他们不了解需要多长时间才能可靠地确定策略是否有效(可能),要么他们不太关心可靠性(更有可能)。

什么是风险?这是关于明智的另一个教训。直到2008年,我都会发誓,投资动量股票是一种相当多元化且表现优于整体股票市场的策略。平均而言,它每年带来5%~10%的异常回报。因此购买去年上涨的动量股票似乎并没有特别的风险。更重要的是,动量股票投资组合似乎非常多样化——这一事实本应缓和它们的涨跌。然而,在数十年的卓越表现之后,2009年,这种动量策略突然亏损了83%的投资!(一个合理的原因是太多的对冲基金试图追逐动量回报,在金融危机中,他们都不得不同时抛售。)还有哪些看似伟大的投资策略,面临着尚未显现出来的风险因素?

> 是动量风险吗?

键盘上的猴子?今天大约有10 000只共同基金代表其投资者进行投资。即使他们中没有任何一个具有卓越的投资能力,但是这些基金经理中会有多少人在明年(至少在基金收取费用之前)能够跑赢整个股市指数?大约5 000个。其中又有多少在后年中表现出色?大约2 500个。即使完全没有能力,纯粹的随机性意味着大约有10只基金在连续10年里可以跑赢大盘。有了足够多的样本基金,一些基金将必然可以产生持续积极的长期业绩记录。

> 纯粹的机会意味着一些投资者可以连续多年成功。

谁还活着?连续几年表现不佳的基金会怎样?它们悄悄地消失了。(SEC甚至允许一个基金家族私下里"孵化"基金,以获取业绩记录。若发起1 024个基金,在10年后,应该期望至少有1个基金能够连续10年跑赢大市,就让这个基金公开发行!)那些连续数年跑赢大市的基金如何呢?基金公司自豪地宣布基金的业绩,广为宣传,并从外部投资者那里获取更多的投资。基金经理得到更大的"研究团队"的支持,精心打扮得更加"专业",乘坐公务机。这些经理是市场中最显眼的。的确,如果你连续10年都在股市里赚钱了,难道不应相信自己确有选股的能力吗?

> 过去表现良好的基金获得增长。

现在站在投资者的角度来审视共同基金领域。首先,你不会注意到表现不佳的基金。它们已经消失了。其次,你会观察到规模较大的基金似乎做得更好。平均而言,目前存活的基金似乎确实可以让你赚钱——即使在真实世界中这种基金并没有这种能力。此现象被称为**幸存者偏差**,意味着你不能将现有基金的历史表现视为对它们未来表现的公允预测。

> 为什么对于投资者而言,基金的平均历史表现看起来还不错。

谁从交易能力中获得租金?即使金融市场效率低下,一些基金经理确实可以系统地跑赢市场,在一个合理的市场中,这些基金经理会收取高额费用,以获取他们为投资者提供的所有优势。毕竟,拥有稀缺技能(选股)的是基金经理,有钱的投资者会争先恐后地把钱交给这些经理,并接受越来越高的基金费用。而不知情的投资者不太可能通过投资这些主动交易型基金来获得超额回报。

> 如果基金业绩优秀,基金经理而不是投资方,将获得最大的利润。

总之,如果你正在寻找未来的良好投资绩效,过去的投资业绩可能是最好的指南。但永远记住,最近的业绩表现仍然是一个非常糟糕的指引。

经验证据

> 你必须意识到,即使是顶级投资者的绩效似乎也至多具有轻微的预测力。

那么经验证据是什么呢?总的来说,基金经理的运气远比他们的能力重要。每当学者(或《华尔街日报》)在过去表现出色的分析师或基金经理中寻找时,他们发现很少或根本没有优异的前瞻性表现。表 12.1 显示了文献中的一个典型结果:表现不佳的基金数量超过了随机预期的基金数量,不到一半的基金可以超越零基准,表现优秀的基金要比随机预期的少得多。

表 12.1　1984—2006 年美国股票共同基金的表现

	业绩糟糕($T<(-1)$)		业绩一般或尚可($T>0$)		业绩很好($T>1$)	
随机预期的结果	少于 16% 的样本基金		多于 50% 的样本基金		多于 16% 的样本基金	
管理资产规模(AUM)	费前	费后	费前	费后	费前	费后
<500 万美元	22.4%	37.8%	48.2%	32.1%	21.2%	10.2%
2.5 亿美元左右	25.0%	41.0%	44.8%	28.3%	17.4%	8.5%
>10 亿美元	29.8%	45.0%	41.5%	28.3%	15.6%	7.9%

注:这张表着眼于大约 1 308 只共同基金的历史表现,平均管理资产规模(AUM)为 6.5 亿美元。你不需要太在意细节,但第一行提到的 T 与第 10 章中提到的 alpha 的 T 统计量相似。负 alpha 和负 T 值意味着表现不佳。例如,第二行告诉你,假设由猴子进行投资,你会预计大约 16% 的共同基金的 T 值小于 -1,业绩糟糕。在现实生活中,22.4% 的管理资产规模低于 500 万美元的共同基金在收费前表现不佳,37.8% 在收费后表现不佳。作为一个群体,只有管理资产规模最小且表现最佳的基金表现优于随机的基准(21.2% 表现良好,而不是预期的 16%),但是基金的费用抵消了这一群体的优势。资料来源:Fama-French,金融学期刊 2010。

但是业绩的持续性呢?是否有些基金可以持续地比其他基金更好?但是,经验证据再次令人失望。在过去 1~3 年表现优于基准的共同基金中,只有约 54% 在接下来的 1~3 年会再次跑赢基准。这比 50% 好,但差不了多少。如果扣减基金费用,超越基准的比例就会大幅下降到 50% 以下。正如基金的招募说明书中贴切地指出的那样,过去的业绩表现并不能预测未来的业绩。

> 存在一些业绩持续表现良好的基金吗?

整个行业都充斥着基金经理,有一种基金经理是管理基金的基金,即他们的工作是将资产分配给各个投资基金,比如企业养老基金、大学捐赠基金(如加州大学洛杉矶分校的捐赠基金)。这些基金经理当然都曾发誓他们知道哪些基金比其他基金更好。但是,他们真的能识别优秀基金和劣质基金吗?包括识别出麦道夫丑闻基金吗?Goyal 和 Gupta(金融学期刊,2008)研究了 1994 年至 2003 年的 3 400 名退休计划的发起人,发现他们并不特别具有预见性。

他们在基金表现不佳之后,而不是在表现不佳之前,解雇基金。他们在基金表现良好之后,而不是在表现良好之前,才开始聘用基金。那么为什么这些基金的基金经理假装他们可以很好地管理资金呢?好吧,如果退休计划的发起人承认他不能比你或猴子更好地挑选基金,你还愿意付费吗?

当然,还有其他赚钱方式:例如,沃伦·巴菲特的伯克希尔哈撒韦公司经营许多业务(例如保险和飞机)。这些企业很赚钱。但这是通过辛勤工作、提供流动性和承担风险的传统方式赚取的钱。沃伦·巴菲特本人当然不会将公司的表现归功于运气,而是归功于他的能力。尽管如此,即使是他也承认有效市场假说是最自然的一个市场基准。他曾经说过:"讲授有效市场理论的教授说,有人对着股票轮盘投掷飞镖,可以选出与最聪明、最勤奋证券分析师选择的前景一样好的股票投资组合。观察到市场经常是有效的,这是正确的;但继续得出结论说资本市场总是有效的,这是错误的!"就连巴菲特也是一个温和的有效市场信徒!

> 在大多数情况下,似乎老式工作如保险公司(或提供流动性)的工作,在获取回报方面比选股更为有效。

总而言之,当今大多数金融学教授都会同意,当一个特定的投资者赚到不寻常规模的钱时,即使是在几年内,通常更可能是由于运气而不是能力。许多声称拥有卓越信号和投资能力者——包括一些前金融学教授接受挑战,开始运作自己的基金,都证明了这一点。如果我是你,会非常谨慎地将钱投资给任何收取高额费用的人。

重点:在一个有效市场中,没有人能比其他人更好地挑选股票,但因为存在大量投资者,许多人也会跑赢市场。少数投资者将一次又一次地击败市场。

在现实世界中,与表现不佳的投资者相比,过去选股表现出色的投资者在未来选股方面并不会做得更好。

Q12.19　如果要确定基金经理是否有能力跑赢股市,鉴于他们中的许多人可能会跑赢大盘,那么在历史业绩表现较好的基金中寻找高能力的基金经理,是否有意义?

Q12.20　一家公司雇用了 10 000 名分析师,如果他们都没有任何特殊能力并且没有交易成本,那么其中有多少人可能会连续 10 年发布优于市场的预测?

Q12.21　解释什么是幸存者偏差,以及它在共同基金背景下的业绩表现。

12.6　愤世嫉俗的观点

当基金经理获得丰厚回报时,他们往往会出名。为了吸引新的投资者,他们会更多地谈论基金的业绩表现。头部的目标基金经理们最容易在鸡尾酒会和对冲基金的会议上出现。此外,他们通常是大学里学生崇拜的对象。一些幸运的投资经理们甚至著书立说。请阅读其中一些书,看上去都那么有意义,其实所需要做的就是低买高卖。听了很多演讲,读了很多书,我可以自信地说,大约一半强调"低买",而另一半强调"高卖"。当我心情好的时候,可以假装钦佩他们出色的投资见解。当我心情不好甚至愤世嫉俗时,会给出模棱两可的赞美,只为让自己开心。(毕竟,这些人很多是我们大学的捐赠者。)

> 低买高卖

不幸的是,尽管遗传算法和人工智能是挑选投资资产的相当超前的高科技复杂方法,但真正的遗传和智能方法似乎在某种程度上被忽视了。幸运的是,迈克尔·马尔科维奇

> 老鼠的投资选择。

用他的实验纠正了这个问题,他的实验名字是"训练老鼠在华尔街上交易并且获胜"。[1] 果然,其中一些老鼠表现出色。不幸的是,这些优秀者在向潜在投资者展示其卓越能力(并因此产生更高费用)时受到它们缺乏口才的限制。

> 上涨:宏大的宣称;下跌:愚蠢的借口。

大多数基金经理每月都会向其投资者撰写公开报告,主要是事后诸葛亮式的总结和陈词滥调。请以开放的心态阅读。这些报告有一些既定模式:业绩上涨的基金经理经常写下他们的出色见解,描述了竞争优势、信号、优势、令人兴奋和聪明的策略、情绪阅读能力、逆势策略等。而业绩下跌的基金经理经常这样写:巴菲特也这样做了;前所未有的市场动荡;非理性的从众情绪;不可预测性;临时获利了结;收益平均化;市场未能解读基本面;恶化的基础数据和决策;肥尾风险;错位;卖空者;中国人、俄罗斯人、沙特人、犹太人或阿拉伯人;美联储做得太少或不够;等等。然而,一个简单的事实是上述两种写法都没有真正实现目标。金融市场的大部分表现都是来自运气。

> 学术界并没有那么不同。

我们学者并没有那么不同。如果阅读学术期刊,你会发现数百篇展示如何战胜市场的论文。就像基金经理一样,学者们不会因为撰写认为"市场定价合理"的论文而获得任何奖励,相反他们会因为撰写发现了某个因子 X 具有惊人回报的论文而获得奖励。如果可以声称该因子是行为的因素,那就更好了——对冲基金和投资者(我们的咨询客户)特别喜欢非理性的行为故事。问题是,即使每个经济学家都(或曾经)是一丝不苟的诚实的人,但作为一个整体,在成千上万的学者进行数据挖掘的情况下,我们会发现许多看似具有统计意义的因素,但这些因素完全是虚幻的。大多数时候,对冲基金试图在学术论文首次公开发布后立即复制并进一步测试这些因子。许多以学术为导向的对冲基金开始试图利用过去的模式,当回测该因子时,很多异常收益都会慢慢堆积到该因子中,这本身有助于进一步提高性能。几乎每个学术型的股票基金都在某种策略中发挥了"价值"和"动力"的因子。然后有一天,他们意识到可能已经过分了,终于所有人几乎同时都想退出。这似乎就发生在 2009 年的所谓动量策略交易上。

我自己如何呢?聪明睿智吗?2013 年我进行了石油的空头交易,当时油价超过 100 美元/桶,根据经济的供求关系,我相信油价不能维持这么高的水平。2014 年石油价格下跌到 50 美元/桶以下,这次石油交易成为我经历的最大获利交易。2013 年时我就和同事谈起这个交易,事后同事很钦佩我的远见。若因此认为我聪敏睿智,那就是胡说了。我不喜欢赌马,喜欢赌金融数据。我进行了一次简单、纯粹的打赌,交易对手方的认识和我相反,事后我赢了。在金融市场上,很容易打赌,总有人会赢。这次碰巧是我,但因此能够说我就是聪明的投资者吗?或许只是幸运者?

---

[1] 奥地利艺术家 Michael Marcovici 宣称成功训练了老鼠交易员,简单来说,在老鼠们面前会有红色和绿色的按钮,代表买入或者卖出。老鼠们根据自动报价机的波动情况来选择交易方向。如果选择正确,则会得到食物奖励,如果选择错误,则将面临电击惩罚。通过这种类似巴普洛夫的条件反射来提高老鼠的正确率。这个实验仅在 2009—2011 年存在过数据,并非严谨的科学实验。

非对称模式的投资策略

但是基金投资者可能有意或无意地表现得比随机的赌徒更好,呈现出良好的历史业绩并不难。当你赢了,就把今天的投资业绩记录为收益。有了很多钱,你很可能会有多年的良好表现而不会损失。许多基金在不知不觉中遵循了具有这种回报特征的策略:他们大部分时间都赚了一点钱,直到遭受巨大的损失。2008 年的大衰退使得许多策略中都显示出这种模式。许多长期赚了小钱的投资者(尤其是银行)突然失去了一切。卖出期权或者做市也是遵循这种模式的策略:大多数时候回报不大,然后是突然的大灾难。他们只是偶然发现了"长期赚了点小钱"的投资策略并遵循了它。我的建议是:对有人期望击败流动性的金融市场的说法保持怀疑态度。

> 不了解利润的来源。

对冲基金通常的盈利模式则是相反的策略:大部分时间都在亏损,但在危机中却收获颇丰。这些策略很难维持,哪个投资者想要连续多年获得负回报率,而同期的同行表现良好?早在 2007—2008 年的大衰退之前,2000 年上半年房地产空头就已经倒闭了,只有少数非常幸运的投资者能够维持他们的空头。理论上,你可以提供具有负市场贝塔策略和负预期回报率的基金,因为这种基金提供了很好的保险。但是在实践中,投资者会在市场上涨时就离开,而在市场下跌时及时兑现收益。做空市场很难。

> 做一个逆势投资者是很难的。

12.7 公司后果

如果你是公司经理,有效市场假说 EMH 对你有什么影响?金融市场是完美的、有效的或者两者都不是,这重要吗?因为完美市场意味着有效市场,所以需要考虑以下三种不同的情况:

(1) 市场完美并且有效。
(2) 市场有效率,但并不完美。
(3) 市场既不有效,也不完美。

> 在为你的企业创造价值时,需要考虑三种不同的市场情况。

上述不同情形,将帮助你思考如何才能创造价值——对于首席财务官来说,创造价值是最重要的问题。能通过改变企业资本结构来增加价值吗?能通过拆分股份来创造价值吗?能通过明年而不是今年派发股息来创造价值吗?能否通过改变向投资者展示利润的方式来创造价值?能通过收购价格低估的公司来创造价值吗?

如果金融市场(接近)完美

如果金融市场是完美的,那么上述问题的答案很简单——都是否定的。公司如何向投资者传达利润信息、资本结构是什么、拥有多少股份、如何支付股息等都无关紧要。事实上,公司的价值与各个资产项目的现值相同,其他一切都无关紧要。

> 在完美市场中，最重要的是公司的基础资产项目。

利润报告。例如，若你之前单独报告了企业的外国子公司的利润，现在你将它们合并到利润报表中，这确实会增加公司的报告利润。但是，不会创造任何具有内在价值的东西，这种变化不应增加或减少公司价值。贵公司在其报告变更前后均拥有子公司的现金流，投资者可以自己添加或减去子公司的数字，无论你在合并报告中是包括还是排除它们。

> 你无法通过改变财务报告利润的方式来欺骗投资者。

资本结构。例如，你的公司目前只有股权融资，价值100元，若改变企业债务股权比率为50—50，则价值上升为102元。在这种情况下，套利者可以购买你的公司，然后发行51元的债务和51元的股权，这样就可以获利2元。随着大量企业家竞相这样做，你的公司价值将立即调整为102元。因此，贵公司100元的价格是不可持续的。

> 改变资本结构也一定没有价值。

股票分割。在股票分割中，每一股旧股变成多股新股。例如，每股80元的股票变为两股，那么新股在完美市场中的交易价格应为每股40元。你的基础资产项目不会有任何改变。分割本身并不能增加价值。如果不是这种情况——假设股票在拆分后每股价值41元——套利者会以80元的价格购买旧股票，然后立即以2×41元$=82$元的价格出售它们，从而获利2元。套利者的行为将使得新股和旧股价值一样。

> 股票分割也无关紧要。

股息。同样的论点也适用于股息。在一个完美的市场中，一家100元的公司支付10元的股息之后应该价值90元——支付股息之后，并没有价值被神奇地创造或毁灭。若不支付股息，完美市场中的投资者可以借来资金并在今天使用。

> 还在试图用股息来愚弄投资者吗？胡说八道。

经验很简单：作为一名企业经理，应该丢掉幻觉和假想，专注于寻找和执行具有正净现值的项目。

如果金融市场不完美但至少有效率

如果市场并非完美但是有效的，含义并非多么深奥。这样的市场意味着你可以获得有价值的信息情报。企业的市场价格是许多投资者用真金白银给出的综合评估。市场价格汇总了大量信息，作为公司经理的你却可能没有掌握这些信息。例如，如果你企业的股票价格相对于当前的基本面看起来非常高，这可能意味着资本市场看到了你公司的巨大机会，并期望你会抓住它们。因此，你应该考虑发展业务。自然地，高公司价值可以让你以优惠的利率从金融市场上筹集更多资金。另一方面，如果股票价格非常低，则意味着资本市场预计你的业务将下降或预计你在浪费资金。在这种情况下，企业经理应该仔细考虑是否再进行投资，或者应该回购（相对便宜的）股票。

> 有效的市场意味着"价格合理"。因此，你可以从自己企业的股票市场价格中学习信息。

除了从公司的市场价格中学习之外，你还可以从其他各种市场价格中学习。比如了解竞争对手的业务机会如何，以及你是否应该加入竞争。如果作为种植农户，期货交易所会提供玉米和小麦的远期价格，你可以使用这些免费的价格信息来帮助你决定种植哪种作物。

第 12 章 有效和完美市场、经典金融和行为金融

让我们考虑一个具体的例子,说明如何从有效市场的价格中进行学习。将自己置于某家飞机制造商的聪明而成功的经理位置上。每天早上,你都在看报纸,每次你都会认为 X 公司应该更值钱。X 的年利润为 10 元/股,但其股票的交易价格仅为 50 元/股,你觉得太离谱了,X 股价被低估了。你应该购买 X 的股票吗?如果市场是完美的,答案是否定的。拥有 X 将没有任何竞争优势。成群的套利者可以在瞬间把价格推上去。另一方面,拥有 X 也不会造成任何伤害。在有效市场的假设下,这意味着你的飞机制造商公司的股价和 X 的股价都是正确的。仅仅因你认为 X 股价被低估而购买 X 股票很可能是错误的。毕竟,有效市场假设了金融市场已经使用所有可用的信息来形成最佳的价格。

> 你也可以从其他市场价格中学习。

> 仅凭个人的见解(而没有协同效应)并不是收购其他公司的好理由。

然而,有效的市场并不意味着你永远不能通过收购其他公司来创造价值。你有时确实可以创造价值,诀窍在于你必须能够做一些平常投资者做不到的事情,因为市场是不完美的。这很可能与你企业的实际运营有关。例如,如果 X 是一家超音速飞机零部件供应商,你对供应商的产品有更好的信息。你知道你的公司很快就会和它签订一份巨额合同。或者,通过拥有该供应商的专利,可以使其他飞机发动机公司更难以与你的企业竞争。或者,你可以通过购买这些零部件削减中间成本,或通过自己的知识产权改进 X 的产品,或通过扩大运营规模来节省成本。通过购买 X 企业,所有这些都可以为你的公司增加价值——外部套利者无法实现的价值。(这违反了完美市场上存在无限多的潜在买家的假设。)

> 然而,在不完美的市场中,收购有可能增加价值……

但要小心:市场效率意味着你并不能仅仅依据个人观点——认为 X 被低估——就为你的股东创造价值。是的,你可能很聪明,但金融市场同样聪明,也能识别 X 是否被低估——事实上,很可能一开始目标企业的估值就是正确的,而估值错误的恰恰是你!例如,如果 X 企业生产纸尿裤,那么你(作为飞机发动机制造商的经理)就极不可能通过收购 X 为你的股东创造价值,即使该公司的市盈率仅为 5 倍,对你来说也毫无意义。

> ……只要你不仅仅是认为市场价格错误。

同样的论点适用于除并购之外的其他类型公司行为。这些公司行为可以通过减少完美市场的壁垒来创造价值。例如,可以通过降低投资者交易股票的成本(例如,通过在证券交易所上市)来创造价值。或者,通过聘请优秀的审计师或以更加透明的方式报告财务信息,来减少投资者对企业声誉的怀疑。事实上,有证据表明,即使在非常有效的金融市场中,许多公司行为确实可以通过减少完美市场的摩擦来创造价值。例如,当公司以 2 比 1 的比例拆分其股份时,拆分后的两股股份的价值不一定是拆分前股份价值的一半,例如 80 元 1 股的股票一拆为二,每股的价值往往更高一些,比如在 40.20 元左右。可能的原因是,经理们通过拆分股票来表明他们对公司未来的信心,[1] 这为资本市场带来了更多信息。

> 在不完美的市场中,通过一些金融交易,减少市场不完美,也可以创造企业价值。

---

[1] 因为股票拆分后,公司总股本扩大,每股收益会被稀释,只有未来公司盈利增长超过股本稀释的程度,经理们才会进行股票拆分。因此拆分表示了经理对公司未来的信心。另外,拆分后股票的价格下降,流动性会增强,也降低了完美市场的摩擦。

如果金融市场甚至没有效率

粗略地说,金融市场往往是合理的,但并不总是完美、有效的。完美的市场几乎肯定不能和现实相符。即使在完全理性的市场中,作为一名公司高管,你可能比市场更了解公司价值——例如,你可能知道公司即将签订一份大的业务合同,但这个信息还不能披露。如果你知道股票价格不等于当前的市场价值,你应该怎么做?

> 如果市场没有效率,你应该怎么做?

如果公司股票被低估,你应该认识到,鉴于项目的真实特征,企业的资本成本实际上太高了。你无法以公平的价格筹集资本——尤其是股权资本。CAPM 显然不再是资本成本的正确模型。

> 如果你被低估,有时放弃正 NPV 项目并用你的现金回购你自己的股票会更好。

例如,假设你知道企业当前的项目明天将返还 500 元。现在你面临一个新的投资成本为 100 元的项目,明天将返还 200 元。还假设企业没有现金,只能通过股权筹集资金。问题是外部投资者不相信公司价值 700 元,错误地认为考虑新旧项目后的公司只值 200 元。因此,要筹集 100 元资金,你必须出售公司 50% 的股份,这样只保留 700 元真实回报的 50%,也即只有 350 元。因此,你最好放弃这个新项目,只从原有的旧项目中拿走 500 元。换句话说,为这个新项目提供资金的机会成本实在太高了。

企业经理绝对不想以这些"高"的资本成本筹集资金。相反,更有可能是回购自己被低估的股票。然而,这里有一个内在的悖论:作为一名高管,你应该代表股东利益行事。但是,以低廉的价格从现有股东手中回购价值低估的股票,不会使出售股票的股东利益变得更好。(然而,这会让公司未被回购的股东利益改善。)

如果公司股票被高估,资本成本将非常低。经理应该愿意接受更多的项目。此时,经理会想以高的股价出售更多的股票,并将筹集的资金以股息的形式支付给现有股东。当然,这里的悖论是,作为首席执行官,就在一瞬间,你成为这些新股东的代表,刚刚却向他们出售了高价股票。这些新股东将不会是快乐的投资者。

> 如果股价被高估了,最好是发行更多的股票。

上述两种情形下,对于那些希望代表现有股东利益采取行动的 CEO 来说,这些分析都是极有洞察力的见解。

重点: 当公司经理相比资本市场掌握更多信息时:
- 如果公司股价被低估,资本成本相对较高,经理应考虑回购公司的股票。
- 如果公司股价被高估,资本成本相对较低,经理应考虑发行更多公司的股票。

对经理来说,一个好的决策规则是让项目的边际成本和边际收益相同,与从回购股票或发行公司新股票中获得的收益相同。

请注意,大多数企业高管常犯的错误是:始终认为金融市场并不能完全反映其公司的价值,即使他们自己也没有内幕消息——作为一名企业高管,你应该警惕自己的偏见。

Q12.22 为简便起见,假设贴现率为零,你手头没有现金,只能通过发行更多股票为新项目筹集资金。你知道现有的项目明年将返还500元。每个人都知道你的第二个、新的项目成本为200元,但只有你知道它明年只会返还收益180元。这个新的项目是投资者认为唯一符合你当前专长的项目。

1. 第二个较新项目的NPV是正值还是负值?
2. 如果投资者知道两个项目的真实成本,但他们(错误地)相信你有魔力,认为你的任何专业项目都将获得100%的回报率,那么你为了筹集200元来启动新项目,将出售公司多大比例的股权?
3. 如果你仅代表现有的投资人利益,你应该接受这个新项目吗?

比较与总结

以下是关于有效市场与完美市场两个概念的总结:

有效市场与无效市场。如果市场有效,你可以从金融市场的价格中进行学习,因为它们准确地整合了所有金融市场参与者的信息。这意味着不能仅因为你认为这些公司的价值超过市场的交易价值,就可以通过收购其他公司来创造价值。

> 关于市场的分类概念及结果的总结。

如果市场效率低下,你能够识别出可以收购的价值低估公司,甚至可以通过研究自己公司的信息,传递到市场来创造价值。

完美市场与不完美市场。如果市场完美,你可以专注于项目的净现值。忘记大多数财务选择,比如设置资本结构、如何报告利润等。

如果市场不完美,通常可以通过减少市场的不完美来创造价值。例如,你可以通过更快、更及时地报告利润和信息来向资本市场表明你对公司前景的看法。有时,这甚至会成为两难:例如,若你确信一个项目的NPV为正,但金融市场不相信,你该怎么做?如果你接受项目,股价可能会下跌。现在你必须考虑两害相权取其轻——放弃项目,或放弃更高的股价。

在现实世界中,金融市场绝对不是百分之百的完美。对于大公司来说,它们非常接近于效率,对于小公司来说却并非如此。尽管这样,经济意义上的偏差幅度是相当小的。作为一家上市公司的经理,你最好专注于潜在的价值创造,而不是投资者自己可以完成的行为。相信市场价格几乎总能提供信息,但不要过于盲目地相信市场总是完全有效的——你可能比市场拥有更好的信息,当你拥有信息时,明智地使用它。

> 不要太教条:没有什么是完全完美的,或完全不完美的。

12.8 事件研究

在任何有效市场中,即时的价格反应都提供了一个非常有意义的应用:使用一种称为**事件研究**的技术方法。市场的价格反应可以比传统NPV技术更容易地估计企业的价

> 市场反应应该是即时的，并反映所有的价值变化。

值后果。事件研究是针对某一组事件对资产价格影响的实证分析。其想法是，如果公开市场对项目进行了适当的估值，若企业的某项意外事件的价值为100万元，那么在事件公开的那一刻，股票价值应该增加100万元。因此，你可以（通常）从股票价格变化中得知企业现金流价值的变化。

资本结构相关和其他事件研究的结果

研究人员对各种有趣的企业事件进行了研究，从新的立法到公司名称变更、分析师意见、公司利润、股票分割、公司股息、公司债务和股票发行、创始人死亡等等。以下是一些比较重要的发现。（你将在后面的章节中再次看到从事件研究中获得的更多证据，特别在有关资本结构和股息支付的章节中。）

在公告当天，公司价值平均是增加的：

> 事件研究已用于许多不同的事件。在金融方面，事件研究经常告诉我们公司的行为是否是好消息。

- 当公司宣布增加股息、股票回购或股票分割时（0.1%~1%）。
- 当公司被其他公司收购时（10%~30%）。
- 当公司公布的利润大大超出分析师的预期时。
- 当制药公司宣布美国药品管理局FDA已批准他们的一种药物时。
- 当创始CEO去世时（3%~4%）。

相反，公司价值平均是下降的：

- 当公司宣布发行新股时（1%~3%）。
- 当公司在收购中为目标公司支付过高的价格时。
- 当公司宣布低于预期的利润时。
- 当公司抵制出价的收购方时。
- 当制药公司宣布美国药品管理局FDA驳回了他们的一种药物申请时。

但是，我们在这些事件公告之前不知道资本市场的评估情形（一些影响可能因信息泄露已经被提前预料到，已包含在股价中），公告当天价值反应的估计是保守的下限。

> 政府监管——谁受益？谁没有受益？

事件研究还可以告诉我们某些政府政策是否对公司产生了积极或消极的影响。例如，当电信、货运和航空市场放松管制时，哪些公司获得了帮助、哪些公司受到了伤害，或者如美国财政部2008年的救助计划（"TARP"）如何救助了一些银行、但没有提高另一些银行的价值。

Q12.23 在一个完美的市场中，当你的公司宣布石油开采并计划在下个月支付特别股息时，你会期望市场有什么样的反应（"不寻常的"股价变化和"不寻常的"回报率）？预计本月会有什么反应？预计它在支付股息的那一天会有什么反应？

Q12.24 哪些企业事件会被金融市场视为好消息？哪些事件被视为坏消息？

总结

本章涵盖以下要点：

- 市场效率意味着市场在资产定价时使用所有的可用信息来提供"适当的回报率"。
- 在短期内,适当的股票预期回报率很小。因此,市场有效决定了股票大致遵循随机游走。
- 在长期内,股票"适当的回报率"应该是多少并不明确。由于存在噪声,使得准确测量平均回报率变得困难,因此也难以检验 CAPM 等模型或长期的市场效率。
- 对有效市场的信念以不同的形式出现:
  - 标准的有效市场分类强调击败市场所需的信息类型:弱形态有效(过去的股价信息不足以击败市场)、半强形态有效(其他的公司基本面信息不足以击败市场)和强形态有效(内幕信息不足以击败市场)。
  - 一个更现代的有效市场分类强调股票市场价格的合理性:真正相信(股票价格总是反映潜在项目的 NPV)、坚定相信(价格和价值之间存在难以利用的较小偏差)、温和相信(价格和价值之间存在微小偏差,并在一定程度上可能被利用),以及非信仰者(套利机会到处皆是)。
- 总体证据表明,致富并不容易——这是大多数金融学教授的共同信念。他们对市场效率信念的相对强度——教授们相信市场价格总是反映潜在价值的程度——将金融学教授划分为"理性主义者"(或"古典经济学家")和"行为主义者"。
- 在完美且有效的市场中,投资者不应寻找套利机会:
  - 真正的套利是一种无风险的赌注,在任何情况下都不会出现负的净现金流。每个人都想抓住所有的真正套利机会。它们一旦出现时,可能获利的机会就非常小。
  - 风险套利更像是一个好的赌注。一个无限规避风险的投资者不想接受它,因为风险套利有可能会赔钱。
  - 真实套利和风险套利机会在现实世界中应该是较为罕见的。一个不太厌恶风险的投资者可能喜欢也可能不喜欢做一个大的、好的赌注。
- 鉴于数以百万计的投资者中,许多人会偶然跑赢股市,有些投资者甚至会连续多年跑赢股市。市场效率并不意味着,在事后,没有一些投资者会连续 10 年跑赢股市;相反,市场效率意味着,在事前,没有任何一个特定的投资者可以确定地说将连续 10 年跑赢股市。
- 经理可以从市场价格中学习有价值的信息,包括自己公司的股价和其他公司的价格。为了提高企业价值,经理必须创造基本价值——承担正净现值项目。收购一些企业以降低风险或拆分股份等活动,不会创造价值。
- 事件研究法允许你确定重大的事件对公司价值的影响,例如政治选举结果、立法行动(FDA 裁决)或公司事件(股息增加)等。

答案

章后习题

Q12.25　反对市场效率的异端分子一般总是想要收集什么样的证据？如果他们没有找到这种证据，是否意味着你可以得出结论认为市场是有效的？

Q12.26　定义"有效市场"并解释有效市场与完美市场有何不同。

Q12.27　富达基金公司著名的前基金经理彼得·林奇建议，根据"当地知识"投资股票是明智的——如果你发现当地一家超市的业绩表现好于预期，就投资它。在一个有效的股票市场中，这是一个明智的建议吗？

Q12.28　评估以下陈述：在一个完美有效的股票市场中，你持有什么样的投资组合并不重要。

Q12.29　弗里德和齐特雷恩的一篇论文研究了吹捧某只特定股票的大量垃圾邮件样本。此类垃圾邮件增加了交易量，并在垃圾邮件发布后的 2 天内导致了 4%～5% 的收益。这是反对市场效率的证据吗？

Q12.30　传统市场效率分类中的三个主要类别是什么？举一个例子说明每种市场有效所排除的内容。

Q12.31　评论以下陈述："有效市场似乎是一个不可能的概念。在一个有效的市场中，没有人可以获得超额回报。因此，没有人收集信息。价格不包含信息，收集信息应该获得超额回报。"

Q12.32　描述基于市场效率信念强度的分类。

Q12.33　随机游走是否意味着股票的预期收益率为零？

Q12.34　定义套利。它与大赌注交易有何不同？套利是否总是比大赌注交易更好呢？

Q12.35　假设没有套利的金融世界的模型有意义吗？假设没有大赌注的金融世界的模型是否有意义？

Q12.36　典型的日常噪声（标准差）约为 100 个基点。假设你有一种选股能力，可以让你每年多赚 400 个基点。没有交易成本。忽略复利并假设你的回报率是交易日回报的算术总和。每年有 252 个交易日。

1. 只有 1 天的话，你希望一天能多赚多少超额收益？
2. 1 天的噪声有多严重？
3. 1 天的预期 T 统计量是多少（超额收益的均值除以标准差）？
4. 对于 252 个交易日，你预计每年额外赚取多少？
5. 252 个交易日的噪声有多严重？
6. 现在预期的 T 统计量是多少？
7. 计算出你期望需要等待多少年才能获得统计上的显著性证据，来证明你有积极的选股能力。

Q12.37　在评估某一个投资机会是否是套利时，你应该考虑什么样的成本？

Q12.38　典型的对冲基金投资者往往根据最近三年的表现评估其基金。你如何看待这种做法？

Q12.39 为什么今天市场上的普通共同基金似乎看起来表现出色？这是否表明这些基金在未来会表现良好，至少在平均水平上如此？

Q12.40 你是否期望具有高能力的基金经理更喜欢基于基金绩效的薪酬呢？这对基金投资者来说是好的做法吗？

Q12.41 如果一家公司收购另一家公司,可以降低该公司的不确定性,进而会降低其资本成本、创造企业价值。这种说法对吗？

Q12.42 举一个例子,说明资本市场低估了公司价值,从而导致投资一个项目的资金成本会变得太高。

Q12.43 为方便起见,假设贴现率为零。你知道当前的项目今天投资成本400元,明年将真正获得500元的回报——但你的投资者认为他们只会获得400元的回报。此外,公司手头没有现金,只能通过发行更多股权为新项目筹集资金。一个新项目的成本为200元,明年将返还220元。投资者错误地认为,无论有没有这个新项目,你的公司都会获得0%的内部收益率。现在,你作为经理代表现有的股东利益,你是否应该接受这个新项目？它的净现值是否为正？

第 13 章

资本预算应用和陷阱

技巧和窍门

在现实世界中应用 NPV 和 IRR 的概念和方法面临着很多困难。本章解释了应用中的许多细微差别和陷阱。这些内容将帮助避免许多公司的常见错误——损失企业价值的决策错误。

13.1 如此多的回报：内含报酬率、资本成本、预期收益率和门槛收益率

首先，让我们回顾一下金融学中常用的四种回报率：*内含报酬率、资本成本、预期收益率和门槛收益率*。

> 在现实世界中，这四个术语经常被随意和互换使用。

内含报酬率。内含报酬率是项目现金流的一个特征（因此是"内部"的），通常与资本市场无关。这是它的一大优势——可以在查看资本市场有关指标之前计算它。只有在计算出 IRR 之后，你才需要将它与经济中的现行回报率进行比较。因此，内含报酬率实际上是一个从项目内部观察出的描述性统计数据，这是它最与众不同的特征。不过要小心，不能使用项目承诺的现金流量来计算它。内含报酬率需要使用项目的预期/期望现金流，而这使得计算 IRR 较为困难。

资本成本。始终将其视为资本的*机会成本*。也即你的投资者通过投资类似项目所期望获得的回报率。它取决于类似的其他项目现行要求的回报率。它是由经济世界中资本的需求和供给驱动的——投资者自愿提供资金时所要求的预期收益率。在存在众多贷方和借方的完美资本市场中,贷款的净现值通常为零。(否则,借款人或贷款人会免费获得或提供资金。)资本成本有时被称为"必要的预期收益率"。(CAPM 是一种完美市场模型,可以提供对资本成本的估计。)最后,要认识到资本成本是一个预期的概念,但你不需要写成"预期的资本成本"。

预期收益率。也称期望收益率,是一个通用术语。它意味着项目的预期回报率,或资本成本(对于资金提供方,就是预期收益率)。在大多数情况下,如果项目实际的预期收益率高于其必要的预期收益率(资本成本),那么它就是一个正 NPV 项目。对于管理层做出的明智决策来说,项目的预期收益率都将高于其资本成本。最后一个边际项目的预期收益率通常与资本成本大致相同。

门槛收益率。门槛收益率是一个项目适当的最低回报率,超过门槛收益率,管理层将决定接受项目。它既不是由金融市场决定,也不是由项目本身所决定,而是由管理层设定的。糟糕的管理层可以选择任意的甚至是完全愚蠢的门槛收益率。

通常,优秀的管理者应该将项目的门槛收益率设置为等于其资本成本。他们应该确定项目的内含报酬率是否超过了这个门槛率。对于管理层做出的明智投资决定即所有具有正 NPV 的项目来说,"门槛收益率""资本成本"和"必要的预期收益率"等都是一样的。

你已经知道预期的项目回报很难获得,经理们经常错误地使用承诺的回报率。由于意识到基于预期项目回报的现金流经常被夸大,公司经理经常确定高于项目合理资本成本的门槛收益率。公司会要求项目的最低门槛收益率为 15% 或更高,即使此类项目的资本成本只有 10% 左右。风险投资家经常采用高达 30% 的门槛收益率,尽管他们深知这远高于项目真正的预期回报率。

> 警告:内含报酬率是一个基于预期回报的概念,但它经常被误用于基于承诺回报计算的指标。

差异有时是微妙的,这些术语通常可以互换使用——在许多但不是所有的情况下都可以。

Q13.1 你能比较一个项目的内含报酬率与它的门槛收益率吗?

Q13.2 在完美市场中,能否将项目的资本成本与其门槛收益率进行比较?

13.2 承诺的、预期的、典型的还是最有可能的

到现在为止,你已经知道必须始终区分承诺的数字和预期/期望的数字。特别是,像 CAPM 这样的模型是关于预期收益率的,根本不会告诉你任何有关信用风险的信息。当

计算现值公式时,必须在分子上使用*预期*的现金流量(根据信用风险进行调整),而不是*承诺*的现金流量。永远不要用 CAPM 得出的资本成本来折现承诺的现金流!

承诺收益和预期收益

> 最简单的、也许是最糟糕的错误——混淆承诺收益率和预期收益率。

让我们回顾一下这种差异。假设世界真如 CAPM 模型所暗示的那样完美,你有一个 B 级的公司零息票债券,承诺明年到期支付 1 000 元,贝塔系数为 0.2。假设无风险利率为 5%,股权的风险溢价为 3%,你不能按以下的公式计算债券价格:

$$PV \neq \frac{1\,000}{1+5\%+3\%\times 0.2} \approx 946.97(元)$$

$$PV \neq \frac{承诺现金流_i}{1+r_F+[E(r_M)-r_F]\cdot \beta_i}$$

> 这是一般投资者在大多数情况下会出错的方式。

是的,在一个完美的 CAPM 世界中,这种债券的预期收益率应该是 5%+3%×0.2=5.6%。(在一个不完美的世界里,你还必须增加流动性溢价和税收溢价。)然而要确定价格,仅仅知道承诺的债券现金流是不够的,你需要知道预期的现金流,这个数字总是小于 1 000 元的。当然,同样的问题不仅出现在债券上,也出现在公司项目上。不能简单地采用"好情景"下的现金流进行贴现,必须贴现项目的预期/期望的现金流!

> 对于资本预算规则来说,内含报酬率必须根据项目的预期(而非承诺)的现金流计算。

当经理们使用内含报酬率进行资本预算决策时,同样的错误以另一种形式出现。资本预算决策的规则说:"如果项目的内含报酬率高于门槛收益率,则接受该项目。"这里常见的错误是,将计算内含报酬率的现金流使用承诺的现金流,而非预期的现金流。当然,你也可以从承诺的现金流中计算出一个数字,但应该将其称之为"承诺的内含报酬率",以清楚地区分"预期的内含报酬率"。事实上,承诺的内含报酬率不应该用于资本预算目的!

Q13.3 亚马逊公司债券的内含报酬率为每年 8%。假设市场是完美的,这是企业的资本成本吗?

预期的、典型的和最可能的场景

经理们在应用 NPV 时经常犯下的(但更轻微的)另一种错误是将预期/期望值与"典型值"或"最有可能值"相混淆。从统计学上讲,这意味着他们混淆了平均值与中值或分布模式的区别。如果发生了这种错误,就等于无法恰当地考虑小概率事件,如:空难、法律诉讼、特别严重的经济衰退或者突然而来的大客户。

> 净现值公式要求的是预期/期望现金流而不是典型的现金流。不要忽略小概率事件。

例如,你的企业可能有以下价值回报:

事　件	概　率	价值/元
好情景	46%	1 200 000
一般情景	44%	1 000 000
法律诉讼产生赔偿损失的情景	10%	−10 000 000

最有可能的回报是 1 200 000 元。平均回报为 1 000 000 元。然而，预期回报仅为

$$E(回报) = 46\% \times 1\,200\,000 + 44\% \times 1\,000\,000 +$$
$$10\% \times (-10\,000\,000) = -8\,000(元)$$

一个例子：统计分布中有左尾分布。

净现值 NPV 分析需要预期回报。如果你经营这家公司 100 次，你将获得 120 万元 46 次，100 万元 44 次，损失 1 000 万元 10 次。幸运的是，如果统计分布是对称的——就像正态钟形分布一样，那么分布的中心是三个值——均值、中值和众数的统一。但不幸的是，现实中企业面临的投资项目收益很少是正态分布，几乎没有企业能够完全免除小概率、通常是负面事件的冲击，因此经理们需要考虑平均值、中值和众数之间的区别是否也适用于自己的企业。

Q13.4　零息债券承诺到期支付 10 万元，贝塔系数为 0.3。如果无风险利率为 5%，股权溢价为 3%，且资本资产定价模型成立，那么该债券的价格是多少？

13.3　资本成本被错误地混淆

关于 NPV 的第一堂课是，如果各项目是独立的，你可以将它们加总。然而，仅仅通过将独立的项目加总在一起是不可能增加价值的，但在实践中，经理们往往会犯这样的错误。这种错误最常见于需要在多个项目中对不同资本成本进行混合计算的情况，尤其是当项目由不同比例的债务和股权进行融资时。和往常一样，概念很简单，但关键在于细节。

独立项目的价值应根据自身的资本成本进行考虑。

降低风险是否创造价值

回顾第 10.2 节的观点，即公司无法通过实施多元化经营来降低风险，从而创造价值。然而，一些企业合并可以通过协同效应产生价值增值，这将在下一部分中讨论。但并购带来的协同效应并不是由简单的多元化效应产生的结果。许多研究人员认为，合并最常见但不公开的理由不是协同效应，而是经理们喜欢接管其他公司的事实。经理们更喜欢大公司，因为相比业务聚焦的小公司，大公司的风险更小，拥有更高的工资。为了证明合并的合理性，经理们常常尽力证明并购可以带来目标公司更低的资本成本，包括错误地使用收购方的资本成本来为目标公司估值。众多证据表明，在现实世界中，多元化公司的运营效率往往不如专业化公司（例如，由于管理层的关注范围有限或多元化企业更加官僚

协同效应决定了股东的并购价值。降低风险的多元化则不然。然而，经理们却与股东利益冲突：经理喜欢低风险。

化)。许多并购实际上破坏了公司价值。

> ### 风险和多元化企业集团
>
> 20世纪70年代,许多公司通过多元化发展成为综合化经营的企业集团。管理层辩称,多元化企业集团风险较低,这为股东创造了价值。当然,这种说法完全是胡说八道:投资者可以自己进行多元化!正是这些经理们喜欢低风险、低失业率,以及经营大公司带来的高薪酬待遇。更糟糕的是,由于多元化企业集团的运营效率往往低于单个独立、业务聚焦的公司,多元化实际上会破坏公司价值。在20世纪80年代,有许多"买断式收购"发生,通过收购企业集团,然后出售其资产来创造价值。
>
> 一个很好的例子是海湾西部集团。它同时涉足石油、电影(派拉蒙)、录音(Stax)、火箭发动机、立体声组件、金融、出版(西蒙和舒斯特)、汽车零部件、雪茄等。它在20世纪80年代迅速崩溃和分裂。一个更现代的例子是泰科公司,它在50个独立的业务领域拥有超过260 000名员工,包括电子、海底光缆、医疗保健、黏合剂、塑料和警报系统。(其前任执行官丹尼斯·科兹洛夫斯基因对泰科资产的大肆掠夺而闻名。由于拥有如此多的业务线,难怪多年来没人注意到!)然而,最有趣的企业集团可能是通用电气。它在金融危机前拥有数百项业务部门,并因其良好的管理而受到高度评价。它是财富20强企业之一,并在2011年排名第14位最赚钱的公司。然而,在后来的几年里开始表现不佳。到2018年年中,GE剥离了许多业务部门,并在道琼斯工业平均指数中失去了位置。到2021年年中,它主要保留了航空、医疗保健、电力和可再生能源等四个业务领域。通用电气的经验表明,即使是拥有出色管理记录的公司也会因经营各种不相关业务的挑战而遭遇滑铁卢。
>
> 《寡头垄断观察》及其他来源

企业风险管理是否创造价值

风险管理在期权的后续章节中有更详细的讨论,但现在让我给你一个简短的预览。企业可以通过**对冲**来降低自身的总体风险。对冲是一种减少公司波动性的投资安排。例如,如果未来油价上涨,炼油厂可以在今天购买原油,以免遭受损失。

> 对冲是风险管理的一种形式。

值得注意的是,一家拥有高资本成本和高风险的公司甚至可以将自己转变为一家拥有低资本成本的公司!(对冲基金经常这样做。)该公司可以通过出售股票市场本身来规避市场风险。标准普尔500指数期货合约使做空股市变得异常容易。每当股市上涨时,期货合约的价值就会上涨。进行对冲的公司出售的期货合约价值下跌。换言之,该公司的对冲合约具有负向的市场敞口。进行对冲的公司现在是一个捆绑包——由基础资产加上对冲合约组成。因此,对冲公司的市场敞口将低于非对冲公司的市场敞口。如果愿意,该公司甚至可以将自己的市场敞口设为零或负。一些公司可能会对冲其他风险。例如,西南航空公司经常很早就提前购买航空燃油期货合约,但西南航空的真实意图是

> 对冲股票市场风险可以降低市场的风险敞口和/或进行风险管理。对冲航空燃油的价格上涨可以减少风险敞口。

对冲还是投机尚不完全清楚。

但这种对冲合约会在完美的市场中创造公司价值吗？不！采用对冲操作的公司并没有给投资者一个新的正的净现值项目。如果投资者希望减少对整个股市的风险敞口，他们自己可以做空股市。或者，投资者可以购买该公司出售的金融市场期货合约，从而简单地抵消掉一家公司的对冲操作，这从投资者的角度抵消了任何公司所进行的对冲操作。因此，在一个完美的市场中，交易定价合理的对冲合约既不会增加价值，也不会减少价值。只有在市场不完美的情况下，对冲才能让公司更有效地运作。例如，对冲合约产生的额外现金可以帮助公司避免在难以筹集资金的情况下陷入流动性紧缩。或者，该公司可能拥有关于对冲商品是否定价过低的内幕信息。在这些情况下，风险管理可以增加企业价值。

> 对冲是否创造价值？只有在不完美的市场中。

重点：在完美市场中，以下情况适用：

- 如果两家公司是独立的，那么将它们合并成一个企业集团，通常会降低公司的整体风险，但不会为投资者创造价值，投资者自己可以轻松地分散风险。
- 如果独立项目本身不具备正的 NPV，则为公司添加独立项目无法创造价值。

在一个不完美的市场中，套期保值的价值效应是复杂的，对冲确实可以增加（或减少）企业价值。

Q13.5 当两个资本成本不同的无任何关联的公司合并时，由此产生的企业集团的风险更高还是更低？这会增加企业价值吗？

如何误用资本成本

误用资本成本，将带来一个常见的简单 NPV 错误：忘记了独立项目的 NPV 是可以相加的。听起来很明显，但在细节中总是容易迷失方向：在一个完美的市场中，你可以使用每个项目自己的资本成本计算 NPV，这样的 NPV 是可以相加的。但是，你不能将公司的总资本成本应用于具体的单个项目。

当收购一家公司时

你的老公司，巧妙地命名为"老"，价值 100 元，资本成本为 5%。以公允的价格，预计明年将获得收益 105 元。一个潜在的收购目标，巧妙地命名为"新"，今年购买成本为 10 元，预计明年收益为 11 元，资本成本为 15%。计算收购新公司后企业价值的最简单方法取决于各独立项目的 NPV 是可加的。你可以使用新公司自身的预期现金流和资本成本对其进行估值。谁拥有新公司无关紧要：这个项目该值多少就是多少。因此，新公司的真实净现值为

$$\text{NPV}_{\text{新}} = -10 + \frac{11}{1+15\%} \approx -0.43(元)$$

> 一个常犯的使用资本成本的错误是，将公司的单一的资本成本用于每一个不同项目上。

> 假设公司对所有项目使用相同的总资本成本。

因此,如果"老"收购了"新","老"公司的原始所有者将损失0.43元。(如果采用资本资产定价模型,可以考虑旧公司的贝塔系数为0.5,新公司的贝塔系数为3.0,无风险利率为3%,股权溢价为4%。)

不幸的是,许多公司的标准政策是根据公司的总资本成本来评估所有项目。这样来看,该老公司现在会接受这个新项目吗?以5%的资本成本进行错误评估,新公司看起来好多了,-10 元 $+11$ 元$/(1+5\%) \approx 0.48$(元)。

> 糟糕的公司政策:在收购项目上使用自己的资金成本,会错误地接受它。

如果老公司确实接受了新项目,其价值会发生怎样的变化?合并公司的真实现值为

$$PV_{合并} = \frac{105}{1+5\%} + \frac{11}{1+15\%} \approx 109.57 \text{ 元}$$

$$PV_{合并} = PV_{老} + PV_{新}$$

这比100元的原值加上新项目10元的收购成本,少了0.43元。

> 如果老公司收购新项目,则损失正好是新项目的负NPV。

当然,并非所有收购都是由此类错误推动的。在现实世界中,合并不会增加资本成本方面的价值,但这并不总是正确的。资本市场在小型目标公司上的定价效率不如在大型收购公司上的定价效率,那么大型收购企业也有可能在降低资本成本方面创造一些价值。例如,目标公司之前没能进入完美的资本市场,那么当目标公司被收购后,其资本成本可能会发生下降。然而,评估目标公司价值的正确资本成本既不是收购方的资本成本,也不是公司收购后混合的资本成本。相反,考虑到目标方企业被收购后在资本市场准入上的改善,正确的资本成本是适合目标公司的较低利率成本。例如,一位全息显示器的创业企业家之前面临着303%的资本成本,主要是因为只能使用个人信用卡和高利贷融资。如果这位发明家的企业被英特尔收购,英特尔公司的资本成本是6.5%,那么收购后全息显示器企业适当的资本成本既不是英特尔的资本成本,也不是303%和6.5%的混合平均值。相反,一旦成为英特尔的一部分,全息项目部门的资本成本应与"全息显示"企业的成本相适应,之前303%的资本成本肯定下降,从而可以增加价值。

> 现实世界的例外:如果目标公司所在的资本市场非有效,收购可以创造价值。

当收购一个项目时

被收购的不仅是公司,还有小型或子项目,它们可以被视为拥有不同资本成本的资产组成部分。例如,当公司大量现金投资于短期美国国债时,此类投资的预期收益率较低。这些债券不需要获得与公司长期风险项目相同的预期收益率。(持有现金将使得公司的平均资本成本降低恰当的数额。)

> 项目必须按其自身的资本成本进行折现。

下面举一个例子,它展示了如何将投资分解为具有不同资本成本的类别项目:假设考虑购买一枚火箭,用于明年发射一颗电信卫星。建造火箭需要1年的时间,1年后你必须支付8 000万元。然后发射火箭。如果火箭发射失败(50%的概率),那么投资就会全部损失。如果火箭发射成功,该电信卫星的预期现金流将达到每年

2 000万元,此为永续现金流,卫星项目的资金成本为13%。(电信收入可能与市场有很高的相关性。)

正确的做法是将火箭视为一个项目,将卫星电信收入视为另一个项目。建造火箭项目只有个体的异质性风险。据推测,它的风险可以被许多投资者分散开来,贝塔系数接近于零,有一个接近无风险回报率的贴现因子,比如说3%。火箭价值为

$$PV_{火箭} = \frac{E(火箭价格)}{E(r_{火箭折现率})} = \frac{-8\,000}{1+3\%} \approx -7\,767(万元)$$

> 这是一个多重资本成本问题的解决方案。

你可以把这看作是在准备好进行第二个项目之前,将一年后的8 000万元购买美国国债的成本。然而,卫星电信收入是一个有风险的永久项目。由于类似电信项目的资本成本为13%,现金流只有在火箭成功的情况下才会出现(概率为50−50),该项目价值为

$$PV_{电信} = \frac{E(电信现金流)}{E(r_{电信折现率})} = \frac{50\% \times 2\,000 + 50\% \times 0}{13\%} \approx 7\,692(万元)$$

因此,合并两个项目的净现值约为−75万元。如果你错误地将火箭8 000万元的成本以13%的折现率进行贴现,就会错误地将其估值为:$-8\,000/1.13 + 7\,692 \approx 612$万元。

Q13.6 一些公司认为,可以使用合并目标企业之后的资本成本作为适当的折现率。然而这会导致错误的决策。让我们在CAPM背景下探讨。无风险利率为3%,股权溢价为4%,老公司价值100元,市场贝塔系数为0.5。新项目的成本为10元,预计明年将支付11元,贝塔系数为3。

1. 按实际资本成本15%进行折现,新项目的价值是多少?
2. 假设合并后公司价值为109.48元,新项目在公司中的权重是多少?
3. 整体(合并后)公司的贝塔系数是多少?
4. 使用该贝塔系数计算综合的资本成本。
5. 公司会接受这个项目吗?(使用内含报酬率IRR分析)
6. 如果公司接受该项目,公司的价值是多少?

不同的资本成本——理论与实践

项目必须按项目自身特定的资本成本进行折现,这显然是正确的。然而,格雷厄姆和哈维在2001年的调查问卷中发现,大约有一半的受调查首席财务官CFO总是使用公司的总体资本成本,而不是特定项目的资本成本!甚至更少的CFO正确地贴现了项目中不同风险的现金流。简单的结论是,首席财务官是无知的。他们至少应考虑不同项目的债务能力和期限来调整不同项目的资本成本。

> 在实践中,很多公司不使用项目特定的资本成本。

然而,即使是聪明的首席财务官也会在一些不同类型的项目上故意使用相同的贴现率。为什么?你已经知道,正确估计适合的资本成本可能很困难。理论上,市

> 一个可能的原因：找到项目的资本成本可能太难了。直观的方法可能比正式的方法效果更好。

场是完美的，我们知道资本成本。实践中，可能只是一个近似值。你真的知道特定类型项目的正确预期收益率吗？（你真知道正确的预期现金流吗？记住——这不是物理学，可以从纺车的力学中了解所有驱动过程。）此外，你甚至还没有考虑过流动性的影响、税收溢价等资本成本的问题。很简单，你必须意识到一个痛苦的现实——计算现值的方法通常不像我们希望的那样稳健！

总之，不确定性不仅会扭曲整体企业的资本成本估算，还会扭曲具体不同项目的相对资本成本估算。因此，将不同资本成本分配给不同项目的问题，现

> 灵活的资本成本会引起无休止的争论并加剧代理冲突。

在可能成为企业的分歧之一。部门经理可以无休止地争论为什么他们的项目应该分配较低的资本成本。这就是你希望部门经理打发时间的方式吗？你想让经理玩收入转移游戏吗？经理们甚至可以将项目收入从股市表现良好的几周转移到股市表现不佳的几周，以创造一个看似较低的市场贝塔值。然后，资本成本估算本身就变成了代理冲突中的棋子——所有经理都希望说服自己和其他人，自己部门的低成本资本是最好的。为了抑制这种"系统博弈"，整个公司想要拥有的是对每个部门和所有潜在项目的资本成本不可改变的良好估计，没有人可以争论。在公司政治现实中，为*所有*项目承诺一个相同不变的资本成本可能比为每个部门和项目采用不同的资本成本更容易。这并不是说这种资本成本必然是一个好的制度，而只是在某些情况下，拥有一个全公司的资本成本可能是一种弊端较小的解决方法。

总而言之，现实生活中一个好的经验法则是，不要过分担心具有类似期限和融资类别的项目之间的资本成本差异，除非你的项目有很大不同。

错误：每个项目真需要各自的资本成本吗

每个项目真需要各自的资本成本吗？不要只见树木，不见森林！理论上，如果你想获得正确的项目价值，则每个项目都必须以自己的贴现率进行贴现。然而在实践中，如果想用每个项目的资本成本来评估如每个回形针类的项目，你永远无法得出一个合理确定的企业价值——你将失去森林！你需要保持对合理的错误和不合理错误的观察。问题是根

> 你永远无法完全正确地计算资本成本。当资本成本很重要时，把它算对即可。

据规模维度确定的：如果收购一家完全不同的公司或项目，其资本成本大不相同，并且该项目价值将占公司的很大一部分，那么资本成本的选择很重要，你应该区分项目资本成本和自身企业资本成本。但是，如果正在评估一个不确定且长期的项目，并且该项目价值相对较小，其资本成本与你的总体资本成本相似，那么就要忍受估计的错误。这一切都取决于项目规模维度的不同！

13.4 项目互动的经济学

> 项目现金流不是独立的。事实上，它们有"互动"。

如果每个项目是独立的，那么你可以孤立地考虑它们。单独计算每个项目的净现值，然后决定是否接受每个项目。然而，在现实世界中，项目并不总是独立的。

重点：
- 从理论上讲，所有项目都必须按其自身的资本成本，而不是按公司的总资本成本进行折现。
- 实际上，所涉及的工作量、估计中的不确定性、对正确计算 PV 分子上预期现金流量的干扰以及部门经理的"博弈"等，都可能会阻止你对每个项目计算其各自的资本成本。
- 根据具体情况，你最好采用相同的资本成本贴现具有相似期限的现金流，或许只需进行适度整体的风险调整。

何时使用不同的资本成本、何时只使用一种资本成本，都依你的判断决定。

假设你是一个可以为市场提供服务的人，如果你只进入其中一个市场，评估在不同地区的潜在利润为：上海 120 000 元、海南 60 000 元和江苏 40 000 元。然而，若同时开发相距较远的地区需要额外花费 70 000 元，但开发两个邻近市场的成本可以在相邻省份之间分担。例如，假设你开发上海和江苏，潜在利润就不是 160 000 元而是 200 000 元。那么，如何选择最好的项目集呢？〔你也可以考虑负面后果。例如，如果南京的最佳经销商威胁说，如果你开发上海或江苏（或者同时开发两者则更甚），你将不得不面临收入损失，这种收入损失必须计算为开发这两个地区的成本。〕

最佳项目选择，说起来容易做起来难。三个地区的基本示例很容易，但这种情况很少见。对于两个项目的组合来说，通常只有 2^2 个选项需要考虑：拒绝两者、接受一个项目、接受另一个项目，或者两者都接受。但是当有更多项目时，复杂性会迅速增加。对于 3 个项目，有 $2^3=8$ 个选项。对于 4 个项目，有 16 个选项。对于 10 个项目，大约有 1 000 个选项。对于 20 个项目，有超过 100 万个选择。对于 30 个项目，有超过 10 亿种选择。即使是最简单的企业，也很容易涉及数百个项目决策。从数学上讲，找到完美的项目组合，是一项不可能完成的任务。

> 现实世界中有太多可能的项目选择需要进行评估（计算 NPV），需要规则和启发式算法！

重点：

最终的项目选择规则：考虑所有可能的项目组合，并选择总净现值 NPV 最高的项目组合。

为了确定要进行哪些项目，你需要找到一些有助于做出决策的规则。这样的经验法则被称为**启发式法则**——也就是说，即使它们并不总是正确的，也能简化做出决定的规则。一种常见的启发式算法是一次一个地考虑项目组合。如果你只被允许参加两个项目（许多不同项目中的一组），那么从最高 NPV 的项目组合开始。例如，从利润最高的行政区域开始，然后考虑添加一个区域，把这两个区域作为一对，当作固定的一个单独的项目。现在看看剩下的哪个区域将为你现有的配对增加最大的价值。继续下去，直到添加的剩余项目不再增加价值。计算机科学家将此称为贪婪算法。这是一个很好的启发式方法，因为它大大减少了要考虑的可能项目组合，并且通常会提供一个相当不错的项目组合。该算法有许多附加的增强功能，例如前向和后向迭代，考虑使用其他选项一次替换一个

> "贪婪"算法：总是选择下一个最盈利的项目。

项目。保证最佳选择的成熟算法和组合增强算法，实际上是计算机科学和运筹学的领域，而不是金融领域。然而，许多算法已被证明需要运行比宇宙持续时间更多的时间，除非你进行简化，但是简化可能严重扭曲项目，以至于结果可能不再值得信赖。幸运的是，金融学属于经济学领域，而经济学可以帮助简化项目选择的问题。

项目对

考虑项目对不仅是常见的做法，而且容易澄清许多经济问题。对于两个项目，可以将总净现值分解为三个部分：

总体 NPV = NPV(项目 1) + NPV(项目 2) + NPV(交互)

比如之前的两个区域(上海+江苏)的项目：

$$200\,000 = 120\,000 + 40\,000 + (40\,000)$$

上海+江苏　　　　上海　　　　江苏　　　上海江苏交互

> 项目组合可以分为正交互、零交互和负交互组合。

最后一个部分反映了两个项目的相互作用。建议你将项目组合分为三个不同类别：

(1) 零互动的项目
(2) 正面互动的项目
(3) 负面互动的项目

在经济学中，**交互**有时也称为**外部性**，因为一个项目对另一个项目有外部影响——有时会增加外部成本，有时会增加外部收益。让我们分别考虑这三种情况。

零外部性的项目

这个世界上的大多数项目都是独立的——项目之间没有相互影响。例如，对于沃尔玛来说，在日本开商场与在加拿大开仓库两个项目之间没有任何关系。独立的项目可以进行单独评估，这使投资决策变得十分容易：

> 项目独立性是最常见的情况。它允许最简单的决策。

- 接受任何正 NPV 项目，增加公司价值。
- 接受零 NPV 项目，公司价值保持不变。
- 接受任何负 NPV 的项目，降低公司价值。

项目独立性使投资决策变得容易很多：对于 20 个项目，只需做 20 个独立决策(接受或拒绝)，而不要考虑可能有的 100 万个交互项。

重点：你可以简单地将独立项目的 NPV 加总起来。

> 在许多情况下，项目之所以能成为项目，通常是因为其构成组件的不可分割性。

正外部性的项目

正交互或称**正外部性**，意味着部分汇总在一起比单独的各个部分更有价值。如果一个项目对另一个项目的 NPV 产生积极影响，那么不考虑这种积极影响，就无法对某个项目进行估值。例如，将新产品视为一个项目，将广告活动视为另一个项目。没有产品的广告活动毫无意义,反之亦然。你必须同时考虑生产新产品和广告活动。这种积极的外部性在较小的投资决策中更为常见。例如,没有计算机,计算机键盘就不会有用;没有键盘,计算机也不太有用。许多项目或产品只有在一起购买才有意义。在这种情况下,厂商会为消费者捆绑销售。

在企业背景下,**基础设施投资**是正交互影响的典型例子。例如,修建道路、聘请保安公司或铺设快速互联网连接等,可以同时提升许多部门的价值。在决定增加多少基础设施时,公司应考虑对所有部门的价值增值影响。

> 基础设施项目可以使许多不同的项目受益。

不要轻视正外部性:在哲学意义上,项目的正外部性是公司存在的首要原因。公司就是一种正外部性的存在,如果将所有资源整合到公司中并不能节省成本,那么我们所有人都应该作为个人工作而完全放弃公司。

> 正外部性是公司存在的原因。

重点:在决定是否接受一个项目时,你必须将所有正外部性归功于该项目。整体的NPV 高于单独项目 NPV 的加总。

内部冲突和成本分配的过程(在第 13.8 节中进一步讨论"代理冲突")经常阻碍公司利用许多正外部性。例如,在现实生活中,你的部门经理可能会争辩说,他们不应该为互联网的连接付费,因为他们并没有要求安装,也并不真正需要它(即使这会增加他们部门的价值)。毕竟,部门经理宁愿从公司免费获得互联网使用,而不是从部门预算中支付费用。

> 代理问题通常会妨碍正确地记入项目的所有价值贡献。

如今,想要收购其他公司的经理经常声称并购存在巨大的正外部性。**协同效应**是一个重要的管理学流行术语,是指在收购方和潜在目标企业之间的正外部性。例如,在 2001 年惠普收购康柏时,惠普宣称该项并购将带来 25 亿元的协同效应——大部分来自裁员。当然,是否实现了足够的协同效应以超过收购成本,是另一个问题。与许多其他收购方一样,惠普在收购康柏后的表现相当糟糕,可能从未实现过这些协同效应。

> 正外部性的另一个名称:协同效应。

负外部性的项目

负外部性或称**负交互**,意味着各个部分汇总为一体比单独各个部分价值的加总要低。在这种情况下,项目会相互产生负面影响,从而降低彼此的价值。经济学家有时将这种负外部性称为**规模不经济**。这里有一些例子。

污染和拥堵。想象一家航空公司有货运和客运两个部门,但只有一个维修设施。如果货运部门想要扩大,它将占用更多的维修能力,这将使客运部门的服务等待时间更长。在极端情况下,额外的延误可能会使客运部门付出更多的代价,已经超过了扩大货运业务所增加的额外利润。

> 当一个项目降低另一个项目的价值时,就会存在负面的相互作用。

替代。如果一台新的苹果计算机可以产生 100 000 美元的 NPV,与一台仅产生 70 000 美元 NPV 的微软计算机相比,应该如何评价苹果计算机的价值?答案是"以苹果取代微软"项目的现金流只有 3 万美元。不过,要小心替代效应。例如,在 20 世纪 70 年代,IBM 并没有生产个人计算机,担心个人计算机会替代其大型计算机业务。IBM 的错误在于,它没有意识到其他计算机制造商能够介入这个新市场,并吃掉 IBM 的大部分大型计算机业务。换句话说，IBM 没有意识到，随着新技术在竞争激烈的市场中出现，大型计算机业务未来现金流的现值已经发生了变化。

复杂性。随着越来越多的项目被采用，经理们发现越来越难以做出正确的决定，而且要在合理的时间范围内做出决定。正如上文介绍，项目通常会影响其他项目，没有经理完全了解每个项目并能够理解每个项目在组合中的正确位置。

为了有效处理更大的规模和复杂性，大型组织通常采用更详细的流程和官僚组织。问题是这样的**流程**本身会消耗资源，并且减少所有部门的现金流。然而，官僚主义和变化缓慢并不总是坏事。我们可以将流程作为"正外部性"的一个例子，其中大公司具有优势。例如，在麦道夫丑闻之后，金融界正走向更多的官僚主义和加强控制。天主教会能够存活数千年，也许正是因为它的呆板体制。诀窍是要拥有适量的流程。流程太繁杂，公司会放弃很多好的新项目。流程太简单，企业就会太善变，过早采纳坏项目而放弃好项目。总之，随着项目越来越多而产生的更大复杂性，可能是新项目给公司带来的负外部性。

资源穷尽。也许负外部性最常见的来源——也是经常被低估的是管理层的**有限注意力**。管理层面临诸多问题超过了他们的关注能力。一个额外的项目会分散现有项目先前受到的关注。有很多关于超越管理层注意力范围的轶事。一个引人注目的失败例子可能是大衰退，大衰退中许多投资银行股东遭受巨额损失，美林证券、花旗集团和许多公司的首席执行官失去了工作（但不是他们的财富）。这些所谓高能力（和高薪酬）的首席执行官中的大多数甚至不知道他们公司的持股仓位和风险敞口是多少，他们不得不多次修正自己的估计，只是因为事后才了解公司的实际投资。

在项目存在负外部性的情况下，机会成本更为明显。如果你的项目替代了另一个项目，或者需要更多的管理层注意力，这些显然是机会成本。

重点：在决定是否接受一个项目时，将所有负面的互动/负外部性均考虑在内。由于这些负面的相互作用，整体 NPV 将低于单个项目 NPV 的加总。

> 再次，代理问题通常会阻止正确地考虑项目的所有负外部性。

与在正外部性的情况下一样，公司存在的代理问题和内部成本分配体系通常会妨碍对现实世界中的负外部性进行适当的核算。无论哪个部门产生了负外部性，都会争辩说这不是它的问题，反而抱怨部门夸大了问题。显然，更善于克服负外部性问题的公司最终将获得更多利润。

Q13.7　为什么对具有零外部性的项目进行估值如此方便？

Q13.8　公司现在决定是否应将部门 A 搬迁至新位置。如果部门 A 搬迁，它将被安置在一栋新大楼中，这将使其运营成本永远地每年减少 10 000 元。新大楼的成本为 120 000 元。搬迁部门 A 将允许部门 B 在旧工厂内扩张，这使部门 B 能够永远地每年增加 3 000 元的盈利。如果贴现率为 10%，部门 A 应该搬迁吗？

Q13.9　一家公司可以花 10 000 元购买一台新的冲床。新的冲床机器将允许该公司进入小部件行业，从而永远地赚取每年 2 000 元的利润。然而，新冲床将取代几台旧机器，这些旧机器每年产生 1 500 元利润。如果利率是 10%，是否应该购买新冲床机器？

13.5 通过增量评估项目

旧项目通常存在、给定且不可更改,新项目可能对现有项目产生正面或负面的外部性。决策简化了:现在的问题只是新项目是增加还是减少了总的价值。在这种情况下,经济学家使用**边际决策**的概念——保持现有项目不变,新项目的额外贡献是多少?

> 你也可以使用边际方法做出正确的决定。

回到我们之前使用的关于中国不同地区项目的例子。现在通过边际贡献的方法来处理。自然地,我们可以得出同样的结论:

- 如果你已经开展了江苏的项目,你将赚取 40 000 元。加上上海的项目,你会得到 200 000 元。因此,进入上海将带来增量 160 000 元(而不是上海项目本身的 120 000 元)的边际收益。
- 如果你已经开展了上海的项目,你将赚取 120 000 元。加上江苏的项目,你会得到 200 000 元。因此,进入江苏将带来 80 000 元(而不是江苏项目本身的 40 000 元)的边际收益。

重点:

- 根据以下规则决定是否接受一个新增的项目:

接受新项目只要:有新项目的总企业 NPV 价值＞没有新项目的总企业 NPV 价值
- 单个新项目应计入它所赋予其他项目的任何价值增加或价值减少。
- 当考虑边际(即额外)项目时,该项目给公司带来的所有外部性都应增加/减少该项目的价值。
- 在其他条件相同的情况下,拥有正外部性的项目比拥有负外部性的项目具有更高的边际价值。

边际思维可以帮助你了解规模经济、沉没成本、间接费用分配、空间容量等概念。当涉及不是非此即彼选择的项目,而是可以接受不同数量的项目(多投资或者少投资一点)时,成本和收益的边际观点特别有用。除了极少数例外,这种边际的、渐进式的思维方式是理解现实世界复杂性的唯一方法。

> 边际方法的最大优点是它在存在很多选择,甚至无穷多选择时,具有可解性。

Q13.10 一台笔记本电脑售价 2 500 元;一台台式电脑的价格为 1 500 元。如果你购买笔记本电脑或者台式电脑,可以将工作效率提高的价值均为 9 000 元。如果你同时购买两者,可以将工作效率提高的价值为 11 000 元。假设没有计算机转售市场或计算机的替代用途。

1. 如果笔记本电脑或者台式电脑都没有,你应该买笔记本电脑、买台式电脑、两者都买,还是都不买?
2. 如果你已经有笔记本电脑,应该买台式机电脑吗?边际成本和收益是多少?
3. 如果你已经有台式电脑,应该买笔记本电脑吗?边际成本和收益是多少?

规模经济

考虑一个**规模经济**的例子——制造的飞机越多,平均每架飞机的生产成本就越低:

$$每架飞机的平均成本 = 400 + \frac{1\,000}{飞机的数量 + 1}$$

> 生产函数是连续的,并表现出规模经济。

这表明生产一架飞机需要花费 $400 + 1\,000/(1+1) = 900$ 万元。生产 100 架飞机的平均成本为每架飞机 $400 + 1\,000/(100+1) = 410$ 万元。这里假设利率为零,因此不需要折现。

现在假设在国内销售 4 架飞机,每架售价 800 万元。公司的净值是

$$4\text{ 架飞机的总净值} = 4 \times 800 - 4 \times \left[400 + \frac{1\,000}{4+1} \right] = 3\,200 - 2\,400 = 800(万元) \tag{13.1}$$

> 应该扩大生产规模吗?

你现在的重大决定是是否应该进行国际扩张。开设一间海外销售办事处需要花费 1 600 万元,但这样做会多销售 5 架飞机,每架飞机的销售价格仍为 800 万元。你应该扩大规模吗?

如果生产 9 架飞机,平均成本将降至每架飞机 $400 + 1\,000/10 = 500$ 万元。这意味着现在多生产 5 架飞机只需花费 2 500 万元,并带来 $5 \times 800 = 4\,000$ 万元的销售收入。因此,开设海外销售办事处的价值将是

$$海外办事处的价值 = 5 \times 800 - 5 \times 500 - 1\,600 = -100(万元)$$

$$价值 = 总销售额 - 平均成本 - 启动成本$$

> 平均成本计算告诉你不要扩张。

这个计算结果表明你不应该在国际上扩张。

不幸的是,上述计算是错误的。要看清这一点,请计算开设海外办事处时的总净值。你的 9 架飞机产生了 7 200 万元的销售额,减去生产成本 $9 \times 500 = 4\,500$ 万元和 1 600 万元的设立海外办事处成本。这意味着你的公司将获得:

$$9\text{ 架飞机的总净值} = 9 \times 800 - 9 \times 500 - 1\,600 = 1\,100(万元) \tag{13.2}$$

> 究其原因,海外销售也降低了国内生产成本!

这比你在没有驻外办事处的情况下赚取的 800 万元还要多。这才是正确的计算。它告诉你应该在国际上扩张,因为这种扩张将使净值增加 300 万元!

正确和错误之间的区别在于,你的海外办事处还有一个额外的边际收益:海外销售也降低了你国内生产的平均生产成本。这种成本降低是一种积极的外部性,必须将其归功于海外办事处的投资项目。

> 你必须将任何国内成本降低计入国外扩张。

从边际成本和边际收益的角度考虑飞机项目通常更直观。每架飞机的额外边际成本会随着飞机生产量的变化而变化——它是所有飞机总成本的差:

飞机数量/架	平均成本/万元	总成本/万元	边际成本/万元	飞机数量/架	平均成本/万元	总成本/万元	边际成本/万元
1	900	900	900.0	4	600	2 400	450.0
2	733	1 467	566.7	5	567	2 833	433.3
3	650	1 950	483.3	6	543	3 257	423.8

飞机数量/架	平均成本/万元	总成本/万元	边际成本/万元	飞机数量/架	平均成本/万元	总成本/万元	边际成本/万元
7	525	3 675	417.9	9	500	4 500	411.1
8	511	4 089	413.9	10	491	4 909	409.1

当你的产量从 4 架飞机变成 9 架飞机,增加的边际成本总量是 433.3＋423.8＋417.9＋413.9＋411.1＝2 100 万元。开设驻外办事处需要额外的边际成本 1 600 万元,因此,总边际成本为 3 700 万元。而增加 5 架飞机的边际收益为 4 000 万元。因此,海外销售办事处创造的边际价值为 4 000－3 700＝300 万元。这正是式(13.1)的 800 万元和式(13.2)的 1 100 万元之间的差额。因此,比较项目的边际成本和边际收益,是考虑整体项目价值的一种不同但有时更直观的方法。

> 从边际成本的角度思考就会显示出规模经济特征。

规模经济(降低边际成本)通常是一些最大型企业成功故事的溯源。例如,亚马逊、沃尔玛和戴尔不仅成功地利用它们的规模来与供应商协商相当大的折扣,而且还创建了库存和分销系统,非常有效地将固定成本分配给大量商品,以使它们拥有最低的成本和最高的行业库存周转率——这两个因素使它们能够从规模经济中获益良多。同样地,微软享有规模经济——固定成本高、变动成本几乎为零,微软可以用 Windows 视窗软件的副本覆盖地球任何一台电脑,没有任何商业替代品可与之竞争——微软总是可以将其软件价格降到足以将其竞争对手赶出市场的地步。整个社会中,操作系统软件公司的最优数量非常少,甚至可能只需要一家——经济学家称之为**自然垄断**。如果将整个社会经济体视为一家大公司,你不会希望两次承担同样巨大的软件开发成本,这个道理同样适用于公用事业:你不会想要两种类型的电缆、两种类型的电话线通到每家每户。但垄断企业也会损害经济:它们会想要利用它们的垄断权力来制定更高的价格。因此,社会需要监管垄断者。但不幸的是,监管机构本身经常被监管对象所"俘获"——这一事实有时对经济的伤害甚至更甚于垄断企业本身。这难以有简单而明确的解决方案。

> 规模经济常是当代最大型企业成功故事的溯源。

当然,也有很多例子,边际成本随着产品数量的增加而增加,这就是规模不经济。在这种情况下,必须将规模不经济计入新项目中。否则的话,你将倾向于过度扩张,降低公司的整体价值。

> 也可能存在规模不经济。

Q13.11 商品的平均生产成本估计为 $5+15/(x+1)$。你的公司目前可以每单位 20 元的价格出售 10 个单位商品。

1. 目前的总利润是多少?

2. 公司应该如何考量向新卖家出售一件额外商品(即第 11 个单位商品)的机会?换句话说,多卖一件商品的边际成本是多少?

3. 一个新卖家愿意为一个单位支付 19 元。但是,你的其他现有卖家会发现并要求相同的价格。现在签约这个新商家的边际成本和收益是多少?你应该签约这个新商家吗?

Q13.12 一家公司在生产和销售方面都面临着规模不经济。它可以以 $5+(Q\times 1+20)/100$ 的平均单位成本生产商品,其中 Q 是生产数量。例如,生产 10 件商品将花费 $10\times(5+30/100)=53$ 元。每件商品的市场价格为 $7-Q\times 1/100$。因此,销售 10 种商品将产生 $10\times(7-10/100)=69$ 元的总收入。使用电子表格回答以下问题:

1. 该公司应该生产多少产品?
2. 此时(在问题 1 的产量上)的平均每单位的销售额是多少?
3. 平均每单位的生产成本是多少?
4. 平均每单位净销售额(销售额减去生产成本)是多少?
5. 每单位的边际销售额是多少?
6. 每单位的边际成本是多少?
7. 每单位的边际净销售额是多少?
8. 如果平均每单位的净销售额变化是正数,你是否应该扩大生产?为什么?

沉没成本

从某种意义上说,沉没成本与边际成本相反。**沉没成本**是无法更改或冲销的已发生成本。沉没成本是一个已经完成的交易,因此不应该在今天影响你的决策。

> 沉没成本无法更改或逆转,因此不应纳入你当前的决策。

例如,考虑芯片生产——一个竞争非常激烈的行业。如果你刚刚以 10 亿元的价格建成了一个集成电路工厂,那是一笔沉没成本。现在重要的不是你花了 10 亿元,而是每块芯片的生产成本是多少。已经投资的 10 亿元是无关的,工厂的存在使芯片的边际生产成本非常低。当你决定是否生产芯片时,只有这个边际成本才是重要的。如果芯片的边际生产成本是每块 100 元,但你只能以每块 90 元的价格出售,那么你不应该生产,不管你在工厂上已经花了多少钱。"我们已经花费了 10 亿元,所以我们不妨使用它"的逻辑是完全错误的。现在,假设芯片的市场价格为 180 元,那么你可以每块 100 元的成本制造 100 万块芯片。当生产运行刚刚结束,芯片的价格——与每个人的最佳预期相反——从每块 180 元降至每块 10 元。在这一点上,芯片的生产成本也变成了沉没成本,假设你无法存储它们,那么应该以每块 10 元的价格出售。几乎所有的供应链上的成本最终都会变成沉没成本。

沉没成本无处不在。随着时间的流逝,几乎所有的投资决定在未来的某个时候都变得不可撤销并因此成为沉没成本。这类例子非常丰富,比如艾伦·泰格的书《投资太多而无法退出》描述了诸如欧洲协和超音速飞机开发之类的投资,即使在明确已知协和飞机永远不会盈利的情况下仍然被错误地继续进行。

还有一点要注意——时间本身经常(但并非总是)决定什么是沉没成本。比如合同可能允许你撤销过去发生的事情，将沉没成本转化为可以影响决策的成本；或者合同不可撤销，从而沉没成本就是沉没了。

重点：沉没成本对边际成本没有贡献，因此应该被忽略。

拒绝忽略沉没成本和拒绝认输的另一面是"恼羞成怒"。当你认为已经在项目中投入了太多资金，而现在不再投入等于认输时，就会发生这种情况。正确的决策是当前就放弃它。

> 恼羞成怒——沉没成本让你感到沮丧，并导致你误解项目的边际成本和边际收益。

间接费用[1]分配

一个密切相关的错误是忘记了"间接费用"通常属于沉没成本。根据定义，间接费用不是边际成本，而是已经发生并被分配给相关部门的费用。例如，公司花费了 500 000 元购买了一台计算机，它只服务于一个部门，当前有一半时间处于空闲状态。假设另一个部门准备投资一个新项目，该项目将产生 60 000 元的净现值，但将消耗计算机 20% 的时间。公司应该接受这个新项目吗？如果将计算机成本的 20% 分配给该新项目(即 20% × 500 000 元＝100 000 元)，则新项目的净现值将为 −40 000 元。但正确的决策过程，不是将间接费用作为成本分配给新项目。500 000 元的间接费用已经用完，计算机是沉没成本——它真是在闲置而找不到更好的用途。只对计算机的原来购买部门收取费用并免除其他部门的间接费用似乎不公平。然而，接受这个额外的新项目将产生 60 000 元的利润，而无需任何额外成本——显然，这是一件好事。在现实的企业中都能举出很多例子，由于间接费用的错误分配，扼杀了许多原本有利可图的项目。

> 将现有的间接费用分配给新项目(即将其添加到新项目的成本中)是糟糕的项目估值。

分配闲置空间的现实困境

有限空间容量是一个与间接费用分配密切相关的主题。例如，考虑建造或购买公司车库，每个车库 150 万元的成本，可停放 300 辆汽车。作为 CEO，你必须确定需要拥有多少个车库，以及应该如何向各个公司部门收取停车位费用。当然，拥有车库，会使拥有公务车更方便，因为能得到好的维护。新车库为"公司汽车"项目提供了积极的外部性。

> 如果空间容量没有其他使用方式，则价格应该为零。

一个不好的解决方案是：向用户收取建造车库的平均成本。正确的答案应该是：

(1) **现有空间容量的市场定价**。你应该利用市场价格体系的魔力来分配你的现有空间。你应该设置每个停车位的内部价格，以便那些最看重车库的用户希望准确地保留 300 个可用停车位。不要为了使车库本身产生最大利润而制定停车位价格。(如果这样

1　间接费用，overhead cost，是指租金、管理费用、固定资产折旧等并不随生产产量而变化的成本费用。

做,你可能会发现公司的停车费太高,汽车将会停在街上,而公司车库仍有一些空位。)如果现有停车位比汽车多,那么甚至应该将停车位价格设置为零。从公司整体的角度来看,如何收费或向谁收费并不重要,只要获得最佳的空间利用率即可。如果成本分配扭曲了最优边际决策(即应该停在车库里的汽车却最终不使用车库),则应该避免。

> 建议:如果可以的话,使用市场定价系统,将决策下移到部门本身。不要试图最大化车库利润。

(2) **增加空间容量**。当增加150万元的车库的边际成本小于在室内停车的边际收益时,你就应该增加空间容量。理论上,这很容易。实践中,却很困难,因为你需要预测未来的停车需求。

请注意,这两个决策规则都不需要车库自己产生利润。事实上,你的目标是使公司的整体利润最大化,这是通过优化空间配置来实现的。这种利润增长是通过车库还是通过业务部门来实现的,都无关紧要。

管理游戏

不幸的是,现实生活并不总是那么简单。回到前面对所有部门都有积极影响的互联网(Internet)连接的示例。如果部门经理可以免费享受互联网连接服务,他们就不会愿意为此付费——你不能指望他们正确地告诉你他们从中获得的受益。只对自愿注册Internet连接的部门收费而强制排除为那些没有注册的部门提供服务,这是否能解决问题? 如果你这样做,那么可以解决每个人都声称自己不需要互联网连接的问题。但是,你会遇到接下来的问题——你可能有很多未被使用的网络容量,边际成本为零,并且可以以零成本交给那些非请求者使用,这将为公司创造更多的利润。当然,如果你这样做,或者有人猜测最终你会这样做,那么任何部门一开始都不会声称它们需要互联网服务,以便最终能够免费获得服务。对于某些项目,经济激励是否能解决最基本的问题值得怀疑——如果公司的一位顶尖科学家几十年来一直致力于探索白藜芦醇作为一种潜在的长寿药物,如果她的一些初步发现都指向这项实验根本无法成功,那么,你真相信这位科学家会告诉你实情吗?

> 如果你不知道正确的结果,决策会变得更加困难,因为你必须与下属经理"博弈"。

总而言之,这些问题在现实世界中变得如此困难的原因在于,作为老板,你往往不知道投资的真正的边际收益和边际成本,最终不得不与你的部门经理"博弈",试图做出正确的决定。这就是现实生活! 公司总部通常只是强制各个部门使用互联网并为此向部门收费,无论他们喜欢与否。从公司价值最大化的角度看,希望这是正确的选择。

> 公司总部经常盲目地决策。

Q13.13 一家公司现在租用了 40 000 平方英尺的办公空间,目前正在使用 30 000 平方英尺进行运营。它在考虑是否增加一个新部门,以使用剩余的 10 000 平方英尺空间。如果增加新部门,需要一次花费设备成本 210 000 元,每年运营将产生 50 000 元的永续利润。目前,办公室工作人员每年的费用为 160 000 元。若增加新部门需要更多的员工,每年新增员工的成本高达 180 000 元。如果资本成本 $r=10\%$,公司应该扩张吗?

13.6 实物期权

你还必须考虑另一个估值问题,它比外部性更重要,也更难解决。在现实世界中,基于未来经济环境的变化,作为经理层拥有改变方向的能力,这本身就可以创造价值。这种灵活性被称为**实物期权**(有时被称为**战略期权**)。原则上,实物期权的估值只是 NPV 的一个复杂变体。你必须正确评估所有预期现金流量及其资本成本。在实践中,可能非常复杂和困难,以至于整本书都不足以覆盖这个主题。下面让我介绍什么是实物期权以及如何估值。

> 实物期权是未来改变方向的这种灵活性的价值。

一个实物期权示例

建造一座工厂耗资 300 万元。它可以用价值 200 万元的生产投入产出 100 万个小工具。如果需求强劲,小工具的售价为每件 9 元。如果需求疲软,小工具的售价为每件 1 元。贴现率为 10%。因此,该工厂的预期净现值为

$$NPV = -300 + \frac{50\% \times (100-200) + 50\% \times (900-200)}{1.1} \approx -27.3(万元)$$

NPV = 工厂投资成本 + 净销售额现值

你是否应承担这个项目?

看一下图 13.1。在不考虑实物期权的情况下,有两种可能的结果:

(1) **需求疲软**。工厂将产生 −100 万元的净销售额,将变成 −390.9 万元的净现值。

(2) **需求强劲**。工厂将产生 700 万元的净销售额,净现值将增加 336.4 万元。

> 如果没有实物期权,你只能运用最可能(预期)的定价路径来计算 NPV。

因为这两种结果的可能性相同,所以总的项目净现值是 −27.3 万元。

然而,如果你可以在需求疲软时关闭工厂,那么这个工厂项目就更值钱了。你仍然可以获得需求强劲时的价值(336.4 万元),但你不再遭受需求疲软时的损失(−390.9 万元)。也就是说,你仍然支付 300 万元的工厂前期投资成本,但可以关闭工厂的运行,从而避免未来 100 万元的额外运行损失。考虑在需求疲软时关闭工厂的实物期权,工厂项目的价值将为 $50\% \times (-300) + 50\% \times (336.4) = +18.2$ 万元。(如果你很聪明,可能会发现我错误地假设你的资本成本仍然是 10%,资本成本可能不再如此。但是,资本成本的不确定性对项目估值的影响通常比现金流不确定性的影响要小得多。)

> 拥有实物期权,在需求疲软的时候,你可以关闭工厂。

值得注意的是,作为管理层的你实际上喜欢潜在经济环境中的不确定性。例如,你可以将销售额从 +100 万元和 +900 万元的情形,应经济环境的变化而改变为 0 元和 +1 000 万元,此时如何评估该项目?在糟糕的状态下,你仍然会关闭工厂并损失 300 万元。然而,在良好的状态下,你明年的收入将是 800 万元,而不是 700 万元。因此,NPV 将从 18.2 万元变为 $50\% \times (-300) + 50\% \times (427.3) = +63.7$ 万元。

> 不确定性通常会使实物期权更有价值!

概 率	构 成	不考虑实物期权,总是让工厂开工(笨的 NPV,万元)	考虑实物期权,如果合适就关闭工厂(聪明的 NPV,万元)
50%情形下需求薄弱	工厂,0 时刻	−300	−300
	投入成本,1 时刻	−200	0
	销售收入,1 时刻	+100	0
	净收入,1 时刻	=−100	=0
	NPV @10%,0 时刻	−390.9	−300
50%情形下需求旺盛	工厂,0 时刻	−300	−300
	投入成本,1 时刻	−200	−200
	销售收入,1 时刻	+900	+900
	净收入,1 时刻	=700	=700
	NPV @10%,0 时刻	+336.4	+336.4
总净现值		−27.3	+18.2

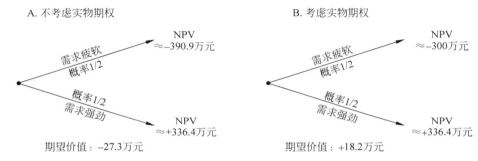

图 13.1 工厂状态依存的收益

凭借实物期权,这家工厂的情形有点类似于股权索取权的价值:作为股东所有者,可以获得企业价值的上涨,但不会承担企业价值的全部下跌。然而,在项目估值中,创造项目投资回报模式的并不是股东的有限责任,而是管理灵活性增加了工厂的预期现金流。因为经理拥有的灵活性,意味着这家工厂非常值得建造。

> 这种特殊的实物期权有点像股东的有限责任。

Q13.14 你的工厂可以每张 5 元的成本印制 150 000 张 CD,或者以每张 8 元的成本印制 500 000 张 CD。如果你的 CD 上有热门歌曲,可以每张 10 元的价格出售给零售商。否则,每张只能收取 6 元。你的 CD 有十分之一的机会拥有热门歌曲。直到明年你才能知道 CD 是否会成功,但幸运的是,这将在你必须决定印制 CD 之前。资本成本为每年 10%。你只有明年的工厂租约。今年没有生产。

1. 每张 CD 的期望售价是多少?
2. 在期望的销售价格上,你应该生产多少张 CD——也就是说,今天你必须让工厂适应多少的特定生产数量?
3. 如果可以明年再做决定,你的工厂的价值是多少?

4. 这个例子中，灵活性的价值是多少？

重要性和估值难度

实物期权如此难以估值的原因是，如果你按预期/期望（或最有可能）的输入值计算净现值，会得到错误的答案。在示例中，预期的总销售额为$(50\% \times 900 + 50\% \times 100) = 500$万元，这超过了200万元的投入成本，但是这不足以抵补今天300万元的前期工厂成本。因此结论是，你不应该接受该工厂项目——这是一个错误决策！因为没有进行实物期权分析。实际上，使用期望的现金流是假设经理在未来总是以相同的方式行事，而不管实际需求如何。相反，通过实物期权进行估值，首先考虑所有可能的未来需求情景，然后确定经理的最佳行为和在每个情景中的现金流量，最后再计算所有可能情景的期望现金流。在决策树中，是最容易实现上述分析的，就像图13.1，用管理学的术语，这被称为**情景分析**。

> 你无法直接根据预期/期望的投入和产出计算出项目价值，必须在决策树中进行情景分析。

重点：

- 项目的真实价值不是项目的直接期望价值。
- 意味着你无法通过计算预期/期望（或最可能）情景中的项目价值来评估实物期权。
- 相反，你必须首先确定所有可能的情景，然后评估你（经理）的行为和在每种情景中获得的现金流，最后才计算所有情景的预期/期望净现值。

敏感性分析是情景分析的近亲。这意味着尝试不同的变量假设，以了解NPV对这些变量的敏感程度，通常在估值的电子表格中完成。如果敏感性分析考虑到不同变量的反应，实际上就变成了一种情景分析的形式。**模拟分析**（也称为**蒙特卡罗模拟**）可以是敏感性分析或情景分析的一种自动化形式，它有时也用于评估实物期权。这些方法可以简单也可以复杂，一般都超出了本书的范围。对实物期权进行估值是如此复杂，以至于它不像简单的NPV技术那样经常使用，但也并不晦涩难懂。在第4.5节所述的针对CFO的问卷调查中，27%的受访CFO明确表示运用了实物期权估值，大约52%的CFO执行敏感性分析，14%执行了模拟分析。

> 现实世界的管理者告诉我们他们所做的事情。

不幸的是，实物期权的普遍性和经济重要性往往与其估值的困难性形影相随。当项目持续时间更长并且存在多种可能的经济情景时，实物期权在经济上变得更加重要（并且更难以估值）。你必须弄清楚在未来每一种可能的情况下你会做什么。有时，这是可行的。比如只有一个变量（现行产品的价格）决定了你的最佳行动，那么问题通常简化了。有时，这是不可行的。复杂性就会变得令人烦恼，由于历史相关性，经理的最佳决策规则本身很难制定出来。

> 实物期权很难估值。如果经理的最佳决策取决于历史（而不仅仅是当前情形），那么实物期权问题就会变得更加困难。

最后一个复杂因素是，实物期权的存在不仅会影响预期现金流，还会影响资本成本。例如，如果实物期权的存在可以帮助经理在股市下跌时避免损失，

> 还有资本成本也可能受到实物期权的影响，但我们大多忽略了它。

那么公司的市场贝塔系数和/或资本成本也会更低。资本成本可以产生强大的价值影响，尤其是对于长期项目。然而，与估计现金流的不确定性和评估经理未来灵活性的头痛程度相比，对企业资本成本的评估难度通常只是次要的。

嵌入式实物期权

大多数公司项目都嵌入了的实物期权，这些期权会随着经理未来改变方向的能力而出现。例如：

> 以下是实物期权的其他一些例子。

扩张或收缩。如果未来比预期更好（或更糟），企业可以扩张（或收缩）。在极端情况下，公司可能会彻底放弃一个项目。

加速和延迟。如果未来比预期更好（或更糟），公司可以加速（或减缓）项目。这通常可以通过雇用（或解雇）顾问和承包商来完成。

转换。在不同的未来场景中，不同的技术可能是最好的——有些项目可能会适合使用多种技术替代方案。

剥离。如果技术有了惊人的新发现，公司就可以剥离旧资产，开始全新的业务。

关于嵌入式的实物期权，后续章节中会举出一些例子。

> 许多项目没有其他价值、只是实物期权的价值。

事实上，许多项目本质上就只是实物期权；例如，城市周围未利用的土地，其价值本质上是城市可能扩大到足以使在土地上进行建设具有价值，这种可能性（也即实物期权）构成了土地的价值。企业的研究和开发（R&D）通常没有直接用处，但有可能产生具有高利润的新发现。你必须在计算预期现金流时考虑这个实物期权价值，否则就会低估项目的价值。

> 不同的项目包含不同类型的实物期权。

当必须考虑不同项目带有不同类型的实物期权时，实物期权变得更加折磨人。例如，在很有可能的情况下，用昂贵、高固定成本的机器人取代工人可能是成本更便宜的一种方法，但如果未来比预期更为糟糕，这种做法实际上放弃了解雇工人的实物期权。[1] 你是否正确评估了具有更多实物期权的项目？

> 最重要的是认识到你拥有的实物期权。

显然，如果你完全了解所有实物期权的类型及其确切的价值，那将是最好的。但是在实践中，这通常是不可能的。你应该专注于最重要的实物期权。一旦看到了项目中存在实物期权，即使不能完全估值，至少也可以尝试寻求进行"直观"的价值调整。幸运的是，至少有一点知识可以提供帮助：实物期权的存在只会增加项目价值，因为它是你作为经理灵活性的价值。

13.7 行为偏差

到目前为止，我们忽略了这样一个事实，即如果想做出正确的决定，就需要准确地输入数值和合理地使用数值。但大多数现金流量和资本成本的估算依赖于人为的主观判断，容易出现各种错误。我们知道人的大脑倾向于犯系统性的决策错误。未能认识到这

---

1 机器人不可解雇，采用机器人的成本是固定的，其中没有实物期权价值。

些偏差的管理者，常会做出错误的决定。

现实中存在数十个众所周知的行为错误，有限的篇幅让我们只强调三个：**过度自信**、**相对主义**和**分类**。

> 模型的输入数值通常是不对的。

> 与生俱来的人类决策偏差会导致可预测的估值错误。

（1）**过度自信**是人们倾向于相信自己的评估比实际情况更准确。在实验中，人们发现普通人明显过度自信。有经验证据表明，许多经理已经对自己的公司进行了大量投资，但往往忘记了谨慎，自愿将自己的大部分资金继续投入公司中——即使是财务状况相当不稳定的公司。也有很好的经验证据表明，最乐观地高估自己预期寿命的人将成为企业家。即便乐观是一种病，却似乎是企业家的必需品！

小企业倒闭

在纽约市，五分之二的新餐厅在一年内关门。在全美国，估计表明大约 90% 的餐厅在两年内关门。如果经营成功，一家餐厅每年的平均回报率约为 10%。餐厅的创业者似乎平均来看是赔钱的。那么，为什么还要新开一家餐厅呢？我之前在本书中提到，餐厅创业者可能只是喜欢拥有一家餐馆的感觉。但更可能的解释是，餐厅创业者过于乐观，没有意识到经营一家餐馆有多么困难。

更一般地说，美国的小型企业管理局（SBA）对 1989 年至 1992 年小企业倒闭的研究发现，33% 的企业在 2 年内倒闭，50% 在 4 年内倒闭，66% 在 6 年内倒闭。然而在对约 3 000 名创业企业家的调查中，81% 的企业家认为他们成功的机会至少为 70%，33% 的企业家认为他们失败的机会为零！

圣迭戈在线（2002.1）、《商业周刊》（2001.4）、《华尔街日报》（2002.10）和其他来源

（2）**相对主义**是人们在决策时倾向于考虑相对规模，而实际上却是错误的。例如，大多数人在购买价值 200 元的日用消费品时，愿意开车 15 分钟到更远的商店就为了节省 100 元，但是他们不愿意同样开车 15 分钟到更远的汽车经销商，以便为了购买一辆价值 100 000 元的新汽车而节省 100 元。在购买汽车的情况下，节省的成本（0.1%）似乎不如购买日用消费品的情况下节省的成本（50%）重要。这是有缺陷的逻辑！类似于在忽略项目规模的情况下比较两个项目的内含报酬率。边际成本都是多了 15 分钟车程，边际收益在汽车购买和在杂货购买上是一样的。问题在于人类倾向于以百分比来思考。一项交易的金额越小，这个问题往往就越严重。在美国，当加油站的广告价格为每加仑 2 元而不是 2.10 元时，一些客户会开车数英里并排长队等待加油——所有这些都是为了加满一个 20 加仑的油箱，总共节省了 2 元。

（3）**分类**是人们对决策进行类别区分的趋势。当同一类别项目较早产生意外收获时，大多数人倾向于投入更多的钱。例如，在购买棒球比赛彩票时，往往会使中奖者购买更多的棒球彩票，尽管棒球比赛项目的盈利能力没有改变。同样，意外损失也可能会阻止人们进行本应进行的有利可图的投资。例如，美国的联邦快递公司在 20 世纪 70 年代经

历了三轮风险投资融资,前两轮融资之后联邦快递公司给出了相当令人失望的营业利润。然后投资者进行了"分类"——拒绝"在劣币之后投掷良币"[1],结果失去了所有投资。只有参加最后一轮风险投资的投资者才变得富有。

了解上述心理偏差,以避免这些错误!

Q13.15　在评估小型还是大型投资项目时,相对主义会是一个问题?

Q13.16　描述常见的心理决策偏差如何影响 NPV 计算。

13.8　激励问题

心理偏差并不是投资决策错误的唯一来源。当一个人必须代表他人行事时,就会出现另一种偏差,这被称为**代理**问题或**道德风险**。它发生在项目所有者必须依赖其他人信息的情况下,而双方的利益是不同的。

> 当信息提供者的利益与项目所有者的利益不同时,就会出现激励问题。

对代理成本的一个愤世嫉俗的概括是"所有人都为了自己的利益而行事和撒谎"。现在,虽然每个人都有撒谎的动机——或者至少是粉饰真相——以使自己过得更好,但并不是每个人都做得一样。当然,没有多少人会坐下来思考如何故意撒谎和欺骗,相反,他们会说服自己,符合自己最大利益的事情就是最好的选择。

> 尝试雇用有道德的员工,也请遵守道德。

我强烈的个人建议是只雇用你认为本质上诚实和有道德的员工(即使那样,也不要过多地用诱惑来测试他们)。但是,不道德的员工总会找到欺骗你的方法。但要弄清楚谁本质上是诚实的也非常困难:反社会者似乎是出了名的诚实,这就是让反社会者如此危险的原因。可悲的是,经济和金融学的训练往往会强化不道德的倾向。这样的科学培训指出了你可以做些什么来使自己富裕,几乎让它看起来很正常和可以接受。一些说法"这是他们自己的错,这是他们应该预料到的",听起来很合理,但我希望你不会落入如此陷阱。相反,请遵循孔子的法则:己所不欲,勿施于人。

最后,请记住,尽管企业组织尽了最大努力,但仍然充斥着代理问题。这是一个务实的认识。

道德风险的一些例子

公司内部的上下层级之间都存在代理问题。高层管理人员必须依赖分公司经理,分公司经理必须依赖部门经理,而部门经理必须依靠下属员工,才能了解潜在项目的真正盈利能力。我们不得不接受这样一个事实,代理问题无所不在,篇幅所限,举一些例子:

1　即指在连续失败(bad money)之后继续投入资金(good money)。即过去的失败不能影响未来的投资。

（1）**资本竞争**。管理者经常争夺稀缺资源。例如，部门经理必然希望为他们部门的项目获得资金。对项目现金流量的谨慎但更准确的估计，很可能会促使总部将资金分配给另一个部门。因此，部门经理通常会竞相夸大成功、最有利可图的方式展现他们的潜在项目。

> 利益冲突的困境，在组织中普遍存在且很重要。

（2）**就业**。经理和员工不想失去工作。例如，科学家可能倾向于强调其研究领域的潜力并淡化其缺点。毕竟，不这样做可能会削减项目，从而使他们失去资金和工作。想一想，当唯一了解科学研究的人是科学家自己时，他将如何评估新药开发？一旦被录用，员工就希望成为企业里不可或缺的人，这导致他们不想与潜在的继任者交流工作。CEO很少喜欢培养潜在的继任者。

（3）**职务待遇**。经理不喜欢放弃津贴和职务待遇。例如，部门经理可能喜欢有秘书，甚至私人飞机。因此，他们会夸大类似"行政助理"或"私人飞机运输"等项目的作用。

（4）**权力**。管理者通常喜欢建立自己的小"帝国"。更大的部门会带来更多的声望，并且是进一步晋升的垫脚石。出于权力的原因，经理们通常不喜欢最大化利润，而是专注于最大化规模。

（5）**隐藏的懈怠**。管理者喜欢掩盖未来可能出现的问题。例如，部门经理可能想要隐藏其部门的盈利能力，担心公司总部可能会将"他们的"利润转移到其他部门。经理们可能更愿意隐藏产生的价值（通过下一章讨论的合法的会计手段），相信在经济繁荣时期生产的利润"属于"他们，并且有权在经济不景气时将其用于平滑利润。

（6）**不愿冒险**。管理者可能不愿冒险。例如，他们可能不想接受一个NPV为正的项目，因为如果失败了，他们可能会被解雇；如果成功了，他们可能得不到足够的回报。曾经流行的一句话是"从来没有人因为收购IBM而被解雇"，因此，微软收购了IBM的资产，然后是甲骨文公司，然后……

（7）**直接盗窃**。经理和员工甚至会直接从公司盗窃。例如，夜总会经理不会将销售额记入收银机，或者销售代理"忘记"向她的表兄弟收费。在某些情况下，这可能是小事情，从公司拿一叠纸或在公司电脑上回复个人电子邮件真的是盗窃吗？在其他情况下，盗窃则是公然的。2002年9月，泰科公司前首席执行官丹尼斯·科兹洛夫斯基被指控盗窃6亿元。

影响因素

我们确实知道代理问题会在哪些地方发挥更大的作用：

（1）**企业规模和所有者参与**。在只拥有一名所有者和一名员工的小公司中，代理冲突的重要性显然不如在拥有多级的管理层的大公司。

> 在某些情况下，代理问题更严重。

你认为职业化经营的公司管理层真能代表公众股东做出最佳决策吗？请记住，代理问题不仅仅出现在股东和管理层之间——它从最低级别的员工开始，一直到最高级别的CEO均存在层层的代理关系。决策通常基于一连串错误的沟通甚至欺骗。

（2）**项目持续时间**。如果项目是短期的和/或具有良好的中期进展检测点，则与长期项目相比，对成功的经理进行适当奖励和对失败的经理进行惩罚相对更容易。例如，想一想如何评判和奖励一位据说在从事研发项目的经理，该项目在几十年内不太可能取得明显的成果。这是一项艰巨的任务！大型和长期项目的代理问题可能非常严重,以至于无法接受这类项目。

（3）**外部噪声**。如果运气是项目不可或缺的重要组成部分,则难以判断管理层的绩效,进而加剧了代理问题。例如,衡量工厂一线工人的生产率相对容易,你很容易验证他是工作还是偷懒。因此,代理问题不那么重要。相比之下,销售代理的工作就难以检验。你难以确定是因为他没有努力工作还是由于客户不喜欢公司产品。这类岗位更容易发生代理成本。

（4）**不透明性**。如果外人很难获得信息,代理问题会更加严重。例如,若只有经理才能看到所有的候选项目,他可以只推荐他想承担的那些项目,而不会提及那些具有较高NPV的项目,因为他缺乏从事这类项目的技能或者仅因为他不喜欢。

控制机制

幸运的是,委托人(即所有者/股东)并非束手无策。有许多机制可以帮助缓解代理问题。

> 有一些机制可以帮助控制代理问题。

（1）**"自愿"披露**。如果员工能够自愿提供可信的信息(如果撒谎,事后将被起诉),那么公司可以坚持要求员工披露这些信息。例如,想一想这样一种情况——每个部门都声称自己拥有比其他部门更好的项目。如果每个部门都应披露他们所知道的一切,即使他们不想披露(因为有不利的信息),也不会存在代理问题了。总部根本不会资助未充分信息披露的部门。

（2）**合同详尽性**。尽量编写详尽的合同,规定员工或承包商可以做或不可以做的所有事情。当然,如果合同写得太详尽,那么合同的签署对方就会开始怀疑你的真实意图是什么,甚至把它当作默认的许可证,从事一些合同中忘记规定的恶意行为。

（3）**审计**。如果公司进行独立评估或审计,管理者就可以根据更好的信息做出决策,因为有独立第三方的信息。然而,许多外部的顾问也患有同样的毛病:为了被重新雇用,总是选择说一些经理们想听的话。

（4）**说真话的激励**。如果经理人说真话可以得到奖励,代理冲突就会变得不那么重要。例如,公司有一位研究科学家,他在 α-蛋白质方面具有专业知识并从事 α-蛋白质项目,那么你作为经理的目标应该是让这位科学家说出"不要在 α-蛋白项目上浪费更多的研究资金"这样的真话,并且不会遭受任何负面后果。这意味着无论研究结果如何,科学家的薪水和晋升机会都必须保持不变——即便他的时间和精力没有更好的替代用途。你甚至可以为说真话、自愿取消研发项目的科学家提供奖励。

经理们真的愿意兑现这样的承诺吗？科学家们会相信经理的承诺吗？

一些公司还进行**事后审计**,其目的不仅是评估财务数字的质量,而且还评估经理们前期预测的质量。知道存在事后审计,将推动管理层从一开始就给出准确预测。

（5）**或有薪酬**:将经理的薪酬设计为或有的,成功的项目将获得更多奖励,失败的项目将被解雇,代理冲突可能变得不那么重要。这是"胡萝卜加大棒"的方法。经理可能会更加努力并选择他们认为更有可能成功的项目。财经媒体将这种或有薪酬称为**按业绩**

计酬。

与控制代理问题的任何其他机制一样,按业绩计酬的控制策略也有成本:

- 如果只有在公司成功时才能获得报酬,有能力的经理可能不想为你工作。最终的可能是最好的一些规避风险的经理们跑去了你的竞争对手那里。
- 规避风险的经理可能不会接受具有正 NPV 的风险项目。
- 或有薪酬创造了夸大业绩的动力——而不是提供真相。
- 不那么风险厌恶的经理可能会接受具有负 NPV 的项目,从而承担巨大的风险,以便为获得巨额奖金进行赌博。这是金融服务业的一个重大问题。证券交易员和公司 CEO 可能想要增加风险,尤其是当他们的绩效没有正确地衡量风险时(这很难做到)。获取 100 万元赌注的 10% 还是 10 亿元赌注的 10%?当然你会选择后者,按绩效付酬将成为灾难的根源。

(6) **声誉**。如果经理们为了建立管理能力的声誉,他们就不太可能承担糟糕的项目。例如,当涉及秘密的、一次性的项目时,代理成本就可能会成为一个更严重的问题,因为经理们无法通过这种项目建立声誉。

(7) **资本配置**。如果没有什么方法能阻止经理们浪费资金,那就不要给他们资本。或者给他们的资金只能满足最紧迫的需求,希望这些最紧迫的需求有可能成为正 NPV 项目。

(8) **选择经理**。尽量聘请高诚信度的经理,他们更可能不会滥用公司资金。与诚实的人打交道,很可能是解决代理问题的最重要和部分的补救措施。

道德风险的问题没有明显且廉价的解决方案。你不会希望花费 100 万元的审计费用和复杂的控制机制,来节省 100 元的盗窃费用。你也不会聘请一位诚信度最高的经理,但是完全不胜任工作,而另一位经理会为股东创造巨大价值,但是可能窃取少量的资金。在现实世界中,你必须意识到所有的公司都存在利益冲突,所能做的就是尝试理智聪敏地减少问题。作为经理或委托人,对员工的估计和判断要始终保持怀疑,并充分考虑到每个信息提供者的偏见和动机。最后一句提醒的话是:不要让代理问题欺骗了你,我在前面花了几页内容阐述了代理问题的事实,它们真的无处不在,而且很重要。

> 由于利益冲突造成的一些损失是不可避免的。最好的"解决方案"是充分的怀疑和运用常识。

公司治理

控制公司道德风险的一个非常重要方面是公司所有者(股东和债权人)如何与他们的企业打交道——他们拥有什么权利,这被称为**公司治理**。股东和债权人如何让"他们的"经理为所有者利益行事——而不是为自己购买豪华飞机,或用投资者的钱放手赌博?这是一个棘手的问题。

不要将良好的企业管理与良好的公司治理混为一谈。只有当管理不善时,治理才重要。苹果公司的史蒂夫·乔布斯不仅是世界上表现最好的 CEO,而且他也没有让苹果公司浪费投资。相比之下,苹果公司的治理则很

> 公司治理是股东和债权人控制公司的方式。

差。乔布斯几乎完全控制了一个本应该监督他的董事会。这种糟糕的治理对乔布斯来说无关紧要。然而，如果乔布斯决定干坏事，却无法阻止。认为优秀的管理者不需要良好的公司治理就像把你的钱包随手乱放，相信大多数人不会偷走。请不要考验人的本性。

> 好的管理不等于好的治理。

受托责任不是让狐狸看守鸡舍

2004年12月29日，星期三，《华尔街日报》第1页报道：

在今年最大的美国并购案中，摩根大通银行于去年1月宣布将收购第一银行。为了向投资者保证其支付的收购价格是合理的，摩根大通在一份代理文件中告诉股东，它已从一家投资顾问公司那里获得了并购价格公允的意见，这是"世界排名前五的财务顾问"——它自身。

摩根大通的内部银行家认为569亿美元的价格（其实由他们的老板协商确定）是"公允的"。《华尔街日报》文章旁边的侧边栏中，解释说：

并购的"公允意见"告诉公司董事会，交易条款对股东公平。

目的：为董事会提供法律保护，以避免股东们声称交易没有尽到关注义务，未来可能起诉董事会。

成本：几十万美元到几百万美元。

潜在利益冲突：

- 银行家有激励去提出交易公允的意见，因为他们的大部分咨询费只有在交易完成时才能得到支付。
- 银行的这笔费用与并购的交易价格挂钩。
- 银行家会支持让参与并购的高管个人获利的交易，以期确保他们自己未来的工作。
- 银行家使用的是希望交易完成的客户提供的财务数据。
- 当参与交易者是一家银行时，它往往雇用自己的投资银行家出具公允意见。

请记住，每个人——内部的投资银行家、管理层和公司董事会都受雇于股东，他们对股东负有信托责任，应该代表股东的利益。让参与交易一方的雇员提供交易公允意见，显然是代理冲突。而且管理层也很难让这些内部的银行家因为帮助实现管理层的个人利益而被解雇——这是另一个代理冲突。

还有其他最基本的代理冲突：收购一方的管理层支付过高的价格或目标方的管理层接受过低价格。以下是《华尔街日报》故事的继续：

据一位知情人士透露，在谈判期间，第一银行的总裁杰米·戴蒙曾建议以降低数十亿美元的价格出售他的银行，条件之一是他立即成为合并后公司的总裁。但是摩根大通没有接受这个建议。

显然,杰米·戴蒙并没有为早日成为首席执行官的特权而支付自己的数十亿美元,支付的代价是第一银行股东的数十亿美元。同样,摩根大通管理层拒绝接受该低价,这几十亿美元损失的并不是他们自己的钱,而是摩根大通股东的收入。

当然之前存在公司董事会解雇内部银行家或管理团队的事,但本案例中都没有发生。反而,杰米·戴蒙如期于2005年12月31日接任摩根大通银行的首席执行官。随着越来越多的公司将CEO和董事长的职位分离,戴蒙却一直兼任二职。2013年5月16日,新闻报道了戴蒙多年来如何精心挑选董事会成员。与其他许多银行高管不同,戴蒙知道如何度过2008年的大衰退!事实上,直到2021年,他仍然掌权!

华尔街日报

在许多股权高度分散的财富100强公司中,管理层实际上经营得相当不错。然而,公司治理非常糟糕。出于自身利益考虑的CEO通常只需要几年时间,就能将董事会中堆满他的朋友,而董事会的制度设计原本是要控制和监督CEO。完全缺乏公司治理的最好例子是大衰退中的美国金融业的崩溃。几乎所有的金融公司在危机前都没有真正的激励措施来控制风险。风险控制不过是嘴上说说而已。进行风险趋利,好的一面,奖金支付将使高管们变得富有,股东们也变得更好。坏的一面,股东和政府最后承担损失。几乎所有最终输光了股东资金的金融高管们,仍然是超级富豪,大多数人的身价都超过了1亿元。注意:不要认为大衰退之后,美国已经发生了根本性变化。没有董事会曾经收回支付给高管的奖金。赌博的动机仍然是压倒性的。受雇的游说者们正在说服立法者和监管者放弃即使是作用有限的《多德-弗兰克法案》(不要以为政府就没有利益冲突)。这就是为什么下一次金融危机已经在酝酿之中了。

在美国,许多大型公司的公司治理受损严重。在较小的公司里,公司治理相对较好。

失败的代价:前华尔街的首席执行官们仍然享受生活。

幸运的是,公司治理对小型和成长型公司非常有效——尤其是在**私募股权**管理的公司中,私募股权的业务是在严格监督下经营自己的投资组合公司。事实上,私募股权旗下的公司支付给经理的薪水通常高于上市公司支付的水准——但私募股权也更频繁地解雇经理。

当所有权集中时,公司治理运作良好。

Q13.17 描述常见的代理问题,并解释它们可能如何影响公司的NPV投资决策。

13.9 NPV 清单

读完本章,你大概明白了为什么大学教授们认为"理论过于简单"。现实生活的复杂性使理论看起来像孩子的游戏。资本预算的原理很简单——只是应用起来很难。通常很难估计未来的现金流量,尤其是对于遥远的未来回报现金流。避免预期现金流(NPV的分子)发生错误通常比避免资本成本(NPV的分母)发生错误,更重要也更困难。相比资本成本的误差,现金流误差对 NPV 公式的稳健性影响更大,"更容易"犯重大错误。

以下是在计算 NPV 值时需要考虑的简洁清单。

> 如果你认为学者喜欢把简单的事情变复杂,那你就大错特错了。试图规避复杂问题的是学者。

- **正确的(税后)资金**

——是否考虑了与项目相关的所有税后的投入和产出?包括预期现金流和适当贴现率。

——是否正确地考虑了通货膨胀?是否使用名义预期的未来现金流和名义的资本成本进行了所有计算,而通货膨胀仅用于合适地对名义现金流进行调整?

- **交互作用**

——是否将投资项目对于其他项目的外部性(正面或负面)均考虑在内?

——是否对项目进行了"边际增量"的判断,也就是说,不要考虑一些不可更改的或先前已经做出的决策(如沉没成本、间接费用等)?

——是否分别使用了项目每个组成部分的资本成本,而不是(错误地)应用一个总体的平均资本成本?(注意:在现实世界中,发生一些错误和简化是不可避免的,因为不可能知晓每一个细小构成部分的资本成本。)

- **实物期权和管理层的灵活性**

——是否考虑了所有可能的未来选项(情景分析)以找到正确的预期/期望现金流,例如,

(1)可以将产品扩展到不同市场的能力;

(2)可以将产品进行剥离的能力;

(3)了解未来新产品的能力;

(4)如果情况不好,你有能力停止该项目;

(5)如果情况不好,你有能力推迟该项目;

(6)如果情况不好,你可以暂停该项目,等待条件好转后,重新启动该项目;

(7)如果情况好,你有能力加速项目进展;

(8)如果情况好,你有能力扩张该项目;

等等。

- **准确性**

——估计的项目现金流量有多准确?

——如果项目可以被接收和项目现金流是由其他人估算的,该评估人员的动机是什么?这些估计有多少可能的不准确性?评估人员希望该项目被接受还是被拒绝?

——是否可以对项目估算进行另一次的独立评估/审计?

——进行更多的研究可以改善现金流量估算吗?

——鉴于不可避免的简化、假设和错误,你的 NPV 计算对其中的参数变化有多敏感/稳健?

- **正确输入的变量**

——项目的现金流是预期/期望的而不是承诺的吗?利率是预期的而不是承诺的吗?

(回想一下：预期利率低于承诺利率是由于违约溢价，而不仅仅是由于风险溢价。)

—预期现金流量是"平均的结果"（正确），而不是"最可能的结果"（错误）吗？

—预期现金流量的估计是否包括了低概率事件的正确加权，尤其是负面事件？

—如果需要借钱融资来执行该项目，是否使用了预期（而非承诺的）借款利率作为项目的资本成本？如果你拥有资本（无须融资），是否使用预期贷款（投资）利率作为适当的资本成本？

- **企业所得税**

—对于采用 WACC 和 APV 方法，计算 NPV 中的分子是否为"好像全部采取股权融资一样"的预期现金流？（这意味着公司承担了所有的企业所得税负担。）

—在加权资本成本 WACC 中，债务资本成本是预期的（而非承诺的）债务利率吗？

最后的警告：尽管上述许多问题在孤立的情况下看起来很明显，但是在复杂的现实世界中，它们更难被发现和处理。针对最常见错误的警告值得单独强调如下：

在书本上轻松，在丛林中艰难。

重点：最常见的 NPV 方法是估算现金流作为分子，并使用 CAPM 等模型的预期回报率（资本成本）作为分母。

- 违约风险溢价仅在分子中进行处理，即在预期现金流的计算中。
- 时间溢价和风险溢价仅在分母中进行处理。CAPM 公式提供了一个预期回报率，它只包含这两个组成部分。
- 不要试图根据时间溢价或风险溢价调整分子上的现金流。不要试图在分母中的回报率上添加违约风险溢价。（这将产生一个承诺的，而不是预期的资本回报率。）不要相信仅仅通过使用 CAPM 预期回报率作为分母就已经考虑了违约风险。

Q13.18 一位首席执行官预计项目明年的利润为 1 亿元。列出这可能不是 NPV 估值的良好输入变量的三个原因。

总结

本章涵盖以下要点：

- 不要混淆分子中的承诺现金流和预期现金流，或分母中的承诺收益率和预期收益率。预期现金流量通常不是最可能发生的现金流量。
- 公司可以通过多元化来降低风险，但如果投资者自己也能轻松做到这一点，那么多元化本身并不会创造价值。作为经理，你只能通过增加现金流或降低资本成本来创造价值，单纯"为多元化而多元化"不会增加价值。
- 项目估值时不应该使用适用于整个公司的资本成本，而应该使用适用于每个新项目的资本成本。然而,由于所涉及的巨大努力,只有在真正有影响时,才使用独特的、特定项目的资本成本。
- 在选择项目时,考虑所有可能的项目组合并选择最高总 NPV 的组合。
- 应该考虑每个项目的 NPV 对其他项目的影响(外部性),无论是正面的还是负面的。如果一个项目完全独立于其他项目,就可以单独考虑其 NPV,并将其汇总。
- 必须考虑如何在项目之间利用或创造积极的外部性。如果不能创造正外部性,其实公司一开始就没有理由存在。
- 应该采取"边际思维"——考虑所有边际收益大于边际成本的项目。
- 必须考虑规模经济,规模经济可以降低平均生产成本,从而增加项目价值。
- 应该忽略沉没成本。
- 应该考虑实物期权。这些是经理根据未来情况改变经营的能力的价值,包括延迟项目、加速项目以及扩展或关闭项目的灵活性。
- 注意管理层的偏见,例如过度自信、相对主义、分类化等。
- 现实世界的实施问题——从短期和长期边际成本的差异,到公司内部的政治原因和代理问题——常常使采取最佳项目变得困难。
- 应该设计公司的运营以减少代理冲突,只要这样做边际上是有利的。

最后,好的资本预算/投资决策是一个艰难的问题。现实中,资本预算到处面临着缺陷。总之,资本预算既是一门艺术,也是一门科学。你必须尽可能多地依赖于常识和直觉,最好的分析是结合了两者。

Q13.19 你能比较一个项目的内含报酬率和预期收益率吗?

Q13.20 区分承诺的内含报酬率和预期的内含报酬率是否有意义?一只债券的发行人一般提供什么报酬率?你通常需要什么报酬率?

Q13.21 零息债券宣称的收益率为 8%。它今天的价格是 92 593 元。它的预期回报是多少?

Q13.22 一家价值 3 亿元的公司的贝塔值为 2。无风险利率为 4%;股权溢价收益率为 3%。假设公司可以轻而易举地利用完美的资本市场再获得 9 500 万元。该公司还可以轻松地利用金融市场。到目前为止,它的政策是只接受 IRR 高于 10%门槛收益率的项目。突然间,其主要供应商之一(可能面临信用限制)向该公司寻求 1 年期的贷款。假设该贷款对你来说是无风险的——你对供应商拥有足够的影响力以确保还款。供应商希望借入1亿元,并在明年偿还1.06亿元。

1. 如果没有新贷款,公司每年的预期收入是多少?
2. 该笔贷款的NPV是多少?
3. 如果公司改变政策并延长贷款,公司价值将如何变化?
4. 如果公司改变政策并延长贷款,公司的贝塔值将如何变化?
5. 如果公司改变其政策并延长贷款,公司的资本成本将如何变化?
6. 如果公司改变其政策并延长贷款,你能否通过将其资产预期现金流除以其合并资本成本来计算公司的NPV?
7. 公司应该改变它的政策吗?

Q13.23 假设无风险利率为5%,股权溢价收益率为2%。一家价值10亿元、贝塔系数为2的公司刚刚以2亿元的公允价格出售了其中一个部门。首席执行官认为投资者预计公司将赚取9%,因此投资者会以为将资金存放在仅支付5%回报率的短期国债上将是一个坏主意。这真的是个坏主意吗?

Q13.24 支持和反对将每个项目都按其自身的资本成本贴现的依据各是什么?

Q13.25 作为一家不断扩大的航空公司货运部门的首席执行官,你是否承认增加货运部门的业务将对客运部门造成损害?你是否应该为增加使用共享的维护设施而付费?

Q13.26 正外部性的主要来源是什么?负外部性的主要来源是什么?

Q13.27 作为制造商,你必须决定和多少区域经销商签约。距离工厂越远,为经销商服务的成本越高,不同的经销商有不同的需求。按地区划分,总收入和成本(以百万元计)如下:

经销商	A	B	C	D	E	F	G
总销售收入	5	4	4	3	2	7	1
成本	2	2	3	4	4	5	6

在这个问题中没有"货币时间价值"。

1. 找出所有可能的经销商组合是否可行?明智吗?
2. 你应该送货到哪些地区(即经销商)?
3. 为这些地区服务的总利润是多少?
4. 在你服务的经销商中,为利润最低的经销商提供服务的边际收益和成本是多少?
5. 多与一位经销商建立业务关系的边际收益和成本是多少?
6. 现在假设要进入这个行业,你还必须建立工厂。这将花费500万元的一次性前期费用。你可以将这笔费用在分销商之间分摊成本,这将如何改变你的决策?

Q13.28 一家公司可以以 $5+10/(Q\times 1+2)$ 的平均单位成本生产商品。例如,生产10件商品将花费 $10\times(5+10/12)\approx 58.33$ 元。每件商品的市场价格为 $7-Q\times 1/10$。因此,卖出10件商品将获得 $10\times(7-10/10)=60$。使用电子表格回答下列问题:

1. 总收入等于总成本的盈亏平衡点是多少?
2. 盈亏平衡点的毛利(收入减去成本)是多少?

3. 盈亏平衡点的边际毛利是多少?
4. 公司应该生产多少产品?
5. 此时每单位产品的平均毛利是多少?
6. 此时的边际毛利是多少?

Q13.29 评论:"最好只将成本分配给提出资源需求的部门。"

Q13.30 评论:"最好将成本分配给从资源中受益的部门。"

Q13.31 一家公司的总部每年消耗成本(即总部管理费用)100万元,该公司永续存在。它有六个部门,规模相同,但盈利能力不同。各部门的利润(以千元计)如下:

项 目 部 门	A	B	C	D	E	F
盈 利	180	450	900	80	130	300

资本成本为 $r=10\%$。

1. 该公司的 NPV 是多少?
2. 如果公司规定,每个部门必须承担其公平(基于规模)的总部管理费用份额。公司的净现值是多少?(除非整个公司关闭,否则管理费用总额不会变化,在公司关闭情况下,管理费用为 0。)

Q13.32 你的工厂可以以每张 CD 5 元的价格印制 150 000 张 CD,或者以每张 CD 8 元的价格印制 500 000 张 CD。如果 CD 中有热门爆款歌曲,每张 CD 的售价格将为 10 元。如果它一般成功,每张 CD 只能收取 6 元。如果它是一个彻底的烂品,你根本不能卖掉它。CD 有 1/10 的机会成为热门爆款,3/10 的机会成为烂品。直到明年你才能知道 CD 是否成功,幸运的是,这将在你对 CD 印制封装之前。资本成本为每年 10%。你只有明年的工厂租约。今年没有生产。

1. 每张 CD 的预期售价是多少?
2. 你应该以预期的销售价格生产多少张 CD?
3. 如果你可以在明年再做生产的决定,那么工厂的现在价值是多少?
4. 这个例子中,灵活性(即实物期权)的价值是多少?

Q13.33 公司在项目估值中需要考虑哪些类型的实物期权?

Q13.34 你必须购买价值 600 美元的文具。你刚刚发现,对面的文具店比 20 英里外的仓储店要贵 300 美元。你是否会花 40 分钟开车去仓储店购买?另一种情形是,假设你要购买价值 100 000 美元的保时捷。你刚刚发现,同样距离 40 分钟车程之外的保时捷经销商也以比附近商店低 300 美元的价格销售保时捷。假设你可以在两个地点获得同样的售后服务,你会为了只支付 99 700 美元开车 40 分钟去购买汽车吗?从经济学角度分析,应该怎么做?这是现实中你想做的事吗?

Q13.35 解释如何利用人类偏见来吸引你的新健身俱乐部的新会员。

Q13.36 描述一个现实中的代理问题,它在哪些方面更糟糕,以及可以采取什么措施来解决它。

Q13.37　在初创公司还是成熟公司中的代理问题更为严重？请讨论。

Q13.38　你应该控制所有的代理冲突吗？请讨论。

Q13.39　对比谷歌和沃尔玛。哪些代理冲突可能对谷歌公司造成的影响比对沃尔玛的影响更严重？反之亦然。请讨论。

Q13.40　请尽可能多地回忆课本中NPV清单中的项目。你最有可能忘记哪些？

第 14 章

从财务报表到经济现金流

将会计转化为金融（现金流量现值）

财务会计是"商业语言"。这本教材不是关于财务报表的,但你必须理解财务报表的逻辑和基本原理。财务报表中包含了计算现金流的信息,而现金流最终就是公司的价值。此外,如果不了解会计,你就无法理解企业所得税——一个必要的计算 NPV 的输入量。

这一章从一个简单的假设项目开始,经济学原理使得计算现金流（和净现值）变得很容易。然后本章解释了会计师如何用财务报表来分析一个投资项目。这让你很容易看到金融和会计之间的对应关系。最后,本章以英特尔公司的财务报表为例,进行了分析。我们还简单地介绍了一些有关企业所得税和资本结构的内容,更多细节将在第 18 章中阐述。

14.1 财务报表

会计不就是一些不相关的数字吗？重要的难道不是项目的实际现金流,而不管它是如何进行报告的吗？

你已经知道,一家公司的价值是由其潜在的项目价值决定的。这些项目拥有 NPV 分析时需要的现金流。遗憾的是,会计的财务报表并不包含 NPV 分析所需的现金流量。除了学习如何将财务数据转换为现金流数据之外,还有许多其他的理由去了解财务报表:

(1) 如果想把公司金融和经济学理论很好地融会贯通,你必须理解会计语言。尤其是，必须了解哪些是盈利，哪些不是。

（2）子公司和母公司报告的财务报表，是由会计师设计的。它们确实不会报告现值折现计算所需的准确现金流和现金流预计值。但是，如果不能理解这些唯一可依赖的财务信息，你如何才能做出好的项目决策呢？

（3）如果想深入理解一家上市公司的经营情况和经济状况，你必须能够从报表数据中解读该公司公司想要告诉你的信息。如果想收购一家公司，公司的财务报表可能是你的主要信息来源。

（4）美国国税局征收企业所得税。此税项根据企业利润表的特定税务变量计算得来。它所依赖的会计逻辑与已发布的财务数据相同。[上市公司披露的公开财务报表和未公开披露的税务报表是使用相同会计原则编制的，但两种报表是在各自监管机构的授权下分别编制的，存在差异。例如，刑事处罚的罚款在GAAP（美国通用会计准则）的规则下是可税前扣减的，但是在税务机构是不可抵税的。]因为所得税是一项确定的成本，所以当计算NPV时，你必须能够理解并正确构造从预计现金流中减去税收的财务报表。此外，未来假设你成为一名税务大师，甚至可以学习如何构建会计科目以尽量避税，这已经超出了公司金融课程的范围。

（5）许多合同是基于财务数据签订的。例如，债券契约可能要求公司维持大于1.5的流动比率。即使从理论上来说，会计规则的变化并不重要，但是此类合约的存在，也会影响报告的财务数据，进而影响项目现金流。

（6）毫无疑问，经理们关心企业的财务报表，仅是因为高管薪酬往往与报表中的数字挂钩。此外，经理们还可以通过各种手段**合法地**操纵利润。例如，公司经常可以通过改变其折旧政策来增加其报告利润。公司也会不惜重金积极游说美国的财务会计准则委员会。例如，财务会计准则委员会于2004年12月通过了一项强制性规则，要求公司在授予雇员股票期权时必须对期权进行估值。在此之前，公司的财务报表可以把这些期权当作零成本来处理。虽然这项新规定没有要求公司改变任何投资项目，但它确实减少了公司报告的净利润，特别是对高科技企业来说。这项新规则尽管遭到了公司的强烈反对，企业还积极游说财务会计准则委员会和美国国会，但最终还是被通过了。

公司和投资者为什么关心在财务报告的利润中**确认**期权成本（即让它进入财务报表之中，而不仅仅是在某个地方提到它）？毕竟，之前公司在财务报告的脚注中**披露**信息，让投资者自己来确定这些成本。[1] 这是一个大问题。一些行为金融学的研究学者认为，金融市场对公司进行估值时，*似乎并不完全真正了解公司的财务状况*。也就是说，这些学者不仅一致认可企业经理在进行盈余"管理"的观点，而且认为金融市场甚至无法看穿一些机械式的会计计算。

当然，金融市场不能理解会计指标的这个假设极具争议性。如果真是如此，会导致各种麻烦的后果。企业价值可能不再是基于净现值，而是虚无缥缈了。举例来说，如果市场

1　美国在2004年之前要求雇员股票期权计划的内容和估值，仅在会计报表附注或者其他地方进行披露，不进入正式的财务报表，而2004年之后要求必须进入正式的财务报表中。因为之前做法，金融市场会忽视雇员期权计划的真正成本。

不能理解财务数据,那么经理(合法地)操纵盈余,就会对股价产生实际影响。在这种情况下,经理可以而且应该调整公司的财务数据(当然,这是合法的),以便在发行股票前提高利润,就可以向公众出售更多的股票,从较高的股价中获益。有诸多证据表明,某些公司确实可以这样做。

更麻烦的是,还有证据表明,如果一些净现值为正的项目会损害经理的收益,经理们就不愿意投资这些项目。这听起来是不是难以置信?事实上,学者格雷汉姆、哈维和拉杰戈帕尔在对美国 401 名财务总监进行的调查中发现,55% 的人会为了实现盈利目标而推迟项目启动,80% 的人会推迟研究开发支出。启动新项目、研发支出等可能都是正确的(正净现值)项目,因此不采取这些项目会降低公司的实际潜在价值——但是会损害企业当前的利润。

> 本章节关于会计的部分:如何获取经济上的现金流量。

当然,对于一本入门的金融学教科书来说,解释会计中的所有细微问题是不可能的。相反,我们在这里只关注一个对金融学生来说最重要的问题:如何衡量在 NPV 计算公式分子上的现金流?为什么不能用盈利指标?

财务报告的内容

上市公司在**财务报告**中向股东和公众汇报经营的财务结果。在美国,编制公开的财务报表的标准规则被称为通用会计准则(Generally Accepted Accounting Principles,GAAP),规则很少会发生变化。GAAP 是由许多政策制定者制定的,最著名的是**财务会计准则委员会**(Financial Accounting Standards Board,简称 FASB)。最重要的财务报告是**年度报告**,它在美国证监会 SEC 以 Form 10-K 的形式备案(还有一个也需要备案的更短的**季度报告**,称为 10-Q)。所有年度报告的开篇都是**管理层对业务和发展的总体描述和分析**,然后是更正式的公司财务数据的呈现。作为一名金融从业者,最有可能对财务数据感兴趣。毕竟,你更关心公司**赚了多少钱**,而不是公司**如何赚到钱**。然而,尽管你希望把公司看作一个黑匣子,但很少能做到这一点:要想真正了解"赚了多少钱"和"还能赚多少钱",就必须了解"钱是如何赚来的"。

> 公司通过标准的财务报表来交流它们的内部运作。

财务报表的编制原则数十年来一直是类似的。如果你还没有看过一份年报(附财务报表),请花点时间读一读。大多数大型上市公司都在公司网站上公布年报和财务数据,查阅起来很容易。美国证监会 SEC 运行的 EDGAR 是一个全面的企业财务数据的电子存储库,包括年度和季度报告。

> 请务必阅读一些样本的财务报告。

英特尔的财务数据

表 14.1~表 14.3 包含英特尔公司 2018 年至 2020 年的财务报表。(所有完整的财报在 http://www.intel.com 上可以查到)每份年报包含四张财务报表,前两张是关于在固定的时间点上的"存量"数据信息:

(1) 资产负债表(表 14.1)是公司资产和负债在某个时点的"快照"——这些数字在会计领域比在金融领域更具有历史性和滞后性。资产是按照流动性高低的顺序排列的。一些资产(主要是现金和有价证券、应收账款、存货)被归类为**流动资产**。这些资产可以在一年或更短的时间内转换成现金。厂房设备或品牌声誉(无形资产的一种)等长期资产变现的速度会更慢。如果公司出现财务困境急需资金时,流动资产往往(但不总是)更容易变现。

就像金融学阐述的一样,会计学使得所有资产的总和归属债权人和股东所有。而且,和资产的划分一样,一些债权人在一年内会收回款项,这些债务被称为**流动负债**。非流动负债包括其他更为长期的债务。剩下的非债务部分就叫作权益。因此,

$$资产 = 负债 + 所有者权益$$

若所有的资产和负债都进行了适当的估值,那么所有者权益的会计账面价值也应该等于市场价值,但这通常与事实相去甚远。

表 14.1 英特尔 2018—2020 年的合并资产负债表　　　　　单位:千美元

结束期	2020/12/31	2019/12/31	2018/12/31
资产			
流动资产			
现金和现金等价物	5 865 000	4 194 000	3 019 000
短期投资	18 030 000	8 929 000	8 631 000
净应收账款	6 782 000	7 659 000	6 722 000
存货	13 827 000	8 744 000	7 253 000
其他流动资产	2 745 000	1 713 000	3 162 000
总流动资产	**47 249 000**	**31 239 000**	**28 787 000**
投资和预付	8 894 000	7 243 000	9 430 000
固定资产	56 584 000	55 386 000	48 976 000
商誉	26 971 000	26 276 000	24 513 000
其他无形资产	9 026 000	10 827 000	11 836 000
递延资产	2 734 000	3 404 000	3 108 000
其他资产	1 633 000	2 149 000	1 313 000
总资产	**153 091 000**	**136 524 000**	**127 963 000**
负债			
流动负债			
应付账款	18 251 000	14 764 000	11 743 000
短期/流动债务	2 504 000	3 693 000	1 261 000
其他流动债务	3 999 000	3 853 000	3 622 000
总流动负债	**24 754 000**	**22 310 000**	**16 626 000**
长期债务	33 897 000	25 308 000	25 098 000
其他负债	3 614 000	2 916 000	2 646 000
长期待摊费用	9 788 000	8 331 000	8 611 000
少数股权	—	—	—
总负债	**72 053 000**	**58 865 000**	**52 981 000**
股东权益			
可赎回优先股	—	—	—

续表

结束期	2020/12/31	2019/12/31	2018/12/31
优先股	—	—	—
普通股	25 556 000	25 261 000	25 365 000
留存收益	56 233 000	53 523 000	50 172 000
不影响留存收益的利得和损失	(751 000)	(1 280 000)	(974 000)
库存股	—	—	—
其他股东权益	—	155 000	419 000
总股东权益	81 038 000	77 659 000	74 982 000
净有形资产	45 041 000	40 401 000	38 214 000

注：原始的财务报表还包括详细解释细节的注释。

表 14.2 英特尔 2018—2020 年的合并利润表　　　　单位：千美元

结束期	2020/12/31	2019/12/31	2018/12/31
总销售收入	77 867 000	71 965 000	70 848 000
销售成本	34 255 000	29 825 000	27 111 000
毛利润	43 612 000	42 140 000	43 737 000
经营费用			
销售、一般和管理费用	6 180 000	6 150 000	6 750 000
研发费用	13 556 000	13 362 000	13 543 000
折旧、摊销和损耗	—	200 000	200 000
总经营费用	19 736 000	19 712 000	20 493 000
营业利润或损失	23 876 000	22 428 000	23 244 000
来自持续经营的利润			
利息费用	(357 000)	(6 000)	(30 000)
权益投资收益	1 559 000	1 636 000	103 000
税前利润	25 078 000	24 058 000	23 317 000
所得税费用	4 179 000	3 010 000	2 264 000
净利润	20 899 000	21 048 000	21 053 000
没有优先股或者调整			
普通股净利润	20 899 000	21 048 000	21 053 000
非重复性的事件			

续表

结束期	2020/12/31	2019/12/31	2018/12/31
微小的经营终止,异常项目, 会计变更的影响或其他项目			
持续经营利润	20 899 000	21 048 000	21 053 000

注：原始的财务报表还附有解释更多细节的数页说明。股权投资的收益突然增长,有点不寻常。

对资产和负债估值存在困难,使得许多资产负债表的数字并不可靠。之前已经警示你了！

（2）**所有者权益表**（或"股东权益表"）解释了最初向公司投入的资本以及保留的未分配利润的历史。这张表几乎没什么用。因此,我把它略去了。

接下来的两张表是关于一段时间内企业发生的"流量"的表格。

（3）**利润表**（表14.2,简记IS）报告了公司一年内的收入和成本,最终形成了利润（也称为净收益）。

在以上三张报表中,会计师常常试图"平滑"暂时性的异常数字——你很快就会了解这一点。只有在第四张表中,会计师才无法进行"平滑"。

（4）**现金流量表**（表14.3,简记CFS）报告了现金的来源和使用。

表14.3 英特尔2018—2020年的合并现金流量表　　　　　　单位：千美元

结束期	2020/12/31	2019/12/31	2018/12/31
净利润	20 899 000	21 048 000	21 053 000
经营活动（提供现金流或者使用现金流）			
来自权益投资的经营利得损失	(1 787 000)	(1 582 000)	(82 000)
折旧	12 239 000	10 826 000	9 085 000
应收账款的变动	883 000	(935 000)	(1 714 000)
负债的变动	412 000	696 000	211 000
存货的变动	(687 000)	(1 481 000)	(214 000)
其他经营项目的变动	1 571 000	2 868 000	(453 000)
以股票为基础的薪酬	1 854 000	1 705 000	1 546 000
总的经营活动现金流	35 384 000	33 145 000	29 432 000
投资活动（提供现金流或者使用现金流）			
资本支出	(14 453 000)	(16 213 000)	(15 181 000)
净业务的购买和出售	(524 000)	1 119 000	2 286 000
投资	(7 081 000)	(26 000)	1 928 000

续表

	结束期	2020/12/31	2019/12/31	2018/12/31
来自其他投资活动的现金流		1 262 000	715 000	(272 000)
总的投资活动现金流		**(20 796 000)**	**(14 405 000)**	**(11 239 000)**
融资活动现金流				
支付股利		(5 568 000)	(5 576 000)	(5 541 000)
回购股票		(14 229 000)	(13 576 000)	(10 730 000)
净借款		5 722 000	765 000	(2 143 000)
股票期权行权所得		897 000	750 000	555 000
来自其他融资活动的现金流		261 000	72 000	(748 000)
总的融资活动现金流		**(12 917 000)**	**(17 565 000)**	**(18 607 000)**
现金和现金等价物的变动		1 671 000	1 175 000	(414 000)

注：该现金流量表是被缩减的。正式年报包含这张表和其他财务报表，均有数页的财务注释。

在继续阅读之前，你应该先熟悉并仔细观察和思考一下英特尔公司的这些报表。

现在，无论多么努力寻找，你都无法找到一个称作"用于计算 NPV 分子部分的现金流"的科目。现金流量表上的现金流与利润完全不同——为什么金融界把现金流看得如此重要呢？若是为了培养金融素养，你必须完全弄明白所有这些财务数据的含义。但我们眼前的目标是看看如何提取出"净现值分析所需要的现金流"。

> 我们需要的现金流在哪儿？

在大多数情况下，比起两个存量报表的准确性，美国通用会计准则更关注两个流量报表[1]的准确性。（资产负债表确实包含许多重要信息，但其中许多科目更倾向于历史的、滞后的信息，而且相当不稳健。）幸运的是，这种做法很适合我们。我们将花费大量时间来解释利润表和现金流量表。现金流量表最接近于净现值分析要求的内容。下面让我们来探讨一下会计的逻辑（特别是净利润），它不同于金融的逻辑（特别是现金流）。你现在的目标是学习如何阅读、解释财务报表数字，并从中提炼出 NPV 分析所需的现金流。

> 最重要的报表是利润表和现金流量表，不是两张存量表。

为什么金融从业者和会计师的想法不同

金融从业者试图通过计算公司所有项目的生命周期里确切时点上发生的现金流入和现金流出，来给出公司的价值。与金融从业者类似，会计师对公司价值也很感兴趣。与金融从业者不同的是，会计师不仅关注经济的现金流，还关注利润表中的年度收益（一个流量变量），试图将（预期的）未来的收益变化纳入公司今天的净利润中。[这有点过于简化，因为准确性不是会计估计的唯一目标。会计师还需要采取**谨慎原则**。例如，资产负债表上

---

1 两个存量报表：资产负债表和所有者权益表；两个流量报表：利润表和现金流量表。

的科目一般按成本或市场价值中的较低者进行记录。因此,即使会计师知道价值高于成本,他也可能不希望(或甚至是不被允许)记录高者。会计视角通常比金融视角更"向后看"]。

利润和现金流量的概念之间的关键区别是**应计制**,即产生于具有延迟交付现金流特征的经济交易。例如,如果我刚承诺在明年将向你的公司支付 10 000 美元,那么利润表会立即确认你的公司价值当前增加 10 000 美元(可能需要经过时间和信用风险调整)。但是相反,现金流量表会认为今天的现金流变化为零——直到未来实际发生付款。因此,会计师希望利润表和资产负债表能很好地(尽管是保守的)反映公司当前的经济价值(也就是说,你公司已经获得了我的支付承诺)。金融从业者需要的是准确时间发生的现金流入和流出,以便进行 NPV 折现。

> 利润表是对未来的成本和收益进行预期(在某种奇怪的意义上)。

应计项目可分为长期应计项目和短期应计项目。主要的长期应计项目之一是折旧,即资产购买成本在若干年间的分摊。例如,当金融从业者购买一件免维护费用的工具设备时,他看到的是一项目前花费金额很高,未来能够产生现金流入的设备。如果每 20 年需要更换一次设备,那么每 20 年就会出现一次现金流出量的激增,之后不会有进一步的支出了(而是希望有大量的现金流入)。

> 利润和经济现金流的不同点在于"应计"项目。

然而,在会计师看来,这种工具设备是一种每年消耗掉小部分价值的资产。他会试图确定一个每年消耗的价值金额,将其作为每年的支出(称为**费用**)。因此,购买 100 万美元的工具设备不会在会计上表现为第一年减少 100 万美元的收益,并在随后的 19 年对收益都没有影响。相反,在这 20 年中,每一年的费用都是 5 万美元。(这是一种常用的折旧方法,称为**直线折旧法**,不同资产有不同的折旧年限。)另外,请注意利润和现金流数据都不是准确的值。因为如果你想提早卖出该设备,它的价格将取决于市场需求。[1]

> 对于这台机器设备,金融从业者看到了当前一笔一次性的突出性的费用支出,之后数年没有其他额外的费用支出。

让事情进一步复杂化的是,会计师经常使用标准化的折旧时间表来对特定资产折旧。这些被称为**减值规则**。例如,居住的投资性房地产(房屋)通常在 40 年(或因为税收的原因是 27.5 年)内按直线折旧,这通常与房屋是用稻草还是砖瓦建造的无关。这种事先决定的资产折旧时间表通常是不准确的。例如,若投资者对旧建筑产生了兴趣,那么随着房地产价格的上涨,一栋建筑的价值可能会翻一番,但是在财务报表上这栋建筑可能会被记录为毫无价值。(这有点过于简单化。有时会计师会启动程序,在资产使用寿命过半时调整其价值——但调整的方向往往是向下,而不是向上。)另一个常见的减值规则是加速折旧。(其中一种形式被称为 MACRS,在税务环境下尤为重要。就目前而言,这对我们来说已经离题太远了。)

> 对于这台机器设备,会计师看到了折旧:未来许多年里,每年使用一点价值。

> "一点点使用"的资产成本本来自标准化的减值时间表。

如果该工具设备碰巧在 20 年后可以继续发挥作用,那么会计师刚刚在第 20 年中将其视为 50 000 美元的费用成本,现在在第 21 年中将其视为 0 美元的费用。因为它价值 0 美元,不能再贬值了——它已经完全折旧了。金融从业者认为第 20 年和第 21 年没有区别,只要设备继续在运转。

> 在设备刚刚被完全折旧的时间点上,会计师和金融从业者通常具有不一致性。

短期应计项目有多种形式。对金融从业者来说,重要的是现金流入和流

---

[1] 即如果考虑到工具设备的提前出售,会影响到企业利润和现金流。

出的时间。在公司收到现金之前,赊销收入不是现金收入。对会计师来说,如果公司赊销了价值100美元的商品,这100美元就记为当前的收入(最终会转化为净利润),即使现金尚未收到。从会计角度来看,销售已经完成。为反映延迟收款,会计人员将**应收账款(A/R)** 增加100美元。[同时为估计的不能支付的应收款项(即坏账)计提准备。顺便说一句,财务会计准则委员会正在考虑制定新的规定,允许公司为未来预记一些销售收入,同时减少一些应收账款。]

> 对于短期应计项目,例如应收账款,会计的逻辑依赖于预计的未来现金流入。

另一种短期应计项目是**所得税**。金融从业者认为,只有在必须真正缴纳所得税时,才构成现金流出——至少在次年4月15日(对于公司税)之前是这样。然而,在利润表上,当一个公司在40%的所得税等级上,赚得100美元的利润,利润表将立即扣除40美元的企业所得税,因此记录的净利润只有60美元。为了反映这100美元现金仍在企业的事实,40美元被记为**应付税款**。

> 金融的逻辑唯一依赖于实际发生的现金流(或当前价值)。

总之,就金融从业者的现金流量表而言,一台机器设备现在要花费大量现金(因此立即是负数),应收账款则还没有现金流入(因此还不是正数),企业所得税还没有现金流出(因此也还不是负数)。就会计师的利润表而言,一台机器设备在一段时间内按比例计算成本,应收账款(大部分)被视为即时的正收益,企业所得税是即时的成本。会计和金融两种方法都有明确的逻辑:会计方法更能给人一种公司价值的快照印象;金融方法可以更好地衡量具体时间点上的现金流入和流出,用于估值。请注意,估值更大程度上依赖于所有未来的现金流都得到充分考虑的假设。仅仅是今天的现金流通常不足以很好地反映一家公司的状况:仅仅是因为企业最近购买了一台昂贵的设备,而这台设备在今年造成了巨大的负现金流,并不能认为这家公司的价值即为负。

> 会计和金融的两种方法有各自的优点和缺点。

废物管理公司的垃圾桶会计

1998年12月14日,废物管理公司(Waste Management,WMX)终止了一桩由股东提起的价值2.2亿美元的集体诉讼,这是有史以来涉及数额最大的一次此类案件。该诉讼称,WMX公司在8年时间里虚增利润13.2亿美元。从1994年到1997年,该公司报告的利润中约有47%是虚构的。

WMX的一个可疑做法是,它将其废物容器的会计折旧年限从12年改为18年。因此,每年减少了折旧金额,使得公布的利润增加了17亿美元。当然在此期间,经理因为出色的盈利业绩而获得了丰厚的回报。

Q14.1 对于描述一个项目而言,在会计(净利润)和金融(经济现金流)中的主要区别是什么?

Q14.2 公司生命期内的净利润总和是否等于现金流总和?

14.2 长期应计科目(折旧)

与其从试图理解像英特尔财务数据这样复杂的内容开始,不如从一个假设现金流的简单公司起步。假设你的公司只是一台机器的运作,如表 14.4 所示。我们将构建假定的财务数据,然后对它们进行逐步解构。这个机器相当不寻常:它可以使用 6 年,没有维护成本,不仅在第 1 年,而且在第 2 年都需要资本支出,在第 1 年就能产出产品。它每年的净销售额(考虑成本后)为 60 美元,客户立即支付现金。你的企业所得税税率是 40%,资本成本是每年 12%。还有 50 美元的债务,每年 10% 的利率,因此年度利息支付为 5 美元。(债务利息低于公司的平均资本成本。)在本节中,所有销售收入和费用支出都假定为现金交易,没有延迟收付款。这笔贷款在第 1 年没有发生利息支出。

你的目标是理解现金流如何与净利润和资产负债表的内容相对应,而不是用资产负债表和利润表来构造你自己的现金流量表。会计师在构造资产负债表和利润表方面能比你做得更好——财务报表就在那里,供"免费"使用。到这一章的结尾,你会学到现金流计算的最快和最简单的方法,但现在你要了解它们都是从哪里获得。

表 14.4 假设的项目 金额单位:美元

"真实的项目"		可用的融资	
项目的物理生命期	6 年	债务能力	50
资本支出	75,第 1 年(Y1)	债务利率	10%/年
	75,第 2 年(Y2)		(=5/年)
总支出	70/年		
−投入成本(现金)	5/年	会计处理	
−销售成本(现金)	5/年	项目的会计生命期	3 年
=净支出	60/年		
总资本成本	12%/年		
公司税率(t)	40%/年		

注:此债务合约提供第 1 年所需的现金,并要求第一笔利息付款在第 2 年。本金及利息均于第 6 年偿还。

会计做账

对于公开的财务数据,美国通用会计准则(GAAP)要求公司在一定的裁量权范围内将会计报告中的折旧与真实的折旧相匹配(当然也有例外,尤其是以会计审慎的名义)。在现实生活中,让资产的实际寿命与会计寿命相匹配几乎是不可能的,人们在事前往往不清楚这些资产到底能使用多久。因此,许多公司常常仅依靠通用的标准折旧表来进行折旧。

> 折旧时间表未必准确。

对于纳税的财务数据,资产的实际生命期和会计生命期之间的差异更加显著。计算企业所得税的资产折旧规则由美国国会制定,他们有意基于机械化的进度假设,而不管资产真正的使用生命周期,并随着税法的变化而变化,而且经常变化(就连美国各州也有自己的规定)。GAAP 和美国国税局(IRS)的资产折旧

> 税收使用的资产折旧时间表更是按固定格式。

计划表通常也不相同。

不过对于我们的第一个示例,假设 GAAP 和 IRS 都已颁布法令,这种特定的机器设备应该在三年内折旧完毕,即使它实际的持续使用时间更长。因此,75 美元的投资将产生连续三年每年 25 美元的折旧,从资本支出开始的年份,到第三年,之后就没有了。折旧对于财务报表有何影响?

表 14.5 例子中的机器设备的利润表和节选的现金流量表　　　　　　　单位:元

利润表						
	Y1	Y2	Y3	Y4	Y5	Y6
销售收入	70	70	70	70	70	70
－销售成本(COGS)	5	5	5	5	5	5
－销售、一般和管理费用(SG&A)	5	5	5	5	5	5
＝EBITDA	60	60	60	60	60	60
－折旧	25	50	50	25	0	0
＝EBIT(营业利润)	35	10	10	35	60	60
－利息费用	0	5	5	5	5	5
＝EAIBT(或 EBT)	35	5	5	30	55	55
－公司所得税(40%)	14	2	2	12	22	22
＝净利润	21	3	3	18	33	33
摘自现金流表						
	Y1	Y2	Y3	Y4	Y5	Y6
债务发行	＋60					－60
资本支出[a]	－75	－75				
折旧	＋25	＋50	＋50	＋25	0	0

注:虽然我已经在利润表中单独列出了折旧,但它通常是其他科目的一部分,最有可能是销售成本或是销售、管理费用。幸运的是,折旧总是在现金流量表中完全单列,这就是为什么你需要在现金流量表中查找它。注 a:注意符号! 会计惯例是将资本支出记为负数,即现金流量表上的－75 美元。但是,同样的资本支出也在资产负债表上记为正的资产。

本项目的利润表见表 14.5。(表中 Y 作为"年度"的缩写)顺着表格最左边的一列往下看,会发现会计上有自己的术语,就像金融学一样。COGS 是**销售成本**的缩写,SG&A 是**销售、一般和管理费用**的缩写。[1] 这两者都是必须从**销售收入**中减去的支出项目,以得出 **EBITDA(息税折旧及摊销前利润)**。接下来,减去折旧——这是一个值得进行较多探讨的主题,我们一会儿再来讨论。这样,你就得到了**经营利润**,也就是 **EBIT(息税前利润)**。最后,再减去每年 10% 的利息费用,以及企业所得税(通过 40% 的企业所得税计算得到)。这样就得到了**净利润**。因为其出现于利润表中的位置,净利润往往被称为**最底线科目**。

1　COGS,全称 cost of goods sold;SG&A,全称 selling,general and administration expense。

请注意上述简单项目的利润表与表 14.2 中英特尔利润表的相似性。2020 年,英特尔的销售额为 780 亿美元。销售成本(COGS)和销售、一般和管理费用(SG&A,包括部分折旧)合计为 340 亿＋60 亿＝400 亿美元。英特尔还有单独列出的研究和开发支出,因为它主要是一家科技研发公司,研究开发支出占了 140 亿美元。由此产生的经营利润为 240 亿美元。英特尔从权益投资中赚取 16 亿美元,在利息费用上支付了 3.6 亿美元,税前利润为 250 亿美元。再减去 40 亿美元的所得税,得到净利润 209 亿美元。没错,英特尔公司也有少量的额外项目,并且有一些科目的名称变更,但大致的相似性很明显。

> 假设例子的利润表和英特尔利润表的相似之处。

在利润表中报告了项目中最有用的信息,两个例外是资本支出和净债务,它们都不在利润表中,而是在现金流量表中报告(表 14.5)。在这种情况下,第 1 年的资本支出为 75 美元,第 2 年为 75 美元,随后所有年份都是 0 美元。第 1 年净债务为 50 美元,第 6 年偿还债务本金 50 美元。(此外,现金流量表也报告折旧。下面会解释为什么要从现金流量表中而不是从利润表中读取折旧数据)

> 资本开支和债务发行被记录在现金流量表上,不在利润表上。

这并不是说,项目资本支出和债务在利润表中没有任何作用——它们有作用,但不是一次性的。具体来说,资本支出缓慢地通过折旧减少净利润:

第 1 年:利润表记录了第 1 年 75 美元资本支出的第一次 25 美元折旧。

第 2 年:利润表记录了第 1 年 75 美元资本支出的第二次 25 美元折旧,加上第 2 年 75 美元资本支出的第一次 25 美元折旧。因此,总共有 50 美元折旧。

> 这里是资本支出如何进入利润表:折旧。

第 3 年:利润表记录了第 1 年 75 美元资本支出的第三次(也是最后一次)的剩余折旧 25 美元,加上第 2 年 75 美元资本支出的第二次 25 美元折旧。同样,总共 50 美元折旧。

第 4 年:第 1 年的资本支出不再折旧,只剩下第 2 年资本支出的第三期。因此,折旧是 25 美元。

可以通过下述方式看到:

单位:美元

	Y1	Y2	Y3	Y4	Y5
资本支出	75	75			
第一期75美元的折旧	25	25	25		
第二期75美元的折旧		25	25	25	
折旧汇总	25	50	50	25	0

贷款本金(无论是融资还是还款)在利润表中不起任何作用。然而,贷款的利息支付则进入了利润表,每年 5 美元。

金融估值

现在,暂时忘掉会计工作,从金融角度为这台机器估值。由该机器组成的公司包括三部分估值成分:机器本身、纳税义务和贷款。

$$NPV_{项目} = NPV_{机器} - NPV_{税收}$$

$$NPV_{杠杆股权} = NPV_{机器} - NPV_{税收} + NPV_{贷款}$$

完整的项目所有权相当于同时持有债务（包括所有负债）和权益，拥有应付给债权人和股东的现金流。有杠杆的权益所有权和项目"贷款"是分开的。作为项目的完整所有者（债务加权益），比起只是一个杠杆权益所有者来说，在第 1 年，你必须提供资本，但在随后的几年，作为完整的所有者，不需要再去考虑偿还贷款。

> 这里是完整所有权和有杠杆的所有权的区别。

首先，算出企业实际现金流的第一个组成部分——机器本身。没有税收和贷款，机器产生的现金流和价值如下：

> 仅看公司第一部分的流入和流出——机器真实的现金流，没有税收和贷款。

$$NPV_{机器} = \frac{60-75}{(1+12\%)^1} + \frac{60-75}{(1+12\%)^2} + \frac{60}{(1+12\%)^3} + \frac{60}{(1+12\%)^4} + \frac{60}{(1+12\%)^5} + \frac{60}{(1+12\%)^6} \approx 119.93(美元)$$

$$NPV_{机器} = \frac{C_1}{1+r_1} + \frac{C_2}{1+r_2} + \frac{C_3}{1+r_3} + \frac{C_4}{1+r_4} + \frac{C_5}{1+r_5} + \frac{C_6}{1+r_6}$$

接着，考虑企业所得税——第二个组成部分，这是一个不可忽视的实际成本。看看表 14.5，你会发现美国税务局在第 1 年就能得到 14 美元，然后两次 2 美元，再然后 12 美元，最后两次 22 美元。假设纳税的现金流具有与整个公司相同的折现率（12%）。（要对未来纳税义务进行估值，需要知道适当的折现因子。这家公司的资本成本偏高。我们在第 18 章再详细讨论这个问题。）使用公司的总资本成本作为其税收的折现率，是方便的惯例（如果不是完全正确的话）。根据这一资本成本假设，纳税的净现值成本为

> 税收义务是一个负净现值项目，需要被纳入估值。

$$NPV_{税收} = \frac{14}{1.12^1} + \frac{2}{1.12^2} + \frac{2}{1.12^3} + \frac{12}{1.12^4} + \frac{22}{1.12^5} + \frac{22}{1.12^6} \approx 46.77(美元)$$

汇总后，

$$NPV_{项目} \approx 119.93 - 46.77 = 73.16(美元)$$

$$NPV_{项目} = NPV_{机器} - NPV_{税务}$$

现在考虑第三个组成部分——贷款。假设你不是"项目的整体所有者"，而只是"杠杆权益的所有者"，所以你不是自己提供资金，而是从（希望）完美的资本市场获得贷款——对于在竞争激烈的金融市场中的大多数大公司来说，这是一个合理的假设。公司贷款 50 美元，并支付 10% 利率的利息，净现值应该为 0。（这样就不必计算贷款的净现值了）

> 贷款通常是一个"0－NPV"的项目，除非你可以从贷款中获得非同寻常的收益或非同寻常的损失。

$$NPV_{贷款} = 0$$

不过，也可以下工夫计算一下：

$$NPV_{贷款} = \frac{+50}{1.10^1} + \frac{-5}{1.10^2} + \frac{-5}{1.10^3} + \frac{-5}{1.10^4} + \frac{-5}{1.10^5} + \frac{(-50)+(-5)}{1.10^6} = 0$$

因此，有贷款项目，即杠杆权益所有者的 NPV，与没有贷款项目的 NPV 相同。也就是：从一家银行而不是另一家银行借钱，并不会创造或摧毁任何价值。因此，

$$NPV_{有杠杆的所有权} = 119.93 - 46.77 + 0 = 73.16(美元)$$

$$NPV_{\text{有杠杆的所有权}} = NPV_{\text{机器}} - NPV_{\text{税收}} + NPV_{\text{贷款}}$$

尽管净现值保持不变,但杠杆权益的现金流量与项目的现金流量不同。表14.6中展示了现金流量和净利润。注意二者有多大的不同!净利润在第5年和第6年最高,但第6年的杠杆现金流为负。相比之下,在第3年——杠杆现金流最高的年份——净利润却最低。

> 净利润和现金流经常区别很大。

表14.6 现金流量和净利润的汇总比较　　　　　　　　　　　　　单位:美元

	Y1	Y2	Y3	Y4	Y5	Y6	折现率	NPV
现金流,机器(无税)	−15	−15	+60	+60	+60	+60	12%	119.93
+现金流,税务局	−14	−2	−2	−12	−22	−22	12%	−46.77
=现金流,税后项目	−29	−17	+58	+48	+38	+38	12%	73.16
+现金流,贷款	+50	−5	−5	−5	−5	−55	10%	0.00
=有杠杆的股权	+21	−22	+53	43	+33	−17		73.16
对比,净利润	21	3	3	18	33	33		

注:因为投资者都是风险厌恶者,所以机器的折现率(也就是资本成本或要求的预期收益率)要比贷款的折现率高。

从会计的利润逆向推导到金融的现金流

如果你既不知道这台机器的细节内容,也不知道现金流量表,而只知道利润表,能否通过将净利润折现计算出正确的公司价值?用12%的资本成本折现净利润,将得到

通过净利润算出的错误 $NPV = \dfrac{21}{1.12^1} + \dfrac{3}{1.12^2} + \dfrac{3}{1.12^3} + \dfrac{18}{1.12^4} + \dfrac{33}{1.12^5} +$

$\dfrac{33}{1.12^6} \approx 70.16 \text{(美元)}$

> 折现净利润不会得到正确的项目净现值。

用10%的资本成本来折现净利润,也是不正确的,

通过净利润算出的错误 $NPV = \dfrac{21}{1.10^1} + \dfrac{3}{1.10^2} + \dfrac{3}{1.10^3} + \dfrac{18}{1.10^4} + \dfrac{33}{1.10^5} + \dfrac{33}{1.10^6}$

$\approx 75.24 \text{(美元)}$

因此,你需要知道现金流!如何从利润表中推导出为NPV计算所需的正确现金流?你只需原路返回。从表14.5中净利润的数字开始,将折旧加回去,因为折旧不是真的现金流出,再减去资本支出,因为资本支出是真实的现金流量。

> 必须从公司财务数据中逆向推导出经济的现金流。

　　　　　　　　　　　　　　　　　　　　　　　　　　　　　　　　单位:美元

	Y1	Y2
EBIT	+35	+10
+折旧	+25	+50
−资本支出	−75	−75
=项目现金流,税前	−15	−15

如果把"折旧+资本支出"放在一起看,可以认为是消除了会计人员对机器成本在多个期间内进行平滑的影响,我认为这个公式非常直观。

🎓 **重点**：从净利润推导出现金流的过程中，应该注意长期应计科目——加回折旧，减去资本支出，目的是取消会计上的平滑处理。

下一步，你需要减去企业所得税，以下是税后的项目现金流：

单位：美元

	Y1	Y2
EBIT	+35	+10
+折旧	+25	+50
-资本支出	(-75)	(-75)
-公司所得税	(-14)	(-2)
=项目现金流，税后	-29	-17

> 解决的另一个办法——逆向编辑它。

你也可以通过另一种计算方法得到这些数字。净利润已经扣除了公司所得税，但也扣除了利息费用（需要加回）。如果你从净利润而不是从 EBIT 开始，加上利息费用，你会得到同样的现金流：

单位：美元

	Y1	Y2
净利润	+21	+3
+折旧	+25	+50
-资本支出	-75	-75
+利息费用	+0	+5
=项目现金流，税后	-29	-17

因此，投资者（股东和债权人一起）的现金流出在第 1 年达到 29 美元，第 2 年达到 17 美元。（"以后年度现金流量"详见表 14.6 第 3 行。）

> 对于有杠杆的权益所有者的现金流考虑到了来自和流向债权人的资金。

如果这个项目的部分资金来自借贷，那么 29 美元和 17 美元中的哪一部分是由债权人出资的，哪些剩余的部分必须由股东出资呢？第 1 年，你的债权人提供了 50 美元；第 2 年，债权人拿回了 5 美元。因此，股东的杠杆权益在第 1 年实际上获得 21 美元的正净现金流量，第 2 年获得 22 美元的负现金流量。因此，杠杆权益股东的现金流量如下：

单位：美元

	Y1	Y2
EBIT	+21	+3
+折旧	+25	+50
-资本支出	-75	-75
-公司所得税	-14	-2
=项目现金流	-29	-17
+净债务发行	+50	0
-利息费用	0	-5
=现金流，有杠杆的股东权益	+21	-22

同样，由于净利润已经减去了企业所得税和利息支出，若从净利润出发，会得到相同的结果：

单位：美元

净利润	Y1	Y2
	+21	+3
＋折旧	+25	+50
－资本支出	−75	−75
＋净债务发行	50	0
＝现金流，有杠杆的股东权益	+21	−22

可靠的财务分析

多年来，EBITDA 指标一直是财务顾问和华尔街热议的话题，因为它似乎比 EBIT 更接近现金流，而且不受管理层通过会计应计科目操纵利润的影响。可悲的是，如果不扣除资本支出，对 EBITDA 折现可能比对 EBIT 折现更糟糕——但 EBITDA 指标的用户很少会扣除资本支出。[不减去资本支出或折旧，就相当于假设生产产品像天赐之物一样从天上掉下来。EBIT 可能会以一种相对奇怪的方式（即折旧）在一段时间内分摊资本支出，至少它不会完全忘记资本支出！]

2003 年 6 月，美国贝尔斯登证券公司的一位分析师对一家在纽约证券交易所上市的意大利面食制造商进行了估价。不幸的是，他忘了减去资本支出，反而是加上了资本支出。正是这个失误，让美国意大利面食公司的股票估值从 19 美元（减去资本支出的价值）上涨到了 58.49 美元（加上资本支出的价值），当时该公司股票在 43.65 美元进行交易。贝尔斯登承认了自己的错误并计算了新的估值，但是却调高了对公司经营现金流的估算，降低了对资本成本的估算。结果这家公司的净现值估值突然变成了每股 68 美元。多么幸运，对于估值中的这些基本错误，贝尔斯登公司竟然如此稳健！顺便说一句，意大利面食公司在 2004 年中期的交易价格为 30 美元，到 2004 年年底略高于 20 美元，到 2005 年年底约为 10 美元。

——TheStreet.com

Q14.3　用本节中的公式计算表 14.6 中第 3 年至第 6 年的现金流量。

Q14.4　使用与表 14.6 中净现值分析相同的现金流量，如果在纳税税收中使用 10% 的资本成本（而不是 12%），项目的净现值将如何变化？

折旧的差别

我之前提到，你应该从现金流量表而不是利润表中获取折旧数字。现在让我再解释一下会计中的折旧。

> 为什么你需要从现金流量表中获得折旧的数字。

折旧有三种不同的形式和名称：**折旧**、**损耗**和**摊销**[1]。这些都是可以"被分配的费用支出"，而不是实际发生的现金流出。名称差异来自各自所适用的资产类型。

折旧适用于**有形资产**，如工厂和设备等。

> 不同形式的折旧有不同的名字。

损耗适用于**自然资源**，如矿山。

摊销适用于**无形资产**，如专利、版权、执照、特许权等。早在20世纪70年代，美国上市公司的无形资产占比平均还不到10%。如今，无形资产已成为上市公司占主导地位的资产。（确切的无形资产摊销规则很复杂，载于FASB规则第142条，远远超出了本书的范围。）

因为折旧、损耗和摊销在概念上是一回事，所以它们经常被归入包罗万象的短语"折旧"中，这是一个惯用的词汇。

与英特尔不同，许多上市公司在利润表中也列有"折旧"科目。但是，必须使用现金流量表中的折旧。在利润表上，公司可能会将部分折旧计入"商品销售成本"或"销售、一般和管理费用"等科目中。（这样做并不影响最后的净利润）就一台机器设备而言，很可能一家公司不会单独汇报其折旧成本而是将其纳入"商品销售成本"中。

> 在实际生活中，为获得经济现金流量，别采用利润表中的折旧和摊销数字。

重点：不要使用利润表中的折旧或摊销数字来恢复会计对于资本支出的调整。这些数字并不完整。你必须使用现金流量表中的折旧数字。对于企业现金流量而言，从利润表中得到的折旧，是常见的错误。

因此，所有资产的唯一完整的折旧数字可以在现金流量表中找到。对于2020年的英特尔，就是表14.3 现金流量表第4行中的122.39亿美元。在本书正文的表14.5中机器设备的折旧部分(25美元、50美元、50美元、25美元、0美元、0美元)，也是正确的折旧数字。

Q14.5 使用以下参数重做正文中的例子，即编制和计算利润表、现金流量表摘要、现金流量和净现值：

金额单位：美元

项　　目		可用的融资——执行	
真实的物理的生命期	5年	债务能力	100
成本，第1年	120,Y1	债务利率	8%/年
总销售收入	80/年	会计处理	
一投入成本	6/年		
一销售成本	8/年	折旧方法	线性
=净销售利润	66/年	会计的生命期	4年
总的资本成本	8%/年		
公司所得税率(t)	50%/年		

1　折旧、损耗、摊销的英语分别为 depreciation、depletion、amortization。

假设债务在第1年不需要支付任何利息(第一笔8美元在第2年支付)。世界是风险中性的,因为债务和该项目需要相同的期望回报率(资本成本)。

Q14.6 对于文中的机器设备示例,请按月份来折现,进行财务分析和现金流量分析。假设贷款在第一个月底获得(流入50美元),第一笔利息0.42美元在第二个月支付。(因此与前一个问题不同,利息在第一年支付)假设费用和收入按比例发生。(提醒:除非是受虐狂,否则不要手工计算,使用电子表格!)

14.3 递延所得税

下一个关于现实世界的复杂性,是美国通用会计准则(GAAP)和国内税务局(IRS)要求不同的折旧规则。要计算经济现金流,必须学习如何理解公司披露的财务报表中的税收与公司实际向美国国税局支付的税收之间的差异。

前文示例说明了GAAP要求公司在财务报表中披露的内容。不同之处在于,现在假设美国国税局允许你以一种不同的"加速折旧方式"对工厂进行折旧。比如,美国国税局的折旧时间表不是三年内每年折旧25美元(就像在公开财报中的那样),而是第1年60美元,第2年15美元。

> 未报告的国内税务局IRS折旧≠披露财务报告的GAAP折旧。

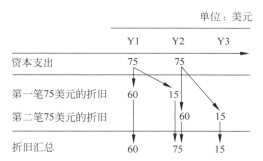

尽管对于IRS的财务报表构造逻辑与公开披露的财务报表完全相同,但结果却是未公开的IRS财务数据与公开报告的财务数据不同。

单位:美元

IRS 利润表(未披露)						
	Y1	Y2	Y3	Y4	Y5	Y6
销售收入	70	70	70	70	70	70
−销售成本	5	5	5	5	5	5
−销售、一般和管理费用	5	5	5	5	5	5
=EBITDA	60	60	60	60	60	60
−IRS折旧	60	75	15	0	0	0
=EBIT,IRS	0	−15	45	60	60	60
−利息费用,IRS	0	5	5	5	5	5
=EAIBT(或EBT),IRS	0	−20	40	55	55	55
−公司所得税(40%)	0	−8	16	22	22	22

(美国国税局对净利润的数字不感兴趣,因此不需要计算)现在,将IRS财务报表中的实际税收与前文表14.5中GAAP财务报表中的所得税进行比较:

单位:美元

		Y1	Y2	Y3	Y4	Y5	Y6
公开报告的GAAP	假想的税收	14	2	2	12	22	22
未披露的IRS计算	真实的税收	0	−8	16	22	22	22

上表中两行数字的总计都包含了74美元的税收,但实际的IRS税收在最初两年更低(第2年甚至为负数),在接下来的两年更高。这是因为美国国税局允许比GAAP进行更快的固定资产折旧。(对你来说很好!因为能够更早地收到现金。)

不幸的是,公司并不披露他们提供给美国国税局的财务数据,所以你无法使用真实的税收数据。幸运的是,上市公司需要报告"IRS实际税收"和"GAAP假想税收"之间的差异。这是通过在资产负债表上以"累计**递延税收**"科目的方式完成——"美国通用会计准则(GAAP)和美国国税局(IRS)税收的累计差额"。为了更好地理解这一点,可以考虑一个假想的每年现金流数字,它就是会计财务报表中每年多报出的税收:

> 资产负债表中的递延所得税项目,可以让你推导出实际支付的税收。

	Y1	Y2	Y3	Y4	Y5	Y6
"递延税收"——年度多报告的税收/美元	14	10	−14	−10	0	0

不幸的是,即使是上面这个版本仍然没有公开,公开的是累计数字:

	Y1	Y2	Y3	Y4	Y5	Y6
报告的"递延税收"科目/美元	14	24	10	0	0	0

> 这里揭开如何逆向推导以获得真实支付给美国国税局IRS的税收。

该项递延税在资产负债表上列为负债。可以用一种直观的方法来思考这个数字:即财务报表上迄今为止高估的实际所得税(从而低估了实际利润)的数额。在我们示例的披露财务数据表里,截至第2年年末该公司多报告了24美元的税款(第1年14美元,第2年10美元)。

现在任务又是逆向推导——如何才能消除利润表上的虚假所得税项并恢复一个真正的所得税呢?步骤如下:

1. 从报表的(累计)递延税项科目计算年度的每年递延所得税。

单位:美元

	Y1	Y2	Y3	Y4	Y5	Y6
报告的起始点(递延税收)	14	24	10	0	0	0
⇒连续的年度递延税收增加	14	10	−14	−10	0	0

2. 从GAAP报告中的已付税款中减去一些变化,得到实际每年支付的税收。

单位：美元

	Y1	Y2	Y3	Y4	Y5	Y6
报告的 GAAP 税收	14	2	2	12	22	22
—连续的年度递延税收增加	14	10	−14	−10	0	0
⇒真实的付给 IRS 的税收	0	−8	16	22	22	22

3. 对于税前财务数据，减去实际支付的税款，而非在 GAAP 规则下支付的税款。

单位：美元

	Y1	Y2	Y3	Y4	Y5	Y6
现金流，项目，无税	−15	−15	60	60	60	60
—真实付给 IRS 的税收	0	−8	16	22	22	22
⇒现金流，项目	−15	−7	44	38	38	38

对于税后财务数据比如税后现金流，首先将 GAAP 税收加回去，然后再减去实际支付给美国国税局的税款。或者更简单地说，仅加上递延所得税。例如，将递延所得税添加到表 14.6 中计算的税后现金流上。

单位：美元

	Y1	Y2	Y3	Y4	Y5	Y6
早期的公式，项目现金流，税后	−29	−17	58	48	38	38
＋递延所得税的变化	14	10	−14	−10	0	0
＝更好的公式，项目现金流	−15	−7	44	38	38	38

总之，从财务报表中提取现金流量的新的公式是：

单位：美元

	Y1	Y2
EBIT	＋35	＋10
＋折旧	＋25	＋50
−资本支出	−75	−75
−公司所得税	−14	−2
＝项目现金流，税后，GAAP 税	−29	−17
＋递延所得税变动	＋14	＋10
＝真实的项目现金流，税后	−15	−7

就是这样！现在你已经注意到了 GAAP 和 IRS 税收之间的差异。

符号传统标志——当你在现金流量表中看到"递延税项"时，会计师实际上是指"递延税项的变化"。（否则，它们无法和其他现金流数字相加。）

> 逆向推导：从之前的公式计算的现金流量中加入递延所得税的变化。

花旗银行的递延快乐

过去几年,花旗银行集团一直在设法解决一个非同寻常的问题——如何增加其美国税负。一位知情人士称,这家美国第三大银行曾在 2008 年秋天收购了摇摇欲坠的维尔乔亚银行,部分原因是该交易会为花旗集团带来更多应纳税的国内收入。2013 年 2 月,花旗同意从第一资本金融公司手中收购百思买公司客户的信用卡贷款组合,总额约为 70 亿美元。花旗的首席执行官迈克尔·考伯特表示,税务问题也是该行决定收购百思买贷款组合的原因之一。花旗集团甚至将海外利润重新归类为可以流回美国的资金,此举十分奇怪,因为许多美国公司都试图将大部分海外收入留在国外,以避免缴纳更高的美国国内税收。花旗集团只是希望在 3 月底前用完 550 亿美元的税收抵免和减税措施,即递延税项资产。这些递延税资产主要是在金融危机期间和之后从亏损和海外税款中积累起来的。这些未来的税收优惠的 95% 在美国国内资产。据桑福德·伯恩斯坦资深银行分析师约翰·麦克唐纳称,随着时间的推移,实现这些好处可能给花旗集团带来约 270 亿美元,或者对每股价格约 50 美元的股票带来约 9 美元的价值。而且这些递延税收资产的消失将释放银行资本超过 400 亿美元,约占银行资本的 1/3。

递延税项资产的产生是由于美国公司必须保留两套账簿——一套用于金融市场,另一套用于美国国税局。银行在两个账簿上的不同时间点确认一些成本项目,如贷款的预期损失。对于投资者而言,先存在银行会计账簿上,但在未来确认时才用于纳税的成本会生成递延税项资产。监管机构要求银行使用资本来支持这些资产,人们往往对这些递延税收资产能否完全变现存在疑虑。对花旗集团来说,将这些预期的未来税收利益(即递延税收资产)转化为现金并不容易。

——路透社,2013 年 6 月 18 日

Q14.7 什么是"递延所得税收"?它出现在四张财务报表中的哪一个?

Q14.8 假设一家公司报告了以下信息:

	2021 年	2020 年	2019 年
递延所得税负债/美元	110	332	223

你根据 GAAP 会计报表计算出 2021 年该项目的税后现金流量为 300 美元,2020 年为 −100 美元。请问该项目的各年实际税后现金流量是多少?

14.4 短期应计科目和营运资本

除了长期应计科目和递延资产之外,公司也有短期应计科目。日常业务需要现金,公

司必须把资金投入现金和银行账户（用来随时支付）、存货（用来出售商品）和向买家提供信贷（用来吸引客户）。这些流动资产包括**现金**、**应收账款**和**存货**。流动负债包括**应付账款**、**银行透支**、前述的应付税项及其他即将到期的应付票据。**净营运资本**，往往被不正确地称为**营运资本**，即：

> 更多应计科目隐藏在营运资本中。

$$\text{净营运资本} = (\text{流动资产}) - (\text{流动负债})$$
$$= (\text{可出售的证券}[=\text{现金}] + \text{应收账款} + \text{存货}) -$$
$$(\text{应付账款} + \text{银行透支} + \text{应付税款})$$

你在哪里能发现现金本身的实际变化呢？并不是在营运资本的变化中。它是在现金流量表的最底部可以被发现。换句话说，现金流量表的目的就是告诉你这家公司的现金账户每年实际发生了多少变化。

用一个例子能很好地解释营运资本变动带来的现金流量效应。比如一家公司在第1年赊销了100美元的商品。这家公司把100美元记为净利润，但由于这笔销售收入尚未到账，该公司还将这100美元计入应收账款。要计算实际的现金流量，请意识到这笔现金尚未兑现：你需要从100美元净利润中减去100美元的应收账款。

> 净利润在现金真正流入前就确定了，所以需要被扣减掉应收账款。

表 14.7　多年期的营运资本　　　　　　　　　　　单位：美元

		Y0	Y1	Y2	Y3
金融	1. 达成的销售额（净利润），之后付款	0	100	300	0
	2. 真实的现金流入（NPV现金流）	0	0	100	300
会计	3. 报告的净利润	0	100	300	0
	4. 报告的应收账款	0	100	300	0

注：第1行为销售金额。第2行为实际的现金收入，因为客户总是在一年后付款。第3行和第4行显示了会计师如何记录企业的销售和支付。（最终，你的任务是将会计数字转换回现金收款数字。）

如果考虑多个年份，这将变得有趣。净现值分析需要表14.7第2行中的实际现金收入，但会计师仅提供了第3行和第4行中的信息。如何得到第2行的信息？第1年已经讨论过了：从净利润中减去应收账款，得到的实际现金流入为0美元。第2年更有趣：该公司之前有应收账款100美元，但当年有300美元的应收账款，应收账款200美元（=300-100）的变化需要从净利润300美元中减去，由此得出100美元的实际现金收入。在第3年，公司不再增长并被清算，所以剩余的应收款项变成现金。同样，获得净现值现金流的公式是从0美元净利润中减去营运资本（应收账款）的变动0-300美元=-300美元，得出300美元的现金流入。表14.8显示了这些计算结果。

> 现金流量和净利润的区别是营运资本每年的变动。

表 14.8　多年期的营运资本　　　　　　　　　　　单位：美元

		Y0	Y1	Y2	Y3
金融	1. 达成的销售额（净利润），之后付款	0	100	300	0
	2. 真实的现金流入（NPV现金流）	0	0	100	300

		Y0	Y1	Y2	Y3
会计	3. 报告的净利润	0	100	300	0
	4. 报告的应收账款	0	100	300	0
你的计算					
	5. 应收账款变动	0	+100	+200	−300
6. 净利润(第3行)−应收账款变动(第5行)		0	0	+100	+300

注：第6行从财务数据中还原了第2行的数字。

其他的营运资本组成部分的短期应计科目的处理方法类似。例如，公司所得税在发生盈利年度的利润表中被扣除，但公司不必立即支付这些税收。相反，至少可以推迟到次年4月15日再缴税。就更多的税收可以被推迟而言，公司实际上可用的现金比净利润显示的更多。因此，在计算金融上的现金流时，必须将递延的税收加回到净利润中。当然，在未来某个时候，这些应付税款将会被支付，那时将被作为公司的现金流出。但就目前而言，被允许的税收延期支付就像是一笔零利率的政府贷款——而它在会计项目的净利润中被忽略了。

重点：在将净利润转换为现金流的过程中，要处理短期的应计科目，消除平滑——减去净营运资本的增加量(或者加上净营运资本的减少量)。

营运资本管理

创业者的失败通常有两个原因，都很常见：第一，这个业务从一开始就不是个好生意。(最好的"解决办法"是尽量保持对创业的怀疑和谨慎!)第二，这个业务太好了以至于创业者都没有准备好迎接成功。销售额快速增长，营运资金的增加消耗了太多现金，以至于公司无法偿还贷款：企业的现金被束缚在生产、库存或授予客户的信贷(应收账款)中，当这些现金需要回流到贷款银行时，却无法回收。对于成长中的企业而言，正确的营运资本管理是头等重要的问题。

现在，你可以将公式扩展以包括营运资本的变化：
项目的经济现金流
＝EBIT＋
　折旧−资本支出←还原长期应计科目−
　公司所得税＋递延所得税变动←还原美国国税局的税收择时−
　增加(净)营运资本←还原预先确认科目

(符号约定法则：在此公式中，我将资本支出中的购买资产作为正数。如果使用的是现金流量表中的负数，不要减去，要加上。)

Q14.9　一家公司报告了以下财务数据：

	单位：美元					
	Y0	Y1	Y2	Y3	Y4	Y5	Y6
报告的销售额（＝净利润）	0	100	100	300	300	100	0
报告的应收账款	0	100	120	340	320	120	0

你能描述一下该公司客户的支付模式吗？计算该公司的现金流量。

Q14.10 为一家公司构建财务数据表。该公司的各季度销售额和净利润为 100 美元、200 美元、300 美元、200 美元和 100 美元。其中一半的客户立即付款，而另一半客户总是在购买的两个季度后再付款。

Q14.11 亚马逊公司可以在向客户销售商品之后再向它的供应商付款。亚马逊拥有 25％ 的利润率，目前公布的业绩如下：

				单位：美元	
月　　份	1 月	2 月	3 月	4 月	5 月
报告的销售额	0	100	100	400	0
报告的净利润	0	25	25	100	0
报告的应付账款	0	75	75	300	0

请问亚马逊公司的真实现金流是多少？

14.5　盈余管理

即使美国拥有一些世界上最严格的会计准则，在涉及财务数据方面，经理仍有很大的自由决定权。他们必须拥有决定权，用准则来定义一切是不可能的！价值评估必然包含观点分歧，而且不同做法之间往往没有清晰的是非界线。相反，可以有多个灰色地带。合乎道德和法律的标准，与不道德和犯罪操纵的标准，二者之间可能是模棱两可的。

> 在会计报告中经理仍有很大空间的自由决定权。

你已经知道，经理人在涉及应计科目的会计做账时必须做出许多判断。例如，经理可能过于乐观地判断客户会退回多少产品，企业有多少债务无法偿还，有多少库存会被损坏，设备能使用多长时间，支付是一笔费用（从利润中完全扣除）还是一笔投资（经过一段时间折旧的资产），或者有多少费用是"不寻常的"，等等。然而，操纵不仅可能发生在利润和应计科目上，也可能发生在现金流上——尽管这样做可能难度更大、成本更高。举例来说，如果一家公司将其部分短期证券界定为"交易性金融工具"，出售这些证券就能产生额外的现金——以前不是现金的科目现在可以算作现金了！同样地，公司可以减少库存、推迟向供应商付款、让客户加速付款——所有这些行为都会立即产生现金，但这样做也会激怒供应商和客户，从长远来看，这将损害公司的经营。公司也可以折价出售应收账款，可以立即筹集到现金，但会减少公司最终获得的利润。一种特别有趣的盈余管理形式是，积极进行产品赊销（给客户提供贷款购买企业商品）。销售可以立即登记为盈利，贷款则算作投资。当然，如果客户最终违约，公司的结果就是免费对外赠送了商品。

> 不仅是盈余管理，还有现金流管理！

要想比较一家公司的财务数字是激进还是保守,一个快速的方法就是用短期应计额除以销售额,然后与其他相似的公司进行比较。这里的"相似"是指不仅属于同一行业,而且增长率大致相同的公司,这一点很重要。原因是成长型公司通常会消耗大量现金——一家成长型公司会比一家成熟的公司显示出更低的现金流。如果这家公司的应计额(尤其是短期应计额)比同类公司高得多,这是一个不寻常的现象,它发出了一个警示信号,说明这家公司需要详细审查。通过操纵财务数据来抬高盈利的经理,会对应计科目金额采取激进的管理,以创造更高利润。当然,这并不意味着所有激进的应计额都是在欺骗市场。对未来特别乐观的经理可能会对应计额采取激进的态度——认为销售退回少、销售金额高、未来更好。事实上,正如前文所述,管理层的乐观态度与非法的操纵利润二者的界限是模糊的。最后,对于谨慎的投资者来说,还有一个盈利的预警信号——某家公司调整了它的财务报告年度。这样做的目的有时是让人们更难以将该公司的财务数据与其历史以及同行业其他公司进行比较。

> 与相似公司(行业、大小、成长速度)比较短期应计额,能够作为一种很好的警示信号。

Q14.12　短期应计科目和长期应计科目,哪一个更容易被操纵?

Q14.13　举例说明一家公司如何压低当前报告的净利润,以便在未来公布更高的净利润。

14.6　英特尔财务数据中的经济现金流

现在,如果再看一下表 14.3 中英特尔的完整现金流量表,你可以立即进行我们刚才讨论的过程。首先是将净利润 209 亿美元,加回折旧的 122.4 亿美元,减去资本开支 144.5 亿美元(下面的几行),加上递延所得税的变动(未细分),再加上净营运资本的减少额(8.83 亿美元、4.12 亿美元和-6.87 亿美元的总和)。

> 英特尔的现金流量表和我们构造的看上去很像。

还有一些其他项目没有解释,这里有两条好消息。首先,你现在理解了事情的主要逻辑。其次,可以依靠会计师为你做大部分艰苦的工作。如何处理现金流量表中剩余项目的逻辑,类似于我们已经讨论过的内容或者从名称上就显而易见。比如说,不需要我解释"股权投资的经营损益"的含义。和我一样,可以从字面上猜测去了解这家公司的具体业务。

> 现在对英特尔"即兴发挥"——每家公司都做一些不同的处理。

许多现金流量表也有我们没有讨论过的其他项目。一种是"**商誉投资**"。我不知道是谁想出了这个名字,因为完全用词不当。这实际上与公司收购其他公司时的现金支出有关。英特尔最近没有发生大规模收购,因此它没有报告商誉。其

> 两个潜在重要的会计项目:商誉和其他杂项。

他项目则如"净利润的调整"(嗯?)和"其他业务的变化"(嗯?),这些词语都只有在会计报表的脚注中得到解释。

> 现在将英特尔的现金流分配给债权人和股东。

英特尔项目产生的现金流为 353.84 亿美元+(-207.96 亿美元)=145.88 亿美元,将在债权人和股东中分配。股东从新发行的债券中获得现金流入,并支付债券利息和本金。新债务加上本金偿还被称为"净发行债务",对英特尔来说,这相当于 57.22 亿美元。

请不要认为我们给出的现金流求解公式是完美的,是用于计算净现值的现金流的终极公式。没有一个公式可以涵盖所有公司中的所有项目。即使对于英特尔,我们也不得不将一些项目合并在一起,而忽略另一些项目。同样,每种业务的运营和报告方式都各不相同。尽管如此,这一章还是为理解利润和现金流之间的联系,以及求解 NPV 分析中的已实现现金流,提供了一个很好的起点。

在华尔街,证券分析师还把这种现金流称为金融债务和股权的自由现金流。他们会使用简化的公式:

自由现金流＝EBIT－税收＋损耗 & 折旧 & 摊销－
资本支出－营运资本的增加额

> 这是一个建议性的现金流量公式,但不是一个完美、万能的公式。

上面公式的逻辑是:如果你买了这家公司,随后停止收购或资本支出等活动,最终你能从它那里获得多少现金流。

> 一个通用的快速公式:"自由现金流"。

获得现金流的最佳和最快方法

通常,可以避免必须从利润表中用上述冗长的公式构建现金流。对于一家已经公布了全部财务报表数据的公司,你可以依赖公司**现金流量表**本身。它的大类,是经营活动产生的现金流量和投资活动产生的现金流量。对于这两个大类,我们前面已经给出了一个大概的分析。会计师所考虑的现金流量和金融从业者所考虑的现金流量之间还有一个区别:利息支付。会计师认为利息支付是经营业务的必要费用成本。金融从业者认为这是对公司融资提供者(所有者)的一种利益分配。值得一提的是,在过去的几十年中,大多数上市公司都有相当大的利息费用需要加回去。但是在大衰退之后,很多公司开始持有大量现金,从而产生净利息收入而不是净利息费用。

> 如果你有现金流量表,就从它开始,这是一个更加简便的方法。

重点:提取经济现金流量用于现值分析的最简单、最可靠的方法,是依赖会计的现金流量表。使用现金流量表是最准确的公式,因为它包含了其他公式可能忽略的所有细微或者重大的会计差异。

我们只需要注意这样一个事实,即会计师认为利息是一种经营费用支出,而金融从业者认为利息是对资本提供者的分配。

项目现金流量(PCF)是应付给债权人和股东的资金总额,计算如下:

项目现金流＝来自经营活动的现金流＋来自投资活动的现金流＋(净)利息费用

(14.1)

净利润是经营活动现金流量的一个组成部分,扣除了利息费用。但利息费用是返还给债权人的现金。因此,为了获得项目产生的现金流量总额即可以支付给债权人和股东的总额,利息费用(来自利润表)必须加回去。

权益现金流量(ECF)仅适用于有杠杆的权益(即公司股东):

权益现金流＝项目现金流＋净债务的发行－利息费用

(14.2)

股东收到发行债务的所得款项并支付所有债务本金及利息。将第一个公式代入第二个公式表明,权益现金流也可以计算为经营活动产生的现金流加上投资活动产生的现金流加上净发行债务。

表 14.3 中的现金流量表继续讲述英特尔如何处理其支付利息后的现金流量:

> **英特尔用这些钱做了什么?**

股息:55.68 亿美元用于股息分红。

股本:回购了 142.29 亿美元的股票并从股票期权的行权中获得了 8.97 亿美元。

债务:它以其他融资活动现金流量获得了 2.61 亿美元。此外,英特尔借了 57.22 亿美元。汇总以上内容使得 2020 年年底的现金比 2019 年年底多出 16.71 亿美元。

现在,你的任务完成了,可以查看财务报表,了解其结构并评估其现金流。

Q14.14 你能回忆起用于 NPV 分析的经济现金流量的主要组成部分吗?你明白其中的逻辑吗?

Q14.15 英特尔公司在 2018 年和 2019 年产生了多少经济现金流?

Q14.16 为微软公司做一个财务分析。从你选择的网站(例如:YAHOO!FINANCE 或 Microsoft 自己的网站)上获取该公司过去的财务报表。计算最近三个财政年度该公司用于公司价值和权益价值 NPV 分析的现金流量。

14.7　资产负债表上应该相信什么

一般来说,美国的财务会计是致力于在利润表和现金流量表上产生相对准确的流量值,而不是提供资产负债表上准确的存量价值。有一个资产负债表的项目:**权益账面价值**(BV)。不幸的是,它也是不靠谱的财务报表上最不靠谱的价值。由于折旧和其他规则的应用方式不同,在会计师完成所有簿记工作后,权益的账面价值就变成了平衡资产负债表左右两边所需的数值。换句话说,权益的账面价值等于是一个"占位符号"。有时,它可能完全没有意义。比如它可以是负值——显然对于有限责任公司来说,任何负值都是不合理的。如果经营时间不同,同一行业的公司可能拥有非常不同的权益账面价值。对历史较久的公司来说,陈旧资产的账面价值往往只是真实市值的一小部分,因为会计师通过折旧已经将它们减记为零价值,但这些资产通常并非毫无价值。

> **权益的账面价值是特别迷惑人的问题。**

> **不要混淆我的说法:债务的账面价值经常是合理的;只有权益或者资产的价值才不是。**

其他资产负债表的项目是否更为可靠呢?要依情况而定。**负债的账面价值**往往更为可靠,是因为公司更难规避债务偿付的承诺,许多债务承诺是相对短期的,**金融债务**(包含许多长期负债)**的账面价值**通常也是合理且准确的,至少在债务发行以来利率没有显著变化的情况下。此外,你几乎没有别的选择,因为通常无法获得债务(或总负债)的*市场价值*。

> **总资产存在相同的错误问题。**

不幸的是,**资产的账面价值**仍然是个问题,因为资产的账面价值是权益、金融债务和非金融负债的账面价值之和。虽然后两者往往相当准确,但第一个部分则不然。因此,会计项目的"总资产"通常也会错误地陈述公司的真实价值，特别是对于较老的企业而言，往往低估其价值。

重点：相对真实价值而言，资产负债表上的存量数字往往并不准确，尤其是权益的账面价值，资产的账面价值也是如此，但误差相对较小。资产负债表上最可靠的数字是现金和短期资产以及金融债务数字。

总结

本章涵盖以下要点：

- 财务报表体系包括四张表格：资产负债表、利润表、股东权益表和现金流量表。虽然每家公司的财报略有不同，但财报的主要内容都相当标准。
- 财务报表不仅是为了计算净现值，更重要的是，提供详细研究的众多内容。
- 收益（净利润）不是 NPV 分析所需要的现金流量。
- 会计师在计算净利润时使用了"应计科目"，你需要在计算实际现金流时还原该项目。
- 主要的长期应计科目是"折旧"，即将资本支出进行了分期配置。还原的主要操作是加回折旧，减去资本支出。
- 递延税项是为了将美国通用会计原则（GAAP）和美国国税局规定的折旧差额进行调整。
- 短期应计科目主要是"营运资本变动"，即预期即将发生但尚未发生的现金流入和流出的分配，主要是应付账款、应收账款和应付税金。还原它们的主要操作是减去营运资本的变动。
- 利用现金流量表可以方便地处理为 NPV 分析所需要的还原应计额的大部分困难。然而，会计师认为利息费用是一种经营成本，而金融从业者认为这是对资金提供者的支出。因此，利息费用需要特殊处理。
- 公式（14.1）显示了如何计算项目融资人（即"所有者"，在这里的意义，就是债权持有人加上股东权益持有人）应得的现金流量，即经营活动产生的现金流量加上投资权益产生的现金流量加上利息费用。
- 公式（14.2）显示了如何计算有杠杆的权益持有人应得的现金流量。它是项目所有者应得的现金流，加上净债务发行，减去利息费用。
- 资产负债表的价值，尤其是权益的账面价值和资产的账面价值，对于衡量它们的真实价值来说并不可靠。

最后一点：分析财务报表时，一个常见的错误来源是将会计符号规则理解错误，这是应该注意避免的。

答案

章后习题

Q14.17 尽管会计数字有时被认为是虚构的陈述,但为什么会计数字不仅仅是"有趣的数字"? 也就是说,在大多数公司中,会计对现金流量最重要的直接影响是什么?

Q14.18 公司财务报告体系中哪些报表是关于流量的,哪些是关于存量的?

Q14.19 使用适当的网站了解 MACRS(美国的资产折旧表)的工作原理。你会如何折旧 10 000 美元的计算机设备?

Q14.20 如果你花 300 万美元购买了投资性房地产,在接下来的 50 年里,每年最常见的会计价值是多少?(提示:使用 40 年直线折旧计划表)

Q14.21 什么是应计额? 长期和短期应计额有何不同?

Q14.22 假设一辆价值 5 万美元的 SUV 汽车,预期可以使用 10 年。美国国税局对汽车使用 MACRS 5 年的折旧计划,允许在第 1 年折旧 20%,随后几年分别折旧 32%、19.2%、11.52%、11.52% 和 5.76%。你可以自己出资买这辆车,使用它每年能产生 10 万美元的销售收入,维修费用为每年 5 000 美元。你的年所得税率是 30%,资本成本是每年 12%。

1. 这辆车的利润和现金流量是多少?
2. 这辆车的净现值是多少?
3. 展示你如何从财务数据中推断出汽车的经济价值。

Q14.23 重复前面一题的问题,但假设你使用贷款融资购买了汽车,贷款每年有 10% 的利息。(现在的净现值当然是捆绑后的"贷款加汽车"项目)

Q14.24 百事公司的资产负债表显示,2000 年递延所得税为 13.67 亿美元,2001 年为 14.96 亿美元。其利润表进一步列出了 2000 年 13.67 亿美元的所得税支付情况。百事公司在 2001 年真实支付的所得税是多少?

Q14.25 某企业的季度销售额分别为 100 美元、200 美元、300 美元、200 美元和 100 美元,1/4 的顾客立即支付,3/4 的顾客在购买之后两个季度支付。为该公司构造财务数据。

Q14.26 考虑下面的项目:

金额单位:美元

项	目	
真实的物理生命期	6 年	
成本	150	
总销售收入	50	在第 1 年
	80	在第 2 年
	90	在第 3 年
	50	在第 4 年
	25	在第 5 年
	0	在第 6 年

续表

项 目	
—投入成本（现金）	5/年
—销售成本（现金）	5/年
总的资本成本	12%/年
公司税率（t）	40%/年
可用融资	
债务能力	50
债务利率	10%/年
会计处理	
会计寿命期	3年
折旧方法	线性

假设客户在商品交付一年后付款。构建资产负债表、利润表和现金流量表。从金融原理和财务报表两方面计算这家公司的价值。（请注意：这是一个耗时的小型案例题目）

Q14.27 百事公司报告了下列数据（单位：百万美元）：

利润表和资产负债表

年份	1999	2000	2001
净利润	2 505	2 543	2 262
应收账款		2 129	2 142
存货		1 192	1 310
预付费用		791	752
应付账款		4 529	4 461
应付税收		64	183

在忽略所有其他应计额的情况下，你会如何调整净利润使其以现金为导向，也就是说反映短期应计额？

Q14.28 可口可乐公司报告了以下信息（单位：百万美元）：

利润表

年份	2003	2004	2005
净利润	4 347	4 847	4 872

资产负债表

年份	2003	2004	2005
应收账款		2 244	2 281
存货		1 420	1 424
预付费用		1 849	1 778
应付账款		4 403	4 493
应付贷款		4 531	4 518
本年到期的长期债务		1 490	28
应付公司所得税		709	797

在忽略所有其他应计额的情况下,你会如何调整可口可乐的净利润,使其以现金为导向,也就是说,反映短期应计额?

Q14.29　举几个例子,说明一家公司如何压低当前报告的现金流,以便未来报告更高的现金流。

Q14.30　解释为什么EBITDA比EBIT更难被操纵。

Q14.31　在英特尔公司的营运资金项目中,哪些项目允许英特尔从业务中获取现金,哪些项目迫使英特尔向业务中投入更多现金?

Q14.32　最好凭记忆回答这个问题:如果你能获得一家公司的现金流量表和利润表,如何计算股东应得的经济现金流?

第 15 章
通过可比数据和财务比率估值

一个实用的方法

NPV 分析很难,有没有更简单的选择?令人惊讶的是,答案是肯定的。通过"可比数据",或者简称"comps",是实际工作者的选择,并不是因为可比数据方法通常更好,而是因为更容易计算。除此优势之外,可比数据方法的答案有时也更好,但并非总是如此。

15.1 弹珠的价值

可比数据估值背后的基本理念很简单,也即类比法:假设需要确定你拥有的五颗红色弹珠的价值。市场上黑色弹珠每颗价值 2 美元,若红色弹珠和黑色弹珠的估值方式相同,那么你的 5 颗红色弹珠的价值应是 10 美元。没有必要预测弹珠未来会有什么价值或者折现系数应该是多少:黑色弹珠的市场价格已经考虑了所有这些信息。

当然,黑色弹珠与红色弹珠越相似,这种方法就越有效。如果二者不相似,结果可能大错特错。如果黑色弹珠是用煤做的,而红色弹珠是用红宝石做的,二者价值的估算就会相差几个数量级。

> 相似资产的市场价格能给你提供价值估计。

总之,可比数据估值依赖于三个假设:
(1) 可以确定非常相近、可比的项目。在这个例子中,它是"其他弹珠"。
(2) 可以确定与价值相关的衡量指标。这里是"弹珠",而不是"红色"(否则的话,樱桃或法拉利跑车可能比黑色弹珠更有可比性）。

（3）资本市场对类似资产的估值相似。这是一价定律。

上述假设只在一个相当完美的市场中才能成立。如果市场并不完美，即使其他完全相同的红色弹珠以 2 美元的价格出售，你也可能无法以 2 美元的价格出售自己的红色弹珠。然而，只要市场是完美的，红色弹珠的价值是否反映其基本面信息就并不重要了。即使基于弹珠产生的未来现金流，你认为每颗弹珠的价值应该是 1 美元，只要市场愿意支付与其他弹珠相同的 2 美元，你基于可比数据得出的每颗 2 美元的估值也是正确的价值估算。如果市场是完美的，你和其他人都会接受市场价值。

15.2 可比数据和净现值

基于市盈率的可比数据的示例应用。

比如说你想采取可比数据法对英特尔公司进行估值，把自己假想为沃伦·巴菲特，正在考虑买下整个英特尔公司。

首先，必须找到另一家你认为相似的可比公司。什么是一家好的可比公司？AMD（一家竞争激烈但规模小得多的无晶圆芯片设计公司，英特尔基本上碾压式超越了它）？Nvidia（代码：NVDA，游戏玩家和专业人士的图形和处理单元设计者）？微软（另一家科技和知识产权公司，其财富与英特尔密切相关）？惠普（代码：HPQ，英特尔最大的客户）？苹果（世界上最有价值的公司，同时也是一家混合硬件/软件制造商，在特定产品上拥有准垄断地位）？

其次，你必须决定一个特定的与价值相关的属性作为基准，比如说最相关的可比属性是收益（净利润），那么估值比率就是**市盈率**（P/E）。在 2021 年 10 月，雅虎财经（finance.yahoo.com）网站上的报告数据如下：

	英特尔	微软	AMD	Nvidia	AAPL	HPQ
盈利的日期	12 月	6 月	12 月	1 月	9 月	10 月
跟踪盈利	21B	61B	2.5B	4.3B	87B	4B
未来盈利（分析师一致预期）	20B	67B	3B	10.2B	89B	4.1B
权益的市场价值	220B	2130B	126B	527B	2300B	33B
企业价值	230B	2060B	118B	521B	2390B	38B
跟踪 P/E	12	36	36	76	27	9
未来 P/E	12	32	34	52	25	8

注：表中 B 表示 10 亿美元。

这里，**企业价值**是权益市场价值加上债务减去现金。

最后，你必须假设金融市场对英特尔的估值和你的可比公司类似。真的如此吗？英特尔分析师的每一美元预期利润将转化为 12 美元的股票市值。但如果你相信英特尔和微软一样，那么英特尔的估值就太低了：

英特尔的股票市值 = 32 × 200 亿美元 = 6 400 亿美元

微软的 P/E × 英特尔的盈利

因为英特尔是上市公司,我们马上可以知道它的正确市场股票价值为 2200 亿美元。那么,结果不一致的原因是:微软的股价被定得太高了?或者微软不是一个恰当的可比公司?又或者说,盈利不是正确的衡量指标?总之,你该如何抉择?

一价定律

从概念上来说,"可比估值法"与"净现值估计"法并没有太大的不同。两种方法都试图估计真实的净现值,都希望借助其他项目对目标项目进行估值。在 NPV 分析中,你可以通过资本的机会成本(折现率)将目标项目与基准进行比较。在基于可比数据的分析中,你可以将目标项目与一家或多家类似公司的某个指标(如市盈率)进行比较。尽管估计净现值及可比数据均以相对估值为基础,但可比数据法更倚重于识别非常相似、可比的项目,并假设资本市场已对这类特定项目给出了正确估值。NPV 在识别准确的可比项目方面要更宽容一些,它采用的资本机会成本参考了一系列更广泛的目标,而不仅仅是同行业中为数不多的几家相似公司。

> 最终,NPV 方法和基于可比数据的估值法都是一价定律的应用——二者为表兄弟!

从概念上讲,这两种财务估值方法的原理是一样的:都是通过一价定律。

重点:价值评估最终依赖的是一价定律。

- 理论上,具有相同属性的公司应该具有相同的价值。
- 实际中,具有类似相关属性的公司应该具有类似的价值。

让我进一步阐述方法的相似性。要找到项目真正的净现值,必须选择一个或多个属性作为估值的基础。

- 如果你知道项目真正的净现值,你应该用它来进行可比分析。它将是 X 轴上的衡量指标,与 Y 轴上的值将构成一条完美的对角线,NPV 方法和 Comps 方法将是相同的。
- 不幸的是,在现实世界中,在 X 轴上使用的任何价值属性指标都不那么完美。首先,你无法使用真正的 NPV,因为无法确知。不过,如果你有足够的时间来使用许多可比指标(comps)来估计 NPV,这将会是一个很棒的方法,但分析师很少这样做。
- 一个更容易获得的价值属性指标可能是同行业类似公司的盈利。(然后你再使用市盈率。)

盈利是最常见和最突出的可比公司属性指标。(穆克林纳和尼堡报告称,84% 的公司使用企业价值除以 EBITDA 方法进行估值。)然而,还有许多其他可能的可比属性指标(例如,现金流量或销售额)。在现实生活中,你也可以使用多个属性指标,但多维指标很难画,所以我们在这一章里将只讨论单属性指标的估值技术。让我们将估值属性指标简称为"属性"或"衡量指标"。如果在 X 轴上绘制属性,在 Y 轴上绘制真正的公司价值,当然我们希望二者的关系是紧密和准确的。

> 一价定律定价的一个例子，有相似属性的公司有相似的价值。

例如，在图15.1(a)中，一价定律非常有效。所有公司都很好地排在一条直线队伍里，像一排鸭子。这表明你的衡量指标是与企业价值相关的，尽管图形本身不能证明这一点。现在要对属性(衡量指标)为60的公司进行估值，从横轴60处画一条竖线表示。你可以很容易地找出类似可比的公司，其中一些具有较高，另一些具有较低的衡量指标。你的可比数据估值简单而准确。衡量指标可以是估计的净现值(NPV)、盈利、销售额还是其他什么都无所谓，在图15.1(a)中它确实有效。

> 不幸的是，图15.1(b)是现实中常见的样子，通常情况下存在更多的噪声。

图15.1(b)显示了通常会发现的情况。公司价值常被许多不确定的因素所包围，虽然理论告诉你，真正的NPV是完美的衡量指标，就像图15.1(a)，但你通常需要估计NPV，这一事实使图15.1(b)更容易出现。

图15.1(c)和15.1(d)说明了在可比数据估值方面常见的另外两个问题。在图15.1(c)中，该属性指标基本上与估值无关，它不会告诉你公司的价值。

> 这是估值定价方法表现很差的例子。

在图15.1(d)中，即使你知道正确的估值属性，也没有和你的公司有类似指标规模的可比公司。你的每股盈利是60美元，但同行业中所有可比公司的每股盈利都在15到25美元之间。如何进行外推？这个图画出了两条可能的线，它们带来了截然不同的价值。在这种情况下，分析师有时会扩大他们关注的公司范围，甚至发现一些市盈率更高的公司。不幸的是，对于来自不同行业的公司来说，市盈率的含义完全不同。最后，你可能会有一个更好的价值估值，也可能最终得到图15.1(c)中所见结果——这个属性指标与企业价值几乎没有关系。

总之，以下几点对估值很重要：

(1) 需要有一个良好的价值相关属性指标(在X轴上)。具体来说，"你自己估算的项目净现值NPV"和/或"报告盈利"(进而通过市盈率计算出价值)可能都是不错的指标，但也可能有很多其他的指标。

(2) 需要找到与目标公司类似的其他上市公司，这样才能相信它们的价格/属性比率应该是相似的，最好有很多这样的公司，其中一些公司的属性指标更高，另一些公司的属性指标较低。衡量指标应该与企业价值相关、准确。

只有满足这些条件，一价定律才能给你准确的估值。

NPV还是可比公司法更好

估计净现值法和可比数据法都基于类似的思路。那么，比较二者，结果如何呢？

> NPV有输入量的估计问题，但可比数据法同样存在正确的输入值问题，甚至更特别，因为经常存在"没有相似公司"。

估计净现值法存在很多优点。它背后有一个漂亮的理论(解出"真正的净现值"!)。它能准确地为你指出哪些地方是重要的(预期的未来现金流)、不同时间的现金流如何以不同的方式(通过折现率)起作用等。这个理论可以告诉你各种估计的输入变量和最终的衡量指标(现值公式)之间的准确关系。只要能达到理想情况——找到良好的预期现金流和估计的折现率，你就知道估值是准确的！(只要你的输入变量是准确的，那么估计的NPV和真实的NPV有一一对应的关系。)然而，估计NPV方法也有两个主要缺点：首先，输入变量

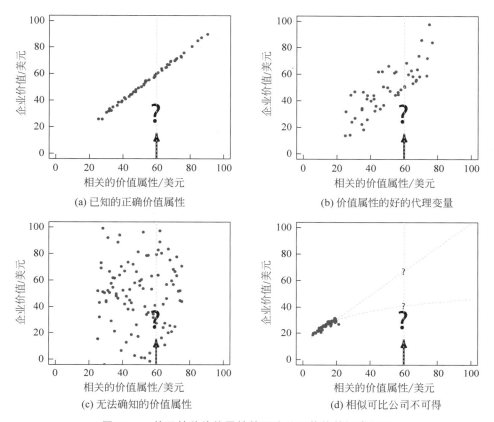

图 15.1 基于某种价值属性的可比公司估值的概念问题

注：你的目标是给一家某种价值属性值为 60 的公司估值。可比上市公司的属性和价值在图中用大点标出。在图(a)中，基于属性的可比公司数据估值几乎完美无缺。在图(b)中，存在很多不确定性，但基于属性的估值似乎仍然有用。在图(c)中，该属性与估值不相关，因此按可比数据进行估值将严重失效。在图(a)~图(c)中，具有较高和较低属性值的类似公司都可得。在图(d)中，即使价值属性的关系是已知的，但没有类似的可比公司。因此，很难将估值进行外推，基于属性估值再次失效。

的估计值——尤其是预期现金流的估计值——可能与事实相去甚远；其次，预期值没有客观标准，第三方无法证实它们。如果你说 10 年后的预期现金流是 100 万美元，而我说是 500 万美元，那么谁是对的呢？

可比数据法作为一种方法也有优势和劣势。如果真实 NPV 和你的衡量属性指标之间存在很高的相关性，则可以提供良好的价值估计。它的主要缺点是，更像是一种依存性的结果，因为你必须做出两个重要的判断：首先，什么是好的可比公司？其次，应该使用什么指标作为适当的估值属性？比如盈利（通过市盈率）是常用的衡量指标，但也可能效果不佳，其他属性才可能更适合目标企业。与估计的净现值不同，属性指标和真正净现值之间没有一对一的斜对角线关系，所以必须更加依赖于在图 15.1 中有尽可能多的可比公司样本点。此外，就像 NPV 一样，魔鬼都在细节中，后面会讲到。然而，可比数据法的一个优势在于，与净现值（NPV）相比，其输入变量更客观，也更容易验证。比如公司的盈利和股票价格是已知的,所以分析师容易达成一致。不过,主观性仍然在发挥作用——因为分析师很少就哪些是可比公司、哪些属性最适合等达成一致。这种分歧会产生不同的主观估计结果,从而也丧失了估值的客观性优势。

总之,你必须权衡抉择:关于判断未来预期现金流和适当折现率的不确定性(在NPV 估计中),关于判断属性指标有多好以及可比公司有多相似的不确定性(在可比数据法中)。通常情况下,整体公司估值更容易通过可比数据法进行,而单个项目估值更容易通过净现值法进行。更常见的情况是,同时应用二者!

具体来说,让我们回到对英特尔公司的估值尝试上。一方面,如果备选可比资产是美国国债,采用可比数据法几乎没有意义。2021 年收益率为 1%~2% 的国债是完全不同的,使用它们作为可比对象是不合理的。另一方面,如果备选可比资产是像微软这样的公司,也许可比数据(comps)估值法是有道理的,可以比任何对未来预期现金流的估计更好地贴近真正的净现值,这样你实际上可以搭便车,享受由竞争激烈的金融市场上数百万金融分析师为你带来的极其准确的估值分析(避免你自己预期未来现金流和适当的折现率)。

Q15.1　什么是一价定律?
Q15.2　在项目的净现值公式中,可比项目内容是如何体现的?

15.3　市盈率

> 对于估值,价格比率(即各类乘数)更为方便。

让我们更仔细地看看可比数据法。你可能最感兴趣的比率类型是在分子中有一个值(股票价格),在分母中有一个属性值。原因是,只要有一个好的价格比的估计比率,只需要乘以你项目或公司的属性值,就可得出对股票价格的估计:

$$\left(\frac{股价}{属性}\right) \times 目标项目的属性值 = 目标项目的价值估计$$
来自可比公司

定义

市盈率——股票价格除以每股盈利,是最流行的可比衡量指标。

$$\left(\frac{价格}{盈利}\right) \times 项目的盈利 = 项目的价值估计$$
来自可比公司

价格是一种存量的指标(一个快照),而盈利(通常是年净利润)是一种流量的指标。有点奇怪,这是一个不应该用苹果除以橘子规则的例外。你应该希望年度盈利——虽然是一个流量数字——能够很好地代表未来所有盈利流量折现后的存量价值,如果一年的盈利不能是未来盈利的代表,那么市盈率就很可能不是一个好的衡量指标。

无论是在公司整体层面还是在每股基础上计算市盈率都无关紧要。比如一家资本市值 1 亿元、盈利 500 万元的公司,市盈率是 20。如果该公司有 5 000 万股发行在外,那么它的每股价格为 2 元,每股盈利为 0.1 元,由此计算出的市盈率仍然是 20,它的股价是盈利的 20 倍。

在现实世界中,市盈率通常(但并非总是)按当前股票价格除以分析师对下一年盈利的一致预期得出,预期的盈利是对**远期盈利的估计**,而不是**跟踪盈利的估计**[1]。远期盈利是预期的,但目前已知。远期盈利更关注未来,由于企业估值也应该是前瞻性的,而不是回顾过去的,所以基于远期盈利的市盈率往往更好。

> 盈利可以是分析师对下一年或者当前会计年度的一致预期。

此外,永续增长年金公式的一个非正式变形 $P=C/(r-g)$,也有助于增进直觉认识。你可以把今天的股价和下一期的盈利联系起来:

$$价格 = \frac{预期盈利}{资本成本 - 预期盈利增长率}$$

> 增长率公式也可以。

(如果用最近报告的盈利代替,直觉依然存在。)

在之前整整的一章解释了在计算 NPV 时不能采用盈利而必须采用现金流后,现在是倒退回盈利的一步吗?实际上不是!原因是盈利往往比当前的现金流更能代表未来的现金流。这很奇怪吗?不。这其实很有道理。现金流通常比盈利"更易突然变化",当一家公司进行一笔大的资本支出或收购时,它在某一年有很大的负现金流,随后几年有正现金流。在 NPV 分析中,现金流突然的变化并不是问题,因为未来更高的现金流将在未来其所发生的时间进入 NPV 公式。相比之下,盈利则试图在许多期间内平滑大额现金流的流入和流出,会计师专门设计了盈利这个数字——一个替代企业长期特征的具有代表性的短期指标。当采用一年的数据计算一个估值比率时,会计的盈利比现金流量更具代表性。尽管如此,年度的会计盈利在不同时期仍然会有"很大"的差异(相对于整个企业生命期的盈利而言),而且经理操纵盈利比现金流更容易。

> 为什么在估值比率中采用盈利而非现金流?因为会计尝试在盈利上反映更多企业的未来。

为什么市盈率不同

对市盈率的一种看法是,它赋予每一元盈利一个隐含的整体价值。在 12 倍的市盈率下,可以说每多赚 1 元,估值就会多出 12 元——股价是盈利的 12 倍。

> 最主要的问题:公司之间市盈率的差异来自哪里?

但市盈率从何而来?为什么它们会因项目、公司和行业而异?

如果相信公司未来不会产生任何盈利,那么价值估计只是今年的收益。相反,如果相信公司未来会有盈利,那么今年的盈利只是未来盈利的影子,对当前每元盈利的价值估计将是一个大于 1 的数字。

> 一个原因是市盈率用现在的盈利代表所有未来的盈利。

---

1 远期盈利 forward earnings,一般是当年或者下一年(均指会计年度)的预期净利润。跟踪盈利 trailing earnings,是指在估值当时往后倒推一个年度(四个季度)的已实现净利润,比如在 10 月估值,跟踪盈利即今年前三个季度的盈利加上去年第四季度的盈利。

> **重点**：在其他条件不变的情况下，拥有更多未来盈利和更多未来盈利增长的公司，其市盈率会更高。

在第 3 章的永续增长年金的公式中，当前盈利和未来盈利之间的关系被一个参数定义：预期增长率 g。（注：资本成本 r 较低的公司也可以具有较高的市盈率，r 很少是影响市盈率的主要渠道，应该主要关注盈利增长的影响渠道。）下面我们来展示 g 对于市盈率的影响。

> 用永续增长年金的公式更易于理解。

预期盈利增长率的不同

假设你的公司预期明年将获得 100 元的盈利（也是现金流），适当的资本成本是 15%。这家公司的利润是一个永续增长年金，以每年 5% 的速度永续增长。使用公式，其股票估值是

$$价值 = 100/(15\% - 5\%) = 1\,000(元)$$

$$价值 = 股价 = \frac{预期盈利}{合适的利率 - 预期盈利增长率}$$

在股价为 1 000 元、预期盈利为 100 元的情况下，公司的股价除以预期盈利就是市盈率，

$$\frac{股价}{预期盈利} = \frac{1\,000}{100} = \frac{1}{15\% - 5\%} = 10$$

$$\frac{股价}{预期盈利} = \frac{\dfrac{预期盈利}{合适的利率 - 预期盈利增长率}}{预期盈利}$$

$$= \frac{1}{合适的利率 - 预期盈利增长率}$$

如果这家公司不是以 5% 的速度增长，而是以每年 10% 的速度永续增长，会发生什么？它的市盈率将变成

$$\frac{股价}{预期盈利} = \frac{1}{15\% - 10\%} = 20$$

> 高速增长的公司有更高的市盈率。

这家公司的市盈率更高，因为它有更大的未来盈利成长性。

如果市场预期这家公司每年以 −5% 的速度下降，会发生什么？这家公司的市盈率将只有

$$\frac{股价}{预期盈利} = \frac{1}{15\% - (-5\%)} = 5$$

> 相反，低速增长的公司有更低的市盈率。

这家公司的市盈率更低。

夕阳行业是什么，并非显而易见。例如，在我看来，香烟生产商应该遭受负增长，从而导致低的价格/盈利比。但在 2021 年，奥驰亚（Altria）[1] 的市盈率为 19 倍，分析师预计未来 5 年盈利增长率为 5%。高科技生物公司安进（AMGEN）的预期盈利增长率类似，为

---

[1] 前身为菲利普·莫里斯（Philip Morris）公司，美国最大香烟制造商。

6%,市盈率为 21 倍。(两家公司有类似的债务水平)特斯拉的远期市盈率超过 100 倍,预期盈利增长率为 54%。啁依(Chewy)[1],这家宠物食品供应行业的电子商务公司远期市盈率超过了 200 倍。市盈率主要反映了资本市场对企业未来盈利增长的预期。

也请注意公司有两种方式来提高它们的股票市盈率:提高股票价格或者降低盈利。濒临破产的公司,其股票市盈率通常也很高。相对于困境中的企业盈利,它们未来的盈利有望出现增长。

盈利增长率只有 5%,投资者却期望获得 15% 的回报率,这让你感到困惑吗?投资者的预期回报率不应该等于盈利增长率吗?不是——完全不是!(实际上,预期回报率 $[E(r)]$ 不能等于盈利增长率 $[E(g)]$,否则的话,净现值公式将得出无穷大的结果。)原因是,今天的股票价格已经将所有未来的盈利资本化。例如,以一家公司为例,其合适的资本成本为 10%,将在明年产生盈利现金流 100 元,下一年产生 50 元,此后产生 0 元,不存在不确定性。显然,该公司的现金流和盈利正在急剧萎缩。但这家公司目前的价值是 $100/1.1 + 50/1.1^2 = 132.23$ 元。明年,投资者将获得 100 元并持有 $50/1.11 = 45.45$ 元的剩余项目,总价值为 145.45 元。预期回报率也就是资本成本,为 $145.45/132.23 - 1 = +10\%$,所以尽管盈利增长率为 -50%,但预期回报率仍为 10%。

> 临近破产的公司也有很高的市盈率。

> 请记住:盈利的增长率不是投资者的期望回报率。

增长机会的现值(PVGO)

表达相同信息的另一种常见方式——以市盈率中增长部分的角度,将一家公司的现金流分解为两个部分:假设具有相同预期盈利但停止增长的公司的现金流和假设现在没有盈利仅包含成长机会的公司的现金流。后一个组成部分通常称为增长机会的现值(PVGO[2])。

你可以把任何一家公司的市值——不管它的盈利是多少——分解成这两个部分,给它们分别贴上"稳定"和"增长"的标签。例如,考虑三家公司,它们的股价都是 150 元,合适的资本成本都是 10%。第一家(稳定)公司的预期盈利为 15 元,第二家(增长)公司的预期盈利为 12 元,第三家(萎缩)公司的预期盈利为 20 元。它们的 PVGO 各是多少?将这些公司的价值分解为两个部分:

> 业内实务人士经常使用 PVGO(增长机会的现值)。

(1)稳定公司的价值

$$150 = \frac{15}{10\%} + X = 150 + X \qquad (15.1)$$

$$价值 = \frac{预期盈利}{资本成本} + PVGO$$

上述等式中,X 必须为 0,说明资本市场对这家公司的定价就预期它没有任何未来增长。因此,这家公司 100% 的价值来自"稳定部分",0% 来自"增长部分"。成熟和稳定的公司一般停留于这种模式。

---

1 美国著名的宠物用品电商平台。
2 present value of growth opportunities.

(2) 成长公司的价值

$$150 = \frac{12}{10\%} + X = 120 + X$$

$$价值 = \frac{预期盈利}{资本成本} + PVGO$$

这家公司的"稳定部分"价值为 120 元,为使得等式成立,它的增长机会价值 PVGO 必须为 30 元。进一步地,你可以说 30 元/150 元 = 20% 的公司价值来自未来的增长机会,80% 来自其稳定的业务。

(3) 萎缩公司的价值

$$150 = \frac{20}{10\%} + X = 200 + X$$

$$价值 = \frac{预期盈利}{资本成本} + PVGO$$

这家公司的"稳定部分"价值为 200 元(假设该企业能够稳定重复),为使等式成立,它的增长机会价值 PVGO 为 −50 元,实际的增长率为 −50 元/200 元 = −25%。这家公司预期将无法维持其业务。

PVGO 的名称很恰当:稳定的公司没有 PVGO,增长的公司有正的 PVGO,萎缩的公司有负的 PVGO。如果喜欢代数,你可以把公式改写为 $PVGO/P = 1 - (E/P)/r$。假设一家公司的资本成本 r 是每年 10%,那么市盈率(P/E)为 10 的公司就没有 PVGO(即为 0),市盈率为 20 的公司,增长机会的价值(PVGO)占企业价值的一半。

Q15.3 为什么计算"价格-盈利比"相较计算"价格/现金流量比"更常见?

Q15.4 谷歌和百事公司,哪一个的价格-盈利比(即市盈率)可能更高?

Q15.5 一家公司今年的盈利为 230 元,年增长率为 6%,价格-盈利比为 40。如果它能以每年 7% 的速度增长,它的价格-盈利比会是多少?价值会增长多少?

Q15.6 将式(15.1)重新排列为价格-盈利比的形式。对没有 PVGO 公司的盈利/价格收益率有什么影响?关于 PVGO 为正的公司呢?负 PVGO 的公司呢?

Q15.7 如果 PVGO 是正数,那么 $E(g)$ 是正还是负?

Q15.8 假设有一家稳定的公司,股票市值为 1 000 元,每年能产生 100 元现金,直到永远。该公司目前的资本成本是 10%。

1. 假设该公司是 100% 的股权融资。市盈率是多少?

2. 假设改变资本结构,其中 500 元是用债务融资,500 元用权益融资,债务的资本成本为 7.5%,而权益的资本成本为 12.5%。(在一个完美的市场中,我选择的数字很合理。因为加权资本成本(500/1 000 × 7.5% + 500/1 000 × 12.5%)仍然是 10%。公司的加权资本成本没有改变),现在公司的市盈率是多少?

3. 采用债务,是使公司的市盈率增大了还是减小了?

15.4 价格-盈利比(市盈率)的问题

市盈率可能会出现什么问题呢?

回到 15.2 节的表格,在那里我们采用其他可比公司来评估英特尔的价值。用微软作为可比公司估计的价值与英特尔的价值"只"相差了 167%!

> 任务是基于微软的市盈率为英特尔估值。

$$\frac{\text{英特尔的价格}}{20B} = 32 \Leftrightarrow \text{英特尔的价格} = 32 \times 20B = 640B$$

$$\frac{\text{英特尔的价格}}{\text{英特尔的盈利}} = \frac{\text{微软的价格}}{\text{微软的盈利}} \Leftrightarrow \text{英特尔的价格} = \frac{\text{微软的价格}}{\text{微软的盈利}} \times \text{英特尔的盈利}$$

价值估算的差距就是市盈率——这里是 2.67 倍。那么其他可比公司呢?若采用 AMD 和 Nvidia 作为可比公司,差距会更大。对于苹果公司和惠普,可能是同类公司中与英特尔最不相似的,但采用苹果公司的市盈率还是会两倍高估英特尔的价值,而用惠普的市盈率则会低估英特尔价值 1/3。

哪里出了问题?基本上有两种可能的解释。首先,一价定律已经失效。股票市场的估值——英特尔、微软或者两家公司都是完全定价错误。但这种可能性极小。如果市场给出的价值系统性地错了,你大概很快能够致富:买入被低估的公司,卖出被高估的公司。其次,两家公司市盈率基本相同的假设是不正确的,这是更可能的原因。为什么可比公司不具有真正的可比性,下面让我们回顾一下。

> 如果可比公司并不类似,不是市场错了,就是可比公司选错了。通常情况下是后者。

可比公司的选择

虽然两家公司的财富有一定联系,而且都是科技企业,但英特尔主要生产硬件,微软主要生产软件。公司之间几乎总是存在类似这样的差异。除了纯粹的大宗商品,是否存在两种产品永远相同?是否有两家公司一直生产完全相同的产品矩阵,在完全相同的市场上销售,拥有完全相同的品牌名称、营销、客户关系等?

通常情况下,用可比数据法进行估值最大的问题就是寻找类似的股票。目前美国有大约 1 万家上市公司可供选择。作为英特尔的基准,有数百家从事 IT 行业的企业。如果在资产、业务产品和服务、地域覆盖面、公司年限、大小和规模、管理、治理或纯粹的运气方面相似,公司是否就更相似呢?两家企业是否在所有方面都必须相似?如果是这样,很可能没有任何一家公司符合资格。事实上,我可以向你保证,没有哪家公司跟英特尔完全一样。真正的英特尔公司只有一家。

> 找到好的可比公司:可比公司应该在哪个维度上相似。

MSFT、AMD、NCDA、AAPL 和 HPQ,都是不折不扣的好的可比公司,但是其中哪一家最相似?根据上述可选择的公司,英特尔的估值可能为 6 400 亿、6 800 亿、10 400 亿、5 000 亿或 1600 亿美元。应该是哪一个?

> 哪一个可选公司是最佳的可比公司。

一个警示!选择可比公司往往不仅取决于你的判断,也取决于你的动机。如果你想买下整个英特尔公司,那么在谈判的时候,你会选择估值较低的可比

> 同一家企业估值的不同结果：分析师的错误和偏差会导致巨大的波动。

公司，比如 HPQ。如果你是英特尔的所有者，则会努力谈判获得更高的价格，激烈地争辩说 Nvidia 是更好的可比公司。当然，最终获胜和决定价格的不是估值争论和叫嚷，而是买卖双方的偏好和最终的妥协方案。

可比数据法的不可加总性

NPV 分析有一个漂亮的性质——可加总性。如果公司 FMA 价值 1 000 美元，公司 FMB 价值 5 000 美元，若 FMA 和 FMB 合并后不存在协同效应，则合并后的 FMAB 公司的价值是 6 000 美元，即 NPV 价值可以叠加，这是因为资本成本可以按照价值加权，现值也能相加。

> β 系数和资本成本都可以加总——你可以用价值加权后的平均值。一个合并后的公司价值和它各部分价值的总和是一样的。这也适用于市盈率吗？不！

基于可比数据的估值法是否具有相同的可加性？不幸的是，没有！这是一个重要的问题。缺少可加性和缺乏平均的性质，会有一些奇怪的影响。

比如，想想如果微软和惠普公司合并，英特尔的估值会发生什么变化。之前，两个同业企业的市盈率一个是 32 倍，另一个是 8 倍，算术平均的市盈率是 20 倍。如果微软和惠普两家公司合并，按照 21 163 亿美元的市值和 711 亿美元的盈利计算，市盈率为 30.4 倍。因此按 20 倍算术平均市盈率的计算结果和 30.4 倍实际市盈率的计算结果完全不同。

重点：
- 与市场的贝塔值和资本成本不同，价格-盈利比（市盈率）不能进行价值加权或者算术平均。
- 即使两家企业的合并并不能创造价值，但合并会改变市盈率。

所以，你不能将市盈率进行算术平均或加权平均。不过，在现实生活中，分析师还是会这样做，因为大多数分析师甚至都不知道自己在做什么。

> 你还是想平均。不幸的是，它没有潜在合理的基础。

如果微软分拆其 XBox 部门，作为英特尔的可比公司，对于英特尔的真正价值会有什么影响呢？在现实生活中没有什么影响。但是基于市盈率估值，现在却可能给出一个不同的值，因为可比市盈率变了。另一个奇怪的方面是有关多元化企业集团的估值。你应该对每个子公司找一个可比公司，然后对多家可比公司的市盈率进行"平均"呢？还是去找一家大型多元化企业集团的同业作为可比对象呢？

> 加总失败的结果意味着，严格来说，只有最基础的单一产品的公司才能被相互比较。

当然，尽管我已经解释了不能对市盈率进行加总和分解，但你可能还是会采用几家公司市盈率的平均值。没错，你只能比较在所有方面都相似的整体性的公司。所以市盈率方法可能仅适用于业务简单且明确的公司，而不适用于拥有许多子公司的大型企业集团。

分母的取值范围问题

还有一个更糟糕的问题。

重点：当分母可以取负值时，比率方法本质上就没有意义。

市盈率就是这种情况,因为盈利可以(暂时)为零或负值。这就会把任何市盈率估值弄得一团糟。当盈利接近于零时,函数(1/盈余)的取值是不连续的,非常陡峭。例如,如果一家公司的股票价格为 10 美元,其预测盈利为 1 美分,则其市盈率为 1 000;如果它的盈利只下降一美分,它的市盈率就无法确定[1];如果利润再下降 1 美分,它的市盈率就会突然变成-1 000。这种现象可以称为"1/X 范围"或"分母的取值范围"问题。

> 在计算市盈率时,盈利很小或者负的盈利,很不好处理!

时间回到 2016 年,那时英特尔的可比公司的远期市盈率如下:

> 取平均值时,忽略其中的负值?

微软	AMD	ARM	AAPL	HPQ
18	NA	21	10	6

请注意 Nvidia 在 2016 年还未收购 ARM。因此,表中 ARM 是一个比 Nvidia 更具有可比性的公司。分析师对于 AMD 远期盈利的一致估计是 3 亿美元的亏损。假设你决定为英特尔计算平均市盈率。如何正确对待 AMD 这个负的收益?NA[2](忽略它)!毕竟,有限责任公司的股票不可能市值为负。如果你忽略它,你的平均市盈率值将是 14,接近于当时英特尔 12 倍的市盈率,但这正确吗?

如果你回答是,那么请问:如果分析师报告了一个轻微的修正,他们没有预期 AMD 会损失 3 亿美元,而是盈利 150 美元——你的行业平均市盈率水平会是多少?那么若 AMD 盈利 100 万美元呢?或者-150 美元?一家小小的 AMD 公司的盈利变动都会对行业平均市盈率产生显著影响,进而影响你对英特尔的估值。

> 远期盈利的小幅变动会怎么样?

分母取值范围问题的补救措施

不幸的是,还没有完全令人满意的方法来解决分母取值范围问题,只有一些特别的步骤来处理这个问题。

(1)**忽略盈利非正的公司**。如前所述,行业中最常见的做法是从市盈率均值中去除盈利非正的公司。不幸的是,这不是一个好的解决方案。首先,你想要一个准确的估值,而股市当时确实将 AMD 公司估值为 40 亿美元,仅仅因为其盈利为负,你就忽略它,这没有充分的经济理由。当一家公司的盈利仅略低于或高于 0 时,就将其从你的平均值计算中移出或移入,意味着一家可比公司盈利微小的变动,将会对可比公司估值产生很大的影响,这样处理很武断。

> 这是一系列特别的方法来改善市盈率的平均值,它们都不完美。所有都是临时的措施。

(2)**使用中位数,而不是平均数**。一家负盈利的异常公司往往会大幅改变平均市盈率。相比之下,采取市盈率的中位数往往不受负盈利公司的影响。在这种情况下,市盈率"18、异常值、21 和 10"的中位数,不受异常值的影响。这样做的缺点是,中位数忽略了许多具体市盈率的数量规模信息——这些信息是重要的。

---

1 数学上等于正无穷大。

2 not available,NA,也即"不可得"。

（3）**采用平均市盈率指标，再倒置**。市盈率的倒数是"盈利-价格比"或称"**盈利-价格（E/P）收益率**"：

$$盈利收益率 = \frac{盈利}{价格} = \frac{1}{市盈率}$$

它可以保证分母为正。因此，避免了分母取值范围的问题。即使盈利为负，它也有意义。它还能处理一些情况，比如一笔小小的正收益在市盈率计算上可能产生巨大的影响，但对盈利收益率的影响很小。如果盈利为正，那么较高的市盈率意味着较低的盈利/价格比，反之亦然。

（4）**采用总和处理**。与其对各个公司的市盈率进行平均，不如先将所有的资本市值和所有的盈利先相加。根据 15.2 节中表格的内容，在 2021 年 10 月同行业企业的汇总估计盈利为 1 733 亿美元，总的资本市值为 51 160 亿美元，二者相除，市盈率的"平均值"为 29.5。这个过程实际上是对股票进行按照盈利占比进行加权的平均值。[1] 如果要估值的目标公司非常大，这是合理的。如果要估值的公司较小，就不合适了，你是否真的希望将其估值建立在大型的同行业公司基础上？（微软和苹果的总市值大约是英特尔的 10 倍）。

如果行业中只有极少数公司出现轻微的负盈利，上述方法有时可以提供合理的估计。否则的话，最好不要先使用市盈率，一开始就考虑盈利水平并不合理。

重点：

- 正式而言，无论是市盈率还是市盈率的倒数（E/P 收益率），都不能在各个项目或公司之间取平均值。
- 但在现实中，经常需要某种非正式的平均值。这是因为，仅依靠一个可比公司往往结果更糟。
- 简单的市盈率平均值可能导致不合理的估计。对此有一些改进方法，如：使用中位数，剔除低盈利公司，计算平均的 E/P 收益率，或者采用样本的总市值除以总盈利。

永远不要把市盈率平均值当真。你的目标只是为公司找到一个"直观上良好的可比平均市盈率"作为估值的依据，这个可比市盈率估计量是从多个可比公司中得出的，而非一个精确的数字。

应该相信哪种市盈率？

交易所交易基金（ETF）是一揽子的证券，通常被放在一起模拟一个指数。你可以把 ETF 想象成这样的公司，你知道其每个部门（也即指数的成分股票）的价值，也知道它们的市盈率。

---

[1] 数学上，直接对市盈率进行平均，是算术平均值，即每家可比公司都同样对待；这里先加总市值和盈利，再相除，得到的是市盈率的加权平均值，可以通过简单推导证明。采取加权平均值，会使得盈利规模大的公司对平均市盈率的影响更大。

> 2006年3月13日,《华尔街日报》报道称,巴克莱全球投资公司(现为贝莱德)计算出其 iShares 标准普尔 500 ETF 和 iShares 罗素 2000 ETF 的市盈率分别为 16.4 和 19.1。罗素 2000 指数包括许多中市值公司。从估值比率来看,这两只基金是否具有可比性?
>
> 如果你计算罗素 2000 指数中所有股票的市值加权和,再除以这些公司的盈利和,你会发现,罗素 2000ETF 的市盈率是 41,而不是 19.1。为什么会有差异?这是因为巴克莱在计算市盈率时将所有亏损公司都排除在外——也就是说,罗素 2000 指数的许多成分股都被排除在外了。iShares 投资组合经理卡尔·程表示,投资者通常不会关注负市盈率的公司,因此他们也没有将其计入均值。——华尔街日报,2006 年 3 月 13 日(C3 页)。

Q15.9 考虑 A、B 两个部门合并后的新公司,新公司的市盈率是这些部门市盈率的价值加权平均数还是等权重的算术平均数?

Q15.10 一家市盈率为 20 的公司希望收购一家市盈率为 50、规模只有它一半的公司。合并后的公司市盈率是多少?

Q15.11 为什么使用市盈率的平均值会最容易出错?你认为这个问题的根源是什么?

Q15.12 如果十几个行业可比公司中,只有一家企业的市盈率为负,你该如何处理?

过去 12 个月(TTM[1])的跟踪调整

还有一个较小的机械式问题:**时间**。首先,如果年报的时点数据和估值的时间相差 6 个月,使用可比公司的年度盈利是否有意义?还是应该只使用最近季度的数字?在所有上市公司中,只有约一半报告了日历年盈利(信息发布时间是由会计部门完成,并在 3 月至 6 月发布财务报告)。你可能不希望对不同时段的财务数据进行比较,特别是若经济最近出现变化的话。在对英特尔进行可比公司分析时,AMD 公司的以下数据是可得的。

> 当可比公司在不同月份报告了年报,经济环境年内的变动会引入其他问题。

	财年	日历年	百万美元			
			销售额	净利润	销售额	净利润
	FQ1,2020	2020 年 3 月 31 日	1 786	162		
	FQ2,2020	2020 年 6 月 30 日	1 932	157		
	FQ3,2020	2020 年 9 月 30 日	2 801	390		
	FQ4,2020	2020 年 12 月 31 日	3 244	1 781	9 763	2 490
	FQ1,2021	2021 年 3 月 31 日	3 445	555		
最近的数据→	FQ2,2021	2021 年 6 月 30 日	3 850	710		
	FQ3,2021	2021 年 9 月 30 日	…	…		
	FQ4,2021	2021 年 12 月 31 日	…	…		

---

1 trailing twelve months,TTM,即跟踪 12 个月。

> 幸运的是,时间的差异能够通过"过去12个月"(TTM)的数据较为容易地被考虑到。

> TTM只对"流量"数字有用(如利润),对存量数字无用(如资产)。

2020年第四季度的盈利格外高,是因为13亿美元所得税优惠的估值释放。

为了在2021年6月和其他可比公司类似,调整AMD的盈利"就像他们同时调整了自己的财务年度",不要使用季度盈利。从2020年度AMD的2.49亿美元盈利开始,加入2021年第一季度(2021年3月)的5.55亿美元,减去2020年第一季度(2020年3月)的1.62亿美元;加上2021年第二季度(2021年6月)的7.10亿美元,减去2020年第二季度(2020年6月)的1.57亿美元。这样的处理,被称为**跟踪12个月**的数据。

跟踪年度盈利 = 2 490 + (555 − 162) + (710 − 157) = 3 436(百万美元)

TTM盈利 = FY'20 + (FQ1'21 − FQ1'20) + (FQ2'21 − FQ2'20)

请注意:

- 跟踪12个月只调整"流量"数字(如盈利、销售额),而不调整"存量"数字(如公司资产、负债)。存量数字就是财务报告时点上的数据。
- 管理层有办法来隐藏数字。公司可以改变财政年度的结束日期,使得连续几年的比较更加困难。比如一年可以包含52周,也可以包含53周。当一家公司从一个52周的日历年度转到一个53周的年度时,它会多赚几天,从而带来额外的销售额和盈利。一家公司也可以从11月的财年切换到12月的财年,从而报告13个月而不是12个月的财务数据,或者有时情况正好相反,在未来一年再次进行相反的切换。(还有其他一些与日期无关的会计游戏。例如,一家公司收购了另一家公司,它可以重新列报财务数据——这同样会更难以衡量它的会计业绩。还有另一个复杂因素是,新上任的首席执行官们喜欢消除早期的各种不良投资,以便使自己轻装出发。)

以上需要格外警惕。

Q15.13 登录雅虎财经(finance.yahoo.com)网站,为了英特尔公司的估值,重新计算Microsoft、AMD、NVDA、AAPL和HPQ最近跟踪4个季度的可比市盈率。

市盈率的债务调整

你已经知道,公司可以通过债务和权益的组合来进行融资。一家公司的市盈率是否受到融资方式的影响呢?如果一家公司仅仅是资本结构中负债较多,而另一家其他方面完全相同的公司却有不同的市盈率,那么就不能比较二者了。换句话说,当拥有不同的资本结构时,好不容易找到的"完美"可比公司,就此会消失吗?

> 杠杆影响市盈率吗?

事实证明,债务确实会改变市盈率,是正向或负向的影响不定。大致来说:

- 对于成长型公司(具有高盈利增长率),负债越多,市盈率越高。
- 对于价值型公司(盈利增长率为零或为负),负债越多,市盈率越低。

你可以在本章后面的练习题中检验一下上面的论断。

我们仍然可以让企业变得具有可比性。降低资本结构影响（也即去杠杆）的一个明智方法是，无论是对被估值公司还是对可比公司来说，都从基于权益价值的市盈率转向基于整体企业价值的无杠杆市盈率。

> 我们论述为不同的杠杆比率而调整市盈率。

（1）在分子中不使用股东权益的市值（P），而使用前文介绍的企业价值。

（2）所有的利息支付被加到分母的盈利（E）中。

在完美市场中，上述调整足以计算无杠杆的市盈率。但在一个不完美的市场中，财务杠杆的变化也能改变现金流量的总量。例如，如果一家公司通过增加债务而节省了公司所得税，那么债务和权益的总额也即企业价值就会增加。

幸运的是，在我们2016年科技公司的分析案例中，没有一家出现高额的净利息费用，它们的企业价值和权益市值基本相当。从经验来看，债务调整很少会显著改变市盈率，除非是对于银行等高杠杆公司，或者是严重错配了可比的公司。

Q15.14 一家公司的市盈率是12，债务与权益比率是2∶1。请问其无杠杆市盈率（即基础业务的市盈率）约为多少？

Q15.15 2002年10月，在美国上市的七家汽车制造商的数据如下：

单位：10亿美元

制造商	市场价值	盈利	制造商	市场价值	盈利
沃尔沃（ADR）	5.7	−0.18	戴姆勒克莱斯勒	32.3	4.63
福特	14.1	−5.30	日产（ADR）	37.7	3.09
通用	18.8	1.83	丰田（ADR）	87.3	4.51
尼桑（ADR）	27.0	2.55			

忽略债务。ADR是指美国存托凭证，它是一种外国公司在纽约证券交易所上市的方法。同日，雅虎德国网站上报告德国大众汽车的盈利为38亿欧元。就销售额而言，大众汽车与沃尔沃和福特最为相似。你认为大众汽车的股权价值是多少？依据哪些假设？

15.5　实证证据

现在，让我们看看实际的数据，以评估基于利润的可比公司估值法在实践中表现如何。下面是2016年和2021年两个时点的数据快照。

部分选定公司的统计数据

表15.1展示了2021年10月道琼斯30成份股的价格-盈利比率（即市盈率）。你可以自己随时从互联网下载数据，创建类似的表。认真观察它们！为什么高增长的雪佛龙能有56倍的市盈率，而英特尔却不能呢？真是太难了！

> 这里是一些公司的样本，可以来演示PVGO的有用性。

表 15.1　道琼斯 30 成份股在 2021 年 10 月的跟踪市盈率

公司	市盈率	公司	市盈率	公司	市盈率
3M	18	高盛	7	耐克	40
美国运通	20	家得宝	24	宝洁	26
安进制药	21	霍尼韦尔	31	软营部队(salesforce)	110
苹果公司	28	IBM	24	旅行者公司	11
波音	NA	英特尔	12	联合健康	27
卡特彼勒	25	强生	24	威瑞森通讯	11
雪铁龙	56	JP 摩根大通	11	维萨信用卡	47
思科	22	麦当劳	27	沃博联	18
可口可乐	29	默克	37	沃尔玛	39
道(Dow)	11	微软	37	迪士尼	291

注：表中比率数字已经取整数，以减少对精确性的错觉。由于新冠病毒感染疫情，波音公司在跟踪市盈率期间的收益为负。

另一方面，另一些可比公司并不总是如此变化多样。例如，对于主要的汽车制造商，我们发现：

公司	本田	福特	通用汽车	丰田	戴姆勒克莱斯勒	宝马
市盈率	6	17	7	9	6	5

这些可比公司看上去很棒，市盈率比较接近——至少在你看到有超过 400 倍市盈率的特斯拉之前。

盈利、价格和市盈率

个股是有趣的——但更系统地观察数据，才能获得更多信息。比如在 2016 年，基于盈利属性的上市公司估值到底有什么特征呢？

图 15.2 用 2016 年公司的 5 年期盈利增长率与远期盈利收益率（E/P）[1] 做图。高盈利增长的公司应该有更高的市盈率和更低的盈利收益率，至少对正盈利公司来说是这样。

理论上你应该看到具有相似 g 值的公司具有相似的 E/P 比率，而具有更高 g 值的公司具有更低的 E/P 比率。坦率地说，我无法在图 15.2 中看到清晰的模式。此外，在同样的增长率 g 下，E/P 比率的变化是如此之大，以至于淹没了可能的规律。先看一下任何一个 x 轴上正常的盈利增长率，然后看一下 y 轴。在同样的盈利增长率 g 下，一家公司的市盈率是 100，另一家公司的市盈率是 2，价格分歧为何如此之大？

经理人和分析师往往意识不到他们的价值估值有多少噪声，原因只是他们通常会使用 5 到 10 个经过*仔细*挑选的可比公司，其中"仔细"一词也可以替换为"便利"！无知可以是一种幸福，尤其是没拿自己的钱去作赌注。

图 15.2 应该清楚地告诉你，基于盈利属性的估值[也即基于价格－盈利属性（市盈

---

[1] 即市盈率 P/E 的倒数。

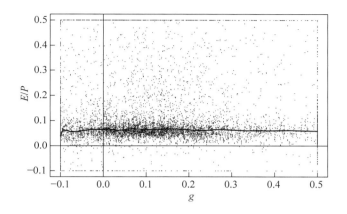

图 15.2　2016 年五年期盈利增长率与远期盈利收益率的关系

注：每个点代表一只股票。比率在 -10% 和 $+50\%$ 范围内变化（这意味着在这些值处截断了异常值）。拟合线是被平滑的，但并未强制画为线性关系。数据来源是 IBES。

率）的估值］不是一种非常准确的估值方法。2016 年的实际情况与图 15.1(c) 中的"完全无用"图最为相似，略有一丝"适度有用"的迹象(b)。如果你曾寄希望基于盈利属性的估值能把你从困难和容易出错的 NPV 计算中解救出来，你会非常失望。

顺便说一句，有些基金经理试图利用图 15.2 中的差异进行**配对交易**，他们会做多一只市盈率低的股票，做空同行业中另一只市盈率高的"类似"股票。这些配对交易策略有时是成功的，但并非总是如此。之所以会失败，是因为并没有强大的力量把相同盈利增长的公司推向相似的市盈率，实践中股票似乎并不经常回归到相似的价值。

> 结论：它是有用的信息，但肯定不是最佳的。你不能完全信任基于可比公司盈利的估值结果。

仅仅依靠可比公司进行估值注定会非常容易出错。大多数分析师的结论是，他们需要尝试许多不同的方法来形成一种估值的观点。谁说估值容易？谁说理论比现实生活更难？事实显然并非如此。

> 配对交易也是一样。

价格-盈利关系随时间的变化

一个警示：你不能使用任何特定年份的数据（例如图 15.2 中 2016 年的图）来评估另一个时间点上的市盈率。原因是，在经济繁荣时期，盈利增长率很高，市盈率也很高，但不可能满足永恒的增长公式，繁荣终将结束。相比之下，在衰退期间，盈利增长可能是负数。然而，此时市盈率仍然相对过高，因为投资者预计盈利最终将再次增长。例如，在 2000 年 12 月，公司盈利以平均 $+40\%$ 的速度增长，这显然是不可持续的。如果采用永续增长年金的估值公式，你会发现，资本市场中的公司价值似乎被低估了。到了 2001 年 12 月，也就是美国"9·11"事件发生之后，情况正好相反：盈利平均同比下降了 -40%。如果你按照永续增长年金的估值公式计算，资本市场中的公司价值似乎被高估了，其实投资者预料到萎缩并不会永远持续下去。

> 不幸的是，盈利增长率和价格-盈利比率之间的关系（因此的图像）随商业周期而改变，所以你必须用实时最新的版本来做今天的估值。

所以要记住:盈利增长率和盈利/价格收益率之间的横截面关系在整个商业周期中并不稳定,它们都是基于远期的盈利估计。因此,对公司进行估值,首先必须画出当时的公司盈利增长与盈利/价格收益率(市盈率的倒数)之间的关系。不要使用图 15.2——它仅适用于 2016 年年初的情况。

解读标准普尔 500 的(历史)市盈率

最后,让我们看看市盈率模型在整个股市中是如何运作的。股票价值的时间序列数据比横截面数据更容易理解。我们使用(有效的价值加权的)标准普尔 500 指数作为反映股票市场估值的替代指标。图 15.3 中画出了标准普尔 500 的市盈率。你应该立即观察到 2001 年和 2008 年的高峰值,当时的市盈率超过 40 倍。这意味着投资者认为 1 美元的企业盈利相当于 40 美元的资本市值——比历史上的实际数值要高得多。

> 把理论用在标普 500 上:历史市盈率。

你如何解释超过 40 的市盈率峰值?下面从理论公式开始,

$$现在的股价 = \frac{下一年预期盈利}{预期回报率 - 永续的盈利增长率} \tag{15.2}$$

可以按这两种方式将上式重新排列:

$$预期回报率 = 永续盈利增长率 + 盈利收益率$$

$$永续盈利增长率 = 预期回报率 - 盈利收益率$$

这里我把比率"下一年预期盈利/现在的股价"简称为"盈利收益率"。当然,对于盈利为正的公司,较高的价格-盈利比率(市盈率)意味着较低的盈利收益率。因此,第一个公式表明,如果预期回报率会下降(如果盈利增长率不变),市盈率会上升。第二个公式表明,如果永续盈利增长率上升(如果预期回报率不变),市盈率上升。对于高价格-盈利比率(即高市盈率),这是仅有的两种可能解释。

让我们站在处于世纪之交的投资者的角度上,看看这些数字如何吻合。

> 数字和 2000 年或 2008 年吻合吗?可能不。市盈率太高了不是未来高的股票收益的理由,即使基于激进的盈利增长。

(1) **盈利收益率**。当市盈率为 40 倍时,盈利收益率为 2.5%。

(2) **盈利增长率**。对于企业盈利的永续增长率的合理估计是多少?历史上,考虑通胀后的企业实际盈利增长率约为 2%。2000 年当时的通货膨胀率约为 1.5%,这表明名义盈利增长率约为 3.5%。先假设名义盈利增长率在 3% 至 5% 之间,取较高值 5%。

(3) **预期回报率**。对股市回报率的合理估计是多少?在 1999 年底的社会调查中发现,投资者普遍声称预期回报率为 15%~20% 或以上。毕竟,经历了 20 世纪 90 年代的最后几年时间,股票的年回报率均超过了 25%。让我们保守地假设,大多数投资者在 2000 年年初认为股市的预期回报率"只有"12% 左右,这是当时股市的长期历史平均回报率。

(4) **把所有这些因素加总**。选取股市最低的预期回报率(12%),公司最高的盈利增长率(5%),市盈率 40 倍,加总上述估计后:

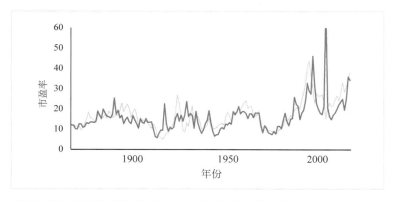

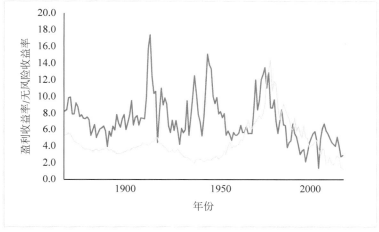

图 15.3　标普 500 的市盈率和盈利收益率（1872—2021 年）

注：图中展示了标普 500 指数历史上的价格-盈利比率（市盈率）。它在 2001 年第一次达到峰值，之后在 2008 年再次达到。浅灰色的线是 CAPE（经周期调整的市盈率）。CAPE 用 10 年期间内真实的每股收益 EPS 去平滑商业周期不同期间的利润。下半部分（盈利收益率）正好相反，图中也画了无风险收益率（浅灰色线）。数据来自罗伯特·席勒的网站 http://aida.econ.yale.edu/~shiller/。

$$2.5\% \neq 12\% - 5\%$$

盈利收益率 = 预期回报率 − 永续盈利增长率

你马上就会意识到，这些数字似乎并不正确，某些地方出错了！显然，出错的不会是市盈率。那么必然是这样的情况：(a)预期回报率不是 12%，而更像是 7.5%；(b)企业盈利的预期增长率不是 5%，而是更像是 9.5%；或者(c)二者的某种组合。

可以进一步深入探讨。最高的企业*长期实际盈利增长率*（自工业革命以来）每年不超过 4%。加上通货膨胀，你可以估算出盈利的名义增长率在 6% 左右——意味着你所预测的增长率不低于第二次工业革命的水平。实际上，这正是当时证券分析师向投资者兜售的东西：*新经济时代*，旧规则不再适用。不过，就算你接受了他们的观点，按照这个公式计算，你仍然可以得到预计的股市回报率将不会超过 10%。事实上，在本书第 9 章中的估计是，合理的权益溢价应该在 3% 左右，把国债收益率加回去（2000 年长期国债收益率约为5%）。这表明8%左右的预期股票回报率是一个合理的估计。宣称股票预期回报率将超过10%的投资者肯定过于乐观。罗伯特·席勒教授的畅销书《非理性繁荣》最有力地阐述了这一观点，该书出版时间恰在2000年股市见顶前——多妙的时机！让鲍勃[1]一举成为市场预测大师，并在几年后为他赢得了诺贝尔奖。（鲍勃还提前几年就预测了2007年的房地产崩盘，这更让他成为名副其实的大师！）但不要自鸣得意：本书第12章阐述过，预测金融市场首先也最重要的是需要运气。鲍勃不仅预测了2001年和2008年的股市下跌，他还预测了在这期间会有多次的下跌！

Q15.16 对于具有高市盈率的公司，PVGO（增长机会的现值）通常是更高还是更低？如果盈利 E 是负数，PVGO应该是怎样的？

Q15.17 盈利乘数（即市盈率）与盈利增长率之间的关系通常是正的还是负的？一直都是这样吗？若不是，原因何在？

Q15.18 如果标准普尔500指数的市盈率是20倍，在给定历史的盈利增长模式的情况下，对股票市场未来的长期预期回报率的合理估计是多少？

15.6 其他财务比率

市盈率只是一个常用的财务比率，还有很多其他的比率。某些比率不仅有助于了解公司价值，还可以了解其他公司特征（如盈利能力、风险或业务的不稳定性）。它们会帮助你了解公司的经济情况，即使不能直接告诉你公司准确的价值。

估值比率

估值比率是这样一种比率，分子上是价格，分母上是一些可衡量的各种属性。市盈率是最常见的，通常也是最佳的估值比率。其他一些属性也经常出现在分母中。给定一个选定的估值属性，分析师随后找到可比公司，将可比公司的价格/属性比率乘以目标公司自身的属性，以确定其价值。只有在可比公司足够相似的情况下，这种方法才能奏效。当然，不可能把所有其他的估值比率都写在这里，可以放在分母上的属性值可以有很多，只会受到想象力的限制。

> 估值比率是：分子上是股票/企业价格，分母上是各种属性值。

> 你可以用不同风格的盈利指标。

基于盈利的乘数

你最终目标是找到一个与价值成比例的衡量指标，这意味着可以使用不同形式的盈利。盈利可以用多种方式来定义：包括或者不包括异常项目的盈利[2]、是否摊薄的盈利等。对于估值目的来说，没有对错之分：目标是找到一个比率，使可比公司尽可能地接近需要估值的目标公司。在第14章我们看到了一种常用的盈利替代指标——EBITDA（息

---

[1] 鲍勃就是英语中对罗伯特·席勒的名字罗伯特的昵称。
[2] 即"是否扣除非经常性项目的损益"。

税折旧及摊销前利润)。它的基本原理是,会计折旧是如此虚假以至于其不应该从盈利中被减去。但 EBITDA 也有问题,它未考虑资本支出。因此,对于一家将当前所有盈利再投入资本支出(以产生未来更高的盈利)的公司和一家不进行任何再投资的公司,EBITDA 指标是一样的,也就是可以给出相同的价格-盈利乘数,这显然不符合实际。

如果从 EBITDA 中减去资本支出,这就接近使用价格/现金流量比率。然而,这样的比率也存在一个缺点,那就是年复一年的现金流可能会非常"起伏不定"。当一个公司某年做了很多固定投资,该年份的现金流往往是负的——这不能反映企业未来,这就是为什么基于盈利的估值乘数通常(但不总是)比基于现金流量的乘数表现更好,也更为常见。

> 你可以使用现金流,尽管它们多变。

你也可能碰到 **PEG 比率**,即将市盈率除以盈利增长率。PEG 比率是一个常见的公式,基本上采用与公式(15.2)相同的变量。这两个公式背后的理念都是:市盈率较高、盈利增长率较低的公司定价更昂贵,因此未来的回报率较低。不过,PEG 比率存在缺陷。假设企业盈利的增长率很小,则 PEG 比率会很高,易引起混乱。我的建议是:避免使用 PEG 比率。

> PEG 比率是一个真实世界中普通的统计量,它有正确的输入变量,但这些变量被错误地放在了一起。

基于账面权益(和账面资产)的乘数

到目前为止,估值指标已经把基于市场的快照(即股票价值的存量指标)除以一个会计的流量指标——无论来自利润表还是现金流量表。但也可以除以资产负债表中的存量指标,尽管众所周知许多资产负债表的数据并不可靠。因此,如果你从资产负债表中选择一个存量数字作为估值属性,尤其需要保持谨慎质疑的态度。

> 会计在流量衡量指标上比存量指标上更好。

资产负债表上的一个数字,第一眼看上去对估值比率分析特别有吸引力——**权益账面价值**。这是权益市场价值的一个很好的估值属性吗?不幸的是,通常不是。正如已经解释过的,账面价值只是一个调节变量。(权益账面价值可以为负,这一事实意味着,如果权益的账面价值出现在分母中,同样出现分母不合理的问题。)资产账面价值也存在类似的问题,只是问题没那么严重,因为债务账面价值通常比权益账面价值更为合理。对历史悠久的公司来说,权益账面价值往往只是真实权益市值的一小部分。这意味着,用账面价值作为分母的估值比率往往会比较高,尤其是对老的公司而言。

> 采用权益的账面价值特别有吸引力,但是存在问题。

有了上述警示,下面可以讨论价格/盈利或价格/现金流量比率之外的另一个选项:**权益市场价值与账面价值的比率**。采用该指标,有偏的账面价值不是一个问题。因为如果所有公司的账面价值都是其市值的 2/3,那么账面-市值比就是一个完美的估值属性指标。(比率法本身就能消除 2/3 的偏差。)问题在于,不同的公司有不同的偏误。我的建议是:如果你使用的乘数依赖于权益账面价值属性,那么要求相似的公司有相似的账面-市值比率,只有规模和成立年限类似的公司才可以比较。不要将初创公司与成熟的上市公司进行比较。账面-市值比可以作为其他估值指标的有用辅助指标。

> 账面价值 vs 市场价值比率。老公司比新公司存在不同的账面价值偏误,所以不要将它们相比较。

> 对账面价值进行经济解释？别想了。

有时，账面价值被解释为对企业资产重置价值的估计——一种衡量整体公司价值高于或超过其各个组成部分的指标，这是对账面价值非常危险的应用。我的观点是，账面价值最多有助于比较相同行业中两家经营历史相似、成立年限相似的公司。

更深奥或更专业的估值乘数

> 许多生物科技公司既没有盈利也没有销售额，你能用什么？实物期权！

有时你不能使用基于盈利的衡量指标，因为一家公司可能没有正盈利、正的权益账面价值甚至正的销售额，许多科研企业的情况就是这样，它们主要就是一堆实物期权。

价格/销售额比率。 也称为市销率。如果公司的盈利为负，但销售额为正，分析师通常会使用价格/销售额比率。因为总销售额从来都不会是负数，所以这个比率在很大程度上避免了分母取值范围的问题。这个比率的逻辑是销售额较高的公司应该价值更高。这个比率还有另外的好处：

> 市销率不存在"负销售额"即分母取值范围问题，它可能在市盈率失效时仍然有用。

销售额可能比盈利更难操纵，所以该比率有时甚至被用于盈利为正的公司。然而，一些公司可以牺牲盈利能力来增加销售额和市场份额。如果企业采取市销率估值，那么对于奉行低定价策略的公司来说，隐含的企业真实价值可能更高。

> 亏损的公司也能有高销售额。

市销率当前很流行，特别是它在1998年至2000年的科技股泡沫期间达到了巅峰，那时几乎没有互联网公司实现盈利。当时，亚马逊亏本销售商品。结果是，卖出的越多，亏损得越多，它似乎就越有价值。这真是令人困惑。

> 劳斯莱斯和福特的估值比率：市盈率相似、市销率差异显著。

用市销率进行估值并横向比较存在常见的问题。有些公司的销售额低、盈利能力高，市销率被低估了。比较2005年福特和劳斯莱斯两家公司的估值。表中除市盈率外均以10亿美元计。

	销 售 额	盈 利	债 务	权 益	市 盈 率
劳斯莱斯	12	0.64	14	6.5	10.2
福特汽车	170	2.0	150	20	10.0

如果你用福特的市盈率来衡量劳斯莱斯的股权价值，或者反过来，都会得到合理估值。但是，采用市销率就不行了。劳斯莱斯的每一美元销售额都转化为约50美分的股权价值，而每一美元福特的销售额转化为约10美分的股权价值。

虽然这两家公司在同一个行业，劳斯莱斯专门从事低销量、高附加值的"利基"产品，有高利润率，而福特遵循相反的战略。如果你错误地将劳斯莱斯0.54倍的市销率用于福特，你将会高估福特的价值达到$0.54 \times 1\,700$亿美元$=918$亿美元，和实际相差了4倍！

> 最后能求助的一些估值比率。

当公司还没有任何销售额，或者当所有的标准财务数据（盈利、销售额等）都似乎与公司的最终长期盈利能力无关时，分析师可能会使用一些更奇怪的比率，比如下列比率：

价格/员工比率。该比率假设可比公司的员工与被评估公司的员工一样有生产力。采用该比率估值的一个问题是,将会诱使公司廉价雇用不称职的员工,以提高其估值。毕竟,拥有更多员工的公司可能价值更高。

价格/科学家比率。和上述一样。

价格/专利比率。这个比率是为科技型公司设计的另一个流行的估值比率。但是一个专利和另一个专利是不一样的。贝尔电话的美国专利♯174465(1876年3月)比"全身传送系统:一个脉冲引力波虫洞发生器系统,通过超空间传送,将人从一个地方传送到另一个地方"的美国专利♯953212(2004年9月)显然更为值钱。同时,申请专利也很便宜。

价格/其他任何东西。可充分发挥你的想象力。

如果可以的话,避免使用上述比率。就研究型公司而言,我的建议是考虑一下该公司的成功可能性以及成功后的现金流。

大多数非盈利的估值比率只有在计算公司整体价值时(即权益的价值加上负债的价值)才有意义。原因在于销售额、员工、科学家或专利都是属于整个公司范围的并且独立于融资形式。让我们假设劳斯莱斯100%通过股权融资,而福特保持现状。劳斯莱斯的价值大概是140+65=205亿美元,每1美元的销售额就会转化为1.71美元的权益。将该比率直接应用于福特的销售额会让你认为福特的权益价值为$1.71 \times 1700 \approx 2900$亿美元,而不是200亿美元。因此,将价格/销售额比率中的分子价格解释为权益的价格,这是垃圾。记住使用价格/销售额比率,分子是公司的价值,而不是权益的价值。

> 许多的其他比率不能被用来为权益估值,只能为资产估值。

对于市盈率来说,虽然其数值也跟着债务比率变化,但变化相对温和。一个简单的较为理性的条件是适用的,即债务融资较多的公司,其权益价值较低,但盈利也较低,当分子和分母一起变化时,市盈率相对稳定。

Q15.19 什么时候可以使用价格/销售额比率(即市销率)?为什么?

Q15.20 为什么市销率存在问题?

Q15.21 2016年6月,雅虎财经网站报告了以下统计数据:

	可口可乐	DPS	百事可乐	雀巢
资本市值	191	18	147	
雇员/千	123	19	263	335
收入(跟踪年度)	44	6	63	92
EBITDA(跟踪年度)	12	1.6	12	15
净利润(跟踪年度)	7.3	0.8	5.2	9.3

注:表中价值数据的单位为10亿美元。

雀巢不是一家上市公司,而是一个瑞士的匿名协会性组织。你认为它值多少钱?

Q15.22 2003年7月28日(所有金额单位均为10亿美元),三家汽水生产商的财务数据如下:

公司	现金	销售额	股利	股权价值	债务权益比 D/E
CSG	N/A	9.2	0.4	12.2	153%
可口可乐	3.6	20.3	2.2	110.8	43%
百事可乐	1.8	25.9	1.1	81.0	22%

汉森自然公司有21万美元的现金,922万美元的销售额,零股利,债务-权益比率为10%。根据价格/现金比率(市现率)如何预测其价值?价格/销售额比率(市销率)预测其价值为多少?价格/股息比率(市息率)预测其价值是多少?详细说明上述估值方法的缺点。

非估值的其他诊断性财务比率

并非所有财务比率都能用于估计公司价值。有些比率可以帮助你评估一家公司的财务健康状况和盈利能力——或者可能仅仅是有趣的指标。这些指标能帮助你更多地了解这家公司的经济情况,从而提高估值的"艺术"水平。例如,一些比率通常可以用来判断企业接近破产的程度,一些则可以判断盈利能力。就像估值乘数一样,许多比率在一个行业内都合理地相似,但跨行业就并非如此。比率也常随商业周期而变化。在某些情况下,若这些比率出现非常极端的数值,就可能是一个良好的风险警示标志。例如,如果你发现一家公司即将到期的利息和本金支付值是其盈利的10倍,这家企业就有破产的可能,不管当时行业内其他估值比率是什么标准。

> 许多其他比率被经常用来判断企业财务健康和盈利能力的因素。

下面,简要概述一下英特尔的一些资产负债表数字:

	账面价值			市场价值	
	全部资产	股票权益	全部负债	金融债务	普通股权益
英特尔,2021年	154.60	85.20	69.40	31.7+3.7	227.8

注:以10亿美元计。

有时,分析师不是仅使用普通股权益,而是使用全体股东权益(包括优先股)。在这个案例中,英特尔没有优先股权益。金融债务是长期债务317亿美元和流动负债37亿美元的加总,达到354亿美元。总负债是694亿美元,这可以通过从账面总资产减去账面权益计算得到,1 546−852=694亿美元。除了金融负债,总的债务中还包括诸如流动负债、养老金负债等。

在2021年6月30日,英特尔有40.57亿流通股,每股收盘价是56.14美元,权益的市场价值是2 278亿美元。企业的价值是股权的市场价值加上金融债务减去现金。这里是2 278亿美元加上354亿美元减去239亿现金,也就是2 393亿美元。**公司的市场价值**(并非权益)是总资产减去权益的账面价值,再加上权益的市场价值。直接采用账面价值,既是懒惰,也是无知。至于债务,之所以直接采用账面价值,不是因为我们喜欢,而是因为债务的市场价值总是难以获得,幸运的是,债务的账面价值(不像权益)通常可以合理近似为其市场价值。

下面是一些有趣、常见的比率。英特尔基于财务数据的指标计算基于 14.1 节。要注意的是，许多比率存在不同的风格。前面几个比率主要反映财务健康和流动性，后面几个指标倾向于反映盈利能力。（Investopedia.com 为许多比率提供了很好的解释参考。）

衡量杠杆和财务不稳定性的指标

我们从反映公司债务的比率开始。高负债比率的公司（尤其是同行业公司相比）必须经常非常小心地管理好其现金存量和现金流量，以避免信贷紧缩。此外，如果企业想借更多的钱，那么潜在的新债权人经常采用此类比率来判断公司是否会违约。相比于盈利能力、现金流和行业指标，债权人通常会更依据偿债能力。

债务-权益比率和负债-权益比率有很多种形式。例如，根据权益的市场价值定义的长期债务-权益比率是（英特尔在 2021 年 12 月 31 日的权益市场价值是 2 024 亿美元）：[1]

$$\text{英特尔 2020：} \frac{\text{长期债务}}{\text{权益市场价值}} = \frac{33.9}{202.4} \approx 17\%$$

更宽泛的金融债务-权益比率是

$$\text{英特尔 2020：} \frac{\text{金融负债}}{\text{权益市场价值}} = \frac{36.4}{202.4} \approx 18\%$$

再宽泛一些，

$$\text{英特尔 2020：} \frac{\text{全部债务}}{\text{权益市场价值}} = \frac{72.1}{202.4} \approx 36\%$$

一些分析师采用权益的账面价值，你可以在资产负债表中找到权益账面价值。例如，

$$\text{英特尔 2020：} \frac{\text{全部债务}}{\text{权益账面价值}} = \frac{72.1}{81} \approx 89\%$$

通常情况下，基于账面价值的比率使负债率显得更大。我们已经解释了为什么不能采用基于权益账面价值的比率。从直觉上看，我们也很难想象英特尔这样一家市值 2 024 亿美元的公司，其股权账面价值仅为 810 亿美元，因此负债率显得如此之高。

债务比率还可以在分母上加上债务的价值。因为债务的市场价值不可得，我们在分母上加入债务的账面价值和权益的市场价值。例如，

$$\text{英特尔 2020：} \frac{\text{长期债务的账面价值}}{\text{权益的市场价值} + \text{长期债务的账面价值}} = \frac{33.9}{202.4 + 33.9} \approx 14\%$$

或

$$\text{英特尔 2020：} \frac{\text{全部负债}}{\text{权益的市场价值} + \text{全部负债}} = \frac{72.1}{202.4 + 72.1} \approx 26\%$$

一些分析师使用资产的账面价值而不是市场价值，这也往往会产生更高的比率值。

你可能还会遇到一个公司负债率的定义——金融债务除以总资产。但不幸的是，这种指标也是一种普遍的错误。

---

[1] 以下各式中英特尔的金额数据单位均为 10 亿美元。

考虑两家简单的公司：

金额单位：美元

	金融负债	非金融负债	权益的账面价值	债务比率
A 公司	100	—	100	50%
B 公司	100	300	100	20%

A 公司的金融负债和权益与 B 公司完全相同，而且显然财务状况更加稳健，负债也较少。然而，若用金融债务与资产比率来衡量债务比率，则错误地显示 A 公司有高得多的债务比率。（这里潜在的原因是，权益并不是金融负债的对立面；相反，权益是包括金融负债在内的所有负债的对立面。）

利息保障倍数（TIE[1]）通常用于衡量长期的偿债能力。它的计算方法是用息前盈利（通常也在税前）除以公司的利息，它是利息覆盖率[2]的倒数，利息保障倍数较低意味着公司的债务偿还能力更不稳定。

$$\text{英特尔 2020：} \frac{\text{营业利润}}{\text{利息支出}} = \frac{23.9}{0.357} \approx 67$$

英特尔的利息保障倍数为 67，表明它可以很容易地用年度营业利润来支付利息债务。

利息覆盖率的定义相对是模糊的。这里最常见的定义与 TIE 一致。（即定义为利息保障倍数的倒数。）不过存在许多其他的变形：债务支付可以是到期利息，也可以包括本金和利息，现金流也可以有多种选择。

流动比率是**流动资产**（现金、应收账款、存货、有价证券等）除以**流动负债**（即将到期的利息、应付账款、应付短期贷款等），这是一个衡量短期流动性的指标：

$$\text{英特尔 2020：} \frac{\text{流动资产}}{\text{流动负债}} = \frac{47.2}{24.8} \approx 1.9$$

如果流动比率大于 1.5，则通常解释为财务"健康"。这意味着每 1 美元的流动负债由 1.5 美元的流动资产覆盖。不要对此阈值进行过多解读。对一些公司来说，低流动比率意味着良好和精益的经营。对另一些公司来说，则意味着存在风险的经营。

速动比率（或酸性比率）类似于流动比率，但从流动资产中删除存货。逻辑是拥有高速动比率的公司可以用即期的收益来覆盖即期的费用。减去存货是因为，与营运资金的其他组成部分不同，存货仍然需要出售才能转化为现金。

$$\text{英特尔 2020：} \frac{\text{流动资产} - \text{存货}}{\text{流动负债}} = \frac{47.2 - 13.8}{24.8} \approx 1.4$$

如果速动比率大于 1.0（有时称为酸性测试），则通常认为企业是"健康的"。

---

[1] time interest earned，简记 TIE。

[2] interest coverage，利息覆盖率。

现金比率则是在分子中进一步删去了流动资产中的应收款项。

久期和**到期期限**是在债券分析中应用的指标,但它们也可适用于项目,甚至适用于公司。它们可以衡量公司是进行短期投资还是长期投资。它们不是一个简单的比率,因为需要预测未来的现金流。

> 久期和到期期限不是偿债能力指标,但也很有帮助。

许多**周转率**指标用销售额除以另一个数字通常是净营运资本的组成部分。在分子上有一个变形是使用销售成本"COGS"而不是销售额。

- **存货周转率**衡量存货转化为销售额的速度。

$$\text{英特尔 2020:} \frac{\text{净销售额}}{\text{存货}} = \frac{77.9}{13.8} \approx 5.6$$

> 这里的衡量指标更基于企业的盈利能力或效率。

高存货周转率通常意味着高效的库存管理。大多数财务报表还提供存货的组成部分,所以可以进一步分解这个比率。(当然,企业也可以操纵这一比率,比如折价出售存货,企业的真实效率并未提高。)

- **应收账款周转率**衡量客户向你付款的速度

$$\text{英特尔 2020:} \frac{\text{净销售额}}{\text{应收账款}} = \frac{77.9}{6.8} \approx 11.5$$

- **应付账款周转率**衡量你向供应商付款的速度

$$\text{英特尔 2020:} \frac{\text{净销售额}}{\text{应付账款}} = \frac{77.9}{18.3} \approx 4.3$$

这些指标有时会分子分母倒置(1 除以比率)并乘以 365,以获得"天数"指标。比如说,

- **应收款项周转天数**(DRO[1]),也称为**销售额周转天数**(DSO[2])或**平均收款期**。要计算 DRO,将应收账款除以赊销总额,再乘以每年的天数。

$$\text{英特尔 2020:} \frac{365 \times \text{应收账款}}{\text{净销售额}} = \frac{365 \times 6.8}{77.9} = 32(\text{天})$$

英特尔在不到五周的时间里就能收回账单。如果这个数字变长,则可能意味着客户遇到了财务困难,英特尔公司可能需要重新考虑销售信贷政策。

- **存货周转天数**(DIO[3])是存货除以赊销总额,再乘以一年的天数。

$$\text{英特尔 2020:} \frac{365 \times \text{存货}}{\text{净销售额}} = \frac{365 \times 13.8}{77.9} = 65(\text{天})$$

英特尔每两个月多就将库存周转一次。

- **应付账款周转天数**(DPO[4])是应付款款除以赊销总额,再乘以一年的天数。

$$\text{英特尔 2020:} \frac{365 \times \text{应付账款}}{\text{净销售额}} = \frac{365 \times 18.3}{77.9} = 86(\text{天})$$

如果 DPO 这个数字变大,可能意味着一家公司难以获得现金来履行经营负债支付义务,或者意味着它找到了另一种更有效地、推迟支付账单的方法。

1　DRO,days receivable outstanding。
2　DSO,days of sales outstanding。
3　DIO,days inventory outstanding。
4　DPO,days payable outstanding。

也有一些组合的版本,比如**现金转换周期**[1],它是指存货周转天数与应收账款周转天数之和减去应付账款周转天数。

周转率及其衍生指标(见上面),对于如沃尔玛之类零售行业的公司尤其重要。良好的周转率控制通常使得公司可以充分实现规模经济。从这个意义上说,上述比率衡量了企业效率,可以帮助管理者判断企业相对于竞争者的效率。

盈利能力指标

下面是一些计算盈利率或回报率的会计方法。

销售净利润率(NPM[2])或销售回报率(ROS)是将净利润除以销售额。

$$\text{英特尔 } 2020: \frac{\text{净利润}}{\text{销售额}} = \frac{20.9}{77.9} \approx 27\%$$

英特尔可以将售出的每一美元商品中的 27 美分转化为净利润。分析师有时也会使用其他变形的指标。例如,分子使用经营利润,而不是净利润,由此产生的指标被称为**经营利润率**;毛利率在分子上使用毛利(即主营业务利润)而非净利润。

许多成长型公司都存在难以解释的此类指标,因为它们可能几乎没有净利润,甚至也没有销售额。

资产(账面)回报率(ROA)将净利润除以资产的账面价值。

$$\text{英特尔 } 2020: \frac{\text{净利润}}{\text{总资产的账面价值}} = \frac{20.9}{153.1} \approx 14\%$$

这一指标的一个变体是在分子上将利息费用加回去,这种方法更好一些,因为总资产同时会向股东和债权人支付回报。然而,这种指标都是可疑的,因为资产的账面价值包含了权益的账面价值,是不可靠的。E/P 收益率是一个更好的基于市场的 ROA 指标。

权益(账面)回报率(ROE)将净利润除以权益的账面价值。你现在已经知道,我们不喜欢以权益账面价值为基础的任何衡量指标。

$$\text{英特尔 } 2020: \frac{\text{净利润}}{\text{权益的账面价值}} = \frac{20.9}{81} \approx 26\%$$

总资产周转率(TAT)衡量的是产生销售额需要多少的总资产。同样,以资产账面价值作为分母,这也不是一个可靠的比率。

$$\text{英特尔 } 2020: \frac{\text{销售额}}{\text{总资产的账面价值}} = \frac{77.9}{153.1} \approx 51\%$$

对于分子和分母均为流量的比率(如 ROS 比率),我们对两者使用相同的期间数值。但对于分子分母一个为流量和一个为存量的比率,比如 ROA 和 ROE,你有一个选择:可以采用资产(或权益)的期初、期末或者二者的平均值来计算。

---

[1] 现金转换周期 cash conversion cycle,也称现金周期 cash cycle,是公司先付钱、后收钱之间的时间间隔,现金周期越短越好。

[2] 本小节中的一些英文缩写:NPM,net profit margin;ROS,return on sales;ROA,return on assets;ROE,return on equity;TAT,total assets turnover。

所谓的**杜邦模型**将更多财务变量进行相乘,得到 ROE 的定义,来试图进一步理解企业价值驱动的因素。

$$\text{ROE} = \frac{\text{净利润}}{\text{权益账面价值}} = \underbrace{\frac{\text{净利润}}{\text{销售额}}}_{\text{边际盈利}} \times \underbrace{\frac{\text{资产}}{\text{权益账面价值}}}_{\text{权益的账面价值乘数}} \times \underbrace{\frac{\text{销售额}}{\text{资产}}}_{\text{资产周转率}}$$

> 杜邦模型——一个在现代金融开始之前的遗产。但它仍然被普遍使用,尽管它所要解释的指标没有意义。

类似的做法也可以应用于 ROA 的变形:

$$\text{ROA} = \frac{\text{EBIAT}}{\text{资产}} = \frac{\text{EBIAT}}{\text{销售额}} \times \frac{\text{销售额}}{\text{资产}}$$

其中 EBIAT 是息前税后盈利。现在,你的问题首先应该是,"为什么要首先关心 ROE 或 ROA 的分解呢?"两项指标均以权益的账面价值为基础,本书 14.7 节已经指出权益账面价值存在严重的问题。第二个问题应该是,"能相信分解中的各个组成部分吗? 其中至少有一个环节也使用了权益的账面价值"。然后,只能希望你的可比公司的权益账面价值中的错误与你公司的错误是相同方向的。在这种情况下,杜邦模型可以有效地告诉你,可以做些什么来提高 ROE 或 ROA。第三个问题应该是:"我为什么要用这些公式来打扰你?"我可以轻松容易地回答这个问题:因为注册金融分析师 CFA 考试的负责人一直把杜邦模型作为考试内容的一部分,同时你甚至可能会遇到一些仍然在使用杜邦模型的守旧的公司财务主管。

与股票市值相关的指标

现在,让我们分析基于股票市场的指标。

账面市值比是账面权益估值倍数的倒数。如果你运气不错(但别指望这个),资产的账面价值就能告诉你资产的重置成本也即当前真实价值。(顺便说一句,如果公司成立不久,资产还没有经过会计折旧,这种可能性更大。)如果运气真不错,权益账面价值与市场价值的比率可以被解释为一家公司通过独特的增长机会创造了多少市场价值的指标。

> 更加面向股东和股票市场的衡量指标。

$$\text{英特尔 2020:} \frac{\text{权益的账面价值}}{\text{权益的市场价值}} = \frac{81}{202.4} \approx 40\%$$

然而,在英特尔的例子中,其权益的账面价值更可能只是一个没有多大意义的数字。英特尔拥有的有形资产和无形资产都是经过会计师会计处理后的数据,其账面价值远远低于市场价值。

股息支付率或称派息率,衡量的是以股息形式支付盈利的百分比。在其他条件不变的情况下,公司如果现在多支付一部分股息,未来的股息就会更少。

$$\text{英特尔 2020:} \frac{\text{股息}}{\text{净利润}} = \frac{5.6}{20.9} \approx 27\%$$

股息支付率也有将股利的支付范围从仅包括股息扩大至包括股份回购,甚至股份净回购(即扣除新股份发行):

$$\text{英特尔 2020:} \frac{\text{股息} + \text{股份回购}}{\text{净利润}} = \frac{5.6 + 14.2}{20.9} \approx 95\%$$

加上或不加上新股发行的股份回购的做法,均有。

股息收益率为股息数量除以股价。股息是一个流量指标，而股价是一个存量指标。因此，股价可以取期初或期末的数量。在后一种情况下（即期末股价或者股权市值），这就是所谓的**股息-价格比率**。

$$\text{英特尔 2020：} \frac{\text{股息}}{\text{权益的市场价值}} = \frac{5.6}{202.4} \approx 2.8\%$$

因为股份回购也是对股东的支付，所以可以把上述指标扩大，分子加上股份回购金额，

$$\text{英特尔 2020：} \frac{\text{股息} + \text{股份回购}}{\text{权益的市场价值}} = \frac{5.6 + 14.2}{202.4} \approx 9.8\%$$

盈利留存比率是留存盈利（即今年未分配盈利）的变化，除以销售额、资产或净利润。在其他条件不变的情况下，一家当期保留了更多盈利的公司，未来应该支付更多。毕竟，留存盈利应该用于再投资，所以公司应该有更高的预期盈利增长率。留存率通常按 1 减去股息支付率、1 减去股息和股份回购之和除以净利润计算，或 1 减去股息和净股份回购之和除以净利润等计算。例如，对于英特尔：

$$\text{英特尔 2020：} \frac{\text{净利润} - \text{支付股息和回购}}{\text{净利润}} = \frac{20.9 - (5.6 + 14.2)}{20.9} \approx 5.2\%$$

你可以很容易地进行变形，如包括或排除优先股支付等。

上述所有的这些比率，到底有多大作用？这取决于行业、特定公司、特定比率等，以及你期望了解到什么。假设一种情形，行业中所有公司都有几乎相同的比率，比如应收账款周转天数平均在 25 到 32 天之间，而你研究的公司报告的应收账款周转天数仅为 7 天，那么，你应该会对这个较小数字的经济含义感到蹊跷：该公司在快速获得资金方面更好吗？是否通过向客户提供快速付款的回扣？是否主要靠现金付款销售，而业内其他公司靠信用销售？如果是这样，为什么？最后，还是说这家公司只是因为在做假账？

> 财务比率是有用的，但请别完全相信。

Q15.23　如何衡量金融负债-权益比率？

Q15.24　什么是流动比率？如果这个比率很高，一家公司是更不稳定还是更稳定？

Q15.25　一家公司的销售额为 30 000 美元，应收账款为 6 000 美元。其应收账款周转率是多少？它的 DRO（应收账款周转天数）是多少？

Q15.26　股息-价格比率和股息支付率有什么区别？

总结

你应该根据可比数据还是净现值来进行估值？现实中，可比数据法非常流行，这主要是因为流程简单且不需要太多的思考。任何人都可以查看另一家可比公司的市盈率，然后将其乘以被估值公司的盈利。相比之下，即使是一个粗略的净现值分析也是相当复杂的。当然，在学习了这一章之后，你应该明白两种方法都有问题：永远不会有完美的可比数据，也永远不会确切知道预期的未来现金流量。幸运的是，这两种方法的错误原因是不同的。因此，如果同时采用两种方法，通常可以更好地理解价值评估。这并不意味着你应

该对净现值 NPV 法和可比数据法中获得的估值,求取平均值。相反,你应该进行两种分析,然后退后一步,决定哪种方法或者两种方法的何种组合,在你的特定情况下更有道理。的确,估值既是一门科学,也是一门艺术。估值需要应用所学的工具,更需要你的判断能力。

本章涵盖以下要点:
- 可比数据法为公司和项目估值提供另一种方法。可比估值法和净现值法存在不同的缺陷,通常值得同时仔细分析两者。
- 可比数据分析基于三个假设:
  - 识别具有良好价值相关性的属性;
  - 识别已知市场价值的良好可比公司;
  - 一价定律。
- 最常见的价值属性是盈利/净利润,因此市盈率成了推断价值的自然方式。市盈率是公司的每股股价(股权总市值)除以每股盈利(总盈利)。

在可比数据法中,远期盈利通常比过去的跟踪盈利更好。
- 在其他条件不变的情况下,高增长公司的市盈率也更高。
- 不能机械地对市盈率进行平均。这会导致各种奇怪的推论,不要机械、绝对地理解市盈率。
- 分母取值范围或称 1/X 范围的问题是难以应对的。建议使用中位数、忽略非正盈利的公司、平均 E/P 比率、汇总可比公司的总市值除以总盈利等技巧,来降低这一问题的影响。这些权宜之计并非绝对正确,但总比没有强。
- 存在许多其他比率,可以帮助判断公司的盈利能力和财务健康。这些比率可以提供企业估值的背景信息。

答案

章后习题

Q15.27 基于可比数据法的估值有哪三个主要条件?

Q15.28 在讨论房价时,你会用可比数据法还是净现值法来评估你准备购买的下一套房子? 如果用可比数据法,准备使用什么样的比率?

Q15.29 以每股为基础还是总价值(全部价值)为基础来计算价格-盈利比率(市盈率)更好?

Q15.30 在估值倍数中,使用现金流还是盈利为基准更好? 为什么?

Q15.31 哪个公司的市盈率可能更高:谷歌公司还是埃克森美孚公司?

Q15.32 登录金融信息网站(如雅虎财经),在"百货商店"领域挑选 8 家公司。对下一年的预期盈利增长率与公司的盈利/价格收益率进行绘图,二者有什么关系吗?

Q15.33 假设价值型公司的现行收益率为每年8%,成长型公司为每年12%。盈利为10万美元的成长型公司市值为1亿美元,而盈利为10万美元的价值型公司市值为2 000万美元。

1. 隐含的增长率是多少?
2. PVGO是多少?

Q15.34 考虑一家成长型公司,它明年的预期盈利为1 000万美元。这家公司的盈利增长率为每年15%。这家公司的资本成本是20%。税率为0。

1. 这家公司的市值是多少?
2. 如果公司没有债务,它的市盈率是多少?
3. 现在假设1亿美元债务的资本成本是8%,而其余的杠杆权益的资本成本是32%。(这里,加权平均资本成本是50%×8%+50%×32%=20%,所以企业的加权资本成本没有变化)1亿美元债务的利息已经支付。现在股票的市盈率是多少?
4. 债务的增加是增加了还是降低了公司的市盈率?

Q15.35 给定历史盈利增长模式,如果标准普尔500指数的市盈率是10,那么对股票市场未来的长期预期回报率的合理估计是多少?假设长期通胀率为每年2.5%。

Q15.36 一家公司的盈利是200美元,价格-盈利比率是20。如果其资本成本约为10%,它的隐含增长率是多少?

Q15.37 今天重做席勒教授的价值分析。在网上找到标准普尔500指数当前的市盈率。假设国内生产总值(GDP)的预期实际增长率为每年2.5%。从股市分析,标准普尔500指数目前的预期回报率是多少?

Q15.38 尝试采用福特汽车的市盈率来给通用汽车估值。如果福特公司仍然有负收益,那么用谷歌公司来为微软公司估值。

Q15.39 一家市盈率为10的公司想收购一家市盈率为25、盈利规模只有它一半的公司。合并后的公司市盈率是多少?

Q15.40 为微软公司计算其最近四个季度的滚动(TTM)盈利数字。

Q15.41 可比数据法估值的主要问题是什么?每一个问题都举一个例子,最好是真实世界的具体例子。

Q15.42 将IBM基于权益的市盈率与微软相应的市盈率进行比较是否合理?将IBM基于公司总价值的市盈率与微软的相应指标进行比较,是否更为合理?

Q15.43 使用以权益账面价值为基础的估值标准有问题吗?如果有,为什么?什么时候有问题?

Q15.44 对于一家既没有销售额也没有盈利的生物科技初创公司,你如何进行估值?

Q15.45 什么是速动比率?如果该比率很高,一家公司是否更加稳定?

Q15.46 杜邦模型包含哪些构成成分?它最重要的问题是什么?

第 16 章

公司的各种索取权[1]

各自拥有什么

项目应如何融资？你已经认识到公司拥有两种基本的融资选择：通过发行股权（股票）来接纳新的股东；或者通过向公共或私人借款人（如银行）发行债务。然而，公司所有者也可以出售许多其他类型的金融索取权，其中大多数是债务和股权的混合体。此外，在企业经营过程中还会产生一些索取权，例如应付账款、养老金义务和应付所得税等。**资本结构**是对公司资产的所有索取权的总和。这些索取权汇总在一起就代表了对公司所有资产的所有权。

在本章的第一部分，解释了应将索取权视为一系列现金流的所有权和控制权。现金流所有权描述了索取权持有人应该收到多少钱，控制权描述了索取权持有人拥有的补救措施，尤其是当他们没有收到应得的现金流时。

在本章的第二部分，介绍了英特尔公司的资本结构是如何演变的，它会让你直观地感受到现实世界中的企业资本结构有多复杂以及如何演变。

16.1 基本架构

公司章程是奠定公司基础的文件。它规定了谁正式拥有决策权，公司如何参与商业

---

[1] 索取权，英文为 claim，它可以指债权、股权或者二者混合的权利以及其他非金融上的求偿权利。

> 公司章程还规定公司的治理方式。

合同,章程如何修改等。公司章程还规定了公司未来的管理方式。公司章程在企业所处的既定管辖权的法律和监管框架之下,规定了企业的**金融索取权**和**非金融索取权**的产生,每种索取权(如债权、股权等)拥有的现金流权和控制权。公司就是这些隐性合约和显性合约的结合体,并决定了其融资结构。我们在本章中感兴趣的是资本结构,即对公司资产所有权的安排。

> 即使是房产所有者也不完全拥有房产,他们必须承担某些索取权义务。

在本书第6章的购房示例中,对资本结构的最基本内容已经做了解释。如果采用了抵押贷款为购房融资,你只拥有剩余未被抵押的部分作为杠杆权益,意味着你实际上并没有完全拥有该房屋。尽管你可以对这座建筑物做出很多决定,但还有一些是做不到的。例如,抵押贷款契约禁止你拆除房屋或将房屋出售并保留所有资金,要进行这样的任何一个操作,你必须先偿还抵押贷款。当然,作为一名房屋所有者,你还必须满足其他非财务的,而且是在房产所有权背景下产生的索取权。例如,你必须承担当地的房屋财产税义务,否则地方政府可以没收建筑物。基于法律上的所有权,你还必须承担其他义务:例如,在没有获得所在地许可的情况下,不能简单地将你的建筑物转换为酒品商店等。事实上,任何房产所有者都只是部分地拥有——这座建筑物实际上是由所谓的房产产权拥有者,加上抵押贷款机构,再加上其他索取人所共同所有的。

这也正是公司的运作方式。公司的资产由多个索取权人拥有。公司资本结构的基本组成部分是**负债**(通常称为**杠杆**)和**权益**(通常称为**股票**)。打比喻来说,股东就相当于杠杆资产的所有者(承担有限责任)。他们通常有决策的权利,但有明确的限制范围,这些限制来自各种契约的规定。例如,大多数公司债券契约阻止公司损毁其资产,或出售资产并向股东支付现金。正如引言中所述,关于公司未来收益的所有索取权的集合,称为资本结构。

> 股东在其他义务得到履行之后才"拥有"公司。

索取权通常分为金融索取权和非金融索取权:
- 金融索取权是债务和股权。它们通常被称为**证券**,该名称表明已在美国证券交易委员会 SEC 注册。然而,证券这个词已经变得如此普遍,以至于现在使用十分宽泛。例如,外国证券和私募证券都并不需要在 SEC 注册。

> 公司由金融索取权(如债务和股权)和非金融索取权(如所得税、养老金责任和供应商应付账款等)所有。

- 非金融索取权是指应付企业所得税、养老金义务和应付账款等负债义务。

严格来说,要完全拥有公司并能随心所欲地决策,你必须拥有公司发行的所有索取权。仅仅拥有全部股票,甚至拥有所有的金融索取权是不够的。从最极端的角度来看,你永远不可能完全拥有任何一家公司!因为政府总是对企业未来的现金流拥有部分索取权(指税收),这一部分现金流是你永远无法获得的。

> 索取权有两个重要特征:现金流权和控制权。

每种有意义的索取权都有两个重要方面:
现金流权,确定公司产生的现金流将如何分配。
控制权,允许索取权人执行其现金流权利的各种权利。例如,债权人可以在公司不履行债务责任的情形下要求公司破产;股东可以任命公司董事会,然后董事会任命管理层,管理层负责公司的运营。

Q16.1　什么是控制权?举几个例子。

Q16.2　个人是否可能完全地拥有一家公司?

现金流的收益支付图

在第 6 章中,你已经学习了分析现金流权利的主要工具——或有索取权的收益表。现在让我们把它应用到企业背景下。假设一家公司的资本结构由股权和承诺明年支付 200 美元的单一债券组成,没有其他索取权。公司价值是由债券持有人和股东的总价值构成。每种索取权的持有人收到的金额取决于公司的价值。图 16.1 是一张**收益支付图表**。它表明,若公司价值 100 美元,债券持有人将获得 100 美元,而股东将一无所获。若公司价值 200 美元,债券持有人将获得 200 美元,而股东将一无所获。若公司价值 300 美元,债券持有人将获得 200 美元,股东将获得 100 美元。若公司价值 400 美元,债券持有人将获得 200 美元,股东将获得 200 美元,等等。这是理解债券、股票和大多数其他金融索取权的现金流权状况的好方式。因为你可以将公司的未来价值称为基础资产的**状态**,债务和股权通常被称为**或有索取权**:它们的未来价值取决于公司基础资产的未来状态。

> 现金流权定义了收益支付图,该图将索取权的收益支付绘制为一个固定时间点上的公司价值的函数。

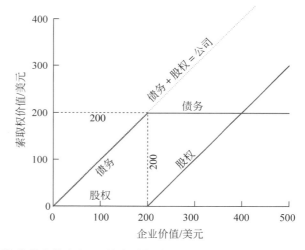

图 16.1　债券和股票的收益支付表和图(债券到期时)

注:本例中的债券面值为 200 美元。因此,在到期时,如果公司价值低于 200 美元,债券持有人将拥有整个公司。如果公司价值超过 200 美元,债券持有人将收到 200 美元,杠杆的股东权益将获得其余。如果拥有二者的权利,你就拥有了这家公司即对角线的收益。

虽然收益支付图作为概念的辅助解释工具非常有用,但并不能用于演示所有求偿权现金流权利的信息,只适用于在一个固定时间点只有一次支付的求偿权合约。

> 然而,收益支付图不能说明随时间变化的索取权的具体数字,它们仅演示了此类索取权会随着公司价值变化而变化。

在上面的例子中,零息债券可以很容易地理解。但不幸的是,收益支付图不能解释那些时间依存或者说存在许多不同时间点支付的债权。比如附息票债券有许多不同的支付日期,收益支付图就难以完整描述息票债券的收益。在说明随机发生的未来支付的债权价值方面,支付图也没有多少用处。但是,即使在这种情况下,企业价值和金融索取权价值之间通常也存在联系,基于收益支付图,将金融求偿权视为或有的索取权,仍然是一种不完全准确但是有用的概念性工具。

Q16.3 做出一份股权和承诺回报为 3 亿美元的零息债券的收益支付表。图形将会是什么样?

Q16.4 你是否可以在支付图中以图形方式添加新的支付函数(比如你拥有多个不同债权),或者是否需要先写下修改后的支付表?应该如何修改?在这种情况下,所有新增债权的总和将是怎样的?

Q16.5 为了练习使用支付图,假设你的医疗保险公司支付你 90% 的医疗费用,但是扣除额为 500 美元,每年支付上限额为 10 000 美元。写下你的保险赔付收益表,绘制一张保险赔付收益图,图中你的保险赔付收益作为医疗费用的函数。这个函数不同线段部分的斜率是多少?

Q16.6 你能画出一张半年期付息、到期前还剩 15 次付息、10% 息票率的附息票债券的收益图吗?

16.2 负债

公司的总负债通常分为金融债权[1]和非金融债权。

金融债权(债务)

前面已经介绍过金融负债例如各种债券。让我们回顾一下公司背景下的债权权利。

> 债券是对公司的贷款,同时附有特定的责任义务。

现金流权:债券是在未来特定时间承诺特定回报的贷款。借款人(或债券发行人)先收到现金,并根据合同承诺在未来支付现金。返还的现金通常分为利息支付(通常发行人可以扣税)和本金偿还。大多数公司债券承诺每 3 或 6 个月支付一次,并在**到期**时偿还剩余本金。在公司清算的情况下,法律规定应适用**绝对优先权规则**(absolute priority rule, APR)。在优先权上,债券是优先证券,其持有人在更次级的索取权人(如股权)获得任何偿付之前,先获得承诺的偿付。同一家公司的不同债券本身也可以分为更高级别和更低级别的债权。当公司进行现金分配时,更高级的债券拥有优先权。

> 债券持有人对公司没有控制权,除非公司未能兑现偿付承诺或违反了债券契约。

控制权:除非公司违反了债券契约或濒临财务困境,债券持有人通常无权

---

[1] 这里的金融债权,也即金融索取权。

参与公司的决策或选择管理层。但是,如果该公司未能按时偿付本息或违反债券契约条款,那么债券持有人有权迫使该公司破产。

利夫兰法官和美国东方航空公司的债权人

绝对优先权规则只是理论。在实践中,破产法庭可以并且有时确实在破产过程中违反了事先约定的优先权规则。由于企业管理者可以选择在哪里申请破产,他们通常会在期望处理得最好的法院申请破产。

纽约南区的破产法官伯顿·利夫兰因侵犯债权人权利而臭名昭著,他不仅导致了美国东方航空公司的破产,还导致了曼维尔、猎户座影业和LTV的破产。但美国东航是利夫兰法官的"最高成就":当在1989年3月申请破产时,东航公司是完全有偿付能力的,无担保债权人本来可以得到全额清偿。但是,利夫兰法官允许东方航空继续运营两年以上,部分原因是关闭它会扰乱圣诞节旅行。东方航空继续经营,由于运营损失蒸发了约15亿美元,由于法律费用损失了1亿美元。最终,无担保债权人的23亿美元债权几乎没有收到任何收益。

尽管偶尔会出现这种严重违反绝对优先权(APR)的典型案例,但更常见的情况是轻微地违反。(这些违反的情形甚至可能是必要的,毕竟社会不希望看到律师们挨饿!)如今,债权人意识到预期的违规行为和累积的法律费用,因此投资者在购买债券和股票时首先会考虑到这些可能的违规行为。因此,法律纠纷的成本主要恶化了公司的借款条件,而不是债权人的回报。

来自 Cato.org

美国宪法规定破产属于联邦层面的问题。当前美国《联邦破产法》允许根据**第 11 章**进行公司重组,或根据**第 7 章**进行公司清算破产,以各自在《联邦破产法》中的章节命名,两者都由联邦破产受托人在联邦破产法庭的监督下执行。债权人或公司本身都可以申请破产。

理论上,破产允许债券持有人接管公司,要么保留整个公司,要么迫使其偿付合同承诺的款项。实际上,破产在美国并不像在许多欧洲国家那样容易,但确实经常发生。在债权人的债务得到清偿后,剩余的任何现金将支付给较低级别的证券。在任何情况下,没有管理者能在第 7 章中继续留任(因为公司都消失了!),也很少有经理人能在破产法第 11 章中留任下来。因此,管理者通常会像避免瘟疫一样尽量避免错过债券的偿付。

除了债券的普遍还款权外,许多借款人在原始借款协议中还授予其债权人额外的控制权,这些协议规定被称为**债务契约**。例如,贷款协议可能规定借款人必须保持一定水平的流动性。否则,该贷款可以被宣布为违约并立即到期。如果公司未能偿还债务,债权人可以向法院申请,迫使公司破产。

> 公司可以通过合同赋予债权任何特征。完美市场提供公平定价,但这并不意味着每个债券的特征都是同等有意义的。

债券特征并非一成不变。随着时间的推移,公司实践中发展出许多债券特征的变形和混合形式。当然,如果任何债权提供了对投资者更有价值的功能或保护,那么买家必然愿意为债权支付更多的成本。在一个完美的市场中,无论出售债权的公司选择赋予债券何种特征,公司都会获得适当的公允价格,投资者也会支付相应的公允价格。本章中描述的特征是许多年进化、保留并蓬勃发展的若干特征,即那些能够增加债券价值的特征。

你有时可能会看到术语**面值**。对于股权,通常是一个空洞的概念,但对债券具有意义。面值只是一个用于确定息票支付的数字。初始时的债券发行价格是参照债券的面值来描述的。(低于面值价格出售的债券是贴现债券;高于面值价格出售的债券是溢价债券。)本金和面值可以不相同,以及票面利息和实际支付利息也可以不相同。但是永远不要将面值视为实际的价值。

> 票面价值对股本来说毫无意义。对于债券,票面价值有助于计算息票的支付。

可转换债券

可转换债券是债券,但并不仅仅是普通债券的一个例子。可转换债务赋予持有人在预定日期以预定价格将该债务转换为股东权益的权利。因此,可转换债券是兼具债务和股权特征的混合体。下面是一个简单的例子:一家拥有 40 股流通股的公司发行在外有 20 股可转换债券,承诺 2050 年 1 月每张兑付 10 000 美元。债券持有人可以自行决定将每张可转换债券转换为 3 股新股票。这意味着如果所有债券持有人都转换,他们将拥有公司 60% 的股份。原股东将持有 40%,但不必再承担偿还债务的义务。因此,股东的成本将是所有权比例的损失,这种所有权的减少被称为**稀释效应**。

> 可转换债券允许债券持有人将债券换成其他东西,通常是股权。

如果你拥有这 20 张债券,如果公司在 2050 年 1 月的资产价值为 20 万美元或更少,你会怎么做?将债券换成股票不符合你的利益!你的 20 张转换债券将拥有公司的全部价值 20 万美元。但是如果公司价值是 100 万美元,你会怎么做?你将进行以下计算:如果利用转换功能将 20 张债券换成 60 股,那么公司总共将有 100 股。因此,你将拥有公司 60% 的股份,即 60 万美元——比你不转换时获得的 20 万美元要多得多。因此,你一定会行使转换权利。转换只有在公司价值和股价高的情况下才有意义。

> 当可转换债券到期时,持有人可以决定是继续保持原状,还是按先前约定的条款转换成为股东。

在转换和不转换之间无差异的公司价值是多少? 在这里,即 60% 的公司价值等于 20 万美元时,也即当公司价值等于 20 万/0.6=33.3 万美元时。总结一下:

> 这里是如何确定可转换债券持有人愿意转换的价值平衡点。

- 当公司价值低于 20 万美元,可转换债券所有者将获得所有公司价值。
- 当公司价值在 20 万美元和 33.3 万美元之间时,可转换债券获得 20 万美元,股东获得超过 20 万美元以上的剩余部分。
- 当公司价值超过 33.3 万美元时,股东和债券持有人都将受益于企业更高的价值。可转换债券持有人拥有公司价值的 60%,股东拥有公司价值的 40%。

图 16.2 中的收益图显示了债权的价值。

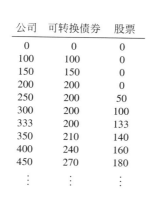
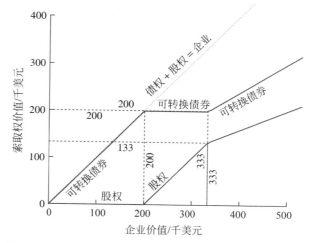

图16.2 可转换债券和股票的收益图表（到期时）

注：如果公司价值为333千美元，可转换债务在转换和不转换之间没有区别。公司价值超过333千美元时可转换债券的收益斜率是0.6；股权的收益斜率为0.4。

可转换债券很受欢迎，因为转债使得股东和债权人的利益保持一致。比如股东若想要接受一个对他们有帮助但可能有意或无意伤害普通债权人的项目，债权人通常会反对该项目。但是，如果债券是可转换的，债权人也可以从项目产生的价值增加中获利，就不会反对该项目。

> 为什么转换功能有用？

最后一个问题：为什么股东愿意给予债券持有人这种转换权，这实际上剥夺了股东很大的利益上涨空间？答案是：通过这样做，转债持有人愿意为债券支付更多的前期价格，这意味着股东可以降低债券的融资利率。事实上，如果金融市场是完美的，债券持有人就会得到他们所付出的。

> 公司股东愿意给予转债投资者转换权，因为这一特性增加了债权人当前支付给他们的现金。

可转换债券是债务还是权益

理解可转换债券的一个好方法是，如果可转换的期权处于深度价外[1]，它们更像是债务。如果可转换的期权处于深度价内，它们更像是股权。如果可转换期权介于两者之间，那么可转债更像或者更不像二者。因此，作为一种通用资产类别的可转换债券，在一般情况下并不是更像债务或者更像股权。

在2002年的一项调查中，首席财务官被要求描述他们发行可转换债券的原因，最常见的答案是——可转换债券是"变相的股权"：58%的经理人回答说，这是一种廉价的"延迟"普通股的发行方式；50%的人回答说是因为他们认为公司股票目前被低估了，这也可以解释为经理们认为可转换债券是变相的股票。（格雷厄姆和哈维，杜克大学，2002）

---

[1] 可转债本质是拥有看涨期权（call option）。看涨期权处于深度价外（out of the deep money），是指股票市场价格大幅低于转股价格，可转债无法转股；看涨期权处于深度价内（in the deep money），是指股票市场价格大幅高于转股价格，可转债可以转股获利。

其他公司债券的特征

如果债券包含更多权利,则其利率通常较低。发行人可以选择向买家提供一些具体权利以及为公司保留另一些权利。比较常见的债券特征如下:

债券契约条款规定公司将遵守某些承诺,否则将被强制要求赎回债券。常见的条款包括:限制公司可以用其资产做什么,可以向股东支付多少股息,可以发行多少和什么样的其他金融债权,需要保持什么样的财务比率(比如债务权益比率),审计师是谁,如果公司对任何其他债券违约将会发生什么,公司每年可以赎回多少债券等。有趣的是,债券契约条款的使用随时间而变化。在经济景气的时候,大量资金追逐投资机会,贷方对特定的债券契约的要求通常不那么严格。

> 债券有上千种,这里是一些常见的特征。

债券的优先权明确规定了哪些债券在破产和清算的情况下可以优先获得偿付。在**次级债券**可能收到任何款项之前,必须先全额偿付**高级别债券**。反过来,股权只有在次级债券完全得到偿付后才会收到资金。

抵押品(或**担保**)是在债券违约时抵押给特定债券的特定公司资产。例如,按揭债券以标的不动产的价值为抵押。如果发行人不支付,债券持有人可以收回标的不动产并用它来偿付。如果抵押品不足以满足**担保债券**的债权,剩余的债权就变成普通债权,与其他债权人一起排队等待偿付。仅由一般信用支持(即无抵押)的债券称为**信用债券**。

可转换性允许债券持有人将债券换成股票。

可回售性允许债券持有人将债券卖回给发行人,以换取预先约定的付款。这类似于可转换性,只是转换为现金,而不是股权。

可赎回性允许发行人(公司)以预先指定的价格赎回未偿债券。例如,可赎回债券合同可能规定公司可以在 2020 年 5 月通过偿还本金加 10% 的利率赎回债券。通常,可赎回债券在前 5 年不允许赎回。可赎回性通常伴随着可转换性出现,因此该赎回性可用于迫使转债持有人进行转股:公司将行使赎回权利,而可转换债券持有人发现将债券转换为股权而不是接受赎回更符合他的利益。

当转换债券包含赎回特征时,它的价值低于其他方面相同的转换债券。这意味着在包含赎回特征时债券发行人收到的钱更少。换句话说,如果公司保留赎回特征,则必须预先支付更高的利率。实际上,美国的每笔按揭贷款都是可赎回债券,因为债券的卖方(房主)只需偿还剩余的贷款余额(即贷款**本金**),就可以免除所有进一步的义务(即提前偿还按揭贷款)。自然,房主/按揭贷款融资方就必须支付较高的利率。

赎回特征是一个很好的例子,说明收益支付图无法反映所有情况。可赎回债券的价值通常更多是现行利率的函数,而不是公司价值的函数。当整个经济的利率下降时,公司往往会倾向于提前赎回债券,替代性的债券变得更便宜。(类似地,当抵押贷款利率下降时,房主倾向于提前偿还抵押贷款、进行再融资。)但是由于利率不是未来公司价值的一对一函数,所以基于公司价值的收益图在一个固定时点无法描述所有情况。

偿债基金是公司将在到期前回购本金的条款。与赎回特征不同,这里没有可选性。因此,从某种意义上说,偿债基金条款确保公司在整个债券存续期里最后有足额资金来偿付债权人。

债券期限是最终偿还本金的时间。事实上,借款可能是非常短期(短至隔夜),也可能非常长期(可以是永远)。不同期限的债券可能有不同的名称。例如,**商业票据**是短期债务,通常由银行的信用额度进行担保,因此对贷方来说几乎是无风险的。(要参与商业票据市场,公司必须拥有投资级信用评级。)在公司资产负债表上,**有资金支持的债务**是期限少于一年的债务。**无资金支持的债务**的期限超过一年。

同样,收益图并不能完全说明债券期限。

债券久期是衡量债券的现金支付有多快的指标。

息票债券与**零息债券**:零息债券仅在最终到期日支付固定的金额。息票债券定期支付利息,通常(但不总是)每年支付两次利息,本金最后偿还,也被称为**气球付款**。

一个**单元**是将多种金融债权/索取权进行捆绑出售。例如,一种常见的单元是将债券与权证捆绑在一起。(**认股权证**是一种购买股票的权利,公司将在未来预定时间以预定价格发行股票。)购买者可以保留这两种类型的索取权,也可以将它们分开出售。

固定利率债券与**浮动利率债券**:固定利率债券通常承诺在债券期限内支付预定的利率。浮动利率债券提供相对于其他利率的利差,通常相对于 LIBOR 或者最优惠利率(具体在债券发行手册中进行解释)。信誉良好的公司通常可以与 LIBOR 近似的利率借款。风险较高的公司通常支付比 LIBOR 高 100~300 个基点(1%~3%)的利率。浮动利率债券的利率也经常有**上限**——利率永远不会超过预定的上限。

就债券的特征条款而言,想象力可以是无限的。例如,俄罗斯汽车制造商 Avtovaz 于 1994 年发行了拉达债券,允许债券持有人将其债券转换为拉达汽车。其他一些债券将债券收益与商品价格(如石油)、汇率或其他金融债权挂钩。

集中的银行债务还是分散的公共债券

两种债务融资方式——银行贷款和债券之间差异的一个重要方面是贷款人和借款人之间是否存在关系。公司可以通过发行公共债券筹集资金,其中借款人与许多分散的贷方之间通常没有关系,或者通过私人债务进行融资(例如**银行贷款**),其中通常只有一个贷方。从银行借款的优势在于,银行可以了解该公司,对其进行监控,公司可以获得更好的融资条款。缺点是银行之间在发放贷款方面的竞争不如公共债券的竞争激烈。银行贷款也可以采取**授信额度**的形式。授信额度就像即时债务,允许借款人仅在需要时提取资金,并支付更高的利息。(借款人通常同意对信贷额度中未使用的部分支付低利率。)

与信贷额度相反的是**协议债务**,其中银行和公司都承诺提供既定金额的贷款。正如债务和股权之间的界限常常是模糊的一样,银行贷款、私人债务和公共债务之间的界限也是如此。目前存在银团贷款的大市场,其中多个贷款人共同分担贷款的风险。根据汤森路透的数据,2015 年新增银团贷款约 5 万亿美元。从那以后,交易量显著下降,到 2020 年达到 3.5 万亿美元,无论以任何标准衡量,这仍然是一个非常大的数字。另外,许多银行经常转售他们向企

> 公共债券通常由许多分散债权人拥有。银行贷款通常由一家(或几家)银行拥有。银行贷款可以采取授信额度或协议债务的形式。

业提供的贷款。还有一些"秃鹫投资者"[1]购买分散的公共债券,以监控公司的行为,他们的行为很像银行——作为一个完全单一的贷方。

Q16.7 一家公司由三种证券提供融资:承诺支付100美元的优先债券、承诺支付200美元的次级债券(与优先债券相比,优先级较低但到期日相同)和股权。编制收益表,然后绘制当这两种债券到期时的收益图。

Q16.8 承诺到期偿付10 000美元的可转换零息债券在到期日可转换为50股股权。如果有2 000份此类债券和300 000股流通股,请编制收益表。绘制债券持有人和股权持有人的收益图。

Q16.9 写下你所记得的所有债券特征。

非金融负债

> 对于非金融负债,现金流和控制权可弱可强。

虽然本书主要关注金融债权,但大部分讨论也适用于非金融债权。然而,非金融债权之间在现金流和控制权方面的差异很大,可能拥有比金融债权更弱或更强的权利。

> 控制权较强的非金融负债:所得税义务。

例如,美国政府拥有税法中规定的现金流权(即根据税法和美国国内税务局IRS规则计算)。根据法律,企业所得税义务优先于任何其他债权。执行这一索取权的控制权同样非常强大,甚至包括刑事制裁。即如果你逃避缴纳公司税,可能会因此坐牢。

> 控制权较弱的非金融负债:从公司购买保修服务的客户。

另一方面,你的供应商有较弱的现金流权。你应该为他们交付的货物付款。然而,在美国合法执行财务索赔的成本往往超过索赔的价值。因此,如果你不付款,供应商的最佳控制权可能仅是威胁停止与你的公司开展业务。同样糟糕的控制权也适用于你的客户,他们可能已经购买了你的产品并附有保修条款。但是这种权利的执行成本如此之高,以至于客户有时认为都不值得写在书面上。

16.3 权益(股票)

股票是权益的另一个名称,如果没有进一步限定,它指的是最常见类型即**普通股**。普通股的所有者指的是**股东**。

> 股票=权益。

现金流权。股票在所有负债都清偿之后得到剩余。因此,坏消息是股权通常在破产中的优先级别最低。如果公司表现不佳,股东可能一无所获。好消息是股权得到剩余的所有回报——对普通股而言是无上限的。

> 股东通常获取现金流的优先级最低,但是享有无上限的收益。

股息必须从*税后利润*中支付。因此,任何支付的股息都"在源头上"已经征税。有时,一些公司拥有其他公司支付股息的股票。税法的目的是减少对

---

[1] 秃鹫投资者 vulture investor,专门收购陷入债务危机中的企业债券或者贷款,从而获得对企业进行债务重组的权利。

企业所有者已经在来源公司征过税的股息收入进行第二轮征税。因此,**公司股息排除规则**历来允许公司为其投资持股的股息收入支付较低的税率。(然而,该规则是有前提条件的——它可能取决于来源公司是否已完全缴纳所得税、支付股息的公司类型、股票发行人赎回股权的契约能力以及股息拥有者的所有权百分比等。)与企业投资者相比,个人投资者在历史上一直是要以全额股息征收个人所得税。这被称为**股息双重征税**,尽管它在2003年税法改革中有所减少。但自2003年以来,股息个人所得税率再次逐渐回升。

控制权。与债权人不同,如果公司拒绝支付股息,股东不能强迫公司破产。相反,股东的主要控制权是选举**公司董事会**的权利。董事会在法律上是公司的负责人,拥有对公司的控制权。(实现这种权力的法律细节因公司章程、州和国家而异。)公司董事会任命经理,通过委托代理合约进一步将许多(如果不是大部分)日常控制权委托给经理。除了这项委托代理合约的权利外,经理还对股东负有法律上的**信托责任**,当公司陷入财务困境的情况下,经理的信托责任延伸到债权人和股东。对于大型上市公司的分散股东来说,是否在现实生活中拥有对董事会(以及管理层)的有效控制权,还是事实上正好相反,尚存在一些分歧。股东和经理之间的利益冲突是公司治理的核心问题。

大多数公司只有一种普通股。少数公司拥有所附投票权不同的多种类别股票。(有时,这些类别股票也收到不同数量的股息。)例如,当鲁珀特·默多克在2007年收购道琼斯公司时,他不得不与道琼斯公司的创始家族——班克罗夫特家族抗衡斗争,该家族仅拥有24.7%的股份,但控制了64.2%的投票权。[自20世纪90年代中期以来,纽约证券交易所(而非纳斯达克市场),一直拒绝接受此类双重类别股份的公司上市。]

> 股东选举董事会,董事会指派并监督管理层。

总之,虽然不完全正确,但通常可以将股权持有人视为公司所有者,尽管他们的权力有限并受有限责任保护。还有另外两种不太常见的股权类型,即下面的优先股和认股权证,它们不在大多数大型上市公司中存在,但在小型私营公司中仍有一些用途。(风险投资家经常采用它们。)

> 如今在美国,大部分公司通常只有单层的普通股。

优先股是一种同时具有债务和股权特征的求偿权。与普通股不同,普通股的股息每年由管理层酌情确定,优先股的股息在股票发行时即确定(例如,每个日历季度每股2.25美元)。优先股股息通常也高于普通股股息。此外,优先股契约通常规定其股息支付优先于普通股。

作为股权,优先股契约通常规定其在公司破产清偿顺序上劣后于任何负债,而相对于普通股具有更高的优先级。如果公司未能支付优先股股息,优先股东也缺乏债权人迫使公司破产的权利。

优先股通常按固定时间表到期——尽管许多优先股没有正式到期日期。许多优先股是可赎回的,若如此,收到优先股股息的投资者从税收角度必须将其视为利息收入。一些优先股可以在证券交易所上市交易。

当然,还可以由契约添加许多其他特征。事实上,目前普遍使用优先股的唯一情形是私募的风险资本投资中采取的**可转换优先股**。这种金融求偿权通常具有明确规定的投票权。其持有人通常是风险资本,它们可以在公司经营失败、倒闭时注销可转换优先股,或者在公司经营成功时将可转换优先股转换为普通股。

认股权证和期权赋予其所有者在未来以预先确定的价格购买股票的权利。对于认股权证，公司在行权时提供增发的新股票（因此具有稀释性）。期权和认股权证在清偿顺序上通常更加劣后于普通股。它们通常只有在公司经营特别良好时才有价值。在上市公司中，认股权证和期权持有者很少拥有控制权——除非将其转换为股权。

> 优先股有一些股权和一些债权的特征。

Q16.10　股东是否拥有有限责任？

Q16.11　优先股在什么意义上类似债券？又在什么意义上类似于股票？

16.4　理解英特尔 2020 年的资本结构

你现在对如何看待不同的金融求偿权——它们的现金流权和控制权有了概念性的理解。在现实世界中，资本结构是非常复杂的。也许了解它真实样子的最好方法是观察一家公司现实世界中的资本结构。再回到英特尔公司。

表 16.1 显示了 2018—2020 年英特尔的资产负债表——可以从英特尔公司网站下载完整的历史财务数据。我们只是在表格中添加了"变动"列，以便更容易快速查看企业正在发生的事情。表的上半部分显示了负债是如何变动的，底部显示了股权是如何变动的。

表 16.1　2018—2020 年英特尔的负债、权益和现金　　单位：10 亿美元

负债	2018	变动	2019	变动	2020
长期负债	25.1	0.21	25.3	8.6	33.9
短期负债	16.6	5.68	22.3	2.4	24.8
其中：短期金融负债	1.3	2.43	3.7	−1.2	2.5
其他负债	2.6	0.27	2.9	0.7	3.6
递延长期负债	8.6	−0.28	8.3	1.5	9.8
没有少数股东权益或负商誉					
总负债	53.0	5.88	58.9	13.2	72.1
金融负债	26.36	2.64	29.00	7.4	36.40
所有者权益	2018	变动	2019	变动	2020
股东权益（账面价值）	75.0	2.68	77.7	3.4	81.0
权益市值	211.9	44.90	256.8	54.4	202.4
资产端	2018	变动	2019	变动	2020
现金	16.6	5.68	22.3	2.4	24.8

英特尔负债

首先看一下英特尔的负债构成。如表 16.1 所示,你会发现负债主要分为四类:长期负债、短期(或流动)负债、其他负债和递延长期负债(主要与养老金相关,大部分是非美国的负债)。其他公司可能还有两个组成部分:少数股东权益(指针对未 100% 拥有的某些合并子公司的权益进行调整,通常被视为股权)和负商誉(指英特尔可能收购的其他公司,需要进行会计账面上的折扣)。这两个项目很少在负债表上有巨额数字(除非那些参与了大型并购活动的公司),在英特尔的案例中也没有发挥任何作用。

如果你想了解有关所有这些负债的更多详细信息,必须进一步深入了解英特尔财务报表附录的**财务脚注**。这些脚注中通常解释了负债的真正含义——脚注内容通常比财务报表本身长 10 倍。

> 关于公司资本结构的更多细节通常必须从财务脚注中提炼出来。

长期金融负债

表 16.2 显示了英特尔的长期金融负债的构成。有许多债务类证券在不同日期到期。2020 年,英特尔共发行了 103 亿美元的优先票据。在财务报表中,英特尔公司报告将长期金融负债的所得款项用于一般公司运营,包括为未偿债务再融资、营运资本和资本支出以及回购普通股等。年内它偿还了 28 亿美元将到期的固定利率优先票据和 7 亿美元的浮动利率票据。

英特尔几乎所有的负债都以美元计价。然而,英特尔也有 120 亿美元的货币对冲,因此外人无法确切知道金融市场走势将如何影响英特尔的负债。在财务报告的脚注中,英特尔披露它有人民币、欧元、以色列谢克尔、日元和其他的货币互换。一些公司经常发行不同货币的债券,以使其负债与预期货币的产品收入或利润相匹配。英特尔似乎更喜欢采取货币对冲而不是外币债券。

> 英特尔的长期负债包括许多不同的证券。

英特尔的许多债券期限为 25 年或更长时间。例如,英特尔在 2019 年发行了 2049 年到期的 30 年期债券。2020 年,它更进一步发行了 2050 年和 2060 年到期的 30 年期和 40 年期债券。然而,这并非最长的公司债券,其他公司(如 IBM)甚至发行过 100 年到期的债券!

英特尔的可转换次级债券更为有趣。英特尔于 2009 年发行了可转换债券,每半年支付固定利率,可以转换为普通股。英特尔将债券支付的利息每年降低了 3.5%。作为交换,英特尔授予其买家一个选择权(需要多页才能解释清楚),从本质上讲,如果英特尔表现良好,债权人就可以将可转换债券转换为股票。最后,这些可转换债券的持有人获得了丰厚的回报。2020 年,英特尔结清了剩余债券,并支付 11 亿美元现金结清了剩余 3.72 亿美元本金的可转债。从投资者的角度来看,10 年 3.5% 低利率的复合效应是 $(1+3.5\%)^{10} \approx 41\%$ 的损失,然而,实际上他们赚取了 (11 亿美元/3.72 亿美元) $-1 \approx 196\%$ 的收益。

短期金融负债

英特尔还有 25 亿美元的短期负债,所有这些短债都是之前发行长期负债的将到期部分。这有点不寻常,因为大多数公司都会发行一些商业票据,是为了以较低的利率获取更高的收益(但要承担如 2008 年的短期信贷紧缩的风险)。然而,英特尔决定利用当时极低的长期利率,只发行期限为 30 年和 40 年的债券。

表 16.2　英特尔在 2020 年 12 月的长期金融负债(以百万美元计)

发行年份	到 期	票面利率	有效利率	金 额	附 注
2011	Oct-21	3.30%	2.99%	2 000	
	Oct-41	4.80%	2.82%	802	
2012	Dec-22	2.70%	2.28%	1 500	
	Dec-32	4.00%	1.84%	750	
	Dec-42	4.25%	2.01%	567	
2015	Jul-22	3.10%	2.70%	1 000	
	Dec-22	4.00%	2.83%	417	澳元
	Jul-25	3.70%	2.93%	2 250	
	Jul-45	4.90%	2.90%	772	
2016	May-21	1.70%	1.79%	500	
	Nov-23	4.10%	3.22%	400	
	May-26	2.60%	1.36%	1 000	
	May-46	4.10%	2.13%	1 250	
2017	May-22	LIBOR+0.35%	1.25%	800	浮动利率
	May-22	2.35%	1.96%	750	
	May-24	2.88%	2.31%	1 250	
	Jun-24	2.70%	2.14%	600	
	May-27	3.15%	1.91%	1 000	
	May-47	4.10%	2.07%	1 000	
	Aug-47	4.10%	1.64%	640	
	Dec-47	3.73%	2.39%	1 967	
2018	Dec 35-40	2.4%~2.7%	2.49%	423	AZ & OR 债券
2019	Nov-29	2.45%	2.39%	2 000	
	Nov-49	3.25%	3.20%	2 000	
	Mar-49	5.00%	2.13%	138	AZ & OR 债券
	Jun-49	5.00%	2.15	438	AZ & OR 债券
2020	Mar-25	3.40%	3.46%	1 500	
	Mar-27	3.75%	3.80%	1 000	
	Mar-30	3.90%	3.94%	1 500	
	Mar-40	4.60%	4.62%	750	
	Mar-50	4.75%	4.76%	2 250	
	Feb-60	3.10%	3.12%	1 000	
	Mar-60	4.95%	5.00%	1 000	
合计				35 214	

	续表
未摊销的溢价/贴现发行成本	(378)
套期的会计允许价值调整	1 565
长期负债	36 401
长期负债的短期部分	(2 504)
长期负债总额	33 897

注：英特尔进行了货币利率掉期，有效地将澳元计价的票据转换为美元票据。因此，英特尔将这些票据视为美元负债。表中的利率始终是票面利率，而不是到期收益率 YTM。英特尔还报告了不同票据的有效成本。

我们还必须注意其债务到期情况。英特尔年度报告中的债务期限结构如下：

年份	2021	2022	2023	2024	2025	2026	合计
金额/百万美元	2 500	4 467	400	1 850	3 750	22 247	35 214

较小的公司往往更多地依赖于银行债务。在 2020 年之前，英特尔也保留了一些银行的信用额度，但比其他公司少得多。

非金融负债

负债不仅包括金融债务，还包括应付账款、税收、薪酬和福利、递延收入以及承担的各种其他偿付义务等项目。在英特尔的案例中，很大一部分流动负债是应付账款，这是一种常见的情况。英特尔的应付账款从 2019 年的 41 亿美元增加到 2020 年的 56 亿美元。其应计薪酬和福利稳定在 40 亿美元，2019 年为 39 亿美元。英特尔在 2020 年的应计税款为 7.56 亿美元。与大多数其他公司不同，英特尔也有使用衍生工具对冲不同类型风险相关的应计负债。

过去，养老金债务是公司负债的最大部分。然而近几十年来，美国公司的养老金计划已经从**固定收益计划**转向**固定缴款计划**。这种转变从资产负债表中消除了养老金负债（及其责任和潜在的利益冲突）。英特尔确实还剩下一些固定收益计划，其中大部分来自固定收益计划仍然普遍存在地区的外国员工。请注意，公司不需要为其未来的所有固定收益养老金义务提供资金，事实上许多公司都没有这样做。不过一些公司较为保守，可能为此类计划提供了过多资金。养老金的负债很复杂，大多数跨国公司的财务脚注中包含数十页的有关信息。

许多其他公司还有更多的环境责任和应计高管奖金等负债。不过英特尔倾向于为其员工提供股票期权。因此，财务报告脚注中有许多页用来详细说明谁获得了多少以及何时获得股票期权。

负债结构转移

我们尚未讨论公司如何根据当前的国债收益率和信贷收益率曲线来决定其负债的久期和到期。经验证据表明，在 2008 年大衰退之前，经理们倾向于认为较低的利率优于较高的利率。因此，他们认为可以通过积极地将长期债务转为短期债务来创造价值。这一策略立即提高了企业利润（和高管奖金），但随后导致许多公司陷入困境，因为他们发现需要在2008年和2009年的金融危机之中筹集资金(因为企业是短期债务为主)。英特尔显然决定用长期债务为企业融资,实属明智之举。

> 通过以较低利率滚动短期债务来"释放金钱"？我不这么认为。

对于英特尔拥有239亿美元的现金和短期投资,你感到惊讶吗？这是一个非常高的数字。英特尔从其运营中获得了大量现金。然后,它将部分现金流投资于投资级证券组合。英特尔还有一个积极的股票回购计划和常规的收购计划。例如,英特尔的财务报告中称在2020年企业进行了6次收购,其中一项收购是城市移动应用程序提供商木维特公司(Moovit),价格为9.15亿美元。

净利息成本

财务报告的脚注解释说,英特尔支付了大约6.29亿美元的利息——这是基于360亿美元债务的利息成本,则加权利率为1.75%。利润表上支付的净利息为3.57亿美元,因为英特尔还从其大量现金和短期投资中获得了2.72亿美元的利息收入。现金流量表上的净借款显示,英特尔在2020年总共筹集了约57亿美元。

英特尔的股东权益

表16.3展示了英特尔股东权益的结构演变。像大多数上市公司一样,英特尔没有优先股。有趣的是,与一般的初创科技公司不同,英特尔没有期权和认股权证。其员工更多获得的是薪水和奖金,而非股票期权。在普通股方面,英特尔获得了注册授权100亿股,但仅发行了约41亿股。它没有持有很多回购的股票(它们被称为**库存股**)。许多其他公司回购规模庞大的股票来为其**员工股票期权计划**(ESOP)提供股票。

表16.3 英特尔的股东权益和其他相关信息(以十亿美元计,每股数据除外)

权益	2018年	变动	2019年	变动	2020年
期权和认股权证	0		0		0
优先股	0		0		0
普通股	25.4		25.3		25.6
留存收益	50.2		53.5		56.2
累计其他收入/损失	(1.0)		(1.3)		(0.8)
库存股	0		0		0
资本盈余	0		0		0
其他	0.4		0.2		0.4
权益账面	75.0	3.0	78.0	3.0	81.0
流通股数量(10亿股)	4.52	(0.2)	4.29	(0.2)	4.06
账面每股价格/美元	16.61	1.6	18.18	1.8	19.94
每股市价/美元	46.93	12.9	59.85	(10.0)	49.82
权益市值	211.9	44.9	256.8	(54.4)	202.4

现金流量表还说明,英特尔用其现金中的142亿美元回购了股票,这解释了股票数量从2019年的42.9亿股下降到2020年的40.6亿股的原因。因新型冠状病毒疫情,英特尔于2020年3月暂停了股票回购。2020年8月,英特尔根据与金融机构签订的加速股

票回购(accelerated share repurchase, ASR)协议支付了100亿美元,回购了1.655亿股股票。它于2020年12月根据ASR协议额外购买了3 770万股。英特尔总共回购了2.032亿股,回购平均成本为49.20美元,略低于2020年年底的收盘价49.82美元。

观察英特尔资本结构的演变

你现在了解了英特尔的资本结构从2018年到2020年是如何演变的。从2018年到2020年,负债增加了36%(从530亿美元到721亿美元)。增加的负债大部分是由于英特尔利用这一时期的有利环境增加发行的长期债务所致,其他主要是由于应付账款增加所致。负债的增加与股权市值下降近5%,形成了鲜明对比,股权市值从2018年年底的2 119亿美元降至2020年的2 024亿美元。在此期间,英特尔回购的股票市值在2020年为142亿美元、2019年为136亿美元,回购减少了流通股的数量。因此,尽管英特尔股票价格上涨了约6%(可以解释约130亿美元的股权市值正增长),但股票回购导致股权市值减少约280亿美元。在同一时间,公司增加了60亿美元的留存盈余。因此,三者加总,导致权益市值减少约90亿美元(130亿美元的价格上涨＋60亿美元的留存盈余－280亿美元的股票回购＝－90亿美元的权益市值减少)。

然而,资本结构通常不是经由管理层的深思熟虑而产生的("这就是我们想要的"),而是通过公司价值的潜在变化。当公司价值(主要是股票价格)增加时,杠杆率下降;当公司价值下跌时,杠杆率上升。当然,这并不意味着管理层只是被动的观察者——他们可以且确实会做出改变,尽管在成熟企业中的股票发行活动很少见。对于许多公司而言,这些刻意的改变资本结构的行为几乎必然小于因市场价值变化而受到的影响。

> 英特尔的资本结构变化从何而来?

以下观点是非常有意义的,将资本结构变化视为主要由三个因素驱动:
(1) 大部分不在财务总监CFO日常控制范围内的索取权(负债),例如应付账款。
(2) 其价值主要取决于公司业绩和金融市场的索取权,例如普通股。
(3) 大部分在财务总监CFO日常控制范围之内的索取权,例如公司的金融债权,如银行债务和短期票据。此部分通常是为新项目提供资金的主要来源。

> 有时将资本结构的组成部分,根据作为企业资金来源的容易程度来分类,是很有用的。

杠杆率

让我们总结一下杠杆率的指标,以描述英特尔的负债程度。
(1) **总负债/总资产**。2020年,英特尔基于账面价值的总资产负债率为720/1 530≈47%,这一指标虽然常用(也许是因为分子分母在同一张财务报表上),但账面资产显然低估了资产的价值,资产市值为1 530＋2 024－810≈2 744亿美元。因此,2020年英特尔基于市值的资产负债率约为26%。
(2) **金融负债/金融资本**。金融负债仅包括长期负债和流动负债中的将到期长期债务,英特尔为364亿美元。金融资本由金融债务和股权账面价值组成,共1 174亿美元。因此,英特尔的账面的金融负债率为31%。

> 总负债/总资产和金融负债/资本是衡量杠杆率的两个好的汇总数据指标。

上述只是总体上的统计数据。没有单一的数据指标可以全面反映复杂的资本结构。

具体情况下,你可能会发现一种和另一种(或两者)指标更适合你的需求。第 15.6 节对这些和其他杠杆率指标进行了详细的讨论。英特尔的财务基础也很牢固,不可能在短期内陷入财务困境。

Q16.12　列出公司资本结构的较大的划分类型。

Q16.13　要收购控制一家公司,是否需要购买所有已发行股票或所有流通在外的股票?

Q16.14　从长期看,债务还是股权的价值更倾向于频繁波动?

总结

本章涵盖以下要点:

- 在现实世界中,公司由一组不同的金融索取权提供资金。同一家公司可能有高级债务、次级债务(可能具有转换功能)、股权和认股权证等。考量所有这些索取权特征的正确方法通常是支付收益表和收益图:如果公司的最终价值微乎其微,则只能支付优先索取权。如果公司的价值再高一点,那么高级债务和次级债务都会得到偿付。如果公司的价值更高,股权就会变得有价值,同时认股权证和/或转换期权也会变得更有价值。

- 资本结构的两个最基本组成部分是债务和股权。它们的现金流权和控制权不同:
  - 债务对现金流的分配具有优先权,偿付顺序是"高级"。如果未得到支付,债权人可以迫使公司破产。
  - 股权只得到债务清偿后的剩余价值。偿付顺序是"次级"。股东控制着公司,除非公司陷入财务困境。

- 收益表和收益图通常是描述债务和股权的现金流状况的好方法。它们是状态依存的求偿权利,其中根据的基础状态是公司价值。这些图在总结有关求偿权的所有重要信息方面并不完美。它们忽略了除某一时点的公司价值之外的可能影响证券价值的因素,例如时间上多次支付的模式、控制权以及宏观经济的利率波动。

- 可转换债券允许其所有者将其债券转换为股票。因此,它们通常可以被视为部分债务和部分股权的混合体。

- 优先股不能强制公司破产,但可以在普通股之前获得股息。

- 公司的债务融资可以有数千种方式。例如,它可以是普通的、可转换的、可赎回的,固定利率或浮动利率,短期或长期等。债务一般拥有多种详细的契约。

- 不同金融工具之间的界限是模糊的。发行人经常推出创新的金融证券,拥有债务或股权的相关特征。没有什么是一成不变的。如今,债务和股权都被视为概念而不是严格的类别。

- 股票不如债务丰富多彩。对于许多公司来说,它只包含普通股。

从英特尔的案例中,可以了解到以下几点:

- 资本结构变化受管理层直接控制的因素(主要是金融索取权,如发债和股票回购),与运营相关的因素(主要是非金融负债,例如养老金债务和营运资本)以及管理层无法直接控制的因素(例如贴现率变化和股票价格波动)的影响。
- 负债的大类类别是长期负债、短期负债和统称的其他长期负债。(少数股东权益和负商誉通常不太重要。)
- 金融负债是长期负债加上短期负债中的将到期长期金融债务部分的总和。
- 财务报表的脚注中提供了有关公司负债的大量细节。金融负债可以包含许多不同类型的借款——债券、票据、外国信贷、混合证券、信用额度相关借款、银行债务等。短期负债可以包含金融负债、应付税收、应付账款、与薪酬相关的负债和其他项目。非金融负债包括应付账款和(通常)大量指定或未指定的其他负债。这些其他负债包括递延税和递延收入、高管薪酬、与养老金相关的项目、残疾福利、环境责任等。
- 公司经常会在发行或偿还债务时考虑利率的期限结构。这意味着公司的资本结构通常与历史利率水平有关。2008年大衰退之后,企业开始从低息的短期金融债务向高息的长期金融债务倾斜。
- 总负债/资产比率和金融债务/金融资本比率是两个合理的负债衡量标准。指标的数值可能完全不同,不仅因为是两个指标,而且取决于权益是以账面价值还是市场价值计量。后者一般是优选的。

答案

章后习题

Q16.15 什么是现金流权?它与控制权有何不同?

Q16.16 编制赔付表并绘制保险合同的赔付图,其中免赔额为100 000美元,承保80%的损失,最高赔付额为1 000 000美元。

Q16.17 画出股票和债券的收益图,债券承诺在一年内还清500美元。

Q16.18 支付收益图能够很好地说明什么问题?无法说明什么情形?

Q16.19 缩写"APR"的两种用途是什么?

Q16.20 债权人可以通过哪些主要机制来增加被偿还的可能性?举一些例子。

Q16.21 可转换零息债券承诺20 000美元可以在到期日转换为100股股票。如果有8 000份这种债券和1 200 000股流通股,债券持有人和股东的支付收益表和收益图会是什么样子？

Q16.22 写下你所记得的所有债券特征及各类变形。

Q16.23 股东保证收到现金的主要控制机制是什么？

Q16.24 普通股、优先股和债务的主要控制权是什么？

Q16.25 普通股和优先股哪种更常见？"优先"这个名称是否意味着拥有优先股比拥有普通股更好？

Q16.26 什么是金融票据？

Q16.27 长期负债的主要类别是什么？

Q16.28 什么是商业票据？

Q16.29 什么是最重要的短期负债？

Q16.30 解释从2018年到2020年英特尔资本结构的变化。你是否看到微软公司在过去几年中发生了类似的变化？

第 17 章
完美市场中的资本结构

公司应该发行股票还是债券

创业企业家和经理们应该如何为公司选择融资工具?要了解一家公司应该如何选择资本结构,让我们从"完美市场"开始(没有意见分歧,没有交易成本,没有税收,以及有许多买家和卖家)。本章再次表明,公司在完美市场中的价值取决于其项目的现值,而不是取决于公司是通过债务还是股权进行融资。因为在一个完美的金融市场中,许多投资者会迅速介入以纠正经理们可能犯下的任何错误。因此,公司的价值不能取决于公司选择发行的不同索取权。

本章还解释了加权平均资本成本(WACC)的简单版本公式。接下来的几章将阐述现实世界中的融资与完美市场中的融资有何不同。

17.1 股东价值最大化还是公司价值最大化

将最佳公司资本结构概念化的最佳方法如下:假设你是拥有整个公司的创业企业家。你想以尽可能高的价格出售公司。你的目标是设计公司的章程和资本结构——以最大化今天的公司总市场价值。这个价值是新投资者愿意购买公司的出价。今天设计的公司结构越好,所有者从外部投资者那里获得的价格就越高。

> 你应该从一个全资企业家的角度来思考一个最优的资本结构。

> 我们的企业家是否应该激励管理层以最大化股东价值?

让我们先谈谈管理层的激励措施是什么。管理层代表谁?管理层应该代表谁?管理层只代表股东还是公司的所有求偿权人是否有区别?一种流行的误解是,管理层应该只关心**股东财富最大化**。在存在其他求偿权(例如金融债务、养老金债务和应付账款等)的情况下,这种只关心股东利益的做法既过于简单也不合法。

> 在美国,股东选举董事会。

在美国,上市公司的股东必须每年至少选举一次公司董事会。从法律上讲,股东不是公司的委托人,他们选出的公司董事会才是公司的委托人。

董事会任命管理层。董事及其任命的经理都对公司董事会和股东负有法定的**信托责任**。这是非常明智的设计——管理层应该与供应商、债权人等进行谈判——

> 在正常情况下,董事会应该代表股东。

管理层并不代表这些求偿权方的利益,而是代表公司的剩余索取权者即股东利益,谈判中管理层不应自愿向其他求偿权方支付超过公司必须支付的费用。

但是,当破产成为可能时,情况会发生变化,管理层的法定信托责任也延伸到其他索赔人即求偿权人。此时,公司可能已经更多地属于债权人而不是股东。然而,上述标准的董事和经理的信托责任并非自然法则,在其他一些国家则是不同的。例如,在德国股份公司、有限责任公司和员工人数超过500人的合作社中,1/3的**监事会**成员必须是员工。(并不奇怪的是,许多公司总部都利用了搬迁自由的权利,将公司总部从德国迁往欧盟其他国家。)

> 如果公司陷入困境,该义务可能会改变并延伸到债权人。

实际上,美国经理人主要将自己视为股东而不是债权人的代表。然而,即使经理们寻求最大化股东财富,如何思考和应该做什么也并非简单明了。当债权人和股东都从经理的行为中受益时,最大化股东价值是没有问题的。但是问题是二者存在矛盾,该怎么办?

例如,假设管理者可以将股权价值增加1元,但代价是金融债务付出成本为3元。(稍后你将了解,做到这一点是多么容易。)这种"剥夺性"的交易将破坏公司的2元净现值价值。即使在完美世界中,这也会带来两难境地:管理层应该最大化公司价值还是股东

> 一种两难境地——股东可以剥夺债权人利益。

价值?回想一下,最终投票让经理上任并允许他们留任的是股东。当直面选择时,经理们可能会发现执行这样的交易符合他们的利益,因为这样做会提高股权价值以及高管的奖金。至于这笔交易是否伤害债权人利益或者破坏公司价值,他们甚至毫不关心。

但是,这个逻辑有一个很大的缺陷。站在创始企业家的立场上,你想找到今天最好的资本结构。如何吸引新的投资者,尤其是债权人?如何说服他们放弃辛苦赚来的钱而投资你的债权?显然,任何潜在的债权人都会考虑你的经理将来可能做什么。

> 理性的债券购买者了解未来的利益冲突并假设最坏的情况。

如果看起来经理们想要执行上述可疑的交易,未来的债权人当然会理性地要求更高的利率。潜在债券购买者今天(**事前**)将意识到股东或管理层将有动力在将来(**事后**)执行3元换1元的损害债权人价值的交易。

那么在此条件下,你有三种选择:

- 完全避免采用债务,但这会损害公司的价值,原因后面解释。
- 可以找到一种方法,让股东和经理今天进行承诺,不会在未来剥削债权人。
- 今天以较低的净现值出售公司。因为这是考虑到了股东和经理未来的价值损害——因为每个人都意识到经理会被不可抗拒地诱惑去破坏2元的公司价值。

> 为了以较低的资本成本获得融资,企业家希望承诺在未来不侵占债券购买者利益。

你应该清楚,如果想吸引精明的债权人,应该尽你所能,在今天做出明确的承诺,而不是在未来剥夺他们。这样的承诺可以在未来优化整个公司的价值,也使得公司今天的价值最大化。

> 资本结构理论的概念基础:未来的行为和事件影响今天的公司价值和资本成本。

内部化——由委托人来获得今天所有的利益并承受未来所有的成本,即使其行为只影响到其他的索取权人。这一事实是关于资本结构的最重要见解之一,值得一而再、再而三地重复。

针对今天可自愿退出交易的机智的各类索取权人,企业股东/经理等的事后行动的成本不会在未来由这些索取权人承担,而主要由今天的股东们承担。因此,今天承诺未来不侵害索取权人利益的做法,符合所有者利益最大化。一家承诺在未来最大化公司价值的企业的优势在于,它可以在今天为其索取权获得更好的价格(例如,降低其债券的利率)。因此,正是公司本身有动力寻找方法在今天(事前)承诺在未来(事后)善待索取权人。

> 企业家的目标是设计一种资本结构,使当今的公司价值最大化。

从财务角度来看,导致今天公司价值最高的事前的资本结构就是最优的资本结构。这个观点是基于以下的暗示:"买者自担风险"原则——债券和股票的购买者具有前瞻性。只有在管理层未来的机会主义行动是不可预见的意外时,这些购买者才会受到伤害。

在完美资本市场中,如果你当前的管理团队不能承诺避免未来如此糟糕的3元换1元的交易,将会发生什么?这种情况下,另一个有自我约束能力的管理团队会收购该公司并立即获利。许多具有能力的经理团队之间的竞争,将推动公司趋向最佳资本结构。本章反复重复的重要观点是:能够承诺明天(事后)做"正确的事情"的公司在今天(事前)将更有价值。企业家应该最大化公司价值,而不仅仅是股东价值。

> 管理团队之间的竞争可能会迫使公司改善资本结构。

重点:

- 在决定适当的支付价格时,各类金融索取权的购买者应该——聪明的索取权人通常也会这样做——考虑公司未来可能会做什么。
- **最优资本结构**理论的基础是:企业家想要最大化公司在今天出售的价值,而不是今天或未来股权的价值。
- 当讨论最优资本结构时,指的是当前最大化企业整体价值的资本结构。

在理论的完美世界中,公司应致力于最大化整体公司价值,而不是股东价值。在现实生活中,商业银行或投资银行等投资方会足够聪明,通过撰写合约,禁止公司在正常情况下背弃承诺。因此,"股东价值最大化"的流行口号通常与"公司整体价值最大化"同义。然而在现实中,当公司接近财务困境时,股东目标和公司目标就可能会出现分歧。

> 财务困境中公司股东和债权人的分歧加剧。

> **未来的融资需求并不一定会限制管理者的自利行为。**

请注意,未来筹集资金的需要有助于抑制管理层或企业家的机会主义,但并不绝对。今天的投资者和公司都意识到,潜在的未来投资者理解过去终究只是过去。即使一家公司之前没有剥夺其投资者,也并不能保证未来不会这样做。逻辑主要不是企业为了满足未来的资金需求必须进行抉择和建立声誉。最主要的逻辑是要冷静地预期判断:企业管理层在获得资金后会如何行动,以符合他们的自身利益。

> **在大型的美国公司中,管理层面临的代理冲突更为严重。**

在美国,管理层在以牺牲债券持有人为代价来偏袒股东利益方面的冲突往往比他们关注自身利益方面的冲突要少得多。在某些情况下,经理们的自身利益甚至可能驱动他们接受有利于债权人而非股东的项目。

Q17.1 在讨论资本结构的时候,解释事前角度和事后角度的区别,举一个两者不同的例子。

Q17.2 从事前的角度来看,事后的价值最大化选择会是坏事吗?作为企业家,你会克制自己以后不犯这样的错误吗?

Q17.3 如果一家公司刚刚得知一个法律漏洞允许它背弃偿还债权人的义务,它应该这样做吗?

17.2 莫迪利亚尼和米勒

> **默顿·米勒视角下的诺贝尔经济学奖**
>
> 在去年(1985年)10月,弗朗科·莫迪利亚尼(Franco Modigliani)由于其在金融方面的部分工作(当然也只是部分)获得诺贝尔经济学奖后,我非常清楚地认识到:要简洁地概括这些学术论文的贡献是多么困难。来自芝加哥当地电视台的电视摄制组立即向我采访。"我们知道,"他们说,"几年前你曾与莫迪利亚尼合作提出了M&M定理,我们想知道你能否向我们的电视观众简要解释一下。""简要到什么程度?"我问。答复是:"哦,花10秒。"
>
> 十秒解释一生的工作!十秒钟来描述两篇经过仔细推理的文章,每篇文章都有30多页和60条左右的脚注!当他们看到我脸上的沮丧表情时,他们说:"你不必详细描述,只需用简单的常识性术语讲述要点。"
>
> 第一篇关于资本成本的文章要点大体上能够简要概述。在一个经济学家理想的、具有完备和完美的资本市场、市场参与者信息充分对称的世界中,一家公司发行的所有证券的总市值由公司标的实物资产的盈利能力和风险所决定,独立于为融资而发行的证券组合如何在债务工具和股本之间进行划分。一些公司财务经理可能认为,他们可以通过增加债务工具的比例来提高企业总价值,因为债务工具的收益率风险较低,

成本大大低于股权资本。但是,在假设的理想条件下,发行更多债务给股东带来的额外风险将提高股权的收益率,足以抵消使用低成本债务带来的表面收益。

这样的总结不仅太长,而且依赖于学术术语和概念,比如完美的资本市场,这些术语和概念对经济学家来说内涵丰富并且熟知,但对于公众来说却几乎没有含义。

于是,我想到了我们在创作论文时引用的类比。我说,"公司就像一大桶全脂牛奶。农民可以按原样出售全脂牛奶。或者也可以将奶油分离出来,然后将奶油比全脂牛奶更高的价格出售。(出售奶油类似于一家公司出售低收益、价格高的债务证券。)当然,农民剩下的将是脱脂牛奶,它的黄油含量低,而且售价远低于全脂牛奶。脱脂牛奶对应于杠杆权益。M&M 的提议认为,如果没有分离成本(当然,也没有政府的乳制品支持计划),奶油加脱脂牛奶将等于全脂牛奶的价格。"

电视台的人商量了一会儿。他们告诉我,这仍然太长、太复杂和太学术。"你没有更简单的吗?"我想到了另一种表达 M&M 命题的方式,它强调市场完整性的概念。"想想公司,"我说,"就像一个巨大的披萨,分成四等份。如果现在,你将披萨每块切成八分之一,M&M 的提议说你会得到更多块、但并非更多的比萨。"

摄制组再次窃窃私语,导演回来说:"教授,我们从新闻稿中看出有两个 M&M 命题,也许我们应该尝试另一个。"

当然,他指的是股息不变命题。我从长期的经验中知道,试图简要说明该命题总是很困难。"股息"这个词已经获得了太多令人愉快的光环,以至于人们无法接受股息越多越好的观念可能是错的。然而,正如我们在文章中指出的那样,股息不是天赐之物。支付股息的资金必须来自某个地方——要么来自削减实际投资,要么来自进一步出售金融工具。M&M 定理声称,一旦公司做出了真正的运营和投资决策,其股息政策将不会影响股东价值。任何从提高股息和给股东更多现金分配所获得的财富,都将被为提供必要的资金而出售的公司部分权益导致的股东财富减少所抵消。为了在 10 秒内传达这个概念,我说:"M&M 的股息主张等于说,如果你从左口袋里拿出钱,然后放到右口袋里,你并没有变得更好。"

他们再次低声交谈。这一次,他们关了灯,收起了装备。他们感谢我的合作,说之后会回复我。但我清楚,我不知何故失去了开始新职业的机会,即在方便的 10 秒录音中为电视观众提供经济智慧。有些人在这方面有天赋,有些人则没有。

这些简单的常识类比,肯定不能完全公正地说明 M&M 定理。粗糙的漫画或卡通可能可以,确实有一些相似之处。事实上,25 年过去了,现在回想起来,很难理解为什么 M&M 命题最初会受到如此强烈的抵制。一位作家——大卫·杜兰德,这位曾强烈抨击马科维茨模型的评论家,甚至查看了他家附近超市的全脂牛奶、脱脂牛奶和奶油的价格。当然,他发现 M&M 的命题并不完全成立。当然,经验上这种相等关系永远不会存在。

默顿·米勒,比利时,1986

著名的**莫迪利亚尼-米勒(M&M)**定理(由两位诺贝尔奖得主的姓氏命名)是了解公

司资本结构决策的良好开端。虽然M&M理论可以用复杂的代数式来表达,但它实际上是基于非常简单的想法,在上面的轶事中有描述。莫迪利亚尼和米勒定理的要点是:在我们熟悉的完美市场中(没有交易成本、完全竞争、没有税收、没有意见分歧),不同金融证券组合起来的总价值是不变的,无论公司是通过股权融资还是债务融资,或者两者之间的任何组合方式。

> 在完美金融市场中,金融证券的融资方式并不能增加或减少企业价值。

重点:莫迪利亚尼-米勒(M&M)命题指出,在完美世界中,公司的价值独立于其融资方式,决定公司价值的是具体的投资项目。

如果公司的价值取决于它的融资方式,就会存在套利机会。因为不存在套利机会,所以公司能够选择任何证券组合融资而不影响其价值。这些假设是现代金融学的基础,即使它们并不完全成立。只有理解理想状况(即在这些假设成立时)下的资本结构是如何运作的,你才能开始理解现实世界中的资本结构。事实上,接下来的几章都是关于市场不完美下的资本结构。

> 由于不存在套利机会,M&M定理必然成立。

M&M定理是如何推导的?为简单起见,假设公司已经决定了要投资的项目。该公司现在考虑如何为该项目进行融资。假设我们都同意所有当前和未来项目的预期现金流和适当的贴现率,所以今天这些项目的现值可以达成一致。假设某种最佳资本结构下的项目价值称为"PV"。(当然,这也是公司项目在完美资本市场中可以获得的现值。)M&M命题认为,公司项目的现值必须等于公司今天发行的所有索取权的现值之和。换句话说,如果公司没有债务、100%以股权融资,那么股权的出售价格就是项目的PV。如果公司改为以50%的债务和50%的股权进行融资,则债务和股权的出售价值也是PV。如果公司发行$x\%$的债务和$(1-x\%)$股权,则两者价值之和仍是PV。资本结构不能改变项目的PV。

> M&M观点#1:暂时假设投资项目是固定的,事情就变得很简单。

当然,这并不奇怪。在第6.4节中,为建筑物融资的情况下已经应用了该论点,只是没有将其称为M&M。无论是建筑物的价值还是加权资本成本,都不受你的债务与股权组合选择的影响;该建筑物的价值就是不变的。这正是M&M定理的论点。

接着,M&M定理允许将融资视为可以独立于投资项目做出的决策。回想一下,净现值是可相加的,所以

> M&M观点#2:项目价值和融资价值的可加性。完美市场中融资方法的净现值为零。

$$公司价值 = 项目价值 + 融资价值 \tag{17.1}$$

M&M定理指出,完美市场中的任何融资方法(债务、股权以及债务和股权的任何组合)的NPV都是0元,融资都不能提供价值贡献。任何类型的融资都是从完全竞争的投资者那里获得的。要使M&M的观点失败,就必须是某种融资方案可以增加或者减少净现值。

代数版本

> M&M证明:有一些形式的论证。

M&M定理非常重要,所以需要具体的场景分析来解释。让我们从一家假设价值为100元的公司开始。假设所有的求偿权者都要求相同的10%的预期回报率,这也意味着投资者是风险中性的。(在第17.3节中再以风险回避

的世界为例。这里风险中性只是为了阐述方便,并没有任何区别。)有两种方法可以证明公司的融资方式对公司价值没有影响:

1. 全面的重组(收购)

假设经理们可以找到并且确实选择了一种资本结构,使公司的价值低于其现值1元。比如在80%股权和20%债务的最优资本结构下公司价值PV=100元;而公司实际选择的50%股权和50%债务的资本结构下,公司价值99元。然后,你需要做的就是以99元的价格购买现在所有的股权和债务,即收购整个公司。之后,重新发行新的金融索取权也就是复制最优资本结构(也即80%的股权和20%的债务)。这些金融索取权的价值为100元,你立即可以获得1元的套利利润。

> 无套利:如果资本结构比当前结构下公司的价值高1元或低1元,你就可以致富。

不幸的是,这是一个完美的市场,你不会是唯一发现这个机会的人。毕竟,信息是普遍共享的,意见是没有分歧的。其他套利者也会参与竞争。竞争的结果是,购买公司当前股权和债权的唯一价格是100元。请注意这意味着什么:旧的各类金融索取权的价值立即与最优资本结构下的公司价值一致。合乎逻辑的结论是,无论经理们选择何种资本结构,公司都可以以100元的价格出售其各种求偿权,也就是公司项目的现值。

> 竞争:其他人也会想要套利——直到M&M定理起效。

表17.1显示了项目价值为60元或160元的公司情形。公司的预期未来价值为110元,现值为100元。假设资本结构采取"少负债"模式(LD),公司发行面值为55元的零息债务(当前价值50元)。因此,债券持有人没有不确定性,未来确定会获得偿付,债券的当前价值为55元/(1+10%)=50元。股东未来将获得5元或105元,因此股东当前的价值为55元/(1+10%)=50元。公司所有索取权的价值加总为相同的100元。假设资本结构采取"高负债"模式(MD),公司发行的债务面值为94元。此时,债券持有人未来将获得60元或94元,他们今天愿意为购买债券支付70元。股东未来将获得0元或66元,今天愿意为股权支付30元。这样,高负债模式下的所有索取权价值加总亦为100元。

> 任何资本结构下的索取权价值加总都等于假设的最佳资本结构下的企业价值。

表 17.1 风险中性投资者的 M&M 定理说明 单位:元

概 率	坏运气 1/2	好运气 1/2	未来 预期价值	今天 现值
公司	60	160	110	100
资本结构"少负债情形"(LD):债权面值=55				
债务	55	55	55	50
股权	5	105	55	50
资本结构"高负债情形"(MD):债权面值=94				
债务	60	94	77	70
股权	0	66	33	30

注:本例中所有索取权的资本成本为10%。(这相当于假设金融市场是风险中性的。)在本章后面,将研究一个例子,其中风险较高项目的资本成本较高。该表显示了公司价值如何保持不变,无论采取何种融资模式——100%股权融资、50%股权融资还是30%股权融资。这是因为世界是完美的。

2. 自制的重组资本结构

一个更令人惊讶的 MM 定理的证据依赖于外部的投资者可以重新组合索取权的事实——你不需要拥有整个公司就可以做到这一点。例如，你不需要购买公司 100% 的股份，而只需购买公司价值的 1%。这样，你将获得项目收益的 1%。然后，你可以重新包装并出售公司，可以获得在更好的资本结构下的公司较高价值的 1%，从而获得套利利润。

> 无视控制权，这是一个"部分买卖"的 M&M 证明。

例如，假设公司选择了低负债的资本结构 LD，但是你非常喜欢高负债的资本结构 MD。也许因为你非常想拥有一个在坏运气状态下支付 0.60 元和在好运气状态下支付 0.94 元的债务索取权，这将花费你债券 70 元价格的 1%，即 0.70 元。如果没有低负债公司的任何合作，如何购买现有 LD 公司的债权来实现你更喜欢的 MD 情形下的等价债权？

首先，考虑购买 LD 公司的 d 份债券和 e 股股票，计算出你的索取权价值是多少。在坏运气的情况下，你将获得 $d \times 55$ 元 $+ e \times 5$ 元的收益，在好运气的情况下将获得 $d \times 55$ 元 $+ e \times 105$ 元的收益。由于你想在坏运气情况下得到 0.60 元，在好运气情况下得到 0.94 元——求解包含两个未知数的两个方程：

$$\text{坏运气} \quad d \times 55 \text{元} + e \times 5 \text{元} = 0.60 \text{元} \quad d \approx 0.010\,6$$

$$\text{好运气} \quad d \times 55 \text{元} + e \times 105 \text{元} = 0.94 \text{元} \quad e \approx 0.003\,4$$

解出的答案说明，如果你购买 0.010 6 份 LD 债券和 0.003 4 份 LD 股票，最终将在坏运气状态下获得 0.60 元，在好运气状态下获得 0.94 元——与 MD 公司给你的完全一样！你今天的购买成本将是 $d \times 50$ 元 $+ e \times 50$ 元 $= 0.010\,6 \times 50$ 元 $+ 0.003\,4 \times 50$ 元 $= 0.70$ 元，正好与公司选择 MD 资本结构下你获得想要的回报所需花费的成本完全相同！

> 你可以购买更差的 LD 证券，出售合成的 MD 证券。

实际上，你已经在没有改变公司本身的情况下，自制出了你喜欢的资本结构收益。通过重复这个练习（购买一些证券，出售一些证券[1]），你可以在任何类型的资本结构中复制出任何金融索取权的收益。从这里开始，就是推导出 M&M 观点的简单步骤。假如 MD 资本结构下的公司价值高于 LD 资本结构下的公司价值，你可以自己将某种资本结构下的低成本索取权价值转换为另一种更好资本结构下的高索取权价值。然后卖掉它们，从而赚取套利利润。而在完美世界中，这是不可能的！根据反证法，资本结构与公司价值不可能相关。

然而，这种自制重组结构的证明，有一个重要的提示：自制杠杆只允许你获得任意的且可能更好的资本结构下的现金流权，不会给你控制权！假如一个更好的资本结构下的更大企业价值，只有拥有多数表决权且能解雇现有管理层并改变企业的投资政策，才能实现。这种情况下，自制杠杆就会失败。因此自制杠杆的模式存在缺陷。

> 当心：这种自制的重组论点忽略了控制权。

让我更详细地解释为什么伴随着控制权的"全面性重组"的观点十分普遍。"自制性重组"的论点必须依赖于假设企业的收益不受到资本结构的影响。如果一家公司采用了某种糟糕的证券来融资——比如证券契约中要求公

---

[1] 因为根据上面的求解方程组，d、e 的答案可能存在负值，也就是会出现卖空股票或者债券的情况。

司每周更换管理层,那将会发生什么?在这种糟糕的资本结构下,公司的价值还会与在合理的资本结构下一样吗?

有两种方法可以思考这个问题:

(1)可以假设公司的项目和现金流都已经固定不变,来回避与控制权相关的任何问题。因此,管理层是否每周更换与企业价值无关,控制权也无关紧要。即使公司改变了资本结构,企业的项目仍然会产生相同的(可能比较糟糕)现金流。这就是最初的 M&M 论文中所采用的思考路径——正如我们在上面所做的举例。

> 破坏性证券?

> 固定项目意味着控制权不改变项目现金流。

(2)基于前文讨论的全面重组(收购)的论点。它更依赖于完美市场的假设,这样你可以自由地买卖证券甚至拥有整个公司。这也是 M&M 定理成功的真正原因:它假设如果你拥有了企业的所有股份,也就拥有所有的控制权。你可以解雇原有的管理层并优化重组公司的资本结构。(它还假设你可以消除失败的管理层之前给公司带来的任何损害。)因此,一个资本结构糟糕、每周都需要更换经理的公司根本不可能存在。同样,你也不会是唯一认识到如此行动可以创造价值的人。因此,在完美世界中,企业不仅最终将获得最优的资本结构,也将获得最优的投资项目。企业总是能够准确地进行最佳的投资运营和按照最佳融资政策下的价值定价。

> 完美市场、拥有完全控制权,意味着公司总是可以获取最好的投资项目。

反思套利观点

让我们回顾一下。在完美的 M&M 世界中,无论公司发行了多少债务或股权,所有索取权的汇总价值都是相同的。

- 公司价值与现金流(甚至控制权)无关,因为套利者总是可以将不同的索取权重新排列改变为最优资本结构。
- 完美市场下"无套利"原理确保公司所有索取权的总价值等于基础项目的总价值。
- 不同金融索取权仅是对公司未来现金流的"分割"而已,不影响总量。对于金融证券,具体的分割方法通常在合同中已做安排。

M&M 定理的含义有时会被误解。是的,它确实声明资本结构不会影响企业价值。但是,为什么企业即使是在最糟糕的资本结构下也会和最好的资本结构一样值钱呢?答案是前者会立即消失——因为竞争性市场会竞购所有糟糕资本结构的错误组合的证券,并将它们重组为更好的东西。因此,更准确的说法是,M&M 定理不仅说明任何资本结构的价值都相同,而且说明糟糕的资本结构会被立即消除。如果某种资本结构持续存在,那么它不会真的很糟糕。

糟糕的资本结构会被立即消除,因此现实中永不会被观察到。

同样的洞察可以适用于糟糕的投资项目:

糟糕的投资项目也会被立即消除,因此现实中永远不会观察到。

> 糟糕的资本结构只会存在于瞬间。

当然,如果世界不是完美的,愚蠢的资本结构和项目选择都可能会影响公司的价值。

一定程度上,M&M 定理具有现实性,这既是好消息也是坏消息。好消息是你现在知道应该将精力集中在哪里——尝试增加公司基础资产项目的价值、增加投资项目的预期现金流、降低资本成本,或者兼而有之。坏消息是金融市场接近于完美,你无法通过调整融资政策来增加多少企业的价值。

完美金融市场假设的一个非常有用的结果是:
管理层首先要做出实际的项目选择,而无须关注项目的资金来源。

信念价值与真实价值

在涉及现实世界的资本结构时,M&M 定理的稳健性如何?在这里,我们必须区分现实和信念。

> 公司价值在一定的 D/E 比率以下相当平稳,例如 80%。

M&M 定理对公司的价值主张非常有效,除非公司的债务比率如此之高,以至于可能发生财务困境。在正常情况下,大型上市公司的债务比率是 0%、10% 还是 20% 并不重要,公司价值是不变的,价值函数是相当平坦的。同一行业中的相似公司通常在资本结构不同的情况下发展得很好。当然,对于濒临破产的公司或金融服务类公司来说,情况并非如此,这些公司常以 90% 或更高的杠杆率运营。

> 但是经理们仍然错误地认为资本结构很重要,并且一直在修补它。

但信念与事实并不一致。许多大公司的经理似乎相信资本结构很重要,他们可以通过"交易"改变资本结构来增加企业价值。他们在资本结构的微调上花费了太多精力——当然,杠杆率非常高的公司应该这样做,但对正常企业来说影响很小。这并不是说调整资本结构完全是浪费时间(例如,当利率发生变化时,为债务再融资获得新的竞争性利率是一个好主意),而是说经理们应该寻找更好的投资项目,要比调整资本结构更为有效。

Q 17.4 使用莫顿·米勒的类比向你 10 岁的兄弟姐妹解释 M&M 定理。

Q 17.5 在什么样的假设下,资本结构无关紧要?

Q 17.6 在 M&M 定理的证明中,风险中性假设下"购买"了什么?

Q 17.7 在表 17.1 的示例中,如果交易的全部是低负债 LD 公司的索取权,你将如何购买相当于 5% 的假设高负债 MD 公司的股权?(提示:如果你有 d 的 LD 债务和 e 的 LD 股权,在坏运气状态下得到 0 元,在好运气状态下得到 66 元的 5%。d 和 e 应该为多少?为两个未知数求解两个方程。)

Q 17.8 "自制的杠杆重组"是否可以充分证明资本结构无关紧要的 M&M 命题?如果没有,缺少什么?

Q 17.9 在 M&M 定理下,如果合同不能重新谈判,经理是否会破坏股东价值?这会改变公司的价值吗?

17.3 加权平均资本成本(WACC)

"完美市场中公司的价值不依赖于融资"等同于声称"公司的总资本成本不依赖于其债务比率"。为了证明资本结构无差异命题在非风险中性的情况下也能成立,让我们重复第 6.4 节中的"建筑物抵押贷款"的例子。现在允许风险较高的索取权具有更高的预期回报率。当我们重温这个例子时,你可以利用净现值、风险规避基准定价、资本资产定价模型和资本结构概念等。这个例子之所以重要的另一个原因是,在公司环境中重新引入了"加权平均资本成本"(WACC)。下一章将介绍一个广义的 WACC 公式,即存在所得税情形下的公式,具有广泛的实际应用。

> 重新审视风险规避下的或有索取权示例。股票现在需要更高的预期回报率。

风险规避和更高的资本成本

对于风险规避的投资者,风险更高的索取权必须提供更高的预期回报率。此时,我们的基本工具与第 6.4 节中的工具完全相同:收益表、承诺回报率和预期回报率。

从第 16 章中,你知道债务和股权是对基础资产的或有索取权。继续称某个投资项目为建筑物(以保持与第 6.4 节的对应),但我们现在扩展了类比,将公司视为无杠杆建筑物,抵押贷款与公司债务相同,杠杆建筑物的股权与公司股权相同,将日晒、雨淋的可能性视为未来好或坏的产品需求情景。这样处理,概念上没有什么差异。但是,我们确实走了一条捷径:忽略了所有的非金融负债,假设公司完全由金融债务和股权融资组成。

现在该问题的参数如下:

> 收益表示例适用于公司,就像它适用于建筑物一样。

- 天晴的概率是 3/4;下雨的概率是 1/4。
- 如果晴天,该项目价值 100 元;如果下雨,该项目的价值为 60 元。
- 整个项目的适当资本成本(投资者愿意借入或储蓄的成本)为 20%。

但不是债务或股权的成本。之前已经计算得出,该建筑物的价值为 75 元:该项目的预期收益为 $1/4 \times 60 + 3/4 \times 100 = 90$ 元,而今天的价格为 $90/(1+20\%) = 75$ 元。

改变之处在于,现在假设投资者厌恶风险,建筑物上的债务不是完全没有风险的。你今天想筹集 65 元,投资银行家告诉你,如果想筹集这么多资金,必须向债券投资者提供 16.92% 的利率。(不过,它低于整个项目 20% 的利率。)作为剩余股权的索取权人,你期望能够获得多少收益?公司的总资本成本是多少?

> 风险规避导致债务的预期利率低于项目的预期回报率。

项目价值

第 0 步:首先收集你拥有的所有输入信息:

	融资计划 全权益(AE)	融资计划 债务和股权(DE)	
	100%权益	债券 承诺回报率 16.92%	杠杆权益 在债券之后
概率(天晴)= 3/4	100 元	100 元	
概率(下雨)= 1/4	60 元	60 元	
	预期未来回报	90 元	

续表

	融资计划 全权益(AE)	融资计划 债务和股权(DE)	
	100%权益	债券 承诺回报率 16.92%	杠杆权益 在债券之后
当前价格	75 元	65 元	
预期回报率	20%		

第 1 步：计算债券持有人真正得到多少。以 16.92% 的收益率，他们将获得 $65 \times (1+16.92\%) = 76$ 元——但前提是天气晴朗。否则，他们只能得到 60 元。因此，债权人的预期回报是

$$E(\text{收益}) = 1/4 \times 60 + 3/4 \times 76 = 72 (\text{元})$$
$$\phantom{E(\text{收益}) = 1/4 \times} \text{下雨} \text{晴天}$$

则债权人的预期回报率是

$$E(\text{回报率}) = E(r) = 72/65 - 1 = 10.77\%$$

将所有这些数字加入表格中：

		融资计划 全权益	融资计划 债务和股权	
		100%权益	债券 承诺回报 76 元	杠杆权益 在 76 元 的债券之后
概率(天晴)=3/4	100 元	100 元	76 元	
概率(下雨)=1/4	60 元	60 元	60 元	
预期未来回报		90 元	72 元	
当前价格		75 元	65 元	
预期回报率		20%	10.77%	

第 2 步：你在每种情形下的杠杆股权的收益是多少？这里我们利用完美市场假设：每个人都可以在没有交易成本、税收或任何其他障碍的情况下进行买卖。通过"无套利"原理，由债券加杠杆权益进行融资的建筑物价值必须与 100% 股权融资的建筑物价值相同。现在使用无套利原理，即杠杆权益的价值加上债券的价值应该等于总建筑物价值。比如今天举债 65 元，公司价值 75 元，你的股权一定价值 10 元。得出所有杠杆权益的收益数值，并写入表中：

	融资计划 全权益	融资计划 债务和股权	
	100%权益	债券 承诺回报76元	杠杆权益 在76元的债券之后
概率(天晴)=3/4	100元	100元	76元	24元
概率(下雨)=1/4	60元	60元	60元	0元
预期未来回报	90元	72元	18元
当前价格	75元	65元	10元
预期回报率	20%	10.77%	

第3步：预期股本的回报率是多少？简单！你的权益当前价值10元，预计将收到18元。因此，回报率为18元/10元−1＝80%。

	融资计划 全权益	融资计划 债务和股权	
	100%权益	债券 承诺回报76元	杠杆权益 在76元的债券之后
概率(天晴)=3/4	100元	100元	76元	24元
概率(下雨)=1/4	60元	60元	60元	0元
预期未来回报	90元	72元	18元
当前价格	75元	65元	10元
预期回报率	20%	10.77%	80%

加权资本成本（WACC）

给定两种索取权的当前价格及其在每种状态下的各自收益，你可以计算出所有状态下的债券和股权的回报率：

	或有收益率		预期收益率
	下雨	晴天	
无杠杆(100%权益)	$\frac{60}{75}-1=-20\%$	$\frac{100}{75}-1=33\%$	$\frac{90}{75}-1=20\%$
贷款(债券)	$\frac{60}{65}-1=-7.69\%$	$\frac{76}{65}-1=16.92\%$	$\frac{72}{65}-1=10.77\%$
股份(杠杆权益)	$\frac{0}{10}-1=-100.00\%$	$\frac{24}{10}-1=140\%$	$\frac{18}{10}-1=80\%$

让我们回顾一下：你开始时只知道公司的资本成本(20%)，之后计算出公司债券的资本成本(10.77%)，这使你可以确定得出公司杠杆股权的资本成本(80%)。很好！

与图6.4中风险中性投资者的例子一样，杠杆权益的风险（-100%或+140%）比无杠杆所有权（-20%或+33%）的风险更高，无杠杆所有权又比公司贷款的风险更大（-7.69%或+16.92%）。尽管这些风险差异不会影响风险中性世界的预期回报率，但在风险规避的世界里确有影响。就**资本成本**而言，杠杆权益高于无杠杆权益，而无杠杆权益又高于贷款。并且如上例，你可以准确计算出杠杆权益的预期回报率必须是多高，只需要在完美的 M&M 世界中利用"无套利"条件：给定建筑物和债券的预期回报率，你就可以确定杠杆权益的预期回报率。

> 债务的风险低于无杠杆权益，无杠杆权益的风险低于杠杆股权。

Q17.10 杠杆股权的风险高于无杠杆股权，后者的风险高于债券。让我们计算确认一下。在文中的建筑物示例中，计算出三种可能的索取权类型（完全股权、债务和杠杆股权）的收益率标准差，它们的风险排序是什么？

Q17.11 如果你可以按5%的预期回报率筹集60元的债务，那么在下雨和晴天的状态下，债务和股权的收益各是多少，合适的预期回报率和标准差是多少？

Q17.12 一家公司的价值可能是5 000万元、1.5亿元、4亿元，每一种情形下的概率都相等。该公司由一种债券进行融资，以5%的预期利率支付其承诺的1亿元。如果公司的适当资本成本为10%，那么公司的股权资本成本是多少？债券的预期收益是多少？债券的承诺回报率是多少？

Q17.13 假设你可以接受一个价值100元的项目，但你无法完全依靠自己提供资金。你只有20%的项目资金，明年需要把钱还回来，你没有其他收入来源，你能投资这个项目吗？

WACC 公式（不含税）

加权平均资本成本（WACC）是公司所有索取权的价值加权的平均资本成本。因为公司价值是由资产决定的，独立于债务和股权的配置方式，所以同样的独立性应该也适用于资本成本。下面让我们检查一下，如果完美市场的套利条件成立，那么整个公司的资本成本就是股票和债券的加权资本成本，并且不随债务和股权的权重比例而改变。

> WACC 独立于负债和权益的分配方式。

恒定不变的 WACC 意味着债务、股权和整个公司的资本成本存在关系。如果你知道债务和股权的资本成本，就可以推断出公司的资本成本。或者，如果知道公司和债务的资本成本，就可以推断出股权的资本成本。知道任何两个资本成本，你就可以计算第三个。

> 如果你知道任何两个资本成本，就可以推断第三个。

下面我们将数值示例转换为 WACC 的公式。记住在任一状态下，债务和股权共同构成公司价值：

$$\text{天晴}(3/4): 76 + 24 = 100(元)$$
$$\text{下雨}(1/4): 60 + 0 = 60(元)$$

$$债务 + 股权 = 公司$$

因此,债务和股权的期望值加起来必须等于公司的期望值。

$$72 + 18 = 90(元)$$
$$E(债务) + E(股权) = E(公司)$$

根据今天的价值和预期回报率($E(r)$),重写公式:

$$72 + 18 = 90(元)$$
$$= 65 \times (1 + 10.77\%) + 10 \times (1 + 80\%) = 75 \times (1 + 20\%)$$
$$E(债务) + E(股权) = E(公司)$$
$$= 债务价值 \times [1 + E(r_{债务})] + 股权价值 \times [1 + E(r_{股权})]$$
$$= 公司价值 \times [1 + E(r_{公司})]$$

在最后一行,债务、股权和公司的价值是现在价值,预期回报率是从现在到未来。将每一项除以今天的公司价值(公司价值=75元),以公司价值的百分比表示这个公式:

$$\frac{65}{75} \times (1 + 10.77\%) + \frac{10}{75} \times (1 + 80\%) \approx \frac{75}{75} \times (1 + 20\%)$$

$$\left(\frac{债务价值}{公司价值}\right) \times [1 + E(r_{债务})] + \left(\frac{股权价值}{公司价值}\right) \times [1 + E(r_{股权})] = [1 + E(r_{公司})]$$

计算分数:债务/公司 ≈ 86.7%,股权/公司 ≈ 13.3%。这是今天公司中两种证券的融资权重。因此,你可以把公式写成:

$$86.7\% \times (1 + 10.77\%) + 13.3\% \times (1 + 80\%) \approx 1 + 20\%$$
$$w_{债务} \times [1 + E(r_{债务})] + w_{股权} \times [1 + E(r_{股权})] = [1 + E(r_{公司})]$$

"1+"在两边抵消,因为 86.7% + 13.3% = 100%。由此得到完美市场下的 WACC 公式:

$$WACC = 86.7\% \times 10.77\% + 13.3\% \times 80\% \approx 20\%$$
$$WACC = w_{债务} \times E(r_{债务}) + w_{股权} \times E(r_{股权}) = E(r_{公司})$$

没有人会费心在 WACC 前面加上期望的符号 E,虽然这会更准确。接下来的两章将解释在存在企业所得税、完美市场被扭曲的情况下,必须如何修正 WACC 公式。

重点:加权平均资本成本的定义公式(不含企业税时):

$$WACC = E(r_{公司}) = w_{债务} \times E(r_{债务}) + w_{股权} \times E(r_{股权}) \tag{17.2}$$

杠杆、资本成本和报价利率

你现在了解如何计算资本成本。下面我们分析资本结构的变化通常如何影响各种证券的资本成本?回到最初的债务和股权的示例。在资本结构 DE-0 下,债券承诺回报 36 元;在资本结构 DE-1 中,债券承诺回报 76 元;在资本结构 DE-2 中,债券承诺回报 88 元。

考虑到所有因素,我们计算出下表:

> 我们现在想要考虑不同的资本结构情况。

金额单位：元

		融资计划 AE	融资计划 DE-1	
		100%权益	债券 承诺76元	杠杆权益 在76元的债券偿付之后
概率(天晴)=3/4	100	100	76	24
概率(下雨)=1/4	60	60	60	0
	E(未来回报)	90	72	18
	证券当前价格	75	65	10
	E(回报率)	20%	10.77%	80%
	融资权重	100%	65/75≈87%	10/75≈13%

> 概括地说，我需要描述资本的债务成本如何随杠杆变化。

假如公司改变借款金额，承诺的回报率、预期回报率和资产负债率将如何变化？假设该公司已经了解到资本市场的情况，在资本结构 DE-2 中，承诺偿还 88 元债务的债券今天将筹集到 70 元。各证券的收益如下表所示：

金额单位：元

		融资计划 AE	融资计划 DE-2	
		100%权益	债券 承诺88元	杠杆权益 在88元的债券偿付之后
概率(天晴)=3/4	100	100	88	12
概率(下雨)=1/4	60	60	60	0
	E(未来回报)	90	81	9
	证券当前价格	75	70	5
	E(回报率)	20%	15.71%	80%
	融资权重	100%	93.3%	6.7%

最后，让我们看一下，如果到期承诺偿还 36 元的债务，今天能够筹集到 35 元，这笔债务是无风险的，这种资本结构是 DE-0。

金额单位：元

		融资计划 AE	融资计划 DE-0	
		100%权益	债券 承诺36元	杠杆权益 在36元的债券偿付之后
概率(天晴)=3/4	100	100	36	64
概率(下雨)=1/4	60	60	36	24
	E(未来回报)	90	36	54
	当前价格 P	75	35	40
	E(回报率)	20%	2.86%	35%
	融资权重	100%	46.7%	53.3%

综上所述，以下是不同资本结构下的汇总表：

	债券的承诺		预期的回报率			权重	
	回报/元	利率	债务	权益	公司	债务	权益
无负债	0	2.86%	2.86%	20%	20%	0.0%	100.0%
低负债	36	2.86%	2.86%	35%	20%	46.7%	53.3%
中等负债	76	16.92%	10.77%	80%	20%	86.7%	13.3%
高负债	88	25.71%	15.71%	80%	20%	93.3%	6.7%
全负债	100	33.33%	20.00%	—	20%	100.0%	0.0%

这里需要补充的是，当负债为 0 时，边际利率仍然是无风险利率；另一个极端是如果全部采取负债，承诺到期偿付 100 元，但期望值只有 75 元——此时公司价值就是债务价值。

不要混淆预期/期望的回报率和报价/承诺的回报率。在高负债率情形下，股权很可能必须提供看似天文数字的预期回报率。在示例中，当预期回报率为 20% 的公司筹集了 76 元的债务，它必须为股权提供 80% 的预期回报率。这很常见——对于高杠杆率企业，股权成本通常看起来是天文数字，这不是高利贷。这很公平。

Q17.14 你能想到一些非常奇怪的例子，其中股权成本可以低于债务成本吗？提示：用 CAPM 思考很有用。

Q17.15 股权成本能否低于承诺的债务利率？

绘制杠杆比率与融资成本的关系图

我已经计算了更多的债务权重情形，并在图 17.1 的上半部分中绘制了债务和股权的预期回报率。当杠杆率低时，债务是无风险的。然而，增加债务会增加股权的风险，从而增加股权的资本成本。最终，当债务足够大时，债务本身也会变得有风险。更多的债务意味着债权人面临的风险更大，因此要求的债务回报率也更高。（承诺的回报率当然高于预期回报率。）

在现实世界中，情节看起来有点不同，因为大多数项目的回报不是"二项分布"（即只存在两种状态）而是更像是"正态分布"（呈钟形）。这就是图 17.1 的下半部分。事实上，这家公司有可能最终破产而变得一文不值，因此，公司不可能发行真正无风险的债务。然而，在比较宽的范围内，债务实际上是无风险的，因为公司极有可能能够足额偿还债务。因此，对于适度的债务负担，违约可能性很小。随着公司的债务比率越来越高，债务的预期/承诺回报率也必须显著增加。股权成本也随着公司的债务比例而上升。（与图 17.1 上半部分不同，股权的风险并没有突然结束。）重要的是，在整个图 17.1 中，无论公司的股权和债务组合如何变化，WACC 是恒定的。

如果所有证券都增加风险，那么公司是否具有更高的风险

许多实务界人士常常从两个正确的陈述开始：

> 更多的债务会增加公司的资本成本吗？会增加债务成本吗？会增加股权成本吗？

(1) 如果公司承担更多的债务,债务的风险就会增加,债务的资本成本($E(r_{债务})$)就会增加。

回报呈二项分布情形:

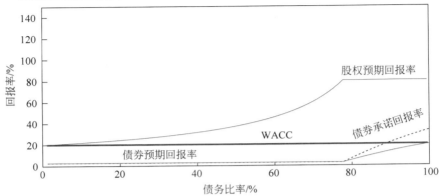

回报呈正态分布情形:

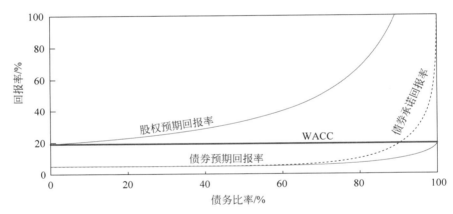

图 17.1 完美世界中的资本成本

注:上半部分说明了文本表格中的回报呈二项分布的示例。在债务比率达到公司价值的 80% 左右之前,债务是无风险的。然而,更多的债务仍然会增加股权的风险,因此会增加股权的预期回报率。对高于 80% 的债务比率,债务是有风险的,并且必须提供更高的承诺和预期回报率。

下半部分图形描绘了一个类似的情况,该公司的回报存在两种以上可能。回报接近于呈正态分布(平均值 90 元,标准差 17 元)。在回报呈二项分布和正态分布两种情况下,无论债务和股权是如何组合,WACC 总是相同的。

(2) 如果公司承担更多的债务,股权就会变得更具风险,股权的资本成本$[E(r_{股权})]$也会增加。

然而接着,他们犯了一个严重的逻辑错误,提出了下面第 3 个观点:

(3) 由于公司仅由债务和股权组成,因此当公司承担更多债务时,公司的风险也会变得更大,必然意味着公司的资本成本$[E(r_{公司})]$亦会增加。财务总监甚至可能想减少债务以避免公司波动性的增加。

前两个观点陈述是正确的。随着债务的增加,债务的资本成本会增加,因为它的风险更大。当公司违约时,债务得到承诺清偿的可能性更小,股权也变得更具风险,股权的资本成本上升,因为若发生债务违约,所有现金将先流向债权人,若有剩余才留给股东。

> 随着公司承担更多债务,债务和股权都变得更具风险,这一事实并不意味着整个公司变得更具风险。

但最后一个观点陈述——"公司也变得更具风险"——是错误的。当公司承担更多债务时,更安全的债务($w_{债务}$)的权重会增加,而风险更高的股权的权重($w_{股权}=1-w_{债务}$)会减小。因为债务资本成本[$E(r_{债务})$]低于权益资本成本[$E(r_{股权})$],所以加权的总和保持不变。可以结合前面例子确认这一点:

低负债　　$46.7\% \times 2.86\% + 53.5\% \times 35\% \approx 20\%$
中等负债　$86.7\% \times 10.77\% + 13.3\% \times 80\% \approx 20\%$
高负债　　$93.3\% \times 15.71\% + 6.7\% \times 80\% \approx 20\%$

可以检查陈述 1 和陈述 2 的正确以及陈述 3 的错误:当公司拥有更多债务时,债务和股权的资本成本更高,但公司的总资本成本没有改变。在完美的 M&M 世界中,企业总资本成本与债务和股权之间的融资比例(即资本结构)无关。

Q17.16　继续 Q17.11,假设公司筹集了 60 元的债务,承诺到期偿付 64 元(债务的预期回报率为 5%)。那么,债务和股权的权重是多少?这种资本结构下的 WACC 是否仍为 20%?

Q17.17　在晴天/雨天的例子中,如果公司可以筹集 62.50 元的债务,承诺偿付 70 元,请证明 WACC 仍为 20%。

Q17.18　与某 B 公司相比,A 公司的债务成本和股权成本都更高,这是否必然意味着公司 A 的总资本成本高于公司 B?

杠杆、每股收益和市盈率

债务对每股收益(EPS)的影响是什么?这是一个毫无意义的问题,因为每股收益不仅取决于公司价值,而且取决于股份数量。相同的资本结构下可以存在不同的股份数量。比如一家企业的股权价值 700 万元,有 100 万股,每股价值 7 元(预期每股收益 0.70 元[1]),或者该企业发行 10 万股股票,则每股价值 70 元(预期每股收益 7 元)。显然公司的资本结构、股权价值是不变的,但是每股收益改变了。因此,在某种资本结构下,任何每股收益数值都是可能的。

一个更有意义的问题是杠杆率如何影响市盈率。在本书第 15.4 节已经有所涉及,但当时你只是盲目确信,债务提供的预期回报率低于股权。该部分中的示例满足 M&M 定理所述的 WACC 为常数的观点,并表明更多的债务,有时会导致较低的市盈率(尤其是在价值型公司中),有时会导致较高的市盈率(尤其是在高成长型公司中)。

> EPS 是没有意义的。

---

[1] 即净利润为 70 万元,市盈率为 10 倍。

> 市盈率是一个比较有意义的比率。随着杠杆率增加,市盈率可以上升或下降。但最终,市盈率并不重要——只有企业价值才重要。

Q17.19 如果公司的加权平均资本成本低于它必须向银行支付的贷款利率,它是否犯了错误?

Q17.20 如果一家公司的债务成本为5%,项目的资本成本为10%,权益成本为20%,那么它的债务—权益比率是多少?

Q17.21 一个项目总资本成本为正的公司,是否可能拥有负的权益成本?在这种情况下,项目的总资本成本可以有多高?

17.4 状态依存的价格和信用衍生品

信用衍生品是一项价值数万亿元的金融业务。理解这个市场的最简单方法是一方(如对冲基金)给予另一方(如养老基金)保险,以防止债券无法偿付。例如,回到上面的例子:

金额单位:元

		债券 承诺88元	杠杆权益 在88元之后
概率(晴天)=3/4	100	88	12
概率(雨天)=1/4	60	60	0
当前价格		70	5
预期回报率		15.71%	80%

如果我愿意卖给你一张在下雨时支付1元而在晴天时支付0元的信用违约互换(CDS)产品,你会怎么想?

我们已经研究了相反的例子,即1元的晴天状态索取权[1]:如果12元的晴天支付承诺今天需要花费5元,那么晴天的1元支付承诺今天必须价值$5/12 \approx 0.4167$元。因此,晴天状态下88元的债券承诺今天价值$5/12 \times 88$元≈ 36.67元。因此,剩余的60元雨天支付承诺今天必须价值70元-36.67元=33.33元。如果60元的雨天支付承诺成本为33.33元,那么今天1元的雨天支付承诺必须成本为$33.33/60 \approx 0.5555$元。现在你可以检查88元的承诺债券确实价值70元:

> 状态依存的索取权价格。

P(每张面值88元债券)$= 0.4167 \times 88 + 0.5555 \times 60 \approx 70$元

> 将债券转换为无风险索取权。

上面推导这种状态依存的索取权的价格不仅仅是出于学术目的,而是具有现实意义。如果你购买了一笔例子中的债券加上28元的若雨天给予支付承诺的保险,那么无论发生什么,你将持有一个无风险的头寸,确定到期拥有88元。这些28元的"债券保险"将花费你$0.5555 \times 28 \approx 15.56$元。通过持有信用违约互换(CDS)即债券违约的保险,养老基金将有风险的证券转变为无风险证券,这

---

[1] 所谓晴天状态索取权,就是指杠杆权益的收益分布。

就是CDS市场规模庞大的主要原因。

这两种状态依存的索取权的预期回报率是多少？

晴天状态 3/4×(12/5－1)＋1/4×(－1)＝80%

雨天状态 3/4×(－1)＋1/4×(28/15.56－1)＝－55%

这不是一个错误：投资者愿意以明显的负回报率购买雨天索取权。毕竟，保险不是免费的。

> 两种状态依存的索取权的预期收益率。

如果你购买了由一张70元的债券和价值15.56元的雨天状态索取权组成的投资组合，那么你有权重为81.82%的债券投资和18.18%的CDS投资——你的投资组合就变成无风险了！这个投资组合恰好拥有正确的无风险收益率，忽略0.01%的舍入误差。

> 预期的无风险收益率的另类理解。

$$81.82\% \times (+15.71\%) + 18.2\% \times (-55\%) \approx 2.86\%$$

17.5 资本成本的细微差别和非金融负债

然而，当涉及非金融债权时，有一些细微的差别。产品市场往往并不完美。在这些情况下，公司的平均资本成本和边际资本成本可能不同。然而，如果金融债权存在于一个完美的市场中，那么公司的边际资本成本（这是管理者最终想要知道的）通常就是金融债权的边际成本。然而，金融债权的加权平均资本成本不会是公司的平均资本成本。

在表16.1中，你看到英特尔的非金融负债大约是其金融债务的一半。这对于许多美国公司来说是典型的。M&M定理——公司价值不受资本结构影响，因此资本结构无关紧要——是否仍然适用于存在非金融负债的情况？

公司价值与非金融负债无关？

这个论点实际上有些微妙。首先回顾一下M&M完美市场论证的逻辑：公司的价值不取决于其债务融资和股权融资之间的分配方式。通过反证法可以证明。完美市场为M&M论证提供了两个重要假设：

(1) 资本市场是完全有弹性的。公司的所有金融债权在完美的资本市场中将以合理的价格定价。

(2) 公司的实体运营与其承担的金融债权之间没有联系。（在最初的M&M论文中，作者假设所有的企业经营决策都已经做出。）

> 完美市场M&M命题的逻辑。

但这两个假设在非金融负债上可能失效。让我举出两个相应的例子：

(1) 所得税负债：如果你在4月15日（美国的纳税日）之前不缴纳税款，你可以将应纳税负债用于投资目的。这些资金的有效资本成本为零。但是，你不能以同样的零利率从美国国内税务局那里随意筹集更多资金，你也不能以公平的市场资本成本将该笔融资（应纳税额）返还给提供者。如果你预付了税款，税务局不会向你支付提前付税款的利息。

> 非金融负债可以增加企业价值。此时，M&M定理不成立。实际上，企业的融资体现出在非金融市场上不完美的特征。

(2) 贸易信贷：供应商向公司提供利率为0的融资作为贸易信贷的情况并不少见。显然这不是融资的完美市场价格，你希望尽可能多地获得这种贸易信贷。但是，这种贸易信用通常只有在购买更多标的商品时才可以获得。如果你不购买供应商的商品，供应商将不会为你提供更多的贸易信贷。因此，如果确实需要购买供应商的商品，拥有更多贸易信贷的资本结构会比没有的要好。否则，若没有贸易信贷，你甚至可能不会购买这些商品。

现在回想一下，公司价值是如何决定的。式(17.1)指出

$$公司价值 = 项目价值 + (贸易信用)融资价值$$

在 M&M 定理下，融资的 NPV 始终为零。但是，上述阐述中，贸易信贷本身就是一个正 NPV 项目。因此，若能获得贸易信贷融资，你可能会选择不同的实体项目（如购买相应供应商的货物）。公司的实体运营和融资之间不再分割。如果贸易信贷很划算，那么将实体项目及其附带的项目特定融资捆绑在一起考虑，是有意义的。

可以为企业的运营提供一个完美市场情景，即将非金融索取权剥离出去。但是，这并不是特别有用，原因有两个：首先，我们主要对金融感兴趣，而不是对运营感兴趣。其次，非金融市场通常远非完美——比金融市场更不完美得多——而且许多运营选择一旦做出就不可逆转。由于必要的完美市场条件与现实之间存在如此大的差异，现在，你确实需要了解如何从更广泛的现实世界的角度考虑公司的融资要求。

> 考虑运营和非金融负债的 M&M 命题不太可信，也不是很有用。

重点：

- M&M 定理有助于思考债务和股权索取权。这是因为通过债务索取权和股权索取权筹集资金的金融市场相当完美，无论哪种方式，也都得到合理公平的定价。
- 对于金融索取权，管理者可以将融资和运营分别考虑。
- M&M 定理对思考非金融负债之类的索取权帮助不大。这是因为通过非金融负债筹集资金的市场很少是完美的。此类融资例如贸易信贷或延迟纳税，通常会提供更好的交易和价值，但只能与某些特定项目一起使用。
- 因此，对于非金融索取权，管理者需要同时考虑融资和运营项目的选择。

Q17.22 在一个完美金融市场的世界里，如果公司存在非金融负债，公司的价值是否独立于它的融资方式？

Q17.23 在一个完美金融市场的世界中，公司金融债权的价值是否独立于公司的融资方式？

边际资本成本与平均资本成本

在 M&M 世界中，你尚未考虑另一个重要问题：资本的边际成本和平均成本的区别。**资本边际成本**适用于公司将筹集的下一元的资本；**平均资本成本**是公司现有所有项目的融资成本。作为一名经理，你其实希望了解的是项目的边际资本成本，因为你需要将项目的边际成本与边际回报率进行比较。公司的平均资本成本实际上是无关紧要的。幸运的是，在 M&M 世界中，两者是一样的。因此，如果计算出加权平均资本成本，也就会

知道多筹集一元的资本边际成本。

不过,在现实和不完美的世界中,资本的平均成本和边际成本可能不同。例如,公司获得的第一笔融资若是内部融资或者贸易信贷,显然要比向外部再融资 10 亿元便宜许多。因此,当你根据公司公布的财务数据计算现有资本来源的 WACC 时,请注意,即使某一个待投资项目是公司的典型项目,计算得到的 WACC 只是公司的平均资本成本,而不是项目的边际资本成本。

> 完美世界中,平均资本成本也是资本的边际成本。

现在回想一下,公司的加权平均资本成本是

公司的平均资本成本 = 根据价值加权的各种索取权的资本成本之和

对于仅由金融资本(债务和股权)融资的公司来说,

$$公司的平均资本成本 = w_{债务} \times E(r_{债务}) + w_{股权} \times E(r_{股权})$$

> 现实世界:两种资本成本可能不同。

最初的 M&M 命题表明,公司的平均资本成本将不受债务权重 $w_{债务}$ 或者股权权重 $w_{股权}$ 变化的影响。理解 M&M 命题的一种简洁方式是,债务融资和股权融资都不是正 NPV 或负 NPV 项目。因此,在它们之间的转移不会改变公司的价值。

在存在非金融负债(NFL)的情况下,公司加权平均资本成本的定义扩展为

$$公司平均资本成本 = w_{NFL} \times E(r_{NFL}) + w_{FL} \times E(r_{FL}) + w_{股权} \times E(r_{股权})$$

其中 FL 是金融负债。不幸的是,你不能随意扩大或减少非金融负债。因此,即使你可以最佳方式为项目融资和运营,但非金融负债的经风险调整后的边际资本成本可能不会与你的金融负债的边际成本相同。对于所得税负债。如果你在 4 月 15 日(美国国家税务局的纳税到期日)之前延迟付款,这笔应付所得税税款的利率为 0,相当于是从政府获得的零息负债,但是你不能扩大从政府那里借来的金额。因此,在你履行纳税义务之前,应付税款是一个固定规模且不可延期的资金来源,资本成本为 0,之后的资本成本则是无限的。[1] 换句话说,如果你不必要地提前纳税而将融资从 w_{NFL} 转移到 $w_{债务}$ 或 $w_{股权}$,企业的平均资本成本将会增加。

> 不幸的是,大部分非金融负债不是 NPV 为 0 的融资。

公司最好的融资策略是选择边际成本最低的融资来源。

- 如果你的融资来源与公司相关(但与特定项目无关),它不会影响你对投资项目的选择。在这种情况下,你应该首先以最低的资金成本为项目融资(例如,延迟缴纳所得税或推迟供应商付款),然后再从更昂贵的融资来源融资。最终,一旦融资成本逐渐上升,你就通过各种金融索取权达到最终的融资成本。假设债务和股权存在于一个完美的资本市场中,那么你可以在适当的边际资本成本下筹集到尽可能多的资金。

> 非金融负债应使用到其资本成本达到金融负债的成本为止。

- 如果你最便宜的融资来源与特定项目相关,最好将项目的融资也包括在项目的决策中。例如,如果零售分支机构可以从供应商处获得贸易信贷,并且这比金融资本便宜,那么你可以将贸易信贷的 NPV 计为该零售分支机构项目 NPV 的一部分。如果贸易信贷不便宜,就不使用它,而是依靠完美的资本市场。(不过在现实世界中,这种便宜融资来源的真实成

> 与公司相关的非金融资金来源:按照从低到高逐步采用。

---

1 因为从零成本变为成本为正值,数学上出现了拐点,变化率就是无穷大。

> 与项目相关的非金融资金来源：需要包括项目中非金融资金来源的NPV。

本也可能难以衡量，例如，应付账款的资本成本是多少？因为延迟付款可能会损害你在供应商中的商誉价值。）

请注意，在这两种情况下，你都使用最便宜的非金融融资来源，直至达到金融负债的资本成本。达到该点后，你就完全依赖完美市场的金融资本作为边际资金来源。在此之后，金融资本成本成为公司的边际资本成本。

重点：

- 如果低成本（非金融负债）融资来源与特定项目相关联，通常将融资视为项目的一部分。你可以将融资带来的净现值包括在项目的总回报中。
- 如果低成本融资不与特定项目挂钩，公司应首先用尽所有比金融市场要求的资金成本更低的资本来源。
- 如果金融市场是完美的，并且在公司已经用尽了来自不完美非金融市场的所有更便宜融资来源之后，公司的边际资本成本将由债务和股权的资本成本决定。换句话说，对于优化使用了非金融负债资金来源的公司，普通的 WACC 公式成立：

$$\text{优化使用非金融资金后公司的边际资本成本} = \text{公司的金融资本成本}$$
$$= w_{债务} \cdot E(r_{债务}) + w_{股权} \cdot E(r_{股权})$$

然后，可以将上述金融资本的边际成本与项目的边际回报率进行比较。

- 最初的 M&M 命题仍然可以使用，但只能在金融资本的背景下使用——也就是说，公司的价值（即各类金融索取权的加总价值）与公司是通过债务还是股权融资无关。
- 完美资本市场中，金融资本的边际成本也是金融资本的平均成本。然而，这绝不是公司的总体平均资本成本。因为公司的总体平均资本成本更低，公司采用的非金融融资有着更低的资本成本。

> 不要将 M&M 定理看得过于现实。

M&M 定理仅有助于思考资本结构这一主题。它的目的不是直接用于现实世界，而是基于理论实验。在现实世界中，资本结构很重要，你必须考虑企业的资本成本如何随资本结构而变化，无论是金融索取权还是非金融索取权。这是下一章的主题。

Q17.24 如果你观察一家公司的非金融债务，其边际资本成本为零（例如应付所得税债务），那么仅根据公司的金融资本（债务和股权）计算资本成本是否有意义？

总结

本章涵盖了以下要点：

- 事前在建立资本结构时，企业家有动机最大化公司价值而非股东价值。因为投资者知道企业家/股东自己或他们的代理人-经理以后可能进行利益侵占。如果企业家未能建立适当的激励约束机制，他们现在就会损失价值。如果可以的话，创业企业家/股东甚至愿意在事前就和债权人签订合同，禁止经理未来偏袒企业家/股东价值。
- 莫迪利亚尼-米勒（M&M）资本结构定理指出，在完美市场中，公司通过债务还是股权融资并没有什么区别：
  - 竞争性套利者可以购买企业的所有债务和股权，从而拥有所有现金流和控制权。
  - 套利者可以立即消除和撤销任何不良的资本结构选择（或任何不良的投资项目选择）。
  - 套利者会竞相抬高任何不良资本结构下的公司价值直至达到最优资本结构（和/或最优运营政策）下的公司价值。
  - 因此，任何资本结构下所有索取权的价值都是最佳资本结构下的价值。它是基础项目的价值。索取权只是划分了具体状态下的收益分配。
  - 无论债务和股权之间如何分割，公司的资本成本是不变的。它始终等于固定的加权平均资本成本（WACC）。

更简单的版本是假设投资项目的选择已经确定了并且是不可变的。M&M 命题之所以有趣，不是因为它们完全符合现实，而是因为指出了在既定条件下，资本结构无关紧要的基准。

- 更多的债务并不意味着总资本成本的增加，即使债务和股权都变得更具风险。
- 银行可能要求的利率高于股权的预期资本成本。这并不意味着债务资本成本高于股权资本成本，因为债务资本成本（预期收益率）不是其承诺的利率。
- 对于大多数证券，股权比债务要求更高的预期回报率。在 CAPM 世界中，市场贝塔系数为正的证券就是这种情况。
- 假设公司仅通过债务和股权融资，无套利的原理意味着加权平均资本成本（WACC）为

$$\text{WACC} = E(r_{\text{公司}}) = w_{\text{股权}} \cdot E(r_{\text{股权}}) + w_{\text{债务}} \cdot E(r_{\text{债务}})$$

其中，$w_{\text{股权}}$ 和 $w_{\text{债务}}$ 的权重是股权价值和债务价值占公司整体价值的比重。无论公司如何融资，该公司的 WACC 保持不变。它由基础项目所决定。

- CAPM 等模型与 M&M 完美市场观点兼容。它可以为金融债务和股权计算出资本成本。但是，它不能用于非完全竞争市场的其他负债的资本成本，例如应缴税收。本质上应缴税收是一种无息贷款。
- 对于在完美市场中的各类索取权，资本的边际成本和平均成本是相同的。
- 非金融负债不会出现在完美的市场中。因此，它们的平均资本成本通常低于其边际资本成本。
- 当廉价的融资来源（例如特殊的贸易信贷）与特定项目相关联时，应将此种融资与项目本身结合起来考虑。
- 如果一个追求优化的公司已经耗尽了所有低成本的非金融资金来源，则无限弹性的完美资本市场上的金融资金将成为其边际资本来源。

答案

章后习题

Q17.25 解释对于管理层来说,"股东最大化"什么时候是正确的目标,什么时候是错误的。

Q17.26 评论以下陈述:"如果管理层通过控制董事会并支付自己更高的薪酬而没有更好的业绩,从而破坏了股东财富,那么新股东的情况会更糟。"

Q17.27 在一个不完美但风险中性的世界中,假设公司的投资项目在不好的状态下价值100元,在好的状态下价值500元。项目的资本成本为25%。如果你可以用50—50的债务为其融资,仅现金流权就足以使资本成本降低为20%。但经理们不妥协,不想转向这种新的资本结构。你只有60元的资本,不能借更多的钱来接管公司。你能做什么呢?

Q17.28 一家公司可能价值1亿元(概率为20%)、2亿元(概率为60%)或3亿元(概率为20%)。该公司有一笔未偿还的高级债券,承诺到期支付8000万元。它还有一只未偿还的次级债券,承诺到期支付7000万元。高级债券承诺利率为5%,次级债券承诺利率为26%。如果公司的项目资本成本为10%,那么公司的杠杆股本成本是多少?

Q17.29 如果资本结构的变化增加了公司股权和债务的风险,并且没有其他金融索取权,这是否意味着公司的风险增加了?

Q17.30 使用课本正文"杠杆资本成本和报价利率"一节中的示例(晴天[100元]的概率为3/4,雨天[60元]的概率为1/4),如果债务承诺偿付为65元并提供3%的预期利率。股权在资本结构中的权重是多少?

Q17.31 M&M定理指出,在一个完美的市场中,尽管由于公司杠杆的增加,债务和股权的风险都变得更大,但公司的价值和风险都保持不变。从概念上讲,由于公司杠杆率的增加,债务和股权都变得风险更高,公司需要什么条件才能变得更有价值和/或更安全?

Q17.32 使用电子表格给出类似于图17.2的图表。你的公司价值50 000元或100 000元,两者概率相等。债务的资本成本由公式 $E(r_{债务}) = 5\% + 10\% \times \omega_{债务}$ 给出——前提是债务有风险。(提示:无风险收益率为11.85%。如果公司100%由债务融资,其WACC是多少?)

Q17.33 展示一家公司如何增加其股权成本和债务成本,但仍然得出总资本成本不变。

Q17.34 标准的M&M定理是否适用于非金融负债?

Q17.35 在一个完美金融市场的世界中,公司的资本成本是否独立于其融资结构?

Q17.36 在一个完美的金融市场(但不包括产品市场)的世界中,公司的资本成本是否独立于它的运营和融资方式?

Q17.37 预期你的公司价值 50 元、100 元或 120 元,概率分别为 1/10、6/10 和 3/10。如果你今天可以筹集 75 元的债务,承诺 10% 的利率,股本成本为 20%。

1. 公司的预期收益是多少?
2. 债务的承诺价值是多少?
3. 这笔债务的资本成本是多少?
4. 公司的股权价值是多少?
5. 公司的价值是多少?
6. 公司的 WACC 是多少?
7. 如果你今天筹集了 50 元的债务,你的友好的投资银行家告诉你说,你可以只承诺 3% 的利率。在这种情况下,你的债务资本成本是多少?
8. 通过股权融资将得到多少(在 50 元债务融资的方案中)?
9. 这家公司的债务资本比率是多少(在 50 元的债务融资方案中)?
10. 这家公司的股权成本是多少(在 50 元的债务融资方案中)?
11. 若采取 75 元的债务融资方案,相比 50 元的债务融资方案,债务资本成本是否更高?这对两种债务的相对风险意味着什么?
12. 若采取 75 元的债务融资方案,相比 50 元的债务融资方案,股权资本成本是否更高?这对两种股权的相对风险意味着什么?
13. 若采取 75 元的债务融资方案,相比 50 元的债务融资方案,公司的资本成本是否更高?

第 18 章

税收与资本结构

公司及个人所得税

你已经了解在完美世界中融资的运作方式,现在该走进真实的不完美世界中了。现实中,企业所得税和个人所得税的存在严重违反了 M&M 完美市场假设。本章介绍如何运用减税的资本结构来创造企业价值。可以利用一些公式来计算不同杠杆结构下的税务价值,最有名的是调整现值公式(APV)和经税收调整的加权平均资本成本(WACC)公式。这些方法应用广泛,值得详细介绍。下一章将介绍税收之外的不完美市场情况存在时(如代理问题)的资本结构。

18.1 债务与权益的税收

假设你正在经营一家简单的公司,具体情况如下:

第 0 年的投资成本	200 美元
第 1 年的税前总回报	280 美元
第 0 年至第 1 年的税前净回报	80 美元
企业所得税税率(τ)	30%
资本成本	12%

你的目标是计算公司在不同税收制度下的价值。在18.6节前,先假设你的所有投资者都是免税的。

假设税收与资本预算不变

如果一家公司在债务和权益上的税率相同,不管它如何融资,公司的价值如何？在现实世界中,假设债务和权益的税率相同是完全不现实的。因为债务的利息可以享受税收减免。投资者只关心"扣除公司所得税后"回报的情况,而不关心"扣除公司所得税前"的回报。

在上面例子中,考虑完全用权益来为你的公司融资。200美元投资的税前收益为280美元,因此税前的收益率为(280−200)/200＝40%。不过,由于80美元的净回报需要缴纳30%的所得税,所以要向美国国家税务局纳税24美元。因此,公司的税后净回报率仅为(256−200)/200＝28%。

现在,假设投资者的其他投资机会是确定不变的。一项企业所得税的变化会对你的公司产生什么影响？从公司的角度来看,筹集资本时,公司是一个"价格接受者"。这意味着公司无法改变市场,因为你是在与许多其他公司一起争取投资者的资金。归根结底,投资者只关心你能返还给他们的现金。为了吸引投资者,我们假定在你公司的风险等级(市场beta)下,公司必须提供$E(r_{Firm})=12\%$的税后回报率,这相当于17.14%的税前回报率,因为17.14%×(1−30%)＝12%。换句话说,你可以把100美元投资于其他风险相同的项目,期望得到117.14美元的回报,对17.14美元的收益缴纳5.14美元的税,最后留下12美元。(在本章中,为避免混淆,再次省略时间下标。)税收对项目必须产生的回报率,到底有多大影响呢？

> 税收的存在意味着税后回报率低于税前回报率。

投资者其实并不关心公司内部发生了什么,只关心公司最终能支付给他们多少回报。对于投资者来说,下面几种情况的结果是一样的:

- 项目的税前回报率为12%,设法规避了所有的公司所得税;
- 项目的回报率为24%,但必须支付一半的企业所得税;
- 项目的回报率为600%,其中98%被政府没收(600%×(1−98%)＝12%);
- 项目的公司所得税率为30%,当项目获得17.14%的税前回报率时,投资者的实际回报率为12%。

> 投资者获得的税后收益率来自所谓"黑匣子"公司。

NPV公式非常适合于处理企业所得税。正如第11章中所述,分子和分母中都必须使用税后的数字来计算现值。例如,"企业所得税前280美元"的公司,企业所得税后的资本成本为12%,其现值为

$$\text{PV} = \frac{E(C_{公司税后})}{1+E(r_{公司税后})} = \frac{280 - 80 \times 30\%}{1+12\%} = \frac{256}{1+12\%} \approx 228.57(美元)$$

> 税率更高的项目必须在税前创造更多价值,才能使税后收益与其他项目相等。

这里有一些你必须避免的简单错误。如果使用税前预期现金流和税前必要回报率,通常无法得到相同的结果。同样,如果使用税后预期现金流,然后将其与税前的资本成本进行相除,肯定会得出错误的结果。

> 无论公司如何实现,投资者要求一个合适的风险调整后的回报率。

Q18.1 假设30%的企业所得税率。如果一个项目的税前回报率为17%,目前的投

资成本为 100 美元，而适当的税后资本成本为 12%，请计算证明该项目的净现值为负。

现实中负债与股权的征税差别

> 全球范围内的各国税法违背了 M&M 无税收的假设。

我们再来看一个能更好反映现实的税法模型。包括美国在内的许多国家，都规定个人和公司面临着相似的税务待遇、纳税时间表和税率。虽然税收的细节每年都有所不同，国家与国家、州与州、县与县，甚至城市与城市间也不尽相同，但大多数税法在原则上非常相似。因此，本书中的税收概念可以得到普遍运用。

> 税法补贴借贷行为：公司从税前收入中支付利息，但从税后收入中支付股息。

公司的利息支付是免税的。也就是说，不同于股息分配、股票回购或资金再投资，美国国税局认为支付的利息是公司的经营成本。因此，它允许将利息支出视为税前开支，而不是税后收益分配。结果就是，当一家公司以支付利息的形式分配其收益时，就节省了税款。例如，如果英特尔的业务盈利了 100 美元，若这 100 美元用于支付债权人的利息，那么公司不需要纳税，债权人将得到 100 美元。然而，如果不是作为利息支付，美国税务局将首先征收 30% 的公司所得税，英特尔只能保留剩下的 70 美元。这一章的重点是展示一个精明的首席财务官如何最好地利用税务处理的差异，为公司创造价值。

> 预告：负债太多，一些其他目前暂未介绍的因素会推高资本成本。

你可能想知道为什么公司不尽可能多地进行债务融资。简要的回答是，如果在一个世界里，公司所得税是唯一的扭曲因素[1]，那么尽可能多地拥有债务确实是理想的选择。然而，现实中还有其他因素需要考虑。如果公司承担了太多债务，最终会有其他因素推高公司的资本成本，从而增加负债并不能够提升公司价值。这些问题将在下一章探讨。

Q18.2 债务-权益的某种混合型证券承诺将向其持有人支付 500 美元。这家公司的企业所得税税率为 33%。如果美国国税局将这笔支付指定为利息支付，该公司需要赚多少钱？如果美国国税局将这笔支付指定为股息分配，公司需要赚多少钱？

18.2 不同资本结构下的企业价值

在一个完美的世界里，根据 MM 定理，公司并不需要关心债务和股权的权重。在现实世界中，税法会补贴利息的支付（即对债务利息免税），与权益的未分配利润、股息支付或回购股票等相比，基于公司税收的考虑，公司应更偏好于负债。在存在债务利息支付的税收补贴下，公司价值如何变化呢？

> 引入政府税收补贴，会引导公司偏好负债。

我们用表 18.1 回答这个问题。可以计算出一家假想的公司在两种不同融资情景下的价值。

股权融资（EF）场景。 在全权益场景中，公司不利用美国国家税务局 IRS

1　即对完美世界的违背仅仅是存在公司所得税这一个扭曲因素。

的补贴。200美元的投资明年赚取了280美元,税前净回报为80美元。按30%的企业所得税税率,公司将支付30%×80=24美元的企业所得税。然后,它能以股息的形式支付余下的56美元。

债务融资(DF)场景。在债务融资场景中,公司今天以11%的利率借入200美元,并于明年支付22美元的利息。因此,公司的利润为80-22=58美元,并需要支付17.40美元的税收。这样一来,所有者(债权人和股东,也可以是一个人兼有两种身份)就可以得到62.60美元,其中债权人得到22美元,股东得到40.60美元。

> 负债可以减少纳税。

表18.1　一年期公司的两种融资方案　　　　　　金额单位:美元

这两种情况都假设:	
第0年的投资成本	200.00
第1年的税前总回报	280.00
从第0年到第1年的税前净回报	80.00
公司所得税税率(τ)	30%
合适的从0到1年的平均资本成本[a]	12%
情景EF:100%股权融资	
明年应纳税利润	80.00
明年的企业所得税(80美元的30%)	24.00
所有者明年将获得	56.00
情景DF:以11%的利率借入200美元,其余为杠杆权益	
利息支付	22.00
明年的应税利润	58.00
明年的企业所得税(58美元的30%)	17.40
权益投资者明年将获得	40.60
(股权和债权)所有者明年将获得	22.00+40.60=62.60

注[a]:为了获得12%的必要资本回报,公司在缴纳企业所得税前的项目回报率必须达到17.14%。税务局征收30%×17.14%=5.14%,公司投资者将获得税后的12%收益率。

与100%股权融资(所有者持有56.00美元)相比,债务融资(所有者持有62.60美元)可以让公司的税后现金流提高6.60美元。更快捷的计算方法是将税率乘以利息:因为美国国税局允许公司扣除22美元的债务利息纳税,公司将节省22×30%=6.60美元的企业所得税。这6.60美元的节税额将发生在明年,因此,它需要贴现回来,一般会用公司的资本成本来折现成长型公司的节税收益(但这不是唯一的方法,也不一定正确)。本章附录更详细地解释了节税额的合适折现率,但要认识到,无论用负债的低资本成本

(11%)折现还是用更高的折现率比如 15%（公司的资本成本），对于这笔 6.60 美元的节税收益，差异只有 5.95－5.74＝0.21 美元。对于 280 美元的预期现金流，以及与我们在估计现金流、估计收益率模型等方面的其他不确定性相比，这种贴现差异很小。相对于全股权（EF）资本结构，债务融资（DF）资本结构创造了略低于 6 美元的现值。

RJR 收购的税收漏洞

在杠杆收购（LBO）中，公司的负债会显著增加——这可以显著降低公司所得税。1988 年，第一波士顿公司计划依赖一个即将不存在的税收漏洞来接管 RJR 纳贝斯克公司。通过将 RJR 纳贝斯克公司的食品业务"货币化"（这是一种增加负债的绝妙方法），RJR 的递延缴税可以节省 30 亿～40 亿美元，这笔可能少缴的企业所得税足以使美国当年的年度联邦赤字增加 2%！最终，第一波士顿公司幸好未能中标，这一情况也没有发生。

《门口的野蛮人》

Q18.3 一个 100 万美元的建设项目预计将在一年后获得 120 万美元。公司的联邦和州边际所得税合计为 45%。

1. 如果用现金为这个项目融资，要交纳多少税收？
2. 如果以 5% 的利率借入 80 万美元的抵押贷款来为这个项目融资，要交纳多少税收？
3. 如果合适的项目利率是 8%，那么用抵押贷款为项目融资所节省税款的现值是多少？

18.3 公式化的估值方法

是否有公式可以用于计算公司价值，不仅适用于某种当前的融资安排，也可以应用于其他备选的各种负债比例呢？有！基本上存在三种方法。本节介绍其中的两个——APV 和 WACC：

（1）计算**调整后的现值**（APV），这种方法是将税收补贴价值加回。（基本上就是上一节的计算结果。）

> 我们需要能考虑任何负债比率的公式。

（2）计算通用的加权平均资本成本（WACC）公式，以反映债务融资带来的资本成本的降低。这种方法也称**经税收调整后的 WACC**。

下一节将介绍税收优惠估值的第三种方法——"权益现金流量法"（FTE）。这种方法在另外假设的资本结构中为企业构建财务数据，然后直接对股权的税后现金流进行估值。如果应用得当，所有三种方法都应提供近似但不一定完全相同的答案。

> 方法 3 被称作"权益现金流法"。

在进入实质性内容之前,要认识到这里的税收探讨只是一个简单的模型。你正在为一家面对固定边际所得税税率的公司计算与债务相关的税收节约。该模型忽视了许多其他重要的税收问题,如延迟缴纳所得税、税收损失结转、收回过去的纳税额、不同收入水平下不同的边际企业所得税税率、拖欠所得税的可能性、州税、外国税、特殊税收激励、转移定价,甚至避税和欺诈行为等。

调整现值法(APV):理论

APV将企业价值分解为两个部分:
(1) 按全权益公司(完全缴税、无税收补贴)来计算公司的价值。
(2) 将被称为"利息"可抵税的部分计算税收补贴。

> APV 的主要思想是:对全权益公司进行价值评估,然后再加上税收补贴。

在表 18.1 中的示例中,如果该公司是 100% 股权融资的,预期现金流为 280 美元,减去 24 美元的公司税,净额为 256 美元。APV 法根据公司的负债比率加回税收补贴。例如:

零利息支付。 如果公司全部由股权融资,则税收补贴为零。

高利息支付。 如果公司有 80 美元的利息支付,美国税务局 IRS 则认为公司没有赚一分钱,税收为零。因此,所有者可以在明年 256 美元的全权益方案基础上再多保留 24 美元。

正常利息支付。 如果公司有利息支付,比如 19 美元,280－19＝261 美元的回报减去 200 美元的投资成本,国税局将判定公司的净回报为 61 美元。因此,国税局将收取 30%×61＝18.30 美元的税收,这比在公司 100% 股权融资的情况下收取的 24 美元税收少 5.70 美元。或者,你可以直接计算预期的节税收益,即 $\tau \times [E(r_{债务}) \times 债务金额]$＝30%×19＝5.70 美元。这 5.70 美元是明年的税收补贴。

只需要从这一方法中提炼出一个公式,以便推及更普遍的估值公式。让我们回到前面的例子中,公司以 11% 的利率借入 200 美元。预期的利息支付是

$$预期利息支付 = 11\% \times 200 = 22(美元)$$

$$预期利息支付 = E(r_{债务}) \times 债务金额$$

要避免的一个重要错误是,必须使用预期债务利率(11%),而不是使用银行的报价利率(可能远远高于 11%)。这对债务很少的大公司来说并不重要,但对规模较小或负债较高的公司来说可能很重要。相对于全权益融资的公司而言,未来的节税收益是公司受益于利息支出而不必纳税的金额。

> 节税收益是税率和利息支付(负债水平乘以利率)的结果。

$$预期节税收入 = 30\% \times (11\% \times 200) = 6.60(美元)$$

$$预期节税收入 = \tau \times [E(r_{债务}) \times 债务金额]$$

换言之,美国国税局会从项目所有者手中少收 6.60 美元的税收,因为 22 美元被认定为"利息",可以抵税。

> 200 美元债务的利率是 11%,即,将 22 美元利息支出以 11% 贴现。

6.60 美元的节税仍需折现,因为将发生在明年。APV 公式计算的是:将全权益融资公司的贴现价值(明年的税后现金流为 256 美元),加上节税收益的贴现价值:

$$APV = \frac{256}{1+12\%} + \frac{30\% \times 22}{1+11\%} = 234.52(美元)$$

> APV 将节税收益贴现,并将其加回全权益融资公司的价值中。

$$APV = \frac{E(C)}{1+E(r_{企业})} + \frac{\tau \times [E(r_{债务}) \times 债务]}{1+E(r_{债务})}$$

APV = 100% 权益融资公司的价值 + 利息的抵税金额

你还可以使用公司的资本成本来贴现节税收益:

> 200 美元债务的利率是 11%,即,将 22 美元利息支出以 12% 贴现。

$$APV = \frac{256}{1+12\%} + \frac{30\% \times 22}{1+12\%} = 234.46(美元)$$

$$APV = \frac{E(C)}{1+E(r_{企业})} + \frac{\tau \times [E(r_{债务}) \times 债务金额]}{1+E(r_{企业})}$$

在实际应用中,对利息的抵税金额,采用债务成本贴现或者采用公司资本成本贴现,差异很小,6 美分的差别显然微不足道。

APV 很容易推广到多年期:只需计算每年的节税额,然后将各年的贴现值相加。在下一节中,你会接触到多期的例子。

重点:调整现值(APV)公式计算"假设全权益融资"的现值(扣除企业所得税后),然后再加回税收补贴:

APV = 100% 权益融资下税后公司的价值 + 利息支付的税收补贴

如果项目只持续一个时期(省略时间下标),公式转变为

$$\text{今天的 APV} = \frac{E(未来的\ C)}{1+E(r_{公司})} + \overbrace{\frac{E(\tau \times r_{债务} \times 债务)}{1+E(r_{债务})}}^{\text{税收补贴}\ \text{利息支付}} \tag{18.1}$$

第二项的分母 $1+E(r_{债务})$ 的资本成本可能对也可能不对。但是因为第二项的数值很小,所以用 $E(r_{企业})$ 还是 $E(r_{债务})$ 贴现区别不大。

APV:应用于 60/40 的债务融资案例

在上面的例子中,拥有 200 美元债务的公司今天价值 234.46 美元,因此债务比率为 200 美元/234.46 美元 ≈ 85%。现在假设该公司将考虑一种新的资本结构,即只借入 139.16 美元。[1] 该公司认为,这种较低的债务结构将使其债务成本降低至每年 9%。在如此低的债务水平下,债务近乎无风险,因此风险厌恶型投资者愿意接受较低的预期回报率。此时,公司的价值会如何改变?

> 一个 APV 的例子:采用 60% 债务融资的公司估值。

根据 APV 公式,139.16 美元债务的利息支付将为 9% × 139.16 = 12.52 美元(明年)。节税收益为 30% × 12.52 = 3.76 美元。以 9% 利率贴现,今天的价值为 3.45 美元。因此

$$APV = \frac{256}{1+12\%} + \frac{30\% \times 9\% \times 139.16}{1+9\%} = 228.57 + 3.45 = 232.02(美元)$$

---

[1] 之所以借入 139.16 美元,是因为按照 60% 的负债率,234.46 × 60% = 139.16 美元。

$$\text{APV} = \frac{E(C)}{1+E(r_{企业})} + \frac{\tau \times E(r_{债务}) \times 债务金额}{1+E(r_{债务})} = 假想的全权益融资公司 + 税收补贴$$

如果你更喜欢用公司的资本成本贴现税收收益,那么

$$\text{APV} = \frac{256}{1+12\%} + \frac{30\% \times 9\% \times 139.16}{1+12\%} = 228.57 + 3.36 = 231.93 \text{ 美元} \tag{18.2}$$

$$\text{APV} = \frac{E(C)}{1+E(r_{企业})} + \frac{\tau \times E(r_{债务}) \times 债务金额}{1+E(r_{企业})} = 假想的全权益融资公司 + 税收补贴$$

同样,节税收益的差别不大,这里只有 $3.45 - 3.36 = 0.09$ 美元。这就是 APV 的答案:如果存在企业所得税,一家以 139.16 美元债务融资的公司价值今天约为 232 美元。

经税收调整的加权平均资本成本(WACC)估值:理论

第二种计算公司价值的方法是使用经税收调整的加权平均资本成本公式。如果从式(18.2)的 APV 公式开始并进行修改,很明显这两种方法可以产生相同的结果。使用相同的参数:60/40 的债务-股权融资,30%的企业所得税税率,9%的债务资本成本,以及 280 美元的税前回报(全权益情况下税后回报为 256 美元)。与之前一样,该公司以 9%的利率借入 139.16 美元,利息为 12.52 美元。企业所得税的税盾(即税收抵免)为 12.52 美元的 30%,即 3.76 美元。APV 公式(公式18.2)得到的公司估值为

> 这里展示了 WACC 和 APV 是相似的。我们从 APV 公式中推出经税收调整后的 WACC 公式。

$$\text{PV} = \frac{256}{1+12\%} + \frac{30\% \times \overbrace{(\underbrace{9\% \times 139.16}_{\approx 12.52})}^{\approx 3.76}}{1+12\%} \approx 231.93$$

$$\text{PV} = \frac{E(C)}{1+E(r_{企业})} + \frac{\tau \times [E(r_{债务}) \times 债务金额]}{1+E(r_{企业})}$$

APV 和 WACC 之间的主要区别在于,APV 计算的是负债和利息支付的价值,而 WACC 方法将负债表示为公司价值(即 PV)的比率,

$$60\% \approx 139.16/231.93 \qquad 139.16 \approx 60\% \times 231.93$$

$$w_{债务} = 债务 / 公司价值 \implies 债务 = w_{债务} \times 公司价值$$

将负债的表达式代入 APV 公式中,

$$\text{PV} = \frac{256}{1+12\%} + \frac{30\% \times [9\% \times (60\% \times 231.93)]}{1+12\%} \approx 231.93 (\text{美元})$$

$$\text{PV} = \frac{E(C)}{1+E(r_{企业})} + \frac{\tau \times [E(r_{债务}) \times (w_{债务} \times 公司价值)]}{1+E(r_{企业})}$$

现在方程的两边都有 PV(即公司价值),所以需要求解 PV。此时需要一些代数运算步骤。
(1) 将两边乘以 $[1+E(r_{企业})] = (1+12\%) = 1.12$,使分母消失:

$$(1+12\%) \times 231.93 = 256 + 30\% \times [9\% \times (60\% \times 231.93)]$$

$$[1+E(r_{企业})] \times \text{PV} = E(C) + \tau \times [E(r_{债务}) \times (w_{债务} \times \text{PV})]$$

(2) 将等式右边的第二项移到左边:

$$(1+12\%) \times 231.93 - 30\% \times [9\% \times (60\% \times 231.93)] \approx 256 (\text{美元})$$

$$[1+E(r_{企业})] \times \text{PV} - \tau \times [E(r_{债务}) \times (w_{债务} \times \text{PV})] = E(C)$$

(3) 提出因子 PV：

$$231.93 \times [(1+12\%) \times (-30\%) \times 9\% \times 60\%] = 256(美元)$$

$$PV \times [1 + E(r_{企业}) - \tau \times E(r_{债务}) \times w_{债务}] = E(C)$$

(4) 两边同除以 PV 的乘子：

$$231.93 = \frac{256}{1 + 12\% - 30\% \times 9\% \times 60\%} = \frac{256}{1 + 10.38\%}$$

$$PV = \frac{E(C)}{1 + E(r_{企业}) - \tau \times [E(r_{债务}) \times w_{债务}]} = \frac{E(C)}{1 + \text{WACC}} \quad (18.3)$$

这是经税收调整的加权平均资本成本的估值公式。它的主要逻辑是对"假设 100% 股权融资和全额征税后"的现金流 ($E(C) = 256$ 美元)进行贴现，不是用简单的资本成本 $E(r_{企业}) = 12\%$，而是采用了新的 WACC，即 $E(r_{企业}) - \tau[E(r_{债务}) \times w_{债务}]$，可见利息支付的节税效应降低了利率。与我们之前的无税 WACC 公式(式 17.2)不同的部分是 $\tau \times E(r_{债务}) \times w_{债务} = 30\% \times 9\% \times 60\% = 1.62\%$。因此，修正后的 WACC 贴现率为 $1 + 12\% - 30\% \times 9\% \times 60\% = 1 + 10.38\%$。10.38% 是经税收调整后的 WACC，低于 12% 的全权益资本成本。

> 对于 WACC 公式的直观陈述。

WACC 公式通常会重新排列。将 $E(r_{企业})$ 拆分为权益成本和债务成本，$E(r_{企业}) = w_{债务} \times E(r_{债务}) + w_{股权} \times E(r_{股权})$。在我们的例子中，保持加权平均公司资本成本为常数 $E(r_{企业}) = 12\%$，求解 $E(r_{企业}) = w_{债务} \times E(r_{债务}) + w_{股权} \times E(r_{股权}) = 60\% \times 9\% + 40\% \times E(r_{股权}) = 12\%$，得到 $E(r_{股权}) = 16.5\%$。将其代入式(18.3)，可以得到更常见的 WACC 公式，

$$PV = \frac{256}{1 + 10.38\%} = \frac{256}{1 + 40\% \times 16.5\% + (1 - 30\%) \times 60\% \times 9\%}$$

$$PV = \frac{E(C)}{1 + \text{WACC}} = \frac{E(C)}{1 + w_{股权} \times E(r_{股权}) + (1 - \tau) \times w_{债务} \times E(r_{债务})}$$

> 更常见的 WACC 公式将权益资本成本拆开了。

> 税收调整后的加权平均资本成本一般化了前一章中的完美市场加权平均资本成本。

新的 WACC 公式，$w_{股权} \times E(r_{股权}) + (1 - \tau) \times w_{债务} \times E(r_{债务})$，将上一章中经典 M&M 理论(即无税收)下的 WACC 公式一般化了。如果公司税率 τ 为零，则没有税收补贴，纳税调整后的加权平均资本成本公式将简化为原来的加权平均资本成本公式。这适用于美国大约一半的上市公司，这些公司的边际税率确实为零(可能是由于税收损失结转或采取了巧妙的避税措施)。对这些公司来说，负债并不能成为有效的避税手段，它们可以使用简化的忽略利息税盾的 M&M 版 WACC 公式。但对于处于高边际税率的公司来说，它们需要采用新的 WACC 公式，它也可以处理企业所得税税率为正的情况。

不幸的是，只有公司资本成本、负债率和公司税率都保持不变，才能使用 WACC 公式。若不是这种情况，现值公式如下所示：

$$PV = \frac{E(C_{T1})}{\{1 + [w_{股权} \times E(r_{股权,T1}) + (1-\tau) \times w_{债务} \times E(r_{债务,T1})]\}^1} +$$

$$\frac{E(C_{T2})}{\{1 + [w_{股权} \times E(r_{股权,T2}) + (1-\tau) \times w_{债务} \times E(r_{债务,T2})]\}^2} + \cdots \quad (18.4)$$

如果这些变量不都是常数,则没有人知道如何计算适当的 WACC。对于公司来说,准备改变资本结构、计划进行高债务融资并不罕见。不幸的是,这是 WACC 公式无法处理的情况。此外,如果非金融负债的边际资本成本不同于金融负债的边际资本成本,也很难使用 WACC。总的来说,WACC 公式计算企业价值是一种快速而有用的近似值。APV 方法通常比 WACC 方法更为灵活。

> 虽然 WACC 公式在理论上方便且直观,但在实际运用中很困难。

🎓 重点:

- (经税务调整的)加权平均资本成本(WACC)公式以较低的资本成本对未来现金流进行折现,这反映了企业的利息支付避税的优势:

$$PV = \frac{E(C)}{1 + \text{WACC}} \tag{18.5}$$

$$\text{WACC} = E(r_{企业}) - \tau \times E(r_{债务}) \times w_{债务}$$

$$= E(r_{股权}) \times w_{股权} + E(r_{债务}) \times w_{债务} \times (1 - \tau)$$

分子上的预期现金流必须是"假设公司全权益融资并全额纳税"的现金流。

- 该公式是完美 M&M 世界中 WACC 公式的进一步推广,可以包括无税收的情形。因此,通常被称为 WACC 公式。
- 如何在多期中使用 WACC 公式,需要具体分析(因为各期的 WACC 可能不同)。

WACC 公式非常常见,必须记住。

现在回顾上一章的图 17.2。当时的结果表明,无论资本结构如何,公司资本成本都是 10%。在存在企业所得税的情况下,情况仍然如此吗?答案是否定的!图 18.1 显示,由于高负债率,税收补贴会降低公司的资本成本。事实上,如果没有其他复杂因素需要考虑,那么最佳的资本结构必将是公司承担尽可能多的债务——直至 100% 负债,以最大化税收补贴的价值。

> 在没有其他因素的情况下,企业的最优资本结构是 100% 负债。

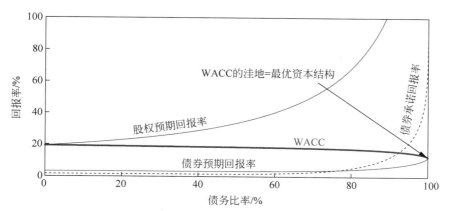

图 18.1　存在公司所得税情形下的资本成本

注:这张图和图 17.1 相对应,只是债务现在具有公司所得税的抵税效应。因此公司的总资本成本随着负债率的上升而下降。

比较三种方法:权益现金流法、APV、WACC,避免犯严重错误

这三种方法的情况如下:

完美市场中无税收的企业价值	280 美元/1.12
权益现金流法	(280 美元－20.24 美元)/1.12
APV	256 美元/1.12＋3.76 美元/1.12
WACC	256 美元/1.103 8
有税收和杠杆的企业价值	231.93 美元

不幸的是，WACC 和 APV 经常被错误地使用。

第一个常见错误是忘记了现值公式分子中正确的预期现金流是"假设公司全权益融资和全额纳税"的现金流（在我们的示例中为 256 美元）。它既不是税前项目现金流（在示例中为 280 美元），也不是当前融资计划下的税后现金流[例如(280－9%×139.16)×(1－30%)＝187.23 美元]。与分母上错用税盾的贴现率不同，分子上使用错误的现金流是一个更大的错误。

第二个常见错误是忘记了必须使用适当的资本成本——$E(R)$ 会随着债务而变化。这些公式只是明确地告诉你负债的好处。应该意识到，当增加债务时，还会有其他市场力量也在起作用，从而推高债务成本和/或股本成本（即你必须承担的预期回报率）。如果你机械地使用 APV 或 WACC 而不进行此类调整，就会得出错误的结论——负债越多越好。

重点：WACC 和 APV 公式的分子上是预期的"假设 100% 股权融资并且全额缴纳企业所得税"的现金流，而不是公司当前的实际现金流（依赖于当前实际的债务股权融资比例）。

附注：不要忘记，改变债务可能会带来其他的成本和收益，从而改变资本成本。我们还没有涵盖所有内容。

Q18.4 考虑公司 25/75 的债务－股权融资情况。如表 18.1 所示，公司的税前回报为 280 美元，投资成本为 200 美元，税率为 30%，资本的机会成本（在其他应税项目中）为 12%，当公司的负债率为 25% 时，债务的预期回报率必须为 8%。（资本机会成本是公司在其他地方能够实现的最优资本成本，那么这些资本成本就是你在其他项目纳税之前的税前资本成本。）首先计算 WACC，然后给出债务的价值，即设为 WACC 计算的企业价值的 25%。并展示通过 APV 方法如何得到相同的结果。

Q18.5 考虑用 100 美元的债务为公司融资，税前回报为 280 美元，投资成本为 200 美元，税率为 30%，总资本成本为 12%，这笔债务必须提供 8.7% 的预期回报率。（这也是税前的资本机会成本。）先计算 APV 下的企业价值，然后计算资本结构中的债务比率，最后展示通过 WACC 方法也能得到相同的结果。

Q18.6 如果你认为债务是公司价值的恒定比例的一部分，你会选择采用 WACC 还是 APV 方法？如果你认为债务是恒定的美元金额，你会选择采用 WACC 还是 APV？

Q18.7 如果唯一的市场不完美就是存在企业所得税，将公司的 WACC 公式表示为其债务比率的函数。

第 18 章 税收与资本结构 **439**

Q18.8 一家边际税率为 20% 的公司目前由 500 美元的债务融资和 1 000 美元的股权融资构成。债务利率为 6%，股权的资本成本为 12%，无风险利率为 4%，股权溢价为 3%。该公司的 beta 是多少？该公司正在考虑进行资本重组，将债务提高到 1 000 美元，这样债务利率将提高到 8%。这家公司只会存续一年。新资本结构下的股权价值是多少？

Q18.9 一家所得税率为 40% 的公司在第 0 年的投资成本为 300 美元，在第 1 年的税前回报现金流为 500 美元。假设外部资本市场提供的税前机会成本约为 20%。其债务资本成本为 $E(r_{债务}) = 15\% + w_{债务} \times 5\%$。如果公司借入 50 美元进行融资，计算 APV、WACC 和基于 WACC 的企业价值。如果公司借款 100 美元，请重复上述步骤。

18.4 税收调整估值的运用举例

让我们看一个更现实的例子。事实上，你已经熟悉了它，就是第 14 章表 14.5 的一家假想机器设备制造商。为了进行估值，添加以下参数：
- 负债的利率为 20%，因此 25 美元的贷款必须提供 5 美元年利息。
- 公司的总资本成本为 30%。
- 企业所得税税率为 40%。

表 18.2 给出了需要知道的所有信息。股东投资 26 美元，共获得 137 美元的股息。债券持有人投资 25 美元，共获得利息 25 美元。此时公司价值是多少？

权益现金流法估值：根据备考的财务报表进行

这里的要点是展示处理税收补贴的第三种估值方法——权益现金流法。**权益现金流法**直接与"备考"的财务数据相结合，备考财务数据可以简单地看作财务报表的前瞻性预测。（备考财务报表将在第 21 章中详细讨论。）下面我们将运用三种方法——权益现金流法、APV 和 WACC 来进行企业估值。

> 方法 1：直接来自财务报表的现金流已经是税后的数字。

根据项目现金流公式（式 14.1），已经给出了用于 NPV 估值的项目现金流：

单位：美元

计算项目现金流,债务融资为 25 美元	Y1	Y2	Y3	Y4	Y5	Y6
总经营活动	46	53	53	43	33	33
+总投资活动	−75	−75				
+利息支出		5	5	5	5	5
=项目现金流	−29	−17	+58	+48	+38	+38

我们需要获取这些税后现金流的贴现因子。这很难准确地评估，幸运的是，精确的折现率并不重要。我们将使用公司的资本成本 30%。先在公司层

> 税后现金流的贴现率是多少？

面将这些现金流进行折现：

$$\text{NPV} = \frac{-29}{1.30} + \frac{-17}{1.30^2} + \frac{+58}{1.30^3} + \frac{+48}{1.30^4} + \frac{+38}{1.30^5} + \frac{+38}{1.30^6} \approx 28.95(\text{美元}) \quad (18.6)$$

因此，你今天愿意支付 28.95 美元购买该公司，该公司将以此确定的资本结构在明年开始运营。等一下，你忘了债务带来的税盾效应吗？不，你没有！预测的现金流表格本身已经包含了合理的利息支出，利息支出已经降低了企业所得税，从而适当增加了项目的现金流。

表 18.2 "假想机器设备供应商"的财务报表　　　　　　　　　　　　　　单位：美元

利润表	Y1	Y2	Y3	Y4	Y5	Y6
销售收入	70	70	70	70	70	70
−销售成本	5	5	5	5	5	5
−销售、一般和管理费用	5	5	5	5	5	5
=EBITDA	60	60	60	60	60	60
−折旧	25	50	50	25	0	0
=EBIT	35	10	10	35	60	60
−利息支出	0	5	5	5	5	5
=EAIBT	35	5	5	30	55	55
−公司所得税（税率40%）	14	2	2	12	22	22
=净利润	21	3	3	18	33	33

现金流量表摘要	Y1	Y2	Y3	Y4	Y5	Y6
净利润	21	3	3	18	33	33
+折旧	25	50	50	25	0	0
=经营活动现金流	46	53	53	43	33	33
资本支出	−75	−75				
=投资活动现金流	−75	−75				
+净权益发行	26					
+股利			−53	−43	−33	−8
+净债务发行	25					−25
=融资活动现金流	51		−53	−43	−33	−33
现金净额变化	22	−22	0	0	0	0

APV 估值法

> 方法 2，APV，需要绕个弯：必须构建 100% 股权融资的财务报告。

为公司估值的第二种方法是 APV。但要小心：式(18.6)中的现金流不是 APV 方法所需的现金流，因为它们不是 100% 股权融资情形下的现金流。APV 下只能将税盾加回到"假设 100% 股权融资"的现金流上。如果使用式(18.6)中的现金流，然后加回税盾，就会错误地计算两次税盾效应。因此，我们必须重新找到正确的预期现金流，就是假设该公司是全权益融资的现金流，在这种情况下，税收将会更高。其实你可以凭直觉推断出这个数字。在第 2～6 年，应税净收入将增加 5 美元（由于没有利息支付），因此，按照 40% 的企业所得税税率，公司每年必须额外缴纳 2 美元的税款。

> 这是 100% 股权融资企业的现金流。

检验这一直觉是否正确。全股权融资公司的财务指标如下：

单位：美元

简明损益表，100%权益融资	Y1	Y2	Y3	Y4	Y5	Y6
=EBIT（营业收入）	35	10	10	35	60	60
−利息支出	0	0	0	0	0	0
=EAIBT（或 EBT）	35	10	10	35	60	60
−公司所得税（40%）	14	4	4	14	24	24
=净利润	**21**	**6**	**6**	**21**	**36**	**36**

请注意，纳税义务高于公司进行债务融资时的纳税义务。

单位：美元

简明现金流量表，100%权益融资	Y1	Y2	Y3	Y4	Y5	Y6
净利润	21	6	6	21	36	36
+折旧	25	50	50	25	0	0
=经营活动现金流	46	56	56	46	36	36
资本支出	−75	−75				
=投资活动现金流	−75	−75				

现在可以在公司 100% 股权融资的情形下重新使用净现值的现金流公式：

单位：美元

计算项目现金流，100%权益融资	Y1	Y2	Y3	Y4	Y5	Y6
经营活动现金流	46	56	56	46	36	36
+投资活动现金流	−75	−75				
+利息费用	0	0	0	0	0	0
=项目现金流	**−29**	**−19**	**56**	**46**	**36**	**36**

将其与前面相应的表格进行比较，可以发现，100% 股权融资公司的项目现金流确实在第 2～6 年每年损失了 2 美元的税盾价值。直觉是正确的！

> 回到主要的任务：APV 估值。

现在，将这些"假设 100% 股权融资"的项目总现金流用适当的资本成本折现，假设为 30%。站在 0 时刻即当前，得到项目的净现值：

$$\text{NPV}_{\text{项目},100\%\text{股权融资}} = \frac{-29}{1.30} + \frac{-19}{1.30^2} + \frac{+56}{1.30^3} + \frac{+46}{1.30^4} + \frac{+36}{1.30^5} + \frac{+36}{1.30^6}$$
$$= 25.20(\text{美元})$$

APV 公式指出,接着需要加回预期的税盾价值。第 2~6 年的利息税盾是利息支出(每年 5 美元)乘以公司税率(40%),即每年 2 美元。这些税盾的价值是多少?

$$\text{NPV}_{\text{税盾}} = \frac{0}{1.30} + \frac{+2}{1.30^2} + \frac{+2}{1.30^3} + \frac{+2}{1.30^4} + \frac{+2}{1.30^5} + \frac{+2}{1.30^6} = 3.75 (\text{美元})$$

因此,APV 方法得到的公司价值为

$$\text{APV} = 25.20 + 3.75 = 28.95 (\text{美元})$$

这和式(18.6)得到的结果一样。

> 方法 3:WACC 方法,负债比率大约为 35%。

WACC 估值

第三种评估公司价值的方法是 WACC 方法。再次从公司的现金流开始,假设是 100% 权益融资。

计算项目现金流,100%权益融资						
	Y1	Y2	Y3	Y4	Y5	Y6
项目现金流/美元	−29	−19	56	46	36	36

现在需要使用适当的经税收调整的加权平均资本成本来贴现这些现金流。但还有一个棘手的问题:公司的负债率是多少?也就是说,计算 WACC 需要知道债务的权重,即 $w_{\text{债务}} = (1 - w_{\text{股权}})$。在现实世界中,你可以查看当前的公司价值来计算权重。

> 回到主要的任务:WACC 估值。

在我们的例子中,我们暂时忽略计算细节,直接给出债务权重为 35%。现在也知道计算加权平均资本成本所需的其他两个变量:30% 的公司资本成本和 20% 的债务成本。

现在可以计算公司的加权平均资本成本为

$$\text{WACC} = 30\% - 40\% \times 35\% \times 20\% = 27.2\%$$
$$\text{WACC} = E(r_{\text{企业}}) - \tau \times w_{\text{债务}} \times E(r_{\text{债务}})$$

在不正确但希望合理的假设——债务比率保持在 35% 的条件下,

$$\text{NPV} = \frac{-29}{1.272} + \frac{-19}{1.272^2} + \frac{+56}{1.272^3} + \frac{+46}{1.272^4} + \frac{+36}{1.272^5} + \frac{+36}{1.272^6} \approx 29.55 (\text{美元})$$

这与 APV 公式的结果偏离了大约 60 美分。主要原因在于,债务在资本结构中的比例在第一年为 35%,但在随后几年中所占的比例不同。如前文所述,WACC 方法实际上不适用于这种情况。[1] 然而,在现实世界中,这一错误与对税法的假设错误、项目的预期现金流和资本成本的不确定性等相比,却是微不足道的。

Q18.10 为以下公司构建一个预测的备考财务数据模型:一个三年期项目在第 1 年(不是第 0 年)的投资成本为 150 美元,第 1 年的产出为 70 美元,第 2 年为 60 美元,第 3 年为 55 美元。(所有数字均为年末。)三年内,现实和财务上的折旧均为直线折旧。具有这种风险的项目(即具有这种回报期限结构的项目)税前机会成本为 18%。企业边际所

---

[1] 即在负债率发生变化的条件下,WACC 将不再是常数,因此企业估值不适合采用 WACC 方法。

得税税率为40%。

1. 假设该公司为100%股权融资。构建预测备考模型并计算预期的项目现金流。
2. 计算项目内部收益率。
3. 计算项目净现值。
4. 假设该公司期待在第2年和第3年从某慈善捐赠者那里均获得额外的免税捐赠2美元。现在项目的现金流和内部收益率是多少？

对于剩下的问题，假设该公司的资本结构改变为债务融资50美元，在第1年以10%预期利率进行筹集。第1年没有支付利息，第2年和第3年支付利息。本金在第3年偿还。

5. 构建财务备考数据。这个项目的内部收益率是多少？
6. 从财务备考数据上看，该债务融资项目的净现值是多少？
7. 采用APV法计算净现值。
8. 通过APV方法，如果公司承担的债务不是50美元，而是40美元（假设债务利率同为10%），那么该公司价值会是多少？
9. 公司的负债率是否随时间保持不变？这家公司适合采用WACC方法估值吗？

英特尔公司财务报表中的税盾

你能将新学习的关于如何处理企业所得税的理论知识应用于现实案例吗？对于一家现实世界中的公司，比如第14章中的英特尔公司，表14.2英特尔损益表中的税收补贴是多少？

近几十年来，众多盈利的美国跨国公司在将业务转移到海外，十分激进。2018年苹果公司在海外持有约2 500亿美元现金类资产，同时发行更大金额的美国债券为其运营融资，从而逃避美国税收。只有在美国税法将海外利润的税率从35%降至一次性税率——现金15.5%和其他资产8%之后，苹果公司才将其几乎所有的现金储备转回美国，苹果并不是唯一这样做的公司。在英特尔的财务报表中，称在2020年支付了约16.7%的税收费用，2018年税率为9.7%，2019年税率为15.5%。它并未指出为何英特尔的有效税率远低于美国21%的法定税率，但在财务报表脚注提到，这与转向低税收管辖区和美国对研发投入的税收抵免有关。我们可以在利润表中看到，41.79亿美元是税收准备，250.78亿美元是税前收入，即有效税率为16.7%。可见，尽管债务杠杆是一种很好的避税手段，但是对于许多大公司来说，它们拥有更好的避税手段。

> 相比于向其他国家转移利润以避税，债务杠杆的税盾作用并不明显。

在2021年10月，英特尔公司将于2022年12月到期的债券年到期收益率约为0.38%（比1年期国债高出约30个基点）。2029年到期的债券收益率为1.9%（高出5年期国债以上80个基点），2031年到期的债券收益率为2.1%（高出10年期国债以上150个基点）。对于到期时间超过10年的英特尔债券，收益率约为3.1%（高出90个基点）。对经济学家来说，重要的是债务的边际成本，而不是债务的平均成本。与长期股权相比，英特尔现在发行的每一美元长期债务大约可节省20%×3.1%的资金。因此，额外的100

亿美元债务将节省约 6 000 万美元的税收。这可不是一个小数目,但在利率如此低的情况下,这算不上是重大的抵税效应。如果英特尔公司是风险规避的,可以尝试让其海外子公司在低所得税国家以高利率借款来支持其美国业务,[1] 以减少其在美国的应税收入。公司必须用一些奇特复杂的证券进行融资来掩饰这种策略,以使美国国税局难以对高利率提出质疑。

> 边际税盾。

这给英特尔带来了一个有趣的准两难问题。一方面,英特尔公司有太多的股权,而负债太少。它可以通过发行更多债务来抵税,同时也不会降低其信用评级。英特尔在 2020 年就这样做了。另一方面,英特尔在资产负债表上却保留了大量资金,赚取的利息必须再次纳税。因此,英特尔应该考虑从投资者手中回购更多股份,以便在不履行更多纳税义务的情况下将资金返还给投资者。[2] 毕竟,若股东相比公司能够更好地进行投资,并且股东的纳税义务更少的话,公司就应该向股东返还资金。

> 英特尔公司:负债太少,现金太多。

> 作为跨国公司的一项税收战略,资源/业务转移往往比财务杠杆更为重要。

与债务融资策略无关的其他避税措施,比如将更多的经营业务转向海外的低税收东道国,可以进一步减轻税收负担。但这些措施与负债—权益比率的关系相对较小,而与企业运营和现金流的结构设计有关。

Q18.11 从 2013 年至 2015 年,通用电气 GE 公司有如下的利润表(10 亿美元):

销售收入	347.8
EBITDA	36.6
利息	9.1
税前利润	27.6
税收	8.4
少数股东权益	−0.7
净利润	19.1

评估 1 450 亿美元的长期负债带来的税盾效应。

18.5 对公司税和财务杠杆的再思考

你现在已经了解了经理们如何利用资本结构来调整公司所得税。

哪种税收调整的估值方法最好?

> 三种方法都不占主导地位。

三种估值方法中哪一种最好:权益现金流法(FTE)、APV 法或 WACC 法?在现实世界中,这三种方法都在使用,因为各有优缺点。

---

1 这涉及跨国公司内部的转移定价,即将高成本的资金转移到母公司,以抵税。而低成本的资金留在海外子公司,这可以增加海外子公司的盈利,但是海外的所得税率比较低,从而整体上跨国公司实现了税收节约。

2 回购股份的税收相比现金股息要大幅减少,因此回购股份可以节税。

当然，这三种方法的计算结果应该比较相似。如第 18.4 节中的"机器设备供应商"例子表明，如果应用适当，三种方法的结果差异不大。如果将不同估值方法带来的结果差异与对未来预期现金流评估、适当资本成本估计和税收简化等难以避免的错误相比较，这种方法的差异更是微小。

下面是本书对这三种方法的观点：

权益现金流法（FTE）。优点是清晰明了，不太可能使用错误的预期现金流量。缺点是需要更多的工作量，因为必须构建完整的财务数据表，而且这种方法没有明确地指出债务的税收优势，这使我们难以理解预期资本结构变化的税收效应。

> 估值结果应该是相似的。
>
> 比较三种方法的优缺点。

APV。这种方法使得增加额外的一美元债务如何增加公司价值十分清楚。当考虑某一特定的新增项目或具有特定成本的项目时，APV 可能是最容易使用的公式。

WACC。加权平均资本成本（WACC）公式使得确定改变负债百分比如何改变公司的价值，变得相对容易。当企业资本结构政策中的目标负债比率确定时，WACC 是最容易使用的公式。

在许多常见的情况下，APV 比 WACC 更容易使用。例如，只在公司的生命周期某一阶段的投资项目能够为公司增加负债能力，APV 使得这种项目的估值更加简单。是什么提高了项目的负债能力？简单的答案是，更具有有形资产（可抵押）的项目往往会增加企业的负债能力，因为银行认为收回和转售有形资产更为容易。研究与开发（R&D）项目需要预先进行股权投资，然后比如再建设一个实验室。实验室可以增加企业的负债能力，而研发项目则不会。因此，APV 仅适用于在企业生命周期后期阶段企业投资所增加的负债能力计算。另外，APV 还可以更容易地为公司的项目和税盾使用不同的折现系数。

WACC 可能是最困难的方法。没有人知道在随时间变化的 WACC 情况下，如何进行多年期的贴现。因此，只有当公司的负债率在未来大致保持不变时，才能应用 WACC 方法。当然，在这种情况下，WACC 方法比 APV 方法更容易使用。在所有其他的情况下，都需要关注 WACC 的错误应用。经验证据表明，上市公司很少保持恒定的债务比率，这使 WACC 成为一种不太可取的方法。从技术角度来看，WACC 倾向于假设借贷利率是有竞争力的市场所决定的，因此借贷的净现值为零。因此，WACC 仅在"正常"情况下才有效，即债权人获得了适当的债务资本收益。WACC 无法为"低于市场"或"高于市场"的非公允定价的贷款进行估值。

> 本书的建议：APV 通常更简单。
>
> 对于多年期的项目，WACC 通常很复杂。

强调：避免犯以下谬误

第一个大的谬误是，将错误的预期现金流用于 APV 或 WACC。在计算税盾价值时采用错误的贴现率是可以被原谅的（在一定范围内），但使用错误的预期现金流则是无法被原谅的。在权益现金流 FTE 方法中，你已经有了预计的债务现金流和权益现金流。你可以使用这些实际的现金流，且这些现金流已经考虑到了债务税盾。相比之下，在 APV 和 WACC 两种方法中，不能使用当前资本结构下公司的实际现金流，而应该使用假设公司是全股权融资时将产生的现金流。

> 强调：永远不要在 APV 或 WACC 计算中使用当前非 100% 股权融资结构下的现金流。

第二个永远不应该犯的大谬误是,相信债务没有缺点。在现实世界大多数情形下,提高债务水平会增加债务成本和股本成本。

> 强调:不要单纯地相信公式中推导出的结论,即负债越多越好。

快速而简化的方法:节税规则

不要将两个问题——节税是否重要和正确的贴现因子是否重要——混淆。前者比后者更重要。但是,节省额是否太小而根本不值得考虑呢?不,你必须意识到公司不需要做出任何改变,也不需要付出额外的努力来获得节税的好处。此外,税收节约每年都有。事实上,这种永续性给了我们很好的启示。

从 APV 公式开始。假设今天有一家大公司承担并维持了额外的 10 亿美元债务,利息为 6%,即每年 6 000 万美元。公司的税率为 40%,这样当年将节省 2 400 万美元的税收——这可以用于支付一笔可观的管理层奖金。但这只是第一年,每年节省的 2 400 万美元税收将是永久性的,如果税盾的资本成本就是负债的资本成本(6%),那么可以计算出今天公司的总价值增加额为:0.24 亿美元/6%=4 亿美元。

> 税收节约会重复。经验法则:每一美元的永久债务都会带来收益。

$$增加价值 = \frac{40\% \times 6\% \times 10 \text{亿美元}}{6\%} = 4 \text{亿美元}$$

$$增加价值 = \frac{\tau \times E(r_{债务}) \times 债务金额}{E(r_{债务})} = \tau \times 债务金额$$

这是一条很好的捷径:永久性的负债每增加一美元,公司的价值就会按照公司的税率 τ 而增加 τ。这个公式很简单,便于直接在脑海中计算。例如,将一个 50% 债务融资的 100 万美元项目与全股权融资进行比较,这家边际税率为 40% 的公司没有债务本金的偿还计划(即 50 万美元的负债是永续的),也不承担新的债务。则这种资本结构下的节税收益将达到 40%×500 万美元=200 万美元。

> 这种简化式存在的两个小问题,即贴现率和永续负债的假设。

重要的是要认识到,税收节约的价值公式 $\tau \times$ 债务金额,不是精确的计算。这只是一个简化的方法,也就是说,它能很快给出一个还不错但不完美的估计值。因为该公式依赖于至少两个从未完全被满足的假设:第一,税盾的适当折现率与债务的资本成本完全相同。第二,债务及其税盾是永续存在的,具有恒定的现金流和贴现率。尽管存在不足,这个公式对于快速掌握增量负债所带来的长期税盾价值非常有用。

投资和融资决策现在可以分开吗

在完美的 M&M 世界中,经理们可以将投资决策和融资决策分开进行:经理可以专注于经营决策,而把融资决策交给财务人员。不幸的是,当债务具有税盾优势的时候,或者当存在其他市场非完美的情况,投资和融资就不可分离了。

> 如果世界不完美,不同融资方案的项目有不同的价值。因此,融资和投资决策必须一起考虑,而不是分开考虑。

例如,考虑两个项目,成本、回报和资本成本都相等,也就是说它们的 NPV 是相同的。第一个项目是研发项目,第二个项目是大楼建造项目。在现实世界中,很难找到一家银行为研发项目提供贷款,毕竟,如果研发项目无法支付利息,银行通常无法收回或者转售该项目资产。而另一方面,建筑物则很容易回收价值。对于公司而言，建筑物项目比研发项目能够提供更多的**债务融资能力**，也就是能够带来所得税减免的利益。这种债务融资能力使得建筑物项目更有价值。如果不考虑每个项目如何帮助提高公司的负债能力，经理们就无法在项目之间做出选择。

> 房地产公司拥有更多的负债融资能力，会增加公司价值。

重点：在一个不完美的世界里，与 M&M 世界不同，管理层在真正做出投资决策时，不能忽视或者推迟融资决策。也就是投资和融资的两项决策相互交织、相互影响。

第二个复杂的因素是，负债融资的价值还取决于谁是公司的所有者。盈利能力强和历史悠久的公司往往处于最高的税率档次，一些新兴、成长或非营利的公司则处于较低的税率档次。对于这些新兴的公司来说，负债融资能力的价值远远低于像英特尔、百事这样的大型盈利公司，后者可以立即获得负债的税盾价值。

> 你在第 11 章中看到的复杂性也在这里起作用：公司价值取决于所有者的身份。

平均资本成本与边际资本成本

在第 17.5 节中，我们已经看到了平均资本成本与边际资本成本的区别。请注意，在本章中，我们只计算了平均资本成本。但不幸的是，经理们通常对新的一美元融资的边际资本成本更感兴趣，因为边际资本成本才能与新项目的边际回报率进行比较。在不完美世界中，平均资本成本通常低于边际资本成本。例如，公司已经通过债务为其现有的工厂进行了融资，但银行可能不想为公司现在想要投资的新研发项目提供融资。尽管如此，为了估算边际资本成本，了解公司的平均资本成本仍然非常有用，至少平均资本成本能给出一个下限值。

当然，两种资本成本之间的区别不会改变本章中的任何计算结果。本章关注的是如何对公司的避税措施进行评估。税盾对资本边际成本的影响，正如它对资本平均成本的影响一样。

> 不同的项目有不同的融资方式。

小的弊病：将税收调整后的 WACC 和 CAPM 结合起来

让我们来解决最后一个问题。从形式上讲，CAPM 是一个完美市场的模型，不适用于不完美的世界。但在理论上不使用它的建议，在实务中帮不到你。实务中如果老板决定使用 CAPM，你如何做呢？

> 从形式上讲，在有税的世界中使用 CAPM 是错误的。

作为一个实用主义者，你只要使用 CAPM 就可以了。你将税收调整后的加权平均资本成本公式与 CAPM 模型估计的权益资本成本相结合：

$$E(r_{企业}) = w_{股权} \times E(r_{股权}) + (1-\tau) \times w_{债务} \times E(r_{债务})$$
$$= w_{股权} \times \{r_F + [E(r_M) - r_F] \times \beta_{股权}\} + (1-\tau) \times w_{债务} \times E(r_{债务})$$

使用 CAPM 模型来估计权益资本成本 $E(r_{股权})$ 在现实中普遍存在。毕竟我们没有更好的方法。这种近似处理方法的质量取决于 CAPM 在现实和不完美的世界中有多适用，它在处理企业所得税方面是不完美的，而且在下一章解释的其他方面（如个人所得税）也是不完美的。使用者通常希望 CAPM 计算出的资本成本能够合理地反映其他的各种市场缺陷。例如，假设美国国债必须提供

> 非正式地说，对于股权成本，通常没有更好的选择来计算。

相对较高的回报率——5%的应税收入而不是3.5%的税收减免收入,以补偿投资者对利息收入缴纳较高的个人所得税,那么CAPM的无风险利率参数也应使用5%。因此,个人所得税已纳入CAPM模型的历史参数估计之中。作为一家公司,应付给投资者的额外补偿是公司必须支付给投资者资本成本的一部分,因为投资者也受到了不完美税收的影响。

> 债务资本成本:或许可以使用同一评级类别债券的历史平均超额收益率。

对于右边的项目,债务资本成本 $E(r_{债务})$,在实践中更加多样化,需要估计债务的预期利率。不幸的是,CAPM不是债券定价的好模型。CAPM的主要关注点是风险溢价,而债券的风险溢价通常是较温和的。相反,流动性和其他不完美市场溢价(会在下一章解释)在债券定价中非常重要。此时你需要更加务实。一种常见的做法是估计相似信用评级债券所赚取的历史平均利差,并用它来调整银行的报价利率。

> 不要忘记预期收益率和承诺收益率之间的差异!

当然,永远不应该依赖于公司债务的报价利率,也不要依赖于自己公司的债券或类似信用评级的债券的报价利率——因为这样会忽略债务的违约风险溢价,但现实中一些分析师常常这样错误地操作。幸运的是,如果对大型上市公司使用报价利率作为债务资本成本,通常只是犯了一个小错误,因为大型公司很少违约。不幸的是,对于小公司来说,情况并非如此。

Q18.12 一家公司预计从明年开始的每年税前收入将保持20美元,直至永续。该公司的税率为25%。

1. 如果公司以一半债务(无风险,每年5%利率)和一半股权(每年10%的股权成本)进行融资,并且50/50的债务权益比率是永续的,那么公司的净现值是多少?

2. 如果这家公司承担了50美元的债务,并将其债务水平永远保持在50美元(注意,不是50/50的债务权益比率),那么这家公司的价值是多少?

18.6 个人所得税和客户的影响

到目前为止,本章均假设公司的所有投资者都是免税的。现在,需要更加现实——即投资者也是需要纳税的。作为一名公司经理,这是否意味着在决定公司融资时,需要考虑投资者的个人所得税?是的!实际上,公司的所有者既要缴纳企业所得税,也要缴纳他们自己的个人所得税。举一个极端的例子:假设利息的个人所得税率为99%,股息的个人所得税率为0,企业所得税率为40%。作为公司的CFO,你应该将公司的经营利润作为利息支付还是作为股息支付?

> 如果公司能够减少投资者的应税个人收入,那么可以降低公司的资本成本。

- 支付100美元的利息。这意味着公司通过负债产生了债务利息,从税前收入中支付100美元作为利息,从而避免缴纳公司所得税。公司债务为企业所有者提供了税盾。但是,公司的投资者(此处指债权人)将不得不缴纳99美元的税款,只剩下1美元可供消费。

- 支付100美元的股利。这意味着公司100美元的经营利润首先要缴纳40美元的公司所得税,剩下的实际股利只有 60 美元。这是否意味着 CFO 的失败？不！公司的投资者(此处指股东)将获得免税的股利,因此可以获取可支配收入 60 美元。

投资者选择以权益为基础的资本结构时,公司支付的是股利,投资者选择以债务为基础的资本结构中,公司支付的是利息。上面例子中,尽管债务融资可以节省企业所得税,但整体上是一个糟糕的财务战略。

因此,作为 CFO,你需要了解投资者的个人所得税将如何影响公司的最优资本结构。个人所得税和公司所得税之间存在着微妙的相互作用,这导致投资者和公司(双方都有不同的税收情况和策略)都致力于减少总的税收支付。在现实世界中,我们应该学到以下两点：

公司迎合效应。小规模的增长型企业或过去亏损大的公司在其资本结构中应该比现金充裕的大型公司拥有更多的股权。

> 投资者迎合效应和公司迎合效应扮演着重要角色。

投资者迎合效应。高税收的投资者应该更多地投资于权益融资公司,免税的投资者应该更多地投资于债券。

下面将介绍背后的原理。

Q18.13 为什么 CFO 需要关注公司本身并不支付的税收？

背景：证券持有人的税收情况

首先,让我们回顾一下投资者的纳税情况。回想一下,投资者关心收入的类型：

普通收入按相对较高的所得税税率征税(联邦税率高达 37%,加上 3.8% 的净投资所得税,再加上州所得税),普通收入很难避税。

> 收入的类型很重要：对于应税投资者来说,资本收益收入优于利息收入。

利息收入基本上与普通收入一样征税。

股利收入的税率较低。如果一家美国国内公司已经对其净利润进行了纳税,则其股利被视为"合格的",这将降低股东的个人税率。在普通的所得税率较低档次的个人需缴纳 15% 的股利所得税,而税率较高的个人需缴纳 20%+3.8% 的股利所得税。投资者享受了已经支付了公司所得税的股利税收优惠,这类似于英国和许多其他国家长期以来对股利征税的方式。

资本利得收入通常是最具税收优惠的收入形式。虽然短期的资本利得通常按高档次的普通收入所得税率征税(短期通常指一年或更短),但长期的资本利得按与合格股息相同的法定税率征税(即最高为 20%+3.8%)。资本利得的税收优势不仅限于其相对较低的法定税率,还有更多的好处：资本利得不是每年产生的,只有在真正卖出资产时才会产生。当资产被继承时,继承者的资产成本会*增加*,这意味着资产在被继承时的价格将成为未来的成本基础。当资本利得用于慈善捐赠时,也可以避税。而且,与利息或股利收入不同,资本利得可以被资本损失抵消。因此,投资者的最佳收入形式是长期资本利得收益。

不过这种观点过于简单。例如,《美国税法》包含许多特殊规则,可以适用于某些形式的收入,而这些收入的类型界定具体取决于特定的付款人和收款人。例如,关于如何区别计算债券的资本利得收入和利息收入,有一些非常复杂的税收规则。一般来说,这些规定旨在防止公司以支付利息的方式支付现金,但是投资者却确认为资本利得。[1] 此外,税法中有数百条的特殊条款——一些是纯粹为了补贴公司,一些只针对符合条件的公司,而一些条款则为了对特定情况进行处罚。税法不是静态的,每年都在变化! 另外,上述阐述还忽略了州税和地方税以及社会保障和医疗保险缴费等。但是,与跨国公司的税收复杂性相比,以上都不值一提。

> 我们忽略了税收法则的细节。

> 你需要理解税法背后的逻辑和原则,而非具体的规定。

税法对金融证券的税收与公司应对之间,是一个持续的相互作用,类似"猫捉老鼠游戏"。在了解目前的具体税法之前,必须先学会如何去考虑税收。任何细节都可能在 10 年内甚至更早就会过时。自 20 世纪 80 年代里根政府以来,美国的税率一直在稳步上升(尽管 2017 年的减税政策中,个人所得税略有下降,公司所得税大幅下降),美国联邦政府做出了如此多的承诺,以至于很难想象未来政府不会提高税收。[2]

Q18.14　从税收角度来看,投资者喜欢和不喜欢什么样的收入?

Q18.15　如果一家公司通过支付利息、回购股票、现金股利等三种不同方式来支付其经营性现金流,具体说明个人和公司的税务处理方式。

原则应该是"共同避税"

这一节的要点很简单:如果管理者想最好地代表公司的所有者,他们不仅应该考虑公司必须直接支付的所得税,还应该考虑投资者的个人所得税。为了理解这个逻辑,假设你是一家街角商店("公司")的唯一所有者,也是它的管理者。你是否在乎美国国税局在公司的收银机上对你征税,还是在你从公司的收银机里取出现金放进自己的口袋时对你征收个人所得税? 金融学的根本点是,你只关心口袋里的钱,这些钱是对公司和个人征税之后剩下的,你想要减少公司的净纳税义务(公司税)和自己口袋里的净纳税义务(个人税)。公司投资者和你的街角小店没什么不同,他们应该只关心税后可消费的个人收入,是公司纳税还是他们自己纳税并不重要。

> 公司所有者不在乎公司纳税还是个人纳税,只是想尽可能少地支付各种税款。

重点:
- 可以规避的公司税和个人税,增加了所有者可以留存的现金。
- 减少现在和将来在公司层面或个人层面征收的总税收,可以增加公司对于所有者的价值。

税收的客户效应

问题:如何最大限度地减少税款?

作为代表所有者的经理,公司的目标应该是尽可能地减少缴纳的总税款,而不仅仅是

---

[1] 如此,政府就损失了税收。
[2] 即美国政府对民众开出了很多支票,政府支出大增,所以政府必须增税。

公司所得税。经理可以通过公司融资和股利支付政策将公司的税收负担转移给投资者。请记住,投资者的利息收入不能避税,股息收入可以适当避税,资本收益可以避税。因此,你需要权衡:

- 如果计划支付现金作为利息收入,公司可以节省企业所得税,但投资者需要对利息收入全额纳税。因此,债权人会要求相对较高的预期回报率。
- 如果公司计划对留存收益进行再投资,这意味着这些收益将成为投资者的资本收益,公司需要缴纳更多的企业所得税,但投资者将获得低税收的资本利得收益,而不是应税利息,投资者可以避免缴纳部分个人所得税。因此,相对于完美市场的适当回报率,股东会要求相对较低的预期回报率。

利息分配对公司有利,但并不利好债权人。资本收益的分配可以帮助投资者减少纳税,但不能节省公司的税款。

在现实生活中,并非每个投资者都面临着相同的税率。有些低税收投资者,如免税慈善机构和捐赠基金、养老金和外国基金,甚至个人投资者的401-K计划,缴纳的个人所得税较低甚至为零。还有一些高税收投资者,像大多数拥有零售证券经纪账户的国内投资者,需要对利息收入缴纳高额税收,对股利缴纳中等税收,对资本收益缴纳低额税收。那么,公司管理层以及投资者应该如何选择?

理解此问题最好的方法是想象你是一个操纵者,控制着私营经济,你的对手是美国国税局。可以进行以下假设:

一个复杂问题是,不同的投资者面临着不同的个人税率。

高税收公司(HTF)。大多数成熟的高收益公司无法避免纳税,有时它们被称为"现金牛"企业。例如,在这十年中,英特尔、微软和苹果的利润一直在膨胀,从而产生了大量税收负债。为了举例说明(图18.2),假设它们的税前利润缴纳40%的企业所得税,如果对利润进行再投资,则缴纳20%的企业所得税。

低税收公司(LTF)。这些公司过去大多是规模较小的高增长公司,但如今一些大公司也符合条件。例如,当美国政府出售其在友邦保险(AIG)的股份时,这些股份的税收损失结转超过600亿美元。AIG的税前年收入为30亿美元,则几十年内都不必缴纳企业所得税。举例来说,假设LTF公司的有效企业所得税为高税收公司的1/10(即利润纳税4%,再投资收益纳税2%)。这反映了一个事实,即在耗尽所有税收的损失结转后,公司在将来将面临正税率。

高税收投资者(HTI)。主要是年收入超过10万美元的个人投资者。例如,假设他们利息收入的税率为40%,股利收入的税率为20%,资本利得的税率为10%。

低税收投资者(LTI)。主要是养老金等低税或免税投资者。例如,假设他们缴纳的税款是高税收投资者的1/10,则三种收入的税率分别为4%、2%和1%。

以上税率并不完全准确,也非完美的分类。许多低税收投资者或401-K计划最终可能也必须纳税(捐赠基金则不需要纳税),低税收公司也可能会失去税盾(它们可能用尽所有的税收抵免,从而成为高税收公司)。但以上假设有助于更好地思考问题。在这些假设下,你会如何安排?让高税收公司采用债务还是股权融资?让低税收投资者持有高税收公司还是低税收公司的证券?

低税收的可得性是有限的

很明显,如果 99.9% 的投资者都是免税的,你就不会面临难题——可以让所有纳税公司都大量负债(从而规避企业所得税)。在这种情况下,无论是公司还是几乎完全免税的投资者,最终都不需要缴纳多少税收。公司也不用担心补偿投资者并不需要缴纳的个人所得税。

> 只有在免税投资者有限的情况下,这种分配的讨论才是有意义的。

然而,经验证据表明,低税收的投资者并不多。纽约证交所的报道称,2002 年总流通股市值为 11 万亿美元,其中 49.8% 由机构投资者持有,36% 由个人投资者持有,11% 由外国投资者持有。在机构资金中,几乎一半(占股票市值的 21.5%)是免税养老金,另一半的免税资金是个人投资者的免税账户。自 2002 年以来,这些指标一直保持稳定。因此,免税投资者的力量是有限的。

对于数量有限的低税收公司和低税收投资者,让我们探讨公司和投资者应该怎么做。应用前面的税收假设,图 18.2 展示了一系列选择。这里还假定债务和股权的预期回报率相同(即风险中性)来简化我们的例子。当公司支付债务利息时,利息可以一比一地减少应税收入。(请记住,利息是从税前收入中支付的。)当公司进行再投资时,它首先支付企业所得税,但通常会获得"投资税收抵免"优惠,否则,必须支付全额税收。然后,公司可以使用税后净利润回购股票或支付股利。

> 公司很难轻易变为低税收主体。

你的解决方案:迎合客户

你的最佳策略是什么?在免税投资者较少的情形下,作为经理,为了最大限度地减少税收、最大限度地提高私营部门的收入[1],你应该将客群分为以下类别:

> "客户效应":不同的公司吸引不同的投资者,这减少了经济体的总纳税量。

高税收、盈利的公司。让处于最高税收档次的"现金牛"公司发行债务,这样它们的现金流可以作为利息支付,从而避免高额的企业所得税。

低税收投资者。让免税/低税收投资者持有这些公司债券,这样低税投资者可以对利息收入享受免税。(如果让高税收投资者持有这笔债券,国税局境况会变好,而企业投资者的境况会变糟。)

> 高税收、盈利公司应该通过利息进行支付(因此有债务)。

以上两类客户加起来只需支付很少的税收。不过,对于低税收公司和高税收投资者,应该怎么办呢?

高税收投资者。让高税收个人投资者持有股票而不是债券。他们将获得资本利得收益(税率很低)或股利(税率略高)。这样,高税收投资者只需要缴纳较少的税收。

> 高税收投资者应该持有股票。

低税收公司。让低税收公司用股权而非债务进行融资。这种融资安排可以用来满足高税收投资者的股权投资需求。低税公司可以用现金流进行再投资、回购股份或支付股利。无论如何,持有公司股权的高税率投资者不会遭受太多税收损失。(如果让低税收公司采用债务融资,那么与高税收公司相比,

> 低税收、盈利能力不强的公司应该通过回购股票或股息来支付收益。

---

[1] 即相对政府而言,经理的目标是增加股东、债权人和企业的收益,减少缴纳政府的税收。

		低税收投资者(LTI)		高税收投资者(HTI)	
		(例如401-K计划，养老，基金)		(例如，个人投资者)	
高税收公司(HTF)	债务&支付利息	HTF 支付100美元利息，税率0 LTI 支付4%利息税 税务局:4美元　你:96美元	τ = 0美元 τ = 4美元	HTF 支付100美元利息，税率0 HTI 支付40%利息税 税务局:40美元　你:60美元	τ = 0美元 τ = 40美元
	股权&再投资	HTF 再投资80美元，税率20% LTI 支付1%的资本利得税 税务局:21美元　你:79.20美元	τ = 20美元 τ = 0.80美元	HTF 再投资80美元，税率20% HTI 支付10%的资本利得税 税务局:28美元　你:72美元	τ = 20美元 τ = 8美元
	股权&回购股票	HTF 回购60美元，税率40% LTI 拥有更多股份 税务局:40美元　你:60美元	τ = 40美元 τ = 0美元	HTF 回购60美元，税率40% HTI 拥有更多股份 税务局:40美元　你:60美元	τ = 40美元 τ = 0美元
	股权&支付股利	HTF 支付60美元股利，税率40% LTI 支付2%股息所得税 税务局:41.20美元　你:58.80美元	τ = 40美元 τ = 1.20美元	HTF 支付60美元股利，税率40% HTI 支付20%股息所得税 税务局:48.00美元　你:48美元	τ = 40美元 τ = 12.00美元
低税收公司(LTF)	债务&支付利息	LTF 支付100美元利息，税率0 LTI 支付4%利息税 税务局:4美元　你:96美元	τ = 0美元 τ = 4美元	LTF 支付100美元利息，税率为0 HTI 支付40%利息税 税务局:40美元　你:60美元	τ = 0美元 τ = 40美元
	股权&再投资	LTF 再投资98美元，税率2% LTI 支付1%的资本利得税 税务局:2.98美元　你:97.02美元	τ = 2美元 τ = 0.98美元	LTF 再投资98美元，税率2% HTI 支付10%的资本利得税 税务局:11.80美元　你:88.20美元	τ = 2美元 τ = 9.80美元
	股权&回购股票	LTF 回购60美元，税率4% LTF 拥有更多股份 税务局:4.96美元　你:95.04美元	τ = 4美元 τ = 0美元	LTF 回购60美元，税率4% HTI 拥有更多股份 税务局:13.60美元　你:86.40美元	τ = 4美元 τ = 0美元
	股权&支付股利	LTF 支付60美元股利，税率4% LTI 支付2%股息所得税 税务局:5.92美元　你:94.08美元	τ = 4美元 τ = 1.92美元	LTF 支付60美元股利，税率4% HTI 支付20%股息所得税 税务局:23.20美元　你:76.80美元	τ = 4美元 τ = 19.20美元

图 18.2　税收的客户效应

注：假设经济体中有两家公司，两家公司都将赚取 100 美元的营业利润（税前利润）。一家公司的企业所得税率为 40%（称为高税收公司，HTF），另一家为 4%（称为低税收公司，LTF）。企业进行利润再投资的税率只有一半（HTF 和 LTF 分别为 20% 和 2%）。经济体中还有两类投资者。LTI（低税收投资者）无需纳税（例如，401-K 计划、养老金或外国基金）。HTI（高税收投资者）支付 40% 的利息收入税、10% 的资本利得税和 20% 的股息所得税。以上税率假设主要是为了演示。我们需要在每列中选择一个最优的方框。

这些公司几乎无法利用债务提供的税盾，且高税收投资者也没有股票可买。）这样的组合结果，需要缴纳的总税收依然很低。

现在把两个数字放在一起。我们提出的解决方案总共需要缴税 4+11.80＝15.80 美元，剩余的收入为 200－15.80＝184.20 美元。能找到更好的解决方案吗？不！这已经是最优的方案。在经济体中，私营部门的收入为 96+88.20＝184.20 美元，净税率仅为 8%。

市场价格作为一切的操纵者

现实中确实存在一个操纵者，能够进行上述安排吗？存在——它就是金融市场！这也是资本市场真正擅长的，市场将资源进行最优化配置，而此处的资本最佳配置就是避税。资本市场进行资源配置的工具是债务和股权的资本成本,也即债务和股权的价格,它们诱使投资者和公司进行摩擦最小(也即税收损失最小)的资源配置。(如果市场没有达到最优配置,套利者总可以找到方法,通过重新分配公司和投资者的组合,来更好地节约总税收。)

> 极端避税很有趣。但是现实中是否真的存在?

> 假设的是一系列市场价格,诱使公司和投资者做正确的事情。

在上述案例中,任何类型的公司都有100美元的税前经营利润。为了简化,我们进一步假设不存在不确定性。金融市场要求10%的债券利率,7%的股权收益率。

拥有100美元税前收入的**高税收**(现金牛)公司会意识到有两个选择:

(1) **股权融资**。在缴纳40美元的企业所得税后,可以为投资者提供60美元的资本收益,企业价值60/(1+7%)=56.07美元。

(2) **债务融资**。不缴纳企业所得税,企业价值100/(1+10%)≈90.91美元。

因此,追求价值最大化的高税收企业经理更愿意用债务进行融资。

低税收(增长型)公司会意识到它也有两个选择:

(1) **股权融资**。在缴纳2美元的企业所得税后,它可以为投资者提供98美元的资本收益,价值98/(1+7%)=91.59美元。

(2) **债务融资**。不缴纳企业所得税,价值100/(1+10%)=90.91美元。

因此,追求价值最大化的低税收企业经理更愿意用股权进行融资。

高税收(个人)**投资者**的一种情况是可以获得7%的资本利得,在缴纳10%的资本利得税后,最终收益为7%×(1−10%)=6.3%,另一种情况是可以获取10%的债务利息收入。在缴纳40%的利息税之后,最终收益为6%。因此,他们更愿意投资于低税收公司的股权,而不是高税收公司的债务。

低税收(养老金)**投资者**的一种情况是可以获得7%的资本收益,这将使他们在个人所得税纳税后的收益率略低于7%。另一种情况是可以获取10%的债务利息收入,扣除4%的利息税后,最终收益为10%×(1−4%)=9.6%。因此,他们更愿意投资于高税收公司的债务,而不是低税收公司的股权。

正如你所看到的,每一方都会倾向于最佳节税的选择。之所以会这样,是因为我们将债务的税前收益率(10%)设定得高于完美市场均衡下的水平,而将股权的税前收益率(7%)设定得低于完美市场均衡下的水平。如果存在着不确定性,这些收益率也会受到风险溢价的影响。

现在,你应该了解了预期回报率将如何影响到公司和投资者最小化纳税额的行为。从公司管理者的角度来看,相对于股权成本而言,个人所得税的存在增加了公司的债务成本。然而,由于存在客户选择效应,实际的个人有效所得税支出减少了,也减轻了公司债务的资本成本。

> 客户效应减轻了税收的影响。

有很好的经验证据表明,这种税收的客户效应对公司资本结构很重要。例如,公司债券绝大多数由免税机构持有。当然在现实世界中,避税只是起作用的一种重要力量,现实世界并不像我们的模型那么简洁。例如,免税投资者如养老基金可能希望持有许多不同类型的公司债券以实现风险分散化,而不仅仅是持有

> 真实世界大概接近于客户效应模型的结论。

高税收、现金牛公司的债券。对于企业资本结构而言,规避税收的客户效应并不是唯一起作用的因素。

Q18.16 如果资本市场迫使低税收公司用债务融资,而高税收公司用股权融资,政府的总体税收会增多吗?请参阅图 18.2。

Q18.17 如果资本市场迫使低税收投资者持有股票,而高税收投资者持有债券,政府的总体税收会增多吗?请参阅图 18.2。

Q18.18 从税收的角度来看,你认为养老基金或高税收的个人更可能会持有大型、稳定公司的权益还是新兴、成长型公司的权益?

Q18.19 选择正确的融资方式对高税收公司更重要还是对低税收公司更为重要?

Q18.20 在风险中性的世界里,高税收投资者会对较低的资本利得税率感到满意吗?

Q18.21 如果投资者的股息税率上升,你认为公司的股票价格和预期收益率会达到怎样的均衡?

Q18.22 如果美国国会对 401-K 养老计划和其他投资者征税,你认为公司证券的价格和预期收益率将会达到怎样的均衡?

有个人所得税的 WACC 和 APV

在存在个人所得税情况之下,WACC 和 APV 公式是怎样的呢?幸运的是,它们不会改变。下面很快会解释原因。简言之,从公司财务总监的角度来看,资本预期成本等公式的输入变量会随着对投资者征收个人所得税而变化,但公式本身不会改变。在个人投资者必须缴纳更多税款的情况下,他们会要求更高的预期回报率。从财务总监的角度来看,你可以将投资者要求的回报率作为给定条件来计算,即不用专门考虑个人所得税,相比之下,你必须在 APV 和 WACC 公式中考虑公司所得税,因为是公司必须为利润缴纳企业所得税。

> 从公司的角度来看,免税投资者(在美国)降低了债务资本成本。

18.7 美国税务系统(一团糟)

公司的其他避税方法

华尔街和美国大企业雇用了大批游说团体、税务会计师和律师等帮助自己和客户避税,实际上这是一场美国国税局(包括国会)和投资者之间的博弈。投资者和公司一直在寻找或积极游说国会寻求新的避税计划;美国国税局则努力试图弥补这些新的漏洞。过去(现已失效)和当前都有大量的避税方法。一些值得关注的依然有效的减税方法如下:

> 现有的避税计划太多,无法在本书中一一列出。它们也在不断变化,这里是一些例子。

- 有时,高税收公司通过收购低税收公司而避税,因为可以利用被收购公司现有的**净运营损失**(**NOLs**)。例如,英国《金融时报》于 1994 年 2 月 10 日报道称,25 亿英镑的 GKN 公司对价值 3 亿英镑的 Westland 公司进行了恶意收购,完全是因为 GKN 需要利用 Westland 的净运营损失来减少其自身应付的公司所得税。

- 与赊购相比,**租赁**也是一种享受税收优惠的安排。如果借款人没有足够的收入来获得债务融资,则作为资产所有者的其他人可以将资产"租赁"给承租人,从而使得承租人获得利息减免的全部收益。
- 跨国公司可以将难以估值的盈利资产从高税收国家转移到低税收国家。例如,瑞士(联邦和州)的企业所得税可最低至 7.8%(对于控股公司),最高达 25%。这与美国高达 45% 的州和联邦企业所得税形成鲜明对比。现在考虑一家公司,它刚刚开发了一项每年价值 1 000 万美元的专利资产。如果让美国的分公司拥有该专利,公司将仅能保留 $(1-45\%) \times 1\,000 = 550$ 万美元。如果让瑞士的分公司拥有该专利,则公司每年能够保留高达 $(1-7.8\%) \times 1\,000 \approx 920$ 万美元。为什么仅停留在 1 000 万美元专利上呢?如果瑞士分公司每年向美国分公司收取 2 000 万美元的费用,则公司在美国的纳税义务(来自其他业务的利润)每年将减少 900 万美元($45\% \times 2\,000$ 万美元),而瑞士分公司的纳税义务每年将增加 156 万美元($7.8\% \times 2\,000$ 万美元)。轧差以后,公司总体上每年的净利润增加了 740 万美元(相比瑞士分公司不向美国分公司收取费用而言)。

这种节税的资本转移也可以通过资本结构来实现。例如,如果瑞士分公司以 36% 的年利率而不是 6% 的年利率向美国分公司贷款,这将减少公司整体的纳税义务。每支付 1 000 美元的超额利息,公司将额外保留 372 美元的利润($45\% - 7.8\% = 37.2\%$)。公司也可以选择美国各州和城市的分公司进行类似的但不那么激烈的资本转移的节税策略。

美国的国税局非常清楚这些问题,但制定规则的是美国国会,而不是国税局,甚至美国国会参议院也在它的"F 子部"报告中阐述了税收漏洞,譬如允许公司将其知识产权"出售"给一家外国控股公司以避税。这就解释了为什么现在美国科技巨头企业的专利和发明都归其爱尔兰子公司所有,尽管这些专利和发明都发生在美国。在 2017 年税法变动之前,估计约有 2 万亿美元的未分配利润被国外子公司所持有。由于新法律规定的一次性税率为 15.5%,超过 1 万亿美元的利润已经回归美国。

- 许多公司已将其总部搬迁至所得税较低的州,或与本州协商特殊税率。其他一些公司已经或者试图将总部迁往其他国家,以避免美国对其全球收入征收大部分的税收。美国财政部发布了新的指导方针,试图减缓这一趋势。然而,目前还主要是负面的舆论影响和阻止了其中一些公司合并。[1]
- 有各种"穿透型的工具"允许企业和个人将未征税的收入输送到链条中的另一家公司——在那里"可能"被征税。不过,税务律师通常进行了非常复杂的安排,以使得这些可能被征税的公司通常由位于外国税收管辖区的低税率个人所拥有。现在存在一个完整的离岸行业,已经可以合法地拥有和管理这些外国实体,并且这些实体通常默认属于无名方,否则将被征税。这个行业对所有参与者来说都是有利可图的,但对整个社会是有害的,因为它在非生产性活动上浪费了大量的脑力和费用,使整个经济几乎没有被征税。

---

[1] 即公司合并的目的是把公司总部搬迁至他国。

更健全的税法？

美国的税收制度有多好？一团糟！事实上，只能被描述为疯狂。

首先，它的管理成本很高，而美国政府获得的企业税收很少。2020年，联邦层面的企业所得税收入为1 927亿美元，仅占美国21万亿美元GDP的1%，低于1965年的4%。（同期德国约为2%，加拿大为3%~5%）。

低税率的原因之一是国会颁布的*特别所得税法规定*。这些规定通常只适用于一种类型的公司，通常是国会选区或州政府的大型政治性雇主公司。汇总后，特别所得税条款每年豁免了超过1万亿美元。（从长远来看，这超过了联邦可自由支配支出的总额。）无党派的美国总会计办公室（GAO）统计发现，在1998年至2005年，72%的外国公司和57%的美国公司至少有一年没有缴纳任何税款。超过50%和42%的公司在两年或两年以上没有纳税。仅在调查的最后一年，即2005年，约25%的美国最大型公司未缴纳任何联邦所得税。2009年，埃克森美孚公司取得了190亿美元的利润，但从美国国税局获得了1.56亿美元的补偿。美国银行获得了44亿美元的利润（并在金融危机中得到了政府纳税人资金的救助），但并未缴税。杜克大学的约翰·格雷厄姆的调研报告称，许多公司（但并非所有公司）都完全了解如何有效规避税收。2001财年，约6 000家美国公司的实际税率为5%甚至更低！1 500至2 000家公司的税率在5%至30%之间，大约4 000家公司的税率在30%~40%。2016年，160多名有权势的企业游说者正在给美国国会以压力要求对超过1.4万亿美元的海外利润实行免税，然后它们会将这些利润汇回本国。游说者中包括美国一些重要人员，如参、众两院议员的前幕僚长，既有民主党又有共和党。他们的努力取得了成功，特朗普政府的减税政策允许海外利润汇回时以15.5%（相比之前的35%）的低税率一次性征收。你不应该对法律腐败感到惊讶：毕竟，美国的税收流动是人类历史上最大的资金流动。

> 美国政府实际征收了非常少的公司税。

> 为什么如此少？这对公司来说意味着什么？

政府应该阻止企业避税吗？当税务律师和国会帮助许多美国公司成功地摆脱税收负担时，你甚至可以从中受益。首先，公司只是被投资者拥有的工具，企业所得税最终是由投资者支付的——通常是像读者这样分散的小投资者，也可能是你的养老基金。其次，美国没有强制规定公司的选址。如果美国税收太高，一些公司可能会逃离美国，其他公司也不会进入美国。请问：你认为戴尔公司位于哪里？如果回答"得克萨斯"，那就错了。2007年1月，戴尔将其全球总部迁至了新加坡。问：谷歌的全球销售是否主要发生在硅谷？不是的！它们主要发生在爱尔兰，谷歌在那里支付2.4%的税率。许多金融服务公司也已经离开了美国。美国的信息披露制度和税收法律法规促使金融服务中心选择在了百慕大群岛、开曼群岛和瑞士等地。一些欧洲国家的监管甚至比美国更为严格，事实上，许多国家正在经历与美国类似的资本和企业外逃。（我们没有统计数字，但猜测如今在小小的马恩岛上，公司的数量可能与整个英国一样多。[1]）

> 政府应该阻止公司的避税行为吗？

---

1 马恩岛是位于爱尔兰海中的英国属地，著名的避税地。

将公司总部搬迁以获得减税,这不仅适用于国家,也适用于美国各州。问:微软销售的软件来自何处?如果你回答"西雅图,华盛顿州",那就错了。公司的软件销售位于内华达州,因为在该州没有企业所得税,每年为微软节省了5 000多万美元。康涅狄格州格林威治市是《纽约州税法》促使建立起的金融服务中心。如今,大多数留在美国的对冲基金(都有外国子公司!)选择不注册在纽约市,而是注册在康涅狄格州格林威治市——一个与纽约州接壤的小镇,这里以前是度假胜地。这些公司这样做是为了避开纽约州的城市税。(讽刺的是,对冲基金经理现在都在纽约市拥有度假房。)2021年,电动汽车制造商特斯拉宣布,将其公司总部从加利福尼亚州迁至得克萨斯州的奥斯汀。为什么?你猜对了,得克萨斯州的税收只是加利福尼亚州的很小一部分。

> 美国州内竞争。

事实上,整个情况充满了讽刺。这并非出于贪婪,而是美国企业管理层的法定诚信义务使他们尽可能地要减少公司税,这意味着他们的诚信义务迫使高管将最宝贵的公司资产、业务,有时甚至总部设立在海外。当一家总部位于海外的公司在美国开展业务时,被征收的所得税更少。

保妥适药品的收购[1]

2015年11月,万艾可的生产商美国辉瑞(Pfizer)公司宣布将以40亿美元的价格收购保妥适(肉毒杆菌素)的生产商艾尔建(Allergan),这被称为"逆向税收收购"(tax-inversion merger)。之后合并的公司将把总部设在爱尔兰都柏林,此次并购的目的主要是为了避税。此事非常令人震惊,引起了媒体广泛关注。因此,2016年4月美国财政部发布了新规则,以遏制这种"逆向税收购买"。虽然财政部没有提到辉瑞,但其中一项新规定针对的是这两家公司合并的一个具体特点(要知道,艾尔建公司之前一直是其他公司的主要收购者,而非被收购者)。几天后,辉瑞放弃了"合并"。你能想象出一种并不存在的"万艾可—肉毒杆菌素"混合的药物吗?

总之,美国的税收制度鼓励了公司搬迁,而且实际上收取到的企业所得税非常低。那么,为什么国会不解决这个问题呢?非常简单——国会议员需要公司说客的财政捐款,并且超过一半的议员在退休后成了公司说客。如果国会简单地取消了所有的企业税和补贴,企业就没有理由聘请说客并为竞选连任活动捐款。腐败的不是个人,而是整个系统,是系统中的所有人。

> 不要责备个体,这是系统的问题。

还有一种"小创业者税收"。一家亏损的公司可以使用亏损抵消其他年份的应税收入。但是,一个小型创业者如果把所有储蓄都押在了自己的创业赌注上,却失败了,然后不得不回归被雇佣的工作岗位,获得普通工薪,那么他每年的可抵消亏损不得超过3 000美元。这是一种不对称现象:如果创业企业经营盈利,收

---

[1] 保妥适(Botox),肉毒杆菌霉素,是著名的医疗美容健康产品,是美国艾尔建公司最著名的产品之一。

第 18 章　税收与资本结构

益要纳税；如果经营亏损，损失实际上是有限额抵税的。

> 税收体系并非一劳永逸设计而成。

听起来令人沮丧吗？我希望不会。美国的税收制度与其说是"设计的"，不如说是"进化的"，但是纠正错误的竞争性压力很小。

总结

本章涵盖以下要点：

- 在不完美的现实世界中，美国税法下负债优于权益。管理者必须考虑到负债的企业所得税优势。
- 所得税抵税的计算可以通过 APV 法、经税收调整的 WACC 法、权益现金流法来完成。
- APV 和 WACC 法都是从假设的全股权融资和完全征税后的现金流开始计算的，这也是为什么它们需要加回债务带来的税盾效应。
  - APV 通过增加税盾价值来实现这一目标：

$$\text{APV} = \frac{E(c)}{1+E(r_{\text{企业}})} + \overbrace{\frac{\tau \times \overbrace{E(r_{\text{债务}}) \times \text{债务}}^{\text{利息支付}}}{1+E(r)}}^{\text{税值}}$$

对于上式右边的贴现率 $E(r)$（预期税盾价值的折现率），以下要点会有所帮助：如果公司的债务比率随着时间的推移而下降，那么使用债务资本成本；如果负债比率保持不变，则使用公司的总资本成本；如果负债比率上升，使用权益资本成本。

  - WACC 通过降低债务资本成本实现这一目标：

$$\text{PV} = \frac{E(C)}{1+\text{WACC}}$$

$$\text{WACC} = E(r_{\text{企业}}) - \tau \times E(r_{\text{债务}}) \times w_{\text{债务}}$$

WACC 也可以写作 $E(r_{\text{全股权}}) + (1-\tau) \times E(r_{\text{债务}}) \times w_{\text{债务}}$

- 这些方法通常得到类似但不完全相同的估值结果。我们很少能完全确定 APV 公式中应适用于未来税盾的适当折现率。WACC 公式也无法处理资本成本或债务比率随时间变化的问题。然而，不正确的税盾贴现率可能导致的错误与预期现金流和贴现率可能导致的错误和不确定性相比，往往相对较小。
- 你不应该犯的第一个错误是使用错误的预期现金流。也就是说，如果现金流并非"完全股权融资且完全纳税"，则不能应用于 APV 或 WACC 公式。
- 第二个不应该犯的错误是，仅仅因为估值公式中显示出负债的抵税好处，就认为债务融资没有成本。更多的债务会影响净资本成本，因为会影响公式中的两个资本成本项目。
- 债务的税盾价值通常简化为：持续保持的额外债务将通过公司的边际所得税率永远地增加公司的价值。例如，100 元的永久债务增长将为边际所得税为 30% 的公司创造 30 元的价值。（这只是税盾价值，而不是债务成本！）

- 在不完美的现实世界中,融资和投资决策不能分离:具有更多负债能力的项目可能会通过融资渠道增加价值。
- 在不完美的现实世界中,WACC 不是资本的边际成本。
- 将 WACC 公式或 APV 公式与 CAPM 公式相结合是常见且合理的,即使这并不完全正确。
- 管理的一个目标应该是最大限度地减少总体税收负担,即公司及其投资者缴纳的税款总额。
- 投资者客户效应的产生是因为可以减少纳税总额。这些影响如下所示。

选择	低税收投资者(如养老金)
优	持有债券(或者高股利股票)
劣	持有高资本回报(低股利)的股票

选择	高税收投资者(如高收入群体)
优	持有高资本回报(低股利)的股票
劣	持有债券(或者高股利股票)

选择	高税收公司(如"现金牛")
优	债务融资
劣	权益融资

选择	低税收公司(如"成长型公司")
优	权益融资(股利政策为回购股票而非支付现金股利)
劣	债务融资

- 正是市场的价格——资本成本激励聪明的公司和聪明的投资者以这种客户的视角做出安排,以降低总体税收。
- 还有许多其他减税和避税计划,企业可以采取的方式多到无法列举。
- 现有的美国税收制度只能被描述为不合逻辑或是疯狂的。

答案

章后习题

Q18.23 假设 20% 的企业所得税。如果一个税前回报率为 16% 的项目,今天的成本为100美元,并且适当的税后资本成本为11%,那么该项目的净现值是否为负?

Q18.24 一家公司的税前现金流为300万美元。它可以投资于风险相同的现金流,税前预期回报率为14%。必须做出什么假设才能应用税前现值?

Q18.25 如果除了企业所得税以外,没有其他市场缺陷,那么企业的最佳资本结构应该是什么?

Q18.26 公司的联邦和州的边际所得税税率加起来为40%。你两年中每年收入是50万美元。如果以8%的利率用130万美元的抵押贷款为某个项目融资,需缴纳多少税收? 如果你用现金为项目融资,需缴纳多少税收?如果类似的其他公司向投资者提供10%的预期回报率,那么通过抵押贷款为项目融资所节省的税收的现值是多少?

Q18.27 你可以接受一个100万美元成本的投资项目。然而,这类项目明年可能不会产生任何收益,也可能会产生300万美元的收益,两者的概率相同。假设税前资本机会成本为10%,总税率为35%,税后资本成本为6.5%。

1. 项目价值是多少?假设可以充分利用损失来抵消其他应税收入。
2. 如果你不能利用损失抵税,答案会有什么变化?

Q18.28 一家公司明年将获得5亿美元的应税利润。如果它现在负债,将不得不向债权人支付 $E(r_{债务}) = 5\% + 10\% \times w_{债务}^2$。(利息成本的增加可能出于不同的原因,将在下一章中介绍。)因此,如果公司采用100%负债,金融市场将要求15%的预期回报率。假设无论公司如何融资,金融市场都将以15%的净成本为公司提供贷款。该公司的边际税率为25%。

1. 如果公司是完全股权融资的,其价值是多少?
2. 如果公司今天以同等数额的负债和股权融资,根据APV方法,其价值是多少?
3. 如果该公司今天以同等数额的债务和股权融资,根据WACC方法,其价值是多少?
4. 该公司是否有最优的资本结构?如果有,其APV和WACC价值分别是多少?

Q18.29 访问美国国税局IRS网站。根据投资者和企业可能获得的不同收入类型,查看目前最高的联邦边际所得税税率。州所得税将如何进一步提高你的税率?

Q18.30 公司管理者必须做什么才能使高税率投资者购买股票、低税率投资者购买债券?

Q18.31 在尼尔瓦纳(假设国家),所有投资者都是免税的,只有公司缴纳所得税。企业应该如何融资?如何运用WACC公式?

Q18.32 从联合所得税(即考虑公司和投资者双方)的角度来看,高税收价值的公司应该如何融资?如何为低税收的成长型公司融资?

Q18.33 从所得税的角度来看,高收入投资者应该持有什么样的投资?免税养老基金应该持有什么投资?

Q18.34 能否将CAPM与税收调整后的WACC公式一起使用?

Q18.35 一家价值数十亿美元的公司正在进行一项研发项目。它的研发成本为100万美元。因为有风险,研发的适当资本成本为15%。明年如果成功(概率为80%),该公司可以建造一座1 000万美元的工厂,用800万美元的抵押贷款进行融资,第二年将赚

2 000万美元。公司没有风险,因此资本成本仅为6%。

1. 假设经济中不存在税收。这家公司的价值是多少?
2. 假设有税收,该公司的税率为33%。因此,资本的税后机会成本分别为10%和4%。100万美元和1000万美元的现金流出在发生时不可免税,但资本损失可以完全免税。(提示:在每种情况下,国税局的总的税收是多少?从公司的角度来看,这意味着什么样的有效税收抵免?)如果该公司是完全股权融资的,那么该项目在存在税收的情况下的价值是多少?
3. 使用APV方法,如果工厂完全用无风险债务融资,该项目的价值是多少?

Q18.36 为以下公司构建一个备考的财务模型:一个为期4年的项目在第1年(不是第0年)的成本为150美元,第1年的收益为70美元,第2年为60美元,第3年为50美元,第4年为40美元。(所有数字均为年末。)实际折旧和财务折旧在4年内均为直线折旧。风险相似的项目(以及具有类似收益期限结构项目)的应纳税资本成本为15%。企业边际所得税税率为33%。

1. 假设该公司为100%股权融资。构建预测备考模型并计算预期项目现金流。
2. 计算项目内部收益率。
3. 计算项目净现值。

对于剩下的问题,假设该公司第1年以10%(预期/期望)的利率筹集100美元债务,每年支付利息。最后一年支付本金和利息。利息支付之后的剩余的款项作为股息支付。

4. 构建备考财务数据。这个项目的内部收益率是多少?
5. 从备考数据上分析,债务融资项目的净现值是多少?
6. 采用APV法计算净现值。
7. 通过APV法,如果公司承担40美元(而非100美元)的债务(假设利率为10%),公司价值会是多少?公司的负债率是否随时间保持不变?这家公司适合运用WACC法吗?

Q18.37 美敦力是一家总部位于爱尔兰都柏林的医疗器械公司,运营总部位于美国明尼苏达州,负债350亿美元。2015年4月,该公司报告税前收入41亿美元,利息支出7亿美元,应纳税收入35亿美元,税收8亿美元。公司债务相关的税盾是多少?

Q18.38 如果英特尔公司宣布计划承担并维持100亿美元的额外债务,并将其全部用于回购股权,估计公司价值(2016年)会发生怎样的变化?假设企业所得税是唯一的市场缺陷,公司的边际税率不会受到影响。

Q18.39 使用雅虎财经提供的信息,计算摩根大通银行最近一个财年的税盾价值。

Q18.40 一家公司当前的债务权益比率为2/3。公司价值100亿美元,其中40亿美元是负债。该公司的总资本成本为12%,其债务目前支付的(预期)利率为5%。该公司估计,如果通过债转股再融资至1/1的债务权益比率,其债务评级将恶化,因此必须支付5.5%的预期利率。该公司的企业所得税税率为35%,公司报告的净利润为5亿美元。忽略所有其他与资本结构相关因素的影响,仅在企业所得税的基础上估计公司的价值变化?股权持有人什么时候会获得利益?计算资本结构变化前后的企业价值及百分比变化。

Q18.41　负债对市盈率的负面影响是否是推动公司采取权益融资的力量？

Q18.42　让我们来看看投资者和公司是如何自我分类的。假设应税公司和免税公司各自赚取 1 美元的收入，金融市场中免税收入的回报率为 8%，应税收入的回报率为 10%，假设应税公司和应税投资者均按 33.3% 的税率纳税。分析每种类型的公司和投资者会做什么。假设资本收益完全免税。如果金融市场中免税收入的回报率为 9%，情况会发生什么变化？

第 19 章
更多市场不完美下的资本结构

破产、信息和代理成本、偏见

当考虑公司的资本结构时,管理者不仅应关注税收,还应关注其他因素。本章将说明,如果在优化公司资本结构时还关注了财务困境、代理成本、流动性等因素,可以进一步增加公司的价值并降低资本成本。

本章最后结合前面讨论的税收作用,以资本结构的概观结束。

19.1 真正重要的是什么

假如你是拥有整个公司的企业家,需要制定使公司价值最大化的公司章程,并准备卖掉企业。如果你的安排使得公司在未来可能会选择错误的项目,那么聪明的买家今天就会考虑项目的预期损失而降低报价。如果你的安排允许作为股东的你可以从公司"窃取"资金,那么任何潜在的买家也都会考虑到,并降低今天报价的金额。如果设立公司以致未来的纳税义务更高,那么受到伤害的是你自己,而不是公司未来的所有者。总之,作为所有者,必须将利弊因素内化到公司设计中。我们希望在事前建立一种结构,将事后的问题最小化。公司的资本结构是初始设置的一部分。

 投资者只关心今天的价值。

让我们从莫迪格利阿尼-米勒的完美世界中想象一家公司。它的价值是100美元,必须赚10%,在第一年的确就盈利10美元。考虑两种资本结构:

全权益。公司的市盈率为 100/10＝10。

利率为 6% 的 80 美元债务。80 美元的债务很安全（因此利率较低），6%×80＝4.80 美元的利息将归债权人所有，剩余的 5.20 美元盈利归股东所有。该公司的当前股本价值为 20 美元，净利润为 5.20 美元，市盈率为 3.8。

若为了维持高市盈率，是否应该促使公司减少债务？显然不是。在 MM 的完美世界里，公司资本结构并不重要。因此，市盈率是 10 还是 3.8 并不重要。对公司所有者来说，最重要的是价值！而公司价值与市盈率没有关系。其他与公司价值无关的因素还包括债务或股权是风险更高还是更低。事实上你已经知道，随着债务的增加，债务和权益的风险都会增加，但这不一定会产生任何与价值相关的结果。

若除了企业所得税之外不存在其他的市场扭曲，公司应该百分之百地通过债务进行融资。作为非极端的解决方案，我们必须认识到：当债务变得太多时，债务的好处会被其他一些与价值相关的影响所抵消。假设公司只有在股权融资的情况下才能获得额外的现金补贴，那么这种与股权挂钩的现金补贴可以创造一种并非百分百负债的最佳资本结构。由此产生的任何变化，例如股权风险、收益稀释和各种其他财务比率的变化等都不重要，这些本身不会影响最重要的事情：公司整体价值的变化。

幸运的是，资本市场足够聪明，能够理解真正重要的是什么。资金提供者足够聪明，他们关心的是价值，而非市盈率。有很好的经验证据表明，金融市场确实能够给予所得税较低的企业以更高估值，市场奖励了采取税收减免计划的企业。投资者也喜欢那些能在未来从事更好项目的公司。

> 关注真正和价值相关的因素，而非其他因素。

 重点：最终，特定的资本结构可能有两种类型的结果：

1. 该资本结构可能比其他结构产生更多的实际成本。
2. 该资本结构可能导致管理者不接受所有正 NPV 的项目，而拒绝所有负 NPV 的项目。

> 股东非常聪明地关注公司价值，而非市盈率。

如果此类成本将来可能发生，那么今天的公司价值也会受到影响。

第一类情况的例子是资本结构以股权为主，即增加了企业未来的所得税义务。第二种情况的例子是资本结构以负债为主，一旦公司陷入困境，经理们会轻易放弃公司。我们的目标是在二者之间找到权衡所有利弊的最佳资本结构。

> 今天的企业价值受未来现金流和隐含的未来决策的影响。

Q19.1 当公司负债过多时，高债务风险以及由此产生的股权风险是否推动公司减少债务、增加权益？这种高风险是否会抵销债务所带来的企业所得税抵税收益？

19.2 财务困境下的经营政策

过多的债务可能使得公司无法履行偿债义务并破产，因此，这通常意味着公司会减少其承担的债务数额。

存在财务困境成本时的权衡

资本结构中有债务的公司更有可能经历财务困境,甚至破产。表 19.1 显示了财务困境的重要性。如果公司的债务较少,如在低负债资本结构 LD 中,债务当前面值为 55 美元,则公司可以完全履行偿债义务。因此,它不会面临财务困境,LD 情景仍然符合表 17.1 中的完美世界。然而,如果公司有更多债务,如当前面值为 94 美元的高负债资本结构 MD 一样,公司可能无法向债权人支付承诺的所有债务本息。如果是完美世界,正如表 17.1 所示,这种破产情况只会改变公司现金流的支付模式。投资者(包括债权人)都知道公司在破产情况下将被转让给债权人,债权人将获得全部清算价值 60 美元。公司总价值不会受到财务困境的影响,因此仍将为 100 美元。

表 19.1 财务困境中的净损失成本说明

		厄运 概率=1/2	好运 概率=1/2	预期 价值	现值 $r=10\%$
项目	公司	60	160	110	100
LD 资本结构:面值 55 美元的债券					
债券	债务	55	55	55	50
股票	股权	5	105	55	50
MD 资本结构:债券面值 94 美元,经济悲观状况下有 10 美元损失					
		财务困境			
债券	债务	60 $\boxed{-10}$ =50	94	77 $\boxed{-5}$ =72	70 $\boxed{-4.55}$ =65.45
股票	股权	0	66	33	30

注:本例中,所有证券的资本成本均为 10%,相当于假设风险中性。在高负债资本结构 MD 下,经济悲观状况下将面临 10 美元的财务困境成本。与财务困境净损失成本(资金完全从系统中流出)相对的是转移成本(资金从一方转移到另一方)。

> 净损失财务困境成本使低负债结构更好。

然而,如果我们引入财务困境/或破产的净损失成本,比如财务困境中产生的对双方(债权人和企业)都无益的法律费用,在表 19.1 的下半部分,假设这些净破产成本总计 10 美元,情况如何呢?

- 如果选择低负债 LD,借入 50 美元并承诺归还 55 美元,资金成本是 10%。今天公司价值是 100 美元。
- 如果选择高负债 MD,借入 65.45 美元,并承诺归还 94 美元,报价利率为 43.6%。债权人的预期回报率不会改变,仍然是 10%。(在风险中性的世界里,每项投资都必须提供 10% 的回报。)然而,净破产成本将会增加企业的资本成本。原本应该价值 60 美元或 94 美元的债务(预期价值为 77 美元),现在相当于 65.45 美元。因此,你只能以 65.45+30=95.45 美元的价格出售公司,而不能以 50+50=100 美元的价格出售公司。相对于未来 110 美元的公司价值，公司的资本成本将从 110/100－1＝10%增加到 110/95.45－1＝15.2%！

从你的角度来看，高负债资本结构 MD 比低负债资本结构 LD 更糟糕，因为低负债情况下，公司永远不会破产。但是，问题不在于破产本身，而在于财务困境造成的净损失。

谁将最终承担破产成本——是出售公司的创业企业家，还是提供资金的债权人？答案是创业企业家！因为债权人预先就会要求获得公平的赔偿。如果同时面临税收压力和破产损失成本，你该如何构建资本结构？现在不仅应该考虑抵税带来的收益，还应该考虑财务困境带来的净损失：

- 债务太少，税收损失太多。
- 债务太多，破产成本损失太大。

> 所有者需要权衡债务的预期税收节约和其净破产成本的增加。

因此，一笔适中的债务将使今天公司的价值最大化。财务困境中的净损失成本可以是直接的，也可以是间接的。**间接破产成本**是指不涉及直接现金支出的成本，但有时比直接的法律费用等破产直接成本更为重要。例如：

（1）公司可能不得不花钱以避免正式破产。

> 净财务困境成本有多种表现形式。

（2）对破产的担忧可能会阻止公司采纳净现值为正的项目。如果公司没有采纳最优的 NPV 投资项目，这将被视为净损失。

（3）对破产的担忧可能导致客户和供应商更改合同条款。

净损失成本是直接成本还是间接成本无关紧要，它们都具有相同的效果，即最终会提高公司的资本成本，并降低公司今天的价值。即使净损失成本尚未发生，只要当前的资本结构增加了公司未来陷入困境的可能性，情况也是如此。请注意，财务困境永远不需要实际发生，只要它在未来具有发生的可能性，就足以降低今天的公司价值。发生财务困境的概率越高，成本就越高。

重点：财务困境成本通常使得股权融资相对债务融资获得优势，虽然债务融资是一种更廉价的融资工具。

Q19.2 什么样的净损失破产成本（直接还是间接）有利于债务融资或股权融资？

公司价值的直接损失

破产过程

虽然破产的过程和历史均很吸引人，但无论是在美国还是在世界范围内，完整的法律细节都超出了本书的范围。在美国，公司破产有两种法律形式：**第 7 章清算**和**第 11 章重组**。大公司几乎总是请求适用第 11 章（而不是第 7 章），这使它们可以避免债权人占有其重要资产的企图。如果法院确定企业仍然可以运营，且债权人投票同意重组，那么企业可以重组其债权并摆脱清算破产。否则，案件将被转换为适用第 7 章，公司将被清算。这两种方式都由联邦法官(和/或联邦破产受托人)监督,平均有效期约为2~3年。在现实生活中,第11章中的债权人有时会同意适度放弃绝对优先权规则,以减少破产成本。公司通常必须支付大部分法律费用,即使不支付,债权人也常会在债务合约中要求提前支付预期的法律费用。所以,公司的所有者今天必须承担未来破产的预期成本。

直接和间接成本

直接成本,就是破产程序中所消耗的法律费用,是最明显的成本。对于中小型公司来说,这些成本通常足以让公司不堪重负。粗略地说,对于资产和销售额都小于(比如)1亿美元的公司来说,债权人和协助破产程序的律师很可能会最终得到一切。(想象一下围绕着公司的一群鲨鱼!股东将一无所有。这也是为什么创业公司避免破产的危险如此重要。)这并不意味着资产被损毁。例如,建筑物通常很容易在破产时出售。(租户甚至可能都没有注意到产权变化。)但是,非建筑物等资产最终很少得到多少价值。对于资产和销售额都大于10亿美元及以上的公司来说,这些直接成本是可控的,公司有机会从破产重组中走出来。

> 直接的法律和行政破产成本显而易见。但破产也有非现金支出成本。

但财务困境的大部分成本是破产前业务方面的间接成本。例如,生产成本可能会变得更高(如供应商可能会提价,因为担心公司付款延迟或不付款),管理层更难以集中精力(如管理层可能会因破产而分心,有才能的员工可能会离开),销售产品的成本会更高(如客户可能会因为失去信心而逃离),而且出售资产的成本更高(如清算出售可能意味着低价拍卖资产)。所有上述成本降低了公司的价值,这是由于财务困境造成的真正福利损失!甚至在正式破产之前,这些成本也可能产生。这些成本中的许多都源于这样一个事实:即公司在未来破产时放弃偿付债务的承诺,即使他们今天(事先)愿意承诺。当未来出现财务困境时,这种无法履行的承诺会导致今天公司的价值损失。考虑以下示例:

- **如果计算机公司可能消失,客户可能不愿意进行投资和购买计算机**。计算机的价值不仅取决于其硬件,还取决于制造商持续提供的硬件和软件支持与开发。过时的硬件或软件,无论多么好,通常都几乎一文不值。即使该公司承诺继续开发更快的硬件以保护其客户的软件投资,如果该公司被破产清算,也无法遵守承诺。公司无法在未来兑现承诺,这损害了公司目前的销售,甚至可能导致自身的破产。例如,当美国汽车公司在2009年即将破产时,消费者感到担忧。这些担忧是如此严重,以至于政府采取了不同寻常的措施来保证所有的汽车保修。(当然,政府不可能担保汽车的再出售价值,因此只能部分解决消费者的担忧。)

- **当销售产品涉及未来的承诺时,客户可能不愿意购买产品,因为未来的承诺可能无法实现**。例如,航空公司依靠常旅客计划来吸引商务旅客。当未来免费航班的承诺可能失去可信性时,航空公司的发展就会受到严重阻碍。事实上,任何需要产品担保的公司都应该权衡债务融资是否可能会让公司的客户感到恐慌。此类公司产品需要未来的服务,若未来有可能无法获得服务,客户就会不愿意购买这类产品。

- **当产品质量难以判断时,客户将担心公司可能会削减成本以避免财务困境**。你有没有想过，一家陷入财务困境的航空公司是否会在飞机维护方面偷工减料？（下次订票时应该考虑这个问题！）因此，这样一家航空公司的票价可能低于财务状况良好的航空公司，但是客户仍然不敢订票。同样，批发商也不会向濒临破产的零售商发货，除非他们得到了付款保证。因此临近破产的零售商将不再能够赊购，他们的商品成本可能会增加、竞争优势可能被削弱。

- **如果供应商担心零售商可能破产，将不会提供贸易信贷。** 一些企业依赖**贸易信贷**，即供应商通过公开信贷安排将其商品出售给买方。（实际上这是信用额度，仅限于供应商销售的特定商品。）在某些情况下，无法获得贸易信贷可能会阻碍企业运营，甚至这一点本身就可能导致企业破产。

- **如果买方担心卖方一旦破产就无法提供服务，他们可能一开始就不会购买任何商品。** 2008年年初，阿洛哈航空公司（Aloha）和ATA航空公司破产，那些认为自己购买了航班的客户最终发现只拥有了一文不值的机票。即使是已经飞往目的地的乘客，也发现自己没有返程票而陷入困境。虽然这对阿洛哈航空公司和ATA航空公司而言可能结果并不坏（因为收取了乘客的钱，而不必提供服务），但是，许多其他航空公司现在需要面对更多持怀疑态度的客户，一些负债较多的小型航空公司更有可能破产，因为它们很难再找到客户。

恐惧与解脱

真实的例子说明公司如何因陷入财务困境而失去客户，失去客户加剧了企业的财务困境，并可能成为自我实现的预言。一个更多股本、更少债务的企业资本结构通常可以从一开始就避免此类问题。

仅仅因为害怕财务困境就会导致一家重要公司的倒闭：2008年3月13日，星期四，拥有85年历史的贝尔斯登（BearStearns）投资银行以每股57.07美元的价格收盘，市值约为80亿美元。周五股市开盘半小时后，有传言称，贝尔斯登的一些短期资本来源（这相当于贝尔斯登的供应商）正在枯竭。因此，贝尔斯登将难以找到其他短期资本供应商，而且难以与交易对手（相当于客户）进行金融交易。供应商和客户都担心贝尔斯登可能破产，贝尔斯登的股价随即跌至31.54美元，这一水平在周五剩下的时间里一直保持不变。事态的发展导致更多的短期资本提供者和交易对手逃离。周末，同样的撤资势头仍在继续。周六上午，美联储与摩根大通银行达成协议，对贝尔斯登进行救助。摩根大通宣布，它同意收购贝尔斯登——每股2美元。2008年9月，另一家杠杆严重过剩的大型投资银行雷曼兄弟跟随贝尔斯登破产，而现有股东一无所获。巴克莱后来以非常低的价格购买了其最优资产。此后，美联储和美国财政部决定救助其他金融服务公司（如花旗银行）免受同样的遭遇。这些都是"银行挤兑"如何自我实现的极端例子。如果供应商和客户都相信其他的供应商和客户会出手相助，那么情况将不会这么糟糕。更少债务、更多股本、更多现金的公司资本结构可以降低此类系统性崩溃的可能性。

财务困境成本仅是交易成本吗

破产成本的重要性可能是有限的。我们可以提出一个类似于 M&M 证明过程的观点：如果财务困境成本过高，你可以购买企业的所有债务和股权，成为唯一的所有者，这将立即消除因债务过多而导致的任何财务困境成本。在现实世界中，如果购买所有证券的交易成本是额外的 100 美元，那么意味着财务困境成本造成的价值损失少于 100 美元。否则，每一个套利者都会叫嚣着准备接管这家公司。

> 财务困境成本的上限是将债务和股本全部买断的额外交易成本。

因此，套利者购买所有证券需要的额外支出成本（高于证券真实价值）是多少？值得注意的是，这可能不仅仅是正常的金融交易成本。原因是金融上所说的"**套牢**"(hold up) 问题。假设你是某一个小的债券持有人，你的债券承诺支付 100 美元，但该公司现在的价值如此之低，以至于该债券只值 50 美元。一些套利者刚刚向你和其他所有债券持有人出价 55 美元买断债券，你愿意接受这个出价吗？如果持有了所有债券，你会接受这一出价的。但你只是众多债券持有人之一，你将拒绝出售，并希望套利者出价 100 美元。对于套利者而言，额外的 45 美元不会成为出价（否则套利者无利可得），而你继续作为小债权人的存在（如在法庭上）可能会让套利者寸步难行。

> 将债券买回、再发行股票的成本应该很低，但债权人的套牢问题可能使情况并非如此。

不幸的是，其他所有的小债权人也会意识到这一点，并宁愿坚持下去并等待着高价收购。考虑到这种讨价还价的复杂性，购买所有债券的交易成本可能非常高，这意味着该公司最终会耗尽其剩余的真实经济价值，而不是进行有效的重组。（因此，第 11 章重组程序中的一个正当条件是，允许法官强制所有债权人参与，从而消除了套牢问题。）

> 如果所有债权人同时拥有股权，他们就不会存在套牢问题。

降低交易成本的一种尝试是，企业将债务和股东权益捆绑成单位（即单位证券），使每个债权人也同时是股东。如果公司未来无法支付利息，债权人会更倾向于妥协，以避免财务困境和公司破产。

评估直接破产成本的大小

对于小公司而言，未来的财务困境总是更有可能发生，法律费用可能很快消耗掉公司资产。这类公司的管理者们需要注意不能承担太多的负债。但是对于《财富》500 强公司而言，预期的直接破产成本如何？我们可以做一些粗略的计算。假设你经营着一家典型的财务健康的 500 强企业，公司价值 100 亿美元。在一年内，只有不到五家《财富》500 强企业会正式或非正式地陷入财务困境。即使将这个数字翻两番，估计每年年初的破产概率为 4%。一般而言陷入财务困境的公司市场价值会降低约 70%。换句话说，除非公司的价值下降到大约 30 亿美元，否则你不太可能陷入真正的困境。（不过，每年价值增减 30%[30 亿美元]的变化很常见。）最后，若真的遇到困境，让我们估计一下财务困境净损失。假设破产时，破产成本将是陷入困境企业价值的 5%，再次将这个数字翻两番，困境成本为企业价值的 20%。例如，你今天经营着一家价值 100 亿美元的公司，假设其价值有 4% 的可能性降至 30 亿美元，由此引发的财务困境成本高达 20%×30 亿 = 6 亿美元。（是的，如果公司破产，6 亿美元的困境成本对于破产律师来说，是一大笔钱！）如果你目前经营的是一家稳健的价值 100 亿美元的公司，正在考虑接受一笔贷款，那么与潜在的债务利息节税效应相比,财务困境成本并不是很多。总而言之,对于如今稳健的《财富》500强企业来说,破产成本并不足以阻止企业承担更多债务。

$$4\% \times 30\% \times 20\% = 0.24\%$$

困境发生概率×财务困境中企业价值折扣×净损失比例=高预期下的财务困境成本估计

当然,这一论点并不适用于每一家公司。哪些公司在破产中容易遭受巨大的净损失?我们知道,许多美国铁路公司已经数十次宣告破产,但铁路服务并没有中断。大型零售商如联邦百货公司(梅西百货和布鲁明代尔百货),也曾数次宣告破产。航空公司拥有一些易于转让和抵押的资产(飞机),因此会有较少的财务困境净损失。在破产后,许多航空公司停止运营,将其飞机出售、重新喷漆,并转变为另一家航空公司。航空公司的破产损失是能够承受的。相比之下,对于拥有大量无形资产(如声誉或知名度)的公司而言,财务困境成本则十分昂贵,更需要降低未来破产的可能性。例如,如果香奈儿公司破产,香奈儿5号可能会散发出死亡的气息,而不是高雅的气息[1],而整个企业则可能会消失。因此,香奈儿应选择一种负债较少的资本结构,以避免破产可能带来的声誉损失。

根据学术研究的结论,破产成本是决定企业资本结构的重要因素。学术界的共识是,破产成本对一些公司和某些行业来说非常重要,尤其是在经济衰退期间以及当这些公司杠杆率非常高的时候。然而,对于大多数稳健的《财富》500强企业来说,过高债务的预期净损失成本可能很小。

Q19.3 美国破产法第11章和第7章,通常对于企业管理层意味着什么?

Q19.4 举例说明破产成本,区分破产的直接成本和间接成本。

激励机制的扭曲

财务困境成本的第二种类型来源于股东的激励目标偏离了债权人的激励目标。这也是前文中债务沉重的资本结构在事前损害公司价值的例子,因为高负债可能导致公司放弃NPV为正的项目。这种激励机制的扭曲,可能会使公司的价值缩水。

投资不足

当企业资不抵债时,**投资不足**的问题指债权人担心管理层不进行必要的投资。也就是说,所有者/管理层可能更愿意向股东支付现金股息,而不是把钱花在维持企业运转或其他投资新项目上。因为新项目的收益将流向债券持有人而不是股东,拒绝投资新项目符合公司所有者的利益。结果在事前,可能存在的投资不足就会降低债券持有人预期的回报,这提高了债权人今天愿意借钱给公司的价格。

> 当资不抵债时,股东就不会妥善对待企业资产。

---

[1] 香奈儿公司是国际著名的化妆品奢侈品公司。香奈儿5号(No.5 Chanel)是该公司的旗舰香水产品之一。

表 19.2 投资不足的说明　　　　　　　　　　　　　　　　　　单位：美元

初始条件：公司有 50 美元现金，没有投资项目，但有面值 100 美元的未偿债券。它向股东支付 50 美元现金股利。

		厄运 概率=1/2	好运 概率=1/2	预期价值	现值 $r=10\%$
项目	公司	0	0	0	0
债券	债务	0	0	0	0
股票	支付50美元股利后	0	0	0	0

新信息：正 NPV 新项目出现了

新的发展：一个 NPV 为正的新项目将花费 50 美元，收益为 60 美元或 160 美元。

管理层的选择 #1：今天向股东支付 50 美元。未来到期的债务违约。

管理层的选择 #2：今天用公司的 50 美元投资新项目。项目完成后，面值 100 美元的债务到期，公司必须履行。

		厄运 概率=1/2	好运 概率=1/2	预期价值	现值 $r=10\%$
项目	公司	60	160	110	100
债券	债务	60	100	80	72.73
股票	股权	0	60	30	27.27

这家公司正在考虑一个净现值为正的项目，它理应接受该项目。但是假设管理层仅代表股东行事，而不是代表整个公司。在本例中，所有证券的资本成本为 10%。管理者们会接受这个项目吗？

> 已经资不抵债公司的股东会愿意采纳盈利的新投资项目吗？

表 19.2 给出的答案是否定的。管理者们更愿意支付 50 美元的股利，而不是采纳这一 NPV 为正的新项目。因为该项目的大部分收益将用于解决"债务悬置"问题，这是代表股东利益的经理们所不会同意的。因此，"投资不足"问题也是公司债务的成本。

如果该公司事先选择了零债务资本结构，这种有利可图的未来投资项目将不会被忽视。反过来，未来更高的现金流将增加今天所有者出售公司可得的价值。

重点：事后不愿接受正确的投资项目将会牺牲债权人的利益而有利于股东的利益。

不愿清算

类似的问题是**管理层不愿将公司清算**。当公司陷入财务困境时，代表股东利益行事的经理们可能不想清算公司，即使他们应该这样做。股东倾向于选择风险更高的项目，因为股权本质上就像一种期权。即使新项目成功的可能性很小，甚至恶化失败的可能性更大，但是放手一搏比放弃期权进行清算对股东更加有利。返回表 19.1。假设 60 美元代表工厂的清算价值，高负债结构下 MD 债务在两年内到期，而不是一年内到期。此外，假设经理们可以继续经营工厂，工厂价值 100 美元或 0 美元的概率相等。最佳的无利益冲突的行为是将工厂清算。但不幸的是，股东们更愿意继续经营——因为他们在清算中什么也得不到，但如果工厂价值 100 美元，股东可能会得到 6 美元。事实上，股东对公司拥有的是期权,公司会经常支付债务的利息和本金,以维持股东的期权价值!这种因资本结构中存在债务而导致的低效率行为,降低了一家同时拥有债务和股权的公司的价值。

重点:管理者们在事后的公司经营中总是不愿接受公司清算,因为他们不代表整个公司,仅代表股东利益,这可能会使股权比债务在融资中占优。

到目前为止,我们假设管理层代表股东行事。通常,他们更关心股权而不是债务——这一事实可能会诱使管理层代表股东损害债权人的利益。然而,经理们也可能代表自己的利益行事。管理者们可能会以损害股东利益为代价,以保住自己的工作。为了减少此类行为的发生,公司应该在资本结构中增加债务。负债可以限制经理影响整个公司的能力,迫使将公司清算并留下剩余资产。这一清算举措可以使债权人和股东都受益。

重点:管理者在事后不愿将公司清算,因为他们不代表整个公司利益只代表自己利益,这将使债务融资成本比股权融资成本更低,债务可以迫使管理者提前将公司清算。

我们将在下一节讨论经理和所有者之间的代理问题。在经济繁荣时期,代理问题表现得更加具有戏剧性。但你应该意识到,在财务困境中更可能发生利益冲突,在这种情况下,更多债务的存在可能是一种很好的补救措施,债务可以惩罚不情愿的管理者,就像在经济繁荣时期一样。

Q19.5 举一个投资不足的例子。

Q19.6 什么样的公司在选择资本结构时最可能受到投资不足所带来成本的影响?

Q19.7 举一个公司不愿意清算的例子。不愿清算将只会损害债权人的利益,还是只会损害股东的利益?

Q19.8 在选择资本结构时,哪些公司最有可能受到不愿清算成本的影响?

战略考虑

最后,有一种理论认为债务是一种战略承诺手段。这种观点通过比喻可能容易理解。考虑进行一场懦夫博弈[1](两辆车相互朝着对方开去,首先"害怕"让开者就输了)。怎样才能确保获胜?如果你能系紧转向控制装置,取下方向盘然后把它扔出窗外,让对手看到,那么任何聪明的对手肯定都会退缩!诀窍是明确公开地承诺不会让步。(一些人认为,驾驶一辆大型破旧的、摇摇晃晃的老爷车相当于扔掉了车轮,其他汽车也会急着让路。)

对于债务,也有同样的观点——通过负债,企业可以以这种承诺来击败在产品市场上潜在的竞争对手。假设一个产品市场上的垄断者借了很多钱,潜在市场进入者将了解到这一点并会影响其决策。潜在市场进入者也知道,在高

> 债务可以改变产品市场竞争的性质。

---

[1] 也称胆小鬼博弈。

> 这是一种观点，即债务可以使得公司更具攻击性，致力于打击产业潜在进入者，从而使得公司自身变好。

杠杆的情况下，增加风险更符合股东的利益，股东将从中获得更多的好处而不是坏处。价格战的风险高于二者相安无事共存状态——因此，垄断公司的管理者(代表股东行事)将更喜欢发动价格战。如此，在了解上述背景之后，潜在的进入者将会退缩，垄断者就可能永远不必发动价格战。(当然，如果潜在市场进入者太愚蠢而无法理解上述信息，那么垄断者和进入者都将会受到严重伤害。两辆车最终将迎面相撞。)

这个论点很有智慧，但在现实世界中，它并不是第一位序的影响因素。我们确实知道产业同行、竞争对手和行业等因素都会影响资本结构。然而，目前尚不清楚管理者在确定资本结构时是否考虑到了产品市场的战略竞争后果。没有太多证据表明，负债较多公司的管理者在产品市场上倾向于以更具风险的方式行动，也没有太多证据表明他们确实选择了价格战策略。有少量证据表明，他们会有意识地提前增加负债，以便投入价格战。一些经验研究实际上发现，更多的债务往往会伤害公司在产品市场中的竞争地位。当资金严重不足时，企业往往会承担更多债务，但这会阻碍企业有效竞争。事实上一些证据表明，如在超市行业，大幅提升杠杆的企业受到了竞争对手价格战的系统性攻击，从而在竞争中失败。在2008年尖锐形象公司[1]破产案中，美联社写道："破产的企业还面临着这样的风险，即持卡客户可能会在苦苦挣扎的商家最需要客户的时候，叛逃到其他商店。尖锐形象的竞争对手博克斯通[2]正在利用这种情况。上周博克斯通宣布，无论礼品卡的数量或商品的价格如何，都可以用尖锐形象的礼品卡换取25%的博克斯通商品的购买折扣。"如果高杠杆可能导致企业在产品市场竞争中落败，那么战略竞争失败将被视为债务的直接成本。与产品市场相关的战略性资本结构选择问题，仍在研究之中，尚无定论。

> 从经验上看，负债实现有意识的自我承诺的论点似乎并不太重要。相反，债务可能会降低公司的竞争力，从而变得更糟。

重点：产品市场的激烈竞争可能有利于股权融资，也可能有利于债务融资。

Q19.9 债务总是一种战略优势吗？请从正反两方面进行阐述。

评估

财务困境具有一个特点：它会自我加速。当一家公司债务比率较低时，一切都很正常。负债率是20%还是30%真的无关紧要。然而，当一家公司达到高负债率时，所有的财务困境担忧会在某一时刻"突然"出现，并自我实现。负债的财务困境效应对于金融服务行业(总是以高杠杆率运营)和陷入困境的实体经济公司来说至关重要。这可能会来自许多自我实现的预言——经济学家喜欢称为"**均衡**"。如果人们认为一家公司会破产，那

---

[1] 尖锐形象公司(The Sharper Image)创办于1977年，以独特、创新的消费产品而著称，涵盖生活方式、小配件、电子产品、健身和旅游等领域。产品通过全美高端百货和专卖店，以及自有电商网站销售。

[2] Brookstone(博克斯通)是美国一家成立于1965年的专业零售商，供应各种功能多、设计独特新奇、在市面上较难找的消费产品。2016年，中国首家博克斯通旗舰店在南京开业，标志着博克斯通正式进驻中国。

么这家公司可能就会因为人们的预期而真的破产。如果人们认为一家公司不会破产,那么它可能真的就不会破产。在这两种情况下,人们的预期都将得到证实。

但公司可能因负债而陷入财务困境的情况,并不意味着负债全是坏事。事前存在的财务困境压力可能是好事,例如,迫使那些赖着不走的管理者离开,并由更好的管理者取而代之。此外,清算也不全是坏事,清算后的资产通常能更好地被用于其他地方。从宏观角度看,破产可以视作资本主义经济更好地配置资源的过程。然而在不完善的市场中,清算也会浪费资源。具体问题需要具体分析。

我们刚刚从2008年的大衰退中恢复过来,这是自20世纪30年代大萧条以来最严重的危机。除了少数几家大公司外,所有公司的信贷资金来源都枯竭了。然而,很少有公司被真正清算破产。几乎所有的大型上市公司都存活了下来,并随后繁荣发展。一些公司得到了政府的救助,而政府实际上从其中一些公司身上最终获得了利润!《财富》500强企业一般都经历了财务困境的恐慌,但伤害不大。在事前,公司负债带来财务困境的可能性似乎相对较低。

19.3　正常时期的经营决策(代理成本)

正如在财务危机迫在眉睫时,负债过多可能会导致公司做出糟糕的经营决策一样,在正常时期,负债过少也可能会导致公司做出糟糕的经营决策。事实是,股权过多、负债过少的资本结构可能会让公司采纳本不应该采纳的项目,这种扭曲的投资选择可能会降低公司当前的价值。甚至是,一些代理成本更为直接,管理层自己拿得太多,分配给所有者的太少。

在第13章中我们已讲到代理成本,它的一个更通俗的名称是**利益冲突**,而更具学术性的名称则是**道德风险**,这个术语在保险业中很常见。代理成本在资本结构理论中扮演着重要角色:

自由现金流。经理们通常更喜欢把钱花在他们喜欢的项目上,而不是向股东返还资金。例如,在20世纪80年代,许多大型石油公司继续勘探石油,但众所周知的是,寻找石油储量的预期成本远高于在证券交易所收购同样储量石油的石油公司的价格。对于市场萎缩的衰退行业来说,自由现金流问题尤为严重,经理们往往不惜成本地寻找不具备竞争优势的其他投资,而不是将资金返还给所有者。资本结构如何扭转这种趋势?由于债务需要支付利息和本金,这将迫使经理们履行偿债义务。无法产生足够现金流偿付债务本息的公司将面临破产和管理者失业。因此,负债更多企业的经理会减少浪费,这会提升公司今天的价值。

> 管理者喜欢构建企业帝国和获得更高薪酬;债务限制了他们。

盗窃(和报表真实性)。股权太多的另一个重要的问题是隐性或显性的**盗窃**。如果你是一个被动/消极的合作伙伴,你的判断会依赖于真实准确的利润报告。然而,活跃的合作伙伴或管理者可能会试图不报告真实的利润;他们

> 管理者可能会偷窃:债务限制了他们这样做而不被发现的能力。

可能会使用公司现金来建立自己的帝国,更好地给自己支付高薪,或者干脆偷走它! 债务的好处是,债权人甚至不需要知道具体的企业利润:如果没有支付约定的利息和本金,债权人可以强制公司破产。

> 员工或其他关键利益相关者可能会向公司股东索要更多资金。债权人的宽容度则要低得多。

利益相关者勒索。潜在的勒索成本较高是股权的另一个重要缺陷。员工或其他关键的利益相关者可能会向公司股东勒索更多的资金。(这称为**寻租**。)一个重要原料的供应商、一个重要的分销商或任何能够阻止生产的关键员工,都可能会与公司重新协商谈判交易条件,并获得更多的财富。例如,航空公司就深受这一问题的困扰。任何一个工会[1]的罢工都可能导致数十亿美元的飞机报废,并破坏企业商誉。如果航空公司存有足够的现金用于支付,它将别无选择,只能妥协。如果公司更多地通过债务而非股权融资,第三方利益相关者可勒索的现金就会更少。因此,在负债较多的公司中,利益相关者勒索的收益(各方可以重新协商的空间)将会更小。

更有效的管理层持股。更多的债务放大了管理层股权的激励和约束效果。例如,管理层拥有一家 100 美元公司中的 5 美元,这意味着他们拥有该公司 5% 的股份。项目价值从 100 美元下降到 80 美元将使得管理层的持股损失 1 美元。相比之下,如果公司拥有 60 美元的债务融资,管理者 5 美元的股份将占 $5/40=12.5\%$ 的公司股份,公司价值从 100 美元下降到 80 美元将抹去他们一半的股权价值。因此,管理者损失的不是 1 美元,而是 2.50 美元。随着债务的增加,管理者将拒绝采纳将公司价值从 100 美元降低至 80 美元的不良项目。

> 当企业有大量债务时,管理层拥有更多的杠杆权益,代理冲突可能会更少。

> **重点**:控制自由现金流和代理成本问题,将更有利于债务而不是股权,使得债务成为成本较低的融资工具。

> 对公司的一种更为凶兆的观察是:公司拥有股权不是因为股权能提升价值,而是因为管理层喜欢它。

代理冲突非常重要,尤其是在大型、稳健的公司中。但要小心:虽然代理冲突很重要,债务的存在确实有助于降低代理冲突,但现实世界中的公司不会因此而自动增加负债。如果经理们已经有效地控制了公司董事会,就会成为"掌权的代理人"。然后,他们将根据自己的利益行事,使得公司拥有更多股权,而非更多债务。

航空公司、工会和股东

2002 年,美国航空公司(AMR)运营了 1 000 多架飞机,拥有其中约一半的飞机。其资产价值约 300 亿美元,债务价值约 150 亿美元。尽管如此,AMR 的股票市值仅为 8 亿美元,相当于其 40 架顶级波音 777 飞机中 3 架的价格。甚至可以说,还不清楚 AMR 是否真的价值 8 亿美元:几乎所有的美国主要航空公司(西南航空除外)都面临着破产的危机。

在了解本章所讨论的基本知识后,很明显,航空公司的三个工会(飞行员、空姐和

---

[1] 指航空公司的飞行员工会、机械修理师工会、空乘人员工会等。

机械修理师)将抢夺和分割公司所能获得的利润份额。毕竟,只需要任何一个工会罢工就可以让飞机停飞,并使得客户丧失忠诚度。当三个工会都试图为其成员争取最大利益时,最终可能会落得一损俱损的下场。

2011年,AMR破产了。2013年4月,其股东在重组中获得了约4亿美元。2013年7月,继任公司AAMRQ的股票市值为19亿美元。我们不相信股东会获得如此的价值。在我看来,航空公司根本不应该作为上市公司存在,而应该归属工会所有。对于美国航空公司的股东来说,负债是抵抗工会要求的唯一挡箭牌。

2018年,美国航空公司(现为AAL)的资本市值为270亿美元。截至2021年10月撰写本书时,该公司股价自2020年年初的股价暴跌中逐步恢复后,资本市值达130亿美元。

 重点:不受控制的自由现金流和代理冲突的担忧,意味着公司最终拥有更多的股权而非更多的负债,如此并非符合企业价值最大化。

独立的董事会、大型外部股权所有者、一组潜在的外部收购者等,都可以对管理层施加足够的压力,在必要时发行更多债务。许多经济学家认为,这正是**私募股权**公司所扮演的角色,它们利用更多的财务杠杆,引导管理者削减浪费性项目,专注于价值创造。不幸的是,在《财富》500强企业中,股东对管理者采取强有力的治理措施是例外情形而非常态。许多大型蓝筹股公司即使可以通过将股权换成更多债务而从中受益,但企业管理层仍旧选择了保持该公司的无杠杆或低杠杆状态。

Q19.10 举例说明如果管理层在负债较多的公司里工作,他们可能不得不放弃的额外福利津贴。

Q19.11 代理成本的因素会促使企业更多地进行债务融资还是股权融资?

19.4 侵占债权人利益

创业企业家从一开始组建公司,就要考虑使未来的公司价值最大化以符合他们的利益。为了以有吸引力的利率筹集资金,股东/管理者还必须考虑到,债权人知道管理者未来可能会逃避其偿债义务(损害债权人利益向股东转移资源)。毕竟,是股东投票选举管理者,而不是债权人。这一节将阐述,管理者可以通过两种方式代表股东侵害债权人:

> 如果存在债务,股东可能希望管理层侵害这些债权人。这会产生不好的事前价值后果。

(1)增加公司项目的风险(经营政策的变化)。

(2)发行更多同等级或更高优先级的债券或贷款。

如果潜在的债权人认为其利益可能被侵害,今天他们就会索要更高的资本成本。让我们详细地解释一下。

项目的风险改变

债权人面临的第一类风险称为**风险转移**。在表 19.3 中,我们利用表 19.1 中低资本结构 LD 的公司例子,现在允许经理们筹集完原始债务后添加新项目。新项目独立于旧项目,以相同的概率获得收益 +50 美元或 -60 美元。显然这是一个 NPV 为负项目,因此经理不难找到这样的项目——任何拉斯维加斯赌场中都能提供如此的投资机会。难道经理们不会拒绝这个 NPV 为负的项目吗?

> 风险转移:增加一个有风险但 NPV 为负的项目会改变状态依存的收益表。

表的下半部分显示,如果接受新的 NPV 为负的项目,股东价值将从 50 美元增至 57.95 美元。因此,若股东牢牢控制着公司经理并决定经理的去留,那么经理确实会接受这个项目,尽管这会对公司价值产生减损!新项目将减少 50-37.50=12.50 美元的债权人价值,损失企业价值 4.55 美元,并为股东带来 7.95 美元的额外价值。因此,这个风险较大的新项目给股东带来了利益,而给债权人带来了损失。

> 如果股东们可以用债权人的钱来赌博,股东的境况可能会更好。

显然,经理、股东和债权人都认识到,在出售面值为 55 美元的债券情况下,采纳新项目符合经理和股东的利益。虽然这对股东事后有利,但在事前对他们(和公司)不利。持怀疑态度的债权人会认识到债务的偿还金额将仅为 41.25 美元(而非 55 美元),因此当前债务的价值为 37.50 美元。这样,该公司必须支付 55/37.50-1=46.7% 的债务资本成本,即使企业想用债务为自己融资。

> 在事前,创业企业家/所有者应该防止这种情况发生,以降低债务资本成本。

请注意,真正的问题并不是债权人今天得到的钱少了,而是管理者在未来有破坏公司价值的动机,像之前一样,事后的问题会产生事前的后果。如果现在就得出结论,公司事前承诺不采纳其他项目就是好事,那么你错了,因为也可能适得其反。如果出现一个新的零成本项目,收益是 -60 美元或是 +500 美元,项目的净现值为正。如果债权人在债券发行时达成协议,坚持不采纳任何新项目,因为债权人的财富可能受损。债权人的行为将阻止公司承接极好的项目。因此,从整个公司的价值出发,不采纳更多新项目的事先承诺,不一定是好事。

> 不幸的是,事先承诺不转移风险可能会阻止公司采纳 NPV 为正的项目,成本也很高。

表 19.3 风险转移对债务和股权价值的影响　　　　　单位:美元

	厄运 概率=1/2	好运 概率=1/2	预期价值	现值 $r=10\%$
公司	60	160	110	100
LD 资本结构:承诺支付 55 美元的负债				
债务	55	55	55	50
权益	5	105	55	50

新信息:NPV 为负的项目出现了增加新的风险项目

	概率				预期价值	现值 $r=10\%$
	1/4	1/4	1/4	1/4		
旧项目	60	60	160	160	110	100
新项目	50	-60	50	-60	-5	-4.55

	厄运 概率=1/2	好运 概率=1/2		预期价值	现值 $r=10\%$
总项目	110	0	210	100	105	95.45
		LD 低负债资本结构：债券面值为 55 美元			
债务	55	0	55	55	41.25	37.50
权益	55	0	155	45	63.75	57.95

本例中，所有证券的资本成本为 10%，这相当于假设风险中性。

我们强调了公司债务导致的整体风险转移。此问题对金融服务业（特别是投资基金）尤其不利，它们一开始就有大量的杠杆，很容易在一夜之间将风险增加 3 倍。不仅是公司受到严重的风险转移激励，而且公司内部的交易员也如此。亏损的交易员知道他们很可能被解雇，但如果交易成功，则可能获得更多的奖金和晋升。所以他们会赌博，并声称发现了很好的交易机会。从交易员到 CEO，当链条中的每一个环节都可能因为赌博而获益时，问题就变得更糟了。随着时间的推移，成功的交易员和经理们将倾向于那些实际风险更大的业务机会。公司内部爬上高层的赢家们确信，他们的才能和优势、正确的赌注成就了他们。大多数交易员和管理者一开始只是浅尝，然后赌得越来越多。如果他们赢了，没人知道背后的事实；如果他们输了，会更多地赌博，一旦被发现，雇主会解雇他们，但也会试图掩盖事实。如果损失足够大，且公司无法进行掩饰，那么《华尔街日报》上可能就会公开披露了。

发行具有优先权的债券

债权人还面临其他利益侵害的风险。第一，公司发行更多具有同等或更高优先级的债券。（在原始债券到期之前公司进行现金支付的证券实际上就是更高优先级的证券。）表 19.4 展示了一个例子，公司发行了另一种面值为 20 美元的债券，具有和原证券同等的优先权。在破产（厄运状态）时，旧债券必须与同等优先权的新债券分享收益。因为 20 美元债券代表 $20/(20+55) \approx 27\%$ 的债权，它将得到 $27\% \times 60 \approx 16$ 美元。55 美元的债券将获得剩下的 $73\% \times 60 \approx 44$ 美元。这意味着，当公司宣布发行新债券时，旧债券的价值将立即下降 $50-45=5$ 美元。这一结果是否符合股东的利益？现在，股东在糟糕的状态下什么都得不到，但在好运的状态下将得到 85 美元，再加上 16.36 美元的一次性股利。总的来说，通过发行同等优先权的新债务，股东的财富将从 50 美元增加到 $38.64+16.36=55$ 美元。

这种利益侵占没有风险转移的例子那么糟糕，因为管理者们没有破坏公司价值，但可以迫使企业的资本结构发生变化。第一批债权人将再次假定他们会被侵害，因此他们事前就将要求更高的利率，他们要求的报价利率为 $55/45-1 \approx 22.2\%$。为了弥补这一较高的利率成本，管理者们将别无选择，只能发行更多的债券，这些后发的债券将在之后侵占首批债券持有人利益。实际上，在决定任何资本结构之前，公司都有两种选择：要么不发行债券，要么被拖入一种需要越来越多地发行新债券、侵害现有债权人利益的资本结构。

一种类似的但更为伪善的债权人侵占形式如下：债权人总是会得到承诺回报的一部分($x\%$)，他们只需将这个数字纳入承诺利率中。整体公司价值不会改变。这个场景与现实世界非常相关。在破产中，约定的绝对优先权规则（即债券持有人应在股东收到支付之前被全额支付）通常是不被遵循的。幸运的是，这种偏离绝对优先权的情况是可以预期的，它只会改变证券的真实价值，但是不会降低公司的总价值。相对于严格的绝对优先权规则，股权价值越高，债务价值越低。

表 19.4 发行同等优先级或者更短期债券对债务和股权价值的影响 单位：美元

		厄运 概率=1/2	好运 概率=1/2	预期价值	现值 $r=10\%$
	公司	60	160	110	100
LD 低负债资本结构：债券面值为 55 美元					
	债务	55	55	55	50
	权益	5	105	55	50
新信息：发行相同优先级的新债券，面值为 20 美元					
增加新的风险项目					
		厄运 概率=1/2	好运 概率=1/2	预期价值	现值 $r=10\%$
	公司	60	160	110	100
LD＋新的资本结构：加上同等优先级债券					
老债券（面值55）		$73\%\times 60\approx 44$	55	49.50	45.00
新债券（面值20）		$27\%\times 60\approx 16$	20	18.00	16.36
权益		0	85	42.50	38.64
				加上额外支付的股利	$+16.36=55$

本例中，所有证券的资本成本为 10%，这相当于假设风险中性。73% 是旧债务的比例分配，$55/(55+20)\approx 73\%$。

Q19.12 描述无保护的债券持有人可能被股东侵害利益的两种基本方式。采用量化的例子来说明你的观点。

对抗利益侵占

如果公司能够承诺不侵占债权人利益，那么债权人就不会要求事先支付溢价，公司就可以享受更低的债务融资利率。溢价可能会阻止公司举债，使公司偏向股权融资而无法达到最优资本结构。最终谁会遭受损失？答案是公司。只要聪明的债券投资者能够预见自己的命运，他们就会要求并获得公平的补偿。

在现实世界中,有许多机制可以缓解债权人的担忧,从而允许公司以更低的利率发行债券,降低公司的总资本成本。

> 管理者不喜欢破产,除非公司已经陷入可怕的困境中,否则他们不会赌一把。

管理层风险厌恶。前文提到,股东喜欢项目风险的增加,因为这是以侵害债权人的利益为代价来获得股东利益。然而,尚不清楚经理是否真的代表股东利益行事,从而也喜欢更高风险的项目。毕竟,如果项目失败,公司陷入财务困境,经理自己也会被解雇。因此,经理的风险厌恶是对股东增加风险动机的天然制衡。

债券契约。现实中的各种债券契约,有助于缓解债券持有人的疑虑。
- 许多债券禁止过度支付股利。
- 许多债券禁止大量发行新债券,尤其是短期和同等优先级的债券。

> 债券契约以灵活性为代价,减少了债权人未来被利益剥夺的可能。

- 许多债券要求公司必须维持某些财务比率。例如,契约可能提出最高的债务权益比率、最高股利支付比率、最低盈余留存比率、最低流动性比率等。这些比率限制都有助于防范公司采纳风险更高的项目。

如果契约被违背,债权人可以起诉或要求提前归还本金。但是,契约从来都不是完美的。要列举管理者们能做的所有事情,这是不可能的。此外,如果公司进入第11章破产程序,法律规定,无论原始债券的约定如何,任何新发行的债券都将自动获得更高的优先权。

具有较强契约的债券通常具有"可赎回"功能,允许公司在债券到期之前以商定的价格提前赎回债券,从而免除契约要求。

企业声誉。正式契约的另一替代方式是,公司建立起非正式的"声誉"。这并不容易做到,但公司应该意识到,不侵害现有债券持有人符合它们的利益。换言之,如果管理者今天侵害债权人,那么未来的债务融资成本将高得多,以至于管理者宁愿不侵害债权人的利益。然而,声誉并不是完美的,尤其是当损害债权人的利益变得非常大的话。企业声誉受损的最突出例子可能是 RJR 纳贝斯克(RJR Nabisco)收购案例。[1] 20 世纪 80 年代,RJR 公司被普遍认为是债权人的安全投资。然而,当 RJR 于 1988 年被收购时(这是截至当时规模最大的杠杆收购),该公司的债务一夜之间增加了三倍,未偿债券立刻从投资级下降至投机级,债券持有人在收购宣布时价值损失了 15%。从那时起,债券持有人要么事先假设情况更糟,要么就更好地采取措施保护自己。

> 债务契约降低了公司利用其他机会的灵活性。有时,声誉可以作为契约的替代。

可转换债券或等份式融资。另一种机制是允许债权人从上涨的股权中获利,最常见的融资工具是**可转换债券**。可转债可以限制事后对普通债券持有人的利益侵害,同时仍然保留公司采纳新项目的选择权。如果一个好的新项目出现,可转换债券的条

---

[1] RJR 纳贝斯克(RJR Nabisco)是著名的杠杆收购案例,发生于 1988 年,被 KKR 私募股权基金收购。由于收购资金主要来源于银行贷款、垃圾债券等债务融资,最后由被收购企业承担,因此 RJR 在被收购下市后,其负债率急速飙升,信用等级迅速下降。

> 可转换债券允许债券持有人参与股票上涨的收益，减少未来的股东剥夺动机。

款可以允许公司参与新项目。这减少了风险转移的利益侵害问题。**等份式融资机制**[1]类似，即个人购买相等单位的债券和股票的组合体，它消除了股东相互剥削的动机。

单位凭证：单位凭证机制类似于等份式融资。单位凭证是由债券和股票组成的证券组合。因此，股东和债券持有人之间没有身份区别。除非买家分拆这些单位凭证，否则公司如何对待债权人和股东并不重要。每个债券持有人同时都是股东！这也限制了侵占债权人利益的上限。否则，可以直接购买这些证券组合，然后作为不可分割的单位转售。因此，事前债权人的利益侵占成本在均衡实现的情况下不会太高。

> 如果股东也是债权人，那么他们剥夺自己就没有什么好处了。

在现实世界中，公司必须采取谨慎平衡的行为。只有当公司承诺在债券发行后不会侵害债券持有人的利益时，公司债券才能以优惠条件发行。即使这些承诺是可信的，契约条款的存在也会导致灵活性的丧失，代价高昂，结果可能公司无法发行债券，必须放弃负债的有利影响（如抵税效应）。

重点：

- 如果出现下述情况之一，债券持有人和其他债权人可能会受到利益侵占：
  - 公司采纳风险更高的项目。
  - 公司增加更多同等级或更高优先级的债务。
- 如果债权人担心利益侵占，就会要求更高的利率。因此，公司向债权人保证不会这样做是符合所有者利益的。缓解债权人担忧的主要机制是：
  - 债务契约。
  - 声誉。
  - 债券的可转换性。

Q19.13　管理层的风险规避是否可以减轻或者加剧债权人对利益侵占的担忧？

Q19.14　在一个债券契约按其价值合理定价的市场中，契约的存在还能增加公司的价值吗？契约何时会降低公司价值？

Q19.15　在债券中添加可转换功能的优点是什么？

Q19.16　考虑一个类似于表19.3中的项目，但将风险中性利率更改为0%。这家公司价值100美元或120美元。债券承诺到期偿付90美元。考虑两种情况：一种是债券可以转换为公司75%的股权，另一种是债券不能转换为公司股权。

1. 计算出公司的价值。对于债券，为每种情况创建其收益：
   a) 如果债券持有人从不转换（这也是不可转换债券的价值）；
   b) 如果债券持有人总是转换；
   c) 如果债券持有人只在对他们最有利的情况下才进行转换（这也是可转换债券的价值）。

1　Strip financing，也译为剥离式融资。

债券的可转换特征具有价值吗?

2. 现在,一个新的独立项目"坏项目"可以被接受。它将以相同的概率支付+50美元或-60美元。

a) 如果债券不可转换,采纳"坏项目"是否符合股东的利益?

b) 如果债券是可转换的(转换为75%的股权),采纳"坏项目"是否符合股东的利益?如果符合的话,会有很多债权人转换吗?从经验上讲,实际的转换频率与可转换性的价值有何关系?

19.5 私有信息和逆向选择

资本结构的下一个重要决定因素是内部信息/私有信息。通常,管理者(代表原所有者利益)比新投资者拥有更多的信息。如果现任管理者代表原投资者的利益行事,新投资者需要加倍小心。正如常理所言,"永远不要和比你更有见识的人打赌"。同样,在某种程度上,内部信息的问题可能会妨碍管理者选择最佳的投资项目集,因此,一些资本结构可能使筹集必要的资金变得困难,其他的资本结构就可以创造更多的价值。

考虑一下这种情况:你是一个油井的潜在投资者,怀疑目前在筹集新资金的所有者/管理者已经知道地面下是否有石油储备。在你不知道是否有石油储备的情况下,必须问自己以下问题:

- 如果现在的所有者愿意让你成为分享未来利润的完全的合伙人,你认为油田的情况如何?
- 如果现在的所有者愿意以现有资产作为抵押,向你贷款,你认为油田的情况如何?

> 如果所有者想要合作伙伴而不是贷款人,项目可能就没有那么好了。

在第一种情形下,如果你被邀请作为合伙人,你应该相信探井下面没有石油。在第二种情形下,如果你被邀请提供贷款,你应该相信探井下有石油。这种问题有时被称为**赢家诅咒**、**逆向选择**或简单地称为**柠檬问题**:

- 如果收到成为投资合伙人的邀请,拒绝接受会比较合适。因为你推断地表下不会储存有石油。
- 如果你没有收到成为投资合伙人的邀请,反而这种情形下成为投资合伙人会更好。因为你推断地表下储存有石油。

这一类比可直接用于资本结构。分享公司的股权相当于成为投资油田的合伙人。

让我们假设该石油公司仍然需要筹集25美元来购买钻机,如果没有资金,就无法开展业务。如果勘探结果是厄运,公司价值为50美元,如果结果是好运,公司价值为150美元。假设有效的折现率为零。(做出这个假设是因为我们偷懒了,假如利率为正,结果是一样的。)最后,所有想要筹集资金的公司中有一半是骗子,而另一半则是诚实的。平均而言,

	厄运概率=1/2	好运概率=1/2	预期价值/美元
公司	50	150	100

现在假设公司只能通过股权融资,任何公司都不可能通过借贷获得资金。在这种情况下,这两种类型的公司如果想要经营,都必须进行股权融资。你如果投资 25 美元给该公司,公司提供的股权份额取决于对公司好差的评估。如果你认为公司厄运,将只值 50 美元,你将获得 25/50=50% 的公司股权。另一方面,如果你认为公司好运,价值 150 美元,你将获得 25/150=1/6 的公司股权。如果你认为好差的概率是 50—50,你会要求 25/100=1/4 的公司股权。下面计算出每种情形下公司原股东最终会得到多少资金。

外部投资者相信公司是	筹资 25 美元需要的股权支付	差公司得到/美元	好公司得到/美元
厄运—>E=50 美元	1/2	25+1/2×50=50.00	25+1/2×150=100.00
50—50—>E=100 美元	1/4	25+3/4×50=62.50	25+3/4×150=137.50
好运—>E=150 美元	1/6	25+5/6×50=67.00	25+5/6×150=150.00

由于这两种类型的公司都在筹资,其中有一半的公司是真正优秀的(即确定是好运),有一半是差公司(即确定是厄运),但外部投资者不知道,他们相信一家公司的好差各有 50% 的可能性。因此,公司的预期价值为 100 美元。为了筹集 25 美元的股本,创业者/原股东必须向外部投资者承诺支付公司股权的 25%,剩余的由创业者持有。差公司的创业者最终得到 62.50 美元,好公司的创业者最终得到 137.50 美元。请注意,差公司因声称自己是好公司而获益,而好公司因此而遭受损失。差公司从外部投资者身上多获得的每一美元实际上都是由好公司支付的。

"只有股权"的均衡:外部投资者要求得到公司 25% 的股权。

现在假设债务融资可用。在这种情况下,一家进行债务融资的公司的信息如下:

单位:美元

外部投资者相信公司是	25 美元债务融资	差公司得到	好公司得到
厄运—>E=50	25	25+(50-25)=50	25+(150-25)=150
50—50—>E=100	25	25+(50-25)=50	25+(150-25)=150
好运—>E=150	25	25+(50-25)=50	25+(150-25)=150

结果是投资者总是出资 25 美元,然后得到 25 美元。但好公司的境况变好了。如果好公司能够用债务筹集 25 美元的资金,无论外部投资者如何评价企业,好公司股东最终将得到 150 美元,他们只是在石油出井后(好运)偿还贷款而已。

"只有债务"的均衡:外部投资者持有 25 美元的债权。

然而,上述例子背后的洞察见解却是完全不同的!外部投资者对一家要进行股权融资的公司的推断会完全改变。你会认为这样一家公司一定是骗子,因为即使只有一半的公司是好公司,这些优秀的公司中没有一家会愿意寻求股权融资。每一家优秀的公司都应该进行债务融资。因此,推论只有一个:任何想进行股权融资的企业都是骗子!

> 债务融资的存在使股权融资成为一个坏信号。

"或者债务或者股权"的均衡:外部投资者持有 25 美元的债务,或者公司权益的 50%。(25% 已经不够了!)

现在应该相信,除非企业家能够可信地说服外部投资者,否则外部投资者会认为,企业进行股权融资的行为表明公司存在他们不知道的信息。因此,当企业宣布发行新的股权时,这一信息实际上说明公司的项目比人们普遍认为的更糟糕,新股权只能以非常低的价格出售。这又是一个逆向选择的例子——只有担心未来的公司才会愿意公开分享自己的前景。在现实生活中,我们确实观察到,当公司宣布计划筹集 1 美元的新股本时,其股票价值平均下降约 10 美分。

上述论点进一步推广,不仅适用于股权,也适用于其他金融索取权。风险越大的证券,内部人士更希望出售证券,表达的是内部人对项目的悲观预期。让外部投资者持有更高风险的债券,相当于让你和现在的所有者成为"合伙人"。因此,一家公司宣布发行风险较高证券的信息表明,该项目不是太好,但也不是太坏。相比之下,新发行的抵押贷款(或无风险高级债券)表明该公司的项目好于预期。结果是,公司的项目越好,管理者们出售债券的安全级别就越高。这就引出了资本结构的**优序观点**:最好的项目应该由最优的债务融资,稍差的项目由次级的债务融资,最差的项目由股权融资。(但请注意,内幕信息是充分条件,但不是必要条件。在没有内幕信息的情况下,也可能出现优序问题。)

> 这一论点适用于所有更为次级的债权,并导致不同融资工具的"优序"观点。

优序理论观点对于最优资本结构意味着什么?考虑一下,一家不能轻易发行债券的公司,它几乎没有抵押品,或者因为额外的债务会过度增加预期的破产成本。如果因为内幕信息的担忧而无法发行股票,那么公司可能不得不放弃一些好的项目,原因很简单,因为股东不想以最低的价格出售股票。因此,一家上市公司可能会承担太多债务(招致财务困境成本)或被迫对投资项目进行资金配给,而未能采纳部分净现值为正的项目。所以,逆向选择扭曲了公司的最佳项目选择,降低了公司价值。

> 公司可能希望避免发行股票,以避免发出负面的信息。

重点:由于存在内部信息担忧(投资者担心最坏的情况发生),债务优先于股权,成为成本更低的融资工具。

那么,一家公司什么情况下可以发行股票以避免被可能的内部信息的逆向选择而惩罚?

- 如果管理者能够传达他们所知道的一切,那么逆向选择惩罚就会消失。
- 如果有一个机制——比如,详细的审计机制。通过该机制,拥有良好项目的内部人员能够可信地传达项目的真实质量。事实上,如果真存在这样的机制且所有者未采纳这个机制,潜在的外部投资者立即可以推断企业所有者隐瞒了真实信息。
- 如果当前所有者能够说服潜在投资者,比如他们已经在企业中投资了自己所有的资金、用完了个人信用卡额度，无法将更多的个人资本置于公司风险之中，那么该公司筹集股本的事实中就没有负面的内部信息。在这种情况下，外部投资者可以认为该项目不一定是坏的。事实上，没有一个风险资本会投资于一家创业者大部分个人财富未投入企业的初创公司。

> 自由现金流/代理成本和内部信息密切相关，两者都会导致优序融资。

内部信息理论和自由现金流理论有着非常密切的联系。前者表示，当公司发行股票时，管理者会传递出一种信息，即公司未来境况会更糟。后者表示，当公司发行股票时，管理者将会浪费资金，使公司未来变得更糟。在这两种情况下，发行股票都向投资者传递了负面的信号。因此，两种理论都认为，外部投资者的适当怀疑会促使企业管理者倾向于发行债券而非股票，由此二者都将推演出优序融资理论。内部信息和自由现金流的两种理论的主要区别在于，自由现金流理论也即代理成本理论比内部信息理论更具有因果性。

Q19.17 你是一个拥有某种新药研发想法的科学家。只有你才知道该项目有多好。创建实验室并进行测试需要花费1亿美元。如果成功了，会收获5亿美元。如果没有成功，可以转售实验室。但是，现在你没有1亿美元的资金。假设贴现率为0。

- 项目的预期净现值是多少？
- 如果你不比外部投资者更清楚该药物是否会实验成功，你借入了1亿美元，那么在每种状况下你应该保留多少资金？债权人在每种状况下能得到多少回报？
- 如果你不比外部投资者更清楚该药物是否会实验成功，并且你以公允的价格进行了股权融资，那么你需要出售多少股权？在每种情况下你将保留多少股权？
- 如果你不知道药物是否会成功，而你借了1亿美元，那么在每种情况下你将保留多少资金？债权人在每种情况下能得到多少回报？
- 如果你不知道药物是否会成功，而想用股权融资来支付前期成本，你需要出售多少股权？在每种情况下你将保留多少股权？如果项目前景很好，但债权人认为你是为了自己的利益而出售债务，那么用股权而不是债务融资，你将会损失多少？

Q19.18 一栋待售的房屋可能价值50万美元，也可能价值100万美元，概率各占一半。假设其他投标人知道房屋真实价值，而你不知道。你在拍卖会上出价，应该出价多少？如果出价75万美元，你的预期回报率是多少？

Q19.19 优序融资理论是指什么？（思考：在现实世界中，优序融资是否会产生**融资金字塔**现象，在这个金字塔中，公司往往主要通过债务（金字塔底部）而很少采用股本（金字塔顶部）来融资？）

Q19.20 对内部信息的担忧是否意味着公司应该发行债务或者股权？为什么？

Q19.21 回到石油开采项目的例子，该项目价值50美元或150美元，概率为50—50。但现在假设发行债券会有额外的成本，可能是因为这类公司更容易破产并招致法律费用。

1. 如果这些费用预计为10美元，那么好公司、坏公司和律师可以分别获得多少收益？
2. 如果这些费用预计为15美元，那么好公司、坏公司和律师可以分别获得多少收益？（你不一定能得出正确答案，但要尝试一下。）

19.6 其他重要的问题

流动性

在2008年大衰退之前,许多公司通过从高收益率的中长期债务转向低收益率的短期债务,甚至隔夜回购(REPO)融资来创造收入。通过一次又一次的滚动替换融资,公司的年收入比之前采用长期债务融资时多了2%～4%。贝尔斯登证券或雷曼兄弟公司等金融服务公司尤其如此,它们在危机前的杠杆率超过了98%。低借贷成本创造了创纪录的利润和高管奖金。

在2008年金融危机爆发、市场突然丧失流动性之前,短期融资的确很便宜,而且运作良好。但是突然之间,多年来延期滚动的隔夜贷款不再延期,因为贷款人害怕破产,开始囤积流动性。那时,只有极为昂贵的融资方法仍然可用。借款人试图在短时间内尽其所能地获得流动性,并且不得不支付高达20%～40%的年利率。至少从股东的角度来看,短期隔夜拆借并不像人们所声称的那样是企业的免费午餐。

大衰退之后,流动性权衡问题变得更加明确。在21世纪10年代中期,大多数危机后的大型上市公司拥有期限结构平衡的资本结构,往往与拥有在海外创纪录的现金持有量相结合。这一策略避免了支付美国税款,同时可以为流动性的突然干涸提供保险。如美国苹果公司和英特尔公司等继续以高于国库券约100个基点的利率筹集大量中期债务融资,同时在海外持有数千亿美元现金(直到2017年的税收变化导致对海外囤积的现金进行一次性税收优惠处理时为止)。与此同时,规模较小的上市公司继续支付相当高的利差,利率往往在百分之十几。

交易成本

交易成本在所有资本结构选择中都发挥了重要作用:如果交易成本为零,外部投资者的压力将迫使管理层选择最佳资本结构。但如果交易成本过高,外部投资者的压力很难或不可能纠正管理层的错误。想要适当纠正管理层的错误需要积累足够的股权份额,以便能够影响管理层。没有外部纪律,管理层的行为可能会很糟糕,他们可能会负债太多或拥有太多股权,市场却无法纠正。

交易成本也可以发挥直接作用。例如,1933年《证券法》和2002年《萨班斯—奥克斯利法案》规定的公开披露的要求和责任等提高了公开交易证券相对于私人借贷的成本。经验证据进一步表明,发行新股的直接交易成本约为发行融资金额的5%～15%,具体取决于公司和发行规模。对于许多小公司来说,这些IPO的融资成本可能过大,结果公司的资本结构中不包括股本,而只包括私人证券和银行贷款。

> 交易成本无处不在。它们会阻止企业向最佳资本结构进行调整。

市场交易成本如何影响公司资本结构的另一个例子,取决于某些市场的缺陷。例如,法律不允许许多投资机构持有信用评级过低的证券。粗略地说,信用评级低于投资级别的公司无法进入大型商业票据市场。这可能造成的结果是,在低负债率下公司的债务资本成本较低,公司可以发行高评级的债券,但是当公司承担大量债务后,债务成本就会大幅上升,以至于公司债券的评级就降低了。另外,个人投资者一般交易公司债券的成本较高,如果不是投资基金为投资者交易债券提供了便利,公司发行债券的成本可能会更高。

> 交易成本也可能阻止公司发行债券。

重点:交易成本的因素可能有利于债务或者股权。

行为问题

本书12.2节已经解释了高额的交易成本与行为金融之间的联系。当交易成本很高——意味着人们无法轻易纠正错误时,行为金融因素就会发挥重要作用。这种情况在公司金融中确实很常见。比如接管一家公司的交易成本实在太高了,以至于无法纠正债务过多或过少的公司资本结构。

行为方面的原因可以解释很多难以理解的管理层行为,例如,管理层喜欢模仿他们的同伴。不幸的是,行为金融学没有进一步描述具体的行为错误是什么,其理论结果的确定性不如之前的资本结构最优化理论。也就是说,在一个管理层和其他人都可能犯各种错误的世界里,我们还没有完全理解行为金融理论为企业管理层提供了何种有关最优资本结构的指导。

> 不幸的是,行为金融理论通常很难应用,也许是因为我们才刚刚开始探索。

行为金融学是公司金融学中最有前途的新方向。但现在说它在哪些方面以及如何帮助我们更好地认识世界还为时过早。一些早期的研究表明,某些行为错误比其他错误更为常见。比如,**过度自信**和**过度乐观**是管理者和投资者的共同特征。如果管理者过于乐观,可能会加剧"代理冲突"和"不愿清算"问题,但会缓解"投资不足"的问题。如果投资者过于乐观,发行股票可能就不会像内部信息理论所表明的那样不利。投资者也不一定相信最坏的情况会发生,正如在世纪之交的互联网泡沫时期,情况就是这样。虽然资本市场而非企业管理层犯错误的可能性较小,但有充分证据表明,资本市场也是不完美的。如果市场确实因为非理性或不完善而对证券进行了错误定价,那么管理层就应该择时,找到发行股票的最佳时机。

重点:行为方面的考虑可能有利于债务或者股权。

Q19.22 举例说明交易成本有利于增加资本结构中的权益融资。举例说明交易成本有利于增加资本结构中的负债融资。

19.7 静态资本结构总结

表19.5总结了迄今为止讨论的所有资本结构的影响因素。四种促使公司采取股权融资的主要因素是:代理问题、财务困境成本、个人所得税,以及侵占债权人利益——这

里是按照对大公司分析后得到的相对重要性排序。而三种促使公司采取债务融资的主要因素是:企业所得税、缓解代理冲突和内部信息问题——所有这些因素都非常重要,很难排序。上述这些因素的力量相互牵制,将企业推向合适的资本结构。从价值最大化的角度来看:

- 债务太多,公司将在处理财务困境时损失过多,对所有者征收太多的个人税,并面临债权人的信任问题。
- 债务过少,公司将支付过多的企业所得税,面临管理层、员工和其他利益相关者太多的寻租成本,并且无法对外部投资人显示出对未来的足够信心。

Q19.23 罗列出将企业资本结构推向权益融资的主要因素。罗列出将企业资本结构推向债务融资的主要因素。所有这些因素都符合企业家和管理者实现公司价值最大化的意愿吗?

19.8 杠杆对资本成本和公司价值的影响

本章描述了许多影响最优债务—权益融资和公司价值的因素。但这些因素如何影响公司的有效加权资本成本 WACC 呢?你已经知道,企业价值和资本成本是彼此的镜像,资本成本越高,企业价值越低,反之亦然。

公司的资本成本可以表述为债务比率的函数吗?在一个完美的世界(图 17.1)和一个有公司税的世界(图 18.1)中,你已经见过了。图 19.1 显示了当存在多个资本市场缺陷时的函数图形。权益资本成本和债务资本成本现在都受到许多因素的影响。如图所示,得出的加权平均资本成本函数在债务比率为 50% 左右时具有最小值,这也是 WACC 曲线相当持平的阶段,所以在这种情况下,公司不会犯下大错,即使负债率偏离 10% 左右。当然,情况并非总是如此。有些公司的加权资本成本曲线更为陡峭,在这种情况下,次优的资本结构会破坏更多的企业价值。因此,请一定关注对特定公司资本成本曲线有重要影响的首要因素,而不是那些次要影响。

> WACC 最小化=价值最大化。

> 不仅是企业所得税,还有众多影响因素,现在可能会有企业内部的最优债务比率。

重点:资本结构可能会对以下公司产生巨大的价值影响:(a) 正在考虑资本结构剧烈变化的公司(如杠杆收购下市);(b) 接近财务困境的公司;(c) 杠杆率非常高的公司。(例如许多银行的负债与资产比率通常在 90% 以上,任何微小事故都可能是灾难性的。)

表 19.5 总结重要的资本结构影响因素以及作用

经理以自己的福利最大化,将公司推向……	
不能缓和的代理冲突	
管理者喜欢权益及其提供的灵活性,他们不喜欢债务和债务强加的纪律。结果,股权的存在降低了公司的价值。	股权

续表

	最大化企业价值的创业企业家/股东将企业推向……	
财务困境成本 包括运营效率低下、投资不足问题、供应商和客户激励、未能以适当价格清算或不愿清算、竞争对手的掠夺性政策等。		股权（通常）
个人所得税 从投资者的角度来看,利息收入在税收方面处于劣势。		股权
侵占债权人 包括借款人的可信度和灵活性之间权衡所产生的成本。包括使债务合同尽可能完美发生的成本。可能不如本表中的其他因素重要。		
流动性 突发艰难时期的流动性可得性。		股权/长期负债
公司所得税 利息支出是税收减免的。		负债
过多现金流（缓解代理冲突） 有时被称为道德风险。包括构建企业帝国、自由现金流、超额管理层薪酬福利等。		负债
内部信息 也称为逆向选择甚至柠檬问题。（有时,逆向选择被错误地称为"优序融资"——内部信息问题确定会产生融资优先劣后次序,但其他因素也会产生优序。)		负债
行为金融		需具体分析
交易成本		需具体分析

除了表中第一个效应外,其他是为了整体企业价值最大化,促使企业以右栏所述的方式进行融资。

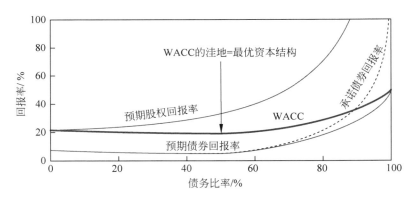

图 19.1　不完美世界中的资本成本

注：本图与图 17.1 和图 18.1 相当,只是债务和股权两种类型的金融索取权都增加考虑了缺点和优点,综合考虑,这将为公司带来最佳的杠杆率(箭头标记处)。

 重点：

- 对于许多大型上市公司来说,资本结构的价值函数似乎相当平坦。也就是说,企业的负债率与最优负债率之间的微小偏差,无论是高一点或者低一点,都不会对公司价值产生重大影响。(但这并不意味着管理者不在乎负债率。含义是即使他们关注改变负债率,也不会对公司价值产生太大影响。)

- 当价值函数较平坦时,如果将债务转换为股权或者反之的交易成本很高,则不采取任何行动可能是最佳选择,即使公司没有达到最佳的债务权益比率。

Q19.24 如果公司不处于完美的资本市场中,其资本成本和杠杆率之间的关系将如何反映?

19.9 有市场缺陷下的估值公式

存在资本市场缺陷问题的情形下,如何计算公司的净现值呢?资本市场不完美的各种因素下如何决定企业的价值和资本结构?是否需要比第 18 章中更复杂的 APV 或 WACC 公式?

首先,回想一下,在不完美的市场中,资本的平均成本不再是边际成本——下一个项目的内部回报率进行比较的成本。在外部融资中再筹集或偿还一美元可能与筹集或偿还 10 亿美元的成本有很大不同。你可以从资产负债表上看到的现有资本成本只是一个历史数字,而不是现在所需要的。然而,如果之前影响平均资本成本的因素也会影响今天的边际资本成本,那么平均资本成本通常是非常有用的。对于许多大公司来说,平均资本成本与边际资本成本可能相差不多。

> 存在市场缺陷的情况下,应该如何看待企业估值公式?

图 19.2 说明了如何考虑对公司(或者下一个项目)进行估值。在完美市场中,该公司的价值为 100 美元,但由于市场不完美,现在公司的价值仅为 80 美元。虽然利息税盾在 APV(和 WACC)的代数公式中起着特殊作用,但其他因素也同样重要。图 19.2 的最后一行进行了展示,其中列出了价值 5 美元的企业所得税减免(利息税盾)。这并不是因为企业所得税是唯一的、最重要的因素,由市场缺陷导致的 15 美元价值增加更为重要,它直接进入了 75 美元的现金流现值。或者,你也可以考虑使用 APV 方法来解决市场缺陷问题:如果市场缺陷未得到任何缓解的极端情况下,公司价值 70 美元,然后再加回市场缺陷得到缓解的增量价值 10 美元。这种方法很少使用,原因我们慢慢分析。

> 在一个不完善的市场中,资本的平均成本和边际成本是不相同的。

> 图 19.2 是一个概念图,显示了债务和股权的不同成本如何进入 APV 公式中。

是否需要其他估值(APV 或 WACC)公式

在上一章中,可以通过以下方式之一处理企业所得税:
(1) 可以处理"假设完全纳税后"的预期现金流和资本成本,然后加回税盾。这是 WACC 和 APV 两种方法背后的原理。
(2) 可以使用已经反映了实际企业所得税后的期望现金流。这适用于权益现金流法。

对于企业所得税的处理,上述三种方法中的任何一种都有效。APV 和 WACC 方法特别有用,因为可以使得我们更容易地思考资本结构的变化如何改变公司的价值。此外,作为管理者,你知道公式中的输入变量(主要是企业所得税税率),因此可以方便地计算债务抵税带来的确切价值。

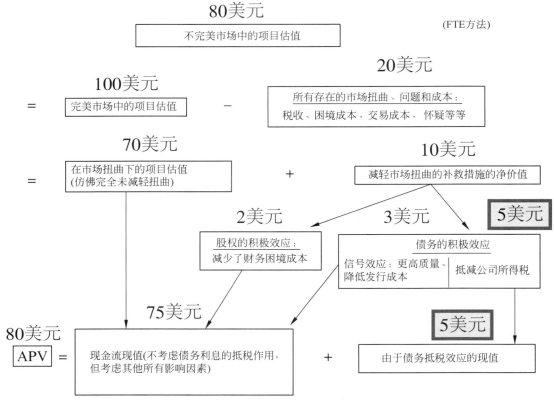

图 19.2 资本结构效应的概念框架

注:该图为思考不完美市场中的资本结构提供了概念基础。所有数字都是为了便于解释。
- 在一个完美的世界里,某一价值100美元的项目。由于市场的不完美,如无法避免的企业所得税和财务困境成本,使项目价值降至80美元。这是真正的不完美市场中的项目价值。
- 不过,你可以用另一种方式来看待这个项目价值。例如,假设该项目的资本结构是世界上最糟糕的,它处处面临着市场缺陷,并且没有采取任何补救措施。这个项目只值70美元。因此,利用补救措施可以提高项目价值10美元。
- 现在考虑市场缺陷的潜在补救措施。存在可以避免的公司税(例如,通过负债和利用其他税收漏洞);存在一些方法通过信号传递显示公司价值更高(例如,通过拥有更多债务);存在一些方法可以减少财务困境成本或减少个人所得税(例如,通过拥有更多股权)。因此,相对于70美元的价值,上述方法增加了项目价值。
- APV公式只是分解出上述这些补救措施中的一个部分(即债务的公司所得税盾价值)。在APV公式中,所有非公司税的因素都已得到考虑(此处为75美元),然后只要加回公司税的减免(此处为5美元)。
- 请注意,在现实世界中,计算出的75美元项目价值包括了所有其他资本结构因素的净影响,如个人所得税、财务困境成本等。必须思考债务和股本是如何改变75美元这个数字的。

不幸的是,其他资本结构的影响因素并非如此简单。作为管理者,你并不知道以下方面的信息:

- 如果公司投资者收到支付的利息,需要在个人层面上全额纳税,事实上,你不知道投资者实际的边际税率是多少。那么,首先确定公司的价值,然后调整投资者的个人所得税是困难的。
- 如果公司仅通过债务融资,那么需要确定破产的预期损失,然后再根据股权融资如何降低破产成本进行调整是很困难的。
- 如果公司仅通过股权融资,那么确定管理层的宠物项目(即代理成本)会浪费多少资金,然后再根据债务融资如何减少代理成本造成的浪费进行调整很困难。

> 对于具体的其他因素,没有有效的精确输入值,只能考虑资本成本,因为其本身反映了因素的影响效应。

能否设计新的资本成本公式来处理上述影响?原则上是可以的。(事实上,米勒公式专门考虑了个人所得税因素。)在实践中是困难的,因为不知道这些新公式的确切输入值。

但是,资本结构的各种影响因素很重要,在给定的资本结构下如何为公司估值?答案是,最好使用类似于权益现金流法所提供的更直接有效的方法。即直接在计算公式的输入值(预期现金流和资本成本)中反映出所有资本结构因素的影响。

- 如果可以降低投资者的某些个人所得税,那么公司进行相应融资的资本成本就会降低。原因是投资者可以以较低的预期回报率提供资金。
- 如果能降低破产概率,公司的预期现金流会上升(资本成本会下降)。
- 如果可以通过增加负债来减少低效的宠物项目(即降低管理层的代理成本),那么公司的预期现金流会上升(资本成本会下降)。

> 估值公式中债务和股权的资本成本反映了非企业所得税的影响。

总之,所有非企业所得税因素的影响效应都将进入资本成本公式,但它们主要通过影响现有公式中的输入值发挥作用,而不是引入新的参数。(在图 19.2 中,这些影响效应都包含在 75 美元中。)

重要的是,没有用新的公式并不意味着不需要考虑其他因素。相反,个人所得税、破产成本等的重要性并不亚于企业所得税。图 19.2 给出了这样的例子。作为 CFO,你不仅可以通过降低企业所得税,还可以通过其他的影响因素,降低资本成本,为投资者创造价值。更有可能的是,因为很少能轻易地准确计算出这些市场不完美,所以需要花更多的时间来理解它们。最后,正如本书 18.5 节提到的,如果能够减少市场不完美,公司最终将享受更低的资本成本。从管理者的角度来看,鉴于现实中存在着无数的市场缺陷,如果公司资本结构能将预期的资本成本降到最低,那么正在选择的将是现实世界中最好的经权衡后的资本结构。

重点:
- 企业所得税只是影响公司价值的因素之一。
- 企业所得税通常在第 18 章中介绍的 WACC 和 APV 公式中进行处理,因为经理们可以有定量的输入值。
- 企业所得税也可以通过权益现金流法来处理,该方法依赖于实际估计的资本成本,而不是经税收调整的资本成本。

- 其他资本结构因素的影响效应最好通过直接资本成本来估算。这类似于权益现金流法。市场缺陷通过对预期现金流和/或资本成本的影响进入估值公式中。
- 只有企业所得税影响有自己的估值公式,而其他因素没有,这并不意味着企业所得税比其他因素更为重要。
- 优秀的管理者也会考虑其他资本结构的价值效应!他们经常利用市场信息来获得预期现金流及资本成本的良好估计。

不要忘记,非金融行业中大多数的大公司都有适度的杠杆率,选择好的项目比好的杠杆对企业价值更重要(但这并非错误资本结构的借口)。

从业者经常犯下另一个错误:APV公式在增加债务时只考虑抵税效应。实际上,必须考虑更高的负债水平将如何影响债务和股权的资本成本。例如,过高的杠杆率可能会增加破产成本,这将导致更高的资本成本。一般来说,没有公式专门用于计算债务的非税收相关因素的影响,你需要全面评估这些因素如何改变公司的资本成本。

重点:简单的APV或WACC公式会给人一种扭曲的错觉,即公司的资本成本总是随着杠杆率的降低而降低。调整公式中的资本成本,以便考虑资本结构其他所有影响因素的收益和成本,这一点很重要。

Q19.25 APV和WACC公式中不包含个人所得税税率,这是否意味着个人所得税税率对公司估值没有影响?

19.10 动态资本结构

然而,现实世界要复杂得多。首先,许多因素并不像上文所述那样是孤立的。通常,许多因素同时发挥着作用,作用的方向还各不相同。其次,世界不是一成不变的。在本书的描述中,管理层审视项目和决定公司最佳资本结构、设定资本结构,然后一切顺其自然地进行。但现实并非如此简单,管理者通常会面临诸多复杂性问题,一个问题的出现或者试图解决该问题的做法,可能引发新的问题。

> 执行价值最优化策略也许是不可能的。

例如,从次优资本结构转向最优资本结构通常会产生巨大的成本。让我们从最简单的资本结构权衡的情境开始:你拥有一家公司,需要平衡公司债务的财务困境成本与税收优惠。在静态情况下,你会选择适中的负债率。

但为什么不能动态地优化资本结构呢?也就是说,为何不在公司稳健盈利的时候保持较高的债务比率,而在坏消息来临时及时降低债务比率呢?果真如此,当公司盈利丰厚时,就可以利用债务税盾效应以减税;当公司盈利下降或亏损时,又可以避免债务的财务困境成本,岂不是两全其美!

事实上，可能并没有那么容易！诚然，如果一家公司濒临破产，股权可以避免或减少破产成本，进而增加公司价值，但此时增加更多股权可能会使债权人受益，因此股东很可能不愿意注入更多股权资本，个别债权人也可能阻碍公司重组。因此，即使在新的起点上可以建立更好的资本结构，但是受制于当前的阻力，仍然需要解决许多问题才能实现目标。

重点：相互影响的效应会使得未来难以对资本结构进行优化调整。正是因为未来存在调整成本，今天才需要构建更为灵活的资本结构（更多的股权和财务宽松）。

但是，若公司事先安排好未来的结构调整，可行吗？例如，签订事前的债券契约，可以迫使公司未来自动发行股票，或者进行简单的税收套利，给主要的股权所有者一份可以换取股份的债券，同时执行一份在一年内将债券重新兑换成相同数量股份的远期合约。当年支付给股权（现在是债券）所有者的款项现在被称为利息支付，从公司的角度来看，这些款项可以抵税。在财务稳健的第二年，除了额外的企业税收节约外，不会发生任何事情。在这两种机制下，股东和债权人将为其证券支付公平的价格，但这些证券的价值总和将更高，因为公司在不增加财务困境成本的情况下节约了税收。但是，目前似乎很少有公司采用这种做法。

原因是我们的设定对于大多数公司来说并不适用。一个前提是我们本想避免财务困境，但是为避免破产而注入股本可能并不总是有利于价值最大化。例如，股本注入可能会让公司继续消耗剩余资产，而不是以最佳方式进行清算。财务困境也可能是解雇糟糕管理者的最佳或者唯一的机制。如果管理者可以随意地规避财务困境，那么债务将失去其控制代理成本的功能。因此，增加股本以消除财务困境成本，可能会助长错误的经理行为。

在重复的多期环境中，另一个重要问题是声誉。声誉可以降低融资成本，提高管理层激励，增加企业价值。你还记得之前的例子吗？在那个例子中，管理层事后侵害债券持有人利益的能力损害了今天公司的价值。如果管理层享有盛誉，那么或许可以避免过度限制性的债务契约，从而在事前降低融资成本。更重要的是，这个例子假设每个人都确切地知道存在什么样的侵占机会及其可能性。但是，尽管存在限制性条款，债权人也始终会有一种挥之不去的疑虑，毕竟，当出现不可预见的机会时，他们的利益仍然可能会被侵占。因此，公司通常通过建立信任和声誉，以减轻债权人的怀疑。

投资者信任管理者吗？投资者能信任管理者吗？投资者应该信任管理者吗？管理者/公司何时值得建立这样的声誉？如何有效地做到这一点？这些问题很难凭经验回答，但在现实世界中很重要。

归根结底，成为一名优秀管理者的诀窍在于判断和在债务和股权的边际成本及边际收益之间权衡并形成正确的判断。选择好的资本结构既是一门"科学"，也是一门"艺术"。这对今天的商科学生来说是个好消息：资本结构的选择不太可能被计算机程序所取代。

Q19.26 一家容易受到代理问题影响的"现金牛"公司，可能会在经济衰退中遇到短期财务困难。什么样的财务安全性措施可以使得公司价值最大化？

总结

本章涵盖了以下要点：

- 资本结构可以在好时期和坏时期影响管理层的行为，管理层可以决定更多进行债务融资或股权融资。
- 特定的资本结构可以影响当前的公司价值，因为它会影响未来的公司价值。特定的资本结构也可以通过增加直接成本，或者通过导致公司实施次优项目来影响公司价值。
- 股权的优势在于，可以降低发生财务困境的可能性，并在经济不景气时降低破产成本。这些成本包括直接成本（如法律费用）和间接成本（如投资不足、不愿清算和过度冒险）。
- 债务的优势在于它对管理者施加了纪律性，从而减少了经济繁荣时期的资金浪费。
- 股权的优势在于不会诱使管理层侵占债权人的利益。如果债券持有人担心未来公司风险增加或发行更多具有同等级或更高优先级的债务，他们会要求更高的资本成本。
- 债务具有传递信心的优势。如果所有者或代表所有者行事的管理层更愿意出售公司股份而不是债务，外部投资者可能会认为项目的真实质量较差。因为新合伙人将承担最坏的后果，结果是股权融资成本会增加。
- 如果代理冲突未得到缓解，管理层可能不会选择最优的资本结构，而是选择股权相对较重的资本结构。
- 19.7 节总结了不同因素对公司价值和资本成本的影响，提示你该如何思考资本成本公式。
- 图 19.2 说明了如何将不同因素输入进估值公式。
- 你不需要比第 18 章中的 WACC 或 APV 更为复杂的公式。原因是，所有的市场缺陷都可以通过类似权益现金流的方法得到更好的处理。也就是说，这些市场缺陷会影响公式中的预期现金流和资本成本。
- 不需要其他因素的公式并不意味着这些因素不重要。你必须考虑并经常有效地估计这些因素如何影响公司的预期现金流和债务及权益的资本成本。

答案

章后习题

Q19.27 就资本结构而言,财务困境何时是中性的?什么时候不是中性的?

Q19.28 你认为哪类公司的财务困境成本会很高?

Q19.29 财务困境成本是《财富》100强企业资本结构的重要决定因素吗?对于小型成长型公司呢?

Q19.30 一家公司有面值100美元的债务。它的项目明天将收益80美元。管理者们只关心股东的利益。一个新的项目出现了,成本为20美元,在明天以相同的概率即各自0.5的概率赚取10美元或40美元。假设货币的时间价值为0。

1. 这是一个净现值为正的项目吗?
2. 如果新项目只能通过股权融资,股东会投票支持吗?债权人会吗?
3. 假设现有债券合同允许新项目以抵押物融资(即相对于现有债权人的超级优先权)。新的债权人可以从现有项目支付的款项中收取20美元。现有债权人的境况会更好吗?
4. 从企业价值的角度来看,更好的安排是什么?

Q19.31 什么样的公司在选择资本结构时最有可能受到自由现金流问题的影响?

Q19.32 一家公司有面值100美元的债务。项目明天将有80美元的回报。管理者只关心股东利益。一个新的项目出现了,成本为30美元,在明天以相同的概率即各自0.5的概率赚取0美元或70美元。假设货币的时间价值为0。

1. 这是一个净现值为正的项目吗?
2. 如果新项目只能通过股权融资,股东会投票支持吗?债权人会吗?
3. 假设现有债券合同允许新项目以抵押物融资(即相对于现有债权人的超级优先权)。新的债权人可以从现有项目支付的款项中收取30美元。现有债权人的境况会更好吗?
4. 如果老债券持有人拥有否决权,从公司价值的角度来看,更好的安排是什么?

Q19.33 单位组合凭证(unit-offering bundles)的优点和缺点是什么?

Q19.34 如果股东可以侵占债权人的利益,股东的状况会更好吗?

Q19.35 一家公司有100美元的现金和80美元的债务。假设货币的时间价值为零。一个新的项目出现了,成本为60美元,要么收益0美元,要么收益 x 美元,概率相等。

1. 没有该项目时,债务和股权的价值分别是多少?
2. 使项目净现值为正的 x 值是多少?称之为 xh。
3. 股东希望公司采纳该项目的 x 值是多少?称之为 xl。
4. 将区域划分为 xl 以下的区域、xl 和 xh 之间的区域以及 xh 以上的区域。更具体地说,选择 xl−10,(xl+xh)/2 和 xh+10 作为好结果下的回报。在以下三种情况下:

(a) 如果债务可以转换为股权的80%,那么债务和股权的价值分别是多少?现有股东是否愿意接受该项目?

(b) 如果债务可以转换为股权的 0%（即不可转换），那么债务和股权的价值分别是多少？现有股东是否愿意接受该项目？

(c) 如果债务可以转换为股权的 40%，那么债务和股权的价值是多少？现有股东是否愿意接受该项目？

5. 如果要了解实现公司价值最大化所需要的债务转换率，以上的信息足够吗？

Q19.36 油田的股份正在出售。油田可能价值 500 美元或 1 000 美元，概率相等。开发成本为 250 美元。卖方知道真实价值，买方不知道。卖方没有个人资金来源。在一个没有时间价值、其他方面均完美的市场中，卖家期望筹集到何种渠道的资金，价格是多少？

Q19.37 重复上一个问题，但现在假设卖家有 200 美元的个人储蓄。有了这些额外的资本和议价能力，卖方期望以什么价格筹集到哪种资金？

Q19.38 如果投资者理性，管理者过于乐观，如果管理者为新项目筹集更多资金，公司的价值会发生怎样的变化？如果公司增加股本融资，情况会更糟吗？

Q19.39 当私募股权基金收购上市公司时，它们通常会极大地提高杠杆率。讨论此资本结构政策对公司价值的影响以及原因。

Q19.40 解释可以使企业融资的债务成本低于股权成本的三种因素。

Q19.41 解释可以使企业融资的股权成本低于债务成本的三种因素。

Q19.42 如果一家公司在不完美的金融市场中实现价值最大化，这将如何改变其资本成本？

Q19.43 什么因素可以改变资本成本与杠杆率二者关系图形的形状？

Q19.44 在 WACC 公式中，代理成本的因素体现在哪里？代理成本是否影响公司的加权平均资本成本？

Q19.45 如果你能在一家成长型公司成立之初设计一种新的证券，并期望这家企业在 5 年内成为一家创造现金价值的公司，新证券是什么样的？

Q19.46 从企业价值的角度来看，企业抵御财务困境的能力是否总是最优的？

第20章
股利支付：股息和股票回购

股利政策重要吗

作为CFO，公司净利润可以用于四个方面：留存企业内部、偿还债务、支付股息、回购股票。后两种方式提高了公司的资产负债率，并将资金从公司内部转移到外部，缩小了公司规模，它们是股东获得投资回报的主要机制，属于股利政策的范畴，因此股东对股利政策较为关注。此外，公司的股利支付还处于管理层的自由决策权之下，董事会一般可以在每个季度决定股利支出，属于董事会保证公司章程得到执行的一种方式。

20.1 背景

我们已经在前面的章节介绍了现金股利。这里简单回顾一下：

在完美市场中，投资者可以随时出售所持有的股票，项目何时产生现金与投资者何时需要现金之间没有联系。现金股利不会降低或产生价值。

在不完美市场中，股息不能像回购或资本利得那样可以轻易地规避税收支付，股息没有节税效应。但就避免管理层将现金浪费于自身而言，股息支付可以减少代理冲突。

其实，也可以将股票的股利支付视为与股票发行相反的过程。从这个意义上说，之前所有与资本结构相关章节中的论点同样适用于股利支付。股票发行增加了公司规模并降低了资产负债率。现金股息和股票回购减少了公司规模，并增加了负债权益比。然而，经验证据表明,就典型的美国上市公司而言,股息和股票回购对于改变负债率并不是很重要。

股息发放机制

股息是公司向投资者的利润分配方式。如果不特别声明,通常意味着**现金股息**。当然,股息中还有定期股息和特别股息之分。自1970年代以来,大约有2 000到3 000只上市股票(市场中共有8 000到12 000只股票)一直在支付定期现金股息,通常每季度一次。特别股息为一次性支付,金额可能比普通股息大得多。尽管特别股息不应期望它会重复,但现实中许多公司会一遍又一遍地重复发放特别股息。

发放股息有两个重要日期:

(1) 在**公告日**,董事会投票决定在通常是几周后的特定日期支付股息,这是资本市场第一次得知派息的信息。由于许多公司股息的发放较有规律,所以投资者实际上是能够提前预见的。

(2) **含权日**为股东收取股息的最后交易日期。次日(**除息日**)交易的股票则不再有股息支付。

还有两个簿记日期:确定股票所有权的记录日期,也称股权登记日(以确定将股息支票寄往何处[1]),以及公司实际汇款的付款日期。

其中较为特别的是**股息再投资计划**(DRIP[2])。在股息再投资计划中,参与计划的股东同意将股息自动再投资到公司股份中。因此,投资者不会收到任何现金,他们只需履行股息在年底的纳税义务。更复杂的是,如果股息再投资计划由公司本身设立,而不是通过证券经纪公司设立,则往往会以折扣的价格或非当前市场价的价格(最近一个季度的平均价格很常见)向投资者支付股票。在这种情况下,公司实际上承担了投资者的个人所得税,向投资者进行了补偿。因此,公司支付了大部分股息的税收(当然是用股东的钱)。

一种特别的股息类型是**股票股息**。事实上,它甚至不配拥有"股息"的名称。股票股息根本不是支付——因为不涉及现金。事实上,每个股东都会收到更多的股份。例如,一家市值10亿美元公司的股票交易价格为每股100美元,每10股流通股派发1股的股票股息,那么其1 000万股将变为1 100万股。在完美市场中,每股价值将变为90.91美元。没有资金易手,所有股东都拥有与之前相同的持股比例。实际上股票股息更像是一次小型的**股票拆分**。股票拆分的一个例子是,1股拆为2股,公司将其1 000万股(每股价值100美元)拆分为2 000万股(每股价值50美元),同样,没有资金易手。每个股东之前和之后都拥有完全相同的公司份额。将**股票合并**是拆分的逆运作,股票数量减少,股票价格上涨。

> 股票股息和股票拆分不是真正的派息,只是数字游戏。

Q20.1 公司派发股息的两个重要日期是什么?

Q20.2 股市对完美市场的股票拆分公告将有何反应?

---

1 美国企业支付股息,往往还采取寄送支票的方式。中国企业支付股息直接通过股东资金账户进行银行转账划款。股权登记日也即除息日的前一个交易日。

2 DRIP,dividend reinvestment plan。

股票回购机制

股票回购是指公司买回自己的股票,可以将其视为股票发行的对立面。与股息一样,股票回购是将现金返还给股东的机制。

回购股票主要有两种方式:

要约式回购:在要约式回购[1]中,公司向股东发出一个以溢价(通常为 15%~20%)的固定价格回购固定数量股票的要约,或者公司从愿意以最低溢价出售的卖家那里回购股票。如果接受要约的股东过多,公司通常会**按比例**回购股份(即按比例公平分配)。

要约式回购相当罕见。在 20 世纪 90 年代后期,所有上市公司要约式回购规模加总起来大约价值 50 亿~100 亿美元。要约式回购表明公司想要快速大量回购股票,通常发生在公司面临投票代理权之争或者成为外部敌意收购者的收购对象之时。

公开市场回购:公司回购股票的常见方式是通过公开股票市场进行回购。此类计划由公司董事会批准,然后必须公开披露(因为它是重大事件)。然而,美国证券交易委员会 SEC 对实际回购发生或者进度的披露没有强制的规定性要求。公告后,公司可以自行择时购买股票。规模大小和持续时间没有固定的限制。通常情况下,公司会宣布它们想要回购大约 5% 的股份,回购计划将持续两到三年。回购的交易量可能很大——每月公司股票交易量的 5%~10% 通常来自公司自身的回购交易。

> 要约式股份回购罕见但规模较大。

1982 年之前,公开市场回购可能会违反美国证券交易委员会 SEC 关于价格操纵的规则(众所周知的**规则 10b-5**)。[2] 幸运的是,在 1982 年,美国证券交易委员会发布了一项修正规则(**10b-18**)[3],为股份回购提供了一个**安全港**。这个"安全港"意味着 SEC 不会对在公开市场上回购股票的公司提起价格操纵的指控。也许更重要的是,由于 SEC 认为回购行为是合理的,所以其他投资者很难赢得针对该公司回购行为的诉讼。SEC 认为,只要公司在以下情况下进行回购则无责:只使用一个经纪人;不在开市时或交易结束前的最后半小时里执行回购;不支付异常的价格;单日内不购买超过过去 4 周平均每日交易量的 25%。但这些限制不适用于代表员工持股计划(ESOP)进行回购的股票,也不适用于协议的场外交易。最后,SEC 甚至放宽了这些规则——在 1987 年股市崩盘之后,公司通常只需遵守规则 10b-18 的精神,而不必纠结于法律文字。

公开市场回购非常普遍。在 20 世纪 90 年代后期,上市公司宣布了价值 1 500 亿~2 000 亿美元的公开市场回购。70%~80% 的标准普尔 500 指数公司在特定时间均实施

---

1 原文为 auction-based repurchase。根据其实际含义译为要约式回购。
2 1934 年美国《证券交易法》10(b)及 SEC 相应制定的 10b-5 规则,是反证券欺诈的一般性条款,调整范围非常广泛,包括证券虚假陈述、操纵市场、内幕交易、中介机构欺诈客户等一系列证券欺诈行为。该规定是投资者提起证券虚假陈述最常依据的条款,是美国证券集体诉讼中最为主要的请求权基础规范。——原书作者注
3 规则 10b-18 是美国证券交易委员会设立的,是发行企业及其关联方在两次季报发布间隔的窗口期进行二级市场股票回购时减少其欺诈、内幕交易嫌疑责任的"安全港"。上市公司在回购股份时遵守规则 10b-18 的四个条件(方式、时间、价格和数量),即正文内容。——原书作者注

过公开市场回购,其中大约 1/4 的公司在特定年份会宣布新的多年期股票回购计划。这些计划本身都非常灵活——如果公司愿意,可能永远都不会真的买回股票。

> 公开市场回购非常普遍,但通常规模较小。

不幸的是,由于公司也不需要披露回购结果,学术研究人员只能从非正式出现的零星证据中猜测,学术研究十分困难。我们的估计是,公司在三年内回购了约 3/4 的已宣布回购股票。总体而言,公开市场回购显然比要约式回购重要得多。

Q20.3　有哪两种回购的方案?
Q20.4　一家进行公开市场股份回购计划的公司,是否会被指控操纵股价?

20.2　完美市场的无关性

在完美市场中,股利政策选择无关紧要。从公司的角度来看,如果管理层支付 1 美元的股息,那么这笔钱一定来自某个地方。股息不会像天降甘露一样,所以当公司支付股息时,不会创造或减少任何价值。股息支付相当于资金从公司内部转移到股东身上,实质上这笔资金一直归属于公司股东。公司股东不会因为股息支付而增加或减少任何财富。MM 定理中的套利机制可以支持这一论述:如果经理们采取了破坏价值的股息政策,那么任何投资者都可以介入、收购该公司、解雇管理层、制定更好的股息政策,然后转售公司以获取差价。因此,公司价值不会因其股息政策而发生变化。

> 在完美世界中,股息既不会破坏也不会创造价值。

就像 MM 资本结构定理的要点一样,MM 股息定理的关键并不是说股息无关紧要。相反,它指出必须在违背哪些完美市场的前提条件下,才能使股息政策发挥作用,以及这些前提条件的重要性。如果在不完美世界中,股息政策导致了企业价值损失,你可以进行套利赚钱。

> MM 定理的逻辑可以帮助我们思考不完美的现实世界。

过去十年,美国大公司的平均股息收益率约为 2.5%。正如你将在本章后面了解到的那样,有充分的证据表明 MM 的股息无关定理是失效的:当公司宣布增加股息时,它的价值通常会上涨;当公司宣布股息减少时,它的价值通常会下降。你能推测出哪个 MM 假设最有可能被违背吗?大多数金融学教授认为,支付股息是管理层发出了关于公司未来良好前景和善意管理行为(即经理们不会把钱浪费在自己身上)的可靠信号。这违反了 MM 定理中完美市场假设之一,即每个人都拥有相同的信息。在现实世界中,管理层拥有投资者没有的内幕信息,即使该内幕信息只是关于管理层未来可能浪费多少公司的资金。

> 股息收益率普遍较低。增加股息平均而言会提升公司价值。

在进入一个更现实的世界之前,我们可以使用完美市场思维来摒弃一些明显错误的幼稚观念。以下所有说法都是错误的。

(1) **派息不减少投资者的"投资市值",而股票减持会减少**。一些人认为支付股息是因为投资者"需要"资金,支付股息不会减少投资者的投资价值。这些说法是没有道理的。如果你持有 100 股价值 4 000 美元的股票,而公司向你支付 200 美元的现金股息,那么你可以根据自己的选择使用股息来消费,剩余将拥有价值3 800美元的股票。然而,如果公司将资金再投资而不是支付股息,而你可以在证券交易所出售5股股票获得200美元,同样会拥有3 800美元的股票和200美元的现金。无论哪种方式,你的"价值"(即你的剩余投资)都是相同的。

> 股息与股票减持一样!

(2) **只有接受要约的股东才能从股份回购中获益**。股票回购不仅有利于参与要约的股东,也有利于所有投资者。当公司在完美市场中以公平的价格回购股票时,参与和非参与的投资者的权益平等,参与的投资者获得现金,不参与的投资者可以拥有公司更高的份额。例如:一家拥有100名股东的公司,每人拥有价值10美元的股票,可以支付价值50美元的股息(每位股东0.50美元),付完股息之后,公司价值为950美元。每位股东将拥有价值9.50美元的股份和0.50美元的股息。如果公司回购了价值50美元的股票,将剩下95名股东,每位股东拥有价值10美元的股票。接受要约和非接受要约的股东没有差别。

> 所有投资者都将从股票回购中获益。

综上所述,下面的简单表格说明了公司如何利用其利润:

再投资	所有投资者都能获得资本收益(未实现的)
股票回购	一些投资者获得资本收益 另一些投资者拥有更多的公司股票份额
支付股息	所有投资者都获得应税的股息

因此,将股息与利润分配的替代方式进行比较是有意义的。一个重要的假设是公司为回购支付的股价是合理的。如果不是这样,那么剩下的股东可能会更好(如果公司以低于真实价值的价格回购了股票)或更糟(如果公司以高于真实价值的价格回购了股票)。事实上,后者有时更会发生。在**定向回购**中,管理层仅向特定股东提出以高于市场价格购买股票的要约(例如在20世纪80年代,管理层通常会"收买"那些大量购买股票的敌意收购者[1])。在这种情况下,剩余股东的股票价值会下降。以高于公允价值的价格回购股票会破坏其余股东的价值。

(3) **股票回购会提高每股收益**。回购减少流通股的数量是正确的,但回购支付的现金也减少了公司再投资的金额。因此,这取决于再投资的资金是否会产生收益。例如,如果公司通过出售其利润最高和风险最高的项目来支付回购的资金,那么预期每股收益应该会下降。相反,如果公司用于回购的资金一直存放在国债上,而不是准备投入预期收益更高、风险较高的项目中,那么公司的预期每股收益应该会上升。关心每股收益而不是公司价值,就像关心温度计而不是温度一样!谁在乎公司的每股收益EPS是涨还是跌,你应该关心公司价值!如果公司放弃负的NPV项目并以较低的价格回购股票,公司价值就会增加;如果公司放弃正的NPV项目并以过高的价格回购股票,公司价值就会下降。

> 股票回购不一定会增加每股收益。你应该考虑公司价值而不是每股收益。

---

1 这里是指20世纪80年代敌意并购浪潮中,敌意收购方购买了上市公司一定比例的股票,要求目标公司定向溢价回购他们的持股,本质上等于勒索。也称为"绿色邮件"(greenmail)式的勒索回购。

> **在一个不完美的世界中，上述错误论断却可能是正确的。**

就金融市场接近完美的程度而言，以上论述或多或少都会成立。也就是说，在不完美的金融市场中，这些观点不一定明显错误，只是需要更复杂的逻辑支持。例如，散户投资者如果需要花钱且不愿出售股票，获得股息则可以节省交易成本。因此，与股票回购相比，股息可能会给他们带来更多的收益。这可能更合乎逻辑。再举一个例子，如果股票回购可以减少管理层的代理冲突和金钱浪费，那么回购就可以增加公司的每股收益。

> **股息和股票回购在完美世界中是无关紧要的。支付的资金可以来自任何地方，也可以任何方式支出。**

总之，在一个完美的世界中，分析股息和股票回购的关系是很容易的。从企业价值的角度来看，它们是无关紧要的。在完美的世界中，无论是否回购或支付股息，所有股东都获得相同的财富。支付资金的来源也无关紧要，公司可以从新债权人或新股东那里筹集新资金，以向现有股东支付现金（许多公司都这样做），或者可以使用其留存收益，或者可以出售其部分资产。真正重要的是该公司所有项目的净现值都应为正，项目的总价值就是公司的价值。

本章的其余部分将关注更有趣的问题，即股息和股票回购在现实世界中的运作方式——在不完美的金融市场中。

Q20.5 在完美市场中，如果一个普通投资者不能参与股票回购计划，他是否会觉得股息比股票回购更好？

Q20.6 考虑一家拥有 81 名股东的公司。公司共有 100 股股票，其中 80 人，每人拥有一股股票，价值 10 美元/股。此外，某个大股东甲拥有 20 股——甲正在试图解雇管理层。为了安抚甲，管理层提出以每股 15 美元的价格回购甲（而且只有甲）的股票。这样的"绿色邮件"回购将如何改变普通股东股票的价值？

Q20.7 在什么情况下，股票回购会增加公司的每股收益？

20.3 股息和股票回购

你已经知道在不完美的资本市场中支付股息是提高企业价值还是降低企业价值的问题的答案了。这里没有什么新东西：答案与资本结构部分的讨论完全类似。最终，又回到了开始的问题：作为 CFO，你是应该将资金用于公司再投资，还是将其返还给投资者？决定公司资本结构的因素也在股利支付政策的决定中发挥作用。例如：

> **"支付与不支付股息"与前几章中讨论的"发行与不发行股票"论点相反。**

公司税。 如果通过发行更多债务支付股息或回购股票，将具有税收优惠。在这种情况下，股利支付可以创造价值。

个人税。 如果支付股息或回购股票，投资者因此获得的收入，承担比公司再投资更多的纳税义务，这将会减少价值。

财务困境。 如果在公司现金紧张时支付股息或回购股票，可能会增加公司破产的可能性。这将会带来破产的直接成本和间接成本，从而减少价值。

代理和信号。 如果将现金用于支付股息或回购股票，而非管理层用于个人喜好项目、帝国构建或管理层津贴（所有这些都是负 NPV 项目），则可以创造价值。

更有趣的问题是公司是以股息还是股票回购的形式进行股利支付,二者之间最明显的区别是与个人所得税有关的区别,下面讨论个人所得税。

Q20.8 股息支付和股票回购是否可以认为是股票发行的逆运作?如果是的话,上一章的表19.5中的各种力量是否可以适用于解释股息和股票回购?

个人所得税差异和投资者的客户效应

本书前面第18.6节中的图形说明了一个基本事实:从个人所得税的角度来看,股息比股票回购更糟糕。在股票回购中,非参与回购的投资者不用承担税收,参与回购的投资者面临潜在的资本利得税。另外,投资者仅仅在获取资本收益时才被征税,而股息每年均被征税,这一基本事实也说明了回购的优势。

累积税收。例如,如果一家公司每年提供20%的资本收益,那么100美元的投资将在2年内获得100美元×1.2×1.2=144美元。假设税率为50%(资本利得税和现金股息税),你将保留22美元的税后收益。相比之下,如果20美元是现金股息支付,那么每年将获得10%的税后收益率,因此你将只保留100美元×1.1×1.1−100=21美元。股息和回购支付之间的1美元差异是因为美国税务局可从一年后支付的部分股息税中获得利息。这个例子被夸大了,因为法定税率远低于50%——但时间一长,中间征税所产生的累积收益将产生影响。

> 今天,从税收的角度来看,现金股息几乎与资本利得一样好。

资本损失抵消。资本损失可用于抵消再投资或股票回购产生的任何资本利得收入。每个投资者可以通过足够的资本损失而规避缴纳资本利得税。相比之下,资本损失不能用来抵消现金股息应付的纳税义务。

客户效应。回购进一步发展了客户效应,即允许投资者自由交易——这一事实有助于减少资本利得税。在散户投资者中,会有高价买入的,也有低价买入的。当公司回购股票时,那些累积的资本收益较低的投资者(即以相对较高的价格购买股票)可以参与股票回购,而不会产生太大的资本利得。而其他具有较高累积资本利得的投资者,可以不接受回购,从而延迟/避免变现,不会产生任何税收。

房地产税收升级和捐赠免税。房地产中资本收益的税基是逐步提高的。对于低于500万至1 000万美元价值的房地产,资本收益无须缴纳资本利得税。此外,人们总是可以将股票或房地产捐赠给免税的慈善机构。搬到低税收州(如佛罗里达州)可以避免对生活在高税收州(如加利福尼亚或纽约)期间积累的资本收益征税。

针对不同资本利得的散户投资者,客户效应可以减少资本利得税,但无法回避股息所得税。不过,对于免税的散户投资者或免税的机构投资者,如养老基金或低收入投资者,客户效应也可以回避股息所得税。他们不仅可以持有债券来避税,也可以持有股票来避税,只需要在除息日前后交易(这决定了投资者是否收到股息),这将特别有效。然而,低税收投资者较少,而美国国税局的一些规定使这种特殊

> 从税收的角度来看,股票回购只是比现金股息好一点。

形式的 1 天税收套利是非法的。[1] 因此，股息税套利并不完美。免税的投资者客户效应只是减少了相对于股息中的税收支出——并没有消除它。即使存在养老基金，仅从税收的角度也无法解释企业为何支付股息。因此，股票回购仍然更好，因为回购通常可以避免大多数个人所得税。从税收的角度来看，股票回购理应占股利政策的主导地位。

布什减税：拉尔夫·纳德（Ralph Nader）[2] 和微软

2002 年 1 月 4 日，拉尔夫·纳德给微软董事长比尔·盖茨写了一封公开信，开头如下：

我们写信要求微软公司改变其不向股东支付股息的做法。理由如下：

1. 年复一年不支付股息是不正常的，我们认为这是一种非法手段，它让微软的收入免受联邦所得税的影响。

2. 通过不支付股息，像您这样富有的微软股东避免了支付适用于作为股息分配收入的最高边际税率 39.6%。通过股票减持获得收益，富有的股东如您将税率降低到适用于资本利得的最高边际税率 20%。根据美国证券交易委员会最近关于内幕交易的报告，您个人去年卖出了超过 29 亿美元的微软股票，从适用于股票减持的较低税率中受益匪浅。

这封信没有指出 20% 是夸大了，实际上盖茨只需对真正实现的资本收益缴税！如果不卖掉他的股票，那么他多年来财富增值的税收为零。为了更好地避税，盖茨此后将大部分财富捐赠给了一家慈善基金会。顺便说一句，在 2003 年小布什政府的税制改革显著降低了股息所得税之后，微软公司立即开始支付价值数十亿美元的股息。

这是一个有趣的问题：盖茨在过去 20 年的财富收益只承担了极少的税收义务，这是比尔·盖茨的错还是美国政府的错？

有一段时间，甚至连遗产税都消失了。讽刺的是，乔布斯很有可能是在正确的时间去世，使得他的继承人无须承担纳税义务。信托和遗产管理业获得再次蓬勃发展的机遇，因为回报率如此之高，可能未来一段时间里，美国的大部分财富将主要掌握在信托律师的手中。

拉尔夫·纳德

最后还有一个小插曲。美国国税局原则上宣布股票回购相当于现金股息。然而，该原则条款的执行一直很弱或根本不存在，特别是在上市公司中。事实上，我不知道最近有什么例子。对上市公司来说，遵守国税局规则并不是一个严格的限制。

了解一下美国企业股利支付模式的历史，股息在历史上的税收待遇比回购差得多。

---

[1] 1 天税收套利是指在派息日（股权登记日）之前卖出股票，然后在除息日之后再买入股票，等于规避了股息所得税。

[2] 拉尔夫·纳德（Ralph Nader）（1934 年 2 月 27 日——　），美国工艺事务组织主席、律师、作家、公民活动家、现代消费者权益之父，曾催生汽车召回制度，五次参加美国总统竞选，最出名的是 2000 年搅局，结果最终戈尔败于小布什。

图20.1绘制了股息和资本利得的历史税率。大约从二战到20世纪60年代中期,政府按普通所得税税率对股息征税。因此,它实际上减少了那些不够聪明或者无法逃税的最高收入者的股息收入。1986年的里根政府《税收改革法案》大幅降低了最高普通税率,并填补了大多数漏洞。老布什政府提高了股息所得税和普通收入所得税。小布什政府通过将股息税率与长期资本利得税率挂钩,从根本上改变了股息税(较高的普通所得税税率仍然适用于外国公司的股息和国内公司一些非正式的股息,如果国内公司没有缴纳适当的所得税的话)。在奥巴马执政期间,奥巴马医改的最高税率升至23.8%,特朗普政府的2017年税改也没有进行改变。从税收的角度来看,在二战期间和之后支付股息是愚蠢的。如今,股票回购仍然比股息支付更具优势,但优势较小。在股票回购中,对于非出售者来说,只是增加了其所拥有的股权比例,甚至不会产生延迟的资本利得收益,而出售的股东可能是一些资本收益相对较低的投资者。

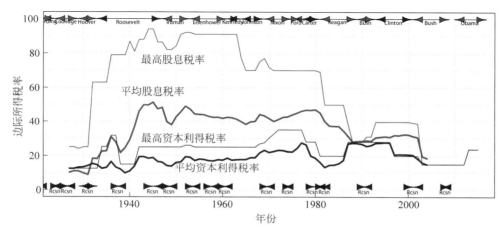

图20.1　1927—2015年美国的资本利得税率和股息税率

注:最上面的线条显示了最高收入等级的投资者(细线)和普通投资者(粗线)的股息边际个人所得税税率。下面的线是相应的资本利得税率(资本利得税率被夸大了,因为它们可以被资本损失冲抵,并且是由投资者自行决定是否实现资本利得)。底部的箭头表示经济衰退时期(Rcsn)。顶部的箭头表示美国历届政府。2004年之后,该图仅包含有关最高股息所得税率和长期资本利得税率的信息。原始数据来源:Daniel Feenberg 和 Clemens Sialm,2006。

Q20.9　自2003年股息减税以来,股票回购相对于现金股息仍享有的最重要优势是什么?

非税收差异

随着股票回购和股息之间的个人所得税率差异的缩小,其他方面的二者差异变得更加重要。下面根据重要性的评估排名分别阐述。

> **微软对布什减税的回应**
>
> 对布什政府股息减税政策最突出的反应来自微软。2004 年 7 月 20 日收市后,微软公司宣布派发 320 亿美元的特别股息,外加 300 亿美元的股票回购,加上普通股息从每股 16 美分增加到 32 美分(股息收益率从 0.56% 增加到 1.12%),相对于约为 3 000 亿美元的公司资本市值而言,总支出约占 20%。7 月 21 日开盘几分钟后,微软股票的价格上涨了 3% 以上。这意味着,对于宣布的即将从公司口袋到投资者个人口袋的每一美元易手,公司所有股东的股票市值会增加 $1 \times 3\% / 20\% = 15$ 美分!
>
> 有趣的是,两天后,微软公布了低于预期的季度收益——股价迅速回落至宣布派息前的水平。看来,派息公告是一个积极的信号,而未能达到盈利预期则是一个消极的信号。这两个事件效应几乎相互抵消了。

(1) **股息平滑**。许多的股票回购是相当不规律的。相比之下,股利支付一般要求管理层持续发放。1956 年,学者约翰·林特勒(John Lintner)首次注意到这一点。他发现公司不愿意削减股息,而是更愿意随着时间的推移慢慢地增加股息,这种行为称为**股息平滑**。它今天仍然存在,尽管不再像以前那样明显。

在过去的二十年中(大致也是自 2010 年以来),年度上市公司的股息变化大致如下:

不变的零股息	65%
首次派发股息	3%
终止股息	2%
持续派息	30%

在持续派息的 30% 企业中:20% 减少了股息;20% 保持不变;20% 适度增加(增加 3%~10%);40% 增加了 10% 以上。林特勒还记录了另一个事实:上市公司有一个目标的股息支付比率,它们试图微调,以实现该目标。学者利瑞和米雪莉认为,一般来说股息平滑度没有那么明显,仅在有能力支付股息的公司中更常见。

股息的粘性[1]导致了一系列有趣的企业行为模式。例如,可能会出现一个有趣的信号游戏:股东期望股息能够持续。反过来,这种期望可能就是管理者倾向于派发现金股息的原因。如果管理层认为某次企业的盈利冲击是暂时的,他们可能会通过股票回购支付盈利。只有当他们认为盈利是永久性的时,才会使用股息支付。原因是,如果他们因为一次正面的盈利冲击而增加了股息,那么将来可能不得不削减股息,而未来削减股息的举动极有可能让金融市场失望,并可能让管理层被解聘。因此,股息增加意味着经理对未来的乐观态度,这比等额的股票回购所揭示的信号要更乐观。不过,稳定的差异并不总是存在。许多公司还有半固定性质的股票回购计划,这使得回购几乎与股息支付一样稳定。许多公司还通过支付"特别股息"(或债券股息),向投资者表明股息的一次性性质。

---

1 股息平滑和目标股息支付率,均为股息粘性的表现。

(2) **高管股票期权**。公司高管经常获得股票期权,期权价值取决于股价(你可以在财务报表的脚注中找到对其价值的估计)。派发股息对任何看涨期权所有者都是不利的,因为支付股息时股价会下跌。例如,如果一家股价为 60 美元公司的经理们拥有以 50 美元价格购买股票的期权,那么经理将不愿意支付 20 美元的股息——毕竟股价除息后会跌至 40 美元左右。因此,拥有期权的管理层更喜欢回购而不是股息支付。[1]

(3) **高管的股票所有权**。高管和内部人士通常不允许参与公司的股票回购要约。因此,与同等的股息支付相比,高管等内部持股人士将在回购后拥有相对更多的公司股份。

(4) **投资者偏好**。一些行为金融学证据表明,散户投资者只"喜欢"股息而不喜欢股票回购——为什么会这样是一个很大的谜。由前文可知,投资者喜欢股息是"因为他们需要现金"的论点是站不住脚的。出售部分股票也可以获得现金,并且投资者不必支付那么多的股息个人所得税。事实上,个人税收方面的考虑表明,如果投资者出售股票,最终可能会得到更多。尽管如此,许多投资者,尤其是不那么成熟的投资者,错误地认为将股票出售等同于他们"投资价值"的减少。鉴于此类股东的存在,公司可能会通过支付现金股息来做出合适的回应。幸运的是,今天的股息所得税率比过去低得多,我的猜测是,个人投资者偏好股息的效应是真实的和非理性的,但它们并不普遍且不重要。

(5) **基金的章程排除条款**。一些机构投资者(如养老基金等)的章程中规定只能持有支付股息的股票。因此,它们就不能持有如 2003 年之前的微软股票,之前微软公司没有支付股息。

Q20.10　除个人所得税差异外,股票回购和股息之间还有哪些差异?

20.4　经验证据

前文已经分析了股息和股票回购的影响因素。在历史上,公司究竟以何种形式向股东支付了股息或股票回购?支付了多少?不幸的是,过去半个世纪的模式很难简单描述。20 世纪 70 年代后期出现滞胀,1987 年股市崩盘,1999 年科技股繁荣,以及 2008 年大衰退,随后利率接近于零,2020 年暴发新冠病毒疫情。股票市场实现了现代化,上市公司的数量从 1970 年的大约 3 500 家增加到 2000 年的 9 500 家,然后又回落到 2015 年的 8 000 家左右,到 2020 年上市公司数目甚至更少。在 2015 年的研究发现,平均每年约有 5 000 家公司拥有正的经营现金流,4 000 家公司的净利润为正,每年有 2 500 家公司支付股息和回购股票。但不要认为只有净利润为正的公司才会发放股息。许多公司是通过发行新股本或者债务为股息和回购提供资金,而不是通过营业利润。因此,资本结构政策和股息政策二者的选择似乎是相关的。不过,对上述问题的分析还需要基于整体的经济背景。因此,我们将研究标准普尔 500 指数的总体市值。你将看到,所有按市值加权统计的上

---

[1]　在中国的资本市场并非如此。因为我国上市公司管理层和员工股票期权的行权价,将随着股票派发股息,同时进行除权处理,即行权价也会相应下降。

市公司数据都显示出类似的模式。由于小型成长型公司派发股息很少,也不应该派息。在这种情况下,等权重的统计意义不大。

标准普尔 500 指数历史的股息和回购支付模式

图 20.2 和图 20.3 使用了不同的数据源。前者汇报了更长的周期,后者汇报了更为详细的信息。不过,后者可能会受到未披露回购数据的影响——是缺失数据还是数据较少?因为 1989 年之前现金流量表并非强制性信息披露内容。

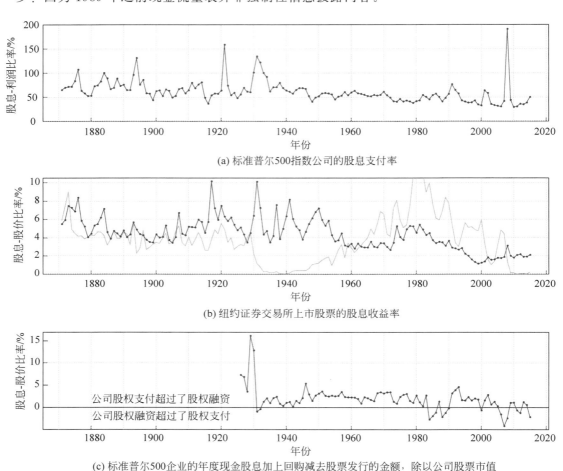

图 20.2　1870—2015 年美国历史的股息支付模式

在图(b)中,浅色线为利率。数据来源:Goyal-Welch 网站。

股息-净利润比率。图 20.2(a)和图 20.3 上半部分显示,标准普尔 500 指数公司大约一半的利润以股息形式支付(这个**股息-净利润比率**有时被称为**股息支付率**)。自二战以来,对于大公司来说,这个支付比率一直稳定在 50% 左右——尽管缓慢下降了一点点(除了在 2008—2009 年的大衰退中飙升,当时标准普尔 500 指数大幅下跌)。在 2020 年的新冠肺炎疫情期间,股息支付率也有上升,因为尽管公司利润下降了,但是股息支付依

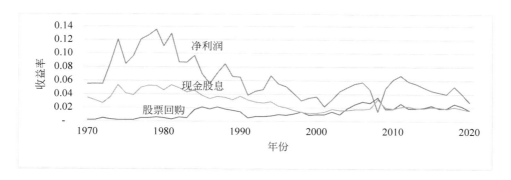

	1970s	1980s	1990s	2000s	2010s
净利润收益率	10.30%	7.80%	3.80%	4.10%	5.10%
股息收益率	3.9%～4.3%	3.6%～4.0%	1.6%～1.8%	1.9%～2.1%	2.4%
回购收益率	0.4%～1.3%	1.5%～3.3%	1.0%～2.1%	2.1%～3.4%	2.2%
净回购收益率	0.3%～1.2%	1.2%～3.0%	−7%～2.0%	2.0%～3.2%	2.2%
股息/净利润	37%～42%	38%～41%	32%～36%	30%～32%	42%
净回购/净利润	3%～11%	13%～28%	18%～37%	28%～43%	30%
股息/(股息+回购)	94%～83%	81%～65%	70%～52%	59%～45%	50%

图20.3　1970—2020年相对于市值的股息支付

注：该图中的数据源是公司的现金流量表。这里的收益率是相对于股票市值/市价而言。净回购是指回购金额减去股票发行金额。数据来源：Compustat。

然保持。

股息-价格收益率。图20.2(b)和图20.3上半部分显示，在1970年代和1980年代，股息价格收益率曾经约为3%～4%，但此后下降至2%～3%左右。在1960年之前，该指标波动较大，现在相对更为稳定。顺便提一下，**股息收益率**通常是采用股息除以去年的股票市值来衡量，而**股息价格比率**通常是相对于当前股价来衡量的。

总支付（股息、回购和股票发行）。股息并不是股权支付的全部内容。公司也可以回购股票，还可以发行新股，所以有毛回购金额和净回购金额之区别。净回购是指回购金额减去股票发行金额。

图20.2(c)显示，上市公司曾经在1940年代—1980年代稳定派发的股息和回购的金额超过了募集股本金额。图20.3还显示，在某些时期，公司支付的股息和净回购金额甚至超过了利润。两个比较大的异常值是1929年和1930年（就在引发大萧条的股市崩盘的**黑色星期二**之后）。在这两年里，公司付出的股票回报（股息和回购）比它们筹集的股票资金要多得多。另外虽然在年度数据中看不到，在1987年10月股市崩盘后的几周内，大量公司积极地回购了自己的股票。

股息与回购。Grullon和Michaely（2000年）的研究表明，从1980年到1998年，公司在股票回购上的支出急剧增加。图20.3上半部分表明，股息过去高于净回购，但两者的差距在1980年代和2000年代之间大致相等。如今,大约一半的股利支付是股息,另一半是股票回购,两者加起来与净利润接近了。然而,股票回购不是注销股票,因此回购不是真正的减少公司规模,回购的股票可能会被立即授予员工或者高管。

Grullon和Michaely的论文还解释说,公司在1980年代增加股票回购的主要原因不是出于个人所得税(尽管它也有贡献)的原因,而是出于10b-18规则的原因。[1] 在1982年之前,违反《1934年证券交易法》的反价格操纵条款的风险阻止了大多数公司回购股票。而在1982年通过10b-18规则之后的两年里,用于股票回购的现金总额增加了两倍。在图20.3上半部分中也可见。

消失的股息(和回购)。Fama和French在2000年发表的一篇颇有影响的论文,指出支付现金股息的公司比例从1978年的67%下降到1999年的21%。也就是说,股息总金额的下降不仅仅是因为公司支付的股息数量较少,而是因为支付股息的公司数目越来越少。他们将这一发现归于两个因素:有更多的成长型公司和技术公司不支付股息,而是将资金进行再投资;其他类型的公司——无论科技公司与否,都变得更不倾向于支付股息。他们论文暗含的推断是,出于第一种因素,消失的股息模式会随着公司年龄的增长而发生改变。

Baker和Wurgler于2004年发表了另一篇论文,试图解释公司支付股息的逐年变化。他们研究了股票市场相比较不支付股息的公司,如何定价支付股息的公司。他们发现,在市场对付息公司给予更高定价的年份,更多的公司开始支付股息。但是在整个20世纪90年代,支付较低股息的公司一直在以较高的股价交易,因此此时很少有公司愿意支付股息。事实上,这一发现可以部分地解释2000年的股市逆转。在此之前,不支付股息的科技股和成长股一直受到股市的高度重视。2000年3月技术股泡沫崩溃之后,投资者更青睐股息丰厚的价值型股票,上市公司纷纷开始发放股息。

然而,图20.4表明在不细读论文全文的情况下,人们可能会对Fama和French、Bake和Wurgler文章标题产生误解。[2] 自1970年代中期以来,支付股息的公司数量大致保持在2 500家。2003年小布什政府的股息减税措施促使大约300家新增公司开始支付股息,但这是一次性效应,不久之后就消退了,而且就总利润和股票总市值而言,股息支付金额变化并不大。支付股息公司比例的变化不是来自支付股息的公司数量变化,而是来自上市公司数量的增长。不过,回购股票的公司数量从1970年的约1 000家稳步增加到1999年的约2 500家。此后,该数字一直保持不变。

根据经验证据,总结如下:历史上,股息比股票回购更为重要,但现在二者几乎同样重要。股息并没有被削减,但也没有被提高。随着公司股票价值的增长,股息收益率在下降。

---

[1] 美国证监会1982年通过的10b-18规则,参见本章前面的脚注。

[2] Fama和French论文的标题是"消失的股息"(disappearing dividends);Bake和Wurgler论文的标题是"股息消失了吗?"(Are dividends disappearing?)。

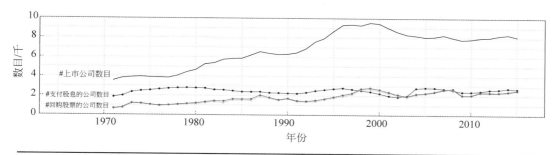

	1970s	1980s	1990s	2000s	2010s
上市公司-年份	35 357	58 126	81 264	83 835	48 513
正的盈利公司-年度样本占比	89%	70%	66%	58%	62%
支付股息的公司-年度样本占比	62%~70%	43%~48%	31%~37%	29%~35%	32%~43%
回购股票的公司-年度样本占比	26%~90%	28%~95%	24%~96%	28%~97%	29%~97%
净回购股票的公司-年度样本占比	24%~85%	25%~88%	23%~91%	27%~93%	29%~94%

图 20.4　1970—2015 年股息支付和回购股票的公司数量占比

注：该图中的数据来源是公司的现金流量表。数据来源：Compustat。

Q20.11　与 20 世纪相比，21 世纪的股息支付率如何变化？

Q20.12　与 20 世纪相比，21 世纪的股息价格比率如何变化？

Q20.13　与 20 世纪相比，21 世纪股息的重要性如何变化？

资本市场反应

除了分析公司如何向股东支付股息外，我们还可以分析股票市场对股利支付的反应。

宣告反应

如果股票市场有效，且认为股息支付是与价值相关的信息，那么所有的资本市场反应都必须在第一次公告时发生，即在股息公告日或者之前。**资本市场反应不可能发生在较晚的除息日**，毕竟每个投资者都会在股票除息之前就得知股利信息，投资者不可能使用过时的信息来赚取超额收益。同样，投资者也不应该期望股息延续是好消息——大多数公司预计都会延续原有的股息，所以通常股息没有降低或提高的消息只是正常公告。相比之下，由于首次派息更难预测，所以我们应该期望首次派息的信息有较高的超额收益。

图 20.5 汇报了当公司宣布季度股息时会发生什么。该图统计了超过 13 000 份非递减的股息公告，但没有区分是延续发放股息和首次发放股息（预计首次发放股息会得到更高的市场反应）。图(a)显示，股价在宣告日前后上涨了约 20 个基点，这已经是一个很大的数字。一家年股息收益率为 2%的公司，季度股息的收益率大约 50 个基点（0.5%）。因此，对于公司宣布的每一美元股息，股票价值将增加 20/0.5＝40 美分！而图(b)是一个概率密度图（如直方图），表明不是所有的公司股价反应均为 20 个基点，这只是平均的公告反应。其中有

> 一旦投资者得知股息信息，股票市场必定会出现反应。通常这是指在宣告日，而不是之后的除息日。

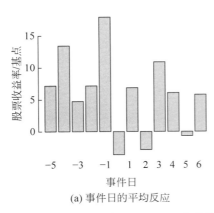
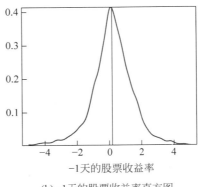

(a) 事件日的平均反应　　　　　　(b) -1天的股票收益率直方图

图 20.5　2010 年非递减股息公告的股票价格反应

注：股票收益率是减去标准普尔 500 指数收益率的净值。市值必须大于 1 000 万美元的公司才能被包括在内。图(a)显示了所有样本公司相对于股息宣告日的前后各交易日股票的平均收益率。公告通常发生在前一天，因此 -1 是事件日。在股息宣告日，投资者的收益是原来的两倍，这在统计上是非常显著的。然而，图(b)显示，在公告日，个别公司的股票价值很可能是下降而不是上升。垂直线是 20 个基点(0.2%)的平均值。它非常接近于零，不是吗？

许多公司的回报率更高或更低。甚至有部分公司在宣布派息之后，股价在同一天迅速下跌 200 个基点，通常这是出于其他的原因。

> 从经验证据上看，股息公告一直是个好消息。

我们也可以分析股票市场对不同类型股息公告的反应。当公司延续派发股息时，其股价仅上涨 10 至 15 个基点。当公司增加其股息（股息收益率增加 10 个或更多基点）时，股价反应将达到 40 个基点。对于首次发放股息，股价的平均涨幅要大得多，为 200 至 400 个基点。同时，大公司的股价反应不如小公司。如果公司规模较小，则支付股息是更好的消息。但是请注意，如果你是一家小公司的 CFO，不能据此认为公司应该派发股息。对于特定的小公司，派发股息的股价反应仅为 37 个基点，投资者认为支付股息是一件好事，背后的原因也可能是小公司没有任何其他更好的投资项目。

这太重要了，我再重复一遍。重要的是不要进行因果推断！提振股价的原因并不是股息的增加，而是其背后蕴含的其他信息。如果公司仅依据经验证据在没有充分理由的情况下决定提高股息，股价很有可能不会上涨。举一个类比的例子：你观察到通宵学习的学生表现优于那些不通宵的学生。这是否意味着如果想提高成绩，你也应该通宵学习？没必要！通宵的学生很可能是由于学习任务更多导致的。如果睡个好觉，他们也许会做得更好。再说一遍，如果没有更好的对照实验，则无法得出通宵学习（股息）是否有助于学习成绩（股票价格）的结论。

伯纳兹、米雪莉和塞勒在一篇论文中提出了另一个有趣且相关的难题，即应该如何解释股息的公告反应：股息是发出了关于未来的新信号，还是仅仅反映了过去？答案是："两者兼而有之。"我们知道管理层不会增加股息，除非他们相信企业的未来会继续表现良好。这意味着他们在拥有这些利润时以及有信心继续获得利润时都会从中支付股息。最后，资本市场将股息公告理解为：管理层倾向于支付股息并持续支付——这本身就是个好消息。

一些经验证据表明,在解释股票市场反应时,过去与未来同样重要——这很奇怪,因为过去的信息应该已经包含在股价中。由于股利支付政策的选择与过去、未来都密切相关,过去、现在与未来的影响很难分开。针对这一问题,学者们仍在研究中。

税收交易和股息发放/除息前后的股票市场反应

在宣告除息后,股票市场仍有反应,尽管这已不是新的信息(即提前知道股票将除息)。在完美市场中,预期的股票回报应该几乎为零(或只有几个基点)。但现实中预期的股票价格变化不为零,股票除息之后变得更有价值。例如,一只 50 美元的股票支付 1 美元的股息,那么第二天除息后它的交易价格应该是 49 美元。但是股价仅跌至 49.10 美元,那么你可以获得 0.10 美元的利润(以 50 美元买入,获得 1 美元的股息,然后以 49.10 美元卖出)。总而言之,除息前后股票的预期回报率应该接近零。股价应该下跌,大约等于股息支付的金额。

> 在一个完美的市场中,股价的除息后下跌应该等于股息。

在不完美的市场中,除息日的资本损失变得有趣:取决于投资者的个人所得税税率。如果股价从 50 美元跌至 49 美元,那么就好像投资者无须支付个人所得税。如果从 50 美元跌至 49.50 美元,那么股票的定价就好像投资者面临 50% 的个人所得税税率。暂时忽略交易成本、资本利得税和 IRS 法规,只关注个人所得税税率的后果以及投资者不应在一夜之间获得超额回报率这一事实。每个税率低于 50% 的投资者,应在除息日前的最后一个交易日下午从税率较高的投资者手中买入股票,然后在除息日的第二天上午卖出。例如,免税的机构投资人可以支付 50 美元购买股票,获得 1 美元的股息,然后以 49.50 美元的价格第二天转售,从而获得每股 0.50 美元的即时利润。这将是大约 1% 的隔夜回报率。如果一年中的每个交易日都这样做(一年有 252 个交易日),你最终会获得超过 1 000% 的年回报率!而对于个人所得税税率较高(例如 60%)的投资者不应持有含息的股票。如果一直持股,从 50 美元开始,除息后投资者只能保留 0.40 美元的股息和 49.50 美元的股票——这将导致 10 美分的财富损失。请注意,普通散户投资者甚至可以在一年 252 个交易日中的 248 个交易日持有派息股票,而无须缴纳任何股息税。他们只会在派息日将它们卖给机构,并在除息日购回。

> 如果投资者的税率较低,则可以进行税收套利:在派息日买入,在除息日卖出。

然而,市场上的免税机构不止一家。这些机构竞相购买将使得股价从 50 美元提高到更多。这意味着有效的所得税税率会降至低于 50% 的水平。然而,在现实世界中,税收套利竞争受到交易成本、美国国税局 IRS 规则、资本利得和隔夜持有风险的限制。即使没有这种情况,免税投资者的存在也会将股价推至 50.50 美元,此时有效税率为零。在现实生活中,确实会发生这样的税收套利。免税的基金竞相购买含息的股票,在除息日之前推高股价。这种交易在股票市场上被称为"隔夜早餐交易"[1],在债券市场上被称为"债券

---

[1] 原文为"bed-and-breakfast deals",B&B 是酒店住宿中包括床位和早餐的简称,这里意指隔夜获利的税收套利交易行为。"债券清洗"的原文为"bond-washing"。

清洗"——尽管美国国税局和英格兰银行都明确禁止此类的税收套利。英格兰银行对在股票除息日前后购买的免税机构投资者规定了至少1周的持有期。不过，如果股息足够大（特别是涉及大额、一次性的股息时），税收套利交易仍然会发生。

现在回到我们假设的例子，股价除息以后从50美元跌至49.50美元。我们以此能够推断出有效的边际所得税率。税率为50%的人对买卖该股票无所谓（收益为0）。任何税率较高的人都应该出售，任何税率较低的人都应该购买。计算投资者**边际有效税率**的公式是由隔夜收益率接近于零这一事实所确定的。

> 从含权日到除息日的价格下降，使我们能够推断出有效的边际所得税率。

$$0 = \frac{49.5 - 50 + (1-\tau) \times 1}{50} \Leftrightarrow \tau = \frac{1 + 49.5 - 50}{1} = 50\%$$

$$r = \frac{P_{除息后} - P_{含权} + (1-\tau) \times D}{P_{含权}} \Leftrightarrow \tau = \frac{D + P_{除息后} - P_{含权}}{D}$$

使用此公式来确定投资者的边际税率。例如，如果股价从50美元跌至除息后的49.25美元，那么股票的定价意味着边际投资者的有效税率为$[1 + (49.25 - 50)]/1 = 25\%$。

尽管我们知道确实会发生一些税收套利，但问题在于税收套利的收益有多大。在季度股息日，股息收益率为2%的50美元股票只需支付1/4美元＝0.25美元。而在套利交易中，存在买卖来回的交易成本，并考虑到美国国税局不会优待免税投资者交易，免税投资者数量较少。综合考虑这些因素，免税投资者之间的竞争是否足以消除税收套利的空间呢？

> 边际税率衡量出市场不完美：免税投资者无法完全利用税收套利机会。

图20.6表明答案是否定的。历史上边际税率接近个人所得税税率。该图显示，在1980年代初期，这一比例约为50%。在1986年税收改革法案之后，它下降到25%左右，然后又缓慢上升，大致与老布什政府和早期克林顿政府个人所得税税率的增加一致。有趣的是，在1990年代后期的科技股繁荣期间，散户投资者似乎并没有持有很多派息股票，而是持有互联网类似的股票。

在2000年科技股崩盘之后，散户投资者开始偏好持有派息股，以至于他们实际上忽略了税收。在图中，隐含税率飙升至60%以上。如此高的边际税率——超出所有实际税率——也表明除了税收影响之外，还有其他的事情正在发生。最有可能的是，由于股息收益率非常低，交易成本可能会阻止普通投资者进行税收套利。当然，这并不能回答谁愿意在含权日出售股票或在除息日购买股票的问题。幸运的是，到2003年以后，隐含边际税率再次下降到正常水平，这与高税收投资者在联邦和州所得税中支付的水平大致相当。

> 经验证据表明，有效税率接近个人所得税税率。免税投资者似乎无法消除税收套利的空间。

另一个金融谜团是：有些国家对股息不征税，因此有效边际税率为零。此时，股票价格在除息日应该与股息金额发生一比一的下跌，或者说在含权日买入并在除息日卖出将是一个很好的交易策略。然而，即使在这些国家，除息前后的股票总回报率也是正数。为什么有人会在含权日出售股票，而有人会在除息日购买这些股份？这不符合常识。这一证据应该提醒我们不要将美国上市公司股息派发期间的股价下跌，过度地解释为唯一的边际税收效应。这种股价的除息下跌效应背后的逻辑仍然需要研究。

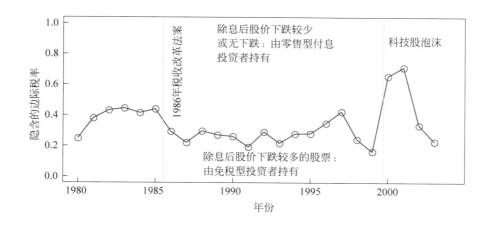

图 20.6　1980—2004 年普通股息的隐含税率

注：如果股票从含权日到除息日的跌幅正好是股息的数额，则可以推断投资者不关心个税。如果股票价格下降得更少，则可以推断出一个正的税率。

其他重要的经验证据

股票回购公告。不幸的是，没有明确的公告披露公司具体回购了多少股份。上市公司可以宣布回购，然后却从未真实实施回购。这种模糊性使得实证研究更具挑战性。据我们所知，股票市场对股票回购的反应与对现金股息的反应大致相似。这又是一个不同寻常的地方（也是一个新的金融谜题），因为相较于股息，股票回购的持久性较差。

大多数宣告的公开市场回购规模都比普通的季度股息公告要大，因此它们往往会引发更强烈的股市反应。此外，许多要约式回购的规模更大，因此股市的反应更加积极。在要约式回购公告发布后，股价立即上涨约 15%。

> 股票回购往往会经历与股息类似的市场反应。

股票分拆和股票股息。正如一开始所解释的，股票分拆和股票股息都不是真正的派息。事实上，这两个事件都没有改变公司的资产规模。在事件发生之前和之后，每个股东都拥有公司相同的部分，并且没有资金易手。股票分拆和股票股息，可以用于比较现金股息和股票回购公告的"零"基准。我们应该期望市场对股票分割和股票股息做出零反应。

平均而言，当公司宣布拆分时，投资者似乎反应积极。这表明股票市场认为分拆是个好消息——市场增加了对公司基础项目净现值的评估。事实上，许多公司在股票分拆后通常会产生更好的收益。在反向拆分即公司合并股份中，例如，两股每股价值 5 美元的股票变成一股价值 10 美元的股票，同样地，没有资金易手——股市再次做出反应。在这种情况下，一经公告合并股票，股价通常会下跌。

> 市场也对股票分拆做出反应。

长期反应。在一个有效的市场中，我们预期股价将会包含公司公告中的所有相关信息。信息公布后，股票市场不应出现缓慢的长期反应。然而，有证据表明，确有一种策略可以获得超额收益：支付更多股息和进行回购的公司往往在长期内表现更好——不仅仅是在财务收益方面，也在金融市场价值方面。增加股息的公司优于那些减少股息的公司，二者累积的股票收益差异约为每年 10%。相反，发行股票的公司在接下来的几年中往往表现不佳。

但是,在你准备将所有资金投资于最近提高派息的公司之前,请注意长期回报很难可靠地衡量,历史经验难以确定是否会在未来继续。

Q20.14　如果预计股价从含权日到除息日不会下跌,边际税率是多少?

Q20.15　现实世界中如何从股价的含权到除息的下跌过程中,计算出隐含税率?

Q20.16　股票分拆是否可以创造价值?为什么?

Q20.17　股票价格对首次派息(或取消股息)的反应,是否会存在反应不足或者反应过度?

20.5　问卷调查证据

除了研究数据之外,还可以尝试进行问卷调查。布拉夫、格雷厄姆、哈维和米雪莉于2004年发表的一篇论文正是这样做的,他们对384位CFO进行了问卷调查。这种发现不是经验数据的替代品,而是补充。管理层可能会下意识地直接对金融市场压力和激励做出反应,通过问卷调查结果反映出来。该研究中的财务总监们有一些非常明确和有趣的观点:

- 他们说支付股息是因为受到历史做法的限制。他们不想削减现有的股息,但如果可以选择,他们一开始就不会支付股息。实际上,他们不削减股息的意愿非常强烈,声称为了支付股息,不仅会筹集更多的外部资本,甚至会放弃正NPV的项目。他们表示在支付股息方面,根本不关心投资机会。
- 相比之下,财务总监们在股票回购方面确实关心投资机会和剩余现金。事实上,他们似乎将公司的股票视为一种投资机会,试图通过"择时"自己公司的股票来赚钱,当价格看起来很低时购买更多股票。
- 40%的财务总监们希望通过派息来吸引机构投资者——但也相信通过股票回购也能实现这一目标。
- 股息政策的锚定目标是:40%是每股股息,28%是股息与利润比率(即股息支付率),14%是股息与价格比率(即股息收益率)。在股票回购方面,他们倾向于以回购金额为目标,而不是任何特定的比率。
- 回购通常与员工期权或持股计划相关,从而为公司提供履行员工持股计划义务所需的股票。
- 回购提供了股息所没有的灵活性。管理层认为这是一件好事,认为它为公司创造了价值。
- 然而,管理层的回答符合代理冲突的预期——即首先为管理层自身利益考虑。这并不是说高管们刻意谋划如何为自身牟利,而是说随着时间的推移,他们的观点往往会朝着符合自身最大利益的方向发展。支付股息只会有利于远离公司的匿名的中小投资者,并降低股价和公司资产规模,而将现金再投资则增加了股价和公司规模,因此,支付股利并不符合管理者的利益。
- 已经支付了股息的公司财务总监们回答说,他们最希望将取消股息而节省的钱用于偿还债务,而不是用于股票回购,这进一步证明了代理冲突。避免债券评级下调和保持财务灵活性,对 CFO 们至关重要,高债券评级和财务灵活性可减少管理层的外部压力,即使它们不会创造价值。

到目前为止,逻辑上一切正常。但是,尽管 40% 的受访者意识到回购的优势,但只有三分之一的受访者考虑了个人所得税的影响因素。然而,即使他们意识到这一点,也很少会认为投资者的个人所得税对股息支付政策很重要。这一发现并不奇怪,因为在今天来看,不同的税收差异较小。

接下来,才是真正奇怪的地方:
- 许多 CFO 认为,回购会自动增加每股盈余,就好像付出的资金不会创造更多盈余一样。这与本章之前的阐述相反。
- CFO 意识到股息与公司未来收益的稳定性有关。因此,他们在决定股息时,会考虑未来的收益情况。但是,他们却认为股息支付并没有传递额外的信号,并且股利支付(尤其是股息)的信号传递作用并不重要。这很奇怪,因为他们说是根据对未来的看法来支付股息。难道股票市场不会从他们的派息政策中,窥探到他们的想法吗?

Q20.18 CFO 是否会在继续执行派息或股票回购计划方面感到压力?

总结

本章涵盖以下要点:
- 股利支付有两种形式:现金股息和股票回购。股票回购是基于要约收购或者公开市场购买。股息可以是普通或特殊股息。股票股息不是派息,更像是股票拆分。
- 在完美的市场中,公司是进行股利支付还是资金再投资,或者如何支付都无关紧要。
- 在要约式的股票回购中,接受要约和非接受要约的股东均受益。
- 股票回购不一定会提高每股收益。
- 股利支付与股票发行属于逆运作。因此,前面资本结构章节中讨论的所有因素也适用于此。
- 从个人所得税的角度来看,股票回购优于现金股息,但今天的差异小了很多。
- 与股票回购不同,普通股息是定期且稳定的,被称为股息平滑。金融市场一般会预期股息将继续发放——这一事实促使管理层继续发放,反过来又促使投资者期待派息。
- 持有股票期权的公司高管们从股票回购中获得的收益比从股息支付中获得的收益要多。

- 自二战以来,股息支付率大致稳定在 50% 左右。2008—2009 年的大衰退是个例外,当时股息保持稳定,但标准普尔 500 指数公司的利润急剧下跌。
- 从 1920 年到 1960 年,股息价格比率波动很大,在 1970 年代从 3% 上升到 5%,从 1980 年的 5% 又平稳地下降到 2000 年的 1.5% 左右,然后在 2015 年再次攀升至 2% 以上。
- 净派息支付率——现金股息加上股票回购减去股票发行——有时为正,有时为负。
- 在当前,股票回购和现金股息同样重要。
- 10 000 家公开交易的公司中大约有 3 000 家支付现金股息——通常是规模更大、更稳定的公司。当市场给予派息公司的股票更高定价时,其他未派息公司更有意愿支付股息。
- 公司在宣布派息时,股票市场会给予积极的正面反应。首次宣布股息的市场超额收益率高达 2%~4%。
- 经验证据表明,对于相同规模的股利支付,股票市场对股息和回购公告的反应大致相同。
- 对于特别股息和大规模(通常基于要约)的股票回购,资本市场反应可能非常大——平均约为 15%。
- 从含权日到除息日的股价反应,可以计算出投资者的边际税率。对于普通股息,除息效应往往与散户投资者的税率相当接近,这为免税投资者赚取超额收益留下了空间。
- 当被问及股息问题时,公司管理层认为他们容易被公司历史的股息政策所左右。他们往往不愿支付股息,但又必须支付——即使支付股息需要放弃好的项目。管理层在回购时试图依据自己的持股进行规划,以保证自身利益的最大化。

答案

章后习题

Q20.19 查找最近宣布进行股票分拆的公司。公告当天其股价发生了什么变化?

Q20.20 查找当今股息价格收益率最高的公司。它是哪家公司?

Q20.21 查找目前正在进行要约式回购的三家公司。他们回购了多少股份?

Q20.22 考虑一个完美市场中的公司,有 80 名股东,包括你自己,每人拥有 1 股价值 10 美元的股票。此外,我拥有 20 股,公司共有 100 股。我正试图解雇管理层。为了安抚我,管理层提出以每股 9 美元的价格购买我的 20 股。这将如何改变你所持有股票的价值?

Q20.23 如果公司承担正 NPV 项目,将资金用于回购后,公司的每股收益会下降吗?

Q20.24 如果一家公司决定增加其股息支付,并且财务困境和代理/信号成本是唯一相关的因素,那么公司价值将如何变化?

Q20.25 考虑到个人所得税以外的差异,哪些公司应该支付股息而不是回购股票?两者之间的正确选择有多重要?

Q20.26 想想股票回购和现金股息之间的非税收差异。阐述每个差异对哪些公司相对更重要。

Q20.27 与 20 世纪相比,21 世纪支付股息的公司数量是多了还是少了?趋势是什么?

Q20.28 在一个完美市场中,股票价格应该何时对股息变化做出反应?

Q20.29 若将 20 个基点的股息的价格公告效应与每日的涨跌幅(60 个基点)、往返交易成本(20 个基点)进行比较,表明公司不应为支付股息而烦恼。请讨论该表述。

Q20.30 你认为派息的股票在宣布日或含权/除息日前后的交易量是否会更高?

Q20.31 在公司支付股息时,股价从含权日到除息日平均下跌 0.65%,那么边际所得税率是多少?

Q20.32 美国不同上市公司试图锚定的股息目标是什么?如果你不能问公司高管,能从公司的行为中了解他们将股息目标与什么指标挂钩吗?

Q20.33 管理层为何以不同的方式看待股息和股票回购?他们更喜欢哪个?

Q20.34 是否有调查证据表明在股息方面,股东和管理层之间存在代理冲突?答案可以有不同的解释吗?

第21章

备考财务报表和携程集团案例

价值、财务结构和企业战略分析

备考由 pro forma 翻译而来,根据《韦氏词典》,pro forma 是一个拉丁语,意思是预计的、形式上的,中文的翻译为"备考"。备考一词的使用可以追溯到 1580 年,它有两个定义:"预先提供用来描述的形式或科目",以及"在形式上做出的、例行公事的"。在金融领域,备考是基于对未来的假设进行财务业绩预测的模型。其定义更接近第一种。

从某种意义上说,备考是公司金融中考虑投资决策的重要方法。例如,假如你向老板、董事会或外部风险投资家提出一个新项目,你一定会被要求制作一份带有"备考"的商业计划书。然后,这些财务数据将被用作讨论和评估提议项目的基础。不幸的是,备考财务分析是非常具体的任务,本章给出的是一般性的指导。

21.1 目标与逻辑

与前面的估值章节类似,备考预测也充满挑战。你需要了解各式各样的问题——预期现金流(需要结合生产、营销、客户等方面的知识)、适当的资本成本、资本结构、代理冲突等。这里主要创新之处在于,你需要通过"预测的"财务报表进行估值,而不仅是使用公式。创建备考报表,有助于增强你对项目预测方案和估值规则与框架的理解,它会使你更加关注敏感的"细节",比如你认为收入和成本将是多少,你将如何管理营运资本,利润和现金流何时能够转为正值,以及何时必须考虑税收等。

任何金融学教授都不会质疑备考的重要性,但往往忽视了这方面的教学。有一种"愤世嫉俗"的观点认为:构建预测模型很难,金融学教授更喜欢将其"简单化"。(永远记住:理论容易、实践困难,而非反之)。另一种不那么"愤世嫉俗"的观点认为,金融学教授不愿意构建预测模型存在其他理由:

> 备考比简单的现金流预测更为详细,这有助于你思考该业务的经济逻辑。

(1) **特殊性**。与金融学中许多简单、通用的理论概念(比如现值)相比,公司财务和预测模型并无规律可循,且不同企业均有其独特性。预测一家新型抗癌药企业的财务状况,与预测玩具制造、零售、铝矿企业等均不相同。创建合理预测模型的原则不具有普遍性,因行业、公司的不同具有特殊性。

(2) **相对性**。为某一特定项目做出合理的财务预测往往较为困难。你必须了解预测的局限性:哪些能做和哪些不能做,如何比其他人做得更好——但这只是相对标准而不是绝对标准。当项目完成之后回头看实际发生的情况,你当初对备考报表的预测很可能会变成一次教训。

(3) **实践中学习**。学习备考报表的最好方法是在实践中努力构建它们。学习完本章后,请结合哈佛商学院的诸多案例进行实践练习。

如果你想成为一名企业家、经理或证券分析师,本章将提供指导,帮助你设计更好的预测模型。你必须学会制作自己的预测模型,并对他人的预测模型进行批判性分析。

Q21.1 相对于简单的预测分析,全面备考模拟分析的优势是什么?

外部分析师与企业家的观点

备考有两种不同类型:第一类是由外部人士(如外部证券分析师)创建,用于评估市场价值。通常为没有已知资本市场价值的私人持股公司做备考财务预测,但**私募基金**买家有时也会以此来评估上市公司的市场价值是否被低估。如果他们自己的预估价值远高于当前市场价值,那么则可能会考虑将这些公司作为潜在收购标的或投资对象。

> 外部人员编制的备考预测通常用于评估企业价值,并有收购潜在目标企业的可能。

第二类是由内部人士创建,他们比外部人士拥有更多的专业知识和信息。例如,企业家或风险资本家经常创建财务预测,不仅用于评估价值,还可以用于帮助执行商业计划。他们知道运营细节与运营计划,但往往过于乐观。此外,内部人士还要考虑以下问题:

> 内部人员编制的备考预测通常用于商业计划。

营运资本。企业家通常非常担心营运资本的预测和管理,这往往对企业有生死攸关的影响。对于小企业来说,如果现金耗尽,即使只是短暂、基本商业经济状况良好的情况下,也可能会面临破产。(对于大公司来说,营运资本只是一个运营中的问题。)

非理想的金融市场。几乎所有的现代金融理论都依赖于理想化的完全有效资本市场和可以分散多样化的投资组合。对于初创企业来说,这种情况很少发生。信息不对称问题泛滥,除了企业家自己及其朋友、家人外,很少有资本的提供者。大多数企业家都把所有积蓄孤注一掷。因此,他们更少关注自己企业与资本市场投资组合之间的协方差,而更多地关注初创企业自身的风险。

创业阶段与成熟阶段。创业者通常没有长期的运营经验，无法为未来提供好的指导。如果一切按计划进行，那么企业的收入通常会以一条急剧的业务增长曲线开始，随后进入稳定时期，或者破产。随着企业的成熟和成长，它的违约可能性将变得越来越小。随着信用风险的下降，借款利息也随之下降。你很快会知道：企业创业成长阶段的结束往往是自然而然的，这段时间通常是一个时间 T 的范围，T 是一个转折时点，在 T 这个时点，可以截止备考的详细预测阶段，并对之后阶段所有的剩余价值"大规模"地记作一个最终市场价值即"终值"。

本章主要从外部分析师的角度来举例评估携程旅行集团有限公司（Trip.com）。该公司前身为携程国际（Ctrip.com），在美国纳斯达克和中国香港两地上市，纳斯达克股票代码为 TCOM，在香港证券交易所股票代码为 9961。该公司由梁建章和范敏于 1999 年成立，总部位于中国上海。它是一家跨国在线旅游公司，提供住宿预订、交通票务、旅行团体和企业旅行管理。截至 2020 年 12 月，携程集团共有 33 400 名员工，其中大多数位于中国的四个城市（上海、北京、南通和成都）。携程集团在中国市场有强大的影响力，其主要通过携程网和天巡网（Skyscanner）等网站在全球以 30 多种语言提供产品和服务。2020 年和 2021 年的新冠病毒大规模流行几乎使全球旅游业停滞不前。然而，由于携程集团在中国国内市场的强势地位，加上中国成功地应对了疫情，国内旅游业相对快速地恢复正常，使携程集团在经历灾难性的 2020 年之后，于 2021 年第二季度恢复了盈利。

根据携程集团截至 2021 年 6 月 30 日的财务报表，其不存在营运资本问题。携程集团有 20 多年的运营和财务历史，并且已经处于稳定的成熟阶段。如果它愿意的话，打一个电话就很容易地借到数十亿美元。携程集团的股东非常多元化，其 1/3 以上的股票由共同基金持有，而携程集团的股票仅占这些共同基金投资组合中的很小一部分。作为外部人员，我们不知道携程集团未来几年和过去将会有什么不同。因此，我们现在就可以计算出一个企业的终值，并完全省去最初的详细预测阶段。这里我们想进行详细的预测，只是为了说明这个过程。

Q21.2 企业家进行备考模拟分析的两个最重要的目标是什么？

21.2 模板

创建备考的标准方法是将未来划分为"详细预测"阶段和"**终值**"（terminal value，TV）阶段。在详细预测阶段，你需要详细地预测财务报表中的每一个科目，终值则可以看作企业当时的市场价值——如果在未来某个时候出售它，该终值就是当时企业的"持续经营价值"。在做价值分析之前，我们必须先决定要详细预测多少年的财务状况。所以，首先要解决以下三个问题：

你必须决定详细预测阶段和终值阶段。

(1) 选择时间 T 来划分详细预测阶段(即初始阶段)和终值阶段;
(2) 预测初始阶段的详细财务信息,从当前年份+1(即下一年)到 $T-1$ 年;
(3) 计算 $T-1$ 年的终值(TV),用该终值代替时间 T 及以后年份的现金流价值。

下面将在携程网的案例中逐一介绍它们。我们的目的是根据截至 2021 年 10 月的财务报表信息,构建截至 2021 年年底的备考。以下是从携程的财务报表中收集的相关信息(表 21.1~表 21.3)。

Q21.3 备考需要解决的三个主要问题是什么?

表 21.1 携程旅行 2017—2020 年合并资产负债表

单位:百万元

资产负债表				
以 12 月 31 日为截止日期	2020	2019	2018	2017
流动资产				
现金、现金等价物和短期投资	42 916	42 981	58 283	46 373
应收款项	8 899	13 417	8 861	5 592
应收账款	4 119	7 661	5 668	4 559
应收关联方款项	1 802	2 779	1 642	374
其他应收款	2 978	2 977	1 551	660
预付账款	4 219	8 801	7 278	5 000
限制性的现金	1 319	1 824	4 244	1 749
其他流动资产	658	932	728	512
流动资产总额	58 011	67 955	79 394	59 227
长期资产				
净物业、厂房和设备资产	6 767	7 342	5 872	5 616
商誉和其他无形资产	72 697	71 572	71 843	70 093
投资和预付款	47 968	51 324	27 103	25 811
递延/预付资产	1 683	1 309	1 327	813
其他非流动资产	123	667	291	489
非流动资产总额	129 238	132 214	106 436	102 822
资产总额	**187 249**	**200 169**	**185 830**	**162 048**
流动负债				
应付款项和应计费用	16 690	26 991	22 934	17 398
流动负债和资本租赁债务	34 074	30 516	36 011	16 316
流动性递延债务	7 605	11 675	9 839	8 446
流动负债总额	58 369	69 182	68 784	42 160
长期负债				
长期债务和资本租赁债务	23 336	20 286	24 146	29 220
递延债务	3 574	3 592	3 838	3 847

续表

资产负债表

以 12 月 31 日为截止日期	2020	2019	2018	2017
可转换证券	0	1 142	0	0
其他非流动性负债	403	264	329	348
非流动性负债总额	27 313	25 284	28 313	33 416
负债总额	**85 682**	**94 466**	**97 097**	**75 575**
股东权益	100 354	103 442	86 715	84 694
少数股东权益	1 213	2 261	2 018	1 779
所有者权益	**101 567**	**105 703**	**88 733**	**86 473**

注：原始财务报告中含有附注，可提供更多详细信息。

表 21.2　携程旅行 2017—2020 年合并利润表　　　　单位：百万元

利润表

年份	2020	2019	2018	2017	TTM 21
销售收入	18 316	35 666	30 965	26 780	20 424
销售成本	4 031	7 372	6 324	4 678	4 196
主营业务利润	14 285	28 294	24 641	22,101	16 228
其他支出					
管理费用和一般费用	3 636	3 289	2 820	2 622	2 578
营销费用	4 405	9 295	9 596	8 294	4 715
研发费用	7 667	10 670	9 620	8 259	8 621
营业支出总额	15 708	23 254	22 036	19 175	15 914
营业利润	**−1 423**	**5 040**	**2 605**	**2 926**	**314**
从持续经营业务中的利润					
净非营业利息收入/费用	471	417	391	−299	328
其他支出	−273	3 630	−1 075	879	3 447
税前利润	−1 225	9 087	1 921	3 506	4 089
所得税支出	2 044	2 089	825	1 346	443
持续经营净利润	**−3 269**	**6 998**	**1 096**	**2 161**	**3 646**
少数股东权益/非控股资产带来的净利润	22	13	16	−19	69
净利润	**−3 247**	**7 011**	**1 112**	**2 142**	**3 715**

注：原始财务报告中含有附注，可提供更多详细信息。

表 21.3　携程旅行 2017—2020 年合并现金流量表　　　单位：百万元

现金流量表				
年份	2020	2019	2018	2017
持续经营活动净利润	-3 269	6 998	1 096	2 161
经营活动产生的现金流				
出售子公司损益	-1 127	-150	2	-11
出售物业、厂房和设备损益	100	28	41	52
投资的损益	2 244	-76	-1 149	-1 352
折旧摊销	1 566	1 450	982	883
递延所得税	-493	-176	-632	-172
冲销和资产减值费用	1 605	-207	130	1 476
以股票为基础的薪酬	1 873	1 714	1 707	1 834
投资证券的未实现收益或损失	612	-2 334	3 064	0
其他非现金科目	0	-196	-249	0
应收账款变动	4 010	-3 095	-1 984	224
预付资产变动	3 838	-2 245	-2 039	410
应付账款和累积利息变动	-10 769	3 265	4 854	1 859
其他营运资本的变动	-4 013	2 357	1 292	-296
经营活动现金流	-3 823	7 333	7 115	7 069
投资活动产生的现金流				
净物业、厂房和设备购买和出售	-532	-823	-673	-471
净无形资产的购买和销售	0	-11	-35	-23
业务购买和出售的净现金流	-1 275	-196	-1	1 134
投资产品交易的净现金流	-2 153	-104	-12 475	-15 477
其他投资的净变动	139	-1 279	-894	-395
持续投资活动产生的现金流	-3 821	-2 413	-14 078	-15 232
融资活动产生的现金流				
净长期债务发行	3 930	-7 583	284	6 202
净短期债务发行	4 020	-3 079	11 768	2 137
净优先股发行	0	0	0	0
股票期权行权带来的现金流	159	467	677	1 382
其他融资活动的净现金流	-2 084	939	-803	-1 702
持续融资活动产生的现金流	6 025	-9 256	11 926	8 019
现金的变化	-1 619	-4 336	4 963	-144
现金的初始值	21 747	25 774	19 992	18 435
期末现金	19 415	21 747	25 774	18 243

注：该表为简要现金流量表，年报中包含更多财务报表以及附注信息。

21.3 详细预测阶段的时长

T 为详细预测财务状况的年数,它取什么值合适?也就是说,对于 T 期之外的其他期间的估计均用终值来代替。

第一步,让我们简要回顾一下预测的概念。以下是在许多情况下存在的一些令人惊讶的见解:

(1) 你可以像预测中期的现金流一样准确地预测未来的长期现金流。

(2) 在未来的某一个时点,预测的现金流不太可能持续地快速增长,但这并不是说它们根本不会增长了——只是今天对未来价值的预测不再急剧和/或可靠地增长。

> 长期的预测并不比中期的预测更让人气馁。尽管未来的现金流都存在一样的不确定性,但长期现金流的现值的不确定性更小。

如果适用的话,一般来说长期现金流的现值比中期现金流的现值更好预测。最好还是通过例子来解释。

如果你需要预测未来 2 小时的气温,你的短期预测会很好,比预测未来 6 周的气温要好得多。但是,对未来 6 周气温的预测与对未来 5 年气温的预测相比如何呢?最有可能的情况是,你的预测数字和预测准确度水平都差不多。例如,你对明年 8 月洛杉矶气温的预测与你对 5 年后的 8 月洛杉矶气温的预测可能都是 80 华氏度,并且上下浮动 10 度。因此,如果环境是稳定的,那么在某个时间点之后,你预测的不确定性并不会随着时间的延长而增加。(但是,请注意!这里有一个非常强的假设前提——稳定的气候环境。想想看全球气候变暖会造成什么!)

> 当你对长期不确定性进行折现时,从净现值(NPV)的角度看,不确定性的问题可能会更不成问题。

现在假设你对一家冰淇淋小店进行估值。你对气温的预测如何影响到你对这家冰激凌小店的现值预估呢?明年 8 月气温的不确定性所带来的价值折现较小,因此比 20 年后 8 月气温不确定性的影响,更加重要。如果预计冰激凌商店 8 月的正常销售收入为 100 000 美元,而 10 度的气温变化会导致冰激凌店的收入在 75 000 美元到 125 000 美元之间波动,那么明年 8 月的气温不确定性会导致收入现值的差异约为 50 000 美元/$1.15^1 \approx$ 43 000 美元,以 15% 的折现率(资本成本)计算。但在 20 年后,相同的气温差异造成的收入不确定性,导致的收入现值差异约为 50 000 美元/$1.15^{20} \approx$ 3 000 美元。因此,如果今天对冰激凌小店进行估值,你应该更担心的是中期不确定性而非长期不确定性——只要不确定性不随时间增长而增长。令人惊讶的是,这种情况经常发生。

经济租金

经济学原理和战略知识可以让你对未来超过 20 年的企业长期盈利能力设定合理的边界。在如此长远的时间范围中,你不应期望企业一直维持持续的高增长率并赚取**经济租金**,其中经济租金被定义为远高于资本成本的投资回报率。只有当公司拥有稀缺、有价值且难以模仿的资产和经营能力时,才能够赚取经济租金。这种稀缺资源的例子可以是:独特的首席执行官 CEO(例如,苹果电脑公司的史蒂夫·乔布斯)、规模经济(例如,谷歌和微软的计算机软件或亚马逊和沃尔玛的大众物流和买方垄断势力)、不可复制的企业声誉

（例如，可口可乐公司的品牌效应）、受法律保护的知识产权（例如，葛兰素史克的逆转录病毒药物专利[1]或迪士尼的米老鼠）或者消费者的转换成本（例如，康卡斯特的有线电视和网络）。从长远来看（即数十年的时间），随着新技术和消费者偏好变化使得上述优势变得过时，稀缺资源就会趋向于不再稀缺。

> 经济学原理与战略知识：稀缺资源为（现有的）股东创造租金！

要确定从产品成为商品并能够产生正常利润需要花费多长时间，你需要经济学思考。如果公司拥有的独特资源很少、进入壁垒也很低，那么可能只需要几年时间，企业的高增长率就会放缓，不再享有经济租金。例如，当今电视技术几乎没有任何进入壁垒。因此，生产电视机的行业在10年内不会赚取超额租金。（DVD播放器在1997年售价800美元，今天售价20美元。）其他一些产品可能在较长时期内享有更多稀缺性和进入壁垒。例如，如果你能开发出一种治疗黑色素瘤的药物并获得专利，就可以获得15到25年的经济租金——竞争对手更好的药物终将出现，而你的专利保护最终也会到期。

> 你应该考虑企业应对潜在竞争者的护城河，同时利用经济学理论可以历史性地分析各类产品。

你的第一反应可能认为我对长期的观点属于学术上的无知。亚马逊、谷歌、苹果甚至优步在2021年的表现都太好了，以至于你无法相信它们最终会增长放缓甚至走向破产。但像大多数人一样，原因只是现在的经历影响着我们的长期预测。回顾50年前，问问自己，当时那些快速成长、令人昂扬兴奋的公司，今天是否依然如此？或者只是回顾25年前，你能说出20世纪80年代到现在仍然赚取巨额经济租金的公司吗？如果选择了两家在1985年看起来十分相似的公司，那两家公司现在还在吗？例如，在1985年时，戴尔公司做得不错，但捷威（Gateway）看起来也和戴尔一样好，但现在捷威公司早已不复存在了——实际上已有数百家通过邮寄进行销售的电脑零售商自那时以来发生了破产，他们在当时看起来与戴尔并没有什么差别。站在1985年，如果你当时押注于任何一家计算机硬件供应商，都不会预期获得巨额经济租金。

> 不要陷入仅仅从今天的角度看问题的陷阱。

我的观点是，在短期内，不确定性相对较小，但分歧较多。对于苹果在未来10年的表现，你和我可能会得出截然不同的结论。然而，在很长一段时间后——比如50年，我们可能面对更大的不确定性，但我们之间的分歧也会减少。我们会一致地认为，今天所有的热门公司——亚马逊、谷歌、苹果、优步等既不会获得大量的超额利润，也不会持续地快速增长。事实上，其中一些企业甚至可能在2050年完全倒闭（多么异端！）。

> 长期来看市场将变得更完美。

经济学家的观点为时间 T 的选择提供了一个很好的注释。在企业战略管理的课程中，非常详细地阐述了公司将何时进入较低增长速度的经济学原理，这些原理带有不同的标签（例如波特的五力模型）。为了确定何时经济租金可能枯竭，企业战略管理学建议你关注以下问题：

> 企业战略管理的原则性提问：是什么因素逐渐消融了企业的经济租金？

- 多久之后，公司的进入壁垒会消失？
- 多久之后，公司的成功将会被竞争对手模仿？

---

[1] 艾滋病属于一种逆转录病毒，葛兰素史克公司拥有抗艾滋病毒药物 dolutegravir 的专利，原文应指抗艾滋病病毒药物的专利。

- 多久之后,公司将会被支持企业发展的各类利益相关者,例如供应商、员工或者客户所"挤压"(威胁)?

考虑企业业务的成熟度和折现率

> 设置时间 T 的第一个考虑因素:商业经济学。

因此,选择时间 T 的第一个因素是公司的经济学。它应该从公司仅能赚取"普通利润"的角度来识别。在这一点上,长期的经济力量将让公司大部分的经济优势逐渐消失——增长率将从最初不可持续的短期高增长恢复到可持续的、一般的长期增长率,此时,终值(TV)相对更容易预测。因此,你的目标应该是对最初快速且不稳定的增长阶段进行详细的财务预测,以及对稳定期估算一个简单的终值(TV)。换一种说法是,准确的估计时间 T,就是预测增长机会现值(PVGO)处于低水平的时间。

> 设置时间 T 的第二个考虑因素:折现因子。

但是,选择 T 时还有第二个因素。你需要选择一个折现因子的范围,只要折现因子足够小,时间 T 的精确度就变得不那么重要。例如,在 10% 的折现率下,5 年后 1 美元相当于今天 62 美分,此时折现因子比较大。这种情况下,不准确的终值(TV)会对净现值(NPV)的估算造成很大影响。如果你将 20 年甚至 30 年后的 1 美元折算为现值,分别只值 15 美分或 6 美分。这样较高的折现率(即较小的折现因子)可以弥补终值(TV)估算难以避免的不准确。而且,当涉及时间久远的退出价值时,你所能期望的最好结果就是将市场价值的一半作为合理估值。

对于大多数企业来说,一般会选择 3 到 20 年作为预测期的最终阶段即 T,其中 5 到 10 年最为常见。(Mukhlynina 和 Nyborg 报告说,典型的管理预测期间为 5 年。)

重点:

在详细预测阶段和最终市场价值(即终值)之间选择时间 T,通常取决于两个考虑因素:
(1) 区分前期的强劲增长阶段和后期的成熟稳定阶段;
(2) 给终值设置一个较小的折现因子,以降低估计误差对现值的影响。
在实践中,大多数 T 选取 5 到 10 年之间。

对于携程集团来说,T 取什么值合适?第一个标准告诉我们"很短"。携程集团是一家稳定的公司,因此不清楚若设置一个较长的初始预测阶段将获得什么。对携程集团 5 年后的预测可能与我们对其 2024 年的预测相似。可以假设,在 2022 年年底,旅游业将恢复到新冠疫情前的水平。我们可以设置一个短的预测期,然后将未来所有年份创造的价值"集中"到一个终值(TV)中去。第二个标准告诉我们时间应该"很长"。携程网每年的折现率(资本成本)很低——事实上,当前企业折现率低至每年 5% 并不奇怪。因此,由于折现率低,折现因子就很大,若设置一个长的预测期,估值错误的影响将相对较小。(对于初创公司来说,短期或长期的两个标准往往区别不大。)

现在,你正在阅读的是一本金融学的书,而不是关于携程网的书。我们对携程集团的具体业务并不了解。我们要做的只是说明备考财务分析的过程。因此,若我现在是企业高管,做出一个决策:选择的预测期限为 $T=4$ 年。我们尝试对 2021 年到 2024 年每一年进行详细的预测,然后将 2025 年直到未来永远的所有现金流汇总计算为 2024 年年底的终值(TV)。

Q21.4 一项新的商业项目,在未来两年还是未来二十年的利润(或现金流)增长率,哪一个更容易预测?

Q21.5 哪些因素会促使你采用一个更长期的详细预测阶段?

21.4 详细预测阶段

我们前面已经讨论了如何选择时间 T。接下来,下一个目标是确定从明年到 T 年的详细预测阶段的预期现金流。好消息是,如果你是一名真正的分析师,可能会非常了解这项业务,从而能够合理地预测近几年的情况。你可以用携程集团的历史现金流来预测未来现金流。当然,要做好这一点,你需要对企业的基本经济状况有深入了解,而且需要做出很多假设。在此过程中,你可能希望使用迄今为止我们忽略的其他信息,比如特定行业的经济状况或当前和历史的公司资产负债表。坏消息是,你不是一个真正的分析师——我们的教科书不是关于携程网的。携程集团业务运营的备考财务分析,并没有普遍性的适用规则。你可能不太了解它的业务——即使你能充分解释和分析携程集团的许多业务,但携程集团的业务情况对于你分析其他企业则完全没有用处。医药研究、铝矿开采、时尚玩具和新型冲压机等,都各有其独特的业务、财务和会计模式。这里没有普遍性的原则可言。与终值相比,在早期的详细预测阶段,长期的经济力量不太可能产生有力的影响。

> 在现实生活中,你必须运用你所有的经济知识来做出一个好的预测。

即使缺乏具体信息,我们也不能简单地略过最初的增长阶段。准确、详细的预测初始阶段对项目价值有两方面重大影响。首先,初始阶段的预测对现值有直接影响。其次,第二阶段的终值本身也是基于初始阶段最后一年为基准所进行预测的现金流。如果基准是错的,那终值(TV)也会是错的。

> 重要提示:你的详细预测也会影响 TV。

下面做一些估计的演示来说明这个过程。再次警告:我对携程集团的财务预测十分粗略。目标只是为了进行说明,并不是为了精准预测。

> 警告:在备考中不要期望特别精确。

接下来,主要介绍两种财务预测方法:

(1) 直接推断你所感兴趣的会计科目(比如为了计算项目的经济净现值(NPV)所需要的现金流,有时也包括利润等会计指标)。

(2) 详细财务建模分析获得财务报表中所有或大部分科目。

> 预测经济现金流的两种方法:直接推断(几乎相当于捏造)或者间接分析(通过详细的财务报表)。

第一种方法是一个极端的捷径,仅在时间和知识受到严重限制时使用。我们实际上在本书的前面部分使用了这种方法,其中预测的现金流像"天降甘露"一样。[1] 在现实商业环境中,第二种方法更为常见。

Q21.6 假设你的企业更容易预测长期的增长率而不是 5 年的增长率。此外,假设终值 TV 占企业现值总价值的 80%。那么,初始的详细预测阶段仍然很重要吗?

---

1 即预测的现金流都是给定的,并没有说明其推导过程。

捏造：通过历史现金流直接推断

第一种方法实际上是一种"捏造"：这种方法是避免进行全面备考财务分析的捷径。它可以直接通过历史现金流量来预测——例如，假设保持一个不变的永续增长率。将式(14.1)用于携程网 2017 年至 2019 年的数据来预测现金流，你可以计算出公司的各期现金流：

> 你可以直接预测最终现金流，但通常不会得到理想的结果。

我们不能使用 2020 年以来的现金流，因为它们受到了因新冠病毒疫情导致在全球范围封锁的严重影响。这是一次外部事件，严重损害了大多数公司的现金流和运营情况。预计携程集团未来将恢复到新冠病毒疫情前的增长速度。在进行此分析时，携程网发布了 2021 年第二季度的财务数据，数据表明该公司已经恢复了增长和盈利能力。2021 年第二季度归属于携程集团股东的未经审计的净利润为 7 280 亿元人民币，而 2020 年同期为亏损 12 亿元。

资产现金流$_{2017}$ = 7 069 + (−15 232) + (≈0) = −8 163(百万元)
资产现金流$_{2018}$ = 7 115 + (−14 078) + (≈0) = −6 963(百万元)
资产现金流$_{2019}$ = 7 333 + (−2 413) + (≈0) = 4 920(百万元)

预期的经济现金流 = 经营活动现金流 + 投资活动现金流 + 利息费用

携程网 2017 年和 2018 年的资产现金流为负。这主要由对短期证券的投资导致。短期证券投资从 2016 年的 141 亿元增加到 2017 年的 281 亿元。2018 年一度增长至 368 亿元。2019 年，携程集团减少了 150 亿元的短期投资，并进行长期投资。由于短期证券投资对公司销售和经营现金流的影响并不重要，因此最好将此类投资排除在资产现金流计算之外。因此，我们在计算投资活动现金流时将证券投资的现金流去除，而保留房地产、厂房、设备、商业、无形资产和其他投资。结果为

资产现金流$_{2017}$ = 7 069 + (−15 232) − (−15 477) + (≈0) = 7 313(百万元)
资产现金流$_{2018}$ = 7 115 + (−14 078) − (−12 475) + (≈0) = 5 512(百万元)
资产现金流$_{2019}$ = 7 333 + (−2 413) − (−104) + (≈0) = 5 024(百万元)

可见即使在调整之后，并排除因新冠疫情影响的 2020 年现金流，携程集团的资产现金流仍是逐年下降。因此，很明显，若据此将未来增长率预测为负值，不可能得出携程集团终值的现实估计。

表 21.4 备考：直接预测   单位：10 亿元

	现金流预测								
	已知部分			"详细预测阶段"模型假定 8% @2021					终值(见下一节)
时间	Y_{-2} 2018	Y_{-1} 2019	Y_0 2020	Y_1 2021	Y_2 2022	Y_3 2023	Y_4 2024	Y_5	$Y_5 - Y_\infty$ 2025
现金流	−8.16	−6.96	4.92						
调整后资产现金流	7.31	5.51	5.02	在这种(及大多数)情况下是一个坏结果					

续表

时间	已知部分			盈利增长下降预测"详细预测阶段"模型假定8%@2021				终值(见下一节)	
	Y_{-2} 2018	Y_{-1} 2019	Y_0 2020	Y_1 2021	Y_2 2022	Y_3 2023	Y_4 2024	Y_5	$Y_5 - Y_\infty$ 2025
利润	1.11	7.01	-3.25	3.51	7.01	7.57	8.10		

在表格的上一栏中,我们放弃了预测,因为很明显这是一个非常糟糕的主意。在表格的下一栏中,我们预测企业将在2022年恢复到疫情前的盈利水平。因此将历史盈利增长率推至未来——2023年为8%,2024年为7%,2025年为6%,以此类推。

更好的方法是预测净利润,因为它不受收购和投资的影响。类似情况在第15章中出现过,在第15章你使用的是利润而不是现金流,原因也是投资现金流的不确定性。从长远来看,利润和现金流应该大致相等——毕竟,利润"只是"改变了时间序列上的会计应计项目。这里的问题是历史的净利润增长率或历史的现金流增长率能否更好地代表未来现金流现值的增长率,因为你需要用具体的时间截断区间来进行预测。提醒一下:

净收入(利润)。积极的一面是,利润比现金流更加平滑,因为会计师已经在当前利润中反映了未来可能的现金流。而消极的一面是,用于折现的数值是错误的,因为你将折现因子应用到利润上,而不是实际的现金流上,利润是当前实际现金流和未来现金流的组合。此外,人为干预的因素还意味着历史的净收入可能比历史的现金流更容易被操纵。

> 你可以预测利润而不是现金流——它有优点(例如,平滑)和缺点(例如,不能用于计算净现值)。

现金流。积极的一面是,如果你可以将现金流准确地预测到未来无穷年,那么现金流就是最好的标准。消极的一面是,实际上你需要在未来某一个时点中止预测或者说依赖有限的现金流来代表未来,那么根据历史数据的预测能否准确地描绘未来就变得不太清楚。

因此,让我们创建一个对利润增长率的预测。携程网2017年、2018年和2019年的净利润分别为21亿元、11亿元和70亿元。这并不能代表一个稳定的持续增长率,让我们来回顾更多的历史数据。根据携程集团年报,2016年净亏损16亿元,2015年净利润24亿元,2021年前六个月净利润为11亿元。这些数据表明,携程集团的利润波动很大,我们做出的任何利润增长估计必然都是不正确的。从2018年的11亿元增长到2019年的70亿元,它的利润呈指数级增长,然而,从2015年的24亿元到截至2021年6月30日的前12个月跟踪滚动净利润[1] 37亿元可以计算得出,长期利润增长率为$(3.7/2.4)^{(1/5.5)} \approx 8\%$,表明每年增长率相对较低。随着世界各地疫苗接种率持续提高,我们预计旅游业将有所好转。旅行限制的放松加上被压抑的需求反弹将显著提升携程集团的盈利前景,携程集团2021年第一季度报告显示利润为18亿元,但第二季度报告显示亏损7亿元。因此,我们预计携程网的利润将在2021年恢复到2019年的一半水平,并在2022年恢复到2019年的水平。2023年,其利润将相比2022年增长8%。由于我们没有详细

---

[1] 即以2020.6.30至2021.6.30的一年净利润,非会计年度的净利润,称为跟踪滚动会计指标。

完整的企业信息,在本书中只能使用类似企业家决策的另一种方案,我们假设未来每年净利润增长率下降1%:2024年为7%,2025年为6%,以此类推。

在大多数情况下,基于利润的预测比基于现金流的预测更适合成熟的公司。在携程集团的案例中,基于利润的预测显然更好。学术研究表明,对于上市公司而言,基于利润的终值预测通常优于基于纯现金流的终值预测。但你也可以尝试其他方法。例如,可以尝试区分由于投资导致的现金流减少(应产生更高的未来现金流)和由于销售额减少或成本提高导致的现金流减少(不能产生更高的未来现金流)。

Q21.7 如果根据过去三年的数据进行直接预测,预测现金流量和利润哪一个更好?

真实情况:详细的备考财务预测

在初始阶段预测经济现金流时,第二种也是更常见的方法是预测完整的财务报表。详细的财务预测需要经济现金流的各个科目信息,而非简单的一个最终现金流数字。这样做通常(但不总是)更好的原因有以下三点:

(1) 如前所述,现金流和利润预测都不是特别可靠。现金流很难直接预测,因为它们往往是不稳定的。净利润更为平滑,但包含许多不涉及真实现金的会计应计项目。你被困在两难之间。

(2) 全面预测法可以更容易地将你对企业基础业务的了解纳入经济现金流的估计中。例如,你可能刚好知道明年的非经常性开支成本为零,或者新的支付系统会加快应收账款的回款。通过预测单个科目,你可以将这些经济知识整合到你的现金流估计中。一般来说,初创公司与备考财务报表的关联性更大,因为初创公司不是一直高增长或一直负利润。

(3) 全面预测法可以帮助判断其他重要信息——例如企业可利用的营运资金、合适的负债权益比和利息保障倍数。特别是对于经常面临流动性风险的企业家来说,这些信息可能与经济现金流本身一样重要。事实上,所有的比率分析,例如探讨企业财务健康状况和盈利比率的分析,更适用于分析未来备考财务状况而不是当前财务状况。因此,比率分析可以帮助你判断公司是处于稳定状态还是危险状态。

> 更复杂的方法试图模拟完整的财务报表,而不仅仅是经济现金流(或利润)的一个最后数字的预测。这是真正的备考分析。

利润表:第一行销售额

表21.5 携程网的备考利润表　　　单位:百万元人民币

利润表:销售规模的上限							
年份	2018	2019	2020	2021	2022	2023	2024
销售收入(a)	30 965	35 666	18 316	29 306	36 632	39 563	…
—销售成本(b)	6 324	7 372	4 031	6 450	8 062	8 707	…
=(c)主营业务利润(c)	24 641	28 294	14 285	22 856	28 570	30 856	…

续表

	利润表：销售规模的上限						
年 份	2018	2019	2020	2021	2022	2023	2024
一般行政和管理费用(d)	2 820	3 289	3 636	4 363	4 712	4 948	…
＋销售费用(e)	9 596	9 295	4 405	7 048	8 810	9 515	
＋研发费用(f)	9 620	10 670	7 667	8 280	8 943	9 122	
营运成本(g)	22 036	23 254	15 708	19 692	22 465	23 584	…
＝营业利润(h)	2 605	5 040	−1 423	3 164	6 105	7 271	…
持续经营获得的利润							
＋净利息收入/费用(i)	391	417	471	265	311	307	…
＋其他收入/支出(j)	−1 075	3 630	−273	1 832	2 232	2 332	…
＝税前利润(k)	1 921	9 087	−1 225	5 261	8 648	9 910	…
－公司所得税(l)	825	2 089	2 044	1 315	2 162	2 477	…
＝持续经营部分的净利润(m)	*1 096*	*6 998*	*−3 269*	*3 946*	*6 486*	*7 432*	…
＋非控制资产的净利润	16	13	22	0	0	0	
＝净利润	1 112	7 011	−3 247	3 946	6 486	7 432	…

a. 2021年增长率60%；2022年25%；2023年8%
b. 成本与2020年一致
c. 计算
d. 2021年、2022年、2023年分别增长20%、8%、5%
e. 相同的销售收入占比
f. 2021年、2022年、2023年增长率分别为8%、8%、2%
g. 计算
h. 计算
i. 现金及短期负债利率为3%
j. 长期投资回报率5%；2021年、2022年、2023年政府补助分别为6亿元、5亿元、0
k. 计算
l. 企业所得税率25%
m. 计算

注：脚注提供了2021年、2022年和2023年的其他信息。

详细预测的方法通常从预测利润表中的未来销售额开始。*销售额的预测是备考财务预测中最关键的一部分*，因为它是预测其他财务科目的基准。在携程集团的案例中，2018年和2019年的销售收入分别较上年大幅增长15%和16%，而2020年，新冠病毒感染疫情以及随后对旅行的限制，对携程网运营造成了严重影响，销售收入下降了近50%。我们预计，携程集团的销售额将在2021年增长60%，然后在2022年再增长25%，恢复到疫情前的水平。表21.6中携程集团的收入明细表明，尽管2020年发生了疫情，但其收入构成仍然相当稳定。在此期间，其他收入来源能够弥补旅行团销售收入的降低。

> 详细备考财务预测的基准是销售额预测。

表21.6 携程网历史上的销售收入构成

携程网的销售收入明细			
年末12月31日	2018	2019	2020
住宿预订	37%	38%	39%
旅行票务	42%	39%	39%

续表

携程网的销售收入明细

年末 12 月 31 日	2018	2019	2020
旅行团	12%	13%	7%
公司旅游	3%	4%	5%
其他	6%	6%	10%
全部销售收入	100%	100%	100%

资料来源：携程网历年年报的脚注。

> 备考报表中的所有假设都需要解释！

与所有其他备考科目一样，销售额预测应该有一个注释（表 21.5）来解释估计背后的基本假设。但不可否认，我在表 21.5 中的注释大多是粗略的。例如，注释"a"甚至没有解释销售增长率的估计来自何处。在现实中，你需要详细解释预测中每个关键指标背后的背景和假设，有时需要许多段落解释和附加表格。

不要觉得销售额预测非常简单，你应该也必须基于详细商业信息的经济模型来预测。作为一名真正的分析师，你需要使用你的知识来判断：

- 携程集团是否即将推出新服务，或者是否有几个新项目正在筹备中；
- 携程集团所投资的私人企业是否有好的新产品和服务渠道；
- 中国需要多长时间才能完全开放国际旅行限制，使旅游业恢复到疫情前的水平等。

这些判断将帮助你调整销售额预测，以获得更准确的预测结果。在真实的备考报表中，那么在没有经济模型的情况下通过简单机械的模型来预测销售额是十分草率的！分析师必须运用公司、竞争对手、行业和经济环境等所有可用信息来预测销售额。例如，我们使用了携程集团 2021 年前六个月的销售额信息来衡量其 2021 年从疫情中恢复的速度，这为 2021 年预测销售收入增长 60% 奠定了基础。

利润表：其他组成部分

带着经济直觉，你可以在利润表中一项项地逐项研究。下面，我们谈谈对销售成本（COGS）的估计。你可以有多种选择，包括但不限于简单的增长率预测（类似于我们对销售额的预测）。以下为销售成本预测五种可能的方法：

> 如何估算其他财务项目。你可以自行推断它们，但更好的方法通常是将它们与销售额相关联（即作为销售额的一部分）。

（1）**简单的增长预测**。你可以类似预测销售额一样预测销售成本：纯增长模型可以通过计算销售成本的历史增长率，然后预测销售成本将继续增长。但是由于 2020 年的销售额异常下降，简单使用这种方法预测携程集团 2021 年的备考财务报表显然是愚蠢的。我们可以用前面讨论过的 8% 利润增长率的方法来计算简单增长模型中的销售成本。2015 年携程网的销售成本为 30.43 亿元，截至 2021 年 6 月 30 日的跟踪滚动年销售成本为 41.96 亿元。这意味着年增长率为 $\sqrt[5.5]{4\,196/3\,043} - 1 \approx 6\%$。

（2）**销售额占比预测**。你不仅可以根据销售成本的历史数据进行预测，还可以根据已经得到的 2021 年 293 亿元的销售额进行预测。你已知销售成本和销售额之间的历史关系,可以使用该比例关系预测 2021 年销售额和销售成本之间的关系。

年　　份	2018	2019	2020
销售成本	6 324	7 372	4 031
销售额	30 965	35 666	18 316
占比	20%	21%	22%

当预计企业未来不同产品和服务的销售额构成比例基本不变时,这种方法的预测结果较好。但是生产不同产品/服务的成本可能会相差很大。如表 21.6 所示,在新冠病毒感染疫情前和疫情期间,携程集团的销售额各个构成部分仍然相似。因此,我们用 2020 年销售成本占销售额的百分比来估算 2021 年的销售成本。按销售额的 22% 计算,2021 年销售成本为 293.1 亿元的 22%,即预计为 64.5 亿元。

(3) **规模经济预测**。你可以构建一个规模经济的模型。给定一个销售额,其他项目就会变成固定成本和可变成本的组合。例如,

$$某一财务科目_{预计} = 固定部分 + 可变部分系数 \times 销售额_{预计}$$

我们可以用该方法预测 2021 年企业的一般行政和管理费用。一般行政和管理费用不会随着销售额按照 1:1 比例增长,而是低于 1:1。因为"固定部分"的成本不会随着销售额的变化而变化,而"可变部分"的成本会随着销售额的变化而变化。使用该方法预测一般行政和管理费用是通过过去几年的年销售额与一般行政和管理费用数据,找到最佳拟合线。我们使用 2008 年至 2020 年的数据,发现最佳拟合线如下:

$$一般行政和管理费用_{2021} = 1.49 + 9.5\% \times 销售额_{2021}(单位:亿元)$$

上述最佳拟合线表明,如果携程集团在 2021 年的销售额为 10 亿元,其一般行政和管理费用将为 1.49+0.95=2.44 亿元。如果销售额为 20 亿元,我们预计该项费用为 1.49+1.90=3.39 亿元,以此类推。鉴于我们对 2021 年的销售额估计为 293.1 亿元,因此 2021 年的一般行政和管理费用估计为 29.34 亿元。

但是,我们不使用该预测结果,因为 2020 年的数据表明,在疫情期间尽管销售额下降,但公司不得不承担额外的成本来管理其运营。由于新冠病毒感染疫情持续到 2021 年,我们预测 2021 年的一般行政和管理费用水平将比 2020 年的水平高出 20%。2020 年一般行政和管理费用较高的原因包括了近 12 亿元的坏账准备金。即使排除这一成本,2020 年一般行政和管理费用占销售收入的比例也很高,达到 14%,而 2019 年的这一比例为 9%。我们预测的 2021 年一般行政和管理费用占销售额的百分比为 15%。

固定成本和可变成本的系数应随时间而变化。从短期看,固定成本往往更重要。从长期看,可变成本往往更重要。例如,携程集团不会通过改变其研发(R&D)来应对某一年销售额的下降,因为解雇或者聘用了解公司独特知识产权的优秀工程师成本太高。然而,如果它的销售额持续多年下降,那么企业就将可能会削减研发。此时,固定成本的系数将接近于零,可变成本的系数将接近于 1。我们上面使用了携程集团过去 13 年的数据计算出了最佳拟合线。因此,在如此较长的时间中,在数十亿的一般行政和管理费用中,只有 1.49 亿元为固定成本,其余为可变成本。如果我们仅使用过去 5 年的数据,那么最

佳拟合线将是

$$\text{一般行政和管理费用}_{2021} = 16.84 + 4\% \times \text{销售额}_{2021}$$

其中,16.84亿元为固定成本。根据这一最佳拟合线,我们预计2021年的一般行政和管理费用为28.73亿元。

(4) **基于行业的预测**。也可以利用其他同行业公司的信息来预测,例如缤客持股公司——缤客网的母公司[1]。有时,这种方法有助于更好地理解行业的最佳实践。然而,截至2021年年中,缤客持股公司的资本市值是携程网的4倍以上,但它只有19 400名员工,而携程网有33 400名员工。这表明,两家公司的市场重点和成本结构有所不同。携程网主要专注于服务中国客户,而缤客网则服务全球范围,更加多元化。

(5) **分解式预测**。如果更复杂一些,你会发现销售成本中包含一些折旧。因此,携程集团过往资本支出的历史也可能影响对销售成本的预测。可以将过往的资本支出纳入统计回归方程中,从而得出更好的预测公式。

> 更复杂的方法可以使用比销售额更多的信息——例如,可以使用行业的基准数据或公司自身的折旧等。

你的经济学和计量经济学的背景知识是你预测能力的"天花板"。为了举例说明,我们分别采用6 450元和4 363元作为2021年销售成本和一般行政和管理费用的预测值。

你可以重复这些预测过程来预测利润表的其他科目。同样,你有很多种方法选择。例如,销售费用一般也包含固定成本和可变成本。分析师通常会将销售费用、一般行政和管理费用等合并在一起称为"销售、一般行政和管理费用"(SG&A),销售、一般行政和管理费用中还包括一些折旧部分。因此,可以将其建模为固定部分、与销售额相关的可变部分(比如销售人员的销售佣金)和过往基于资本支出部分的组合。

另一个预测备考财务报表科目的重要方面是,可以对不同科目采用不同的预测方法。例如,我们对销售额的预测使用了基于行业分析的简单增长率预测,对销售成本和销售费用则使用了销售额占比预测。我们预测,2021年一般行政和管理费用将增长20%,以应对新冠病毒感染疫情相关的运营需求,但是研发费用的增长率仅预计为8%。与其他公司相比,携程集团在流动性方面是独一无二的,它拥有近200亿元的现金和现金等价物,以及超过230亿元的短期投资。这种拥有高度流动性的模式帮助其度过了最近的新冠肺炎疫情。尽管对一家公司来说,将其资产的20%以上用于现金和短期投资可能不是最好的资源利用方式。然而,这确实意味着该公司获得的利息收入大于支付的短期债务利息。我们假设该公司从其超额现金和短期投资中赚取的利息收入超过当前债务利息成本的3%。

与大多数其他公司不同,其他业务收入占携程网净利润的很大一部分。例如,2019年,其他业务收入占70亿元净利润的50%以上。我们从其年报的脚注中收集信息,以了解其他业务收入这一科目。表21.7显示了携程集团合并财务报表中其他业务收入的构

---

[1] 缤客持股公司(Booking Holdings)是一家全球性的在线住宿预订上市公司,其拥有booking.com的线上平台,和携程集团的经营模式基本相同。

成。将表21.7中的项目分类为投资损益、汇率变动损益、地区和地方政府补贴以及其他收入。我们估计携程集团在2021年将获得5%的长期投资回报。预计2021年该公司将继续获得6亿元的政府补贴,2022年将继续获得5亿元的政府补贴。但是在疫情结束经济进入恢复期后,我们估计不再有政府的补贴。其他组成部分对携程网的利润贡献为零。

表21.7 携程集团其他收入的历史构成(2018—2020年)

单位:百万元人民币

携程网其他收入构成			
以12月31日为结束日	2018	2019	2020
投资损益			
附属子公司出售的收入	—	161	1 091
长期投资减值	—	−205	−905
处置长期投资的损益	1 181	318	−602
股权证券投资的公允价值变动	−3 064	2 334	−612
以股权方法进行投资的清算收入	−61	603	—
收购资产的公允价值重新计算的收入	249	196	—
汇率变动损益	−17	−378	−40
政府补贴收入	469	589	601
其他	168	12	194
总计	−1 075	3 630	−273

鉴于携程集团以往的财务报表没有能够提供一个估计其税负的良好基础,我们用25%的标准企业所得税税率来估算,显然这不同于高新技术企业和集成电路制造商等企业适用的纳税减免政策。此外,我们还估计携程集团的非控股资产中的少数股东权益对集团的利润贡献很小。

综观我们的备考财务预测,预计携程集团的净利润将从2020年因新冠病毒感染疫情亏损32亿元,恢复到2022年略低于2019年的水平,并在2023年达到74亿元的新高峰。我们的预测可能不如该公司或专业分析师那么乐观。你不应该太看重我们预测的准确性,上述预测只是为了演示说明。

资产负债表

接下来,我们对携程集团2021年至2023年的资产负债表进行建模。表21.8是我们对携程集团2021—2023年财务状况的预测。携程集团持有的现金水平是公司采取的所有行动和决策的结果。我们假设该公司近年来将维持近200亿元的现金水平。短期投资头寸保持在2020年的水平。其他流动资产主要包括应收账款和存货等营运资本的组成部分,以支持销售增长。我们假设这些资产将以与2020年相同的比例随着销售额的增加而增加,其他流动负债也是如此,主要包括应付账款和递延负债。假设公司将定期投资房地产、厂房和设备,以支持其运营。与 2019 年相比,2020 年的折旧大幅增加,因此,我们将 2021 年的折旧保持在 2020 年的水平。2022 年,将折旧增加 5%,然后在 2023 年再增加 2.5%。

携程集团长期证券投资所占比例似乎过高。2020 年,长期证券投资资产占携程集团总资产的 30% 以上。此外,该公司对其他业务的投资和收购占总资产的 40%。鉴于我们对携程集团未来收购业务的计划缺乏了解,只能估计该公司将利用其运营和投资的现金流对长期证券进行进一步投资。鉴于现金和其他流动资产充裕,我们假设该公司将把短期和长期债务维持在 2020 年的水平。预计其他非流动负债(主要包括递延负债)将随着销售额的增长而增长,尽管增长速度较慢。该公司过去一直没有支付股息,因此我们假设该公司将继续保留其所有利润。因此,股东权益每年的留存金额将持续增加。最后,我们在表 21.5 中假设,非控股资产中的少数股东股权对公司的净利润没有贡献。这意味着携程集团在这些资产中拥有的利润将增加其参股股权的价值。我们假设携程集团作为少数股东的参股投资业务与旅游业相关,这些投资子公司将经历与携程集团销售额预测类似的增长。

表 21.8 携程网的备考资产负债表预测 单位:百万元

			资产负债表				
年 份	2017	2018	2019	2020	2021	2022	2023
流动资产							
现金(a)	19 992	25 774	21 747	19 415	20 944	20 803	21 757
短期投资(b)	26 381	32 509	21 234	23 501	23 501	23 501	23 501
其他资产(c)	12 854	21 111	24 974	15 095	24 152	30 190	31 398
长期资产							
物业、厂房和设备账面价值(d)	7 274	7 996	9 929	9 996	10 496	10 996	11 246
累计折旧(e)	(1 658)	(2 124)	(2 587)	(3 229)	(3 871)	(4 545)	(5 236)
投资(f)	25 811	27 103	51 324	47 968	57 968	69 968	77 968
其他长期资产(g)	71 395	73 461	73 548	74 503	74 503	74 503	74 503
总资产	**162 048**	**185 830**	**200 169**	**187 249**	**207 693**	**225 416**	**235 137**
流动负债							
其他负债(h)	25 844	32 773	38 666	24 295	38 872	48 590	50 534
短期债务(i)	16 316	36 011	30 516	34 074	34 074	34 074	34 074
长期负债							
长期债务(j)	29 220	24 146	20 286	23 336	23 336	23 336	23 336
其他长期负债(k)	4 195	4 167	4 998	3 977	5 170	6 204	6 452
负债总额	**75 575**	**97 097**	**94 466**	**85 682**	**101 452**	**112 204**	**114 396**

续表

资产负债表							
年　　份	2017	2018	2019	2020	2021	2022	2023
股东权益(l)	84 694	86 715	103 442	100 354	104 300	110 786	118 218
少数股东权益(m)	1 779	2 018	2 261	1 213	1 941	2 426	2 523
股东权益总额	86 473	88 733	105 703	101 567	106 241	113 212	120 741

a. 来自现金流量表	e. 增长率分别为 0%、5%、2.5%	i. 保持 2020 年水平
b. 保持 2020 年水平	f. 分别为 100 亿元、120 亿元、80 亿元	j. 保持 2020 年水平
c. 与销售额的占比保持不变	g. 保持 2020 年水平	k. 增长率分别为 30%、20%、4%
d. 物业、厂房和设备中的新投资分别为 5 亿元、5 亿元、2.5 亿元	h. 与销售额的占比保持不变	l. 与净利润一起增长
		m. 与销售额的占比保持不变

注：脚注提供了 2021 年、2022 年和 2023 年的额外信息。

现金流量表

接下来，让我们为携程集团的现金流量表建模（表 21.9）。首先从备考利润表中预测的净利润开始。携程集团的现金流量表从持续经营收入开始，而非净利润。因此，我们也将这样做。（实际上从净利润还是持续经营收入开始，并没有什么区别，因为如果我们使用净利润，在计算经营现金流时就会减去少数股东权益的收入。通过从持续经营收入开始，我们减少了这一步骤。）记住，现金流量表上的所有信息都来自利润表和资产负债表。我们已经讨论了表 21.5 和表 21.8 的每个科目，因此，这里就不再对现金流量表的科目逐个讨论。

表 21.9 携程网备考现金流量表预测　　　　　　　　　　单位：百万元

现金流量表							
年　　份	2018	2019	2020	2021	2022	2023	2024
经营活动净收入(a)	1 096	6 998	−3 269	3 946	6 486	7 432	…
＋折旧(b)	466	463	642	642	674	691	…
＋投资活动收入(c)	−1 544	−3 041	874	−1 232	−1 732	−2 332	…
＋政府补贴(d)	−469	−589	−601	−600	−500	0	…
＋所有其他收入（包括营运资本的变化）(e)	7 566	3 502	−1 469	5 520	3 680	736	…
＝经营活动现金流	7 115	7 333	−3 823	8 276	8 608	6 528	…
＋资本支出（物业、厂房和设备）(f)	−673	−823	−532	−500	−500	−250	…

续表

	现金流量表						
年　份	2018	2019	2020	2021	2022	2023	2024
＋投资(g)	−12 511	−311	−3 428	−8 768	−10 268	−5 668	…
＋其他投资活动现金流(h)	−894	−1 279	139	728	485	97	…
＝投资活动现金流	−14 078	−2 413	−3 821	−8 541	−10 283	−5 821	…
经营和投资活动现金流	−6 963	4 920	−7 644	−264	−1 675	706	…
融资活动现金流(i)	11 926	−9 256	6 025	1 793	1 534	248	…
初始现金(j)	19 992	25 774	21 747	19 415	20 944	20 803	…
＋汇率变动对现金的影响	819	309	−713	0	0	0	…
＋现金变动额(k)	4 963	−4 336	−1 619	1 529	−141	954	…
＝期末现金	25 774	21 747	19 415	20 944	20 803	21 757	…

注：脚注提供了2021年、2022年和2023年的额外信息。

根据我们对携程集团现金流量表的估计,该公司在2021年和2022年,将每年产生超过80亿元健康的经营现金流。预计2023年的经营现金流将略低,因为在新冠病毒感染疫情后增长率趋于稳定,需要偿还2021年和2022年的应付账款,这些应付账款主要包括为了运营复苏所提供的资金。与其他行业的公司不同,携程网的营运资本为负,其应收账款明显低于应付账款。此外,该公司在库存方面不需要进行投资。这意味着,随着销售额的增长,该公司能从更高的销售收入中获得现金,而不需要立即向供应商付款,这增加了运营现金流。然而,由于销售额增长率的下降,对供应商的前期应付账单到期,经营现金流将受到负面影响。此外,我们假设该公司在新冠疫情恢复后可能不再会收到政府补贴,而最近每年公司都会收到政府补贴。

对于投资活动现金流,我们假设该公司将对物业、厂房和设备进行适度投资。将把长期证券投资收益进行再投资。此外,该公司将利用每年经营活动产生的现金流增持证券投资,以保持现金和短期投资接近2020年的水平。

融资政策与资产负债表之间的联系

我们对影响公司财务报表的公司融资政策做了重要假设。假设携程集团不会使用长期债务为其运营提供资金。在该案例中这是一个很容易做出的假设,因为携程集团不处于资本密集型行业,它的流动性非常高,现金和短期投资资产超过了400亿元,其他公司情况大不相同。其他公司经常不得不借款以保障对物业、厂房和设备的投资,以持续保障销售增长。这不仅会影响公司在资产负债表上的债务和权益状况,还会通过利息支出影响利润。一般来说,所有的财务报表都是紧密相连的。[1] 例如:

你对筹资活动现金流的假设将影响资产负债表上期末的现金状况,因为明年年初/今年年末的现金头寸是今年年初的现金加上今年所有现金流的净额。

你对技术将改变库存或收款能力的假设,将影响资产负债表上的流动资产和流动负债,以及现金流量表上的营运资本。

> 这四份财务报表还存在其他联系,我们因篇幅不足而略去。

当然为了2024年的预测,还需要提供详细的假设。预测的基本原则与2023年相同,我们跳过这一步骤。

Q21.8 哪些财务报表的线上科目起到"基准预测"的作用,从而许多其他科目(通常)是从该"基准预测"推导出来的?

Q21.9 规模经济如何在财务报表科目的预测中体现出来?

Q21.10 利润表和现金流量表有关联吗?

拥有备考报表之后怎么办

假设你还预测了截至最终时间 T 的其他一个财务报表(所有者权益表),那么现在你可以用这些数字做什么呢?

项目经济现金流

备考财务报表的第一个重要用途是项目价值分析。在预测了2021年现金流量表的组成部分后,你现在可以用基本现金流量公式(式14.1)来分析项目的经济现金流,用于计算净现值。显然,这很难做到准确。例如收购会造成年复一年的波动,让我们的外部预测能力失效。

比率和稳健性分析

详细财务预测的第二个重要用途是前瞻性比率分析,以判断业务的可行性和稳健性。这种分析可以用来检查你的预测是否合理,以及公司的生存能力。例如,一家初创公司的债务权益比非常高,现金却很少,那么隐含的未来利息保障倍数较低就会引发企业的生存风险。或者一家增长型企业出现负现金头寸——这种情况可能会导致一家原本健康的公司陷入困境。或者现实中公司正陷入困境,管理层应改变战略路线以保证公司在发生衰退之前保留现金。因为大多数比率分析需要我们拥有各个层面的财务信息,特别是融资政策,没有充分的篇幅去详细展开并进行财务建模,后续将不再讨论这个问题。一旦你有了完整的备考财务模型,比率分析的基本原则和稳健

> 备考报表允许进行财务比率或财务健康分析。

---

[1] 也即会计报表的各个科目之间是存在勾稽关系的。

性原则与第 15 章中的完全一样。对于携程集团来说,其主营业务足够健康,我们不必担心其财务的稳健性。

公司政策变更

> 只有在经济环境稳定的情况下,基于历史数据的预测才有效。

备考财务预测不仅取决于外部因素——比如,经济是否会陷入衰退,还取决于管理者做出的选择。例如,企业管理人员必须决定支付或收回未付账款的速度、对新项目投资规模多大、股息支付的比例、债务融资与股权融资的比例等。你必须注意,如果外部环境或公司政策发生变化,基于历史数据的推断可能不再有效。

> 如果公司正在改变自己的政策,那么世界可能不再稳定——历史数据不再是预测的良好指南。

当你不是外部证券分析师,而是一名为了应对公司政策变化而构建预测模型的经理时,认识到这一点更为重要。例如,如果你加大了对新工厂的投资,各种关系,尤其其中一些不明显的关系,可能会发生变化。例如,如果产品的消费者要求其他生产商提供更多或更少的互补产品,你的产品销售成本和销售额之间的关系可能会发生变化,这会改变生产所需原材料的成本。请注意,不要过于机械地考虑一项政策的变化对财务报表中其他项目的影响。

Q21.11 通过备考财务报表进行比率分析是否有意义?

21.5 终值(TV)乘数

你的第三个目标是确定公司预测期后的市场价值也即终值(TV)。从概念上讲,终值是你对该公司在未来时间 T 的最佳市场出售价格的估计。在实践中,它通常是用永续增长模型公式来估计的——尽管通常有更好的替代方案可用,我下面将会解释。你可以从对时间 T 的现金流估计值开始,假设它将以某种可持续的永续增长率 $E(g)$ 增长,并将未来所有现金流进行折现:

$$E(\text{终值}_T) = \frac{E(\text{现金流}_{T+1})}{E(r) - E(g)} \tag{21.1}$$

现在,你"只"需要一个正确的乘数,即 $1/E(r) - E(g)$,并将之乘以最终的预测现金流。(Mukhlynina 和 Nyborg 的报告称,$E(g)$ 通常使用 2% 或预期 GDP 增长率。)

资本成本

尽管大家都认为资本资产定价模型(CAPM)无效,但仍有许多分析师依赖 CAPM 模型来确定携程网的资本成本。根据雅虎财经 2021 年 10 月 26 日的数据,携程集团的股票市场贝塔系数为 1.25。因为旅游业依赖于消费者的自由可支配支出,所以受商业周期和经济波动的影响更大。因此,尽管我们可以将贝塔值缩小到 1,但携程集团的更高贝塔值也不会显得不合时宜。然而,对于携程集团来说,1.25 的贝塔值可能过高,因为它衡量了携程集团相对于美股市场指数的价格表现。在美国股市,携程集团被视为一家注册并运营在中国的公司,因此风险更大。截至2021年10月,携程集团已经在香港证券交易所上市了六个月,但是时间显然不够。因此,无法对其采取更合适的香港证券市场的股价走势进行有效的贝塔估计。我们将在这里做出一个管理层的自主决策,使用1.1作为携程集团的贝塔值来计算资本成本。

比市场贝塔系数更困难的一个问题是对股权溢价的估计,我们的估计约为3%。不过,典型的企业首席财务官可能会采用更高的平均股权溢价,估计值约为5%(相对于短期国债的超额算术收益率)。这种估计值将与携程集团的权益资本成本估计相一致,即比国库券高约5.5%。2021年10月,中国的短期国债收益率约为2.6%,而10年期国债的收益率为3%。20年期和30年期国债收益率高出约60个基点,约为3.6%。[1]

年 份	2021	2022	…	2031	…	2041	…
权益资本成本	8.1%	8.1%	…	8.5%	…	9.1%	…

我们需要的是资产的资本成本[2],而不是权益的资本成本。2020年,携程网的长期债务为230亿元。该公司拥有充足的现金和短期投资(总计约420亿元),足以偿还340亿元的流动负债。因此,我们仅将长期债务视为债务,以计算债务与资产的比率。考虑到1 880亿元的总资产,相当于约12%的负债率。2021年10月25日,长期AAA级的中国公司债券的收益率约为4.2%。考虑到携程集团的整体流动性和拥有大量投资证券,将携程集团的长期债务成本设为4.5%是合适的。正如前文的备考财务报表中使用25%的公司税率,2021年携程集团的资本成本为

88% × 8.1% + 12% × 4.5% × (1−25%) = 7.5%
权益比率　权益资本成本　负债率　债务成本　　　税率

如果对不同年份重复进行上述计算,我们将得出携程集团资产的资本成本,如下表所示:

年 份	2021	2022	…	2031	…	2041	…
资产资本成本	7.5%	7.5%	…	7.9%	…	8.4%	…

你可以尝试使用更复杂的方法和更少的四舍五入来改进资本成本的计算结果。

Q21.12　什么情形下使用资产贝塔系数,什么情形下使用权益贝塔系数?

---

[1] 作者的计算为采用CAPM模型,对于短期如2021年,2.6%+1.1×5%=8.1%,对于中期如2031年,3%+1.1×5%=8.5%,对于长期2041年,3.6%+1.1*5%=9.1%。

[2] 这里作者所说的资产的资本成本(asset cost of capital),也即加权资本成本(WACC,weighted average cost of capital),WACC的称法在国内的公司金融教科书中更为常见。

Q21.13　在备考财务预测中,估计资本成本最常用的模型是什么?它可信吗?是否有其他替代方案?

资本成本减去现金流增长率

接下来,我们需要估计现金流的永续预期增长率 $E(g)$。有时,更加直观地就是从实际增长率的角度而非从名义增长率的角度来考虑企业现金流的变化。因为 $E(r)-E(g)$ 基本上不受通货膨胀的影响。只要确保以同等条件引用这些概念即可。携程集团的可持续增长率比较容易设置一个较高的上限。例如,$E(g)$ 不能高于公司的资本成本,否则企业价值将是无穷大。我们也不会期望 $E(g)$ 远高于 GDP 的可持续增长率——不能期望国民经济最终仅由携程网组成——看上去 21 世纪的 GDP 增长率正在放缓至 2% 左右。总之,2%~3% 的增长率可能是携程网永续增长率 $E(g)$ 的上限。我们也应该考虑永续增长率 $E(g)$ 的下限,短期内携程网不太可能会破产,因此选择不低于每年 -1% 的预计增长率。(携程网会很快遭遇有实际意义的竞争吗?这是一个 1 000 亿元的问题!)

> 得出一个宽泛的(无用的)$E(g)$ 范围很容易。

当然,上述永续增长率 $E(g)$ 的范围很宽泛,需要做得更好。否则,你的估值范围将太大以至于无法使用。为了改进对永续增长率的估计,你可以利用其他信息来源:

> 得出一个狭窄的(有用的)$E(g)$ 范围很难。需要再次依靠主观判断。

（1）**公司内部信息**。例如,你可以假设管理层永远不会过度投资或投资不足。这意味着你在预期现金流和预期现金流的增长率时应保持一致。你是否想假设携程集团将永远持续地保留着其所有利润、收购其他业务并进行证券投资这种状况?[1] 尽管携程网一直是一个非常活跃的投资者,但这种行为不可能永远持续下去。

（2）**行业可比公司信息**。你可以尝试通过其他公司了解更多信息。就携程网而言,这有些困难。全球有几家公司比如 Expedia 和缤客[2],与携程集团的运营类似,但考虑到携程网的中国背景,经济状况有很大不同。

在缺乏更多信息的情况下,3%~4% 看起来是未来十年左右合理的利润增长率。资本成本每年 8% 左右。这对终值(TV)乘数有何影响?不幸的是,影响很大。

$E(r)$	$E(g)$						
	-1%	0%	1%	2%	3%	4%	5%
5%	17	20	25	33	50	100	
6%	14	17	20	25	33	50	100
7%	13	14	17	20	25	33	50

1　前文提到,携程集团一直不分配股利,并保留大量现金和短期证券投资,作者实际上认为不会永远如此。

2　Expedia 是全球最大的在线旅游平台公司,国内没有很好的译名,往往直接引用。缤客(Booking)也即 booking.com 网站,是全球最大的在线住宿预订网站,国内译为"缤客"。

$E(r)$	$E(g)$						
	−1%	0%	1%	2%	3%	4%	5%
8%	11	13	14	17	20	25	33
9%	10	11	13	14	17	20	25

我们预计 2023 年净利润为较为保守的 70 亿元,以此来计算终值(如果选择一个更高的估计值,情况会更糟),70 亿元将被乘以一个倍数,反映终值是从 2023 年增长直到永远的价值。在上表[1]框内的情况下(即 $E(r)=8\%$,$E(g)=3\%$),我们使用 20 倍乘数,估计值将为 1 400 亿元。如果对 $E(r)$ 和 $E(g)$ 的估计值相差 1%[2],那么乘数可能是 14 或 33,即终值将为 980 亿元或 2 310 亿元,这是一个非常大而且不精确的范围。

在这种情况下,为什么不更好地计算终值以获得更高的精度?不幸的是,真正的问题并不是取值的随意,真正的问题在于我们的无知,我们本质上无法获得更高的准确性,因为不具备这方面的知识。我们可以假装有能力并捏造它,但其实是谎言。要记住,携程网并非例外:大多数公司超过 2/3 的价值来自我们无法理解的遥远未来的最终价值(即终值)。请记住——估值是相对的,而不是绝对的。

替代终值方法

终值估计的其他方法有时更好,下面考虑一些替代性方法。一种方法是使用账面价值,这样做通常不正确,因为股本的账面价值很少与现实情况相似。携程集团的资产账面价值为 1 870 亿元,股权账面价值为 1 020 亿元。然而,通过观察 2021 年 10 月份的携程集团实际股市市场价值,真实股市市值约为 1 200 亿元。在这种情况下,携程集团股权的账面价值似乎与其市场价值相差不大。

另一种方法是考虑清算价值。例如,假设你清算这些资产,它们的价值是多少?在携程集团的情况下,清算价值会低于其存续价值。携程网有一半的资产是现金、短期投资和长期证券投资。然而,剩下的主要是商誉,属于无形资产,其中很大一部分可能会在清算中消失。如果携程集团的剩余资产主要是房地产,情况会有所不同。

还有一种方法是考虑重置价值。如果有人想重建携程网,需要花多少钱?但话说回来,携程网已经存在了,即使有足够的资金也很难再创建一个成功的在线旅游平台。毕竟,你将与真正的携程网来竞争!

我们的优选方法通常是从今天的同行业公司可比数据中获得乘数。毕竟,永续增长公式只是一种将乘数附加到最终详细预测阶段的估计利润上的一种方法,最终估计利润往往非常主观。我们已经知道,金融市场对上市公司各类乘数的评估,往往比式(12.1)中

---

[1] 表中数据为 $1/(E(r)-E(g))$ 的数值,即终值乘数。
[2] 这里是指将 $E(r)=9\%$,$E(g)=2\%$ 从而终值乘数为 $1/7\%=14$;或者 $E(r)=7\%$,$E(g)=4\%$ 从而终值乘数为 $1/3\%=33$。

合理的 r 和 g_E 的估计值高得多,对此,最好的方法是使用金融市场正在使用的数据。也就是说,我们用基于公司特征的预测数据——也就是说通过公司项目的内部信息和详细的市场信息获得的数值——作为分子,而用金融市场的数据作为分母。

> 使用可比上市公司的市场乘数数据,通常是最好的。

重点:

当计算一家与同行业可比上市公司相似的公司的终值时,你可以使用今天的可比上市公司乘数数据。虽然这并不准确,但常比你自己猜测的要好。

Q21.14 对于企业终值(TV)预测,你的现值估计(通常)是否会对利润或现金流的永续增长率的假设敏感?

21.6 携程集团备考报表的基础

是时候做出更多管理决策了。我们宣称,2021 年携程集团的最佳现金流估计为 −80 亿元,之后 2022—2024 年依次是 85 亿元、65 亿元和 70 亿元;资本成本的最佳估计值为 8%;永续增长率的最佳估计值为 2%。我们将 2024 年的 70 亿元预计现金流折算为 2023 年的 1 400 亿元终值(TV),使用了 20 倍的未来市盈率,也即终值乘数。(如果我们已经知道携程集团今天的市盈率,我们只需将其乘以今天的利润即可确知携程的市值。)由于 2021 年、2022 年和 2023 年也部分产生了正的净现金流,折现后加总,携程集团的价值应该在 1 000 亿元和 1 500 亿元之间。当然,这并不是我们能够做出的唯一估计。我们可以合理地依靠不同的预测获得不同的价值。但 1 000 亿元至 1 500 亿元,比如 1 250 亿元,是合适的。

事实证明,这与携程集团在 2021 年 10 月的实际股票市场价值约 1 200 亿元非常接近。鉴于携程集团的净债务负担(即扣除现金和短期投资后的债务)几乎为零,我们可以简单地认为资产价值也即其股票市值[1]。虽然此次的估计结果很好,但情况并不总是这样。通常,永续增长率假设和资本成本估计会在估计的终值部分产生很大的差异。尽管本章的企业估值已经接近携程集团的资本市场价值,但我们不应该过多地信服于本章的预测,本章仅用于说明目的。

表 21.10 无偏的备考现金流量表 单位:10 亿元

Y_{-1}	Y_0		Y_1	Y_2	Y_3	Y_4-to-Y_∞
2019	2020		**2021**	**2022**	**2023**	**2024**
7	−4	预测每年现金流	−8	8.5	6.5	7…
		2024 直到永远的终值 TV 折现率为 $E(r)-E(g)=5\%$:				$\dfrac{7}{5\%}=140$

---

[1] 作者预测的 1 250 亿元为携程集团的企业资产价值,由于企业资产价值=股权价值+净债务价值,携程集团的净债务价值为 0,所以股权价值=资产价值。

续表

累计现金流:	−8	8.5	146.5
折现因子: ($E(r)=8\%$)	$1/1.08^1$	$1/1.08^2$	$=0.8$
2020年现金流现值:	−7	7	116
2021到永远现金流现值合计	=110 到 150		

注：该备考采用了前文的表格数据对携程网的公司整体价值进行估值(即不仅仅是股权价值)。我们将结果四舍五入，以避免给人留下这里预测很精准的印象。携程网的长期证券投资构成了投资活动现金流的大部分，这些证券投资不属于公司运营的部分，因此，不包括在上述现金流中。

校准备考

通常，备考报表的预估值与市场价值相距甚远。在这种情况下你可以做什么？能做些什么使自己的备考预测值更符合市场价值？也就是说，如何修正估计值？你必须找到"合适"的理由来解释为什么公司的真实市场价值比你最初的预测值高或者低。你必须找到更改模型数据的原因。虽然这个过程可能被称为模型"粉饰"，但技术术语是模型"校准"。

通常情况下，你可以使用三种校准工具来更改备考预测值，使其更接近市场价值：更改现金流、更改资本成本、更改增长率。

(1) **详细预测阶段**。你可以脱离当前预测的现金流和收入路径。例如决定更改详细预测的未来年数，甚至可以改变关于规模经济或效率收益的预测假设。

(2) **资本成本预测**。你可以更改对公司资本成本的估计。例如，资本成本的降低会使未来的现金流更有价值，并会增加终值(TV)的估计值。折现率的变化对短期内现金流现值的影响相对较小，但对终值 TV 的影响却"十分惊人"。

(3) **利润的永续增长预测**。你可以更改公司永续增长率的估计值，从而改变企业的增长情况。提高永续增长率与降低长期资本成本一样有效，因为 r 和 g 的差才是永续增长公式中的一部分。

在现实世界中，你可能会选择上述三种工具的组合。最重要的是，在校准备考时，你需要清楚自己在做什么：你在"捏造"估计数据，以使结果更符合市场价值。你将采用一个"从天而降"的数据一举解决估值不符合市场价值的问题，尽管你可能不完全理解它。但不要担心：这与我们一直以来的做法没有太大区别。校准相当于进行相对估值，将已知的市场价值作为一个良好的基准。毕竟，本书中的每一个财务概念都是基于对已知市场价值的估值——尽管已知市场价值通常来自可比公司，而不是目标公司。校准是一个合理的程序，因为上市公司的资本市场价值更为有效，通常比备考价值要好得多。

销售备考：投资银行与校准

现在让自己站在买家或卖家的角度去看看备考预测。

假设你在为一家投资银行工作,该投行正在筹划对携程网进行资本结构变更或收购,你必须向携程集团的管理层提交估值的备考预测。如果你向他们提出 2 000 亿元的预估价值金额,这会发生什么?携程集团的管理层可能会对你提出的高预估价值感到十分满意,他们会感叹市场的变化无常,而你会假装同情,然后建议携程向你的投行支付最高的劳务费用。[1] 如果你的预估值为 750 亿元,那该怎么办?你需要不断地捏造、再捏造数据进行调整。否则,愤怒的管理层不会再和你有任何交谈。

如果你是一名散户投资者,在一份分析师对携程集团的估值报告中看到了 2 500 亿元的数字,你该如何反应?不应该相信! 在某种程度上,在近乎完美的资本市场上以 1 200 亿元(即使加上收购溢价)就能买到的股票,却估值 2 500 亿元,这是愚蠢的! 你"直觉上"就会进行重新校准。你应该相信携程集团的市场价值,而不是备考预测的价值。投资者应该而且实际上也不会相信分析师预测经济的能力。不过,在拥有更多的知识、可信度和签证度的情况下,分析师的价值分析报告会引起读者足够的质疑,表明携程集团的市场价值可能被低估了一些。毕竟,任何公开的市场价值都是市场出清的价格——即携程集团股票的买方和卖方处于均衡状态下的价格,证券分析师的报告可能会使你略微更加看好携程集团。一个综合市场价值和备考价值的携程集团合理估值,会更接近于市场价值而非备考预估价值。显然,相反的一种情况是,如果你的预估值为 750 亿元,而携程集团的资本市场价值为 1 200 亿元,你的分析可能会引起读者足够多的质疑,表明携程集团的市场价值可能有点被高估了。

Q21.15 在备考中,"校准"的具体含义是什么?
Q21.16 三个主要校准工具是什么?

21.7 敏感性和情景分析

你应该从本章中学到什么?也许最重要的是,不要轻易相信备考报表上的估计。当别人给你出示一份经过校准的备考报表时,要谨慎,要非常谨慎。

就自己的备考报表而言,你应该尝试检验预测是否稳健。稳健性的分析通常在电子表格(EXCEL)中执行起来最为容易,因为电子表格让你可以轻松地尝试不同的假设和备选方案。

反复修改各个科目

始终牢记你的最终目的——为企业找到最好的估计价值,而非单纯进行净现值(NPV)的演算练习。最好的价值估计并非追求美感和简洁,不能仅仅因为计算的结果复杂而忽视一些重要的价值驱动因素。发挥你的想象力、头脑和良好常识的力量!

---

[1] 所谓对携程集团进行资本结构调整或者收购,主要是指对冲基金或者并购基金去收购携程集团。携程集团作为卖方,需要聘请投资银行作为财务顾问,提供估值报告。投资银行一般根据交易价值按比例收取财务顾问费。

你应该始终注意各种方面的信息,甚至是个人直觉。例如,在携程集团的估值中,我们预计2023年的现金流为7.06亿元。如果你有充分的理由认为这是一个较低的估计值,请调整("捏造")它! 你的估计不必拘泥于所谓正式、科学的预测。因为,你的客户可不会认同你的备考估计,你必须随时准备好为你的观点进行辩护。

> 你需要的是最好的估值——不是最简单或者最复杂,也不是最容易或最困难的,甚至也非看上去最美的备考报表结果。

同样,没有任何法律规定必须用现金流的永续增长公式才能得到终值TV。除了使用增长率永远保持不变(如每年3%)的假设之外,你也可以寻找另一个公式,比如假设几年内处于高增长率(如明年5%),然后增长率下降,直到增长率低于通货膨胀率(比如每年1%)为止。或者,如果你不使用任何公式,假设在2023年出现一个携程集团的收购买家,该买家将直接支付1 600亿元(或许准备将携程集团进行拆分)——最终,这个价值就是你的终值TV的结果。当然,你需要准备好解释为什么1 600亿元是最好的估计值。

> 如果你认为这提供了更好的估计,可以使用特别的假设信息。

利用电子表格进行备考报表建模,可以使你很方便地进行未来特定的各种情景分析。例如,如果新产品获得巨大成功或者困难,会发生什么?根据以往衰退的情况,在未来的一次衰退中将会发生什么?如果未来十年的销售额不增长反而每年下降5%,会发生什么?如果销售额一直下降,会发生什么?假设你后悔当初没有把某一个或某一些输入变量放入模型,那么你的预测结果会有多糟糕?当然,你还可以问一个投资回收期问题:需要多长时间才能拿回你的投资本金?不可否认地,随着时间的推移和技术的进步,你将会看到许多不同的修正后的情景分析结果,这可以更好地了解携程集团的备考报表预测。即使是对于携程网这样一家公司进行详细的备考预测分析,也可以很容易地把整个过程印刷成若干本书。然而印刷版面是有限的,你也知道不可能在任何一个变量上完美无缺。更有可能的情形是,在某个时候,你意识到无法知道更多了或者变得更为精确,这时候就不妨停下来了。

> 你还可以使用其他方法来估算终值TV。

> 情景分析可以帮助确定期望(而不是更可能发生)的现金流。

Q21.17 构建备考报表的主要计算机工具是什么?

不要忘记破产

然而,大多数备考的最大问题往往并不在于细节。事实上,备考预测只是针对某一种特殊情况,通常是一个相当乐观的情况。许多预测只是一种"典型"或者"中间"的结果(回顾第13.2节)。这与平均值没有什么不同,但前提条件是该项目不会破产。

> 最大的问题:备考的结果通常只对应着一种情况,不是预期值!而且通常破产没有被考虑。

显然,不要忘记破产的可能性,对创业企业或初创企业来说更重要。例如,如果有人向你推荐一本新杂志的投资项目,在大多数情况下,备考预测都会给出一个相对乐观的情景,即在该杂志成功运行的情况下。它可能没有考虑到这样一个事实:所有的新杂志中有50%在一年内会倒闭。作为备考报表的使用者,你的任务是需要自行确定杂志破产的可能性,否则将被误导。

> 创业企业(尤其是科技型创业企业)通常在终值估值中具有几乎所有的企业价值。

Q21.18　在进行大多数备考预测时,最常见的错误可能是什么?

评估备考的质量

"哪一个携程集团的备考报表是正确的?"这是一个没有预设前提的问题,因为任何备考都不正确。更好的问题是,"哪一个携程集团的备考报表更好?"但这也不是一个容易回答的问题。即使知道事后结果,也无法事前确定最好的备考预测是什么。即使是毫无逻辑的备考预测,偶尔也会胜过有理可依的备考预测(记住:就算停止走动的时钟,一天之内也能正确两次)。这通常仍是一个主观判断性的问题。不过,显然有一些备考建立在更好的假设、更合理的推理之上,因此比其他备考更有实现的可能性。也许更好的问题是,"应如何判断备考的质量?"或者最好这样问,"我应如何判断我的备考的质量?"但这些也都没有简单的答案。

一些分析师认为,判断估值中有多大部分处于黑匣子里[1],就可以很好地衡量备考的质量。这是一个错误的结论。在同样的无知水平下,再多进行几年的详细预测(从而降低估值中终值部分所占比例)也不会改善估计结果。此外,即使是年久、成熟行业、增长缓慢的上市公司,其大部分价值也都存在于未来几十年的现金流中。那么,我们怎么就能更好地判断年轻、不成熟、快速增长的私人公司价值呢?这些公司的价值将更多地体现在未来的终值上(还有它们破产的概率上!)。请保持更多的怀疑和谦逊。

Q21.19　如果你为公司制作备考财务报表,一家企业60%的价值来自终值,而另一家企业90%的价值来自终值,哪一家企业的备考结果更为可靠?

21.8　小心——皇帝的新衣

你觉得我们的预测是随意武断的吗?请回顾一下我们在表21.5、表21.7和表21.8中的财务预测。[2] 如果你没有四舍五入,而是保留了更多数字(为了伪准确性),如果你使用更多晦涩难懂的文字扩展脚注,如果你多添加了未来几年的预测,读者可能会误以为你是一个老练、精通预测分析的分析师!一份写得好的备考预测可以很容易地传达出一种富有专业知识的形象,但实际上并没有专业知识。(这里形式重于内容)请不要轻易相信任何备考报表,因为即使是最好的皇帝(备考预测)也只穿了泳衣。[3]

---

[1] 这里意即终值部分在整体企业价值中的占比,因为相较于详细预测阶段对每一年现金流的预测而言,终值部分是预测未来永续增长的部分,等于处于黑匣子中。

[2] 作者意思是即使对备考报表里的数字进行了很多假设,但仍然比较粗糙,存在很多局限性。

[3] 即最好的备考报表也是比较粗糙的。

对于粗心的备考阅读者来说，另一个风险是陷入了"只见树木而不见森林"的陷阱。你可能很容易地陷入备考报表中关于某个科目的无休止讨论之中。在现实中，大多数的备考都依赖于大量的假设——某些情况下只有一两个假设是关键的，另一些情况下很多假设都很关键。你必须既关注宏观的全局，又关注细小的假设。魔鬼在细节和整体中都有！

> 不要本能地相信备考！它们看起来很专业，但仍然存在完全不可信的可能。

我们希望在这里并没有表现出轻视的态度。相反，你别无选择，应该表现出极为重视的态度。预测未来，本就是一项极为艰巨而重要的任务。是否普遍使用繁多的假设，并不是区分备考好坏的依据。一份好的备考预测，应该以坚实的经济学为基础，并有详尽的脚注来解释和论证几乎每个重要的报表线上科目。这是一个充分讨论的起点，而不是终点。

> 不要迷失了森林，只关注细枝末节。

归根结底，金融是关于价值的。价值必须依赖于预测展开，而备考是有组织的预测的有效工具。预测是非常困难的，还记得本书是如何开始的吗？我们开门见山写道：估值既是一门艺术也是一门科学。我们强调：公式很简单，应用却很难！我们警告：理论很容易，实际操作很难！我们相信，读者现在已经信服了。欢迎来到金融家俱乐部！

> 尽管存在诸多问题，备考报表仍然是你可以使用的最好分析工具。

Q21.20 企业备考的可信度如何？

> 闭环总结——估值更多是艺术而非科学。

总结

本章涵盖以下要点：
- 备考的目的是预测财务数据，现在通常用于计算项目的净现值。你还可以用备考数据进行比率分析，以预测一项商业计划的财务稳健性或分析项目的营运资金需求。
- 备考预测通常分为两个阶段：详细预测阶段和终值 TV 阶段。
- 详细预测阶段的期限选择取决于当前的折现率和企业的经济状况。详细预测期通常适用于最初的快速增长期，而终值时期通常适用于稳定、不再高增长的阶段。
- 快速且粗略的备考分析，只预测供直接使用的报表线上科目。更完整和详细的备考分析，会尝试预测许多间接的科目。
- 一个有效的方法是，预测单个科目时，考虑其固定构成部分和与销售额相关的可变构成部分。
- 情景分析可帮助你更好地了解备考中的不确定性。
- 校准是故意捏造数据以迎合金融市场观测到的企业价值。
- 备考通常是有特殊性的并且不太可靠，但是你没有其他更好的选择。在构建和解释备考时要谨慎。

答案

章后习题

Q21.21 内部的备考和外部的备考,通常哪个更准确?

Q21.22 什么是常见且合理的详细预测阶段范围?

Q21.23 根据历史销售增长率进行的简单预测有什么问题?

Q21.24 根据一般企业的利润表和资产负债表,猜测并证明哪些财务报表科目随着销售额的增加而增加,弹性系数大于1、小于1还是约等于1?

Q21.25 你可以使用哪些具体方法来预测单个财务报表科目,例如销售、一般行政与管理费用?请讨论。

Q21.26 在详细预测阶段,在预测利润表之前先预测现金流量表是否有意义?

Q21.27 如何获得用于财务分析的折现率?

Q21.28 你能根据某公司过去三年的每日股票回报率,计算出该公司的市场股票贝塔值吗?

Q21.29 除了使用CAPM确定资本成本,是否还有其他替代方法?

Q21.30 你会在何时根据可得的市场数据来校准备考模型?你是否相信大多数备考都经过了校准,无论分析师是否声明?是否应该谨慎对待?

Q21.31 当你准备使用三种校准工具时,什么情况下只使用一种?什么情况下会使用三种?

Q21.32 代理问题会影响你的备考数字吗?

Q21.33 现实中,你认为什么情形下的备考是客观的,什么情形下的备考是根据使用者想要看到的结果而量身定制的?

Q21.34 考虑一家初创公司计划在冷清地区开超市。评估终值的最佳方法是什么?

Q21.35 让课程导师分配一家公司,由你设计一份备考报表。(这是公司金融课程的很好的期末项目作业。)

Q21.36 任选今天的一家上市公司。你和你的小组编制三种形式的备考报表:一是作为公司的收购投标人,二是作为公司的所有者,三是作为公正客观的一方。比较上述三种结果。(注意:通常三种估计值的平均值较好。哪个最接近均值?)

第22章
中国资本市场及金融管理要点

中国的金融市场和法规与美国金融市场和法规有显著差异吗

本书前面章节内容主要从美国公司、金融市场及投资者的视角,讨论了基于美国税法和金融市场法规的投资、融资、股利政策等。尽管这些讨论中所阐述的基本原则适用于全球范围,但中国和美国之间的金融市场显著差异必须重视。在本章中,我们将讨论中国金融市场制度背景、税法及其对公司财务管理实践和预期影响的独特之处。我们还将基于中国背景下的案例重述和强化一些重要的金融概念和原则。

22.1 债券市场

随着国家财政的发展,融资方式不再依赖于银行融资,而是转向公开的债券发行。从1980年发行第一只债券开始,中国的债券市场已经走过了漫长的道路。今天,它的价值超过100万亿元人民币,是继美国之后的全球第二大债券市场。它由中央政府和各级地方政府发行的政府债券、银行和非银行金融机构发行的金融债券以及公司债券等组成。

中国发行的第一只债券是为了建设仪征化纤项目。由于无法从财政部或国内银行募集到资金,该项目支持者求助于荣毅仁[1],他通过创新的国际债券发行从日本募集了5 000万美元。这与大多数其他国家的债券发行没有什么不同,都是通过外国投资者为本国的基础设施和发展项目筹集资金。然而,尽管中国发行了第一批国际融资的债券,但此后中国债券市场还是主要依赖国内投资者。政府采取积极措施以减少国有企业和私营企业对银行融资的依赖。例如,自2015年以来,省级和市级地方政府禁止通过银行融资为基础设施项目筹集资金,必须在公开债券市场上募集所需资金。

与美国债券市场不同,中国拥有三种截然不同的债券市场。其中在岸人民币计价市场是迄今为止最大的债券市场,有超过25 000只债券发行,价值约100万亿元。2010年,中国香港特别行政区开设了以离岸人民币计价的债券市场,也被称为"**点心债券**[2]"。这个市场价值约1 000亿元,仅发行约100只债券,相当缺乏流动性。中国以美元计价的离岸债券市场规模相对较大,发行量约为1 000只,价值超过5 000亿美元,约为在岸市场规模的3%~4%。历史上,全球投资者主要通过以美元计价的离岸市场参与中国债券市场的投资交易。

根据中央国债登记结算有限责任公司(CCDC)的数据,2020年债券市场总交易额超1 500万亿元人民币。客观来看,当年中国的GDP为101.6万亿元。大部分交易对象为中央政府债券和政策性银行债券。这些债券占在岸市场交易额的40%以上,通常被当地投资者称为"利率债券"。尽管与中央政府债券不同,三家主要的开发银行(国家开发银行、中国农业发展银行和中国进出口银行)发行的政策性银行债券不是政府主权债券,但投资者认为它们拥有中央政府的担保并被视为主权债券。相反,省级政府机构发行的地方政府债券尽管被认为由中央政府提供了隐性担保,但在债券市场上并没有受到太多关注,因此流动性不足。尽管如此,地方政府债券仍占在岸债券市场的1/4以上,主要由商业银行持有。

与政府债券在美国商业银行资产中所占的比例相对较小不同,中国四大国有银行(中国农业银行、中国银行、中国建设银行和中国工商银行)约有1/4的资产是国内政府债券。事实上,商业银行持有约2/3的在岸债券。**中央政府债券**(**CGB**)有两种类型——**记账式债券**和**储蓄债券**。[3] 记账式债券通过中央国债登记结算有限责任公司拍卖发行。期限为3个月、6个月和9个月的中央政府债券以折价债券(即零息票债券)方式发行,而期限为年度如1、2、3、5、7、10、15、20、30和50年的中央政府债券以息票债券方式发行。储蓄债券面向国内散户投资者,通过商业银行柜台出售,主要在场外交易市场(OTC)上交易。当提到中国的国债时,投资者经常将美国国债与记账式中央政府债券进行比较。

记账式国债在三个场所进行交易:银行间债券市场、交易所债券市场和商业银行柜台市场。银行间债券市场上的交易主要基于参与各方之间的独立协商,而交易所债券市场上的交易则是竞价过程的结果。场外交易通过银行的场外交易业务处理系统以公布的

---

1 此处是指荣毅仁先生担任董事长的中国国际信托公司。
2 点心债券的英文名dim sum。
3 记账式债券的英文book-entry bonds,储蓄式债券的英文savings bonds。

价格进行。

处理债券集中托管业务的机构有三家：**中央国债登记结算有限责任公司（CCDC）**、中国证券登记结算有限责任公司（CSDC）和银行间市场清算所股份有限公司（上海清算所）[1]。2020年，CCDC占注册和结算业务的大部分份额，分别为74%和61%。CCDC还负责收集和发布有关中国债券的信息。其中，CCDC下属的中债金融估值中心有限公司编制了作为中国金融市场定价基准的**中国债券价格指数**。

中国债券市场的流动性相当高，利率债券[2]（即中央政府国债和政策性金融债券）的日均交易量约为3 000亿元人民币。买卖价差也很低，政策性金融债券在0.5到3个基点之间，中央政府国债在1到5个基点之间。典型的交易规模在1 000万至2亿元之间。

中国央行还通过公开市场操作发行短期债务凭证，即**央行票据**。这些票据的期限一般不超过一年，用于调节商业银行的超额准备金。这些票据在中国债券市场中所占比例很小（约150亿元人民币）。

在岸债券市场的外国投资

此前，仅允许**合格境外机构投资者（QFII）**或**人民币合格境外机构投资者（RQFII）**投资在岸债券市场，并存在额度限制。然而，最近的发展和项目改革让外国投资者可以直接投资于人民币计价的在岸债券市场。在岸债券市场可以进一步分为两个部分：**中国银行间债券市场（CIBM）**和交易所债券市场。[3] 银行间市场占未偿债务的绝大多数。2016年2月，中国政府推出了银行间市场直接进入计划，允许外国机构投资者在没有投资限额或返回限制的情况下进行投资。自2017年以来，外国投资者还可以在**债券通计划**[4]下，通过香港金融管理局在香港进行离岸交易。

中国的发展吸引了外国机构投资者的大量投资。外国持有的中央政府债券已从2016年初的不到5 000亿元人民币增加到2021年年中的超过3.5万亿元人民币。2019年4月，中国中央政府债券和政策性银行债券被纳入彭博巴克莱全球综合指数（BBGA）。2020年2月，中央政府债券被纳入摩根大通的政府债券指数-新兴市场（GBI-EM）。截至2021年9月，近1 000家境外机构持有约3.9万亿元人民币的银行间债券。据《中国日报》报道，截至2021年9月末，外国持有的中国中央政府债券约为2.28万亿元人民币，随着富时罗素世界政府债券指数（WGBI）准备在2021年10月末纳入中国的中央政府债券，外国持有份额预计将进一步增加。汇丰银行估计，这将导致额外的1万亿元债券被国际投资者间接购买。

> 外国持有的中国政府债券在短短5年内增加了7倍。

---

1 中央国债登记结算有限责任公司 China Central Depository & Clearing Co.,Ltd.；中国证券登记结算有限责任公司 China Securities and Depository and Clearing Co.,Ltd.；上海清算所 Shanghai Clearing House。

2 利率债券 Rate bonds。

3 中国银行间债券市场，Chinese Interbank Bond Market（CIBM）；交易所债券市场，Exchange-Traded Bond Market。

4 债券通计划，Bond Connect program。

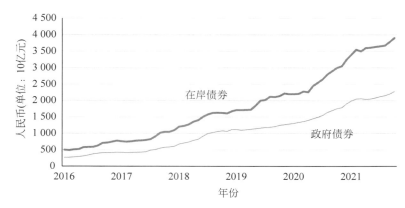

图 21.1 境外投资者持有的中国债券（以 10 亿元人民币计）

注：黑色线表示境外投资者持有的所有在岸债券，包括中央政府债券（CGB）。自从各类主要债券指数纳入了中国债券指数以来，外国投资者持有量一直持续增加。外国投资可能会持续地上升，因为从中国债券市场规模在全球债券市场所占市场份额来看，各债券指数尚未能完全表现中国债券市场的重要性。从多个数据来源收集的信息推算出的数据制图。

表 22.1　10 年期主权国家债券的信用评级和收益率（2021 年 10 月）

	信用评级	当期收益率（%）
中国	A+	2.94
澳大利亚	AAA	1.77
加拿大	AAA	1.66
法国	AA	0.12
德国	AAA	−0.22
印度	BBB−	6.36
意大利	BBB	0.93
日本	A+	0.07
俄罗斯	BBB−	8.29
西班牙	A	0.45
英国	AA	0.94
美国	AA+	1.54

注：从多个来源手动收集的数据。

> 请注意中国和日本政府债券收益率之间的差异，尽管两者有着相同的信用评级。

将中央政府债券纳入主要债券指数对中国来说是一个发展机会。随着中国国债在不同指数中的占比越来越大，遵循此类指数的被动债券基金不得不在其投资组合中增加中国债券的权重。这种再平衡将导致外国机构投资者净买入中国国债。由于这种强制性再平衡带来的额外需求，其他投资者预期价格上涨而购买了中国债券。由于其风险回报状况，无此类强制性的积极管理基金一直在其投资组合中增持中国债券。从表 22.1 和表 22.2 中可以看出，中国国债与全球投资者的主要资产类别之间的相关性非常低，甚至为负相关。中国国债的加入降低了其投资组合的风险。同时,中国国债提供的风险调整后回报显著高于其他主权债券。值得一提的是,尽管日本主权债券的信用评级与中国相同,但中国债券的额外回报率为287个基点。此外,中国国债的收益率比意大利政府债券高201个基点,尽管意大利的BBB信用评级明显低于中国的A+。

中国国债相对于日本主权债券的超额回报率在未来可能会下降。正如你们已经了解到的,债券价格随着收益率的下降而上升,反之亦然。目前,除美国国债外,日本和欧元区债券在主要政府债券指数中的权重最高。然而,随着中国国债越来越被接受,其在这些指数中的权重将进一步上升,以反映中国主权债券在政府债券市场中的真实权重。由此产生的外国投资者对中国主权债券的额外需求可能会给中国国债带来价格上涨压力,从而将此类债券的收益率降至类似评级的主权债券收益率水平。一些积极管理的基金已经增加了对中国国债的持有量,反映了对价格上涨的预期。

> 低风险高收益。目前来看,我觉得还不错!

表 22.2 中国中央政府债券和公司债券与全球投资者其他主要资产类别之间的相关性

	中国中央政府债券		中国企业债券
	过去十年	中国银行间债券市场直接准入后	
美国政府债券	0.23	0.36	0.08
欧元区政府债券	0.10～0.15	0.1～0.17	0.03～0.08
新兴市场政府债券	0.24	0.35	0.29
美国公司债券	0.02	0.12	0.06
美国高回报率债券	−0.14	0.18	0.02
美国股票	−0.12	0.12	0.06

注:该表根据截至2020年年底的历史数据计算,大致估算了不同资产类别之间的相关性。

尽管最近外国机构持有的中国债券有所增加,但外国投资者在整个中国债券市场中所占比例仍然很小。这意味着多元化的好处会在可预见的未来持续存在。在表22.1中,只有印度和俄罗斯等少数新兴经济体的债券收益率高于中国国债。然而,与印度和俄罗斯不同,中国几乎所有的债券发行都以本币计价。这意味着,与其他经历过流动性危机并因债务以美元计价而易遭受外部经济冲击的国家不同,中国债券可能的外部传染性风险大大降低。此外,中国拥有庞大的外汇储备、较低的债务与GDP之比,还是世界其他国家的净债权国。与其他新兴市场国家债券不同,中国国债在股市下跌期间曾出现历史性地价格反弹。这进一步表明中国国债对投资者而言风险较低。

> 注意与美国股市的负相关关系。负贝塔很难得到。

投资外国证券包括政府债券和公司债券的一个重要风险是外汇风险。外国机构投资者在投资中国国债时,也要承担与人民币相关的货币风险。然而根据历史数据显示,人民币对于美国投资者来说是风险最低的货币之一。图22.2显示了11种货币对美元的每日汇率变动的年化标准差。

最后,中国政府继续提高透明度,引入创新产品、平台、投资模式和机制,

> 当股市下跌时,中国国债价格上涨。这就是我们对负贝塔资产的期望。

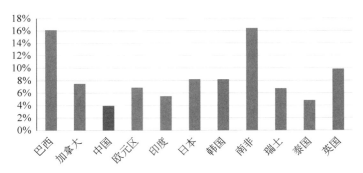

图 22.2　货币对美元的历史波动性（2016—2021 年）

注：基于截至 2021 年 10 月 30 日（含当日）美联储网站上的数据，这里计算了每日汇率波动的年化标准差。

鼓励外资进入中国债券市场。这加速了人民币的国际化进程。除了之前讨论过的市场（银行间债券市场 CIBM、交易所市场和商业银行场外柜台交易市场），最近还建立了一个新的市场，称为 FTZ（自由贸易区）债券市场。它是银行间债券市场的延伸，定位为"位于在岸的离岸市场"。该市场被视为在国境内、关税区外。为方便债券发行人和海外投资者，中央国债登记结算有限责任公司为自贸区债券提供发行、登记、存管、结算、付息、估值和信息披露等综合服务。投资者可以选择通过自贸区电子平台进行投资，也可以选择在自贸区柜台服务。此外，海外投资者可以自由进出自贸区，但资产在国内市场和自贸区之间的流动必须遵守监管要求。

为了鼓励外国投资者参与中国债券市场，政府免除了海外投资者的资本利得税。债券利息收入也免除了企业所得税和增值税的要求。

Q22.1　中国政府如何吸引外国投资者进入在岸债券市场？
Q22.2　政策性银行债券市场为何高度活跃？
Q22.3　为什么中国债券对外国投资者有吸引力？
Q22.4　随着外资对中国债券市场参与的持续增加，你预计中国国债与其他债券和股票市场之间的相关性，将会发生怎样的变化？

公司债券市场

中国公司债券市场的规模仅次于美国。这两个国家加起来约占全球公司债券市场的 45%。公司债券还包括国有企业和金融机构的债务。事实上，全球超过一半的未偿公司债券余额是由金融机构发行的债券，中国也不例外。鉴于中国的国有四大银行一般被认为具有政府的隐性担保，投资者将四大行的金融债券与其他公司发行的债券区别对待。与利率债券相比，商业银行和公司发行的债券也被称为"**信用债券**"[1]。

1　信用债券的英文 credit bonds。

商业银行发行的**大额可转让存单**（NCD）[1]在外国投资者持有的中国境内债券中占有很大比例。它们是一家商业银行向另一家商业银行发行的债券，具有短期时间窗口。它们很容易转让，是高流动性的工具，日交易量超过 2 000 亿元人民币，买卖价差在 1～5 个基点之间，与中国国债和政策性银行债券相当。大额可转让存单的单笔典型交易规模（5 000 万至 2 亿元）也与利率债券相当。

不同市场对债券信息披露的要求不同。你可以通过中国债券信息网（https://www.chinabond.com.cn/）查询银行间债券市场信息。这是中国债券市场的专业信息平台。发行人利用这一渠道向投资者披露信息。该网站每天收盘时都会发布不同的中国债券收益率曲线，包括中国国债 CGB 收益率曲线。这条收益率曲线构成了中国金融产品的收益率基准。

不同的证券交易所也有各自的法定信息披露平台。上海证券交易所为 http://www.sse.com.cn/，深圳证券交易所为 http://www.szse.cn/，其全资子公司深圳证券信息有限公司为 http://www.cninfo.com.cn/new/index。

民营企业发行的公司债券在中国债券市场中所占比例相对较小。不过，中国国有企业和民营企业发行的债券在亚洲高收益美元债券市场中的占比仍然很大。该市场的违约率处于历史低位，但在 2020 年和 2021 年，因中国第二大房地产开发商恒大（EverGrande）的违约而大幅上升。中国政府近年来对国有企业、大公司和投资者面对其信用违约选择的后果，表现出越来越高的容忍度。

Q22.5　全球公司债券发行量最大的行业是哪个？

Q22.6　什么是中央银行票据？其发行目的是什么？

22.2　收益率曲线

随着中国国债市场规模的扩大，其在世界经济中的重要性也随之增加。用于理解国债市场的主要工具之一是债券**收益率曲线**。它是 x 轴上呈现的不同固定收益工具的到期期限与 y 轴上呈现的年化利率/收益率之间关系的图形。我们也称为**利率期限结构**。

图 22.3 显示了三条收益率曲线。CP 曲线为商业票据和高评级发行人（被中国国内信用机构评为 AAA 级）发行票据的收益率。在任何给定的时间点，同一实体发行的不同证券因工具的期限不同而产生不同的收益率。这些收益率在整个交易日内和一段时间内持续变化。即使信用等级和期限相同的债券，其收益率也可能略有不同。因此，创建如图 22.3 所示的代表性收益率曲线，需要一些技术处理。图中所示的收益率曲线是**中国债券收益率曲线**，由负责中国债券市场信息发布的中国国债登记结算公司（CCDC）计算得出。

> 中债是中国债券定价中心的品牌，中国债券定价中心是 CDCC 的全资子公司。

---

[1] 可转让存单的英文 Negotiable Certificates of Deposit，NCD。

中债收益率曲线根据交易所市场和银行间市场的做市商报价、券商报价、交易结算价等数据计算得出，共包含1000条收益率曲线，包括即期利率、远期利率、和满足流动性要求的新发行债券的到期收益率曲线。**金融债券**包括可转让存单和商业银行债券。中债的商业票据收益率曲线包括超短期商业票据、商业票据和中期票据。中国国债登记结算公司在每个交易日收盘时更新中债收益率曲线。

图22.3中标注为CGB的收益率曲线代表中央政府债券，相当于美国的国债收益率曲线。截至2021年11月中旬，美国国债市场规模为29万亿美元。这些债券中约有7.7万亿美元（即26%或约1/4）由其他国家持有，最大的持有者是日本和中国。截至2021年10月底，中国国债余额为21.6万亿元人民币，外国投资者持有2.3万亿元，这一比例为10.6%，远低于外国投资者持有美国国债的26%，但相比五年前的水平高出很多倍。考虑到这种增长轨迹，中国国债CGB将在全球投资者的投资组合中发挥重要作用。因此，在美国国债收益率曲线和其他资产收益率之间的一些明显的关系，将在中国国债和其他中外资产的收益率曲线的关系中体现出来。因此，我们将进一步探讨中国债券的收益率曲线。

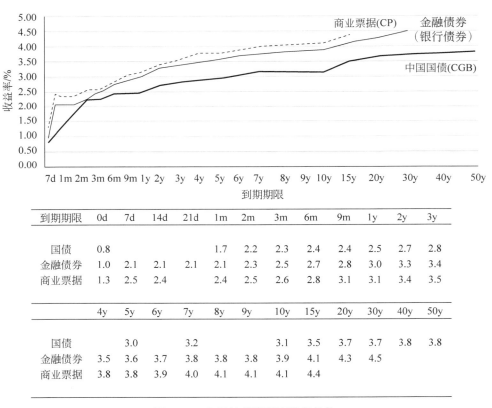

到期期限	0d	7d	14d	21d	1m	2m	3m	6m	9m	1y	2y	3y
国债	0.8				1.7	2.2	2.3	2.4	2.4	2.5	2.7	2.8
金融债券	1.0	2.1	2.1	2.1	2.1	2.3	2.5	2.7	2.8	3.0	3.3	3.4
商业票据	1.3	2.5	2.4		2.4	2.5	2.6	2.8	3.1	3.1	3.4	3.5

	4y	5y	6y	7y	8y	9y	10y	15y	20y	30y	40y	50y
国债		3.0		3.2			3.1	3.5	3.7	3.7	3.8	3.8
金融债券	3.5	3.6	3.7	3.8	3.8	3.8	3.9	4.1	4.3	4.5		
商业票据	3.8	3.8	3.9	4.0	4.1	4.1	4.1	4.4				

图22.3 中国的债券利率期限结构

注：该图为2020年12月31日中国商业票据、商业银行金融债券、中央政府债券/国债收益率曲线。此处所示债券收益率曲线计算仅包括国内评级机构评为AAA级的证券。数据来源：CCDC。

我们在图 22.3 中看到的收益率曲线是正常向上倾斜的收益率曲线。随着债务工具期限的延长，收益率也会上升。大多数时候，世界各地的收益率曲线都是这样的。然而，收益率曲线偶尔会变平，甚至倒过来。收益率曲线变平表明，投资者的收益率要求对于长期债券与短期债券是相似的。这在中国债券市场上是一个相当罕见的现象，但在许多其他发达经济体中都看到了这种情况。事实上，截至 2021 年 11 月初撰写本章时，德国债券的收益率曲线相当平坦。2 年期**联邦债券**（被称为德国国债）[1]的收益率略低于 1 年期联邦债券的收益率。在俄罗斯，收益率曲线则是反向的。俄罗斯 10 年期债券的收益率比 5 年期债券低约 20 个基点，而 5 年期债券的收益率又比 2 年期债券低约 10 个基点。

倒挂的收益率曲线往往预示着经济衰退。图 22.4 显示了世界前两大经济体中国和美国的年经济增长率。在 1991 年、2008 年至 2009 年和 2020 年的经济衰退期间，美国的 GDP 年增长率为负。鉴于 2000 年的衰退是短暂而轻微的，以全年衡量，2000 年的经济增长是正的。（同样，尽管 2008 年的大衰退持续了一年多，但图中显示，仅 2009 年的经济年增长率为负。）美国倒挂的国债收益率曲线预示了 1981 年、1991 年、2000 年和 2008 年的衰退。2020 年的衰退是全球经济活动因新冠疫情而停摆的结果，这是一种生物疫情事件，因此无法通过经济指标来预测。

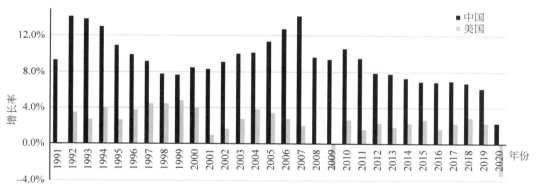

图 22.4　中国和美国实际 GDP 年增长率（1991—2020 年）

注：中国在过去 30 年的经济增长速度非常高，有一定的周期性，但没有衰退。相反，美国在 1991 年、2009 年和 2020 年的年经济增长率为负。数据来源：美联储。

除了在 2017 年有一段短暂时期趋平外，中国国债收益率曲线在大部分时间都处于正常状态（即向上倾斜）。随着收益率曲线趋平，长期债券和短期债券之间的息差减小。2017 年 6 月，中国国债收益率曲线甚至有几天出现了倒挂。2017 年 6 月 27 日，3 年期国债收益率略高于 5 年期国债收益率，7 年期国债收益率高于 10 年期国债收益率。幸运的是，倒挂的收益率曲线并没有预示中国经济即将陷入衰退。从图 22.4 可以看出，中国经济在过去 30 年里没有经历过负增长。然而，世界上大多数其他经济体在此期间都经历了多次衰退。

2017 年中国债券收益率曲线的轻微反转，可能是 10 年期债券与 7 年期债券的**流动**

1　德国国债的英文简写 the bund。

性溢价差异的体现（10年期国债的流动性高于7年期国债），而不是对中国经济预期变化的反映。图22.3中商业票据和金融债券的收益率曲线的超短期端（即小于1个月的期限）形状不规则，也反映了一些短期异常（如7天、14天和21天期限）的金融工具的流动性较低。你应该记住，图22.3中显示的收益率曲线是某一天的收益率曲线（即2020年12月31日）。在任何一天，由于一笔或几笔奇特的非流动性工具的交易，收益率曲线可能会出现一些异常。对于常规到期的证券（例如，30天、90天、1年、3年、10年和30年），有很多金融工具，每一种都有大量的日常交易。因此，此类工具的收益率数据更加可靠。

> 对于频繁交易的资产来说，数据更可靠，无论你谈论的是债券、股票还是汽车。

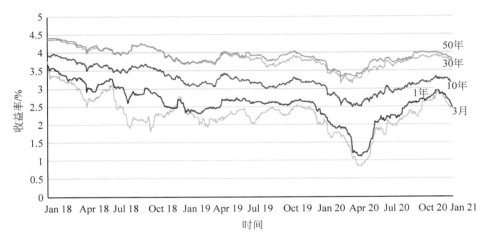

图22.5 中国国债收益率（2018—2020年）

注：该图显示出在2020年年初由于新冠病毒感染疫情，所有期限中国国债的收益率均出现了跌落。数据来源：CCDC。

图22.5显示了2018年至2020年三年期间不同期限中国国债收益率的信息，可以从这张图中推断出一些重要信息。如前所述，收益率曲线在2017年趋于平缓。因此，可以看到，2018年年初，短期债券（3个月和1年期债券）的收益率曲线与10年期债券收益率相差几个基点。到2018年4月，这一利差扩大到80个基点，这在正常向上倾斜的收益率曲线中被认为是健康合理的利差。

你应该进一步观察到，在图22.5中，长期债券的收益率始终高于短期债券的收益率，这就是图22.3中收益率曲线向上倾斜的原因。投资者通常对较长期限工具要求更高的回报，以补偿与长期工具相关的较高的**利率风险**。正如在前面章节中所讲，利率的微小变化会导致长期证券价格的巨大变化。此外，图22.5中的短期收益率波动明显大于10年期或更高期限工具的收益率波动。例如，在新冠肺炎疫情初期，尽管所有债券工具的收益率都有所下降，但短期债券的跌幅更大。3个月和1年期债券的收益率下降至1%左右，1年期和10年期债券之间的利差扩大至125个基点以上。这是因为地缘政治、经济和其他不可预见的事件可能会对投资者的短期预期有显著影响，但预计在长期则会回归均值。

最后，你应该注意到，30年期债券和50年期债券之间的收益率差异是微不足道的，它们通常一起移动。因此对长期债券来说，收益率曲线通常是平坦的。大多数变化发生

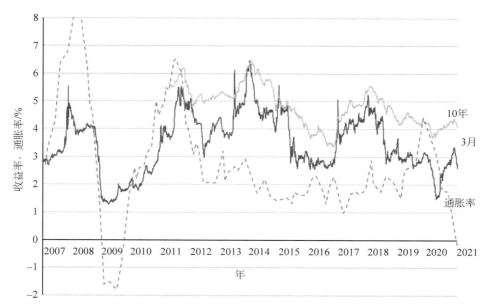

图 22.6　中国最高评级公司债券的收益率以及通胀率（2007—2020 年）

注：这张图显示被国内评级机构评为 AAA 级的中国商业票据和短期融资券的回报率。通货膨胀是衡量滚动 12 个月期间内 CPI 指数每月百分比变化的总和。数据来源：中国中央国债登记结算有限责任公司 CCDC、美国圣路易斯联邦储备银行。

在利率期限结构的短期内。经济学家通常关注 2 年至 10 年的到期收益率。收益率曲线的扁平化/倒挂也通常发生在这个期间。一个商业周期的平均时间是 4 年到 6 年。因此，2 年期、5 年期和 10 年期的债券收益率之间的关系可以提供有价值的线索。

从长远来看，我们预计实际利率为正。因此在大多数时间内，债券的收益率应该高于预期的通胀率。随着通胀上升，预计投资者会要求更高的投资收益。在图 22.6 中，我们绘制了 2007 年至 2020 年 14 年期间的 3 个月和 10 年期的中国债券收益率。我们还绘制了跟踪 12 个月（TTM）的通胀率。可以看到，在高通胀时期，债券的收益率很高，反之亦然。此外，在大多数情况下，收益率高于通货膨胀率。由于投资决策是基于对未来的预期，因此与跟踪 12 个月的历史通胀率相比，我们认为预期通胀率和收益率之间的关系会更强。尽管如此，图 22.6 清楚地显示了通胀率与债券收益率之间的关系。

截至目前，我们已经讨论了**期限风险溢价**、流动性溢价和通胀溢价。现在让我们讨论债券收益率的另一个重要组成部分——**违约风险溢价**。图 22.7 显示了 2018 年至 2020 年三年期间的商业票据、金融债券和中央政府债券的收益率。国债的收益率始终低于金融债券，金融债券的收益率始终低于商业票据。这是因为国债在中国被认为是无风险的，预计政府一定会偿还其债务。图 22.7 中的金融债券收益率是根据已发行的评级最高的商业债券交易计算得出，此类债券都有一定的违约可能性，尽管这种可能性很小。因此，投资者要求获得高于国债收益率的溢价来投资此类债券。同样，评级最高的企业发行的商业票据被认为违约风险略高于 AAA 级商业银行发行的债券。因此，它们的溢价略高，收益率高于金融债券。毋庸置疑，2018—2020 年信用评级低于 AAA 级的公司发行的商

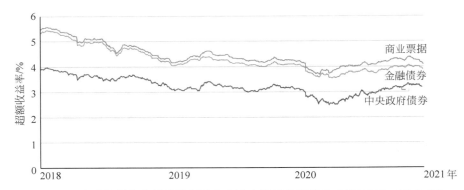

图 22.7　金融债券和公司债券超过中央政府债券的超额收益率（2018—2020 年）

即使被国内评级机构评为 AAA 级，商业银行的金融债券和企业发行的公司债券收益率也高于中央政府债券。数据来源：中债收益率曲线、CCDC。

业票据和债券的收益率远高于图 22.7 所示的收益率。

Q22.7　如果中国政府要发行 100 年期的新国债，你预计这种债券的收益率是多少？为什么？

Q22.8　为什么期限较长的债券收益率较高？

Q22.9　一家公司发行的 4.5 年期债券收益率略高于其发行的 5 年期债券。如何解释这种情况？

Q22.10　哪些债券的利率风险较高：金融债券还是公司债券？

Q22.11　收益率曲线变平坦意味着什么？

Q22.12　根据中国中央国债登记结算有限责任公司的数据，描述今天收益率曲线的形状。

22.3　股票交易所

2021 年 11 月，根据世界证券交易所联合会的数据，全球约有 5.8 万家公司在 80 多家证券交易所上市，总市值超过 121 万亿美元。然而，大部分证券交易活动发生在表 22.3 中列出的证券交易所。这些交易所加起来约占全球所有上市公司市值的 3/4。

> 欧洲证券交易所在阿姆斯特丹、布鲁塞尔、都柏林、里斯本、伦敦、米兰、奥斯陆和巴黎均有经营证券交易所。

与 1792 年成立的纽约证券交易所和 1801 年成立的伦敦证券交易所不同，**上海证券交易所**（**SSE**）、**深圳证券交易所**（**SZSE**）和印度国家证券交易所（NSE）是相对较近时间才成立的，分别在 1990 年、1991 年和 1992 年。事实上，阿姆斯特丹证券交易所现在是欧洲证券交易所（EURONEXT）的一部分，其历史可以追溯到 1602 年。表 22.3 显示，较新的证券交易所要么试图在现有的市场中利用新技术，要么开发利用新的市场（上交所和深交所），都能够与纽约证券交易所(也称为"大板"[1])和伦敦证交所等历史悠久的交易所进行良好竞争。

表 22.3 按市值计算的全球顶级证券交易所(2021年)

排名	交易所		地点	设立日期	市值(美元)
1	纽约证券交易所	NYSE	美国	1792	>25万亿
2	纳斯达克	NASDAQ	美国	1971	>22万亿
3	上海证券交易所	SSE	中国	1990	
	香港证券交易所	HKEX	中国	1891	
	日本证券交易所	JSX	日本	1878	5万亿~8万亿
	深圳证券交易所	SZSE	中国	1991	
	欧洲证券交易所	EURONEXT	欧洲	1602*	
	伦敦证券交易所	LSE	英国	1801	
	印度国家证券交易所	NSE	印度	1992	3万亿~4万亿
	孟买证券交易所	BSE	印度	1875	
	多伦多证券交易所	TSX	加拿大	1861	

注：*阿姆斯特丹证券交易所现在是欧洲证券交易所的组成部分。
数据来源于多个渠道。

上交所和深交所由中国政府设立，最初旨在促进国有企业的公司化。然而之后证券交易所一直被用于支持中小企业的发展，以促进经济转型和改革。上交所于2018年设立**科创板**(STAR market)，主要面向科技公司。深交所于2009年设立**创业板**(GE Market)和2004年设立**中小企业板**(SMEmarket)。[2] 深交所主板于2021年吸收合并了中小企业板。上交所和深交所的主板均供大型成熟公司上市，而科创板市场和创业板市场上市的创新行业公司通常规模较小，但发展机会快，风险高。表 22.4 显示了在不同交易所和不同市场上市的公司总数，还显示了截至2020年这些公司的资本市值(以万亿元人民币计)。

中国公司可以根据股票上市地和允许持有的投资者类型发行多种股票，这是中国上市公司的独特特征。表 22.4 列出了不同类型股票的重要属性。

表 22.4 在上交所和深交所上市的公司数量及其市值(2020年年底)

	公司数量	市值/万亿元人民币
上海证券交易所(SSE)		
主板		
A 股	1 580	42.11

---

[1] 英文是 big board。
[2] 科创板市场 Science and Technology Innovation board，创业板市场 Growth Enterprise Market，中小企业板 Small and Medium Enterprises board。

续表

	公司数量	市值/万亿元人民币
上海证券交易所（SSE）		
B 股	48	0.07
科创板	215	3.35
总计	1 843	45.53
深圳证券交易所（SZSE）		
主板		
A 股	459	9.72
B 股	45	
中小板	994	13.54
创业板	892	10.93
总计	2 390	34.2

大多数中国公司发行的 **A 股**都是由国内投资者持有。外国投资者只能通过**股票市场交易互联互通机制**[1]或合格境外机构投资者（QFII）方式投资这些股票。但是，公司可以选择发行以外币交易计价的 **B 股**。该等股份在深圳证券交易所以港元交易，在上海证券交易所以美元交易。它们是为非居民购买和交易中国股票而设计的，但中国居民如果有合格的外币账户，也可以交易 B 股。最后，**H 股**由在中国内地注册成立的公司发行，在中国香港证券交易所上市。它们以港元定价，供境外投资者交易，不受任何限制。而境内投资者则可通过沪港通/深港通或被视为**合格境内机构投资者（QDII）**的方式投资它们。

表 22.5 中国公司发行的不同类型的股票

	地点		投资者		交易
类型	注册地	上市地	境内投资者	境外投资者	货币
A 股	中国	中国	全部	QFII/股票通	人民币
B 股	中国	中国	外币账户	全部	美元/港币
H 股	中国内地	中国香港	QDII/股票通	全部	港币

表 22.5 列出了在中国注册成立的公司的上市股票。但是，有些公司在境外其他地方注册成立，但在中国境内有资产。此类公司可能被称为**红筹**、P 股公司、S 股公司或 N 股公司。我们在下面列出了具有此类名称公司的特征。

名称	上市地
红筹股	中国香港
P 股	中国香港

---

[1] 英文名 Stock Connect Program。

续表

名　称	上　市　地
S 股	新加坡
N 股	美国

上述名称的公司大部分(通常超过55%)的资产和/或收入来源于中国内地。红筹股公司由中资控股并且主要经营业务在中国内地，而其他公司的控制权也掌握在中国个人或企业手中。

请注意，红筹股或P股公司的名称与"**蓝筹股**"公司一词完全无关，蓝筹股公司用于描述具有良好财务状况的一国的知名企业。这些公司可以在世界任何地方以其高质量的产品和服务而闻名，并且有成功度过经济衰退的历史，它们被认为是稳定的公司和相对安全的投资。

2021年，在北京成立了一家支持创新创业公司的新交易所——**北京证券交易所**。该交易所的既定目的是为创新型中小企业提供融资便利，这些创新型中小企业可能会因缺乏抵押品而难以获得银行融资。北京证券交易所是在2012年成立的**全国中小企业股份转让系统(NEEQ**[1]，也称新三板)基础之上的改革板。新三板是一个入门级的场外交易平台，旨在促进中小企业获得上市资格之前的融资。北京证券交易所以注册制为基础，比其前身具有更高的信息披露要求。

> "蓝筹股"这个词起源于扑克牌游戏，传统上蓝筹具有最高的价值。

Q22.13　什么是流动性，为什么它在投资中很重要？

Q22.14　中国有蓝筹股公司吗？

Q22.15　查找全球前三大证券交易所的当前市值。与表22.4中显示的当前交易所的市值进行比较。

Q22.16　目前有多少家公司在北京证券交易所上市？交易所的总市值是多少？

Q22.17　A股、B股、H股有什么区别？为什么一家公司可以拥有不止一种类型的股份？

股票指数

就像美国的道琼斯工业平均指数、标准普尔500指数和纳斯达克100、日本的日经225、印度的Sensex和Nifty、英国的富时100和富时250以及香港的恒生指数等一样，投资者和中国的监管机构每天使用**上证综合指数**、**沪深300指数**和**深证综合指数**来衡量中国股票的表现。

历史上，上证综合指数长期被用来衡量中国内地股票的表现。然而在2005年，中证指数有限公司为在上交所和深交所交易的前300家公司推出了价值加权指数，即沪深

---

[1] 全国中小企业股份转让系统，NEEQ，英文全称 National Equities Exchange and Quotation。

300指数,类似于美国的标准普尔500指数。沪深300指数有沪深100指数和沪深200指数两个子指数。沪深100是针对在上交所和深交所交易的前100家市值公司的自由流通量调整股票指数,而沪深200是针对中型公司的。自2005年第一天起,沪深300指数标准化为1000点。尽管中证指数更能代表中国股市,但在图22.8中我们仍使用传统的上证综合指数,因为它提供了更多的历史数据可供比较。上证综合指数于1990年12月19日以100为基值开始计算。

图22.8显示,上交所上市公司的价格波动很大,2006年10月至2007年,上证综合指数的年回报率高于200%,而紧随其后为-65%。相比之下,同期标准普尔500指数的回报率相对较低,分别约为15%和-38%。在30年间,上证综合指数的年回报率比标准普尔500指数高出约2.5%。在此期间,这两个指数月回报率的相关性低于0.12。这表明若美国投资者的投资组合中纳入上证交易的股票有利于分散风险。

然而,最近的行政命令禁止美国投资者投资一些知名的中国公司,如华为、中国移动和中海油。根据上证综合指数向美国投资者提供的ETF和其他金融产品中,已将此类公司排除在外。

同时,最近的研究表明,中国企业比美国企业面临更高的股权资本成本,中国企业在美国上市的融资成本更低。

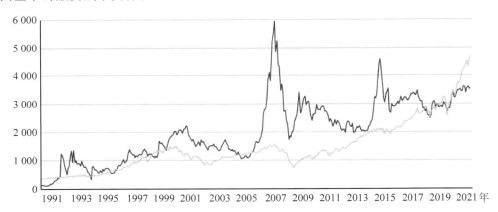

图22.8　标准普尔500指数和上证综合指数值(1991—2021年)

注:灰色线为标准普尔500指数。

Q22.18　上证综合指数、沪深100指数和标准普尔500指数目前的水平是多少?这些指数在过去3年中的平均年回报率是多少?

首次公开募股和在交易所上市

在中国证券市场起步阶段,由政府规定了哪些公司可以在证券交易所上市以及以什么价格上市。配额制度[1]用于确定有资格在交易所上市的公司。

在 2001 年 3 月之前,每个省每年都会收到一个 IPO 的新股发行配额。各省根据辖区内公司的申请确定了潜在的首次公开募股的企业。该配额制度得到了中央政府的批准。后来,采用了一种新的制度,根据以往的规模和表现,将推荐潜在 IPO 公司的责任移交给保荐人(承销商)。在这个被称为通道制度[2]的政策下,这个过程变得更加以市场为导向。然而,保荐人之间的竞争相当有限,因为监管机构事先将通道直接分配给保荐人(承销商)。

2004 年,发行审核制度进一步改革,将通道制改为保荐制[3],由保荐机构向监管机构推荐其客户公司上市。与过去不同,保荐机构没有在系统中被分配一定数量的渠道/通道。因此,保荐人更有动力、更勤奋地选择和监督其客户公司。保荐人为其客户能够获得监管机构的 IPO 批准,竞争变得更加激烈。保荐人更多地参与到这个过程中,并有更大的影响力。该制度旨在进一步引入资本市场的市场化做法,提高 IPO 公司的质量。

近期,中国正在推动基于注册制的 IPO 体制,类似于美国的 IPO 体制。该体制尚未大规模实施。它已在深交所的创业板和上交所的科创板等较小的市场中采用。2021 年 11 月,北京证券交易所提出新规则,也规定了以注册制为基础的首次公开发行制度。市场化改革的推进对中国资本市场产生了积极影响。**创业板**是深交所的纳斯达克式的板块,于 2009 年开市,首批仅有 28 家公司。2020 年 8 月 24 日,首批 18 家企业在创业板**以注册制形式上市**。自此以后在短短一年的时间里,该 IPO 体制已推动 180 多家公司在该板块成功上市。截至 2021 年 10 月,创业板上市企业超过 1 000 家,市值超过 13 万亿元。这些改革促使创业板日均交易额大幅增长,到 2021 年年底,日均交易额接近 2 000 亿元。在新制度下上市的公司,其营业收入也高于创业板的平均水平。

首次公开发行的审批权,从证券管理部门移交给更加透明的发行审核委员会,这是政府主导体制逐步向市场主导体制转变的一部分。但是,注册制是否以及何时在深交所和上交所主板广泛采用,资格程序完全透明,定价机制市场化,还有待观察。除了发行上市审核程序外,定价在 IPO 过程中也发挥着重要作用。在 2005 年之前,使用固定的市盈率 PE 倍数来确定 IPO 价格,所有上市公司的发行价均为每股收益的固定倍数。[4]

之后,实施了询价系统,在该系统下,从机构投资者那里获取需求信息以确定发行价格。在这种制度下,IPO 价格更好地反映了公司质量和增长前景。这类似于美国和欧洲使用的簿记建档过程,承销商寻求投资者的非约束性订单,并根据此类信息和与发行人的谈判确定发行价格。然而,与西方的承销商可以决定向谁分配多少新股股份的簿记过程不同,中国的询价方法并未将分配权授予给承销商。两种过程不同,但不一定是劣势。Chiang、Lowry 和 Qian(2019)等研究提供的证据表明,簿记建档的过程可能使得承销商以自身利益为导向而牺牲发行人

> 固定 PE 制度基本上假设所有行业的所有类型公司都有相似的增长前景。

---

[1] 配额制度的英文 quota system,类似于计划分配额度。
[2] 通道制度的英文 the channel system。
[3] 保荐制度的英文 the sponsorship system。
[4] 当时主要由 15 倍市盈率和 20 倍市盈率等新股定价限制。

或投资者的利益。[1] 除了首次公开发行外，公司还可以通过**直接上市**的方法在美国和香港交易所募集资金。直接上市，不会发行新股，只将公司、现有投资者、发起人和员工现有的股份直接向公众出售，无须承销商等中介机构参与这个过程。这也被**称为直接配售**或**直接公开发售**。

2014年6月，中国证监会规定上市公司首次公开发行新股的市盈率不得超过23倍，这标志着市场化定价的倒退。Qian、Ritter和Shao（2021）最近的一项研究表明，这抑制了中国的IPO价格，导致IPO公司的高初始回报和高上市成本。因此，中国投资者将IPO视为具有极高短期回报而很少考虑长期表现的彩票。[2] 不过，最近的形势逐渐向好的方向发展。我们下面列出了科创板、创业板和北京证券交易所中类似美国注册制下新股发行制度的一些特点。

（1）公司首次公开发行无需中国证监会批准，证券交易所确定信息披露是否真实、准确、完整。

（2）公司不需要是盈利企业。

（3）允许具有不同投票权的双重类别股份上市。

（4）市盈率PE倍数为23倍上限的政策不再适用，以询价方法确定发行价格。

（5）承销商须跟投2%~5%的股份，锁定期为2年。

虽然取得了长足的进步，但中国资本市场的市场化改革进程仍然存在障碍，因为与美国和其他发达资本市场不同，个人投资者在证券交易所的交易中占绝大多数。2019年，个人投资者在A股市场中所持有的股票市值份额与机构持平，但个人投资者占据交易量的82%，是机构投资者的6倍。研究表明，与机构投资者不同，个人投资者更倾向于基于情绪进行交易，从而加剧市场波动。此外，投资者不成熟仍然是中国市场关注的问题。

尽管如此，Carpenter、Lu和Whitelaw（2021）的研究发现了中国资本市场向上向好的迹象。[3] 他们发现，与美国一样，中国非国有企业的股价已成为反映未来利润信息的重要信号，此类公司的投资效率也有所提高，这表明经理们正在留意资本市场的信号并相应地做出投资决策。这一观察结果与中国证监会和清华大学进行的一项调查结果一致，该调查结果显示，中国90%的上市公司从股价中获得投资和外部融资决策的指导信息。

Q22.19 首次公开发行的新股抑价对发行公司的资本成本有何影响？

Q22.20 IPO和直接上市有什么区别？

Q22.21 固定市盈率PE倍数的新股发行存在哪些问题？

---

1 Chiang, Y., Lowry, M., & Qian, Y. (2019). "The information advantage of Underwriters in IPOs", *Management Science*, 65(12), 5721-5740.

2 Qian, Y., Ritter, J. R., & Shao, X. (2021). "Initial Public Offerings Chinese Style", Working Paper.

3 Carpeneter, J. N., Fangzhou, L., & Whitelaw, R. F. (2021). "The Real Value of China's Stock Market", *Journal of Financial Economics*, 139, 679-696.

上市标准和要求

在上交所和深交所主板上市的公司要求与香港或纽约并无太大区别。让我们更深入地研究在全球各主要证券交易所上市的各种要求和成本。全球所有证券交易所的主要目标是保护投资者。这意味着像美国证券交易委员会(SEC)或**中国证监会**(**CSRC**)这样的监管机构需要对交易所进行监督管理,以保护投资者利益。上市要求均反映此类内容。

拟在中国内地任何一家证券交易所上市的公司,在最近几年内均要求没有发生重大不利事件,包括公司及其董事或高级管理人员有关的不利事件,这一点很重要。在港交所,强调确保公司独立于控股股东。然而,鉴于在上交所上市的公司绝大多数为国有企业,上交所的上市要求并不侧重于该领域。创业板和科创板旨在吸引从事高科技和技术创新的高增长公司。因此,这些板块平台的上市要求更具包容性。经营历史短、利润少的企业,如果估值高,可以在这些平台上市。

美国证券交易所将重点放在公司治理问题上。例如,在纳斯达克上市需要一个完全由独立董事组成的审计委员会和高管薪酬委员会。纽约证券交易所要求完全由上市公司独立董事组成并定期召开执行会议。为确保信息的准确可得,纽约证券交易所要求所有国内外上市公司在其网站中披露可打印的英文文件资料。

纳斯达克拥有三个不同的市场,分别是纳斯达克全球精选市场、纳斯达克全球市场和纳斯达克资本市场。在这些市场上市的财务要求由高到低,并且也分别被称为大盘、中盘和小盘股市场。在纳斯达克上市的大型公司约有1 200家,中型公司有1 450家。在表22.16中,我们概述了纳斯达克资本市场的上市财务标准。美国公司必须在SEC注册才能在纽约证券交易所或纳斯达克上市。因此,披露和道德行为的基本最低要求适用于所有上市公司。同样,中国的上市公司除了遵循交易所的规则外,还必须在中国证监会注册并遵守其规则。

为发展股票市场,中国政府暂免了中国内地所有证券交易所上4亿股以下的小盘股公司的首次上市费和年费。科创板公司暂免了所有上市公司的上述费用。表22.6显示,即使是大型公司,在上交所和深交所的上市费用也明显低于中国香港或美国证券交易所的费用。与美国和中国香港不同,《中华人民共和国证券法》第95条要求证券交易所为非营利实体。中国的证券交易所只能由中华人民共和国的主要行政机构国务院决定设立和解散。香港交易所、纳斯达克和纽约证券交易所分别自2000年、2002年和2005年以来成为营利性公司,它们都是上市公司。

图22.6 中国和美国证券交易所的上市标准(2021年)

表 A	SSE	SZSE	ChiNext	STAR	HKEX	NYSE	NASDAQ
标准1							
营运净利润							
合计(最近3年)	30M	30M				>10M	
每年(最近2年)						>2M	
最近3年为正	是	是				是	
最近1年或2年							750K

续表

表A	SSE	SZSE	ChiNext	STAR	HKEX	NYSE	NASDAQ
标准1							
股东权益							4M
公众股市值***							5M
市值				5B	>2B	HK2B	
最近1年销售收入				>300M	HK500M		
经营活动现金流（最近3年）	50M^	50M*		>100M	HK100M		
无形资产占净资产比例	<20%	<20%					
最近1年营业收入			300M				
标准2							
营运历史				3年			2年
股东权益							5M
公众股市值***							15M
营业纪录期的股东应占盈利							
最近1年					HK35M		
最近2年合计					HK45M		
最近3年合计					HK80M		
资本市值				>1B	HK200M		
最近2年利润合计			50M	>50M			
利润为正			2年	2年			
标准3							
资本市值			1B	>1.5B	HK4B	200M	50M
股东权益							4M
公众股市值***							15M
近1年销售收入				>200M	HK$500M		
最近1年净利润为正			是				
最近1年营业收入			100M				
研发投入/销售（3年）			>=15%				
标准4							
资本市值				>1B			
最近1年净利润为正				是			
最近1年收入				>100M			
标准5							
资本市值				>3B			
最近1年销售收入				>300M			

续表

Panel B	SSE	SZSE	ChiNext	STAR	HKEX	NYSE	NASDAQ
股东权益	>50M	30M	30M	50M			
营运历史	3年	3年		2年	3年		
持股超过100股的股东						400	300
公众股东持股占比	25%**	25%**	25%**		25%**	1.1M~	1M
最低股价						$4.00	$4.00
做市商数量							3
公司治理要求							
独立董事占比	<1/3	<1/3	<1/3	<1/3	<1/3	多数	多数
财务报告	季度	季度	季度	季度	半年度	季度	季度
上市费用							
上市费				免除	HK$15 0K to 650K	55K to 75K	
小市值	免除	免除				$5K+(50 to 75K)	
大市值	125K to 175K	62.5K to 87.5K				$25K+(150 to 295K)	
年费				免除	HK$14 5K to 1.188M	30K to 85K	
小市值	免除	免除				44K to 79K	
大市值	50K to 75K	25K to 37.5K				47K to 163K	

注：*或累计营业收入＞3亿元人民币；**如果IPO后总股本超过4亿股，则为10%；***仅含非限制性股票市值；^或3年累计销售收入超过3亿元人民币；~IPO市值4000万美元，非IPO市值1亿美元；K代表千，M代表百万，B代表十亿。

A表列出了适用于上市的不同财务标准。一家公司必须至少满足其中一项标准。该表由交易所官方网站和其他来源的数据组合而成，旨在对比各证券交易所上市要求的相似性和差异性。规则经常变化。因此，适当的谨慎是必要的。在上述交易所上市还有许多其他重要要求，这里没有列出。上述香港交易所的规则从2022年1月1日起适用。上交所、深交所和港交所的最低资格要求是针对主板，纳斯达克的最低资格要求是针对纳斯达克资本市场。符合特定条件的估计市值至少为40亿元人民币的公司，如果得到相应政府机构的批准，可不满足这里的财务标准在科创板市场上市。仅就收费而言，中国大陆证券交易所的小盘股是指股份总数少于4亿股的股票。对于在上交所和深交所上市，必须在过去三年中没有任何与公司、董事或高管有关的重大不利事件，科创板则要求两年。

中国努力推动其资本市场国际化，已取得了一定成果。来自中国的A股公司越来越多地被纳入摩根士丹利资本国际的明晟指数、富时罗素指数和标准普尔道琼斯等国际指数中，并逐渐提高其权重。尽管惠誉、标普和穆迪这三大国际信用评级机构分别于2001年、2004年和2010年开始对中国政府债券进行评级，但直到最近它们才对中国国内债券进行评级。标普和惠誉分别于2019年和2020年获准对银行间债券市场的地方债券发行进行评级。在伦敦证券交易所上市的外

> 对于每个证券交易所，还有许多其他的上市要求没有列出。

国公司,现在也被允许通过**中国存托凭证**(CDR)在上交所和深交所上市,类似于在美国上市的美国存托凭证(ADR)。这些存托凭证像 A 股一样由中国国内投资者进行交易。

Q22.22　上交所主板上市要求与科创板市场上市要求的主要区别是什么?
Q22.23　你认为中国大陆、中国香港和美国证券交易所的上市费用不同的主要原因是什么?
Q22.24　证券交易所上市要求背后的主要动机是什么?

22.4　税收

税收规则在财务决策中发挥着巨大作用。世界各地的政府通过提供税收减免和补贴来激励企业开展项目投资。在个人方面往往通过对退休账户缴款来减税,以鼓励他们为退休储蓄。我们在前面的章节中讨论了税收对投资回报和项目分析的影响。在这里,我们将讨论中国和美国税收制度的重要差异。

让我们从最大的差异开始。美国是世界上仅有的两个使用基于公民身份计算所得税制度的国家之一。中国和世界其他国家一样采用基于居住地的征税制度。所有美国公民都需要为他们在全世界的收入纳税,无论收入来自哪里。这与中国的制度形成鲜明对比,在中国,只有在中国的居民需要为他们的全球收入缴税,非居民只需为来自中国的收入缴税。

税收往往是一个非常复杂的话题。我们在此讨论的目的只是强调税收的某些方面可能会影响财务决策,而且,税收制度在美国和中国是不同的。美国的联邦税制度主要是基于收入的。而中国则同时使用基于收入和基于消费的税收制度。不过,中国中央政府的大部分税收来自人们花钱(即消费)时的税收,而不是来自他们赚钱(即收入)时的税收。

包括投资行业和公司财务领域的金融专业人士,都试图利用短期资本利得和长期资本利得之间的区别,以及股息支付和股票回购的税收区别进行获利。中国没有单独的资本利得税制度。中国居民对其在中国证券交易所上市的股票投资无须支付资本利得税。即使是规定了境外投资者账面 10% 的资本利得税,也几乎不收。虽然国内投资者在持有股票不足一个月的情况下要缴纳 20% 的股息所得税,但当持有股票一年或一年以上时,股息是免税的。当涉及出售主要住宅的收益时,如果房主在该住宅中居住了至少五年,在美国和中国都免除资本利得税。

双重征税和可能的三重征税,是包括美国在内的许多司法管辖区所关注的一个问题。当公司持有其他公司的股份时,同样的利润可能被征收三次税。如上所述,中国没有资本利得税,当股票持有一年或一年以上时,股息是免税的。因此,这种税收结构在很大程度上规避了双重征税的问题。

在美国,为抵押贷款支付的利息是有税收抵扣优惠的。在中国,每月也可在税前扣除

1 000元人民币的抵押贷款付款。然而,在这两个国家,拥有房屋所有权的好处却不相同。这是因为在中国,每月支付的租金也可以扣税,但在美国,这种付款是不能扣税的。另外,与美国不同的是,美国的利息收入被视为普通收入,并相应地征税,而在中国,银行储蓄所得的利息是免税的。中国的名义企业所得税(CIT[1])税率为25%,而美国为21%。

然而,由于免税和减税,美国的许多公司支付的税款要少得多。事实上,美国的公司税只占税收收入的1%,比其他发达国家低得多。在中国,一些公司也支付较低的企业所得税。例如,包括上海和深圳在内的某些城市高科技行业公司享受高新技术企业税收优惠,支付的企业所得税率为15%。低利润公司(定义为应税利润<100万元人民币)支付20%,基础设施行业企业可以申请3年免税、然后再申请3年50%的企业所得税优惠。

中国的主要税收形式是增值税(VAT)[2]。所有月销售额超过一定水平的公司(根据所在地的情况为5 000至20 000元人民币不等)都必须根据其业务性质和所在地不同,按6%、10%或16%的税率缴纳增值税。然而,在计算时要扣除投入品的增值税。较小的企业统一支付其收入的3%,而不扣除为投入品支付的增值税。增值税是一种消费税,它不适用于出口和某些项目(如某些农产品),但它适用于进口。美国没有这种类型的税。美国不同的州征收不同水平的销售税,但美国在联邦层面没有销售税。另外,美国有遗产税和礼品税。中国没有这些类型的税收。

最后,折旧在财务分析中经常被区别对待,因为它是一种非现金支出,但它对现金流产生影响,因为折旧可以在所得税前扣除。在中国也是如此,投资支出不直接计入费用,而是随着时间的推移进行折旧。不过,两国的折旧规定是不同的。为了便于比较,我们在表22.7中总结了关于两国税收的讨论。

表22.7 美国和中国的个人和公司税收(2021年)

	中国	美国
个人		
税率		10%~37%
工资	0%~45%	
业务收入(独资/合伙)	5%~35%	
杂费、租金及其他收入	20%	
利息收入	无	10%~37%
股息收入		
合格	0%	0%~20%
普通	10%~20%	10%~37%
资本利得(股票)	无	0%~20%
礼品赠予	无	18%~14%
遗产税	无	0%~40%
按揭付款可抵扣税款	是	是

---

1 企业所得税 corporate income tax,CIT。
2 增值税 Value Added Tax,VAT。

续表

	中国	美国
房屋租金可抵扣税款	是	否
资本利得（主要居住地）	无	无
公司		
企业所得税税率	25%	21%
增值税	是	否
利息费用可抵扣税款	是	是
折旧可抵扣税款	是	是

> 税法经常变化，有很多例外情形。在处理税务问题时，应该一直使用最新的信息并关注细节（这里没有列出）。

Q22.25 李先生是在美国生活和工作的中国公民。在美国，他的工资是否需要交税？在中国呢？

Q22.26 琼斯先生是在中国生活和工作的美国公民。在中国，他必须为他的工资缴税吗？在美国呢？

Q22.27 中国的税收制度如何影响公司的股息政策？

22.5 公司结构和法律

在美国，上市公司最常见的法律结构是公司形式。无论是有限责任公司[1]（LLC）还是具有有限责任的C型公司组织，有限责任保证了投资者不会对超出其在公司投资的金额承担连带责任。这就保护了股东的个人资产。这一点非常重要，因为在普通的合伙企业中，合伙人可能会因为与业务有关的事件而失去个人资产，而且也可能会因为其他合伙人采取的行动而被起诉，即使你不知道或没有参与这些行动。在中国，也有两种主要的具有有限责任保护的公司类型——有限责任公司和股份公司（JSC）[2]。JSC类似于美国的注册公司。

然而，在中国有一些法律值得一提。例如，《中华人民共和国公司法》第20条规定，"公司股东滥用公司法人独立地位和股东有限责任，逃避债务，严重损害公司债权人利益的，应当对公司债务承担连带责任"。连带责任意味着每一方都要独立承担全部的损失。这一规定为债权人提供了额外的保护，但牺牲了对股东的有限责任保护。另外，中国《公司法》第64条规定，一人有限责任公司的股东不能证明公司财产独立于股东个人财产的，应当对公司债务承担连带责任。这一规定类似于美国的"揭开公司面纱"原则[3]。

与美国不同的是，在中国成立股份公司的最低资本要求为500万元人民币，公司的发起人要共同或单独承担满足股本出资的责任。他们也要对在设立股份公司时因疏忽而造

---

1 有限责任公司 limited liability company，LLC。
2 股份公司 Joint Stock Company，JSC。
3 揭开公司面纱原则 piercing the corporate veil，也称公司法人人格否认制度。即在特定情形下，可以否定公司的法人独立地位，要求股东对公司债务承担连带赔偿责任。

成的损失向公司负责。对向他人转让股份也有限制。第141条规定:"发起人持有的本公司股份,自公司成立之日起一年内不得转让。"更重要的是,在美国,公司回购其股份是很常见的,但中国的公司法第142条禁止中国公司采取这种行动,除非在特定的情况下,如减少公司注册资本,与持有本公司股份的其他公司合并,将股份奖励给本公司职工,股东因对股东大会做出的公司合并、分立决议持异议,要求公司收购其股份的。

在美国,公司拥有两套账簿是很常见的,一套用于税收,另一套用于财务报告。然而,中国的公司法第171条明确禁止这种行为。它规定:"公司除法定的会计账簿外,不得另立会计账簿。"

尽管美国和中国都对其制定了有关的规则,即对累积持有公司5%股份股东的信息披露要求,但进一步的要求是不同的。在美国,投资者必须向美国证券交易委员会SEC备案,并以书面形式通知公司其在获得股权时的意图。《威廉姆斯法案》是一部联邦法律,通过确保收购公司对重要事项进行信息披露,如融资来源和收购完成后的公司计划,以在恶意收购期间保护现有股东。在中国,持股5%以上的上市公司股东如果在获得股票后的6个月内出售股票或在出售股票后的6个月内回购股票,就必须将其所有的交易利润交还给公司。

> 与美国和中国不同,一些国家允许两套会计账簿,但不是为了避税。

在美国,许多公司不派发股息。然而在中国,法律规定,在公司弥补亏损并向公积金账户拨款后,剩余的利润应分配给股东。这种差异使得美国公司股利政策方面的经验不太适用于中国。

最后,两国的公司破产法也有很大不同。此外,美国有完善的个人破产法,但中国没有。深圳特区在2021年推出了个人破产条例,只适用于深圳居民。2021年7月,适用该法律的第一个破产案被法院执行。

Q22.28 连带责任是什么意思?
Q22.29 为什么在中国企业股票回购不像在美国那么普遍?
Q22.30 在一人有限责任公司中,什么时候会失去有限责任的保护?

22.6 ESG因素

ESG的概念是指环境、社会和治理[1]。几年前,它几乎没有在美国的董事会讨论中出现过,但在2021年已经成为一股不可忽视的力量。在过去的两到三年里,被认为追求可持续发展和道德实践的公司,不仅在产品消费者中表现良好,而且在股票市场上也有出色的表现。美国的商学院长期以来一直教导人们,公司首席执行官的职责是使股东价值最大化。相比之下,日本、德国和中国的公司则强调提高利益相关者的福利。在中国,成文和不成文的规则都要求公司促进社会的最佳利益。最近,中国的上市公司甚至被要求提交ESG报告。

---

1 ESG, Environment, Social, and Governance.

当前在美国，公司正在竞相展示自己的社会责任感。他们强调旨在应对气候变化、降低碳足迹和促进可持续发展方面的行动。股东行动主义和促进透明度的措施在美国资本主义中一直占有一席之地，但公司现在强调促进董事会和高级管理层多样性的治理做法。摩根大通银行和苹果公司等顶级公司的首席执行官曾公开表示，公司需要超越股东价值最大化的愿景，这就是态度转变的例证。

然而，很难说这些转变是出于对更大利益的关注，还是仅仅反映了股东价值最大化的旧范式，因为研究表明，ESG 行动对股东是有利的。近年来，ESG 基金的投资回报率已经超越了股市大盘基准指数。不管美国公司 ESG 行动背后的潜在动机是什么，这些行动本身对社会是有益的。它将有关雇员待遇、多样性、工作条件、收入和财富不平等、社区参与、健康和安全、资源枯竭、森林砍伐、企业避税和企业社会责任等重要问题推到了前台之上。

尽管企业广泛的 ESG 行动可能是为了产业竞争、公共关系考虑和投资者偏好的结果，但 ESG 行动还是提高了所有公司的基准，最终对世界有益。不过，ESG 基金所能享受的额外回报可能是不可持续的。不管怎么说，目前而言，投资者（ESG 基金）可以做正确的事情，而且还能获得额外的回报。

美国以外的 ESG 倒是略有不同。中国的公司社会责任行动不是为了寻求更高的股票回报，而是为了符合"共同富裕"[1]等国家倡议。股东财富最大化从来都不是中国企业基因的一部分。政府在人民和企业的日常生活中发挥着强有力的作用，它所代表的社会利益确保了企业董事会始终对社会需求保持高度敏感。《中华人民共和国证券法》第一条规定，制定证券法是为了维护社会经济秩序和社会公共利益，促进社会主义市场经济的发展。

对员工的关注也体现在《中华人民共和国公司法》中。第 17 条规定："公司必须保护职工的合法权益，依法与职工签订劳动合同，参加社会保险，加强劳动保护，实现安全生产。"该法还规定，企业应加强公司职工的职业教育和岗位培训，提高职工素质。

从历史上看，中国的公司可能没有那么重视环境问题。然而在当前，政府对环境的重视，确保企业在决策环节考虑环保问题。公司提交的年度 ESG 报告主要关注环境影响和可持续性。2021 年，中国政府宣布将不再资助或开发国外的新煤炭项目。这会对全球环境产生积极影响，因为发展中国家的此类基础设施项目的最大融资来源将因此中止。我们只能希望，中国和世界其他国家将继续加快对可再生能源项目的资助和开发，以免为时过晚。但是，在环境因素和社会因素之间需要保持一种微妙的平衡。迅速采取有利于环境的措施可能会给社会带来意想不到的后果，比如劳动力流失和经济困难。

最后，政府一直在采取有力的行动来消除腐败和提高透明度。这不仅改善了国内的治理，而且也有助于政府推动中国资本市场的国际化。政府行动可以产生重大影响的一个领域是内幕交易。研究表明，公司内部人员的超额收益明显高于市场指数。[2] 尽管《中华人民共和国证券法》第 5 条禁止欺诈、内幕交易和操纵证券市场的行为，但研究发现中

---

[1] 共同富裕，英文为 common prosperity。

[2] Mazza, P., & Wang S., (2021). "Corporate Legal Insider Trading in China: Performance and Determinants", *International Review of Law and Economics*, 68, 106024.

国大陆的证券交易中存在内幕交易的证据。[1] 成功的个人投资者已经显示,他们的投资组合单一,专注于本地股票,并在大规模股票分红宣布之前买入股票。政府一直在试图取缔这种内幕交易的做法。例如,中国证监会最近以内幕交易为由,对汪耀元及其女儿处以36亿元人民币的创纪录罚款,并没收了他们的非法所得。[2] 中国证监会还出台了新的规则,要求公司建立健全内幕信息知情人登记管理制度。然而,为了维护股票市场的公正性和保护投资者利益,还需要做更多的工作。

政府也一直在采取反垄断行动,以防止在一个行业中的一家或几家公司获得集中的市场势力。政府在 2021 年限制头部技术和支付平台企业/金融服务公司的权力,以及制定管理客户数据存储和安全的规则等,都表明了反垄断的决心和行动。

Q22.31　为什么政府采取措施阻止内幕交易十分重要?
Q22.32　为什么政府采取的反垄断行动,通常对社会有益?

总结

本章涵盖以下要点:

- 中国债券市场是世界上第二大债券市场。年交易量非常高,交易额为 1 500 万亿元,而相比之下中国国内生产总值仅略高于 100 万亿元。
- 在过去的几十年里,中国债券市场上的外国投资成倍增长。外国人现持有超过 10% 的中央政府债券。
- 国际债券指数持续纳入中国债券,且权重不断增加。
- 中国的中央国债登记结算有限责任公司(CCDC)收集和披露债券市场信息,并编制中国债券价格指数,作为中国金融市场的定价基准。
- 中国商业银行持有约 2/3 的在岸债券,这个比例比美国要高得多。
- 与其他主权债券相比,中国的中央政府债券经风险调整后的回报率明显更高。它们与美国或欧元区债券和股票的相关性也很低。
- 在过去五年中,人民币汇率相对于美元的波动性较低。
- 民营企业发行的公司债券在市场中占比较小,大多数债券是由商业银行发行的。
- 中国债券的收益率曲线历来都是向上倾斜的,中国经济在过去 30 年中没有出现过衰退。

---

[1]　Li, X., Geng, Z., Subrahmanyam, A., & Yu, H. (2017). "Do Wealthy Investors Have an Informational Advantage? Evidence Based on Account Classifications of Individual Investors", *Journal of Empirical Finance*, 44, 1-18.

[2]　这一案例是 2020 年 6 月中国证监会对汪耀元及其女儿的内幕交易处罚案。在 2015 年 4 月健康元药业股份有限公司(600380)第二大股东鸿信行有限公司减持及转让健康元股份予腾讯旗下企业的内幕信息公开前,汪耀元与相关内幕信息知情人联络接触,与其女汪琤琤共同控制多个账户并投入巨额资金交易"健康元"股票,通过内幕交易获利 9.06 亿。而中国证监会处罚 36 亿元罚款,刷新了 A 股涉及单只股票的行政罚单纪录。

- 中国大陆的两个主要证券交易所——上海证券交易所(SSE)和深圳证券交易所(SZSE)——尽管相对较新,但就资本市值而言位居全球最大的交易所之列。
- 一个新设立的证券交易所即北京证券交易所,于2021年11月开业,其明确目标是支持创新的初创企业。上交所和深交所分别有科创板和创业板两个类似板块。
- 中国公司可以发行三种类型的股票。国内投资者以人民币定价的A股,在上海证券交易所以美元定价或在深圳证券交易所以港元定价的B股,和在香港证券交易所以港元定价的H股。
- 中国香港证券交易所、纽约证券交易所和纳斯达克都是公开上市的营利性机构,不同的是,中国大陆的所有交易所都是法律规定的非营利实体。
- 上证综合指数和沪深300指数是中国股市的主要股票指数。
- 中国的股票交易在历史上一直波动较大,而且与其他发达的股票市场不同,中国股票市场的大部分交易是由个人投资者进行的。
- 在上交所和深交所主板IPO上市企业的首发市盈率历史上曾经不能超过23倍。研究表明,这导致了严重的IPO定价过低,投资者的新股初始收益极高。
- 与美国基于公民身份的税收不同,中国采取基于居住地的税收制度。该税收制度更多的是基于消费而不是收入。增值税是中国中央政府的主要税收来源。
- 中国不对股息和股票投资的资本利得征税。个人从银行储蓄中获得的利息收入也是免税的。
- 中国有两种主要的公司结构:有限责任公司和股份公司(类似于美国的注册公司)。
- 中国的公司被要求将其利润分配给股东。
- 中国的公司被要求提交主要关注环境因素的ESG报告。
- 历史上,美国公司一直关注股东利益,但现在越来越认识到需要对员工、社区和地球承担社会责任。在中国,公司对其员工和社会的责任已被写入法律并且深入人心。
- 中国政府继续加强和执行针对内幕交易的法律法规,以努力发展其资本市场并使之国际化。最近的研究表明,中国的资本市场正变得更加有效率。

答案

章后习题

Q22.33 回顾你所投资的公司最近的ESG报告,并讨论该公司每个ESG因素(环境、社会和治理因素)下的不同组成部分。

Q22.34　比较一下美国、中国、日本和印度的主流的主权债券收益率曲线。

Q22.35　找出最近在中国、美国、日本和印度的上市新股,并比较它们的初始回报率。你能在某一市场上找到新股定价严重低估的证据吗?

Q22.36　目前哪些国家的债券收益率曲线是倒挂的?

教师服务

感谢您选用清华大学出版社的教材！为了更好地服务教学，我们为授课教师提供本书的教学辅助资源，以及本学科重点教材信息。请您扫码获取。

▶▶ 教辅获取

本书教辅资源，授课教师扫码获取

▶▶ 样书赠送

财政与金融类重点教材，教师扫码获取样书

 清华大学出版社

E-mail: tupfuwu@163.com
电话：010-83470332 / 83470142
地址：北京市海淀区双清路学研大厦 B 座 509

网址：http://www.tup.com.cn/
传真：8610-83470107
邮编：100084